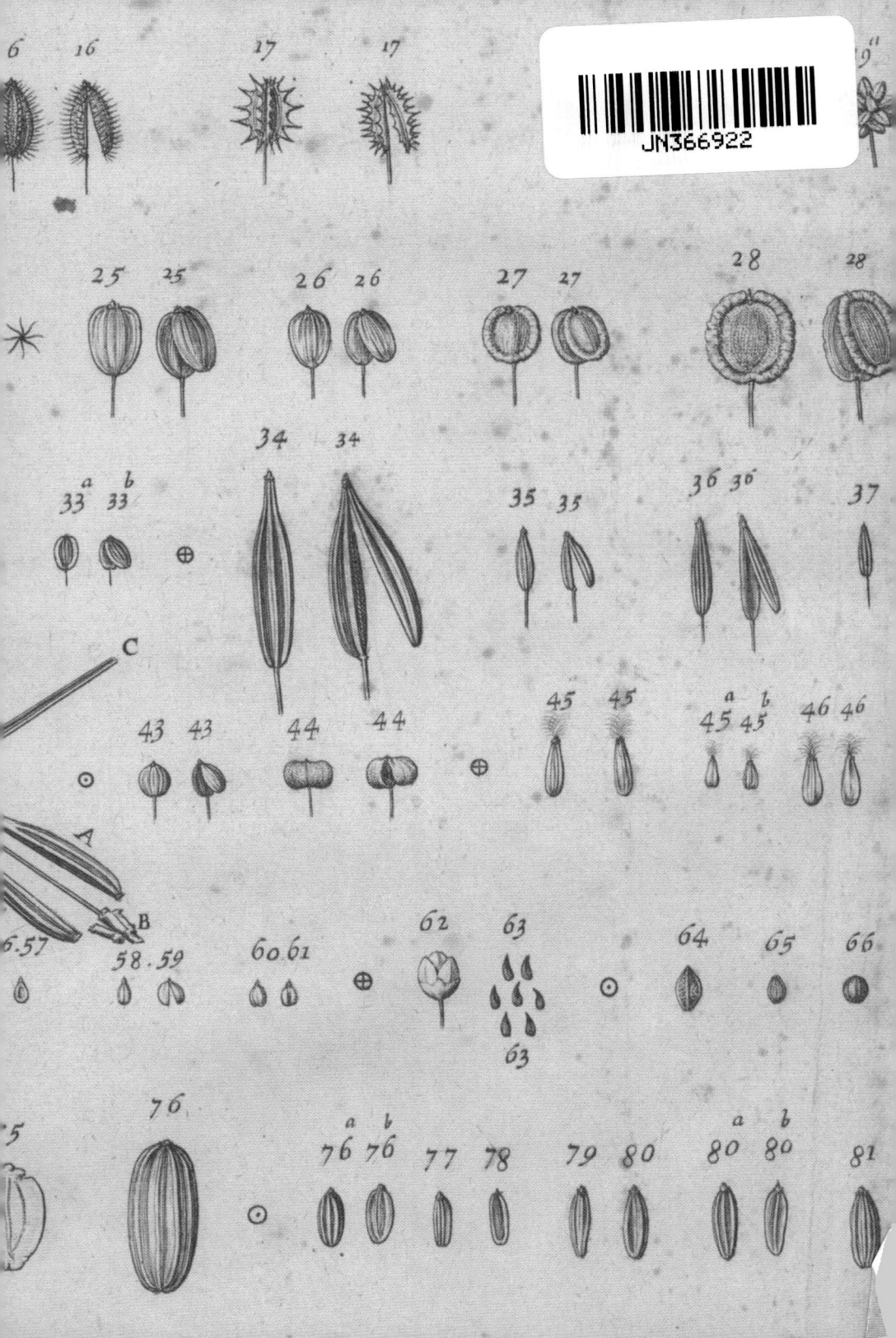

2천년
식 물
탐구의
역 사

THE NAMING
OF NAMES

THE NAMING OF NAMES

Copyright ⓒ Anna Pavord, 2005
All rights reserved
Korean translation copyright ⓒ 2011 by Geulhangari Publishers
Korean translation rights arranged with Bloomsbury Publishing Plc.,
through EYA (Eric Yang Agency)

이 책의 한국어판 저작권은 EYA (Eric Yang Agency)를 통해
Bloomsbury Publishing Plc.와 독점계약한 (주) 글항아리에 있습니다.
저작권법에 의하여 한국 내에서 보호를 받는 저작물이므로
무단전재와 복제를 금합니다.

고대 희귀 필사본에서 근대 식물도감까지
식물인문학의 모든 것

2천년 식물 탐구의 역사
The Naming of Names

애너 파보르드 지음 | 구계원 옮김

글항아리

일러두기
본문에서 ( )는 지은이가, [ ]는 옮긴이가 보충하여 설명한 것이다.

처음부터 함께해준
콜린 해밀턴과 쿨긴 듀발에게 바친다.

들어가며

가이아나Guyana 열대 우림 지역의 후텁지근한 어둠 속 깊은 곳에는 거대한 폭포 두 개가 숨어 있다. 바로 포타로Potaro 강에 있는 카이에테우르Kaiteur 폭포와 이렝Ireng에 있는 오린두익Orinduik 폭포다. 이 두 폭포를 연결하는, 기껏해야 발자국 너비만 한 희미한 길은 어느 지도에도 표시되어 있지 않다. 이 길을 아는 사람들은 그 지역에 사는 파타모나Patamona 인디언들과 사금을 채취하고 다이아몬드를 캐기 위해 덤불숲에 외딴 캠프를 세워놓은 포르투갈 출신의 몇몇 광부들뿐이다. 내가 처음 나이아가라 폭포보다 거의 다섯 배나 높은 카이에테우르 폭포를 직접 눈으로 본 것은 쌍발 엔진을 단 아일랜더Islander 비행기의 조종사 옆자리에서였다. 당시 비행기에는 금을 캐기 위해 베네수엘라 국경에 있는 캠프로 향하는 사람이 함께 타고 있었다. 우리는 포타로 강을 따라 날아가고 있었는데 하늘에서 내려다본 포타로 강은 빽빽하게 우거진 나무숲을 뚫고 천천히 흐르는 여러 갈래의 넓은 진흙투성이 물줄기로 보였다. 녹색 숲은 이쪽 지평선에서 저쪽 지평선까지 끊임없이 펼쳐져 있었고 다른 색이라고는 거대한 나무에 띄엄띄엄 만발해 있는 새빨간 꽃들뿐이었다. 그때 조종사는 충동적으로 비행기의 고도를 낮춰 카이에테우르 폭포의 거대한 아치 위로 날아갔고 가끔 이용하는 덤불에서 약간 떨어진 임시 활주로에 착륙했다. 덤불 사이를 헤치고 지나가는 동안에는 우렁찬 폭포 소리 때문에 정신이 하나도 없을 정도였다. 이윽고 우리 눈앞에는 널찍하고 평평한 강이 절벽 끝에 도달해 820피트(250미터) 아래에 무시무시하게 입을 벌리고 있는 바위투성이의 깊은 틈새로 떨어지는 폭포가 나타났다. 거대한 무지개가 떠 있었고, 폭포의 가장자리 아래쪽에 있는 골짜기에 뿌옇게 걸려 있는 물안개 속에서 또 다른 무지개가 생겨나고 있었다. 칼새들은 세차게 쏟아지는 물살 뒤쪽으로 날아가 폭포 뒤편에 있는 평평한 바위에 지어놓은 둥지로 향했다. 조용히 흐르던 강물이 갑자기 급경사면의 끝에서 갈라질 때 생기는 진동으로 브로멜리아드Bromeliad[원산지는 남미로 나무나 바위에 붙어 자라며 꽃을 피우는 식물]와 난초가 파르르 떨렸다. 강물에서 떨어져 나온 물방울은 수증기가 되고 프리즘으로 변했다. 자유를 찾은 물방울이 하늘 높이 날아올랐다. 여기서 나는 가이아나에서 두 번째로 큰 오린두익 폭포에 대한 이야기를 들었고, 그 두 폭포 사이를 연결한다는 길에 대해서도 알게 되었다. 조종사는 그 길을 실제로 걸어본 사람은 만나

본 적이 없지만 자기 생각에는 안내해줄 원주민 가이드만 찾을 수 있다면 일주일이면 주파할 수 있을 것이라고 했다.

  그래서 6개월 뒤 나는 발을 헛디디고, 방향을 잃으면서 바로 그 울창한 열대 우림의 아래쪽에 있는 희뿌연 어둠을 헤치며 나아가고 있다. 내 앞에는 완벽하게 주변 색으로 위장한 뱀이 미동도 하지 않고 무심하게 산길 한가운데에 몸을 걸치고 있다. 파타모나 족 가이드의 경고가 없었다면 아마도 눈치 채지 못했을 것이다. 도대체 무슨 종류의 뱀일까? 알 수 없었다. 하지만 가이드들은 나도 자신들처럼 그 뱀을 배려하고 존중해야 한다고 손짓했다. 나는 이곳에서 아무것도 모르는 사람이다. 그저 가이드에게 전적으로 의지하고 있을 뿐이다. 이곳에는 포장된 길도, 표지판도, 표식도 없다. 우리 일행이 어디에 있는지, 어느 방향으로 가고 있는지, 얼마나 멀리 왔는지, 얼마나 더 가야 동행한 두 가이드가 하룻밤을 보낼 천막을 설치할지 전혀 알 수가 없다. "얼마나 멀리 가야 하나요?" 나 "몇 시간이나 더 가야 하나요?" 등의 질문을 던지면 가이드들은 매번 우아하고 유연하게 팔을 흔들 뿐이었다. 저쪽이요. 시간에 맞게 갈 겁니다. 그래서 우리는 계속 비탈을 미끄러지듯 내려가고, 언덕을 오르고, 미끄러지고, 기어가고, 진흙을 헤치며 걸어가고, 수영하고, 발을 헛디디고, 떨어지고, 욕을 하고, 방향을 선회하고, 껑충 뛰면서 이 기이한 지역을 헤쳐나갔다. 아메리카 인디언 가이드들에게는 너무나 익숙한 길이었지만 나는 마치 화성을 걷고 있는 듯했다.

  포타로 강을 따라 상류 쪽으로 거슬러 올라가서 아마도 포타로 강이 코피낭Kopinang과 만나는 지점까지 가려는 것 같았다. 빽빽하게 자라난 식물에 가려 강은 보이지 않았지만 이따금씩 여울 위에 물이 부서지는 소리나 바위의 좁은 틈에 부딪혀 갑자기 솟아오르는 강물 소리가 들려오기도 했다. 강에 배를 띄울 수 있는 상황이었다면 파타모나 족의 특기인 통나무를 파서 만든 좁다란 배로 강을 따라 갔을 것이다. 육로보다는 수로가 훨씬 여행하기 편했다. 강물 소리가 들리지 않는 곳에서 숲은 기이할 정도로 조용했다. 가끔씩 나타나는 새나 두 가이드는 자신들의 세계 속으로 소리 없이 움직이며 갔다. 오로지 재규어 무리가 임무에 나선 사냥꾼처럼 당당한 모습으로 길을 건너고 있을 때만 이따금 소리를 지를 뿐이었다. 그러나 어느 날 아침 이상한 소리가 숲속에 울려 퍼졌다. 마치 빽빽하게 하늘을 덮은 나무 꼭대기에서 나는 소리처럼 높은 곳에서 들려왔다. 소리는 마치 거대한 동물이 숨을 쉬기 위해 헐떡이는 것처럼 점점 커졌다가 잦아들고, 다시 커졌다가 작아졌다. 낮은 단조 음이 마치 유령처럼 실체도 없이 우리 주위를 완전히 감싸면서 다가왔다 멀어지기를 반복했다. 도대체 무엇이 그렇게 이 세상의 것 같지 않은 소리를 낼 수 있단 말인가? 고함 원숭이Howler monkey? 비비 원숭이Baboon? 하늘 높이 솟은 나무 꼭대기에서 원숭이들이 움직이는 낌새는 느껴지지 않았다. 만약 그랬다면 적어도 하나의 의문에 대한 답은 찾을 수 있었을 테니 내가 해석하거나 이해할 수 없는 이 세계에서 정처 없이 표류하는 기분은 약간이나마 덜 수 있었을지 모른다.

 우리 일행은 이따금 숲속에서 활 끝에 독을 바른 화살통을 메고 가는 사냥꾼을 만났다. 아기들, 요리용 냄비, 사냥개, 곡식 자루까지 짊어진 가족과 스쳐 지나가기도 했다. 나는 기껏해야 세 살 정도 되는 아기들이 강 위에 쓰러진 나무 위를 맨발로 걸어 강을 건너는 것을 보았다. 쓰러진 나무가 그 강의 유일한 다리였다. 물살이 워낙 세서 헤엄쳐서 건널 수 없는 강 위에 높이 걸쳐져 있는 통나무에는 축축한 이끼가 덮여 있는 데다 옆에는 밧줄이나 손잡이 하나 달려 있지 않았다. 사실상 외줄 타기나 마찬가지였다. 이 통나무를 타고 건너는 것은 내 인생에서 겪어본 그 어떤 일보다 무서운 일이었다. 아마도 하루에 열두 번쯤은 통나무를 타고 강을 건넜을 것이다. 나는 악몽을 꾸고 발길질을 하며 소리를 지르다가 잠에서 깼다. 나는 이곳에서 생존하는 데 필요한 신체적 기술을 전혀 갖추지 못했을 뿐만 아니라 정신적으로도 혼란을 겪고 있었다. 기후가 온화한 나라에서 태어나고 자란 나는 열대 정글 속에서 완전히 길을 잃은 것이나 다름없었다. 거대한 나무들의 발치에 펼쳐져 있는 복잡하고 빽빽한 덤불 숲속에 서식하는 생물 가운데 그 어떤 것의 이름도 알지 못했다.

나는 손을 뻗어 개암나무 잎사귀와 비슷하지만 좀 더 두껍고 질긴 잎사귀 하나를 땄다. 내 생각에는 카부리cabouri 모기에 물린 상처를 진정시켜주는 잎인 것 같다. 하지만 과연 그럴까? 혹 독이 들어 있어 그 자리에서 심장이 멈추어버릴 위험이 있으므로 아주 잠깐이라도 절대 만지지 말라고 단단히 주의를 들은 그 잎이면 어쩌지? 두 식물을 분명하게 구별할 수 있는 중요한 차이점은 무엇일까? 어디서, 누군가가 식물 사이의 차이점을 연구하고, 그것을 기록하고, 그림을 의뢰하고, 설명을 달고, 각 식물을 특정한 군으로 분류하고, 식물의 속과 종을 나타내는 두 단어로 된 이름을 부여했다. 이름을 짓는 분류학자는 각 식물의 특징을 묘사하고, 같은 군에 속한 다른 식물과의 연관 관계를 설명하고, 잎사귀의 잎맥, 줄기의 솜털, 성장 습관 등의 아주 미세한 특징을 통해 그 식물이 내가 생각했던 치유력이 있는 유용한 잎사귀가 아니라 강력한 마

그림 1. 한 남자가 만병통치약인 베토니(학명 Stachys Officinalis)를 자르고 있는 모습을 그린 13세기 초반의 필사본으로 각 대상의 크기가 실제와는 매우 다르게 표현되어 있다.

약인지 보여준다. 이 작업은 세계 어느 곳이든 해당 지역 거주민들의 생존에 꼭 필요한 현지 식물에 대한 지식을 체계적으로 분류하여 각 식물에 전 세계적으로 통용되는 이름을 붙이기 위한 포괄적인 시스템을 구축하는 것이다. 오늘날 이 명명 시스템에는 전 세계에 알려진 모든 식물이 포함되어 있다. 하지만 나는 그런 지식을 전혀 활용하지 못하는 상태에서 이곳에 와 있기 때문에 마치 중세 유럽에서와 같이 그 식물을 식량이나 약초, 혹은 마법 등의 목적으로 사용할 수 있는가라는 유용성의 기준에서 정의할 수밖에 없다. 만약 내가 현지인이었다면 나도 아메리카 인디언이 하룻밤을 지낼 쉼터를 만드는 데 사용하는 특정한 어린 나무를 골라내는 방법을 배웠을 것이다. 또한 가이드들이 불쏘시개로 쓰는 소중한 고무진을 만들어내는 나무도 알아볼 수 있었을 것이다. 주위가 어두워지면서 비가 세차게 내려 먹을거리를 준비하는 모닥불을 피울 나무 더미가 모두 젖어버렸을 때에는 이 작은 고무진 덩어리가 꺼지지 않는 불씨가 되어주었다. 그야말로 구세주나 다름없었다. 그러나 아무도, 심지어 같은 아메리카 인디언인 이웃 부족 마추시Macushi나 와이 와이Wai Wai조차도 파타모나 족 사람들이 그 고무진을 가리키는 데 사용하는 이름을 알지 못한다.

 오린두익 폭포로 향하는 여행의 막바지에서 우리 일행은 이렝강을 따라 배를 타고 내려갔다. 카누가 급류를 타고 쏜살같이 내려가는 동안 노 젓는 두 사람은 큰 소리를 지르면서 양쪽에서 물의 흐름을 저지하고 뱃머리에 앉아 있는 사람은 삿대〔얕은 곳에서 배질을 할 때 쓰는 장대〕처럼 생긴 긴 봉으로 뱃머리가 올바른 방향을 유지하도록 노력했다. 가끔 키잡이가 방향을 놓치면 강물의 흐름에 따라 급류에서 빠져 나와 잔잔한 물살이 있는 곳으로 밀려날 때까지 배가 물살에 휘말린 나뭇잎처럼 빙글빙글 돌았다. 강은 오린두익에서 여러 갈래로 갈라져 벽옥碧玉과 수정으로 이루어진 계단 위로 흘러내린다. 그날 밤 산 너머 어디선가 폭풍이 불었다. 우리가 도착했을 때에는 보름달이 떠 있었지만 이제는 폭포 소리에 귀가 멍멍한 상태에서 희끄무레하게 빛나는 거대한 둥근 달이 별들이 가득한 산 너머로 서서히 모습을 감추는 것을 바라보고 있었다. 커다란 달의 반대쪽에서 가끔씩 내리치는 번개 덕분에 파카라이머Pakaraima 산맥의 들쭉날쭉한 윤곽이 뚜렷이 드러나 보였다.

우리는 자그마한 전세 비행기에 올라타고 장대한 오린두익을 떠나 높다랗게 솟은 나무 숲 위로 날아올랐다. 부조종석에 앉아 그 엄청난 녹색의 향연을 내려다보며 나는 마침내 자연계와의 교감을 어느 정도 되찾을 수 있었다. 산골짜기와 바위 위로 쏟아지는 강을 눈으로 쫓으며 우리는 태양을 향해 날아갔다. 아래쪽에는 밀림의 바다를 뚫고 꼭대기가 평평한 거대한 산들이 섬처럼 어렴풋이 솟아 있는 광경이 펼쳐져 있었다. 우리는 두 폭포를 연결하는 길을 종주한 셈이었다. 코넌 도일의 『잃어버린 세계Lost World』와 같은 장관을 빙 둘러 날아가는 동안 비행기에서 바깥 경치를 바라보며 나는 인생 최고의 행복감을 느꼈다.

1629년 7월 12일, 새롭게 약제상의 자격을 딴 토머스 존슨Thomas Johnson(1600~1644년경)은 런던의 세인트 폴 교회 경내에서 일행을 기다리고 있었다. 28세였던 존슨은 몸담고 있던 약국을 떠나 레드 라이언이라는 간판을 달고 스노힐에 개업을 한 지 얼마 안 된 터였다. 존슨은 약제상 협회에서 선별한 몇몇 동행인과 함께 켄트 지역으로 여행을 떠나려고 하던 참이었다. 탐험의 목적은 켄트 카운티에서 자라는 식물의 목록을 만들기 위한 것이었다. 당시에는 아직 존재하지 않았던 영국의 식물군 목록, 즉 영국에서 자라는 식물을 정확하게 설명하고 묘사한 책자를 만드는 작업의 첫 단계였다. 1597년에 발표되었으나 부정확하기로 악명 높은 제라드Gerard의 저서를 비롯하여 약초 의학서가 라틴어와 영어로 출간된 바 있었지만 모두 이탈리아어와 플라망어로 쓰인 식물에 대한 책을 합쳐서 번역해놓은 것에 지나지 않았다. 그러한 대륙의 의학서에 등장하는 식물의 일부가 영국에서도 자생하기는 했지만, 영국의 원예가들은 제멋대로 삭제된 대륙의 약초 의학서에 나와 있는 설명과 대륙과는 환경 자체가 다른 영국에서 모은 식물을 서로 비교하는 데 어려움을 겪고 있었다. 약제상들은 특히 토착 식물을 정리하고, 이름을 붙이고, 분류해야 한다는 필요성을 절실히 느꼈다. 약품을 다루는 일이 직업인 사람들로서 식물은 끓이고, 증류하고, 달여서 물약이나 강장제를 만드는 귀중한 원재료였다. 약제상 협회에서 정식으로 자격증을 받은 사람들만이 약제를 만들고 팔 수 있었지만 이러한 전문 약제상들조차 원재료를 구하기 위해서는 식물을 채집하고 판매하는 늙은 여자 약초꾼들에게 의지할 수밖에 없었다. 혹시 약제상들이 약초꾼들에게 감쪽같이 속고 있는 것일까? 종제種臍(씨앗배꼽)라고 생각하고 산 것이 실은 떡잎이 아닐까? 존슨은 그렇다고 여겨져 다음과 같은 글을 남겼다.

약초 시장에서는 거의 매일같이 약제상들이 약초 뿌리를 파는 노파들에게 속아 넘어가는데, 이는 환자들에게 크나큰 위협이 아닐 수 없다. 이 노파들은 어수룩한 약제상들을 속속들이 파악하고 있어 뻔뻔하게도 아무 약초나 약제상들이 원하는 약초라며 속여 팔아넘긴다. 그러한 의사와 약제상의 도움에 의지하는 환자들의 운명이 가련하지 않은가? 의사는 약제사에게 의지하고, 약제상은 탐욕스럽고 사악하여 뻔뻔스럽게 아무것이나 약제상에게 떠넘기는 노파들에게 의지한다. 따라서 환자들의 안녕이 무지하고 교활한 노파들의 약초 지식에 좌우되는 경우가 드물지 않다.[1]

그래서 8년간의 약제상 도제 수업을 마친 존슨은 몇몇 동료 약제상들과 함께 켄트 카운티에 자생하는 식물을 자세하게 파악하기 위해 첫 번째 여행을 떠나려 하고 있었다. 일행은 로체스터에서 질링엄까지 간 다음 돌아오는 길에는 다트퍼드를 거치려는 계획을 세웠다. 이들에게는 지도조차 없었다(이 지역의 대규모 안내서는 18세기에 이르러서야 처음 출판되었다). 다만 필립 시몬슨Philip Symonson이 1596년에 켄트 지역의 대략적인 지리를 기록해놓은 것이 있었다. 이는 강과 해안 주변을 여행하는 사람들에게 도움이 되는 지침서로 다양한 교구의 교회 위치를 표시해놓고 그 교회에 첨탑이 있는지 아니면 탑이 있는지를 보여주는 식이었다. 당시에는 여행자들이 이용할 수 있는 길이 거의 없었고 표식이란 찾아볼 수 없었으며 진흙탕의 연속이었다. 켄트로 향하는 가장 빠른 길은 템스 강을 따라 가는 것이었기 때문에 존슨과 그 일행도 이 길을 따라 강의 남쪽 둑에 있는 그레이브젠드까지 가려는 계획을 세웠다. 이 지점에서 템스 강의 물이 불어나 더 넓은 강어귀가 형성되고 결국 북해로 흘러 들어가고 있었다.

존슨이 기록한 대로 "강둑으로 서둘러 가기 위해" 일행은 여행 초반부에 배 두 척을 빌렸다. 그러나 "고약한 날씨에 악전고투"한 나머지 존슨의 친구들인 버크너Buckner, 벅스Buggs, 윌Weale과 라킹Larking을 태운 배는 폭풍을 피하기 위해 그리니치로 피신해

그림 2. 다양한 이름이 붙여진 여러 종류의 패랭이꽃(아마도 카네이션Dianthus caryophyllus에서 파생)으로, 크리스티안 벤젤 반 노스티츠 레이넥Christian Wenzel van Nostitz Reineck이 수집한 17세기 독일의 그림 도감에서 발췌.

야 했다. 존슨과 나머지 일행을 태운 배는 그레이브젠드에 안전하게 도착하여 1387년에 존 코햄John Cobham과 로버트 놀스Robert Knowles가 "프랑스가 남긴 유산spoils of france"으로 만든 정교한 돌다리를 건넌 뒤 육로를 통해 로체스터로 여행을 계속했다. 이들은 로체스터의 여관인 불 인Bull Inn에서 마침내 버크너, 벅스 일행과 다시 합류했다. 태풍이 지나가자 일행은 다시 그리니치를 떠나 항해를 하기 시작했지만 마침 썰물 때였던 까닭에 배는 좀처럼 순조롭게 앞으로 나아가지 못했다. 그래서 일행은 배를 에리스에 남겨 두고 그레이브젠드에서 말을 빌린 후 로체스터를 향해 빠르게 달려갔다. 존슨은 "우리는 모두 행복해하면서 함께 저녁을 먹었다"고 기록하고 있다. 나중에 일행은 담배, 로즈메리, 왕원추리, 렁워트lungwart[지칫과의 여러해살이풀], 세이지, 꽃무wallflower[십자화과의 여러해살이풀] 등 여관의 정원에서 자라고 있는 식물의 목록을 만들었다.

다음 날 일행은 역사학자 윌리엄 캠던William Camden이 『브리타니아Britannia』(1586)에서 "태양이 뜬 이래 최고 장비를 갖춘 함대"라고 묘사한 영국 선단이 정박해 있는 채텀으로 향했다. 일행은 타의 추종을 불허할 만큼 영국에서 가장 큰 해군 함선이자 무게가 1200톤에 달하는 프린스 로열Prince Royal 호에 승선할 수 있다는 허가를 받았다. 프린스 로열 호는 당시만 해도 비교적 새 함선이었기 때문에 존슨에게 깊은 인상을 남겼다. 존슨은 방문 후에 이렇게 기록했다. "거대한 청동 대포 66대가 실려 있었다. 장대한 규모, 구조, 장엄함을 한눈에 알아볼 수 있었고 내가 가졌던 모든 기대를 엄청나게 뛰어넘어버려 감히 묘사조차 하기 어렵다."[2] 질링엄에서 저녁 식사를 하고 묘지에서 식물을 채집한 다음 존슨과 그 일행은 강을 건너 셉피 섬의 퀸브로우에 있는 여관 두 채에 투숙했다. 그곳 시장은 상당한 인원의 이들 일행을 수상쩍게 바라보고 사람을 보내 데려오게 한 다음 방문 목적을 물었다. 시장은 젠체하며 자신에게는 셉피 섬 주민들의 안전을 보호하는 "위대하고 포괄적인 특권"이 있다며, 섬을 방문하는 사람들의 여행 목적을 알아내는 것이 자신의 의무라고 주장했다. 당시에는 밀수와 해적 행위가 만연하고 있었다. 그리고 퀸브로우의 주요 소득원인 굴도 다소 민감한 문제였다. 혹시 존슨 일행이 퀸브로우의 굴 양식장을 불법으로 습격할 계획을 세우고 있는 것은 아닐까?

몇 년 뒤 자격증 없이 의사 행세를 했다는 죄목으로 감옥에 들어가는 존 벅스는 셉피 섬 시장의 질문에 자신들 일행은 약제상으로 "약제의 과학과 물질적 자원의 연구에 헌신"하고 있으며 셉피 섬에 희귀한 식물이 자라고 있다는 소문을 들었기에 직접 눈으로 보기 위해 찾아왔노라고 답변했다. 또한 벅스는 시장과 같은 중요한 사람이나 왕실 함대의 선장처럼 선박 조종술에 뛰어난 사람들을 만날 매우 귀중한 기회를 얻기 위해 왔다는 말도 덧붙였다. 단 한 점의 부끄러운 기색도 없이 벅스는 시장에게 "이토록 저명하신" 분을 뵙게 되어 얼마나 "기쁘기 한량없는지……" 하며 감언이설을 늘어놓았다. 존슨은 이 광경을 회상하면서 "그런 식의 말을 듣고 시장은 매우 흡족해했다"고 기록하고 있다. 시장은 일행에게 맥주를 권했고 그들의 건강을 위해 건배를 했으며 의학과 해군 문제를 논의했다. 시장의 환대를 받은 일행은 퀸보로우 성으로 이동하여 무너져 내리는 성벽에서 은행잎 고사리Asplenium ruta-muraria를 채집했다. 시어니스의 해변에서는 뿔양귀비와 잎사귀가 회색인 갯배추Crambe maritima를 발견했다. 또한 불가사리와 넓적한 흰 갑오징어의 사체carcasses도 채집했다.

여행 중 가장 먼 지점이었던 셉피 섬에서 존슨과 일행은 바지선〔운하, 강 등에서 사람, 화물을 싣고 다니는 바닥이 납작한 배〕을 빌려 메드웨이 강을 건너 반대쪽에 있는 그레인 섬으로 넘어갔다. 평평한 한 대지에 강한 바람이 부는 데다 별다른 특징이 없어 거의 섬이나 마찬가지인 곳이 북쪽의 템스 강과 메드웨이 강 사이의 경계 역할을 하고 있었다. 켄트 지역 여행에서 가장 힘들었던 곳은 바로 여기였다. 존슨은 이렇게 적고 있다. "작은 배에서 내린 후 5~6마일(8~9.5킬로미터)이나 걸어갔지만 우리의 흥미를 끌 만한 것은 단 하나도 보이지 않았다. 길은 물가를 따라 펼쳐져 있었다. 낮에 기온이 올라가면 우리는 갈증으로 인해 마치 탄탈루스Tantalus〔신들의 비밀을 누설한 죄로 지옥의 물에 턱까지 잠겨 목이 말라 물을 마시려 하면 물이 빠지는 벌을 받음〕와 같은 고문을 당해야 했다. 물은 사방에 있었지만 짠물이라 마실 수 없었다. 또한 인간의 그림자조차 찾아볼 수 없는 황량한 땅에서 갈증만큼이나 굶주림에 시달렸다. 아무리 주위를 둘러보아도 마을이나 불을 피우는 연기는 보이지 않았고, 개가 짖는 소리도 들리지 않았다. 만신창이가 된 몸과 마음에 일말의 희망을 불어넣어줄 수 있는 사람의 거주 흔적은 전혀 찾을 수가 없었다." 흥미를 끄는 식물조차 보이지 않았다.

녹초가 된 일행은 마침내 스토크라는 작은 마을에 이르렀다. 저녁 식사를 마친 후 존슨과 스타일스Styles를 제외한 일행은 양조장의 짐마차를 빌려 타고 로체스터로 향했다. "짐마차에 실린 맥주통들 사이에 축 처져 누워 있는" 일행을 마차 운전수에게 맡겨두고 존슨과 스타일스는 서쪽으로 향했고, 하이 할스토우라는 작은 마을을 통과하고 쿨링 성을 지나 클리프에 있는 여관에서 하룻밤을 보냈다. 이 여정은 아주 보람찼다. 두 사람은 대마초를 포함해 새로운 식물을 여럿 수집했는데, 이 중 상당수는 영국에 서식한다는 기록 자체가 전혀 없던 식물이었다.[3] 그러나 클리프 주변의 가파른 언덕에서는 이전에 보지 못했던 식물이 눈에 띄지 않았기 때문에 이들은 방향을 바꿔 그레이브젠드의 동쪽에 있는 염전 쪽으로 내려갔다. 그곳에서 두 사람은 접시꽃과 위대한 프랑스의 식물학자 클루시우스Clusius가 딸기 거여목Trifolium Fragiferum이라는 이름을 붙인 딸기 모양 꽃이 달린 클로버를 발견했다.

존슨과 스타일스는 낫으로 수확한 유채꽃 들판을 지나 다시 그레이브젠드로 돌아간 뒤 "마차를 타고 떠난 동료들"의 소식을 기다렸다. 두 사람이 저녁을 먹고 있던 중에 토머스 월리스Thomas Wallis가 로체스터에서 빌린 말을 타고 도착했다. 토머스는 레오나드 버크너Leonard Buckner와 잡 윌Job Weale도 바로 뒤에 따라온다고 설명했다. 그러나 다른 일행의 소식은 알지 못했다. 시간은 서서히 밀물 때로 접어들고 있었기 때문에 그날 저녁 런던 항으로 항해하려는 배는 없었다. 그래서 재회한 일행 몇 명은 배 대신 말을 빌려 타고 왕의 대로king's highway를 따라 서둘러 다트퍼드에 있는 숙소인 불인으로 향했다. 그곳에서 다시 초크데일을 향해 출발했다. 존슨은 이렇게 적었다. "초크데일은 한때 생석회를 만들기 위한 채석장이 있던 곳으로 희귀한 식물로 가득한 곳이었다. 우리는 그곳이 풀과 수많은 아름다운 식물로 잔뜩 덮여 있는 것을 발견했다." 이제는 상당한 양으로 늘어난 켄트 카운티에서 발견한 식물 목록에 솔나물, 무리 지어 피어 있는 초롱꽃, 짙은 적갈색의 파리난초, 지칫과의 약초가 추가되었다.

그날 밤 일행은 "우아한 기품을 갖춘 전도사" 리처드 윌리스

그림 3. 수선화와 멋쟁이 나비. 수채화, 자크 레 모인 드 모르그 Jacques le Moyne de Morgues(1530~1588년경), 1568년경의 작품.

Richard Wallis와 저녁 식사를 했다. 월리스는 호화로운 식사 대접으로 일행의 원기를 돋워주고 자신의 작은 목장에 데려가서 식물 채집을 할 수 있도록 호의를 베풀었다. 다음 날 아침 이들 일행은 공공 보도를 이용하여 에리스로 향했고, 그곳에서 배를 타고 강의 상류에 있는 런던으로 향했다. 가는 도중에 이들은 최근 동인도에서 돌아온 배 세 척을 지나쳤다. 일행은 초대를 받아 배에 승선했고, 나중에 약제상 협회 회장이 된 레오나드 버크너는 "커다란 인도견과, 사탕수수 조각, 인도 대나무"를 선물로 받았다. 그후 존슨은 이렇게 기록했다. "우리는 배에서 내려 영국에서 가장 유명한 다리를 건넜다. 그다음 동료들이 돌아왔다는 소식과 지금 어디에 있는지에 대해 들었다." 마차를 타고 갔던 일행은 위풍당당하게 후Hoo를 거쳐 로체스터까지 여행했고, 그곳에서 같은 해 승인된 새로운 헌장에 따라 선출된 로체스터의 초대 시장 앤서니 앨런Anthony Allen에게서 "호화로운 식사"를 대접받았다고 한다. 새로운 조리법으로 요리한 양고기를 먹으면서 로체스터 대성당의 존 라킨John Larkin 명예 참사 회원과 즐겁게 술을 마셨다. 다시 합류한 일행은 모두들 이번 여행이 매우 보람차고 풍성한 수확을 거둔 여행이었다는 데 의견을 같이했다. 여행을 통해 켄트에서 이전에 기록된 적이 없었던 약 270종의 식물을 발견했던 것이다. 그 중 절반 가량은 영국의 다른 지역에서도 서식이 기록된 바 없는 식물이었다. 그래서 그들은 다음 여행을 계획했다. 8월에 말을 타고 햄스테드 히스의 야생 지대로 떠나는 여행이었다.

나는 카자흐 족 마부와 함께 말을 타고 중앙아시아의 텐샨 산맥을 넘고 있었다. 때는 4월 하순이었고 눈이 덮인 산봉우리를 뚫고 폭풍이 잠시 스쳐 지나간 참이었다. 이제 태양이 다시 고개를 내밀었고 무지개가 우리 발밑의 거대하고 평평한 평원 위에 걸쳐 있었다. 부서진 관개용수, 깨진 가스 파이프, 황폐한 공장 등 구소련 시절의 몰락한 기업의 잔재가 여기저기 흩어져 있는 평원은 톈산 산맥 북쪽의 작은 언덕부터 높은 산들이 몰려 있는 카라타우의 초입까지 펼쳐져 있었다. 흰 뭉게구름을 배경으로 뾰족하고 삭막하게 솟은 카라타우의 산봉우리들이 눈에 들어왔다. 내 앞으로 걸어가고 있는 회색 점박이 말의 좁은 옆구리와 엉덩이 위로 느슨하게 걸쳐 있는 거친 천으로 만든 안장주머니에서는 수증기가 솟아오르고 있었다. 내 안장은 배 모양의 금속 틀을 밝은 벨벳 쿠션으로 감싼 형태였다. 고삐는 꼬아서 만든 것이었고, 빨간색 해진 천을 볼에 걸친 말굴레 끈에 묶어서 말 머리 양쪽으로 늘어뜨려놓았다. 마을과 언덕 사이에 풀이 무성하게 자란 평원을 지나가면서 말들은 민첩하게 움직였고 이상한 흔들 목마 같은 동작으로 초원을 관통해서 흐르는 좁은 시냇물을 껑충 건너뛰기도 했다. 점점 경사가 급해지고 길이 가팔라졌으며 내 눈에는 길 하나 보이지 않았기 때문에 나는 상록 향나무의 낮은 언덕을 지그재그로 통과하고, 거대한 바위를 빙 둘러 지나가고, 진흙투성이인 둑을 미끄러져 내려가 빗물로 불어난 개울을 건너는 동안 내 앞에 있는 말을 놓치지 않기 위해 온 신경을 집중했다. 가끔씩 말들이 붉은 다리의 바위자고새를 방해하기라도 하면 새들은 마치 태엽을 감는 기계 양철 장난감처럼 빠르고 시끄럽게 날개를 파닥거리면서 향나무 위로 날아올랐다.

카자흐 족 마부의 모자챙에서 물방울이 떨어졌다. 그 모자는 마치 어부의 방수모처럼 앞부분은 위쪽으로 말려 올라가고 챙의 뒷부분은 목의 뒤쪽까지 덮는 형태였다. 두꺼운 펠트 천으로 만든 모자였다. 방금 지나쳐온 산맥의 경사로에 양치기들이 여름을 준비하기 위해 비스듬히 지어놓은 유르트yurt[몽골, 시베리아 유목민들이 전통적으로 사용해오는 텐트] 지붕에 사용된 것과 같은 재질이었다. 절벽을 빙 돌아가자 고원이 펼쳐졌다. 그곳에서 카자흐 족이 만드는 양탄자의 바늘땀보다 더욱 촘촘하게 땅을 덮고 있는 것은 적갈색의 패모[백합과의 여러해살이풀], 푸른색 붓꽃, 빙산처럼 푸르스름한 흰색의 크로커스[이른 봄에 작은 튤립 같은 꽃이 피는 식물], 노란색 유자, 잎에 뱀가죽처럼 얼룩덜룩한 무늬가 있는 튤립 군락, 키가 작은 관목인 분홍색 벚나무, 양파, 마늘 등의 파속 식물, 군데군데 피어난 제비꽃들, 우아한 잎사귀들에서 새빨갛게 달아올라 부지깽이처럼 솟아오른 에레무러스Eremurus의 뾰족한 끝부분, 녹색 실크처럼 섬세한 줄기에서 자라나 만개한 거대한 회향, 보랏빛이 감도는 자홍색의 살갈퀴[콩과의 풀], 현호색속의 식물, 둥굴레속 식물의 활 모양 줄기, 화살 모양을 한 천남성과의 식물 등이었다. 내가 이 모든 식물을 알고 있으며 이름을 댈 수 있는 까닭은 서양의 식물 애호가 가운데 이들을 키우려고 노력해보지 않은 사람은 거의 없기 때문이다. 식물 애호가라면 여름에는 온도계가 터질 만큼 태양이 이글거리고 셰일shale[퇴적암 종류의 하나]이 여기저기 흩어져 있는 이곳 거대한 톈샨 산맥의 경사로보다는 축축한 찰흙 모판에 뿌리를 박고 구름과 보슬비가 내리는 곳에서 사는 것이 더 좋다며 식물을 설득하려고 했을 것이다. 이들은 반론의 여지가 없는 식물계의 화려한 슈퍼스타로, 인간이 처음 이들을 발견한 이래 자연이 보금자리로 골라준 중앙아시아의 한쪽 모퉁이보다 훨씬 넓은 무대에 선을 보일 운명을 타고난 식물이었다. 1453년에 콘스탄티노플이 함락되고 새로운 오스만 제국의 수도에 유럽의 대사관들이 모습을 드러내기 시작한 후, 이러한 동방의 식물이 유럽에 소개되는 길이 마련되었고, 점점 더 많은 동방의 식물이 서양으로 유입되었다. 15세기 중반부터 16세기 중반에 이르는 약 100년간 과거 2000년을 다 합친 것보다도 20배나 많은 동방의 식물이 유럽으로 흘러 들어갔다. 산에서 채집한 백합, 패모, 히아신스, 아네모네, 미나리아재비, 크로커스, 붓꽃, 튤립 등은 비단 두루마리와 함께 상인들이 동방의 생산자에게서 구입한 귀중한 물건을 서양의 고객들에게 운반하기 위해 만든 실크로드를 따라 이동했다. 타슈켄트, 사마르칸트, 부하라, 투르크메니스탄을 통과한 후 바쿠와 예레반을 거쳐 마침내 서구 유럽 국가들로 향하는 출발점이 되는 콘스탄티노플에 도착했던 것이다.

 내 말이 중의무릇Gagea[백합과의 여러해살이풀]과 야생 장미 사이를 조심스럽게 헤치며 풀을 뜯는 동안 나는 짐을 나르는 상인들의 행렬, 안장주머니, 수작업으로 만든 마구馬具, 설치하고 걷어내는 유르트, 곰과 늑대를 쫓기 위해 피우는 모닥불, 그리고 원서식지에서 그토록 멀리 떨어진 곳까지 식물을 상하지 않게 운반하는 현실적인 측면에 대해 생각하고 있었다. 물론 그 식물은 살아남았다. 그 이유는 최고의 상품, 즉 가장 귀중하고 화려한 꽃들이 구근bulbus의 형태를 하고 있었기 때문이다. 이들 식물은 일단 꽃을 피우고 나면 재빨리 자원을 다시 체내로 거두어들여 주위의 돌처럼 차가운 흙 때문에 열이 미처 닿지 않는 땅속에서 여름 내내 휴식을 취한다. 이 휴면 기간 동안에는 성장이 멈춘 구근을 상하지 않게 완벽하게 포장하여 멀리까지 운반할 수 있었다. 이 위대한 교역로에 실크로드라는 이름이 생겨나게 한 비단과 함께 구근은 매우 값비싸면서도 부피가 작은 상품이었기에 상인들도 번거로움을 감수할 가치가 있었다.

그림 4. 디오스코리데스Dioscorides와 조수가 약초를 수집하고 있는 모습.
1224년 바그다드에서 제작된 필사본에서 발췌.

마부인 알렉산더는 꽃들 사이에 옅은 미색의 돌처럼 불쑥 튀어나온 민자주방망이 버섯을 따서 모으고 있었다. 그러다가 야생 사철쑥 무리 옆에 쌓여 있는, 김이 모락모락 나는 거대한 똥 덩어리를 가리키며 소리를 질렀다. 알렉산더의 말에 따르면 아침으로 향나무 열매를 먹고 점심으로는 대황을 먹은 곰의 것이라고 했다. 알렉산더는 곰이 우리 위쪽에 있는 동굴에서 겨울을 났을 거라고 생각했다. 어두운 동굴 입구에는 패모가 꽃을 흐드러지게 피우고 있었다. 유럽의 정원사들에게 가장 희귀하고 기이하며 키우기 어려운 종류인 이 꽃이 여기서는 곰이 살고 있는 동굴의 앞마당을 가득 장식하고 있는 셈이었다. 쐐기풀만큼이나 두텁게 퍼져 있고, 솟아오른 줄기에는 소용돌이 모양의 연한 청록색 잎이 달려 있으며, 군데군데 신기하고 귀중한 노란색이 감도는 카키색의 종 모양 꽃이 피어 있었다.

내가 탄 말은 노란색 아이리스 마그니피카〔외떡잎식물 백합목 붓꽃과의 여러해살이풀〕가 잔뜩 피어 있는 길을 따라 알렉산더의 말 쪽으로 움직이면서 편자가 박히지 않은 발굽으로 꽃들을 짓이겼다. '미안하다', 나는 흰색 테두리가 둘러진 넓은 잎사귀 무리 속에 으깨져서 누워 있는 꽃들에게 이렇게 말했다. '정말 미안해.' 나는 예전에 이 붓꽃을 큐에 있는 왕립 식물원에서 한 번 보았을 뿐이었다. 그때 내 눈앞에는 딱 한 송이가 흙으로 된 긴 화분에 경건하게 담겨 꽃을 피우고 있었으며, 재배한 사람은 영국에서 이 식물의 꽃을 피울 수 있는 기술을 가진 유일한 인물이었다. '붓꽃', 나는 카자흐 말과 약간의 러시아어를 할 줄 아는 알렉산더에게 말했다. '유크롭Ukrop', 알렉산더는 대꾸했다. '유크롭'이 바로 붓꽃의 현지 이름이었다. '아이리스 오키오이데스Iris Orchioides', 나는 알렉산더에게 말한다기보다는 혼잣말에 가깝게 되뇌었다. 왜냐하면 그것이 바로 그 꽃의 식물학적 이름과 성으로, 카자흐스탄 밖으로 출국하는 일종의 여권인 셈이었기 때문이다. 1880년에 프랑스의 분류학자인 에비에 아벨 카리에르Ebie-Abel Carriere가 붙인 이름표를 목에 걸면 이 식물은 스페인, 벨기에, 미국, 오스트레일리아, 브라질, 일본인의 손을 거쳐갈 수 있다. 이들은 모두 이름을 통해 이 식물을 아이리스 티엔샤니카I. tienshanica나 아이리스 부카리카I. bucharica 와 같은 다른 중앙아시아 붓꽃과 구별되는 독특한 특징을 지닌 하나의 특별한 종으로 인식하게 된다.(카리에르는 이 꽃이 묘목장에서 자라는 것을 보고 원예 잡지Revue Horticole에 처음으로 설명을 실었다.) 중세 시대 이후 서구 유럽에서 라틴어는 글을 쓰는 언어였으며 프랑스, 이탈리아, 영국, 또는 네덜란드 등 국경을 넘어 널리 사용되었다. 처음으로 기록된 약초 의학서에서 식물의 라틴 이름은 향후 300년간 점차적으로 다듬어지는 과정을 거쳐 특별한 식물의 언어, 즉 식물에 관심이 있는 사람이라면 세계 어디서나 누구든 이해할 수 있는 일종의 라틴 에스페란토[국제 공용어]로 정착되었다. 물론 식물에게 이 이름표는 아무런 의미가 없다. 식물은 지난 수백만 년간 그래왔듯이 빛, 어둠, 더위, 추위, 축축함, 건조함, 말발굽 등 외부의 자극에만 반응할 뿐이다. 알렉산더 역시 꽃의 이름에는 큰 흥미가 없었다. 알렉산더는 태어나서 지금까지 아래쪽 평원에 있는 마을인 자바글리에서 살아왔고, 아마도 앞으로 남은 평생 같은 곳에서 살아갈 것이다. 알렉산더는 적어도 산에서 자라는 식물의 80퍼센트 이상의 현지 이름을 알고 있었고, 이 공동체에서 유용한 것은 라틴명이 아니라 바로 이 일반적인 이름이다. 나에게는 '배'지만 그들에게는 그루샤grusha다. 나는 쐐기풀이라는 이름을 사용하지만 그들은 크라피바krapiva라는 이름으로 부른다. 내가 튤립이라고 부르는 것을 그들은 키스칼닥kyshaldak이라고 부른다. 알렉산더가 따 모은 버섯의 현지 이름은 시네노즈카sinenozhka이다. 그 버섯에 독이 들어 있지 않다는 사실을 나타내는 데에는 현지에서 통용되는 이름이면 충분하며, 아마도 알렉산더는 그 지역의 별미인 이 버섯을 이웃들에게 좋은 가격으로 팔 수 있을 것이다.

그러나 이 멋진 식물이 고향에서 멀리 떨어진 이국 땅에 도착한 이후에 어떤 과정을 거쳐 보편적으로 이해할 수 있는 새로운 이름으로 불렸던 것일까? 상인에게서 배의 선장에게, 여행자에게서 묘목상에게, 외교관에게서 귀족에게, 선교사에게서 수도승에게, 중앙아시아에서 피사, 파두아, 프로방스, 파리, 레이던, 런던으로 전달되면서 이들 식물은 고향에서 통용되던 일반적인 이름, 즉 현지에서의 정체성을 잃기 마련이었다. 하지만 최소한 현실적인 이유에서라도 이들 식물에게는 어떤 이름이 필요했다. 유럽으로 들여온 식물 가운데 상당수가 약제를 만들기 위한 용도였고, 약제사가 참고로 하는 약전藥典[의료에 사용되는 의약품에 대한 기준서]의 범위를 넓히고 효과를 향상시키기 위해서였다. 대부분의 약은 약초로 만들어졌으며(당시에는 'simples'라고 불렸다), 새로운 재료가 유입되면 새로운 치료법에 대한 희망이 생겨났다. 식물의 의학적 가치는 하나의 식물 종을 다른 종과 구별해내는 식물 채집꾼의 능력에 따라 달라졌고, 그 경제적인 가치 또한 올라갔다.

그러나 약제상들은 진짜 약초가 아니라 그보다 쉽게 얻을 수 있는 대체 식물을 속아서 구입하게 될까봐 우려했고, 바로 그 이유 때문에 토머스 존슨과 일행이 켄트로 식물 채집 여행을 떠났던 것이다. 이는 존슨 일행이 영국의 여러 지역을 여행하면서 눈에 띄는 야생 식물을 수집하고, 그 특징과 알려진 용도를 기록하며, 사상 처음으로 영국에서 어떠한 식물이 자라며 어떤 이름으로 불러야 하는지에 대해 일종의 합의를 도출하려고 시도했던 여러 차례의 여정 가운데 첫 번째였다.

영국에서 이러한 움직임이 일어나기 전에 이미 이탈리아와 프랑스에서는 식물에 이름을 붙이는 작업이 상당 기간 동안 진행되고 있었다. 존슨의 채집 여행에 대한 동기도 이탈리아의 젊은 식물학자 울리세 알드로반디Ulysse Aldrovandi가 1557년에 감행한 시빌리니 산맥 탐험에서 영감을 얻은 것이었다. 이는 유럽의 특정 지역에 서식하는 식물을 기록하여 사실상 해당 지역의 식물군 지도를 만들기 위해 떠난 최초의 여행이었다. 알드로반디는 물론 스스로를 식물학자라고 부르지는 않았다. 알드로반디가 시빌리니 산을 여행한 후 100년 이상이 지나서야 식물학자라는 단어가 문헌에 처음으로 나타났기 때문이다. 그러나 식물에 대한 연구는 의학 연구와 밀접하게 연관되어 있었다. 16세기의 약제상, 외과의, 의사는 필연적으로 원예가가 될 수밖에 없었다. 볼로냐에서 위대한 스승 루카 기니Luca Ghini의 문하에서 공부한 알드로반디는 범유럽 정보교환 네트워크, 즉 자연계를 더욱 잘 이해하는 데 관심을 가지고 있는 모든 사람을 연결하는 16세기식 인터넷의 일원이었다. 이들은 명명체계를 도입함으로써 자연계에 질서를 구축하려고 시도했고, 평상시에 통용되는 이름과 나란히 라틴어 이름을 붙였다. 이러한 라틴어 이름 체계는 국가와 언어에 관계없이 보편적으로 이해할 수 있는 것으로, 다른 국가에서 비슷한 연구를 하는 사람들과의 접촉으로 더욱 발달하고 점진적으로 합의에 도달한 체계였다. 알드로반디는 이미 30대 초반에 영향력 있는 스페인의 약사인 베르가소

그림 5. 서기 1330~1340년에 작성된 필사본에 묘사된 '세나시온Senationes(오늘날의 개쑥갓, 세네키오 불가리스 Senecio vulgaris를 뜻할 가능성이 있다)'과 인상적인 '서펀타리아Serpentaria(현재의 드래곤 아룸Dragon arum, 즉 드라쿤쿠루스 불가리스Dracunculus vulgaris)'. 뱀을 그려 넣은 것은 이 식물이 뱀에 물린 상처에 좋은 해독제라는 사실을 나타내는 것일까?

Bergaso와 연락을 주고받았고, 교황이 마드리드의 펠리페 2세에게 보낸 특사인 로사노Rossano 주교와 바르셀로나에 있는 의사 미콘 데 비에즈Micon de Viez와 정보를 교환했다. 알드로반디는 프랑스 메헬렌에 있는 식물원 책임자였던 필립 브랑시옹Philip Brancion과 씨앗을 교환하기 시작했다. 1587년에 알드로반디는 프라톨리노에 유명한 정원이 있었던 프란체스코 1세 데 메디치 대공에게 동방에서 갓 도착한 화려한 주황색 왕관초Fritillaria imperialis의 그림을 보내기도 했다. 자연계를 질서정연하게 정리하는 논리적 체계의 발달은 이처럼 유럽의 학자들과 귀족이나 지주와 같은 후원자들의 네트워크와 긴밀히 연관되어 있었으며, 이들은 모두 공통 언어인 라틴어로 의사소통을 했다.

그러나 사물에 올바른 이름을 붙이고자 하는 움직임이 일어난 데에는 식물이 약제의 재료로 쓰인다는 실용적 이유뿐만 아니라 또 다른 절실한 이유가 있었다. 자연계를 합리적으로 이해하고자 하는 욕망은 르네상스 시대의 가장 중요한 특징 가운데 하나였다. 중세 유럽을 지배했던 종교적이고 사색적인 사고방식이 점차 적극적으로, 세속적인 사고방식으로 대체되기 시작했다. 이 새로운 시대의 정신과 문화는 고전적인 학문, 과학적 발견, 지리적 탐험을 장려하고 인간 마음의 잠재력이라는 인식을 일깨웠다. 예술은 종교적인 제약에서 벗어났다. 더욱 합리적이고 과학적인 사고방식이 발달하자 자연계에 대한 연구와 분류가 초기 르네상스를 이끌어가는 원동력이자 핵심적인 활동이 되었다. 혹독한 겨울, 식량 부족, 갖은 전염병의 창궐 등 14세기의 시련은 모두 15세기 전반의 특징이었던 실증적 연구를 위한 움직임의 동기가 되었고, 이는 인간과 자연의 관계에 새 장을 열었다. 식물학자, 약초상, 지주, 농부와 유럽과 아시아를 여행하는 외교관들 사이에 유익한 교류가 촉진되었다. 베네치아 출신 대사인 안드레아 나바게로Andrea Navagero는 말을 타고 바르셀로나와 세비야 사이를 여행하면서 아랍 농부들이 키우는 농작물을 자세하게 기록하기도 했다. 1510년에 베네치아에서 태어난 귀족 피에트로 안토니오 미키엘Pietro Antonio Michiel은 베니스의 산 트로바소라는 섬에 아름다운 정원을 가꾸었다. 그는 콘스탄티노플과 알렉산드리아에 주재하는 베네치아 대사들에게서 식물을 받았다. 또한 달마티아, 크레타, 레반트에도 지인이 있었다. 미키엘은 프랑스, 독일, 플랑드르에서 사업차 베니스에 온 상인들과도 연락을 주고받았다. 엄청나게 많은 유럽의 교역품들이 이탈리아의 항구에서 거래되었기 때문에 이탈리아가 식물계의 질서에 대한 탐구의 초기 중심지가 된 것도 놀라운 일은 아니었다. 그러나 머지않아 정보는 지중해 근방에 있는 학자들에게서 북부 유럽의 학자들에게로 자유롭게 흘러 들어가기 시작하여 베네치아, 피렌체, 프로방스를 거쳐 파리, 레이던, 런던과 연결되었다.

 물론 인쇄술의 발명(새로운 방식으로 생산된 최초의 문서는 1454년에 마인츠에서 인쇄된 사면서indulgence였다)은 지식의 전파에 혁명과 같은 결과를 가져왔다. 그때까지 정보란 개인의 자산이거나 소유물이었고, 소유자의 재량에 따라 말이나 편지로 한 사람의 손에서 다른 사람의 손으로 전달되는 것이었다. 정보를 소유하고 있는 각 개인은 다른 사람에게 전달하기 전에 정보를 추가하거나 뺄 수 있었다. 그러나 인쇄된 책은 정보를 받아들이는 방식을 완전히 바꿔놓았다. 책은 모든 사람에게 똑같은 메시지를 전달했다. 물론 그것이 반드시 옳은 것이라는 보장은 없지만, 하나의 의제를 제시하는 것임은 분명했다. 책은 변치 않는 주장을 내놓았으며, 거기서 해석에 대한 논란이 시작되기 마련이었다.

세계 최초로 인쇄된 식물과 관련된 책은 독일의 약초 의학서로, 구텐베르크의 위대한 발명 이후 30년도 지나지 않아 세상에 나왔다. 그러나 첫 번째 베스트셀러, 즉 새로운 인쇄 방식으로 만들어져 유럽 전체에서 널리 읽힌 최초의 약초 의학서는 1530년에 카르투지오 수도회의 수도사에서 루터교 스승으로 변신한 오토 브룬펠스Otto Brunfels가 쓴 저서였다.(브룬펠스는 베른의 마을 의사이기도 했다.) 이 책이 성공을 거둔 가장 큰 요인은 대부분 테오프라스토스Theophrastus와 디오스코리데스Dioscorides의 기록을 대강 끼워 맞춘 글 때문이 아니라 데생 화가이자 판화가인 한스 바이디츠Hans Weiditz가 제작한 목판화 때문이었다. 브룬펠스와는 달리 한스 바이디츠는 기존의 그림을 복제하지 않고 약초 의학서에 실린 모든 식물의 실물을 보고 직접 그렸다. 유럽 전역에 널리 퍼진 수련, 쐐기풀, 우산이끼, 마편초, 애기똥풀, 서양지치, 숲바람꽃, 할미꽃의 그림을 처음으로 인쇄한 사람이 바로 한스 바이디츠였다. 유럽에 식물학 르네상스의 기반을 닦은 것은 작가들이 아니라 화가들이었던 셈이다.

바이디츠가 모델로 삼은 인물이자 스승은 독일 르네상스의 거장 알브레히트 뒤러Albrecht Dürer였다. 뒤러는 "자연의 지시를 따르라"는 글을 남겼다. "자연에서 멀어져 스스로가 자연보다 더 훌륭한 묘사를 할 수 있다고 생각하지 말라. 그것은 잘못된 생각이다. 왜냐하면 진정한 예술은 자연에 숨겨져 있으며 그것을 그려낼 수 있는 사람은 예술 자체를 소유하게 되는 셈이기 때문이다." 뒤러의 꽃 그림은 자연계를 놀라울 만큼 생생하게 묘사한 것으로 그야말로 들판에서 그대로 따왔다고 해도 좋을 정도였다. 뒤러가 그린 식물은 큰앵초의 물결치는 듯한 잎사귀, 매발톱꽃의 작은 뿔 모양 돌출부에 이르기까지 모든 세부 사항을 식물학적으로 정확히 표현하고 있었지만 바이디츠가 채집한 식물 표본과는 다른 지역에서 자란 식물이었다. 이탈리아에서는 레오나르도 다 빈치가 이미 모형뜨기physiotype 실험을 하고 있었는데, 이는 마치 나무나 조각칼 없이 목판화를 만드는 것과 같았다. 다 빈치는 촛불에서 나온 검댕을 잎에 칠한 다음 종이에 대고 눌러서 잎사귀를 지탱하고 있는 잎맥과 골의 정교한 구조를 보여주는 복사본을 만들었다. 다 빈치가 쓴 『회화론Treatise on Painting』의 5부는 식물에 대한 연구로 뿌리, 줄기, 껍질, 꽃, 잎사귀의 구조가 설명되어 있다.

이렇게 화가들의 도움을 받은 르네상스의 식물학자들과 자연학자들은 식물의 이름 체계에 대한 합의에 도달하기 위해 머나먼 여정을 시작했다. 피사, 파두아, 볼로냐에는 식물원이 세워졌다. 파리 대학에서 공부하는 것을 금지당하고, 스페인의 펠리페 2세와 가톨릭 십자군 때문에 안트베르펜에서 쫓겨나고, 갑자기 영국에서 종교적으로 어려운 입지에 처하게 되어 불만을 품은 신교도들은 프랑스 남부 몽펠리에에 있는 유명한 의학 학교에 모여들었다. 이들은 그곳에서 정보를 교환하고 뿔뿔이 흩어진 뒤 나중에 북유럽에 새로운 최고 학문 기관을 설립했다. 플랑드르 지방에서 식물 재배사와 종묘사로 타고난 재능을 자랑하며 매우 풍부한 지식을 보유하고 있는 것으로 알려졌던 20만 명의 위그노 교도들은 프랑스를 떠나 스위스, 독일, 영국, 네덜란드에 정착했다. 이민자들이 홍수와도 같이 유럽 전역을 배회하면서 식물에 대한 새로운 정보가 전파되었고 지식의 네트워크가 구축되었기 때문에 종교적 박해 기간 동안 식물학 분야에서 많은 진보가 있었다. 프랑스의 묘목

그림 6. 알브레히트 뒤러가 1503년경에 수채화로 그린 거의 실물 크기의 붓꽃Iris germanica.

상 피에르 블롱Pierre Belon과 같은 사업가들은 유럽 외부에서 새로운 소식을 가져왔다. 1546년에서 1548년까지 그는 레반트〔그리스와 이집트 사이에 있는 동지중해 연안 지역을 통틀어 이르는 말〕에 머물렀고 이 여행에서 자신이 본 것에 대한 이야기를 책으로 펴냈는데, 이 책 때문에 유럽의 정원사들은 블롱이 묘사한 멋진 식물을 직접 소유하고 싶다는 열망을 품게 되었다. 특히 그 가운데에는 구근이 많았다. 그러나 해외에서 한차례 새로운 식물이 유입될 때마다 식물을 분류하고, 묘사하고, 합리적인 명명 체계를 사용하여 정리하는 작업에 대한 필요성은 점점 커져갔다. 한편 새롭게 발견된 신대륙 아메리카에서 식물이 물밀듯이 쏟아져 들어오자 식물의 명명 작업은 더욱 시급한 문제가 되었다. 미지의 땅 아메리카에서 자라지만 당시 유럽에는 알려지지 않은 수많은 식물을 처음으로 묘사한 사람은 스페인의 니콜라스 모나르데스Nicolas Monardes였다. 1577년 즈음에는 이미 해바라기나 담배 등과 같은 새로운 식물에 대한 설명이 포함된 그의 책이 『새로 찾은 세상에서 날아온 즐거운 소식Joyfull newes out of the newe founde worlde』이라는 제목으로 영역되기도 했다. 기원전 3세기 그리스의 철학자 테오파라투스가 두서없이 시작했던 식물에 이름을 붙이는 작업은 급기야 유럽 최고 지성들의 마음을 사로잡게 되었다. 이 책은 바로 그들의 이야기다.

차례

들어가며 _006

Ⅰ | 기원 | 기원전 370~기원전 290년 | _040

Ⅱ | 모든 인간은 알고자 하는 욕망을 품고 태어난다 | 기원전 600~기원전 60년 | _083

Ⅲ | 알렉산드리아 도서관 | 기원전 300~기원전 40년 | _102

Ⅳ | 표절자 플리니우스 | 서기 20~80년 | _114

Ⅴ | 의사 | 서기 40~400년 | _129

Ⅵ | 율리아나의 책 | 500~600년 | _147

Ⅶ | 아랍의 영향 | 600~1200년 | _164

Ⅷ | 암흑기에서 탈출하기 | 1100~1300년 | _187

Ⅸ | 그림을 그리는 사람들 | 1300~1500년 | _212

Ⅹ | 테오프라스토스 다시 태어나다 | 1250~1500년 | _238

ⅩⅠ | 브룬펠스의 책 | 1500~1550년 | _265

ⅩⅡ | 성마른 푹스 | 1500~1570년 | _284

ⅩⅢ | 이탈리아에서 | 1500~1550년 | _331

ⅩⅣ | 최초의 식물원 | 1540~1600년 | _355

ⅩⅤ | 코가 긴 트집쟁이 | 1540~1600년 | _389

XVI | 정보망을 엮는 사람 | 1500~1580년 | _404

XVII | 프로테스탄트 교도의 승리 | 1530~1580년 | _436

XVIII | 게스너의 걸작 | 1530~1580년 | _455

XIX | 새로운 환경 | 1550~1580년 | _470

XX | 플랑탱의 활약 | 1560~1620년 | _496

XXI | 최후의 약초 의학서 | 1560~1640년 | _523

XXII | 영국의 업적 | 1629~1664년 | _548

XXIII | 아메리카 대륙과의 연계 | 1620~1675년 | _566

XXIV | 끝의 시작 | 1650~1705년 | _585

후기 _621

연표 _636

등장인물 _649

주석 _659

참고문헌 _681

감사의 말 _692

찾아보기 _695

옮긴이의 말 _701

I 기원

기원전 370~기원전 290년

테오프라스토스는 자연계의 현란한 다양성 속에 반드시 어떤 형태의 질서가 존재한다고 믿었으며, 이 질서를 찾기 위해 노력했던 수많은 사람들 가운데 최초의 인물이었다. 테오프라스토스는 퍼즐을 늘어놓고 서로 들어맞는다고 생각하는 몇 가지 조각을 짜 맞추었다. 그후 2000여 년간 단속적으로 여러 철학자, 의사, 약제상이 그 퍼즐 조각을 이어받아 각자 몇 조각씩 더해가며 조금씩 그림을 완성해나갔고 마침내 17세기 말에 이르자 전체적인 그림의 윤곽이 잡히기 시작했다. 오늘날 이름이 붙어 있는 식물은 42만 2000종에 달한다. 테오프라스토스가 파악했던 식물의 종류는 약 500

가지였고, 그중 절반은 이미 그리스의 시, 연극, 에세이(호메로스는 60가지의 식물을 언급했다)에 등장한 바 있다. 그러나 식물의 이름을 짓는 일에 진지하게 임한 사람은 테오프라스토스가 처음이었다. 테오프라스토스는 인류 역사상 최초로 식물에 대한 정보를 모으고 '우리 주변에는 어떤 식물이 있을까? 또 그 식물을 어떻게 구별하는가?'라는 중요한 의문을 품었다. 또한 그는 인간에게 어떠한 효용성이 있는가가 아니라 식물 사이에 어떠한 연관성이 있는가의 관점에서 식물을 연구한 최초의 인물이기도 했다. 당시 식물이 마법과 의약품의 재료로 사용되고 있었기 때문에 사람들은 현실적인 측면에서 식물에 대해 더 많은 것을 알고자 했지만 테오프라스토스는 이와는 다른 관점, 즉 순수하게 식물 자체를 탐구하고 싶어 했다. 식물에 대한 지식으로 식물 사이의 연관성이 서서히 드러나기 시작했고 이는 결국 자연계와 그 무서움을 이해하는 데 도움이 되었다. 그리스인들은 철저하게 질서의 존재를 믿었다.

아테네 신타그마 광장의 북쪽에는 세공하지 않은 대리석으로 만든 오래된 경계석이 있는데, 여기에는 본래 새겨진 글자 가운데 일부만 남아 있다. 이 경계석의 자체 높이는 약 2피트(약 61센티미터)에 불과하지만 그보다 훨씬 후대에 만들어진 장식용 기둥 위에 세워져 있기 때문에 근처의 음료수와 아이스크림 가판대만 한 높이가 된다. 이 경계석은 테오프라스토스가 기원전 320년에 학생들을 가르쳤던 학당의 경계를 나타내는 돌이었다. 먼지가 자욱한 신타그마 광장 주위를 현기증이 날 정도의 엄청난 속도로 달리는 자동차들은 잠시 잊어버리자. 광고판, 그랜드 브르타뉴 호텔의 위풍당당한 존재감, 코에 털실이 달린 우스꽝스러운 신발을 신은 그리스 근위병들도 잊자. 대신 청중 앞에서 이리저리 왔다갔다 하며 강의를 하는 테오프라스토스를 떠올려보자.(그의 아침 강의를 듣기 위해 학당에는 2000명 이상의 사람들이 모여들었다.)[1] 테오프라스토스는 학당 바닥을 관통하여 흐르는 개울에 그늘을 드리우는 플라타너스나무에서 딴 나뭇잎을 한 손에 들고, 다른 한 손에는 포도나무 잎사귀를 들고 있었다. 두 잎사귀는 대략 같은 크기에 세 갈래로 갈라진 모양도 비슷해 보인다. 이런 사실은 이 두 식물 사이에 모종의 관련이 있다는 의미일까? 하지만 포도나무에서는 사람이 먹을 수 있는 과일이 열리고 플라타너스에서는 과일이 열리지 않는다. 그렇다면 이것으로 두 식물 사이에 어떤 관계가 존재할 가능성이 사라지는 것일까? 또한 플라타너스는 30피트(약 9.1미터) 또는 그 이상 자라는 반면 포도나무는 관목류의 식물로서 나무라고 부를 수 있을 만큼 크게 자라지 않는다.

성장하면서 나타나는 높이의 차이라는 일반적인 특징이 식물을 서로 구분하거나 각각의 그룹으로 분류하는 데 이용할 수 있는 유용하고 유효한 방식인가? 테오프라스토스는 그렇다고 생각하여 학생들에게 왜 자신이 식물을 나무, 관목, 아관목, 약초라는 네 부류로 나누는 것을 선호하는지 설명했다. 오늘날 우리가 볼 때는 그다지 혁신적으로 보이지 않는다. 그러나 테오프라스토스의 시대와 그가 이해하려고 했던 세계로 돌아가려면 현재 당연한 것처럼 알고 있는 엄청난 지식을 머릿속에서 지워버려야 한다. 당시에는 다윈도, 『종의 기원Origin of Species』도 없었다. 당연히 진화라는 개념도 몰랐으며, 고대 그리스인들은 포도, 자두, 복숭아, 사과 등의 경작 식물을 올림포스 산에서 특별히 좋은 하루를 보낸 뒤 기분이 좋아진 신들이 내려준 선물이라고 생각했다. 이오니아의 철학자인 히폰은 이런 경작 식물이 어쩌면 야생 식물이 개량된 것일지도 모른다는 이론을 일찍이 제시하기도 했지만 이는 당시로서는 쉽게 받아들이기 어려운 상당히 과격한 사상이었다. 테오프라스토스는 이 주장을 흥미로운 전제라고 기록했지만 여전히 야생 식물과 경작 식물의 구분을 가장 우선적인 분류의 기준으로 삼았다. 또한 수분受粉의 원리에 대해서는 아무것도 몰랐지만 대추야자에 대해 이렇게 기록하기도 했다. "수나무를 암나무 근처에 두는 것이 좋다. 과일이 나무에서 떨어지지 않고 익어가도록 만드는 것은 수나무이기 때문이다. 그리고 일각에서는 이 과정을 비유하여 '야생 과일의 활용'이라고 부르기도 한다. 따라서 다음과 같은 작업을 수행해야 한다. 대추야자 수나무가 꽃을 피우면 즉시 꽃이 붙어 있는 불염포〔육수꽃차례의 꽃을 싸고 있는 포가 변형된 큰 꽃턱잎〕를 그대로 잘라낸 다음 암나무의 열매 위에서 흔들어 꽃가루를 뿌린다. 이렇게 하면 암나무에서 열매가 떨어지지 않고 계속 영글게 된다." 여기서 오늘날 우리의 사고방식과 테오프라스토스의 생각 사이에 가장 큰 괴리가 생겨나기 시작한다. 테오프라스토스는 그러한 방법이 왜 효과가 있는지에 대해 의문을 가져보지 않고서 어떻게 수분 과정을 그토록 정확히 묘사할 수 있었을까? 그는 암나무와 수나무의 개념을 이해하고 있었다.[2] 좋은 열매가 열리려면 수꽃을 암꽃 가까이에 가져가야 한다는 것은 이해하고 있었지만 수분의 개념은 결코 알아내지 못했다. 씨앗과 열매는 여물었지만 그 원리는 신비에 싸여 있었다.

테오프라스토스는 다른 학자들이 이 문제에 대해 했던 말을 들려준다. 그리스의 철학자 아낙사고라스(기원전 약 500~428)는 모든 사물이 미세한 입자로 구성되어 있으며 이를 관장하는 것은 초자연적인 지성이라고 믿었다. 공기 중에 모든 종류의 씨앗이 포함되어 있어서 이 씨앗이 빗물에 씻겨 내려가면서 지구상의 모든 식물의 싹이 튼다고 생각했던 것이다. 한편 아테네의 역사가 클레이데무스는 식물이 동물과 같은 원소로 이루어져 있지만 그 구성 요소가 동물만큼 순수하거나 뜨겁지 못하기 때문에 미처 동물이 되지 못했다고 믿었다. 그리스의 시인 헤시오도스는 떡갈나무에서 도토리뿐만 아니라 꿀과 벌도 열린다고 했다. 따라서 헤시오도스는 개암나무의 꽃차례 같은 수분의 매개체는 아무짝에도 쓸모없는 존재라고 생각했다. 그러나 테오프라스토스는 이를 자세하게 묘사했다.

> 개암나무에서 열매가 떨어진 다음에는 상당한 크기의 유충만 한 혹이 무리로 자라난다. 그중 일부는 단일 줄기에서 자라나기도 하는데 이를 꽃차례라고 부르는 사람들도 있다. 각각은 마치 솔방울처럼 비늘 같은 조각이 일렬로 배열되어 있으므로 혹의 모양 자체가 어리고 푸른 전나무 방울과 비슷하다. 이 무리는 겨우내(봄이 오면 비늘과 같은 열이 열리고 노란색으로 변한다) 손가락 세 개만 한 길이로 자란다. 그러나 봄이 되어 잎사귀가 새로 돋아나면 이 무리가 떨어지고 열매를 담고 있는 컵과 같은 모양의 딱딱한 껍질이 꽃의 개수만큼 생겨나 줄기 아래쪽을 막아버린다. 그렇게 각각은 하나의 견과가 되는 것이다.[3]

테오프라스토스는 육안으로 볼 수 있었던 것만 묘사했다. 당시에는 아직 안경이 발명되지 않던 시대였다. 물론 확대경이나 현미경도 존재하지 않았다. 따라서 테오프라스토스는 잎사귀의 잎맥은 볼 수 있었지만 식물의 몸 안팎으로 산소와 이산화탄소가 드나드는 작은 구멍, 즉 기공은 볼 수 없었다. 더욱이 산소나 이산화탄소는 말할 것도 없고 잎사귀가 호흡하는 방법에 대해서도 전혀 몰랐다.

그의 스승이자 위대한 철학자인 아리스토텔레스는 동물학의 선구자였다. 그래서 테오프라스토스는 처음에 발은 하늘에 떠 있고 입은 땅에 붙어 있는 동물이라는 개념으로 식물을 취급했다. 테오프라스토스는 여러 가지 의미에서 이러한 개념에 정당성을 부여할 수 있었다. 식물에도 동물처럼 혈관, 신경, 살의 역할을 하는 부분이 있었기 때문이다. 또한 그는 비유나 비교를 아주 즐겨 사용했다. 이 잎사귀는 저 잎사귀보다 더 크다거나 작다거나 솜털이 많다거나 색이 옅다거나 하는 식으로 표현했는데, 이러한 설명 방법은 청중(또는 독자)의 머릿속에 '저 잎사귀'에 대한 분명한 이미지가 들어 있어야만 가능한 방식이었다. 한쪽 면이 트인 거실 바깥쪽을 지지대로 하여 털마삭줄Trachelospermum jasminoides[산록 및 바위에 나는 상록 덩굴 식물] 덩굴이 자라난 것을 보고 "잎사귀가 타원형이고 항상 푸르다는 면에서는 월계수 잎과 비슷하지만 그보다 약간 작다. 꽃은 월계수보다 늦게 피어나며 달콤한 향기가 난다"고 설명하는 식이었다. 테오프라스토스는 식물 잎사귀의 형태가 매우 다양하지만 최소한 같은 종 안에서는 상당한 일관성을 지닌다는 사실을 발견했고 이를 식물의 종류를 구별하는 데에 중요한 기준으로 이용했다. 강의를 할 때는 학생들 앞에서 잎사귀 두 개를 들어서 보여주며 직접 비교를 하곤 했다. 그는 대부분의 피침꼴[전체적으로 창과 비슷한 모양에 끝이 뾰족한 잎사귀의 형태] 잎은 월계수와 비슷하다고 설명했고 길쭉한 잎은 올리브 잎과 비교했다. 길이와 너비가 비슷한 둥근 잎사귀의 경우 기준은 배나무의 잎이었다. 서어나무의 잎은 "배나무의 잎과 모양이 비슷하지만 훨씬 길고 끝이 뾰족하며 더 크고 잎맥이 많다. 가운데에 있는 굵은 잎맥에서 가는 잎맥이 마치 갈비뼈처럼 뻗어 나와 있고 잎이 두껍다. 또한 잎맥을 따라 주름이 져 있고 가장자리는 미세한 톱니 모양으로 되어 있다."[4]고 묘사했다. 매우 뛰어나고 생생한 묘사다. 테오프라스토스가 이 글을 쓸 때 잎사귀가 책상 위 눈앞에 놓여 있었던 것일까? 하지만 식물을 분류하는 데에 항상 잎사귀만 기준으로 삼을 수는 없었다. 같은 식물이라고 해서 반드시 똑같은 잎이 자라지는 않기 때문이었다. 담쟁이덩굴은 테오프라스토스를 어리둥절하게 만들었다. 아주까리도 마찬가지였다.

테오프라스토스의 식물에 대한 연구는 그가 학당에서 강의를 하기 위해 준비한 일련의 강의 노트와 함께 『식물의 역사Historia Plantarum』와 『식물 연구De causis plantarum』 두 권의 책으로 남아 있다. 이 책 두 권을 보면 기원전 300년 무렵의 식물에 대한 지식 수준이 어느 정도인지 알 수 있다. 당시에 알려진 사실은 이 정도였다. 식물계에 질서를 구축하기 위한 여정은 모두 여기서 시작되었다. 그러나 안타깝게도 후세의 로마 문인인 플리니우스가 파렴치하게 테오프라스토스의 연구를 표절하고 자기 책에 베껴놓았는데, 후대에 전해진 것은 바로 이 플리니우스의 『박물지Historia naturalis』였다. 플리니우스의 저서가 수없이 반복하여 인용되는 가운데 테오프라스토스는 까맣게 잊혔다. 지식은 이미 알려져 있는 사실을 바탕으로만 쌓일 수 있는 것인데도 불구하고 전쟁, 죽음, 화재, 권력과 언어의 변화 등 운명의 장난으로 플리니우스가 남긴 업적의 밑바탕이 된 테오프라스토스의 탁월한 연구는 좀처럼 세상에 알려지지 못했다. 결국 가자의 테오도로Teodoro of Gaza(1398~1478년경) 대에 이르러서야 마침내 테오프라스토스가 그토록 고생하면서 모아놓은 대부분의 자료가 라틴어로 번역되었다.

위대한 지식 수집가인 테오프라스토스는 기원전 372년경 그리스 동부 레스보스의 에레소스(미틸레네)에서 태어났다. 아버지 멜란더스는 천을 희게 만들고 다듬는 직공으로 의류 교역상이었다. 테오프라스토스는 가장 뛰어난 철학 학당 가운데 하나였던 아카데메이아의 플라톤 수하에서 공부하기 위해 레스보스를 떠나 아테네로 향했다. 아리스토텔레스 역시 아카데메이아의 학생이었다. 기원전 347년에 플라톤이 세상을 떠난 후, 아리스토텔레스는 라이시엄에 이동식 학원을 세웠고 테오프라스토스도 거기에 합류했다. 두 사람은 나이차가 열다섯 살밖에 나지 않았지만 아리스토텔레스가 테오프라스토스에게 얼마나 큰 영향을 미쳤는지는 테오프라스토스가 쓴 모든 문헌에서 분명히 드러난다. 아리스토텔레스는 63세의 나이로 세상을 떠나면서 테오프라스토스에게 사상 최고의 지식 보고로 알려졌던 자신의 도서관을 남겨주었다. 그곳에는 아리스토텔레스 자신과 스승인 플라톤이 쓴 필사본도 보관되어 있었다. 아리스토텔레스는 테오프라스토스가 식물에 대한 유사한 탐구를 시작하기 전부터 이미 『동물의 역사Historia animalium』를 저술하기 시작한 터였다. 우리 눈에 보이는 것(나무, 관목, 새, 동물, 물고기)과 사물의 보편적인 형태인 표현형을 분명하게 구별한 플라톤의 사상은 두 사람 모두에게 큰 영향을 미쳤다. 아리스토텔레스와 테오프라스토스 모두 살아 있는 생물을 연구하는 데에 시간과 노력을 쏟는다며 동료들에게 조롱당했다. 테오프라스토스는 정치, 윤리, 수사법, 수학, 천문학을 논할 수 있는 학자였고 실제로 그러한 내용을 다룬 저서를 남기기도 했다. 그렇다면 왜 자신의 두뇌를 종려나무 따위에 낭비했을까? 꽃차례는 또 무엇이란 말인가?

그러나 다른 학문과 마찬가지로 식물에 대한 테오프라스토스의 탐구에 든든한 기반이 된 것은 바로 철학이었다. 테오프라스토스는 아몬드부터 포도나무까지 알파벳순으로 식물을 나열하고 이것들을 구별하기 위해 중요한 특징을 깔끔하게 정리해놓은 식물 백과사전을 쓰고자 한 것이 아니었다. 그는 식물 자체에 대해 의문을 던졌다. 식물을 어떻게 정의할 것인가? 식물을 분류하는 데는 어떤 방법이 가장 유용한가? 이때 식물이 모든 측면에서 동물에 대응한다는 가정 때문에 많은 어려움이 생겨났다. 꽃이나 과일을 식물의 일부라고 할 수 있는가? 이를테면 꽃이나 과일은 식물이 낳은 것이라고 할 수 있다. 하지만 동물이 새끼를 낳으면 그 새끼를 동물의 일부라고 부르지 않는다. 또한 식물의 영혼은 어디에 깃들어 있는가? 영혼이 없다는 것은 상상할 수조차 없으므로 반드시 식물도 영혼이 있어야 했다. 하지만 식물은 뿌리, 줄기, 잎사귀, 씨앗에서 모두 자라날 수 있었기 때문에(그리스인들은 꺾꽂이와 휘묻이 기술을 모두 알고 있었다) 식물이라는 존재의 정수인 영혼은 식물의 몸 전체에 퍼져 있는 것처럼 보였다. 하지만 그런 일이 가능할 리 없었다. 다양한 명제를 동원하여 주의 깊은 논쟁을 벌인 끝에 테오프라스토스는 마침내 식물의 영혼이 뿌리와 줄기가 만나는 부위에 있다는 결론을 내렸다. 물론 뿌리와 줄기가 만나는 부분이라는 정의 자체가 모호하기는 하지만 말이다.[5] 그는 이집트의 마름에 대한 글을 쓰면서 더 많은 연구가 필요하다는 의견을 여러 차례 피력하기도 했다. 일각에서는 마름이 일년생 식물이라고 하는가 하면 어떤 사람들은 뿌리가 오랫동안 살아남아서 이 오래된 뿌리에서 새로운 줄기가 자라난다고 했다. 테오프라스토스는 이렇게 서로 다른 의견을 기록하며 다음과 같이 기록했다. "그렇다면 이것은 조사해보아야 할 문제다."

테오프라스토스의 두 저서는 당시 존재했던 식물에 대한 지식을 통합한 것이다. 산불이 휩쓸고 간 후 뿌리에서 다시 소나무가 자라난다는 사실 등 내용 가운데 일부는 그가 직접 목격한 현상이었다. "이는 레스보스(테오프라스토스가 태어난 곳)에서 피라의 소나무 숲이 타버렸을 때 일어난 일이다." 그는 사과나무 줄기에서 자주 자라나는 "야생 동물의 얼굴같이 생긴" 옹이에 대해서도 기록했다. 또한 라이시움에 있는 수로에서 자라는 버짐나무에 대해서도 기록했는데 나무가 아직 어릴 때에는 "공간이 있고 영양이 충분히 공급되자 뿌리가 33큐빗[고대에 사용되던 길이 단위로 약 45센티미터]까지 자라났지만, 디오니시우스 1세가 공원의 레기움에 심어 오늘날 레슬링 학교의 마당에 뿌리를 박고 있는 소중한 버짐나무는 전혀 크게 자라지 못했다." 이다 산, 마케도니아, 아르카디아, 크레테 등지에서는 다른 정보(때로는 서로 상충되기도 했다)가 들어오기도 했다. 북부 유럽에 대해서는 거의 아는 바가 없었다. 다만 붓꽃이 아드리아해의 해변에 있는 일리리아에서 잘 자란다는 것과 폰투스의 판티카파에움 사람들은 종교 의식에 필요한 월계수와 도금양을 키우는 데 매우 어려움을 겪는다는 사실만을 기록했다. 특히 겨울은 너무나 추웠다. 반대로 이집트와 리비아의 식물은 특별히 자세하게 다루었다. 테오프라스토스는 목화, 후추, 계피, 몰약, 유향, 반얀나무를 처음으로 기록했고 인도까지 전진한 알렉산더의 부하들이 느끼는 호기심에 대해 언급하기도 했다. 테오프라스토스는 알렉산더와 함께 동방 원정 항해를 떠났던 사람들이 전해준 설명에 따라 맹그로브 늪지를 생생한 그림으로 묘사했다. 이는 "버짐나무나 가장 높게 자라는 포플러나무만큼이나 커다란 나무"이다. 밀물 때가 되어 다른 식물이 완전히 잠겨버리는 사이에 가장 높은 나무의 가지만 물 위로 튀어나오면 단단한 밧줄을 가지에 묶었고 다시 썰물 때가 되면 뿌리에 밧줄을 묶었다.[6] 테오프라스토스는 서로 다른 지역에서 같은 식물을 각기 다르게 불렀기 때문에 생기는 혼란을 기록했다. 때로는 식물의 이름을 정확하게 파악하는 일에 생사가 달려 있는 경우도 있었다. "스트리크노스strykhnos라고 불리는 여러 식물 가운데 하나는 경작 식물과 비슷하여 먹을 수 있으며 산딸기와 같은 과일이 열린다. 그 외에도 다른 두 종류가 있는데 하나는 졸음을 유발하고 다른 하나는 광기를 유발한다. (…) 광기를 유발하는 종류는 속이 비어 있고 길이가 1큐빗쯤 되는 흰색 뿌리가 있다. 단순히 환자가 기운을 차리고 스스로 건강하다고 생각하도록 하려는 경우에는 20분의 3온스(4.25그램)를 처방한다. 광기를 보이며 망상에 시달리게 하려는 경우 투여량을 두 배로 늘린다. 영구적으로 맑은 정신을 잃게 하려는 경우에는 세 배로 늘린다. 상대방을 죽음에 이르게 해야 할 때는 투여량을 네 배로 늘린다." 그는 독살하는 기술까지 다루었던 것이다.

테오프라스토스가 쓴 글에는 철학자가 사물을 '그 본질'에 따라 분류함으로써 자연계의 '이상적인 형태'에 대한 생각에 도달할 수 있다는 플라톤 사상이 군데군데 드러난다. 이러한 사상의 바탕이 되는 것은 바로 분류의 원칙이었다. 그러나 무엇이 존재하는지 모르는 상태에서는 분류를 할 수가 없다. 눈앞에 많은 표본이 있을수록 유사점과 차이점을 파악하기가 쉬워진다. 지나치게 적은 표본으로 연구하는 것은 마치 카드 몇 장만 가지고 카드 짝 맞추기

게임을 하는 것이나 마찬가지다. 카드의 수 자체가 너무 적어서 짝을 맞출 수 없는 셈이다. 원래 이러한 분류의 원칙을 주장한 것은 플라톤이나 아리스토텔레스였을지 모르지만 이 원칙을 식물에 적용한 인물은 테오프라스토스가 처음이었다. 테오프라스토스는 이런 의문을 제기했다. '이 식물이 다른 식물과 구별되는 특징은 무엇인가?' '이 식물의 핵심적인 본질은 무엇인가?'

테오프라스토스가 직면한 첫 번째 어려움은 "식물이 어떤 의미에서는 동물에 대응한다"는 보편적인 생각에 입각해서 식물의 주요 부분을 정의하는 것이었다. 그 전에는 식물을 대상으로 이런 연구를 시도한 사람이 없었다. 아무도 식물 몸체의 일부분이 동물의 경우처럼 평생토록 붙어 있는 것이 아니라는 점 때문에 씨름해본 적이 없었던 것이다. 힘없이 떨어지는 꽃, 과일, 잎사귀의 무상함은 철학적인 문제를 불러일으켰다. 테오프라스토스는 스스로에게 반문했다. 과연 어떤 부분이 모든 식물에게 공통적으로 있는 것이고 어느 부분이 특정한 종류에만 있는 것일까? 테오프라스토스는 이 차이점을 하나의 식물에 있는 부분이 다른 식물에는 없는 경우, 그러한 부분의 모양과 크기가 서로 다른 경우, 다른 형태로 배열된 경우의 세 가지 부류로 나눌 수 있다고 생각했다. (예를 들어 테오프라스토스는 고대 그리스에서 가장 중요한 목재용 나무 가운데 하나였던 은젓나무의 가지가 어떻게 항상 서로 반대쪽에 자리 잡는지에 대해 기록하기도 했다.)

테오프라스토스는 식물의 가장 중요한 부분이 뿌리, 줄기, 가지, 잔가지라고 주장했다. 그 어디에도 꽃의 중요성을 언급한 기록은 없다. 물론 테오프라스토스 이후 2000년간은 이 분야를 연구하는 사람 자체가 없었다. 그는 버섯과 송로 때문에 골치가 아팠다. 이 두 가지는 테오프라스토스가 생각하는 식물의 종류 가운데 그 어디에도 해당하지 않았기 때문이다. 버섯과 송로가 동물이 아닌 것은 분명했으므로 당연히 식물계의 일부로 생각해야 했다. 테오프라스토스는 이렇게 결론지었다. "식물은 매우 다양하고 종류도 많기 때문에 하나의 포괄적인 개념으로 묘사하기가 어렵다." 동물에게 입과 위장이 있는 것처럼 모든 식물에 해당되는 공통적인 특징은 없다. 포도나무는 왜 덩굴손이 있을까? 떡갈나무에는 왜 벌레혹이 있을까? 어떻게 이런 다양한 식물의 특징을 만족시킬 만한 보편적인 체계를 만들 수 있을까? 하지만 테오프라스토스는 여전히 동물과 식물의 유사점을 찾음으로써 식물을 더 잘 이해할 수 있다고 믿었다. "우리는 잘 알려져 있는 것의 도움을 받아 미지의 세계를 탐구해야 하며, 여기서 잘 알려져 있는 것이란 우리의 감각에 좀 더 광범위하고 분명하게 호소하는 것이다."

　테오프라스토스는 주의 깊게 식물을 나무, 관목, 아관목, 풀의 네 가지로 분류했다. 나무(올리브와 무화과를 예로 들었다)는 하나의 줄기에서 여러 개의 가지가 나는 식물이다. 나무는 쉽게 뿌리를 뽑을 수 없다는 특징이 있다. 반대로 가시나무와 같은 관목은 뿌리에서 바로 여러 개의 가지가 돋아난다. 또 세이보리나 루타와 같은 아관목은 여러 개의 줄기가 있고 각 줄기에서 잔가지가 돋아난다. 풀은 잎의 형태로 된 줄기가 뿌리에서 직접 나온다. 식물을 분류하기 위한 일관성 있는 체계를 찾으려고 최초로 시도한 테오프라스토스의 연구를 살펴보면, 자신이 만든 분류 방법을 다양한 식물에 보편적으로 적용할 수 있는지 스스로 시험해보았음을 알 수 있다. 하지만 안타깝게도 대부분의 경우 결과는 좋지 않았다. 물론 테오프라스토스가 처음 제안했던 네 가지 분류 방법이 오늘날까지 사용되고 있기는 하지만 머지않아 그는 어려움에 봉착했다. 예를 들어 사람들이 키우는 사과와 석류나무가 문제였다. 사람들은 이런 나무들의 줄기를 하나가 아닌 여러 개로 만들기 위해 가지치기를 하는 등 여러 방법을 동원했다. 이러한 식물이 나무라는 사실에는 변함이 없으나 이미 나무와 관목을 구별하는 기준으로 삼았던 가장 중요한 특징에 부합하지 않게 되고 만 것이다.

그렇다면 크기, 상대적인 튼튼함, 수명 등에 따라 식물을 분류하는 것이 가능할까? 아니면 야생 식물과 경작 식물, 과일이 열리는 식물과 그렇지 않은 식물, 꽃이 피는 식물과 그렇지 않은 식물로 구별해야 할까? 어쩌면 상록 식물과 가을에 잎이 지는 낙엽 식물 사이에 경계선을 그을 수 있을지도 모르겠다. 이는 상록 주목나무, 낙엽이 지는 물푸레나무 등 오늘날까지 흔히 사용되는 구분법이다. 그러나 학문적인 도전이라면 피하지 않았던 테오프라스토스는 특정 지역에 "잎이 떨어지지 않는 포도나무와 무화과나무가 있다"는 사실을 알고 있었다. 또한 그는 크레타의 고르티나에 있는 샘물 옆에 사시사철 잎이 떨어지지 않는 플라타너스나무가 있다는 이야기도 들은 적이 있었다. (이 나무 아래에 제우스가 에우로파와 함께 누웠다고 전해진다.) 그렇다면 이러한 식물은 분류 목록에서 과연 어디에 속하는가? 테오프라스토스는 육지에서 자라는 식물과 물속에서 자라는 식물이 서식지를 기준으로 자연스럽게 분류된다는 사실에 만족했다. 아마도 동물계에 수중 동물과 육지 동물이라는 비슷한 분류 방식이 존재하기 때문이었을 것이다. 그러나 여기서도 그는 문제를 예견했다. 능수버들, 버드나무, 오리나무와 같은 식물은 뿌리가 땅에 박혀 있건, 물속에 자리 잡고 있건 크게 상관없이 테오프라스토스의 눈에 거의 양서식물처럼 보였던 것이다.

그림 7. 푹스Fuchs의 미출간된 식물 백과사전에 싣고자 했던 레바논삼목Cedrus libani의 그림.
테오프라스토스가 삼나무kedron라고 불렀던 나무는 향나무였을 가능성이 크다.

또한 테오프라스토스가 지적했던 대로 같은 물이라고 해도 습지, 호수, 강, 바다 등과 같이 여러 종류가 있다. 테오프라스토스는 생태학이라는 단어가 만들어지기도 전에 생태학에 대해 언급한 셈이다.[7] 처음부터 그는 식물에게 서식지가 얼마나 중요한지 잘 이해하고 있었다. "왜냐하면 식물은 땅과 단단하게 결합되어 있어 동물들처럼 자유롭게 움직이지 않기 때문"이다. "특정한 장소에서만 고유하게" 자라는 식물은 별개로 생각해야 했다. 그는 몇몇 산에서 특별한 종류의 식물이 자라난다는 사실을 알고 있었다. 크레타의 이다 언덕에서는 사이프러스가, 시리아와 실리시아에는 삼나무가, 시리아의 일부 지역에는 테레빈나무가 자라는 식이다. 그 옛날에도 토양과 환경의 차이 때문에 각 지역에서 자라나는 식물이 독특한 특징을 갖는 점에 대해 이해하고 있었다. 그는 아르카디아의 크레인이라는 곳을 이렇게 묘사했다.

지대가 낮아 바람이 닿지 않고 사람들의 말에 따르면 햇빛이 비치는 일도 없다고 한다. 이 지역에서는 전나무가 번성해 튼튼하고 높이 자라지만, 결이 조밀하거나 아름다운 목재는 아니다. 따라서 이러한 나무를 문이나 다른 기호품과 같은 값비싼 제품의 재료로는 쓰지 않으며 배를 만들 때나 집을 짓는 데 사용한다. 튼튼한 서까래와 기둥, 활대 양쪽 끝을 만들기 위해서는 이 나무를 재료로 삼는다. 길이가 긴 돛대도 이 나무로 만들지만 서까래나 기둥만큼 강하지는 않다. 양지바른 곳에서 자란 나무로 만든 돛대는 짧지만 음지에서 자란 나무로 만든 돛대보다 결이 조밀하고 단단하다.[8]

그러나 이와 동시에 논문에 별도의 장을 할애해 "특정한 장소에서만 나타나는 고유한 특징"별로도 식물을 취급하겠다고 밝힘으로써 테오프라스토스는 리비아, 페르시아, 인도에 서식하고 있다고 알려진 이상하고 새로운 식물에 대해 좀 더 익숙하고 잘 알려진 고향 그리스의 식물군과 연관짓는 거의 불가능한 작업을 피한 셈이었다. 양쪽 식물 사이의 유사성과 차이점을 정의하기 위해 고민할 필요가 없어진 것이다.

테오프라스토스의 『식물 연구』는 특히 나무를 중점적으로 다루고 있다. 크기와 긴 수명 때문에 수명이 짧고 키가 작은 식물보다 연구할 가치가 크다고 생각했기 때문이다. 또한 그는 형태와 관련된 기능에 대해서도 커다란 흥미를 느끼고 있었다. 나무를 다루어본 사람들은 이를 사용한 경험을 바탕으로 방대한 지식을 축적해놓았다. 배를 만드는 데 자주 사용되는 나무는 은젓나무, 전나무, 시리아산 삼나무 등이었다. 노가 3단으로 된 배, 좁고 긴 배 등은 가벼운 은젓나무로 만들었고 3단배의 용골은 "하중을 견딜 수 있는" 오크나무로 만들었다. 긴 배의 갑판을 덮는 널빤지로는 라임나무를 사용했다. 데메트리오스 폴리오케테스Demetrius Poliorcetes의 11단 노가 달린 배를 만들기 위해 잘라낸 목재의 길이는 13패덤(23.4미터)이었다. 상선은 주로 썩지 않는 전나무로 만드는 경우가 많았다. 집을 짓는 데에는 은젓나무가 가장 유용했다. 라임나무는 상자와 도량형 기구를 만드는 데 최고의 자재였다. 켈메스 참나무는 외바퀴 손수레의 차축 또는 리라와 프살테리 같은 고대 현악기의 가로대를 만들 때 자주 사용되었다. 느릅나무는 잘 뒤틀리지 않았기 때문에 문과 족제비 덫을 만드는 데 사용되었고 경첩을 만드는 데에도 쓰였다. 뿌리 부분으로 위쪽의 원통형 중심축을 만들고 가지 부분으로는 지지하는 구멍을 만들었다. 호랑가시나무와 유다나무로는 지팡이를, 야생 올리브로는 망치와 목공용 송곳을 만들었다. 종교적 예술품에 가장 많이 사용된 것은 종려나무인데 가볍고 쉽게 다룰 수 있으며 부드럽지만 굴참나무만큼 잘 부러지지는 않았기 때문이다. 숯을 만드는 데 최고의 나무는 털가시나무, 오크나무, 아르부투스나무 등과 같이 결이 조밀한 나무였다. 최초로 광석을 제련하기 위해 은광에서 사용했던 숯도 이런 나무로 만든 것이었다. 그러나 평범한 대장장이들은 일반적으로 오크나무보다는 전나무 숯을 선호했다. 앞에서 언급한 나무들만큼 단단하지는 않지만 불꽃을 일으키기가 더 쉽고 불꽃 없이 서서히 타 들어가는 경향이 적기 때문이었다. 수 세기 동안 집을 짓는 사람, 목수, 배를 만드는 사람, 나무를 베는 사람들이 식물과 관련한 이 모든 상세한 정보를 수집했다. 다양한 나무를 활용하는 방법은 나무가 똑바로 쪼개지는가(은젓나무), 결이 조밀한가(회양목), 쉽게 구부릴 수 있는가(라임나무) 등과 같이 각 나무의 특징에 따라 달라졌다. 그러나 활용성만으로 식물을 제대로 분류하고 정리할 수는 없었다. (물론 추후 주로 의학적인 효용성에 관심이 있었던 사람들은 활용법을 식물 분류의 일반적인 기준으로 생각했지만 말이다.) 비록 테오프라스토스는 식물을 활용할 수 있는 다양한 용도에 대해서도 관심을 가지고 있었지만, 단순히 기능이 아니라 좀 더 근본적인 특성에 따라 식물을 분류하는 방법을 찾고자 했다.

테오프라스토스는 나무껍질의 차이를 관찰했다. 월계수의 얇은 껍질, 오크나무의 두꺼운 껍질, 포도나무의 갈라진 껍질, 굴참나무의 부드러운 다육질 껍질 등과 같이 말이다. 한편 플라타너스의 긴 뿌리, 사과나무의 몇 개 안 되는 뿌리, 은젓나무의 단일 뿌리, 월계수와 올리브의 튼튼한 뿌리, 포도나무의 얇은 뿌리, 뿌리가 아예 없는 송로, 향수에 많이 사용되는 흰 붓꽃의 향내 나는 뿌리 등 뿌리의 차이도 간과하지 않았다. 또 포도나무와 무화과나무의 넓은 잎, 올리브와 도금양의 가는 잎, 전나무의 가시 같은 잎, 하우스리크houseleek[돌나물과의 풀]의 다육질 잎 등 잎의 모양도 고려했다. 테오프라스토스는 대추야자, 개암나무, 아몬드와 같은 일부 씨앗이 껍질의 바로 안쪽에 열린다고 적었다(아몬드의 경우는 잘못 생각한 것이다). 올리브나 자두와 같은 일부 과일의 경우 껍질과 씨 사이에 즙이 풍부한 과육이 자리 잡고 있으며 유다나무, 캐러브carob[초콜릿 맛이 나는 암갈색 열매가 달리는 유럽산 나무]와 같은 몇몇 식물의 씨는 꼬투리에 들어 있다. 밀이나 수수와 같은 식물은 씨가 겉껍질에 둥글게 싸여 있고 양귀비 씨는 후추통과 같은 용기에 담겨 있다. 다만 꽃에 대해서는 거의 언급하지 않았다. 그러나 뿌리, 잎, 과일 등의 개별 부위는 모두 식물을 정리하고 분류할 수 있는 기준으로 사용 가능한 것들이었다. 1800년간의 동면 끝에 마침내 테오프라스토스의 연구가 빛을 보게 되고 주류로 떠올랐을 때, 그와 마찬가지로 우주의 다채로운 요소를 조화시키고 조직화하는 보편적인 체계를 찾기 위해 고심한 수많은 원예가들이 이 각각의 요소를 모두 다시 시험해보기도 했다.

『식물 연구』의 1권을 저술한 이후 테오프라스토스는 식물의 각 부분과 일반적인 특징 때문에 발생하는 철학적인 문제에서 벗어나 좀 더 현실적인 면들을 생각하기 시작했다. 그는 성장 습관, 번식 방법을 살피면서 오늘날의 정원사들과 마찬가지로 이렇게 기록했다. "접을 붙여서 번식한 나무의 열매는 모두 원래 나무의 열매와 품질이 비슷하지만 열매를 심어 자라난 나무(이러한 성장 방법도 가능한 경우)의 열매는 대부분 품질이 떨어진다." 그 자신은 깨달지 못했지만 테오프라스토스는 이 구절에서 복제에 대해 이야기하고 있었던 것이다. 또한 그는 서로 모순되는 증거를 발견한 경우, 편견 없이 공정하게 전부 기록했다. 아르카디아인들은 검은 미루나무에 열매가 열리지 않는다고 말했다. 그러나 크레타 사람들은 실제 열매를 맺는 검은 미루나무가 있다고 주장하며 이에 반박했고, 그 예로 "봉헌할 제물을 걸어놓는" 이다 산의 동굴 입구에서 자라는 미루나무를 언급했다. 식물에 대한 기록과 식물의 이름이라는 측면에서 아르카디아 사람들은 이다 산에 사는 사람들뿐만 아니라 사실상 그 외 모든 지역의 사람들과 의견이 다른 경우가 많았다. 테오프라스토스는 자신이 이해한 대로 소나무와 전나무의 차이를 설명했다. "두 나무의 잎은 모두 가늘지만 전나무에는 윤이 나는 잎사귀 여럿이 함께 모여서 매달려 있는 반면, 소나무는 그보다 잎사귀 수가 적고 말랐으며 더욱 뻣뻣하다." 이 설명만 보면 꽤나 분명해 보이지만 "아르카디아인들은 이런 설명을 전적으로 반박한다." 은젓나무의 목재는 부드럽고 가벼우며 전나무의 목재는 진이 많아 무겁고 다육질이며 옹이가 많다. 일반적으로 화가의 작업대나 글을 쓰는 책상을 만드는 데 사용된다. 그러나 다시 한 번, "아르카디아 사람들은 이 식물을 다른 이름으로 부르는 듯하다"고 썼다. 테오프라스토스는 이 뒤죽박죽인 이름들을 헤쳐가며 심혈을 기울여 동의어를 모으고 차근차근 사실을 나열하고 추가적인 검토가 필요한 부분을 강조했다. 산악 지역에서는 특정한 단풍나무를 지기아zygia라고 부른다. 한편 평원 지대에서는 글레이노스gleinos라고 부른다. 과연 같은 나무에 서로 다른 이름이 붙은 것일까? 아니면 아예 다른 종류의 단풍나무를 뜻하는 것일까? 현지에서 통용되는 일반 명칭은 당시뿐만 아니라 지금까지도 널리 사용되는 중요한 이름이다. 그러나 테오프라스토스는 그 당시부터 식물에 마케도니아인, 아르카디아인, 에올리에인, 리비아인, 크레타인 등 지역을 막론하고 누구나 이해할 수 있는 이름을 붙이는 일이 얼마나 유용한지 분명하게 파악하고 있었다. 일단 탄탄한 기반이 조성되면 이를 바탕으로 연구가 더욱 발전될 수 있기 때문이다.

식물을 묘사하는 데 있어서 테오프라스토스는 성장 습관, 나무껍질, 잎, 생산되는 목재의 유형, 열매와 뿌리의 특징 등 다양한 종류의 지표를 사용했다. 또한 '이다 산 주변' '마케도니아에 다수 서식' 등 분포와 서식지에 대해서도 언급했다. 귀룽나무는 강과 습지가 있는 곳에서 자란다. 딱총나무 역시 주로 물이 있는 곳과 그늘진 곳에서 자란다. 회양목은 사이토라와 같이 춥고 험준한 지역에서 개체 수가 가장 많지만 "가장 크고 무성한" 회양목은 다른 어떤 곳보다 나무들이 더 크고 단단하게 자라는 코르시카에서 찾을 수 있다. 테오프라스토스는 가끔 비슷한 식물을 묶어 하나의 군群을 만들기도 했다. 세 종류의 메스파일mespile(오늘날의 양모과와 다른 두 종류의 가시나무를 하나로 묶어놓은 것) 군, 이다 산의 사람들이 말하는 다섯 종류의 오크나무(네 종류밖에 없다고 말하는 사람들도 있다) 군 등과 같이 말이다. 다양한 종류의 밀에는 리비아, 북해, 트라키아, 아시리아, 이집트, 시실리 등 각각 자라는 장소에 따라 이름을 붙였다. 이들 사이의 차이점은 색, 크기, 형태, 식량으로서의 가치였다. 밀의 종류에 따라 일찍 혹은 늦게 수확하기도 했으며 무성하게 자라는가 하면 연약하게 자라기도 했다. 낟알도 여러 겹으로 둘러싸인 종이 있었고 그렇지 않은 경우도 있었다. 일부는 다른 종보다 빨리 성숙하기도 했다.

테오프라스토스는 또한 이렇게 썼다. "시실리아 밀은 헬라스

Hellas(고대 그리스인이 자기 나라를 일컫던 이름)에 수입되는 대부분의 종보다 무겁지만 그런 시실리아 밀보다 더 무거운 것이 바로 보이오티아 밀이다. 그 증거로 보이오티아의 운동선수들은 그곳에서 밀 3파인트(1.4리터)도 채 먹지 못하지만 이곳에 오면 5파인트(2.36리터)는 거뜬히 먹어치운다고 한다. 피사토이의 나라라고 불리는 곳에서는 밀의 힘이 너무나 강력하여 지나치게 많이 먹으면 배가 터진다고 한다. 실제로 많은 마케도니아인들이 이러한 운명에 처했다."[9] 탐구정신이 풍부했던 테오프라스토스는 이를 사실로 받아들였다. 테오프라스토스가 구전으로 전해오는 이야기를 언급할 때 자주 사용했던 인용 부호가 없다는 점에서 이를 짐작할 수 있다. 인용 부분을 예로 들면 다음과 같다. 서어나무(테오프라스토스는 오스트리아ostrya라고 불렀다)를 "집으로 가져오면 불행해진다고 한다. 서어나무는 어디에 가든지 고통스러운 죽음이나 출산시 난산을 유도하기 때문이다." 또한 테오프라스토스는 종교와 관련된 의식(딱총나무 열매의 즙은 "와인과 비슷해 보이는데 종교 의식을 시작할 때에는 이 즙에 손과 머리를 담근다"고 적었다)을 존중했지만 일반적으로 계피 등 수많은 식물을 둘러싼 미신에 대해서는 가차 없는 비판을 가했다. "사람들은 계피가 치명적인 독을 지닌 뱀이 많이 숨어 있는 깊은 협곡에서 자란다고 한다. 협곡으로 내려가기 전에 손과 발을 뱀으로부터 보호할 수 있는 조치를 취한다. 그리고 나서 계피를 채취한 후에는 그 계피를 세 부분으로 나누어 태양 점을 친다. 셋 가운데 햇빛이 많은 쪽에 떨어진 부분을 그 자리에 내버려두고 가는데, 자신들이 그 자리를 떠나자마자 두고 온 계피에 불이 붙는다고 한다. 그러나 이것은 전적으로 꾸며낸 이야기에 불과하다."[10] 그는 다양한 약초를 베는 것과 연관된 관습에도 신중한 태도를 보였다. "약초 베기가 부당한 일은 아니겠지만 되도록이면 기도를 올리는 편이 좋을 것이다." 그러나 무언가를 바치는 관습은 터무니없다고 여겼다. 예를 들어 쥐오줌풀을 벨 때에는 "땅에 모든 종류의 과일과 빵으로 만든 제물을 바쳐야 한다고들 한다. 그리고 산호붓꽃을 자를 때에는 봄에 씨를 뿌린 밀로 만든 빵을 그 자리에 놓아 값을 치러야 한다고 말하며 반드시 양날이 달린 칼을 사용하여 먼저 칼을 꽃 주위에 세 바퀴 돌린 다음 첫 번째로 자른 뭉치는 나머지를 자르는 동안 하늘 높이 들고 있어야 한다고 말한다."[11] 여기서 추론할 수 있는 것은 전문 약초꾼들이 값비싼 약초를 독점하고 아마추어 약초꾼들이 가까이 다가오지 못하도록 쫓기 위해 이러한 의식을 만들어냈을 가능성이 높다는 점이다. 쥐오줌풀은 그 이름이 시사하듯 강력한 치유 능력이 있다[쥐오줌풀의 이름은 영어로 allheal, 즉 만병통치라는 의미이다]. 열매는 방광에 생긴 병을 치료하는 데 사용된다. 즙은 삔 곳에 효과를 발휘하며 목소리를 튼튼하게 한다. 뿌리는 아이를 받는 산파들이 사용하며 짐을 나르는 짐승이 복부 팽만 증세를 보일 때 해독제 역할도 한다. 뱀에 물리지 않도록 해주며 간질 예방에도 좋다. 그러나 쥐오줌풀에는 시리아, 카이로네아Chaeronea, 아스클레피오스Asclepius 등 공통된 이름을 가진 세 가지 다른 종류가 있었다. 따라서 올바른 종류를 구했는지 확인해야 했다. 또 하나의 귀중한 약초는 시클라멘cyclamen으로, 고대 그리스 여성들은 시클라멘을 피임 격막diaphragm과 비슷한 용도로 사용했다. 그리스인들이 이 식물을 일컫던 이름 키클라미노스kyklaminos에서 유래한 시클라멘이라는 이름은 오늘날까지 사용되고 있다.

테오프라스토스는 또한 독에도 깊은 관심을 보였는데, 아마도 그리스에서 유명한 인물이 되기 위해서는 독이 필요했기 때문일 것이다. 그는 비슷한 독약 가운데 "다른 독약보다 편안하고 빠르게 죽음"을 유도하는 독미나리를 선호했다. 기원전 399년에 소크라테스가 자살을 하기 위해 마셨던 독약도 바로 이것이었다. 독미나리는 영국을 비롯한 유럽의 여러 지역에서 자라며 영국에는 로마인들이 들여왔을 가능성이 크다. 오늘날에는 축축한 배수로에서 잘 자란다. 테오프라스토스도 그리스에서 독미나리가 가장 잘 자라는 곳은 이런 지역이라고 언급한 바 있다. 그는 독미나리를 코네이온koneion(현재의 코늄conium maculatum, 독미나리)이라고 불렀으며, 만티네이아의 트라시아스가 발견했다고 적었다.

처음으로 독미나리, 양귀비, 기타 비슷한 풀의 즙을 사용했던 사람은 트라시아스로, 그는 이들을 섞어서 무게가 채 4분의 1온스(7그램)도 나가지 않는 작은 크기로 1회 투여분을 만들었다. 이 혼합물의 효과는 강력하여 치료법은 전혀 존재하지 않으며 아무리 오래 보관해도 효능이 사라지지 않는다. 트라시아스는 아무 곳에서나 독미나리를 구한 것이 아니라 아르카디아의 수사Susa나 그 외 춥고 그늘진 장소에서 채집했으며 다른 재료들도 마찬가지다. 그는 또한 여러 가지 재료를 혼합하여 다른 많은 독을 만들어내기도 했다. 그의 제자인 알렉시아스 역시 매우 현명했고 스승만큼이나 기술이 뛰어났으며 의학 전반에 걸쳐 조예가 깊었다.[12]

테오프라스토스는 독극물에 대한 연구가 당대에 들어 크게 진보했다고 생각했다. 사람들은 약을 반복해서 사용하면 효험이 떨어진다는 것을 알게 되었다. 또한 독들이 모든 사람에게 같은 효과를 발휘하는 것은 아니라는 점도 이해했다. 다양한 독을 제조하는 데에도 더욱 주의를 기울이게 되었다. 테오프라스토스는 케오스 사람들이 예전에는 다른 사람들처럼 독미나리를 잘게 잘랐다고 지적한다. 그러나 "이제 케오스 사람들은 독미나리를 잘게 자르는 대신 우선 바깥쪽에 있는 겉껍질을 벗겨낸다. 겉껍질은 쉽게 소화되지 않아 문제를 일으키는 부분이기 때문이다. 그다음 껍질을 벗긴 돌미나리를 절구에 넣고 찧어서 고운 체에 거른 다음 물 위에 뿌려서 마신다. 그러면 빠르고 편안하게 죽음을 맞을 수 있다."[13]

테오프라스토스는 질병을 잊어버리고 무심하게 만들어 슬픔과 분노를 치료하는 약으로 유명한 네펜시스nepenthes에 대해 알고 있었다. 그는 소말리아 사람들이 독 화살촉을 만들 때 사용하는 치명적인 뿌리 식물이 에티오피아에 있다는 소문을 듣기도 했다. 물론 크레타와 자킨투스에서도 풍성하게 자라지만 폰투스의 헤라클레이아에서 가장 잘 자라던 투구꽃Aconitum anthora, 즉 아코니톤akoniton에 대해서도 잘 알고 있었다.

투구꽃의 잎은 치커리와 비슷하며 뿌리는 모양이나 색깔이 새우와 같다. 뿌리 독 성분을 함유하고 있는 데 반해 잎과 열매는 전혀 유해하지 않다고 한다. 독은 2개월, 3개월, 6개월, 또는 1년, 심지어 2년 후 특정 시점에 치명적인 효과를 발휘하도록 혼합할 수 있으며, 기간이 길어질수록 몸이 점점 쇠약해지기 때문에 고통은 더욱 심해진다. 반면 즉시 효과를 발휘하도록 하는 경우에는 거의 고통 없이 죽음을 맞을 수 있다. 천연 해독제가 알려져 있는 다른 독풀들도 있지만 이 독을 해독할 수 있는 해독제는 아직 발견되지 않았다고 한다. 시골 사람들은 가끔 꿀과 포도주로 이 독을 마신 사람의 목숨을 구하기도 하지만 그러한 일은 매우 드물게 일어나며 쉽지 않은 현상이다. 투구꽃은 그 성질을 이해하지 못하는 사람에게는 아무 쓸모가 없다. 사실 투구꽃을 가지고 있는 것 자체가

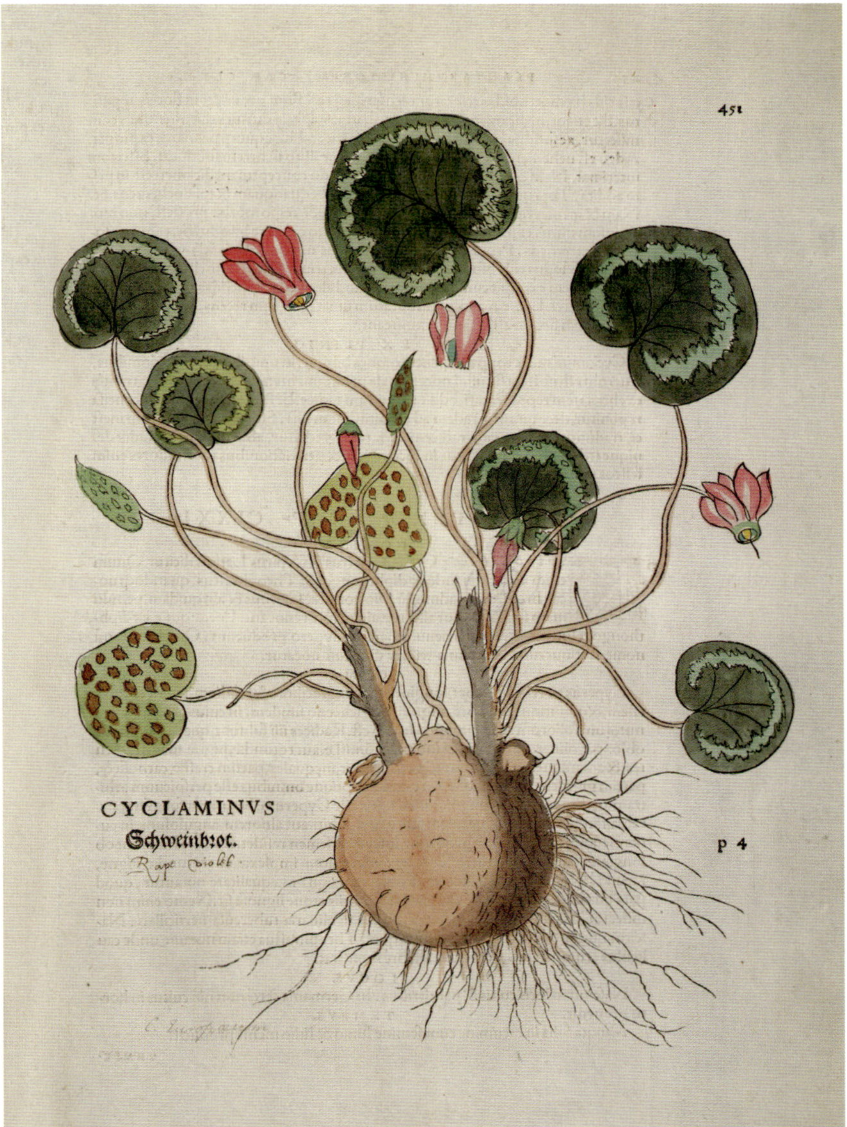

그림 8. 레온하르트 푹스Leonhart Fuchs의 『식물사Da historia stirpium』(1542) 제170장(Cap CLXX)에 수록된 시클라멘Cyclamen hederifolium. 테오프라스토스는 "시클라멘의 뿌리는 곪은 종기에 사용할 수 있다"고 썼으며 "여성의 질 좌약으로 사용하거나 꿀과 섞어서 상처를 덮는 데에도 쓸 수 있다"고 기록했다.

법을 어기는 행위이며 위반하면 사형을 당한다. 또한 투구꽃이 효과를 발휘하는 시간은 채집한 시기에 따라 달라진다. 왜냐하면 죽음에 이르게 하는 데 걸리는 시간은 투구꽃을 채집한 후 흘러간 시간과 같기 때문이다.[14]

서기 77년경에 그리스의 의사 디오스코리데스는 쥐를 통째로 삼키는 것이 투구꽃 독을 치료하는 가장 좋은 방법이라고 생각했다. 그러나 테오프라스토스는 아시아에서 새로 수입한 시트론Medean apple을 유용한 해독제로 추천했다. 이 식물을 포도주와 섞으면 구토를 유발하여 몸에서 독을 빼내는 역할을 한다. 테오프라스토스는 대추야자처럼 바닥에 구멍을 뚫은 화분에 씨를 뿌려야 한다며 시트론을 심는 방법도 설명했다. 디오스코리데스의 목표는 장기간의 항해를 견뎌내고 수출될 수 있는 식물을 키우는 것이었다.

테오프라스토스는 물론 동쪽과 남쪽에 있는 나라들과의 교역의 길이 열리면서 그리스로 들어오는 식물에 대해서도 큰 관심을 보였다. 그는 『식물 탐구』의 일정 부분을 알렉산더 대왕의 군대가 점령한 이집트, 리비아, 아시아 일부 지역의 식물을 다루는 데 할애했다. 또한 이러한 식물이 원산지 국가에서 얼마나 "특별한" 존재인지도 기록했다. 이 새로운 식물과 비슷한 식물조차 그리스 본토에는 알려지지 않은 경우가 많았다. 테오프라스토스의 식물 연구는 대부분 자신의 조국 그리스에서 자라는 것을 다루었고 그것만으로도 종류를 파악하고 분류하는 데 애를 먹고 있었다. 그러나 더 많은 식물이 유입되자 식물을 분류하는 일은 더욱 시급해질 수밖에 없었다. 유럽의 학자들은 16세기에 터키와 교역을 하기 시작하면서 유럽으로 물밀듯이 쏟아져 들어온 멋진 식물, 특히 수많은 구근 식물을 접하게 되면서 식물 분류에 대한 필요성을 절실하게 느꼈다. 그리스 문명보다 훨씬 오래된 것으로 알려진 이집트 문명(메소포타미아 예술을 살펴보면 테오프라스토스가 아테네에서 식물 연구를 시작하기 3000년 전에 이미 이 지역에서는 종려나무, 포도나무, 곡류를 경작하고 있었다는 사실을 발견할 수 있다)은 특히 흥미를 끌었다. 그리스인들은 기원전 7세기에 벌써 나일 강 삼각지대에 있는 나우크라티스에 무역 식민지까지 세웠다. 이집트에서는 캐러브와 이집트 종려나무가 들어왔고 이들 식물의 열매에는 아주 크고 단단한 씨가 들어 있었다. 이집트의 조각가들은 이 씨로 나무로 된 고리를 만들어 자수를 놓은 침대 걸개를 고정시키는 데 사용했다.

테오프라스토스는 자신이 직접 본 적이 없는 나일 강의 아름다운 수련을 굉장히 자세하게 묘사했다. 그는 또한 이것을 재료로 삼아 만든 물건은 잘 알고 있었지만 식물의 형태로는 알지 못했던 파피루스에 대해서도 다음과 같이 길게 설명하고 있다.

파피루스는 일반적으로 깊은 물이 아니라 약 2큐빗(90센티미터) 깊이의 물에서 서식하는데 때로는 그보다 얕은 곳에서 자라기도 한다. 뿌리의 굵기는 건장한 남자의 손목 굵기와 비슷하며 길이는 4큐빗(180센티미터)이 넘는다. 파피루스는 서로 엉킨 뿌리를 진흙에 박고 땅 위로 솟아 있으며 거기서 가느다란 줄기가 자라는데, 이 줄기 덕분에 '파피루스'라는 이름이 붙었다. 줄기는 삼각형에 길이가 약 10큐빗(450센티미터)이고 깃털이 있지만 약해서 쓸모가 없으며 과일도 전혀 열리지 않으며 줄기만 여러 방향으로 자라난다. 이 식물의 뿌리는 땔감뿐만 아니라 매우 다양한 물건을 만드는 데 사용되는데 목재는 풍부하며 질이 좋다. '파피루스'는 다양한 용도로 활

그림 9. 파피루스. 원래 로벨리우스Lobelius의 『식물지Adversaria』(1570)에 실린 그림으로, 테오프라스토스의 『식물 연구』(1644년판)에 다시 사용되었다.

용할 수 있다. 배를 만드는가 하면 껍질을 엮어 돛, 깔개, 의류, 침대보, 밧줄 등을 만드는 데 사용될 수도 있다. 외국인들에게 가장 익숙한 물건은 이것으로 만든 파피루스 두루마리겠지만 이 식물은 무엇보다도 식량으로 매우 유용하다. 현지인들은 파피루스를 생으로 혹은 삶거나 구워서 씹어 먹으며 즙은 빨아먹고 찌꺼기는 뱉어낸다. 이것이 바로 파피루스이자 그 활용법이다.[15]

파피루스(와 대추야자)는 크노소스에 있는 왕의 궁전에 그려진 프레스코화에 등장하며(기원전 1900년경) 알렉산더 왕이 기원전 331년에 이집트 원정을 떠나기 오래전부터 그리스인들에게 잘 알려져 있었다.

테오프라스토스의 이 위대한 연구는 오랜 기간에 걸쳐 진화되고 발전되었음이 틀림없다. 예를 들어 유향과 몰약의 경우 테오프라스토스는 "이것이 현재 우리에게 알려진 거의 모든 사실이다"라고 적었다. 새로운 정보를 받아들이면서 그는 논지를 더욱 가다듬는 동시에 확장했다. 테오프라스토스는 코르시카, 리파리 섬, 크레타, 보이오티아에 지인이 있었다. 가장 자주 인용되는 사람들은 마케도니아, 아르카디아, 이다 산 사람들이었다. 아리스토텔레스는 기원전 335년에 라이시엄에 새로운 학원을 세우고 소요학파를 창시했다. 테오프라스토스는 곧 그곳에 합류하여 기원전 322년에는 학장이 되었다. 아리스토텔레스의 연구는 테오프라스토스의 '식물 연구'에 커다란 영향을 미쳤다. 이 두 사람은 플라톤의 아카데메이아에서 함께 공부한 학생이었다. 두 사람은 기원전 347년에 아카데메이아를 떠난 뒤 함께 여행을 하다가 테오프라스토스의 고향인 레스보스에서 약간의 시간을 보냈다. 해양 식물에 대한 아리스토텔레스의 최초 관찰 가운데 일부가 이곳 레스보스에서 이루어진 것이므로 테오프라스토스 역시 그 시기에 이미 '식물 연구'에 착수하고 있었을 가능성이 높다. 또한 『식물 연구』의 본문에서 언급한 굵직한 사건에서 몇 가지 단서를 더 찾아낼 수 있다. 팬파이프의 마우스피스(고대의 파이프에는 오늘날의 클라리넷과 마찬가지로 진동 리드가 하나 있었다)로 사용되는 갈대에 대해서 이야기하면서 최고의 갈대는 오르코메노스 호수가 범람할 때 잘라낸 것이라고 적었다.

또한 "오르코메노스 호수가 범람한 것은 최근 카이로네이아 전투가 벌어졌을 때 일어난 일로 특별히 기억된다"고 적고 있다. 카이로네이아 전투는 기원전 338년에 벌어졌으므로 『식물 연구』는 그 이후에 발표되었음이 분명하다. 또 하나의 단서는 피나리스 강 근처 실리시아에 있는 솔리 부근에서 자라는 석류에 대한 언급에서 찾을 수 있다. 그는 이곳을 "다리우스와 전투가 벌어졌던 곳"이라고 적었는데, 다리우스 왕은 기원전 330년에 사망했다. 또한 리비아 지역에서만 자라는 나무와 관목에 대해 언급하면서 테오프라스토스는 콩과 비슷한 크기의 열매를 맺는 연蓮에 대해 묘사했다. 연은 도금양 열매처럼 새로 돋아난 가지에 뭉쳐서 함께 자란다고 언급했다. "연을 먹는 사람들lotus-eaters이라고 불리는 이들이 많이 소비하는 이 열매는 맛이 달콤하고 기분을 좋게 하며 몸에도 해가 없고 심지어 위에 좋기까지 하다. (…) 이 나무는 풍성한 열매를 많이 맺기 때문에 카르타고로 행진한 오펠라스의 군대가 보급품이 부족했을 때 이 열매만 먹고도 며칠이나 버틸 수 있었다고 한다. 이는 또한 연을 먹는 사람들의 섬이라는 곳에서도 풍부하게 자라며 이 섬은 본토에서 그다지 멀지 않다."[16] 오펠라스는 북아프리카의 키레나이카 해변 근처에 있는 고대 그리스 도시 키레네의 통치자였다. 기원전 308년 무렵에 오펠라스는 시실리아의 독재자 아가토클레스와 함께 카르타고의 영토(오늘날의 튀니스 근처)를 침략했다. 이것이 본문에 언급된 가장 후대의 날짜인 것으로 미루어보아 테오프라스토스의 연구는 그 당시에 계속 진행 중이었던 것으로 보인다. 그 당시 테오프라스토스는 이미 65세였지만 그후로도 20년간 연구를 계속했다.

그다음에 알렉산더의 부하들이 동방에서 본 이상하고 기이한 식물에 대한 정보를 가지고 돌아왔다. 알렉산더는 기원전 327년 여름에 인도로 떠났고, 기원전 326년 봄에는 알렉산더 휘하의 네아르쿠스 제독이 인더스 입구(오늘날의 카라치 부근)에서 함대를 이끌고 벨루치스탄 해안을 따라 페르시아 만 초입에 있는 호르무즈까지 진격했다. 안드로스테네스가 이끄는 별도의 원정대는 페르시아 만의 동쪽에 있는 바레인을 탐사했다. 그 결과 항해에 대한 기록과 해당 지역에서 서식하는 식물, 즉 서양에는 알려진 바 없었던 새로운 식물에 대한 자세한 설명이 정기적으로 아테네에 전달되었다. 이 수수께끼 같은 식물을 무엇이라고 부를 것인가? 이들을 어떻게 묘사해야 하는가? 테오프라스토스는 처음에 반얀나무를 무화과나무의 한 종류이긴 하나 다음과 같이 매우 이상한 나무라고 표현했다. "매년마다 가지에서 뿌리를 떨어뜨리며…… 이 떨어진 뿌리는 땅에 단단히 자리 잡아 나무 주위에 일종의 울타리를 만들고 급기야는 천막 같은 모양이 되어 실제로 이따금 사람들이 그 안에서 살기도 한다. (…) 이 나무는 그늘을 2펄롱(약 400미터)까지 드리운다고 하며 줄기의 지름은 60페이스(45.7미터) 이상이 되는 경우도 있다고 한다." 테오프라스토스는 "쌀이라고 부르는 곡물"과

"옷을 입지 않는 인도의 현자들이 음식으로 활용하는" 매우 커다랗고 놀라울 만큼 달콤한 과일을 맺는 나무(오늘날의 바라밀)에 대해서도 처음 알게 되었다. 또한 그 외의 나무에 대한 정보도 전해졌다. "잎은 마치 타조의 깃털처럼 길쭉한 모양인데 길이는 2큐빗 정도다. 이 잎을 따서 헬멧에 묶는다." 이것이 바나나 잎banana palm에 대한 최초의 기록일까?

그는 인도 사람들이 옷을 만드는 데 사용하는 식물도 언급했다. "잎은 뽕나무 잎 같지만 나무 전체는 들장미를 닮았다. 이 식물은 평지에 줄을 맞춰 심으므로 포도나무처럼 보인다." 그는 바나나, 반얀나무와 같이 당시 서구에는 전혀 알려져 있지 않았던 목화에 대해서도 이야기하고 있다. 이러한 식물을 표현할 때에는 익숙한 그리스의 식물에 비유하는 것 외에는 다른 방도가 없었다. 처음 아메리카에 정착한 유럽인들도 같은 방법을 사용했다. 도토리와 비슷한 열매가 달리는 나무는 모두 떡갈나무라고 불렀고 트럼펫과 같은 꽃이 피는 식물은 모두 백합이라고 기록하는 식이었다. 현지에서 부르는 식물의 이름이 식물에 대한 설명과 함께 다른 지역에 전해지는 경우는 거의 없었다. 테오프라스토스는 인도에 '그리스에서 발견되는 것과는 다른' 여러 식물이 있다는 사실은 인정했지만 책에서는 이렇게 말했다. "이러한 식물에는 이름이 없다. 이러한 나무들은 실제로 매우 독특한 특징을 가지고 있기 때문에 일각에서 말하는 것처럼 그리스에서 비슷한 나무나 관목 또는 풀을 전혀 발견할 수 없는 것은 당연한 일이다." 테오프라스토스는 아라비아, 시리아, 인도에서 새롭게 발견된 식물 가운데 특히 다양한 종류의 향신료 식물을 이미 알고 있던 것들과는 가장 뚜렷하게 구별되고 가장 독특한 식물로 생각했다.

테오프라스토스는 올바른 용어를 알지 못했기 때문에 식물을 자세하게 묘사하는 데 어려움을 겪었다. 식물의 각 부위를 나타내는 용어 자체가 아예 만들어지지 않았던 것이다. 그는 뿌리, 줄기, 가지, 잎 등 식물의 기관 가운데 가장 분명하게 드러나는 부분 몇 가지를 구별했다. 그리고 가시나 덩굴손같이 일부 식물에만 존재하는 요소를 기록했다. 그는 꽃이 피는 식물과 꽃이 피지 않는 식물로 나누는 등 식물을 분류하는 여러 가지 방법을 시험해보았다. 뿐만 아니라 테오프라스토스는 꽃을 표현하는 데 필요한 단어를 몰랐다. 꽃잎은 잎사귀의 일종이라고 생각했다. 장미나 백합같이 눈에 잘 띄는 수술이 꽃 안에 있는 경우 그는 이런 꽃을 "두겹 꽃"이라 했다. 말하자면 수술로 구성된 하나의 꽃이 다른 하나의 꽃 안에 들어 있다는 의미였다. 덩굴 식물의 트럼펫 모양 꽃은 '잎' 하나로만 되어 있다고 쓸 정도였다. 뿌리나 나무껍질, 잎과 비교할 때 꽃은 의학적으로 거의 쓸모가 없었다. 효용성에 따라 특정 식물에 대한 관심의 정도가 달라지는 시대였기 때문에 꽃이 두드러지는 식물에는 아무도 별다른 흥미를 보이지 않았다. 피상적인 언급 이상의 관심을 받은 꽃이라면 장미 정도가 유일했다. 테오프라스토스가 살던 시대에도 장미는 여러 종류가 있었고, 그의 기록에 따르면 '꽃잎 수, 거칢의 정도, 색상의 아름다움, 향기의 달콤함'이 각기 달랐다고 한다.[17] 필리피는 특히 장미로 유명한 지역이었는데 그곳 사람들은 판게우스 산에서 무성하게 자라는 장미를 채집하여 자신들의 정원에 심었다.

어떤 의미에서 기술적인 어휘를 알지 못했다는 것은 테오프라스토스에게 하나의 장점이었다. 이로 인해 그의 언어가 지나치게 전문화되지도, 배타적이지도 않았기 때문이다. 테오프라스토스는 어휘가 부족했기 때문에 그보다 2000년 이후의 인물인 제라드와 마찬가지로 생생한 직유를 많이 들 수밖에 없었다. 예를 들어 은젓나무의 반구형 윤곽을 보이오티아 농부의 모자에 비유하는 식이었다. 테오프라스토스가 어려움을 겪었던 점 가운데 하나는 당시 사람들이 진지하게 관심을 쏟았던 식물이 너무나 적었다는 사실이다.

그는 이렇게 적었다. "대부분의 야생 식물은 이름이 없다. 이들에 대해 아는 사람도 거의 없다. 반면 경작 식물은 대부분 이름이 있으며 흔하게 관찰할 수 있다. 여기서 경작 식물이란 포도, 무화과, 석류, 사과, 배, 월계수, 도금양 등을 의미한다. 많은 사람들이 이러한 식물을 활용하기 때문에 그 차이에 대한 탐구도 진행되었다."[18] 무화과는 매우 중요한 영양 공급원으로, 잘 익은 무화과를 대체 식량으로 사용할 수 있게 되자 노예에게 배급하던 빵을 5분의 1이나 줄일 수 있었다.[19] 테오프라스토스가 『식물 연구』에 포함시킨 500개의 식물 가운데 80퍼센트가 경작 식물이었다.

비유는 테오프라스토스가 즐겨 사용하는 방식이었다. 비유는 유사점을 찾고 차이점을 관찰한다. 그렇지만 이것은 묘사와 달랐다. 테오프라스토스의 역량으로는 생생하고 간단명료하게 식물을 표현하는 것도 분명히 가능한 일이었다. 테오프라스토스는 기와로 엮은 그리스식 지붕을 덮고 있는 다육질의 돌나물을 눈에 보이듯 생생하게 묘사한 바 있다. "다른 많은 기이한 특징들도 언급할 수 있을지 모른다." 그러나 이 말을 하고 나서 바로 스스로를 통제하며 "여러 번 반복해서 언급한 바와 같이, 우리는 다른 식물과의 비교를 통해서만 해당 식물의 특징과 차이를 관찰해야 한다"고 적었다. 그러나 비유에는 한계가 있는 법이다. 결국 진정한 비유를 하기 위해서는 더욱 자세한 설명이 선행되어야 하기 때문이다.

테오프라스토스는 또한 식물이 한 종류에서 다른 종류로 변할 수 있다는 보편적인 관념 때문에 고심해야 했다. 우리의 명명 체계는 특정한 종이 변하지 않고 일관된 존재라는 가정 하에 성립하는 것이다. 밀은 밀이다. 보리는 계속 보리다. 루타Ruta graveolens〔운향과의 여러해살이풀〕는 아무리 시간이 흘러도 루타다. 그러나 테오프라스토스는 올챙이가 평생 올챙이로 살아가지는 않는다는 사실을 알고 있었다. 올챙이는 개구리로 변한다. 애벌레도 비슷한 변신 과정을 거쳐 종국에는 나비가 된다. 동물계에 이렇게 분명한 변성이 존재한다면 식물계도 그렇지 않으리라는 보장이 없었다. 테오프라스토스는 이렇게 적었다. "사람들의 말에 따르면(테오프라스토스는 스스로의 판단을 유보하는 문제에 대해 언급할 때에는 '사람들 말에 따르면' 또는 '어떤 사람들이 말하기를'이라는 구절을 자주 사용했다) 밀과 보리 모두 아무 쓸모 없는 독보리로 변할 수 있다고 한다. 독보리는 옥수수 밭에 흔하게 자라는 잡초다." 고대 그리스의 농부들은 날씨가 습하고 진흙이 많은 경작지의 경우 이러한 변화가 일어날 가능성이 가장 크다고 기록했다. 그러나 테오프라스토스가 대추야자에 대해 생각한 것과 마찬가지로, 그리스 농부들은 오늘날 우리가 보기에 논리적으로 관찰하지 않았다. 일례로 농부들은 날씨가 습하면 곡식의 종자가 썩기 때문에 곡식 대신 불필요한 잡초인 독보리 씨가 싹트게 된다는 생각은 하지 않았다. 독보리의 잎 모양과 줄기 양쪽에 씨가 여러 뭉치로 달리는 방식 때문에 고대 그리스 농부들은 곡식과 비슷하다고 여겼고 독보리는 곡식이 퇴화한 것이 틀림없다고 생각했던 것이다. 일부 관찰자들은 아마亞麻도 이와 마찬가지라고 생각했다. 시스템, 계획, 구조, 체제, 질서라는 것은 각 식물이 자신만의 특정한 이름표를 가지고 있으며 그것을 다른 식물과 교환하지 않는다는 전제에 기반을 두고 있는 것이었다. 테오프라스토스는 비록 독보리의 문제에 대해서는 정확히 알지 못했지만 일부 사람들이 생각하는 것처럼 밀이 보리로 변하거나 보리가 밀로 변하지는 않는다고 확신하고 있었다. 테오프라스토스는 "이러한 주장들은 근거 없이 전해 내려오는 이야기라고 생각해야 한다"고 못박고 있다. "어쨌든 이런 식으로 변신하는 식물은 자연스럽게 변화 과정을 거치게 되며 변신하는 이유는 특정한 경작 방법 때문이 아니라 위치가 변하기 때문이다"라고 했다.[20] 이 부분에서 테오프라스토스는 시대를 크게 앞서 가는 사람이었다. 식물의 종이 본질적으로 불안정하다는 가정은 17세기 말까지도 보편적으로 옳다고 인식되었기 때문이다.

그가 살았던 시대에 비추어볼 때 테오프라스토스의 업적은 대단한 것이다. 『식물 연구』의 첫 번째 문장에서 그는 이렇게 적었다. "식물의 독특한 특성과 본질을 고려할 때 일반적으로 각 식물의 구조, 특징, 식물이 탄생하는 방식, 일생 동안 따르는 경로 등을 모두 고려해야 한다." 테오프라스토스 이전에는 이렇게 광범위한 조사를 실천에 옮기기는커녕 상상조차 해본 사람이 없었다. 테오프라스토스의 가장 중요한 고찰 가운데 일부는 식물의 서로 다른 기관을 어떻게 정의해야 하는가를 중점적으로 다룬 것이었다. 예를 들어 우리는 식물의 뿌리를 단순히 땅속에 있는 부분이라고 생각하기 쉽다. 그러나 테오프라스토스는 이것이 사실이 아님을 간파했다. 담쟁이덩굴과 같은 식물은 뿌리가 공중에 달려 있다. 또한 양파는 몸이 대부분 땅 밑에서 자라지만, 그렇다고 해서 땅속에 있는 것이 모두 뿌리는 아니다. 테오프라스토스가 나무, 관목, 아관목,

풀의 네 가지 기본 그룹(전문 용어가 없었기 때문에 일상 용어를 사용해야 했다. 아관목은 장작이나 불쏘시개를 가리키는 프루가논phruganon이라고 불렸다)으로 식물을 나눈 것은 매우 유용한 출발점이 되었지만, 테오프라스토스는 이것이 칼로 자르듯 분명하게 구별되는 엄격한 분류 기준이 아님을 알고 있었다.

그는 다른 분류 기준도 함께 제시했다. 다만 이를 분류라고까지는 하지 않았고 단순히 관찰한 다음 그대로 내버려두었다. 물에서 자라는 식물과 육지에서 자라는 식물, 경작 식물과 야생에서 자라는 식물(특히 과일나무)만 차이가 있는 것이 아니라 낙엽수와 상록수에도 차이가 존재했다. 올리브, 종려나무, 월계수, 도금양, 사이프러스 등 중요한 경작 나무 가운데 상당수가 상록수였다. 수많은 사람들이 이들 나무가 자라는 것을 지켜보았다. 테오프라스토스는 성장 방식, 상록수 가운데 잎이 떨어지는 것 등 모든 것을 메모한 다음 자신의 저서에 기록했다. 그는 낙엽수 가운데 아몬드와 같은 일부 종류는 다른 나무들보다 잎이 빨리 나지만, 잎이 먼저 난다고 해서 반드시 가장 먼저 잎이 떨어지는 것은 아니라는 사실을 알고 있었다.

테오프라스토스는 『식물 연구』에서 다룬 500가지의 식물을 중심으로 식물의 분류 방법을 결정하는 데 도움이 된 여러 가지 특징을 처음으로 파악한 인물이다. 일부 식물은 일년생이기 때문에 한 해에 성장 주기 전체를 마치고, 어떤 식물은 다년생이기 때문에 같은 뿌리에서 매년 봄에 싹이 새로 돋아나며 겨울에는 땅속에서 숨어 있다고 기록했다. 그는 일부 식물이 어떻게 특정 그룹 또는 종에 해당하는 것처럼 보이는지 관찰했고, 특히 텅 빈 줄기의 맨 위에 있는 넓고 평평한 머리에 작은 흰색 꽃이 배열되어 있는 식물에 주목했다. 나중에 이 만만치 않은 새로운 학문에 사용되는 더욱 전문적인 용어가 등장한 후, 이러한 종류의 꽃부리[꽃을 구성하는 많은 기관들 가운데 특별히 꽃잎만의 집합. 화관이라고도 한다]에는 산형 꽃차례[꽃대의 꼭대기 끝에 여러 개의 꽃이 방사형으로 달린 것]라는 이름이 붙었다. 그리고 나서 이 용어는 평평한 꽃부리라는 특징이 있는 모든 식물의 이름에 사용되었다. '산형과umbelliferae'에는 안젤리카, 당근, 셀러리, 딜, 회향, 파슬리, 파스닙, 카우 파슬리, 돼지풀, 야생 당근, 스위트시슬리, 호스 파슬리, 산미나리 등이 포함된다. 또한 치명적인 독을 가지고 있는 독미나리도 여기에 해당된다. 따라서 같은 과에 속하는 비슷한 야생 식물과 독미나리의 차이점을 파악하는 것은 절실하고도 시급한 과제였다.

테오프라스토스는 사람들이 보편적으로 부르는 이름이 있는 식물의 경우에는 일반명을 사용했는데, 그 외에는 다른 이름이 존재하지 않았기 때문이다. 그의 기록에 따르면 수많은 야생 식물에는 이름 자체가 붙어 있지 않았다고 한다. 식물도 인간이 사는 풍경의 일부를 이루는 존재인 만큼 마땅히 인정하고 설명을 붙여야 한다고 최초로 제안한 사람도 바로 테오프라스토스였다. 아리스토텔레스조차 동물을 연구하는 것에 대해 이렇게 말하지 않았던가? "이들 가운데 어느 동물도 빼놓아서는 안 된다. 아무리 비천한 동물일지라도 말이다."[21] 식물도 동물과 마찬가지로 세심한 관심을 기울여야 하며 동물과 같이 모든 것을 포용하는 전략이 필요하다. 테오프라스토스는 일반명을 특정한 종류 가운데 가장 전형적이라고 생각하는 종류에 붙이는 경우가 많았다. 그리고 나서 그 이름에 설명하는 말을 덧붙여 해당 식물과 비슷한 다른 종류의 식물을 구별했다. 세 종류의 떡갈나무를 설명할 때 한 종류는 잎사귀가 넓고, 또 한 종류는 나무껍질이 일직선이며, 마지막 세 번째는 터키 오크turkey oak 또는 갈 오크gall oak라고 불리는데 무두질 공장에서 가죽을 만드는 데 쓰이는 혹이 자라난다고 하는 식이었다. 오늘날 우리도 일반명을 사용하여 비슷한 방식으로 같은 원형에서 파생된 여러 종을 구분하기도 한다. 예를 들어 퍼짐 사상자蛇床子, 마디 사상자, 수직 사상자 등으로 구분하는 식이다. 식물에 이름을 붙이는 작업은 한 지역에 한정되어 있는 동안 그 체계가 비교적 잘 운영되었다. 그러나 한쪽에서는 사상자라고 부르는 식물을 다른 쪽에서 돼지풀이라고 부른다면 문제가 발생한다. 심지어 테오프라스토스조차 아르카디아 사람들이 식물을 구별하는 방법을 마케도니아인이나 에올리에인이 이해할 수 없다고 적기도 했다. 훗날 르네상스 시대에 접어들어 지식이 이탈리아와 프랑스, 독일, 영국 사이를 활발하게 이동하게 되면서 일반명에 대한 혼란은 엄청나게 가중되었다.

기원전 287년, 테오프라스토스가 사망했을 때 그는 자신의 정원, 산책로, 그리고 집을 친구인 칼리오, 칼리스테네스, 클레아쿠스, 데모티무스, 히파르쿠스, 넬레우스, 스트라토에게, 또 "들과 함께 공부하고 철학을 논할 사람들"에게 물려주었다. 하지만 거기에는 조건이 붙었다. 누구도 집이나 토지의 어떤 부분이든 자기 것이라고 주장하거나 "올바른 활용법에서 벗어나는" 목적으로 사용해서는 안 되었다. 자신의 집은 모든 이들이 공동으로 즐길 수 있는 곳이 되어야 하며 이곳을 "자주 찾아가서 좋은 친구처럼 서로 담론을 나눌 수 있는 곳"으로 여겨야 한다고 못박았다. 테오프라스토스는 자신의 정원 가운데 친구들이 가장 적합하다고 생각하는 곳에 묻어달라는 유언을 남겼다. 그는 친구들이 자신의 장례

그림 10. 『몇몇 인도 식물에 대한 설명Descriptions of Some Indian Plants』(1600~1625)에 기록된 대추야자.

식이나 비석에 지나친 돈을 쓰는 것을 원하지 않았다. 또한 관리인인 폼피루스에게 앞으로도 자신의 집에서 살면서 정원에서 일하던 노예들을 포함하여 모든 것을 관리해달라고 부탁했다. 그는 노예들을 '아이들'[22]이라고 불렀으며 자신이 죽은 다음에 그 가운데 세 명인 몰로, 사이모, 파르메노는 자유롭게 풀어줄 것을 부탁했다. "마네스와 칼리아스는 4년간 정원에서 더 일을 해서 노동력과 성실함에 아무런 문제가 없음이 밝혀진 다음에 자유를 주어야 한다"고 말했다. 4년이 지난 후에는 두 노예도 자유의 몸이 될 수 있었다. 그는 또 다른 두 노예에 대해서도 언급했다. 카노라는 노예는 테오프라스토스의 친구인 데모티무스에게, 도낙스는 넬레우스에게 보내라는 말을 남겼다.[23] 85년이라는 세월 동안 계속된 식물을 중심으로 한 테오프라스토스의 위대한 연구는 그가 남긴 업적의 고작 5퍼센트에 불과할 뿐이었다. 숨을 거두는 순간 테오프라스토스는 실제라고 보기에는 다소 유려한 경구로 인생을 한 문장으로 표현했다. "우리는 마침내 살아갈 준비를 갖추기 시작하는 순간 세상을 떠난다." 그러나 아테네에서 이 위대한 학자를 기념하는 흔적은 찾아볼 수 없다. 키피시아에 세워진 멋들어진 새 자연사박물관에도 전혀 기록이 남아 있지 않다. 여러 광장에 수없이 세워져 있는 동상 가운데에서도 테오프라스토스는 찾아볼 수 없다. 아테네의 센트럴 파크에 있는 식물원인 국립 정원의 문은 굳게 닫혀 있다. 둥근 기와로 덮인 지붕과 정교한 대리석 기둥 주위에는 잡초가 무성하게 자라고 있고 돌로 두른 실개천은 황폐하게 버려져 있다. 별꽃과 민들레에 둘러싸인 몇몇 앙상한 장미가 식물원의 정면에 그늘을 드리우고 있는 커다란 소나무 밑에서 자라고 있을 뿐이다. 야생 보리는 담쟁이덩굴로 잔뜩 덮인 오래된 유다나무 아래에서 바람에 흔들리고 있다. "어디 가면 테오프라스토스를 찾을 수 있을까요?" 나는 라디오에서 흘러나오는 아바의 「댄싱 퀸」을 들으며 이따금씩 나뭇잎을 쓸고 있는 근처의 정원사에게 물었다. "그게 매점 이름인가요?" 정원사는 반문했다. 봄에 땅을 뚫고 솟아난 구릿빛 모란의 힘찬 싹을 보게 되면 테오프라스토스를 떠올려 보자. 그의 이름인 파에오니아paeonia에서 따온 모란의 영어 이름 피어니paeony를 오늘날까지도 사용하고 있으니 말이다. 몸을 구부려 수선화narcissus의 알싸한 향기를 맡을 때에도 테오프라스토스는 우리와 함께 있다. 테오프라스토스는 수선화를 나르키소스narkissos라고 기록했으며, 그 외에 아스파라거스aspharagos, 헬레보어elleboros, 실라skilla, 아네모네anemone, 붓꽃iris, 크로커스krokos 등도 모두 그의 책에 등장한다. 테오프라스토스를 잊지 말자.

II 모든 인간은 알고자 하는 욕망을 품고 태어난다

기원전 600~기원전 60년

테오프라스토스는 최초로 식물을 연구해서 저서로 남겼을 뿐 아니라 농부, 목동, 채소 재배인, 목수, 염색업자, 축융공, 의료인, 마법사 등 직업상 식물과 필연적으로 관련을 맺을 수밖에 없는 사람들에게서 정보를 모아 처음으로 식물에 이름을 붙였다는 점에서 매우 중요한 인물이다. 그러나 사실은 아테네의 소요 학원에서 실시한 연구 자체가 인류가 걸어온 길고 긴 탐구 과정의 정점이라고 할 수 있다. 테오프라스토스가 라이시엄에서 제자들을 가르치기 시작한 것보다 무려 만 년 전에 서아시아 사람들은 이미 식물을 경작하려고 시도했다. 그가 『식물 연구』를 저술하기 7000년 전에 멕시코에서는 여러 종류의 호박을 선별해서 경작하고 있었다. 심지어 테오프라스토스 탄생 3000년 전에 그려진 메소포타미아의 프레스코화에도 대추야자, 포도, 곡물이 등장한다. 문명이 발달하면서 사람들은 단순히 유용해서뿐만 아니라 아름답기 때문에 식물을 갖고 싶어했다. 기원전 1900년경으로 추산되는 크노소스의 프레스코화에는 보리, 올리브, 무화과, 사프론 크로커스뿐만 아니라 백합, 수선화, 장미, 도금양 등도 그려져 있다.

 이전에는 알려지지 않았던 목재, 향료, 식품이 그리스의 항구에 도착하면서 무역은 식물에 대한 지식을 전파하는 데 강력한 촉매제가 되었다. 이들 가운데 상당수는 이집트에서 온 것으로, 이집트는 테오프라스토스가 『식물 연구』 집필을 시작하기 2000년 전에 이미 동방에서 삼나무, 사이프러스, 향나무, 흑단 등을 수입하고 있었다. 제18왕조의 투트모세 3세는 시리아로 원정대를 보냈고, 이들은 박, 붓꽃, 아룸$_{arum}$ 등 당시 이집트에 알려져 있지 않았던 식물을 가지고 돌아왔다. 왕은 이 식물의 생김새를 카르나크에 있는 벽에 빙 둘러가며 새기도록 명령했다. 일종의 돌로 된 약초로, 다시 그 아래에 글자를 새겨 이 놀라운 식물이 이집트에 당도했음을 기록했다. "내가 증언하건대, 이 모든 식물의 존재는 분명한 사실이며 여기에는 단 한 점의 거짓도 없다." 정복자나 독재자와 함께 식물도 이동했다. 테오프라스토스는 알렉산더 정복 부대의 해군에게서 얻은 정보를 바탕으로 인더스 계곡에서 자라는 식물을 처음으로 묘사했다. 그러나 기원전 1100년경 바빌로니아를 정복한 아시리아의 야심 찬 티글라트 필레세르는 정복한 땅에서 가져온 삼나무와 회양목에 대해 "그 어떤 조상도 소유하지 못했던 나무들"이라고 기록한 바 있다.

고대 이집트인들은 특히 약재로 쓰이는 식물에 대해 박식한 것으로 잘 알려져 있었고 테베에 있는 무덤에서 발견된 기원전 1500년경의 파피루스에는 학질과 열병, 복통과 구토에 대한 처방전이 각각의 병명에 기록되어 있었다. 오늘날 우리에게는 그야말로 까마득한 고대 문서처럼 보이는 이 기록조차 다른 "옛 문서"를 참조했다고 언급하고 있다.[1] 니네베에 있는 아슈르바니팔 왕(기원전 669~626)의 도서관에서 발굴된 점토판에는 고대의 필경사들이 그보다 이전의 기록에서 발굴해낸 식물 목록이 논리적인 방법으로 정리되어 있지 않다며 불평하는 내용이 나온다. 이들은 일부 식물의 이름을 설명하는 데 어려움을 겪었던 것이다. 이 목록에서는 주로 활용법을 기준으로 하여 식물을 16가지 종류로 구분했다. 식용 식물, 빨래에 사용하는 식물, 염색용 식물, 환각 식물, 옷감을 짜기 위한 식물, 수지樹脂를 얻는 식물 등과 같이 말이다. 니네베의 필경사들은 최초로 식물의 이름을 분명히 구별하고 통합하기 위해 노력한 인물들 가운데 한 부류였다. 오래된 기록들은 수메르어로 기록되어 있었기 때문에 당시 사용하던 아카드어의 이름을 서로 대조하고 맞춰보아야 했다.[2] 테오프라스토스도 아르카디아 이름과 이다 산 주변에서 부르는 이름을 연결하는 데에 어려움을 겪은 바 있었다.

테오프라스토스가 『식물 연구』의 집필을 시작할 무렵에는 이미 바빌로니아와 이집트의 고대 문화가 대부분 그리스 문화에 완전히 동화되어 있었다. 새로운 단어, 새로운 식물 이름은 풍부하고 유연한 그리스의 언어 안으로 빠르게 흡수되었다. 히아킨토스Hyacinthos(히아신스), 테레빈토스terebinthos(테레빈나무), 민트minte(박하)는 모두 그리스 시대 이전부터 존재했던 어휘다. 아네모네와 히소포스hyssopos(히솝)는 셈어Semite에서 온 단어다. 고대에 마취제와 진통제로 매우 유용하게 사용되었던 만드라고라 Mandragora(맨드레이크)는 '질병의 신 남타르Namtar의 강력한 약'이라는 뜻을 가진 남 타 이라nam ta ira라는 아시리아식 이름을 변형한 것이다. 여러 가지 지리적, 역사적 조건이 겹쳐 기원전 1100년경에는 그리스가 식민지로 만들었던 소아시아 서쪽 변두리의 이오니아 지방의 항구와 교역 도시들이 중요한 문화 중심지로 탈바꿈했다. 육지보다는 바다를 이용한 여행이 훨씬 더 쉬웠던 당시, 중요한 교역로의 전면적인 네트워크가 이오니아 지역 도시들에 집중되었다. 이 지역의 그리스 상인과 학자들은 이집트와 바빌론의 기술적인 진보에 크게 자극을 받았을 뿐 아니라 힘이 막강하고 극도로 조직화된 사제들 때문에 좌절하지도 않았다. 유명한 의학 학교가 코스와 크니도스에 세워졌다. 새롭고 합리적인 탐구의 정신이 악마 연구, 귀신들림, 엑소시즘, 의식, 마법, 마술 등으로 대변되는 과거의 원시적인 의학의 전통과 공존하기 시작했다. 리조토미rhizotomi(소포클레스는 이들에 대한 연극을 쓰기도 했다)라고 불리던 나이든 약초 채집꾼들은 미신을 철저하게 믿는 사람들이었고 일부는 밤에만 일을 하기도 했다. (수요가 높은 식물이 있는 위치를 계속 비밀로 유지하는 데 좋은 방법이었다.) 약초꾼들은 딱따구리를 보면 눈이 먼다고 믿었기 때문에 모란 뿌리는 반드시 어두운 밤에 캐내야 했다. 이러한 미신 가운데 상당수는 테오프라스토스의 저서에도 등장한다. 효과가 강력한 맨드레이크나 헬레보어Hellebore[미나리아재빗과 식물로 독초류의 하나] 등을 채집할 때에는 이렇게 해야 한다고 적었다. "칼로 맨드레이크 주변에 세 번 원을 그리고 얼굴을 서쪽으로 향한 채 자른다. 두 번째 조각을 자를 때에는 식물 주위에서 춤을 추어야 한다. 또한 검은 헬레보어를 채집할 때에는 주위에 원을 그리고 동쪽을 향해 선 채 자르며 기도를 해야 한다고 전한다. 한편 오른쪽과 왼쪽 모두에 독수리가 있는지 살펴야 하는데, 이 식물을 자르는 사람 곁에 독수리가 가까이 다가오면 그 사람은 1년 내에 죽을 위험이 있기 때문이다."[3] 이러한 의식을 강요함으로써 해당 식물의 효험에 대한 믿음이 더욱 강해졌다. 식물에 대한 특별한 지식이 없는 사람에게 식물은 매우 두려운 대상으로 다가올 수 있다. 그러나 자연계를 가장 최초로 탐구한 사람들은 많은 노력을 기울여 지식을 쌓았다. 이에 대해 자세히 알지 않고는 이에 대한 이론을 세우는 것이란 불가능했기 때문이다.

사실이든 그렇지 않든 축적된 이 모든 지식은 테오프라스토스가 『식물 연구』의 집필을 시작하는 데 밑거름이 되었다. 테오프라스토스는 식물을 둘러싼 미신에 대해서는 대부분 회의적으로 여겼지만 자신보다 먼저 식물을 탐구한 사람들의 업적을 존중했다. 그는 키오스의 약제사 에우데모스와 만티네이아의 트라시아스와 그 제자 알렉시아스의 약제 기술을 인정했다. 이들은 모두 약초 채집꾼이자 독 추출 전문가들이었다. 테오프라스토스는 기원전 4세기경에 카리스토스의 디오클레스가 작성한 그리스 최초의 약초에 관한 의학서에서 정보를 얻었다. 이 책은 오늘날 전해지지 않으나 테오프라스토스를 비롯한 후대의 사람들이 여러 차례 인용했다. 자신의 약초 의학서, 즉 사실상 의학서를 준비하면서 디오클레스는 이미 300가지 이상의 식물과 그 서식지, 활용법에 대한 정보를 모았다고 한다.

아리스토텔레스는 자신의 저서 『형이상학Metaphysics』 첫머리에서 "모든 인간은 알고자 하는 욕망을 품고 태어난다"는 유명한 경구를 남겼다. 지식은 탐구에서 얻어지며 탐구는 특정한 의문

그림 11. 13세기 중반에 이슬람 스타일로 작성하고 그린 디오스코리데스의 필사본에서 발췌한 커팀 꽃Kirtim flower(이슬람 이름).

을 던지고 그에 대한 해답을 찾으려는 과정이다. 테오프라스토스의 『식물의 역사』와 『식물 연구』의 모델이 된 『동물의 역사Historia animalium』와 『동물 발생론De generatione animalium』에서 아리스토텔레스의 목표는 "일단 모든 동물에 속하는 속성과 본질적 차이점을 이해한 다음 그 원인을 발견하는 것"이었다.[4] 아리스토텔레스는 생물의 차이점을 기록했다기보다는 특징을 설명한 쪽에 가까웠다. "날아다니는 것들 가운데 일부는 깃털로 이루어진 날개가 있으며(예를 들어 독수리와 매), 일부는 막으로 이루어진 날개가 있다(예를 들어 벌과 왕풍뎅이). 또한 어떤 것들은 피부로 만들어진 날개가 있다(예를 들어 큰박쥐와 박쥐)."[5] 우리는 다윈의 진화론에 대한 지식을 바탕으로 아리스토텔레스의 연구를 다시 돌아본다. 그러나 아리스토텔레스에게는 연속체에 대한 개념이 없었다. 그는 동물이 고정된 유형이며 다만 비율이나 상대적인 크기만 다를 뿐이라는 사고방식, 즉 그 표현으로 말하자면 "과도함과 모자람"[6]만이 존재한다는 관점에서 생각했다.

이 "더하거나 덜하거나"라는 사고방식은 플라톤의 아카데메이아에서 공부한 사람들 다수가 선호했던 기술적 개념이었다. 서로 다른 종류를 구분하는 방법으로서 아리스토텔레스는 지속적으로 이 개념을 사용했다. 아리스토텔레스가 찾는 것은 정도의 차이였다. 뼈가 굵은지 가는지, 몸이 가벼운지 무거운지, 부리가 긴지 짧은지, 발에 물갈퀴가 달렸는지 발톱이 달렸는지 하는 식이었다. "어떤 새는 다리가 길다. 그 이유는 그 새가 습지에 살기 때문이다. 자연은 기능에 따라 신체 기관을 만드는 것이지, 신체 기관에 따라 기능을 만드는 것이 아니다."[7] 플라톤은 기원전 387년에 아카데메이아를 세웠다. 아리스토텔레스는 열일곱 살 때 그곳에 합류했고 그후 20년간 머물렀다. 그러고는 훗날 군대를 이끌고 인더스 전 지역을 정복하게 되는 어린 알렉산더 왕의 스승이 되었다. 기원전 335년에 아테네로 되돌아온 아리스토텔레스는 라이시움이라는 학원을 세웠다. 마케도니아가 그리스를 정복했기 때문에 라이시움은 용감한 신세계의 미래 지도자들을 가르치는 곳이 되었다. 당시 아테네의 4대 철학 학원 가운데 하나였던 라이시움은 오늘날 아테네의 신타그마 광장에 있는 고대 도시 벽 바로 바깥쪽에 있는 공공 성소와 연무장演武場에 세워졌다. 아리스토텔레스가 새로운 학원의 본거지로 선택한 성소는 아폴로 라이시우스Apollo Lyceius(아폴론 리케이온)에게 봉헌된 곳이었다. 라이시움이라는 학원의 이름은 이 신의 이름에서 딴 것이지만, 라이시움의 학생들은 일반적으로 페리파토스 학파(소요학파)라고 불렸다. 라이시움에는 회랑廻廊 또는 페리파토스peripatos라고 불리는 지붕으로 덮인 산책로가 있어서 대부분의 강의는 이곳에서 이루어졌기 때문이다.

당시의 기록에 따르면 가르치는 공간에는 탁자, 나무 의자, 동상, 지구본이 갖춰져 있었다고 한다. 테오프라스토스 역시 정원에서 자라나는 우람한 플라타너스에 대해 기록한 바 있다. 라이시움은 공공건물에 세워졌기 때문에 누구라도 토론에 참여할 수 있었다. 그곳에는 아리스토텔레스가 만든 박물관과 멋진 도서관도 있었다. 학생들에게는 각자 특정한 주제를 연구하도록 장려했다. 테오프라스토스는 식물에, 에우데모스는 수학에, 메논은 의학의 역사에 몰두했다.[8] 아리스토텔레스의 목적은 철저하게 체계적인 방법으로 모든 분야의 지식을 살피는 것이었고, 이는 스스로의 연구뿐만 아니라 명석한 제자들의 연구를 통해 실현되었다. 아리스토텔레스 학원의 학생들은 '사실'을 열렬히 탐구했다. 아테네에서 공연되는 연극에 대한 세부 사항을 수집하고 다양한 국가의 헌법을 분석하고 파시아 경기Pythian games〔델피에서 아폴로를 기념하여 4년마다 거행된 고대 그리스의 경기제〕에서 승리한 사람들의 목록을 만들었다. 그러나 이러한 것들은 테오프라스토스가 『식물 연구』를 위해 조사한 엄청난 정보의 양에 비하면 비교적 간단한 일이었다. 아리스토텔레스는 항상 방법과 체계의 필요성을 강조했다. 스승들은 정기적으로 강의 노트pragmateiai를 수정하여 새로운 발견을 수용하고 뒤처지지 않도록 노력했다. 라이시엄은 아카데메이아에 비해 토론보다는 가르침이 더 많았다. 말은 글로 바뀌었다. 그리고 기준이 설정되었다. 처음으로 학자들은 "이것이 우리의 현주소이다. 이것이 우리가 아는 것이다"라는 말을 할 수 있게 되었다. 그다음에는 그러한 사실이 무엇을 의미하는지를 결정하는 더욱 까다로운 문제에 직면하게 되었다. 이러한 지식의 점진적 축적은 모두 평화와 안전에 기반을 두고 있었다. 아리스토텔레스와 테오프라스토스는 둘 다 아테네 출신이 아니었기 때문에 아테네에 부동산을 마련하기가 어려웠다. 그러나 이들은 친마케도니아 성향이어서 마케도니아가 아테네를 점령하게 되자 새로운 통치자이자 소요학파의 일원이었던 팔레론의 데메트리오스가 테오프라스토스에게 정원을 주었다. 그 덕분에 책을 보관할 안전한 장소와 연구를 위해 식물을 키울 만한 공간을 확보할 수 있었다.

역사학자 디오게네스 라에르티오스는 아리스토텔레스를 "다리가 얇고 눈이 작다. 세련된 옷차림을 했으며 손가락에는 반지를 끼고 있었고 면도를 한 사람"이라고 묘사하고 있다. 얇은 다리나 작은 눈이라는 표현을 보면 외모면에서는 카리스마를 느낄 만큼 체격이 당당한 사람처럼 생각되진 않는다. 그러나 움직임, 에너지, 빠른 판단력 등 어딘가에는 분명히 카리스마가 있었음이 분명하며 무엇보다 독창성을 갖추고 있었다. 아리스토텔레스는 서양에서 식물과 동물에 대한 지식도 형이상학이나 천문학에 대한 지식만큼 중요하다는 사실을 학생들에게 납득시킨 최초의 스승이었다. 아리스토텔레스의 모든 제자 가운데 테오프라스토스는 스승의 의도를 가장 분명하게 이해했다. 따라서 아리스토텔레스가 기원전 322년에 세상을 떠났을 때 그가 테오프라스토스를 학원의 새 책임자로 임명한 것은 그다지 놀라운 일이 아닐지도 모른다. 당시의 윌리엄 히키William Hickey[영국의 변호사이자 유명한 회고록 작가]라 할 만한 디오게네스는 아리스토텔레스가 남긴 유언장의 모든 세부 내용을 알고 있었다. 마케도니아 출신의 아테네 통치자 안티파터가 유언장의 책임 집행관이 되었지만 아리스토텔레스의 수양아들인 니카노르가 집으로 돌아올 때까지는 아리스토메네스, 티마쿠스, 히파르쿠스, 디오텔레스, 테오프라스토스가 "기꺼이 그럴 생각이 있고 여력이 될 경우" 아리스토텔레스의 두 번째 아내인 헤르필리스와 자녀들 그리고 그의 재산을 관리하도록 되어 있었다. 아리스토텔레스의 딸이 나이가 차면 유언 집행관들은 "그 딸과 니카노르를 결혼시켜야" 했다. 그 전에 니카노르에게 무슨 일이 일어날 경우, "테오프라스토스가 내 딸과 살 생각이 있다면 니카노르와 같은 조항을 적용하라"는 유언을 남겼다.[9]

테오프라스토스는 학원을 물려받았지만 아리스토텔레스의 딸과 결혼하지는 않았으며 기원전 287년에 세상을 떠날 때까지 35년간 학원의 책임자 역할을 했다. 자신의 유언장에서 테오프라스토스는 정원의 동상을 수리할 돈을 물려주었으며 학원의 도서관을 스켑시스의 넬레우스에게 물려주었다. 넬레우스는 아테네에 있던 책들을 자신의 집으로 옮겼는데, 이처럼 라이시엄의 연구 방법에서 그토록 중요한 역할을 했던 도서관이 사라진 것은 소요학파 몰락의 중요한 원인이 되었다. 테오프라스토스의 후계자인 스트라토가 18년 후에 사망할 즈음에는 라이시엄의 수명도 사실상 끝난 것이나 다름없었다.

대부분의 뛰어난 학생들이 다른 곳에 자신의 학원을 세우기 위해 떠나거나 새로운 도시나 국가의 통치자를 따라 떠나는 상황에서 이 사상의 온상이 쇠락하는 것은 불가피한 일이었는지도 모른다. 아니면 아리스토텔레스와 테오프라스토스가 그토록 많은 에너지를 투자한 주제가 그 당시의 학자들에게는 시간을 투자할 가치가 없는 것으로 여겨졌을까? 키케로는 테오프라스토스의 후계자인 스트라토를 업신여겼다고 한다. 그 까닭은 스트라토가 가치와 윤리 같은 '고차원적인' 주제를 버리고 자연계에 대한 연구에 열중했기 때문이다.[10] 아리스토텔레스와 테오프라스토스라는 위대한 두 선구자가 세상을 떠난 후 식물과 동물은 너무나 저차원적인 주제라서 의사들에게는 적합할지 모르나 철학자가 시간을 할애할 만한 가치는 없는 주제라는 지적인 속물근성이 만연하고 있었던 걸까? "포괄적이고 독단적인 철학 체계에 매료된 사람들에게 라이시엄은 에피쿠로스 학파나 스토아 학파와 비견될 만한 것을 전혀 제공해주지 못했다"[11]고 밥 샤플레스는 적고 있다.

아테네의 불안정한 시국도 소요학파에 영향을 미쳤다. 도시 성벽 바깥쪽에 있는 라이시엄은 적의 공격에 취약했다. 그곳의 강의 방식은 안정성을 기반으로 성립하는 것이었다. 기원전 3세기 초반, 전쟁에 시달리지 않는 알렉산드리아와 로도스가 교육의 중심지로서 아테네와 경쟁하기 시작했다. 아테네의 소요학파에서만 시도했던 상당한 규모의 체계적인 교육 프로그램이 야심찬 여러 이집트 왕들이 후하게 하사한 시설과 기금으로 무장한 알렉산드리아 박물관에도 마련되었다. 겨우 명맥만 유지하는 형태의 라이시엄은 플라톤의 아카데메이아를 비롯하여 아테네의 다른 철학 학원과 함께 그후로도 800년간 간신히 버텨나갔지만 서기 529년에 유스티니아누스 황제(재위 527~566)가 문을 닫아버렸다.[12] 에드워드 기번Edward Gibbon은 『로마제국쇠망사The History of the Decline and Fall of the Roman Empire』에서 "과학의 빛은 실로 아테네의 성벽 안에 갇혀 있을 수 없었다"고 적었다. "살아 있는 거장들은 이탈리아와 아시아로 옮겨갔다. (…) 무기보다 아테네 학파에 더욱 치명적인 타격을 입힌 것은 사제들이 이성의 활동을 억압하고 모든 의문을 신앙으로 해결하며 신앙심이 없는 자나 회의적인 자들은 영원한 불길에 떨어진다고 저주하는 새로운 종교였다." 유스티아누스가 아테네의 철학 전통에 종지부를 찍은 바로 그해에 성 베네딕트는 이탈리아의 몬테카시노에 최초의 기독교 수도원을 세웠다.

그런데 아리스토텔레스가 테오프라스토스에게 물려주고, 다시 테오프라스토스가 유언을 통해 넬레우스에게 물려준 그 책들은 어떻게 되었을까? 심혈을 기울여 구축해놓은 그 도서관은 아테네 최고의 명성을 자랑했다. 그곳에 보관된 필사본은 다양한 주제를 다루고 있었으며 자연계에 대해 알려진 대부분의 지식이 포함되어 있었다. 아리스토텔레스와 테오프라스토스는 공들여 여러 사실을 비교하고 대조하며 위대한 사상, 즉 생명체들 사이의 근간이 되는 논리를 찾아내기 위한 탐구를 시작했다. 그러나 이들은 완성된 그림이 어떤 모양인지 알지 못한 채 거대한 퍼즐을 맞추려고 노력하는 사람들이나 다름없었다. 게다가 상당수 퍼즐 조각은 가지고 있지도 않은 상태였다. 이 도서관은 체계적인 방식으로 식물의 이름을 짓기 위한 작업을 시작할 수 있는 모든 여건이 갖추어져 있는 곳으로, 후세의 학자들이 이를 바탕으로 더욱 연구를 확장해나갈 수 있는 근간이 되었다. 그러나 후세 학자들은 그렇게 하지 않았다. 거의 1200년 동안 아무 일도 일어나지 않았던 것이다. 토마스 아퀴나스의 스승인 알베르투스 마그누스Albertus Magnus가 13세기에 『동물에 대하여De animalibus』를 내놓을 때까지 이 분야에서는 아무런 진보도 이루어지지 않았다. 도대체 왜 그랬을까? 로마에서 소요학파의 철학을 공부했던 역사가 스트라보Strabo(기원전 63년~서기 23년경)는 이런 이야기를 들려준다.

넬레우스는 고향인 스켑시스로 도서관을 옮겨서 상속자들 손에 맡겼다. 이들은 평범한 사람들로서 그 책들을 모두 쌓아서 잠가놓고 제대로 관리조차 하지 않았다. 스켑시스를 통치하고 있던 아탈리드 왕이 페르가몬에 있는 도서관을 확장하기 위한 책을 찾고 있다는 이야기를 듣고 이들은 모아놓은 책을 땅속 구덩이에 넣고 숨겼다. 시간이 흘러 책들이 습기와 나방으로 손상되었을 때, 이들의 후손은 많은 돈을 받고 이 책들을 테오스의 아펠리콘에게 팔았다. 아펠리콘은 철학가라기보다는 애서가였다. 그 결과 책 가운데 벌레 먹고 손상된 부분을 복구하면서 어설프게 문장을 추가하여 내용을 바꾸고 오류로 가득한 새로운 사본을 만들어 출판했다. (…) 아펠리콘이 사망한 직후 아테네를 장악한 술라는 이 도서관을 로마로 옮겼다. 이곳에서 아리스토텔레스의 추종자였던 문법학자 티란나온이 도서 관리인의 호감을 사서 이 책들에 손을 댔고, 일부 책 판매상들도 자격 없는 복제사를 고용하여 책을 복사한 후에 원

본과 자신들의 버전을 대조해보지도 않았다.[13]

그러나 스트라보는 과연 편견이 전혀 없는 사람이었을까? 스트라보는 그리스 사람이었던 만큼 위대한 그리스의 사상가 아리스토텔레스의 유산을 로마인들이 관리한다는 사실에 원칙적으로 반감을 품고 있지는 않았을까? 그는 로마의 복제사들이 저지른 실수를 집요하게 지적했고 탐욕스러운 로마의 서적상들이 잘못된 사본을 여기저기 돌아다니면서 판매했다고 주장했다. 그러나 박식한 그리스의 문법학자 아테나에우스는 사뭇 다른 이야기를 전해준다. 그는 넬레우스(혹은 그의 가족)가 새로 지은 알렉산드리아 도서관을 세계 최고의 도서관으로 만들고자 했던 이집트의 통치자 프톨레마이오스 2세 필라델포스에게 아리스토텔레스와 테오프라스토스의 장서 전부를 팔았다고 기록했다.[14] 그렇다면 어떤 이야기가 사실일까? 그리고 그 책들은 다 어디로 갔을까?

테오프라스토스가 라이시엄에 몸담고 있던 말년에 소요학파의 여러 지도층 학자들 사이에서는 학설뿐만 아니라 서로의 관계에서도 심각한 갈등이 발생하기 시작했다. 테오프라스토스와 에우데무스는 정통 사상을 대표했다. 아리스토세누스와 디카이아르쿠스는 좀 더 급진적인 입장을 취했다. 테오프라스토스는 스켑시스의 넬레우스(뛰어난 선생은 아니었지만 비교적 안전한 선택이었다)를 자신의 후계자로 삼으려고 그에게 책을 모두 물려주었다. 그러나 라이시엄의 원로들은 넬레우스를 후계자로 세우려는 테오프라스토스의 계획을 저지하고 대신 람프사쿠스의 스트라토를 선출했다. 테오프라스토스가 사망한 후 얼마 지나지 않아 스트라토의 이름이 대두되자 넬레우스는 고향인 로도스로 돌아가면서 테오프라스토

그림 12. 식별을 위해 필요한 모든 세부 사항을 보여주도록 주의 깊게 배치한 개양귀비Papaver rhoeas, 1419년에 작성된 베네데토 리니오Benedetto Rinio의 약초 의학서 Liber de Simplicibus에 수록.

스의 책들을 함께 가져갔다. 테오프라스토스의 유언장에 따라 테오프라스토스가 아리스토텔레스에게서 물려받은 책들은 모두 넬레우스의 개인 재산이 되었던 것이다. 원로들 사이에서 불협화음이 일어난 이유도 어쩌면 스트라토를 비롯한 일부 학자들이 순수한 철학적인 연구를 희생해가면서 과학 연구에 매진하는 것을 선호했기 때문일지도 모른다. 아카데메이아나 스토아 학파와는 다르게 소요학파는 지침이 되는 엄격한 교의가 없었다. 다만 헌법과 비슷한 일종의 법규는 존재하여 학원의 책임자는 선출 위원회를 통해 선택해야 한다고 규정되어 있었다. 그러나 스트라토는 라이콘을 직접 후계자로 임명하며 "다른 학자들이 라이콘에게 협조해주면 좋을 것이다"라는 의미심장한 말을 남겼다. 라이콘도 이상적인 인물은 아니었다. 카리스토스의 안티고누스는 라이콘이 지나치게 사치스럽고 스포츠를 좋아해서 진지한 교육을 추구하는 학원의 학장이 되기에는 적합하지 않다는 의견을 제시했다. 스트라토 자신 역시 라이콘을 그다지 좋아하지 않았을 가능성이 크지만, 그럼에도 불구하고 그를 자신의 직접적인 후계자로 임명한 것은 그것이 학원의 명운을 되살리는 유일한 길이라고 생각했기 때문이다. 수많은 학생들이 라이시엄을 떠나고 있었다. 스트라토는 라이콘이 책임자가 되면 다시 철학적인 가르침에 중점을 둘 것이라 생각했고 이 생각은 적중했다. 자연과학은 바다 건너 북부 아프리카에 있는 더욱 비옥한 땅으로 향할 수밖에 없었다.

테오프라스토스가 세상을 떠났을 즈음에는 넬레우스도 이미 나이가 많이 든 상태였다. 전해져 내려온 대로 넬레우스는 소중한 책들을 상속인인 가족에게 남겼다. 그러나 넬레우스의 가족은 교육을 받지 못한 사람들이었기 때문에 그 책들을 도대체 어떻게 해야 할지 알지 못했다. 어쩌면 조언을 구했을 수도 있다. 아니면 페르가몬의 아탈리드 왕들이 알렉산드리아의 도서관에 필적할 만한 도서관을 짓고자 한다는 이야기를 듣자 땅속에 책을 묻는 것이 물려받은 책을 지키는 최선의 방법이라고 생각했는지도 모른다. 그래서 넬레우스의 가족은 책을 땅에 파묻었다. 땅속의 벌레들은 단어, 개념, 이론, 그리고 새로운 과학의 태동을 먹어치웠다. 그리고 기원전 100년, 조상 넬레우스가 유언을 남기고 떠난 지 거의 150년이 지난 후에 그의 후손들은 이 책을 테오스의 아펠리콘에게 팔았다. 아펠리콘은 부유한 사람으로 엄청난 값을 주고 이 책들을 사들였기 때문에 당시에는 상당히 좋은 생각처럼 여겨졌을 것이다. 아펠리콘은 기원전 1세기 초엽 아테네에서 활동했던 미트라다테스라는 반로마 세력의 지도자였다. 그는 또한 엄청난 애서가로도 잘 알려져 있었다. 아펠리콘은 소요학파가 남긴 업적을 완전한 판본으로 출판하겠다는 의도로 책들을 다시 아테네로 실어왔다. 그러나 그는 철학을 이해하지 못했고 복제사들은 벌레 먹은 구멍을 아무렇게나 메웠다. 그 결과 판본은 오류로 가득 차게 되었다.

기원전 86년에는 코넬리우스 술라가 무력으로 아테네를 점령하고 아펠리콘의 장서들을 로마로 가져갔다. 기원전 78년에 술라가 죽은 뒤 이 책들은 술라의 상속자인 파우스투스 술라의 소유가 되었고 그는 상속을 받은 지 얼마 되지 않은 기원전 55년에 도박 빚을 갚기 위해 이 책들을 경매에 부쳤다. 스트라보는 문법학자이자 키케로의 친구이며 열성적인 책 수집가였던 아미소스의 티란니온을 포함한 몇몇 로마 서적 판매상들이 재판매할 목적으로 술라의 책들을 구입했다고 전한다. 그러나 아펠리콘과 마찬가지로 이들은 무능한 복제사들을 고용했고(어쩌면 똑똑한 사람은 애초부터 그렇게 따분한 일을 할 리가 없었는지도 모른다), 그들은 아리스토텔레스와 테오프라스토스가 남긴 기록의 다양한 버전을 수집하여 순서대로 맞추는 데 그다지 신경을 쓰지 않았다. 서적 판매상들은 학문이 아니라 이익에만 관심이 있었다. 다만 제대로 싹이 트진 않았을지라도 최소한 과학이라는 학문의 시작이 되는 씨앗은 생생히 살아 숨 쉬고 있었기에 누군가 올바른 지식을 가진 사람이 키우기만 한다면 크게 자랄 수 있는 상태였다.

티란니온은 매우 유리한 위치에 있기는 했지만 그런 역할을 하지는 못했다. 그는 파우스투스 술라의 도서관장과 가까운 관계를 유지하고 있었기 때문에 술라가 소장한 테오프라스토스의 서적들이 경매에 나왔을 때 쉽게 접근할 수 있었다. 티란니온은 또한 키케로의 친구인 폼포니우스 아티쿠스와, 오늘날의 신문이라면 '돈독한 관계'라고 묘사할 만큼, 친밀한 관계였다. 아티쿠스는 유명한 책 거래상이자 출판업자였을 뿐만 아니라 거대한 개인 도서관을 소유하고 있었다. 기원전 60년경에 티란니온은 아티쿠스가 운영하는 출판 사업의 동업자가 되었다. 그는 사상이 아니라 목적에 관심을 보였던 것이다. 로마의 철학자인 로도스의 안드로니쿠스도 적절한 인물은 아니었다. 물론 아펠리콘이나 티란니온보다는 더 나은 편집자였고 여기저기 흩어진 말의 편린들을 종합하여 이전보다는 다소 정리된 자료를 만들었을지 모른다. 그러나 우리와 아리스토텔레스, 테오프라스토스를 연결해주는 로마의 실은 여기서 안드로니쿠스와 함께 묻히고 만다.

또 하나의 가닥인 아테나에우스가 들려주는 이야기를 따라가다 보면 지중해 건너 알렉산드리아에 닿게 된다. 아테나에우스는 넬레우스(또는 그의 상속인)가 모든 책을 이집트의 왕이자 유명한 알렉산드리아 도서관을 설립한 프톨레마이오스 2세 필라델포스에게 팔았다고 주장한다. 알렉산드리아 도서관에 기원전 3세기부터 2세기에 걸쳐 상당한 양의 아리스토텔레스 관련 자료가 있었던 것은 확실하다. 그러나 이 실 두 가닥 모두 아테네에서 멀어진다. 이제 아테네는 내가 관심을 가지고 있는 일들이 일어나는 장소로는 그 역할을 다한 셈이지만 모든 것이 시작된 중요한 장소로서의 의미는 언제까지나 잃지 않을 것이다. 앞으로 이 여정에는 다른 지명이 등장하게 된다. 피사, 파두아, 피렌체, 몽펠리에, 프랑크푸르트, 런던(영국은 자연계라는 위대한 퍼즐이 분명하게 제 모습을 드러내도록 하기 위한 올바른 조각을 찾는 데 일익을 담당한 사람들을 다소 늦게 배출한 감은 있다) 등 그 가운데 일부는 내가 아는 곳이다. 천천히, 하나씩, 아름다운 논리 덕분에 위대한 체계가 수면 위로 떠올라 지구의 표면 전체를 뒤덮고 있는 모든 살아 있는 것들이 과, 속, 종, 품종 등의 집단으로 이루어져 있다는 사실이 드러날 것이다. 아리스토텔레스의 이야기도 여기서 끝을 맺는다. 그는 원래부터 식물과는 크게 관련이 없는 사람이었지만 아리스토텔레스가 없었다면 테오프라스토스가 『식물 탐구』의 집필을 시작했을 가능성이 희박하기에 같이 언급해두었다. 이 장대한 프로젝트는 식물 사이의 관련성을 찾고 그들의 유사성과 차이점을 이해하려는 첫 번째 시도였다. 아리스토텔레스 밑에서 테오프라스토스는 정보를 정리하는 방법을 배웠고 탐구심과 열린 마음의 중요성을 깨달았다. 그는 자연과학이 발달할 수 있는 틀을 마련했다. 탐미주의자였던 아테네인들 사이에서는 결코 자리를 잡지 못했지만 중요한 첫걸음이라고 부를 수 있을 만큼은 오래 지속되었다. 이제 이 여정은 알렉산드리아로 이어진다.

III 알렉산드리아 도서관

기원전 300~기원전 40년

서기 2~3세기경의 한 파피루스 조각에서는 알렉산드리아를 '세계의 보모'라고 묘사했다. 마케도니아에서 온 군인, 그리스 본토, 아랍, 바빌로니아, 아시리아, 메디아, 페르시아, 카르타고, 이탈리아, 갈리아, 이베리아에서 온 정착민, 그리고 수많은 세련된 유대인들이 모두 알렉산드리아로 모여들었기 때문이다. 앞바다에 떠 있는 파로스 섬 덕분에 보호를 받는 알렉산드리아는 다양한 천혜의 이점을 가진 도시였다. 기원전 331년 1월 20일에 배를 타고 이곳을 지나가던 알렉산더 대왕은 한눈에 이 지역의 잠재력을 알아보고 이집트 원정 길에 동행하고 있던 건축가 디노크라테스에게 그곳에 장대한 새 도시를 건설하도록 지시했다. 그러나 아리스토텔레스보다 한 해 이른 기원전 323년에 세상을 떠난 알렉산더 대왕은 자신의 이름이 붙은 이 도시가 완성되는 것을 보지 못했다. 알렉산더가 죽은 후 제국을 분배하는 과정에서 이집트를 차지한 것은 배다른 형제 프톨레마이오스 소테르(그림 13 참조)였다. 그러나 디노크라테스는 매우 웅장하고 장엄한 도시를 설계했다. 거대한 대로 두 개가 교차하며 도시 전체는 크기가 다른 네 구역으로 나뉘어 있었다. 거리에는 그늘이 드리워진 대리석 주랑colonnade이 나란히 서 있었으며 돌로 만든 집을 아치형 지하실 위에 지어 맑은 물로 가득 찬 지하 물탱크가 항상 차갑게 유지되도록 했고 항구 전면을 따라 거대한 부두와 창고도 줄 지어 세웠다. 디오 크리소스톰은 『30초의 담론The Thirty-Second Discourse』에서 이 새로운 수도의 장대함과 강력함에 경이로움을 표현한 바 있다. "항구의 아름다움, 선단의 규모, 세계 전역에서 모여든 풍부한 상품의 판매가 용이하다는 이유로 지중해 전체의 해상 운송을 독점하고 있을 뿐만 아니라 저 너머 펼쳐져 있는 외곽의 바다, 즉 과거에는 거의 알려지지 않았던 홍해와 인도양까지 손에 잡힐 듯 보인다."[1] 마케도니아 출신이었던 프톨레마이오스 소테르는 과거 파라오들의 고대 왕국이 있던 지역을 지배하고 통치했다. 그는 또한 문예 부흥을 일으키기도 했다. 고대 왕국에는 왕립 박물관이나 알렉산드리아 도서관에 필적할 만한 문화 시설이 존재하지 않았다. 왕립 박물관은 도시의 그리스 지구에 있는 왕궁의 일부로 설계되어 공공 도로, 대리석 의자가 갖춰져 있고 한쪽이 개방되어 있는 원형 담화실, 휴게실과 식당까지 갖추고 있었다. 박물관은 지붕이 덮인 대리석 주랑으로 도서관과 연결되어 있었다. 도서관에는 거대한 홀이 열 개나 있었고 각 홀에는 하나하나 번호와 제목을 붙여 줄지어 세워놓은 책꽂이와 벽장에 엄청난 양의 필사본이 소장되어 있었다. 좀 더 규모가 작은 또 하나의 도서관은 이집트 지구의 라코티스에 있는 세라피스Serapis[이집트의 남신으로 오시리스와 아피스의 합성신] 신전 근처에 세워졌다.

도서관의 각 홀에는 각기 특정 주제에 대한 책들이 소장되어 있었다. 그렇다면 이 거대한 도서관에서 우리의 테오프라스토스는 과연 어디에 있었는가를 생각해보지 않을 수 없다. 번호 붙은 책꽂이에서 누가 『식물 연구』를 뽑아들 것인가? 아리스토텔레스의 죽음과 함께 그리스 문학에서 위대했던 고전 시대가 종말을 맞았지만, 그와 동시에 아리스토텔레스와 그가 속한 위대한 전통이 사라지면서 알렉산드리아에 새로운 시대가 열렸다. 아리스토텔레스가 처음으로 라이시엄 도서관에 책을 모으기 시작했을 때에는 선구자나 혁신자 취급을 받았다. 그러나 이제 프톨레마이오스 소테르는 그보다 훨씬 야심 찬 계획을 실행에 옮기기 시작했다. 100여 명에 달하는 학자들을 동원하여 거대한 도서관의 책꽂이를 채울 문서들을 찾고 번역하도록 시킨 것이다. 소테르는 그리스 이상의 영감을 받아 문인들뿐만 아니라 시인, 철학자, 과학자, 수학자(유클리드도 그 가운데 하나였다)들을 불러 모아 알렉산드리아에 새로운 문명을 구축했다. 그가 세운 도시는 새로운 도시일지언정, 그 도시가 위치하고 있는 땅은 이미 프톨레마이오스가 모델로 삼고자 하는 그리스 문명보다 훨씬 발달한 문화를 경험한 바 있는 곳이었다. 테오프라스토스가 위대한 연구를 시작하기 오래전인 파라오의 시대에 이집트인들은 이미 양귀비, 회향, 아카시아, 갈대를 포함한 202가지의 서로 다른 식물을 위한 상형문자를 만들어낸 바 있었다.[2] 테오프라스토스가 『식물 연구』에 기록했듯이[3] 이집트인들은 파피

그림 13. 알렉산드리아에 거대한 도서관을 세웠으며 기원전 323년부터 이집트를 통치했던 최초의 마케도니아 왕조 황제 프톨레마이오스 소테르.

루스로 종이를 만드는 방법뿐만 아니라 식물 추출물을 사용하여 시체를 방부 처리하는 방법도 알고 있었다. 그러나 고대 이집트 시대의 지식은 대부분 사제들과 밀접한 관련이 있었기 때문에 아테네의 라이시엄이나 아카데메이아처럼 대중적인 지식이 아니었다.

이때 알렉산드리아로 향한 사람 가운데 팔레론의 데메트리오스도 있었다. 알렉산드리아에 박물관과 도서관이 있어야 한다고 처음 제안한 사람이 바로 이 데메트리오스였으며, 프톨레마이오스 소테르의 수집품에 포함시킬 첫 번째 필사본을 모은 사람도 그였다. 아테네에서 망명한 데메트리오스는 알렉산드리아를 바다 건너 또 하나의 아테네로 만들고 싶어했다. 철학자인 동시에 웅변가이자 정치가이기도 했던 데메트리오스는 아리스토텔레스의 추종자였으며 테오프라스토스의 제자인 동시에 친구이기도 했다. 따라서 소요학파의 장서들 가운데 적어도 일부는 알렉산드리아로 향했다는 아테나에우스의 기록은 상당한 신빙성을 갖는다. 데메트리오스는 완벽한 중재인이 될 수 있는 인물이었다. 그러나 프톨레마이오스처럼 취향이 세련된 후원자를 만족시키기 위해서는 최고의 품질만이 요구되었다. 따라서 어쩌면 필사본 가운데 가장 독창적인 것만 모으고 나머지는 넬레우스와 그 상속인들에게 맡겨 나방과 벌레와 함께 구덩이 속에 묻히도록 내버려두었을지도 모른다. 두 가지 설 모두 사실일 가능성이 있다. 도서관은 기원전 307년경에 데메트리오스가 알렉산드리아에 도착한 직후 건설되었을 확률이 가장 높다. 당시 데메트리오스는 소장품을 보강할 상당한 공공 자금을 확보해놓은 상태였다. 당시의 기록을 보면 처음 10~12년간 데메트리오스는 파피루스 두루마리에 전사된 개별 필사본을 무려 20만 개까지 모았다고 한다. 미국이라는 새로운 나라에 오래된 문화재와 유적을 아낌없이 들여왔던 피어폰트 모르간이나 헌팅턴, 폴 게티와 같은 수집가들처럼 프톨레마이오스 소테르는 그물을 넓게 펼쳤다. 더 이상 수집할 그리스 문헌이 없자 이번에는 외국 문헌을 들여왔다. 특히 고대 동방세계의 위대한 두 왕국이었던 동쪽의 아시리아와 남쪽의 이집트 기록을 집중적으로 수집했다.

데메트리오스는 초대 도서관장을 역임했고, 그의 뒤를 이어 에페수스의 제노도토스(기원전 282~260), 키레네의 칼리마코스(기원전 260~240), 로도스의 아폴로니우스(기원전 240~230), 키레네의 에라토스테네스(기원전 230~195), 비잔티움의 아리스토파네스(기원전 195~180), 아이도그라프의 아폴로니우스(기원전 180~160), 사모트라케의 아리스타르코스(기원전 160~131) 등 뛰어난 인물들이 도서관장으로 활약했다. 그러나 안타깝게도 프톨레마이오스의 아들이 도시의 통치권을 쥐게 되자 데메트리오스는 그와 사이가 멀어졌고(지나친 지출 또는 단순히 과거의 인물이라는 이유로) 결국 상이집트Upper Egypt의 부시리스로 추방되어 기원전 282년에 독사에게 물려 숨을 거두었다. 어떤 사람들은 그가 살해되었다고 말하기도 한다. 데메트리오스가 세상을 떠나면서 테오프라스토스와의 직접적인 연결 고리는 끊어지고 만다.

프톨레마이오스 제국은 300년 동안 지속되었고 알렉산드리아는 그 두 배 이상의 세월 동안 살아남았다. 알렉산드리아는 알렉산더 대왕이 정복한 수많은 제국에서 얻은 엄청난 양의 지식뿐만 아니라 그리스인들이 열심히 노력해서 수집한 모든 지식을 보존해 놓은 학습과 과학의 보고였다. 수입되는 책에는 엄격한 금수 조치가 내려졌다. 항구로 들어오는 선박은 전부 수색하여 배에서 책이 발견되면 즉시 압수했다. 압수된 책의 소유주에게는 복제본을 만들어 지급하고 원본은 알렉산드리아 도서관에 보관했다.

프톨레마이오스 2세는 또한 최초의 구약성서 번역도 의뢰했다. 그는 72명의 유대인 번역사를 데려와 번역 작업을 모두 마칠 때까지 파로스 섬에 가둬놓았다. 흠정영역성서King James Bible(1611년에 영국 제임스 1세의 명으로 학자 47명이 영어로 번역한 성서)의 서문에서는 이렇게 그의 업적을 인정하고 있다. "주님은 기꺼이 그리스의 왕자(그리스는 출신과 사용한 언어를 의미)의 영혼을 일깨워 히브리어로 된 하느님의 책을 그리스어로 번역하도록 하셨다. (…) 그러므로 주님의 말씀이 그리스어 기록으로 남게 되어 마치 온 집 안을 밝히는 촛대 위의 촛불과도 같은 존재가 되었다……." 어린 시절 웨일스의 란데위 리데르흐라는 곳에 있는 작은 13세기 교회에 정기적으로 끌려갔던 나는 이따금 지루한 설교 시간에 성서를 펴서 그 구절을 읽었다. 베아트릭스 포터의 동화 『피터 래빗Peter Rabbit』에서 최면soporific이라는 단어에 매료되었던 것처럼 여기서는 필라델포스Philadelphus라는 단어 자체가 내 마음을 사로잡았다. 그후 처음 정원을 가꾸게 되었을 때, 나는 달콤한 향기를 풍기며 하얀색 꽃을 피우는 식물, 즉 1562년에 플랑드르 대사 오기어 기슬렌드 부스베크가 터키에서 유럽으로 들여온 고광나무Philadelphus coronaries라는 관목의 형태로 필라델포스를 다시 만났다. 그러나 고광나무(영어 이름 syringa는 팬파이프를 나타내는 그리스어 syrinx에서 유래했다)라는 단어는 라일락을 가리키는 일반명이기도 했다. 두 관목 모두 나무줄기의 속이 비어 있고 그다지 길지 않으며 터키인들이 음악을 연주하는 파이프를 만들 때 재료로 쓰였기 때문이다. 서로 완전히 다른 관목 두 종이 같은 일반명을 사용했기 때문에 무척 혼란스러웠다. 그러나 1623년 프랑스의 식물학자 장 보앵Jean Bauhin이 제라드의 "흰 파이프 나무white pipe tree"에 왕의 이름 필라델포스를 붙여 혼동을 없앴다.

　필라델포스 왕은 기원전 246년에 세상을 떠났기 때문에 기원전 48년, 로마의 독재자 카이사르의 약탈로 자신이 세운 도시가 참혹하게 파괴되는 광경을 보진 못했다. 그즈음 알렉산드리아 도서관에는 10개의 거대한 홀에 줄줄이 늘어서 있는 이름표 붙은 책꽂이에 50만 개 이상의 문서 뭉치와 두루마리가 차곡차곡 쌓여 있었다. 그중 가장 귀중한 보물은 이미 클레오파트라가 카이사르에게 보내버린 참이었지만 일부는 알렉산드리아 시민들이 아킬라스 사령관의 지휘 하에 카이사르에 맞서 진격할 때 파괴되었다. 카이사르는 알렉산드리아 항구에 정박해 있는 이집트 함대를 태우려는 목적으로 불을 질렀지만 바람이 내륙으로 불었던 탓에 해안가에 있는 건물에도 불이 옮겨 붙었다. 이때 도서관도 불에 탔을까? 아니, 이때는 아니다. 전쟁이 쓸쓸히 남기고 간 것은 나중에 종교의 손에 넘겨져 처리된다. 클레오파트라가 카이사르에게 '선물'을 보낸 후 텅 비어버린 알렉산드리아 도서관을 채운 사람은 안토니우스였다. 안토니우스가 페르가몬에서 약탈한 20만 개의 필사본 두루마리를 클레오파트라에게 주었던 것이다. 페르가몬에서 온 거친 가죽 두루마리가 이집트의 잘 부러지는 연약한 파피루스 종이 옆에 나란히 보관되었고 토막 난 지식이 다시 합쳐졌다. 과연 이 위대한 지식의 저장소에 그때까지 테오프라스토스의 저서가 살아남아 있었을까? 오늘날까지 전해지는 목록이 없기 때문에 확실히 알 수는 없다. 그러나 테오프라스토스가 남긴 기록은 알렉산드리아 도서관에 꼭 맞는 종류였다. 아테네의 학원들과는 달리 알렉산드리아의 박물관과 도서관은 철학적인 논란이 일어나는 장소가 아니라 기술적인 지식의 전당이었고 그중에서도 특히 약품과 자연과학과 관련된 기술을 다루는 곳이었다. 비록 알렉산드리아의 학자들이 테오프라스토스의 연구를 발판으로 삼지는 않았지만 아테네에서 테오프라스토스가 시작한 연구는 알렉산드리아에서 중시했던 학문의 중심에 있었다. 소요학파 학자들이 자연을 탐구하는 과학자의 입장에서 저술을 했다면 알렉산드리아의 학자들은 실제 주제에서 한 걸음 떨어져서 바라보는 백과사전 편집자의 입장에서 저술을 남겼다. 특히 그들의 강점은 주석이었다. 알렉산드리아의 학자들은 고전 기록에 대해 설명하기는 했지만 적어도 테오프라스토스의 영역에서 새로운 연구를 시작하지는 않았다. 그러나 인체 해부학과 생리학에서만큼은 새로운 연구가 진행되었다.[4]

에드워드 기번은 이런 글을 남겼다. "나는 알렉산드리아 도서관을 덮친 재앙의 개요를 설명하지는 않겠다. 카이사르가 스스로를 방어하기 위해 피웠거나 우상 숭배의 기념물을 파괴하고자 했던 그리스도교들의 잘못된 편견 때문에 일어난 의도치 않은 화염이 도서관을 덮쳤다."[5] 그러나 현재의 우리와 당시의 그들을 이어주는 지식의 보고인 책의 존재를 위협한 것은 화재나 전쟁보다는 서서히 퍼지는 적이었다. 이 적은 화재나 전쟁만큼 극적이지는 않을지 몰라도 파괴력은 그에 못지않았다. 도서관 지붕에서 떨어지는 물과 습기가 양피지와 파피루스에 스며들었고, 그 결과 소중한 기록 사이로 곰팡이가 퍼져나갔다. 쥐들은 두루마리 사이를 뒤지고 다녔고 새끼를 키울 보금자리를 만들기 위해 부드러운 종이를 갉아냈다. 나방들은 아무도 건드리지 않은 양피지 갈피 사이에 알을 낳았다. 테오프라스토스의 죽음과 서기 391년 기독교 황제인 테오도시우스 1세의 알렉산드리아 세라피스 신전 파괴 사건 사이에는

700여 년이라는 간극이 있다. 이는 21세기의 우리들과 14세기 중세의 필경사 사이의 세월만큼이나 길고 긴 시간이다. 당시의 도서관은 어떤 상태였을까? 테오도시우스 황제는 분열되지 않은 로마제국을 다스린 마지막 통치자였고 그의 재위 20년간(375~395) 새로운 그리스도교 교회는 엄격한 칙령을 발표했다. 이교도의 잔재는 형태를 막론하고 모두 파기해야 한다는 것이었다. 이집트에서 치유의 신인 세라피스에게 바쳐진 신전은 그리스도교 교회와 수도원으로 바뀌었다. 오래된 신전의 입구에 세워진 자그마한 도서관이 이 급격한 변화를 어떻게 견뎌낼 수 있었겠는가? 만에 하나 기독교도들은 피할 수 있었다 하더라도 행운은 그리 오래가지 않았다. 테오도시우스가 떠난 후에는 이슬람 사람들이 쳐들어왔던 것이다. 이들은 7세기에 알렉산드리아를 공격했는데, 당시 알렉산드리아에서 약탈한 전리품을 실은 첫 번째 낙타가 메디나의 정문을 통과했을 때 마지막 낙타는 이집트 땅을 떠나지도 않을 정도로 길고 긴 행렬이었다고 전한다. 이슬람 지도자 오마르는 이슬람 교리에 충성하는 광신도였다. "주님의 책(코란) 외에 다른 책은 필요 없다"가 그의 칙령이었다. 이븐 알 키프티는 1227년에 저술한 『노예의 역사Histoire des Savants』에서 책들의 운명을 이렇게 묘사했다. 아랍 학자인 야야 알 나하위는 이집트를 정복한 아랍 장군인 아므르 이븐 알 아스에게 알렉산드리아 도서관에 소장된 뛰어난 보물에 대해 이야기했다. 알 아스는 책에 대해 문외한인 군인이었기 때문에 칼리프caliph〔과거 이슬람 국가의 통치자를 가리키던 칭호〕 오마르가 명령을 내리지 않는 한 아무것도 할 수 없다고 했다. 장군은 오마르에게 서한을 보내 책에 대한 이야기를 하고 어떻게 해야 할지를 물었다. 오마르는 원리주의자다운 명쾌한 논리로 이렇게 회답했

그림 14. 13세기 중반에 이슬람 스타일로 작성하고 그린 디오스코리데스의 필사본에서 발췌한 자운영Astragalus(일반명 goat's thorn 또는 milk vetch).

다. "그 책에 주님의 책(코란)에 부합하지 않는 내용이 하나라도 들어 있다면 코란에 따라 모두 뿌리 뽑아야 한다. 코란에 반하는 내용이 조금이라도 들어 있는 것은 하등 쓸모가 없다. 만약 그렇다면 모두 파괴해버려라." 아므르 이븐 알 아스는 수레에 책들을 쌓아서 알렉산드리아에 있는 400개의 공공 목욕탕으로 실어 나른 후 온탕을 덥히는 용광로에 넣어 모두 태워버렸다. 책을 태운 불꽃은 무려 6개월 동안이나 꺼지지 않았다고 한다.[6]

알렉산드리아 도서관은 최초의 거대한 도서관이었다. 그리고 처음으로 철저하게 파괴된 도서관이기도 했다. 물론 알렉산드리아에서 그토록 엄청난 책들이 한 줌의 재로 사라진 후에 수많은 도서관들도 그 뒤를 따랐지만 말이다. 10년 뒤 훌라코는 바그다드를 점령하고 난 뒤 배울 만한 내용이 들어 있는 모든 책을 티그리스 강에 던져버리라고 명령했다. 이 불운하고도 발달된 문화를 자랑했던 도시 알렉산드리아의 도서관들은 13세기에 몽고인들에 의해 또 한 차례 파괴되었고 그보다 200년 후에 티무르인들 손에 다시 유린되었다. 유럽의 침략자들이 십자군전쟁에서 시리아의 트리폴리를 정복했을 때 버트럼 세인트질 백작은 도서관들을 태워버리라고 명령했다. 이 소탕 작업에서 약 300만 권의 책이 사라졌다. 스페인 사람들도 15세기 후반에 아랍인들에게서 안달루시아 지역을 탈환한 후 그곳 고대 도서관에 똑같은 조치를 취했다. 마치 새로운 질서를 구축하기 위해서는 도서관 파괴가 반드시 필요한 수순처럼 보일 정도였다. 그러나 사상은 어떻게든 살아남았다. 그리고 그 중요성을 더해갔다.

IV 표절자 플리니우스

서기 20~80년

테오프라스토스의 입장에서 어떤 식물을 어떤 의학적 용도로 사용할 수 있는가를 다루는 약초학은 다양한 범위에 걸친 식물 연구 가운데 한 가지 분야에 불과했다. 그러한 종류의 실용적인 응용 지식은 그리스보다 훨씬 오래된 고대 문명부터 수천 년에 걸쳐 발달한 것이었다. 테오프라스토스는 식물 연구에서 무언가 새로운 것, 즉 철학적인 관점을 추가했다. 따라서 테오프라스토스의 연구는 단순히 증류하여 약을 만들 수 있는 식물뿐만 아니라 당시에 알려져 있던 모든 식물을 대상으로 삼았다. 테오프라스토스는 식물에 올바른 이름을 붙이는 문제에 대한 논의를 시작했다. 그는 식물 사이의 유사성과 차이점에 흥미를 느꼈으며 이는 더 나아가서 다양한 식물을 그룹으로 분류하는 방법을 제시하는 것으로 이어졌다. 정확한 용어나 전문화된 어휘가 없어 애를 먹기는 했지만 그래도 테오프라스토스는 간결하고 명료한 방식으로 식물을 설명했다. 그는 식물의 분포와 생태학에 관심이 많았다. 처음으로 뿌리와 순, 잎과 꽃잎의 차이 등과 같은 근본적인 의문을 품은 사람도 바로 테오프라스토스였다. 그는 이렇게 가장 처음으로 중요한 의문을 던졌지만 대답으로 돌아온 것은 고요한 침묵뿐이었다. 그가 세상을 떠난 뒤 거의 2000년이 지나서야 그와 비슷한 탐구적 사고를 하는 르네상스의 학자들이 테오프라스토스를 재발견하고 양 시대 사이의 오랜 세월 동안 발생한 일들은 대부분 시간낭비였다는 사실을 깨닫게 된다. 이슬람 학자들은 꾸준히 테오프라스토스의 중요성을 이해하고 그가 남긴 원본 기록을 굳게 믿었다. 알렉산더 대왕이 사망한 직후, 시리아에는 그리스 학원들이 세워지고 그곳에서 학자들은 아리스토텔레스와 테오프라스토스가 남긴 저술을 시리아어로 번역했다. 그 결과 점차적으로 소요학파의 가르침이 페르시아와 아라비아 지역에 퍼졌다. 시리아어는 다시 아라비아어로 번역되었다. 유럽이 더듬거리면서 길고 긴 암흑기를 지나는 동안 아랍의 의사와 철학자들은 한결같이 테오프라스토스의 연구를 기렸다. 아랍어로 번역된 판본이 다시 라틴어와 그리스어로 번역되고 마침내 유럽의 학자들이 자연계에 대한 테오프라스토스의 복잡하고 놀라운 연구를 재발견하게 된 것은 그로부터 오랜 세월이 지난 후였다.

　유럽에서는 로마의 변호사 플리니우스(서기 23~79)와 그리스의 의사 디오스코리데스(서기 40~?)가 미심쩍은 식물 지식의 원천, 즉 모델이 되어 있었다. 두 사람 모두 비슷한 시기(서기 77)에 식물에 대한 개요를 적은 책을 출판했다. 그러나 플리니우스나 디오스코리데스는 테오프라스토스처럼 중요한 의문을 던지지 않았다. 또한 식물의 이름을 짓는 복잡한 과정을 어떻게든 계속 이어나가지도 않았다. 이들은 복제사이자 자료를 모아서 묶어낸 편집자였지 사상가는 아니었다. 디오스코리데스는 원래 의사였고 식물 전문가로서의 활동은 부수적인 것에 지나지 않았다. 따라서 식물의 의학적인 특성이 그의 주된 관심사였다. 변호사인 플리니우스는 로마의 그래드그라인드Gradgrind[찰스 디킨스의 『어려운 시절Hard Times』의 등장인물로 공리주의를 대표한다]였다. 플리니우스가 쓴 『박물지』는 서기 50년부터 16세기 초반까지 식물에 대한 주요 참고 문헌 가운데 하나로 역할했다. 플리니우스는 엄청난 양의 사실만을 모아 기록했지만, 그러한 사실에서 어떤 생각을 이끌어내지는 않았다. 방대한 사실들을 취합했지만 아무런 결론도 도출하지 않은 것이다. 또한 그는 사실일 가능성이 높은 이야기와 꾸며낸 이야기 사이를 거의 구분하지 않았다.[1] 디오스코리데스와 플리니우스는 테오프라스토스가 자신의 연구에서 그토록 현명하게 결합시켜놓은 두 분야, 즉 식물 연구의 철학적인 면과 실용적인 면을 모두 충분히 확장해갈 수 있었다. 그러나 두 사람은 식물에 대한 연구를 가장 저차원적인 형태로 축소하고 인간에게 쓸모가 있는 식물에만 관심을 보이는 학문으로 만들어버렸다. 두 가지 학문의 갈래가 다양화되기는커녕 다시 약초학이라는 하나의 학문으로 위축되어버렸던 것이다.

플리니우스가 사망한 후, 그의 조카인 소小 플리니우스Pliny the Younger는 정보에 대한 삼촌의 열렬한 탐구심을 이렇게 표현했다.

겨울이 되면 새벽 1~2시까지 일을 하거나 일찍 마치는 날에도 자정까지는 일을 했다. 시간에 관계없이 눈만 붙이면 곧바로 잠이 들었고 가끔은 일을 할 때에도 몇 분간 눈을 붙였다가 다시 깨어나기도 했다. 밤에 일하는 것에 너무나 익숙해져 있었기 때문에 날이 밝기도 전에 베스파시안 황제에게 가서 명령을 받거나 의뢰받은 일을 처리했다. 집으로 돌아와서는 아침 식사를 할 때까지 공부를 했다. 여름이면 가벼운 아침 식사를 마치고 약간의 휴식 시간을 보낸 뒤 햇볕 아래에 누워 책을 읽으며 메모를 하거나 내용을 발췌했다. 책을 읽으면 반드시 발췌를 했고 유용한 내용이 하나도 담겨 있지 않을 만큼 형편없는 책은 없다고 입버릇처럼 말했다. 그다음 마치 또 하루가 밝은 것처럼 저녁 때까지 다시 공부를 했다. 가장 중요한 저녁 식사를 하면서도 책을 읽었고 메모를 하면서도 책 읽기를 멈추지 않았다. 오래전에 책 읽는 사람이 잘못된 어조를 쓰자 함께 있었던 삼촌의 친구들 가운데 한 사람이 낭독을 멈추고 똑같은 문장을 다시 한 번 읽어달라고 부탁한 기억이 난다. 삼촌은 이렇게 말했다. "처음 읽었을 때 뜻은 이해했잖아. 그렇지 않나?" 삼촌이 물었다. 상대방은 고개를 끄덕이며 동의했다. "그렇다면 왜 다시 읽어달라고 했나?" 삼촌은 시간에 대한 욕심이 대단했다. 여름이라 아직 해가 있을 때든, 겨울이 되어 이미 어두워진 후든 저녁 식사를 마치고 나면 마치 법으로 정해져 있는 것처럼 항상 곧바로 일어났다. 업무에 시달리는 혼란스러운 도시에서는 바로 이것이 삼촌의 생활 방식이었다. 시골에서도 스스로에게 허용한 유일한 휴식은 매일하는 목욕뿐이었다. 여기서 목욕 시간이라고 함은 그야말로 목욕 그 자체만을 의미한다. 몸을 말리거나 옷을 입는 동안에는 무언가를 듣거나 받아쓰기를 시켰다. 여행을 할 때에는 모든 사업상의 문제를 마음에서 덜어낸 것처럼 필기가 빠른 필경사와 책, 글을 쓰는 탁자를 언제나 가까이에 두고 다른 일은 아무것도 하지 않았다. 이와 같은 목적으로 심지어 로마에 있을 때에도 어디나 가마를 타고 다녔다. 한번은 길을 걷다가 우연히 삼촌과 마주치자 삼촌이 이렇게 말했다. "돌아다니는 시간을 낭비하면 안 된다." 삼촌은 공부에 투자하지 않은 시간은 모두 낭비라고 여겼다. 그토록 방대한 저술을 완성할 수 있었던 것은 이러한 노력이 있었기 때문이다.[2]

여기서 말하는 방대한 저술에는 자신이 기병 부대의 사령관일 때 쓴, 기병이 긴 창을 던지는 올바른 방법에 대한 책도 포함된다. 조카의 기록에 따르면 플리니우스의 리더십은 "용기와 신중함이 균형을 이루었다고 할 수 있었다." 그는 친구인 폼포니우스 세쿤두스의 일상은 두 권의 책에 담은 반면, 지금의 독일 지역에서 군 복무를 하는 동안 취합한 독일을 상대로 한 로마인들의 장대한 전쟁 역사는 20권에 걸쳐 기록했다. 플리니우스는 그 주제 자체가 꿈속에 나타났다고 말했다. 잠을 자는 시간도 결코 낭비할 수 없었던 것이다. 요람에서 원로원에 이르기까지 웅변술에 대한 포괄적인 지침서도 세 권에 걸쳐 집필하여 '학생'들에게 도움이 되도록 했다. 네로 황제가 집권하던 흉흉한 시절에 자신의 영지에서 은거하며 지내는 동안 그는 "대중 연설을 할 때의 망설임"에 대해 8권의 책을 저술했다. 본인이 그토록 거침없는 사람이었다는 사실을 고려해볼 때 남들 앞에 나서서 허둥대는 사람을 보고 얼마나 심기가 불편했을지 상상해보라. 그야말로 낭비이자 시간을 헛되이 보내는 것이라고 생각했던 것이다. 그러고는 서기 77년에 우주론, 천문학, 지리학, 동물학, 광물학, 야금학 등 자연계에 대한 방대한 지식을 담은 백과사전 『박물지』를 완성했다. 물론 여기에는 식물도 포함되어 있었다.

오류에도 전혀 비판을 가하지 않은 플리니우스는 엄청나게 다양한 사실을 책에 가득 담았지만, 한편 기존 논의에 추가한 새로운 내용은 전무하다시피 했다. 『박물지』의 서문에서 플리니우스는 책을 쓰기 위해 저술을 베껴온 학자 100명의 이름을 나열했다. 이 엄청난 책을 쓰기 위해서는 엄청난 양의 책을 참고하고 안쓰러운 낭독사는 수많은 시간 동안 목이 터져라 책을 읽어야 했으며, '속도가 빠른 필경사'는 헤아릴 수 없이 많은 날을 필기를 하는 데 바쳐야 했다. 사실 플리니우스는 473개의 참고 문헌을 인용했는데, 그 가운데 146개가 로마, 327개가 그리스의 기록이었다. 특히 다른 어느 학자들보다 더 많은 내용을 아리스토텔레스(동물에 대한 내용)와 테오프라스토스(식물에 대한 내용)의 연구에서 빌려왔다. 그러면서 "모든 분야를 탐구하고 모든 방법을 시도해본 고대 학자들의 노력과 세심함에 아무리 감탄해도 충분하지 않다"라는 말을 남겼다.[3] 또한 플리니우스는 같은 서문에서 2만 개의 사실을 모았다고 적었다. 도대체 누가 그걸 일일이 세서 합계를 내는 따분한 일을 했단 말인가? 아마도 2만 개란 수는 어림짐작일 가능성이 크겠지만 서기 77년 이후 아무도 이 사실을 확인해볼 생각조차 하지 않았다. 플리니우스는 모두 합해 약 800개의 식물을 묘사했고 이들을 활용법에 따라 나누었다. 포도주와 코디얼(과일 주스로 만들어 물을 타 마시는 단 음료)의 재료가 되는 식물, 식량으로 쓰이는 식물, 약품이나 화환을 만드는 식물, 벌들이 이용하는 식물 등으로 말이다.

『박물지』가운데 책 세 권(4~6권)은 정원에 심는 식물을 다루고 있다. 약 300년 전에 쓰인 테오프라스토스의 기록에는 이 분야와 관련된 내용이 거의 없다. 딱 한 번 『식물 연구』의 6권에서 필리피 근처 판게우스 산에서 자라는 장미를 현지 사람들이 채집하여 정원에 심는다고 언급했을 뿐이다. 그러나 플리니우스는 라우렌툼에 있는 정원을 아주 좋아하여 그곳에 있는 별장을 이렇게 표현했다.

별장은 담쟁이덩굴이 감싸고 있는 플라타너스나무로 둘러싸여 있다. 나무 위쪽은 무성한 잎이 녹색으로 빛나고 아래쪽은 담쟁이가 나무줄기와 가지를 타고 올라가 옆쪽 나무까지 퍼지면서 각 나무를 연결하고 있다. 회양목은 플라타너스나무 사이에서 자라나고 바깥쪽에는 플라타너스의 그늘에 자신의 그늘을 더하는 월계수 관목들이 빙 둘러 있다. 여기저기 잔디밭 사이에는 가지각색의 모양으로 깎아 다듬어놓은 회양목들이 있다. 일부는 정원사의 이름이나 주인의 이름 글자 모양을 하고 있기도 하다. 회양목의 작은 오벨리스크 사이사이에 과일 나무가 심어져 있고 멋진 풍경 중간에는 갑자기 전원 지방 같은 광경이 펼쳐진다. 가운데의 열린 공간 양쪽에는 키가 작은 플라타너스가 늘어서 있다. 좀 더 먼 곳에는 아칸서스가 부드럽고 윤기 나는 잎을 뽐내며 서 있으며, 그 뒤쪽에는 더욱 많은 식물이 있다.[4]

이 별장의 정면에는 별장을 한 바퀴 도는 원형 진입로가 있었다. 중간의 따로 떨어진 화단에는 뽕나무와 무화과나무가 자라고 있었고 주변에는 로즈메리와 회양목으로 된 울타리를 둘러놓았다. 중앙에는 포도덩굴로 덮인 퍼골러〔정원에 덩굴 식물이 타고 올라가도록 만들어놓은 아치형 구조물〕가 있었다. 이는 그후 수 세기에 걸쳐 여

그림 15. 이탈리아의 바이애에 있는 로마시대 분수의 벽감壁龕(장식을 위해 벽면을 오목하게 파서 만든 공간). 서기 1세기에 모자이크로 제작되었다.

러 차례 재창조된 정원 스타일의 시작이었다. 이탈리아 리비에라에서 에드워드 양식의 정원 설계사 해럴드 페토가 부유한 미국인 고객을 위해 가꾼 정원은 그야말로 라우렌툼을 그대로 옮겨왔다고 해도 좋을 만큼 스타일과 구성이 비슷하다. 포도덩굴로 덮인 퍼골러는 『하우스 앤 가든House and Garden』 지의 반짝이는 페이지에 등장할 만큼 멋들어진 정원의 상징이 되었다. 플리니우스의 정원에서는 일꾼들이 각기 채소와 나무, 포도를 돌보는 역할을 나누었고 식물에 전문적으로 물을 주는 사람도 있었다(이는 상당히 저급한 일로 간주되었는데, 망명길에 있던 오비디우스는 고향으로 돌아갈 수만 있다면 식물에 물을 주는 일도 마다하지 않겠다고 한 바 있다). 나무를 새, 동물 모양으로 자르고 다듬는 장식적 전정剪定은 아우구스투스 통치 시기에 로마의 정원에서 널리 유행했으며, 나무를 다듬는 일은 전정꾼의 몫이었다. 플리니우스도 '사냥을 하는 광경이나 여러 척의 배로 이루어진 함대의 모습을 표현하기 위해' 사이프러스를 다듬은 일에 대해 이야기를 한 바 있다.[5] 테오프라스토스의 시대에는 아름다운 장소로서의 정원, 즉 순수하게 즐거움만을 위해 식물을 기른다는 개념이 없었다. 당시 전형적인 그리스 정원의 모습은 타소스에 있는 기원전 3세기 초반의 건물에 새겨진 비문에 잘 묘사되어 있다. 이 건물은 일반 대중에게 공고문을 내는 데 사용되던 것으로, 아스클레피오스를 숭배하는 사제의 전체적인 관리에 따라 정원 임대의 조건을 나열하고 있다. 이 임대 기록에는 임대 기간뿐만 아니라 다른 조건도 명시하고 있다. 임차인은 정기적으로 반드시 황소를 제물로 바쳐야 하며, 벽과 화장실을 깔끔하게 수리해놓아야 하고 무화과나무, 도금양, 개암나무 등의 지정된 식물만 가꿔야 했다. 그 대신 들판에서 자라는 야생 식물은 마음대로 할

수 있었으며 하루의 정해진 시간에는 공용용수를 관개용수로 사용할 수 있었다.[6]

    테오프라스토스가 살던 시기에 아직 새로운 종류였던 플라타너스는 그리스인들과 마찬가지로 로마인들 사이에서 그늘을 만드는 나무로 높은 평가를 받았다. 역시 그리스인들처럼 로마인들도 플라타너스를 서방보다는 주로 동방에서 들여왔다. 테오프라스토스의 시대에는 알려지지 않았지만 플리니우스가 『박물지』에 묘사했던 식물 가운데에는 흑해의 남쪽 해변에 있는 폰토스 근처에서 자라는 모습이 처음으로 발견된 벚나무도 있었다. 벚나무는 기원전 60년경에 루쿨루스가 로마로 가져온 후 로마 정복군과 함께 독일, 벨기에 지역으로 빠르게 퍼져나갔다. 벚나무가 영국에 상륙한 것은 서기 46년으로, 로마인들이 영국에 진입한 지 고작 3년 뒤였다. 로마인들은 아르메니아에서 살구를, 시리아의 다마스커스에서 서양자두를, 페르시아에서 복숭아를 수입했다. 플리니우스는 축제날이되면 빌라 포르티코(대형 건물 입구에 기둥을 받쳐 만든 현관 지붕)의 기둥 사이에 걸리는 수선화, 장미, 백합, 미나리아재비 등의 나뭇잎과 꽃으로 만든 화환과 꽃다발을 묘사했다. 또 신, 대중과 개인의 수호신, 무덤과 죽은 사람들의 영혼을 찬미하고 기리기 위해 화환과 화관을 제단에 놓았다.[7] 테오프라스토스는 특히 필리피 지역에서 난 장미를 좋아했다. 플리니우스의 시대에는 팔레스트리나에서 온 장미가 가장 인기가 있었으며 리비아의 키레네 산 장미는 가장 달콤한 향기가 나는 것으로 알려져 있었다.

    비록 플리니우스가 식량이나 의학적 용도보다는 즐기기 위해 기르는 식물이라는 새로운 개념을 도입했고 정보를 수집하는 일에는 포기하지 않고 끝까지 밀어붙이는 성향이 있었지만, 그는 속기 쉬운 편집자에 불과했지 독창적인 사상가는 아니었다. 심지어 진지하게 연구를 한 사람도 아니었다. 그가 쓴 내용 가운데 직접적인 경험으로 얻은 지식은 전무하다시피 했다.(물론 테오프라스토스는 거의 알지 못했던 독일에서 본 식물에 대한 정보를 포함시키기는 했다.) 그는 식물에 대한 일반인들의 무지함에 대해 불만을 털어놓았다. "익숙한 약초의 수가 얼마 되지 않는 이유는 근처에 사는 문맹의 시골 사람들만 약초에 대해 알기 때문이다. (…) 이렇게 지식이 부족하게 된 이유 가운데 가장 수치스러운 것은 심지어 아는 사람들조차 다른 사람에게 전해주면 스스로의 지식을 잃어버리기라도 하는 것처럼 알고 있는 사실을 전파하지 않는다는 점이다."[8] 그래서 자신은 간접적으로 얻은 정보를 반복하는 일에 만족스럽게 생각했다. 그후 수천 년 동안 이러한 경향은 점점 심해졌다. 학자들은 더이상 식물을 직접 관찰하지 않고 다른 사람들의 눈을 통해서만 보았다. 파생된 지식이 기하급수적으로 늘어나면서 식물에 대한 개인적인 지식은 서서히 사라졌다.

그러나 아무리 간접적인 지식이라 할지라도 최소한 양질의 원본 자료에서 도출하는 것이 바람직하지 않을까? 왜 후세 사람들은 테오프라스토스가 아닌 플리니우스나 디오스코리데스를 모델로 삼았는가? 그 이유는 한마디로 쉽게 접할 수 있었기 때문이다. 서구 유럽의 학자들과 테오프라스토스와의 직접적인 연결 고리는 알렉산드리아 도서관의 장서가 불타면서 끊겨버렸다. 하지만 아랍인들은 테오프라스토스의 연구를 계속 접할 수 있었고, 유럽의 학자들은 15세기에 와서야 로마의 바티칸 도서관에서 발견된 아랍어 필사본을 다시 라틴어로 번역한 형태로 테오프라스토스를 만나게 되었다. 그러나 플리니우스가 남긴 기록은 테오프라스토스의 저작처럼 사라진 적이 없었다. 또한 그는 중세에 보편적으로 사용되었던 언어인 라틴어로 기록을 남겼다. 누구나 모국어만큼이나 쉽게 라틴어를 읽을 수 있었다. 프랑스, 이탈리아, 독일, 영국의 수도원과 카르투지오회 수도회에서는 플리니우스의 『박물지』를 복제하고, 복제하고, 또 복제했다. 중세 시대에만 적어도 200개 이상의 전사본이 작성되었으며 새로운 복제본이 생길 때마다 플리니우스의 연구는 더욱 굳건한 위상을 다졌다. 플리니우스의 기록을 복제하는 것은 어마어마한 노동력과 자금이 동원되는 작업이었기 때문에(무려 37권으로 이루어져 있었다) 일단 전사된 복제본은 매우 소중하게 관리되었다. 그러다 인쇄기가 발명되자 플리니우스의 연구는 보다 확실하게 살아남았다. 15세기에 구텐베르크가 그 유명한 성경을 인쇄한 지 얼마 지나지 않아 요하네스 스피라는 베네치아에서 플리니우스 저서의 첫 번째 인쇄본을 발행했다(1469). 크리스토퍼 콜럼버스가 아메리카로 항해를 떠나기 훨씬 전에 23개에 달하는 플리니우스의 판본이 인쇄되었다. 이탈리아의 인쇄사들은 스피라의 뒤를 이어 재빨리 브레시아, 밀라노, 파르마, 로마, 트레비소, 베로나에서 각자의 판본을 찍어냈다. 그후 50년간 파리, 바젤, 리옹, 프랑크푸르트, 쾰른, 런던, 하이델베르크, 스트라스부르, 제네바, 라이덴, 비엔나의 인쇄사들이 뒤를 따랐다. 이는 모두 라틴어 판본이었지만 1476년에 이르자 플리니우스의 저서가 이탈리아어로도 번역되었다. 곧이어 프랑스어, 네덜란드어, 독일어 판본이 앞 다투어 나왔다. 하지만 1000년이나 되는 무지몽매한 세월 동안 유럽 학자들이 테오프라스토스에 대해서 알았던 것이라고는 플리니우스가 제멋대로 짜깁기한 『식물 연구』의 몇몇 구절뿐이었다.

플리니우스는 스물세 살의 나이에 로마 점령군에 합류하면서 독일에서 처음 직업생활을 시작했다. 그리고 최후를 맞은 곳은 해군 함대의 사령관으로 해적을 진압하기 위해 출동했던 나폴리 만이었다. 서기 79년 여름에 플리니우스가 이끄는 함대는 티레니아 해에 정박하고 베수비오 근처의 오늘날 미세노 곶으로 알려진 지점 뒤쪽에 피신해 있었다. 8월 22일 정오쯤 곧게 뻗은 줄기와 평행한 가지가 달린 거대한 이탈리아 소나무 같은 모양의 구름이 화산의 분화구에서 올라오는 것이 보였다. 플리니우스는 작고 가벼운 돛단배를 보내 그 이상한 현상이 무엇인지 자세히 살펴보게 했다. 그다음에는 지진이 일어났고 화산이 무섭게 분출되기 시작했다. 녹아내린 용암과 뻘겋게 달아오른 재가 화산의 분화구에서 쏟아져 나왔다. 플리니우스는 화산의 분출 때문에 산 아래에 사는 사람들의 목숨이 위험해졌다는 사실을 즉시 눈치 챘다. 바다 이외에는 도망갈 길이 없었기 때문에 플리니우스는 함대에 해안으로 항해하여 인명을 구하도록 명령을 내렸다. 불타는 돌이 비 오듯 떨어지고 잿가루가 배로 쏟아졌다. 선원들은 겁에 질렸지만 사령관은 조용히 필경사에게 화산에 대해 관찰한 내용과 그것이 미친 영향을 불러주며 계속 받아쓰게 했다. 플리니우스는 친구의 시골 영지에 상륙했다. 거기서 현지 마을 사람들이 이미 배를 확보했지만 강한 바람이 내륙 쪽으로 불고 있어 좀처럼 배를 띄우지 못하고 있다는 사실을 알게 되었다.

한편 육지에 남아 있는 사람들에게 위험은 시시각각 커져갔다. 밤으로 접어들자 플리니우스는 부하들의 용기를 북돋우려는 것처럼 평소와 마찬가지로 목욕을 했다. 저녁 식사를 하고 아무 일도

رودا وهو الورد
الورد الطري بارد وقابض واليابس منه
اشد قبضا وسعر الورد الطري
يفرخم منه أطراف السكر مقراض
لدغ الباعوضة ويعصر ويبسط
عصارته والطلاء الحار يحدر ويفعل
ذلك مخبوزا ويعالج به فى ماء طلاء العين
ورق جفف الورد والظفر وخرء
كثير بلا سلخ وعصارة الورد
إذا طبخ بطلاء كان صالحا للخلع الراس
والعرق ولا يدر إذا طلي واللثة
إذا مصمصه والمعدة والأمعاء
السفلى والرحم إذا احتمل ويرد ورقه
مع اين قصر ويحمده مع البطر الذى عرضه وبسع مع الله المعده
ومرة الجمرة ويرفع الباسور ويحسن أخلاط الفم والدواء به الجراحات والمعجونات
وخرؤه لست يعالج الأمعال المنبته لهذب العين   فقاح الورد
هذا إذا الصوف اللبنات قطع البله واذا خرج مضاضه ودق وشرب منع مرض اللثم
وعقل البطن   الوريدس وهو بزر الورد   وأما البرز الاخر
وسط الورد فانه إذا أو وهو بالشراب ...
وأما إماع الورد فإنها اذا شربت وطعنت الإسهال وهيت اللثم   وأما
الاجرام إلى الجالب داود ودسرا فيها جيد الورد الطري مدقا منقوعا الماء
وقد يصبر ورزار يعصر منه مقبلا ومرد البارد الرطب وخمسه ومعامل وعامل سنة منافل
ويعلمه واصر وكل وحسنه بلت اتبوليتمات واتبوليبر بلغته ورابط وحفظ والطل
وخدر ع أنام خار لسر منفعه ويسل رأسه والنا ير مدين مريدك عن بنيه وسريه هرى الاجناس
مر السبط ورودرجى وهو منهال والسوس يبر الناس أرسى الذى مر الورد وجبيون
الكلاب والسر والبرس الرجال ووت معالجه ويعالج وضع علي قنا
لمطع الرجع الذى يكرم مع العور وجبل بارد ويلس عل خسد الى غل وقع
فاذا أخ ... بسل ما بارد وقد تعلى منها سو مخطفه ويعلقها يرى رفاعين

그림 16. 같은 나무에 세 가지 종류의 꽃을 그려 넣어 효율적으로 표현한 장미. 1083년 북부 이슬람에서 작성된 필사본에서 발췌.

없었던 것처럼 잠자리에 들었다. 아침이 밝아오자 떨어지는 돌과 화산재의 양은 폭발적으로 증가했다. 지진으로 땅이 흔들리는 빈도도 훨씬 잦았다. 플리니우스의 하인들은 그가 자고 있던 침실 현관이 떨어지는 화산재에 타버릴까 걱정하며 서둘러 그를 깨웠다. 화산에서 쉴 새 없이 쏟아지는 돌들이 사방에 떨어지면서 주변의 모든 건물이 파괴되는 것은 불가피한 일처럼 보였다. 사람들은 몸을 보호하기 위해 쿠션과 베개를 머리에 묶고 해변가로 달려갔다. 안타깝게도 파도는 여전히 높았고 바람의 방향도 좋지 않았다. 그래서 누구도 앞바다에서 기다리고 있는 모선에 승선하려고 하지 않았다. 한낮인데도 태양이 화산재에 가려 땅과 바다가 모두 밤처럼 캄캄했다. 그 칠흑 같은 어둠을 가르고 보이는 것은 오직 지구가 갈라진 거대한 틈에서 흉포하게 터져 나오는 번개와 불꽃의 선연한 섬광뿐이었다. 사람들은 절망과 공포에 휩싸여 우왕좌왕 뛰어다녔다. 플리니우스는 노예 두 명의 도움을 받아 침상에서 일어났지만 유황 연기에 꼼짝하지 못하고 그대로 쓰러져서 숨을 거두고 말았다. 위대한 도시 헤르쿨라네움과 폼페이는 화산재와 용암에 완전히 묻혀버렸다.[9] 이로부터 2000여 년 후, 학자들은 화산재에 묻혀버린 꽃가루 알갱이를 분석하여 베수비오 화산이 무시무시한 용암을 뿜어내는 동안 폼페이에 위치한 순결한 연인의 집House of the Chaste Lovers[폼페이 유적 가운데 하나로 연인이 서로 부드럽게 얼싸안고 있는 벽화 덕분에 이러한 이름이 붙었다]의 정원에서는 개사철쑥, 도금양, 과꽃, 패랭이꽃, 아욱, 초롱꽃, 동자꽃, 케라스티움, 질경이가 가득 피어나고 있었다는 사실을 알아냈다.

V 의사
서기 40~400년

중동의 학자들은 식물에 대한 테오프라스토스의 연구를 보존했고 서구에서는 플리니우스의 저서가 널리 보급되었다. 그러나 서기 77년경에 젊은 그리스의 의사 페다니우스 디오스코리데스Pedanios Dioscorides(그림 17 참조)가 쓴 『약물에 대하여De material medica』라는 책은 그후 1500년간 동방과 서방에서 모두 식물에 대한 가장 권위 있는 저서로 추앙받았다. 후세 사람들이 그토록 이 책을 열렬히 숭배하지 않았더라면 아마도 식물에 대한 연구에 보다 진전이 있었을 것이다. 디오스코리데스는 치료 목적으로 유용하게 활용할 수 있는 식물에 대한 제대로 된 실전 지침서를 쓰고자 했을 뿐이었다.

그는 자연계를 무언가 논리적인 체계로 분류하고 정리한다는 좀 더 거시적인 목표에는 아무런 관심이 없었다. 또한 방법론이 부족했다고 선대의 학자들을 비난했지만 디오스코리데스에게 방법이란 어떤 위대한 설계를 탐구하기 위한 방법을 의미하지 않았다. 그는 단순히 환자를 치료하는 데 필요한 정보를 쉽게 알 수 있는 방법을 찾아내고자 했던 것뿐이다. 디오스코리데스에게 필요한 것은 의약용 식물을 식별하는 데에 도움이 되는 단순한 지침과 각 식물이 치료할 수 있는 질병과 문제점을 요약한 책이었다.

따라서 그가 쓴 책에서는 식물 자체의 설명보다 각 식물을 어떻게 활용할 수 있는지에 훨씬 많은 지면을 할애하고 있다. 디오스코리데스(물론 우리가 보는 판본은 그 위에 수많은 사람들의 주석이 덧붙여진 것이다)는 매우 사무적이고 이성적이며 미신을 믿지 않는 사람이었던 것 같다. 다만 당시의 사람답게 오늘날 우리가 보기에는 매우 괴상한 방식으로 병을 치료하는 식물의 힘을 믿었다. 예를 들어 디오스코리데스는 아스파라거스에 대해 쓰면서 이 식물이 부서진 숫양의 뿔에서 돋아나며 아스파라거스의 줄기를 부적의 형태로 목에 걸면 남성과 여성이 모두 불임이 되어 "생식에는 적합하지 않게 된다"고 적었다. 서기 40년경 시실리아의 아나자르부스(소아시아의 동남쪽)에서 태어난 디오스코리데스는 알렉산드리아와 타르수스에서 공부를 한 후 외과의로서 로마군에 합류했다. 그는 로마 군대와 함께 폭넓은 지역을 여행했으며 특히 지중해 동부(당시 군대에서는 25~30부대, 6500~7000명의 군인당 한 사람의 의사, 즉 군의관medicus legionis을 두었다)를 집중적으로 방문했다. 약으로 사용할 식물은 봄가을에 들판에서 채집해서 손질해야 했다. 계절마다 식물이 약간 다른 모습을 하고 있는 경우도 많았다. 디오스코리데스

그림 17. 동방의 옷차림을 한 모습의 디오스코리데스. 1229년에 제작된 필사본에서 발췌.

는 이 점을 최초로 지적한 사람 가운데 한 명이다. "식물과 관련된 경험을 쌓고자 하는 사람은 누구든 땅에서 막 싹이 솟아올랐을 때의 식물과 한창 만개해 있을 때의 식물, 그리고 시들어가는 시기의 식물을 모두 보아야 한다. 싹만 본 적이 있는 사람은 성장한 식물에 대해서 알 수 없으며, 마찬가지로 이미 활짝 피어난 식물만 본 사람도 어린 싹을 알아볼 수 없다."[1]

자료를 취합하는 데 있어서 디오스코리데스는 각 지방 현지 사람들의 지식과 전통, 앞서간 학자들(비록 테오프라스토스는 딱 두 번 언급한 데에 그쳤지만), 그리고 자신의 직접적인 경험을 모두 정보원으로 사용했다. 특히 그는 동방과 서방 전통 사이의 연관 관계를 찾는 데에 매우 적합한 인물이었다. 디오스코리데스는 지방에서 사용하는 그리스어로 기록을 하면서 자신이 수집한 자료를 서로 다른 그룹으로 정리하고 이 정보를 다시 다섯 권의 책으로 나누었다. 첫 번째 권에서는 향이 좋은 고약이나 연고를 만드는 데 사용하는 기름기가 함유되거나 고무진이 나거나 수지를 만들어내는 식물을 다루었다. 한편 약을 만드는 데 유용한 원재료를 생산하는 나무와 관목은 따로 하나의 그룹으로 묶었다. 그는 곡류, 향미용 채소, 날카롭고 향을 내는 풀에 대해서도 고려했다. 또한 뿌리와 뿌리에서 추출하는 즙의 중요성에 대해서도 썼다. 디오스코리데스는 약으로 사용할 수 있는 씨앗의 목록을 작성하고 환자들을 치료하는 데에 유용하다는 것이 밝혀진 여러 가지 포도주와 코디얼의 목록을 만들었다. 아주 가끔은 형태가 비슷한 식물을 하나의 그룹으로 묶기도 했다. 데이지와 같이 꽃잎 여러 개가 달린 꽃들, 커다랗고 평평한 우산 모양 두상화頭狀花가 있는 식물 등과 같이 말이다. 그는 동물에서 얻을 수 있는 35개의 약품 목록을 작성했는데 목욕할 때 얻을 수 있는 루포스(때)와 같이 흔치 않은 재료도 포함시켰다. 그러나 그의 약은 대부분 식물에서 추출한 것이었고, 자신의 저서에 테오프라스토스보다는 약간 많지만 약으로 사용할 수 있는 식물을 핵심 주제로 다루지 않은 플리니우스보다는 다소 적은 600여 가지에 달하는 식물을 수록했다. 비록 디오스코리데스는 테오프라스토스처럼 식물에 대해 자세히 설명하지는 않았지만, 발견할 가능성이 높은 서식지와 식물의 지리적 분포에 대해 더욱 자세한 정보를 실어 끝없이 확장되는 로마 제국 전역에 흩어져 있는 다른 약초꾼들에게 매우 유용한 정보를 제공해주었다. 디오스코리데스는 식물의 이름과 그 이름이 사용되는 방법에 대해서는 선구적인 연구를 남긴 바 없으나 이름을 모으고 기록한 뒤 그 정보를 분명하고 명확하고 감탄할 만큼 간결한 방식으로 정리했다. "갈풀Kalamagrostis은 모든 측면에서 겨이삭띠Gramen보다 크지만, 일하는 가축이 갈풀을 먹는 경우 죽게 되며 바빌론의 도로변에서 자라는 것들은 특히 위험하다." 이토록 간략한 요약 정보에도 식물의 이름이 분명하게 표시되어 있으며 비교할 대상을 제시하고 있고("모든 측면에서 겨이삭띠보다 크다") 의학적인 관점에서 본 해당 식물의 성질과 서식지, 위치를 모두 언급하고 있다. 디오스코리데스의 책이 그토록 널리 받아들여지는 표준 참고 문헌이 된 것도 바로 간결하고 분명하며 권위가 있다는 인상을 주는 서술 방식 때문이었다. 디오스코리데스보다 훨씬 현명한 사람들조차 그를 스승으로 여기고 그의 책을 식물에 대한 지식을 얻는 데 필수불가결한 자료로 여겼다. 그는 후세대를 사로잡았으며 어느 누구도 자신의 연구에 의문을 제시하지 못할 정도의 아이콘 같은 위상을 정립했다.

예를 들어 만약 피에트로 안드레마 마티올리가 디오스코리데스와는 독립적으로 자신이 관찰한 내용을 출판할 용기가 있었다면 『약물에 대하여』는 보다 일찍 구시대의 유물이 되었을 것이다. 그러나 마티올리는 그러지 않았고, 1544년에 자신조차 스승이라고 생각하는 디오스코리데스의 연구를 찬양하는 해설서를 발간했다. 이것은 디오스코리데스의 기록에 묘사된 식물과 자신들이 알고 있는 식물을 연관시키려고 노력한 최초의 시도였고 그 이후 오랜 시간에 걸쳐 여러 나라의 다양한 학자들이 그 뒤를 이었다. 16세기에 스페인의 외과의사 니콜라스 모나르데스는 디오스코리데스의 연구를 이렇게 표현했다. "세계적으로 엄청난 찬사를 받은 결과 그는 영광과 명성을 얻었고 우리 역시 그의 명성을 목격할 수 있었으며 또 이에 대해 기록함으로써 그에게는 보다 커다란 명성이 남게 되었다. 비록 군에 합류하여 많은 도시를 여행했지만 말이다." 심지어 1633년에 이르러서도 최초로 영국에서 자라는 식물의 목록을 취합하기 위해 노력했던 토머스 존슨 역시 『약물에 대하여』가 "말하자면 발간된 이래 자연을 대상으로 진행된 모든 연구의 기반이자 기초 작업이 된 책"이라고 적었다. 1652~1655년에 뛰어난 영국의 학자 존 구디어John Goodyer는 당시 자신이 참여하고 있던 중요한 연구에 도움을 주기 위해 디오스코리데스의 저서를 라틴어에서 영어로 번역했다.(이즈음에는 훨씬 많은 다른 이름이 존재함을 알 수 있었고 구디어는 이 이름들을 괄호 안에 적어두었다.)

붓꽃(일각에서는 Iris Illyrica, Theklpida, Urania, Catharon, Thaumastos, 로마인들은 Radix Marica, Gladiolus, Opertritis, Consecratix, 이집트인들은 Nar라고 부른다)에 이러한 이름이 붙은

것은 천국의 무지개와 닮았기 때문이다[붓꽃의 영어명 아이리스Iris는 무지개 여신이라는 뜻]. 붓꽃의 잎사귀는 작은 칼을 닮았지만 칼보다 더 크고 넓으며 살집이 많다(또는 두껍다). 줄기에 달린 여러 개의 꽃은 서로 기대는 형태로 안쪽으로 굽어지며 얼마 후 꽃들은 흰색이나 옅은 색, 아니면 검정색이나 보라색 심지어 하늘색으로 변한다. 이 다양한 색상이 하늘에 뜬 무지개와 비슷하게 보여서 아이리스라는 이름이 붙었던 것이다. 땅속의 뿌리는 마디가 있으며 튼튼하고(또는 단단하고) 달콤한 맛이 나며 잘라낸 후에 그늘에서 말린 다음 (아마 실로 꿰어서) 보관한다.[2]

붓꽃(또는 흰붓꽃) 뿌리는 기침과 "끈끈한 체액"을 몰아내는 데 효과가 좋았다. 불면증이 있는 사람에게 잠을 이룰 수 있게 해주며 "극심한 복통을 다스리는" 역할도 했다. 뱀에 물린 상처에 바르면 해독제 역할도 하고 좌골 신경통을 풀어주며 궤양을 다스리고 위를 씻어냈다. 또한 두통과 햇볕으로 입은 화상에도 효과가 있었다. 한마디로 약초 가운데 모범이라 할 만했다.

그보다 400년 전에 저술을 남긴 테오프라스토스는 이미 그 당시에 그리스에서도 동일한 식물이 항상 같은 이름으로 불리지 않는다는 사실을 알아낸 바 있었다. 마케도니아 사람들이 A라는 이름을 사용하면, 이오니아 사람들은 B라는 이름을 사용했다. 여행, 교역, 문화의 교류가 증가하면서 동의어 때문에 생기는 혼란도 점점 커졌다. 디오스코리데스는 모국어인 그리스어로 책을 썼고 식물의 이름도 그리스 이름을 사용하면서 라틴어의 동의어와 연관지었다. 그러나 폭넓게 여행을 한 사람으로서 이집트, 페르시아, 시리아, 아프리카, 이베리아, 에트루리아 등에서 사용하는 여러 개의 추가적인 이름 역시 기록했다. 그러나 그가 과연 식물과 이름을 정확하게 연결한 것일까? 이런 상황은 세월이 흘러 프랑스, 이탈리아, 독일, 스위스, 스페인의 학자들이 모두 자국의 이름을 기록에 추가하려고 노력하면서 더욱 복잡해진다. 디오스코리데스는 알렉산더가 처음 정복한 이후 그리스 교역상들이 서기 1세기부터 정착하여 살고 있던 스페인에서 인도에 이르는 다양한 국가들을 언급했다.

그리고 난립하는 동의어라는 거대한 실타래 때문에 모든 사람이 이해할 수 있는 방식으로 식물을 식별하려는 노력이 실패하는 것처럼 보일 때, 삽화라는 새로운 도구가 등장했다. 물론 이전에도 식물을 그린 그림은 있었다. 폼페이와 헤르쿨라네움 별장의 벽에는 도금양과 장미가, 크노소스의 프레스코화에는 사프론 크로커스, 붓꽃, 흰백합 등이 그려져 있다. 그러나 누군가, 어디선가 식물을 묘사한 글 옆에 그림을 같이 사용하여 더욱 쉽게 식별할 수 있도록 하자는 묘안을 짜냈던 것이다. 이는 로마인보다는 그리스인의 생각으로 보인다. 카토의 『농업론De re rustica』, 베르길리우스의 시 등을 보면 로마인 지주도 자연계에 대해 뛰어난 관찰을 할 수 있지만 사물의 핵심적인 본질에 대한 논의에서는 소요학파의 그리스인들보다는 관심을 적게 가졌을 가능성이 크다는 것을 알 수 있다. 식물 화보에 대한 최초의 언급을 한 사람은 플리니우스로, 그는 이러한 관행이 "사실은 좀 더 보편적으로 퍼져야 하지만 우리나라 사람들에게는 그다지 인기가 없다"고 적었다. 그리스의 약초상들은 식물을 식별하는 데에 그림이 어느 정도의 잠재적인 힘을 지니는지를 일찍부터 깨달았다. 플리니우스는 크라타에우스, 디오니시우스, 메트로도루스라는 세 그리스인이 이 방법을 최초로 채택한 사람들 축에 속한다고 했다.

이는 매우 매력적인 방법이지만 실제로 구현하기가 어렵다는 점은 그다지 잘 알려져 있지 않다. 이 방법을 사용하려면 식물을 실제와 비슷하게 그린 다음 해당 식물의 특징을 적어야 한다. 그러나 특히 가장 중요한 목표가 자연을 복제하는 것인데, 색상이 아주 다양한 경우 그림이 오해를 불러일으킬 뿐만 아니라 책을 복제할 때 복제사의 정확도에서 여러 가지 위험 요소가 발생하여 미비점들이 생겨난다. 게다가 식물의 삶에서 한 시기에만 그림을 그리는 것은 충분하지 않다. 왜냐하면 식물은 사계절의 변화와 함께 모양을 바꾸기 때문이다.[3]

오늘날과 같이 그림과 이미지로 넘쳐나는 세상에서는 설명에 그림 한 장을 덧붙여 정보를 흡수하는 한 가지 방법을 다른 하나의 방법과 결합하는 데에 왜 그렇게 오랜 시간이 걸렸는지 이상하게 보일 수도 있다. 그러나 2세기 초반에 종이를 만드는 기술이 발달하면서 다른 방법을 시도해볼 기회가 주어졌다. 서기 1세기까지는 대부분의 글을 긴 파피루스 두루마리에 썼는데, 이는 폭이 좁고 둘둘 말린 벽지와 비슷한 형태였다. 따라서 글을 읽기 위해서는 양손을 모두 사용하여 한쪽 손으로는 두루마리를 펴면서 다른 쪽 손으로는 말아야 했기 때문에 글을 한 번에 한두 줄씩밖에 볼 수 없었다. 이러한 구조는 문자를 읽는 데는 별 불편함이 없었지만 그림을 보는 데는 어려운 점이 많았다. 그림 전체를 보려면 두루마리를 훨씬 많이 펼쳐야 했기 때문이다. 또한 글을 담당하는 사람과 그림을 담당하는 사람이 달랐기 때문에 글자 중간에 그림을 넣으려면 어느 정도의 간격을 떼어놓아야 하는지도 매우 까다롭고 복잡했다. 그러나 서기 100년경에 파피루스를 두루마리가 아니라 널찍하게 한 장씩 만드는 새로운 방법이 발달했다. 종이들을 하나로 모으고 묶어서 필사본 한 권, 즉 오늘날 우리가 보는 책을 만들게 되었던 것이다. 이것은 정보를 제시하는 방식에서 중요한 변화였다. 이제는 글에 그림을 추가하는 것이 예전보다 훨씬 현실적으로 다가오게 되었다. 페이지 전체를 한꺼번에 펼쳐볼 수 있었기 때문에 글과 그림이 함께 들어갈 수 있게 된 것이다. 또한 정보를 제시할 공간도 훨씬 많아졌다. (플리니우스는 최상급 종이인 아우구스투스의 너비가 33센티미터라고 했다.) 그림이 도움이 되려면 어느 정도 일정한 크기로 그려야 했다. 그림이 너무 작으면 식물을 구별하는 데에 필요한 세부 사항을 담을 수 없었기 때문이다.

스텔라 로스-크레이그Stella Ross-Craig와 같은 뛰어난 현대의 식물 삽화가는 식물의 초상화로 엄청난 양의 정보를 전달한다. 뿌리, 줄기, 잎, 꽃, 씨 등 식물의 모든 부위를 하나의 그림에서 전부 보여준다. 그림의 비율에 대해서도 실물 크기, 실물의 반 크기, 실물의 두 배 크기 등 확실하게 정해져 있다. 플리니우스가 지적했던 대로, 식물 자체가 끊임없이 변하는 상황에서는 식물을 단 하나의 이미지로 나타내기가 어렵다. 스텔라 로스-크레이그는 오늘날 표준 관행으로 자리 잡은 방식을 도입했다. 로스-크레이그는 우선 식물 전체의 모습을 꽃이 핀 상태로 그린다(꽃이 피는 식물일 경우). 그 다음에는 가운데서 중심을 잡고 있는 식물 전체 그림 주변에 그 식물을 구별하는 데에 도움이 되는 10여 가지의 추가적인 세부 사항을 빽빽이 채워 넣는다. 때로는 해당 식물의 묘목을 보여주기도 한다. 또한 씨와 꼬투리를 반드시 보여주되 대개 비율을 크게 확대해서 그려 넣는다. 해당 종류의 식물이 보편적으로 가지고 있는 줄기의 개수와 줄기가 분기되는 모양도 그려 넣는다. 아니면 비어 있는지, 속이 차 있는지, 솜털이 많은지 매끈한지를 보여주기 위해 줄기의 단면을 그리기도 한다. 식물의 잎 역시 아주 자세하게 그리며 모양, 끝부분이 어떻게 마감되어 있는지, 줄기에는 배열되어 있는지 등을 보여준다. 오늘날 식물을 각각의 계통으로 바르게 분류하는 데 결정적인 지표로 인정받는 꽃잎, 수술을 비롯하여 꽃의 여러 부분도 복잡하고 정교하게 그린다. 여기서 올바른 계통이란 항상 존재하며 알아낼 수만 있다면 모습을 드러낼 것이라고 생각하는 거대한 설계, 거대한 체제를 말한다. 그러나 로스-크레이그와 필사본 식물 책에 최초로 그림을 그렸던 사람들 사이에는 2000년이라는 시간차가 존재한다. 당시 사람들이 그린 그림은 단 한 장으로, 식물이 가장 만개하고 뿌리, 줄기, 잎, 꽃이 모두 달려 있는 상태의 모습이었다. 특히 이들은 식물에서 가장 중요한 부분이자 추론할 때 가장 효과적인 부분으로 여겼던 뿌리를 보여주는 데에 열성을 보였다. 당시의 약이란 상당수가 잎이나 씨보다는 뿌리로 만들어졌기 때문이다. 그러나 플리니우스가 지적했던 대로 특정한 시점을 그린 그림 한 장으로는 식물이 처음 땅에 솟아났을 때나 시들었을 때, 씨를 맺었을 때 등 여러 상황에서 해당 식물을 알아보아야 하는 약초 채집꾼들에게는 아무런 도움도 되지 못했다. 또한 이미지들은 도식화되어 옷감에 인쇄를 하거나 벽에 스텐실을 찍는 틀처럼 변해버렸다. 그림이 작으면 작을수록 이러한 경향은 더욱 심했다.

가끔은 매우 독특한 특징이 분명하게 드러나는 식물도 있었다. 7세기에 제작된 그리스의 『나폴리 고문서Codex Neapolitanus』

그림 18. 율리아나Julian의 책에서 발췌한 초롱꽃Physalis alkekengi. 디오스코리데스의 필사본에서 유래한 것으로 512년 오노라타의 마을 사람들에게서 받은 선물.

에 수록된 초롱꽃의 주황색 하트 모양 과피果皮가 그 좋은 예다(그림 18 참조).[4] 이 경우에는 식물을 식별하는 데에 아무런 문제가 없었다. 다른 식물은 초롱꽃 같은 독특한 방식으로 열매를 맺지 않기 때문이다. 그러나 모든 식물이 이렇게 구별하기 쉬운 특징을 가지고 있는 것은 아니었다. 400년경에 작성된 존슨 파피루스Johnson Papyrus[5세기 초반의 약초 의학서의 일부]에 그려진 식물 그림 가운데 하나인 둥그렇고 푸른빛이 도는 회색 식물의 윤곽을 보자.[5] 그림이 실려 있는 현존 약초 의학서 가운데 가장 오래된 이 문헌에서 이 식물에는 심파이톤Symphyton이라는 이름이 분명히 붙어 있다. 이는 오늘날의 컴프리Symphytum officinale에 해당하는 매우 중요한 약용 식물로, 특히 접골사가 유용하게 사용했다(그림 19 참조). 원래 컴프리에는 커다랗고 딱딱한 뿌리가 있다. 그러나 이 그림은 극도로 도식화되어 상당히 빈약한 뿌리 몇 가닥이 위쪽에 있는 푸른빛이 도는 회색의 둥그런 잎을 지탱하는 형태로 묘사되어 있다. 지중해 국가에서 자라는 식물 가운데에는 푸른색이 돌거나 연한 청록색을 띠는 잎이 달린 식물이 많다. 이 지역의 길고도 건조한 여름을 견뎌내고 살아남을 수 있도록 진화했기 때문이다. 그러나 컴프리는 두껍고 거친 녹색 잎이 있기 때문에 디기탈리스의 잎사귀와 별반 차이가 없다. 만약 해당 문헌에 붙은 이름이 정확하다면 이 그림은 식물을 식별하는 데 아무런 도움이 되지 못한다. 따라서 식물에 대한 설명에 그림을 추가하는 것은 커다란 돌파구가 되었어야 했지만 초기에는 사실상 효과를 거두지 못했다.

아마도 처음 그림을 그린 화가들은 직접 살아 있는 식물을 앞에 두고 그렸을 것이다. 그러나 복제사들은 그렇지 않았다. 매번 복제본이 만들어질 때마다 이미지는 원본에서 점점 더 멀어져갔고 실물을 보고 그린 이미지는 여러 차례 손을 거치는 과정에서 실제 식물의 상징, 즉 하나의 징표에 지나지 않을 정도로 도식화되었다. 복제하는 과정에서 "여러 가지 위험"이 존재한다며 그림을 그리는 사람들이 적합한 색상을 사용했는지 의문을 제기한 플리니우스의 주장은 그야말로 정곡을 찌르는 것이었다. 화가의 팔레트는 한정되어 있었다. 보통 한 종류의 녹색과 파란색을 기본으로 하여 뿌리에는 진한 커피색을 사용했고 황토를 바탕으로 한 여러 종류의 노랑색과 주황색은 꽃을 그리는 데 사용했다. 또한 자라나는 식물의 다양한 단계를 모두 하나의 그림에 나타내야 한다는 근본적인 문제는 여전히 해결되지 않은 상태였다. 이 문제는 레겐스부르그의 주교 알베르투스 마그누스가 쓴 『식물론Tractatus de Herbis』이라는 완전히 새로운 형태의 책이 등장하는 1300년경이 되어서야 해결되었다. 이 책은 단순한 복제본이 아닌 창작본이었으며, 마그누스의 글과 함께 수록되어 있는 것은 화가가 고대 필사본을 보고 어설프게 복제한 그림이 아닌 직접 식물을 확실하고 분명하게 관찰하면서 그린 그림들이었다.

또한 정보를 지면에 싣는 방식에서도 혁신이 일어났다. 이 새로운 방식을 소규모로 처음 도입한 사람은 서기 1세기에 로마에서 활동하던 그리스인 의사 팜필로스였으나 널리 전파하여 유행시킨 사람은 그리스인 의사 갈레노스Galen(130~200년경)였다. 갈레노스는 식물과 관련한 책을 쓰면서 자료를 알파벳 순서로 배열한 최초의 인물이었다. 원하는 자료에 좀 더 쉽게 접근할 수 있게 되었기 때문에 이는 매우 효과적인 방법처럼 보였다. 이러한 방법을 통해 다양하고 방대한 자료에 일종의 질서가 잡히고 전달하고자 하는 내용이 분명해졌다. 그러나 디오스코리데스는 이 방법에 반대했

그림 19. 현존하는 가장 오래된 식물의 그림. 400년경에 제작된 존슨 파피루스라는 필사본 조각에 그려진 심파이톤(컴프리).

다. 그는 알파벳 순서대로 배열을 하면 "밀접하게 연관되어 있는 식물과 사용법이 서로 멀리 떨어지게 되므로 더욱 기억하기 어려워진다"고 적었다. 알파벳 순서로 배열하면 식물 사이의 관계를 나타낼 수가 없기 때문에 이 방법은 체계적인 동시에 임의적이었던 셈이다. 그러나 갈레노스는 식물이 아닌 약물을 출발점으로 했기 때문에 재료인 식물이 아닌 최종 약물을 알파벳 순서로 배열했다. 비록 팜필로스의 자료 배열 체계를 모방하기는 했지만 갈레노스는 팜필로스를 신랄하게 비판했다. 약물에 대한 기록을 남긴 모든 돌팔이 의사 가운데에서도 가장 피해야 할 인물로 꼽았는데, 그 이유는 바로 "그가 자신이 묘사하려고 하는 식물을 꿈에서조차 본 적이 없었기 때문"이다.

갈레노스는 실제로 식물을 많이 본 사람이었다. 페르가모스에서 태어난 그는 이집트(알렉산드리아), 비티니아, 팔레스타인, 트라키아, 마케도니아, 이탈리아, 크레테, 사이프러스, 렘노스를 10년간 여행한 후 로마의 황제 마르쿠스 아우렐리우스가 콰디 족과 마르코만니 족을 상대로 전쟁을 벌일 때 군의관으로 참여했다. 당시 부대 내에 전염병이 창궐하여 원정은 실패로 끝났다. 식물에 대한 갈레우스의 책과 테오프라스토스의 연구 사이에는 거의 500년이라는 간격이 있다. 그러나 여기서 갈레우스는 여전히 일반적인 표준이 부족함을 불평하면서 식물을 가장 잘 알아야 하는 사람들의 무지를 탄식하고 있다.

> 의사들은 최대한 많은 식물에 대해 알아야 하며, 설령 전부 알지는 못할지라도 가장 유용한 식물을 중심으로 하여 대부분은 파악하고 있어야 한다. (…) 다양한 종류의 식물을 어리고 작은 싹에서 완

전히 자랄 때까지의 모습을 모두 파악하고 있으며 그러한 모습을 구별할 수 있는 사람은 마치 내가 이탈리아의 여러 지역에서 그랬던 것처럼 여기저기에서 유용한 식물을 찾을 수 있다. 반면 식물이 죽어서 마른 상태밖에 알지 못하는 사람은 어린 싹이나 성숙한 상태일 때는 결코 그 식물을 알아보지 못할 것이다. 크레테에서 수입한 약초를 열매와 쉽게 구별하지 못하는 돌팔이 의사는 없다. 그러나 그들은 똑같은 식물 일부를 로마의 교외 지역에서도 채집할 수 있다는 사실을 알지 못한다. 왜냐하면 그들이 거래하는 약초꾼들이 활동하는 계절이 그러한 식물이 성숙하는 시기와 일치하지 않기 때문이다. 그러나 나는 그 시기를 잘 알고 있기 때문에 차매피티스 Chamaepitys, 차매드리스 Chamaedrys, 센타우리움 Centaurium, 하페리쿰 Hypericum, 포리움 Polium과 비슷한 종류의 식물을 구하러 간다. 딱 알맞은 시기에 완벽하게 성숙한 식물을 수집하는 것이다. 채집할 시기를 놓쳐 햇볕에 말라버릴 때까지 기다리지 않으며 열매가 맺기 전에 너무 일찍 가지도 않는다.[6]

갈레노스가 남긴 기록은 현존하는 알파벳 순서로 배열한 책 가운데 가장 오래된 것이다. 그가 선호했던 알파벳식 배열 방법을 당시의 다른 교정사와 복제사가 도입했고, 4세기에는 그토록 알파벳 순서 배열에 반대했던 디오스코리데스의 『약물에 대하여』조차 이 새로운 체제에 맞춰 다시 구성되었다.

그리고 그 과정에서 번역에 오류가 발생했을 가능성 역시 크게 증가했다. 단순히 단어 대 단어로 변환하는 대신 각 알파벳 문자에 따라 내용을 이리저리 옮겨야 했기 때문이다. 유실된 항목, 잘못 놓인 항목, 삭제된 항목이 생겨났다. 갈레노스 이후 "인간의 마음이 활기를 되찾을 수 있는 통로가 막혀버렸다."[7] '역사가 애지중지한 영웅들'의 지배는 끝났고 그리스 과학의 창조적인 시기도 막을 내렸다.

1934년에 식물 전문가 아서 힐Arthur Hill 경은 그리스의 아토스 산에서 큐 왕립 식물원 출신의 두 식물학자와 함께 식물을 채집하고 있었다. 수도원 가까이에 있는 언덕에서 일행은 검고 긴 모자를 쓴 채 고대에 강력한 안정제를 만드는 재료로 쓰였던 사리풀 Hyoscyamus niger을 채집하고 있는 그리스 정교의 사제를 만났다. 디오스코리데스는 사리풀을 어떻게 맨드레이크와 섞어 '반마취 상태'를 유도할 수 있는지 묘사한 바 있다. 그 약제상 사제가 등에 메고 있던 가방에는 디오스코리데스 약초 의학서의 필사본 네 장이 들어 있었다.

VI 율리아나의 책
500~600년

디오스코리데스의 원본 기록은 1세기 중반에 발표되었다. 그러나 그 책은 머지않아 디오스코리데스가 언급한 식물과 자신의 주변에 있는 식물의 짝을 맞추려고 필사적으로 노력하던 다른 사람들의 글에 묻혀버렸다. 대부분의 사람들은 질병이 보편적이므로 디오스코리데스가 설명한 식물의 효험도 보편적으로 적용할 수 있을 것이라 기대했다. 한편 원본의 그리스어/라틴어 이름에 동의어라고 추정되는 여러 다른 언어권에서 사용하는 이름이 추가되었다. 아르메니아, 보이오티아, 카파도키아, 이집트, 에티오피아, 갈리아, 스페인, 토스카나인들이 모두 각자의 해석을 덧붙였다. 테오프라스토스의 연구가 완전히 잊힌 서구에서는 디오스코리데스의 기록이 가장 권위 있는 참고 자료가 되었다. 그의 글은 갈리아어의 철자 순서대로 다시 배치되었으며, 거기서 일부가 발췌되고 그림이 추가되었다. 추가된 그림은 약초 뿌리 채집꾼인 크라타에우스가 막강한 권력을 지닌 폰토스의 왕 미트리다테스 6세 에우파토르(기원전 120~63)에게 바친 이전 시대의 약초 의학서에서 복제했을 가능성이 크다. 미트리다테스는 그 자신이 약초를 재배하는 사람이었을 뿐만 아니라 특히 독물에 능통했고 관심이 많았다. 그다음, 512년경에 콘스탄티노플의 한 지역이었던 오노라타의 마을 사람들이 식물에 대한 장대한 지식을 모아놓은 책을 황제의 사절인 율리아나 아니시아Juliana Anicia에게 선물했다(그림 20 참조).[1] 율리아나는 진짜 공주로서 동로마 제국의 황제인 테오도시우스 대왕의 후손이었다. 율리아나의 아버지는 플라비우스 아니시우스 올리브리우스 영사였고 남편 역시 영사였다. 이 책[2]은 마을 사람들이 512년경에 동정녀 마리아에게 바치는 교회를 세워준 신앙심 깊은 율리아나에 헌정하는 감사의 선물이었다. 따라서 이 교회가 세워진 시기를 대략 이 책이 엮인 때로 추정한다.(책에는 감사하는 주민들이 이 책을 율리아나에게 선물하는 그림이 실려 있다.) 약용 식물뿐만 아니라 새와 물고기를 잡는 정보까지 담긴 이 정교한 개요서는 마치 6세기판 비튼 부인Mrs. Beeton(19세기에 살림과 관련된 책을 쓴 영국의 작가)과도 같았다. 이 책에는 디오스코리데스의 기록에서 '차용한' 383컷의 훌륭한 식물 그림이 있다. 이 책은 그림을 우선 수록하고 그에 맞는 글을 선택해서 실었던 그림 중심의 책이었을 가능성도 있다. 디오스코리데스의 자료는 대부분 곡물, 뿌리, 약초, 씨앗에 대해서 쓴 원본의 2권, 3권, 4권에서 가져왔다.

그림 20. 율리아나의 책에 있는 헌정 페이지. 디오스코리데스의 필사본에서 발췌한 것으로 512년경에 오노라타의 마을 사람들로부터 받은 선물.

이 책은 지금까지 남아 있는 가장 오래된 기록 가운데 하나일 뿐만 아니라 그때까지 제작된 식물 관련 서적 가운데 가장 멋진 축에 속한다. 491쪽에 달하는 질 좋은 양피지로 만든 이 책의 4분의 3가량이 디오스코리데스가 언급한 약용 식물에 할애되어 있다. 서문 다음인 10쪽에는 굵은 글씨로 이런 제목이 적혀 있다. "이 책은 페다니우스 디오스코리데스 아나자르부스가 약초, 뿌리, 즙, 씨앗, 잎과 약에 대해 쓴 기록이다. 그러므로 여기서는 (철자) A부터 시작한다." A는 쥐방울덩굴Aristolochia로 "천식, 딸꾹질, 떨림, 분노, 종기, 경련을 다스리는 데 도움이 된다. 물에 타서 마시면 몸의 가시와 조각을 몰아내고 석고에 이겨 넣으면 뼛조각을 제거해주며 곪아가는 상처를 말리고 더러운 상처를 씻어준다. 이를 닦거나 상처를 씻는 데에도 좋다."

판형은 상당히 커서 화가들은 최대 높이 33센티미터, 너비 20센티미터 크기의 책장에 대담하게 식물 그림을 그릴 수 있었다. 책의 맨 처음에는 다섯 명의 유명한 의사를 그린 집단 초상화가 실려 있어 사람들이 당대의 의사 가운데 누구를 선호했는지를 파악하는 데 유용한 자료가 된다. 콘스탄티노플의 시민들은 갈레노스보다 알렉산드리아의 팜필로스를 더 높게 평가했음이 분명한데, 그 이유는 팜필로스가 첫 번째 그림에 등장하며 그가 만든 식물용어집(1~2세기에 취합됨)이 율리아나의 약초 의학서 색인에 나열된 동의어의 출처였기 때문이다. 팜필로스와 함께 초상화에 등장한 인물은 약물학에 관한 책을 쓴 아프로디시아스의 크세노크라테스Xenocrates(기원전 50~서기 50년경), 비티니아의 프루사에서 공부한 퀸투스 섹스티우스 니제르Quintus Sextius Niger(기원전 25년경), 경험학파가 배출한 가장 위대한 의사 가운데 한 명인 타렌툼의 헤라클레이데스Heracleides(기원전 75년경), 약리학자 만티아스Mantias(기원전 2세기)였다. 이 다섯 명의 위대한 고대 전문가(테오프라스토스도 마땅히 여기 등장해야 한다) 위쪽에 자리 잡고 있는 것은 현명하고 자상한 켄타우로스 케이론으로, 제우스 신은 케이론에게 식물로 병을 치료하는 힘을 주었다고 알려져 있다. 다음 쪽에 나오는 또 하나의 집단 초상화에는 좀 더 후대의 전문가들이 등장한다. 갈레노스가 중앙에 앉아 있고 그의 오른쪽에는 크라타에우스가, 왼쪽에는 디오스코리데스가 자리 잡고 있다. 갈레노스는 최고의 권위자인 디오스코리데스의 말에 귀를 기울이고 있는 것처럼 머리를 그쪽으로 돌리고 있다. 이 세 사람 아래에는 그보다 약간 위상이 낮은 네 사람이 그려져 있다. 우선 시인인 콜로폰의 니칸더Nicander가 있는데, 그는 기원전 2세기에 이오니아의 클라로스에서 태어나 21가지의 독과 그 해독제를 다룬 『알렉시파르미카Alexipharmica』라는 책을 썼고 그 내용이 율리아나의 책에 수록되어 있다.

두 번째는 1세기에 알렉산드리아에서 살았던 에페수스의 루푸스Rufus이고, 세 번째는 프톨레마이오스 6세 필로파토르의 주치의였던 카리토스의 아드레아스Adreas로 기원전 217년에 암살자들의 진짜 목표인 왕으로 오인되어 그들 손에 살해된 인물이다. 네 번째는 알렉산드리아의 아폴로니우스 미스Apollonius Mys로 갈레노스는 그를 역사상 가장 위대한 약리학자라고 칭했다. 디오스코리데스는 카리토스의 아드레아스를 가장 높이 평가했다. 그러나 이 책에 특별히 이들 인물을 포함시킨 데에는 다른 정치적 이유가 있었을 것이다. 이 전문가들은 모두 그리스어로 기록을 남겼고 모두 로마 제국의 동쪽에 있는 지역에 기반을 두고 있었다. 민타 콜린스가 지적했듯이[3] 이는 시각적인 정치 선전이었다. 그리스의 규칙, 특히 로마 제국 동부의 규칙은 널리 통용된다는 의미였다. 그 외에도 발견과 발명을 의인화한 휴레시스와 디오스코리데스가 함께 있는 그림과, 지성과 사고의 힘을 의인화한 에피노이아와 디오스코리데스가 함께 있는 그림도 포함되어 있었다. 이 그림은 에피노이아가 강력한 힘을 지닌 맨드레이크의 뿌리를 옆으로 서 있는 디오스코리데스에게 보여주고 있는 광경을 화가가 왼쪽에서 그린 것이다.

식물 그림은 완성도가 매우 다양했다. 맨드레이크와 같은 일부 식물은 마치 꿈속에서나 나올 법한 모습으로 그려놓았고, 완전히 엉터리로 그린 식물도 있었다. 하지만 양파(185v), 아스포델(26v, 그림 21 참조), 장미(282), 등대풀(329r)은 해당 식물을 식별하는 데 아주 좋은 시각적 자료가 될 정도였다. 검은딸기나무는 야생의 생생한 모습이 기가 막히게 표현되어 있고(그림 22 참조), 가을에 피는 시클라멘의 경우 둥그런 알줄기 위쪽 표면에서 꽃술이 어떻게 돋아나는지 매우 정밀하게 보여주고 있다. 그 외의 식물 그림, 즉 그리스 원전에서 복제하지 않은 것들은 극도로 도식화되어 있다. 사실 비잔틴 화가들은 자연에 대해 그다지 관심이 없었다. 그림이 등장한 초기에는 식물의 물리적인 특징을 설명하는 글의 양이 줄어들기 시작했다. 그림이 있는데 누가 글을 필요로 하겠는가? 그러나 글로 된 자세한 설명이 부족한 상태에서 그림 자체가 원래 식물의 모습과 점점 멀어짐에 따라 식물을 식별하는 일이 더욱 어려워졌다. 그림에 회의적인 입장을 보인 플리니우스의 말이 적중한 셈이다.

율리아나의 책은 적어도 1000년간 콘스탄티노플에 보관되었다. 1350년에 콘스탄티노플의 페트라에 있는 성 요한 프로드로모스 수도원에서 네오피토스라는 수도승이 이 책을 다시 필사했다.[4] 1406년에는 성 요한 프로드로모스의 수도승 나타니엘의 요청으로 공증인인 존 코르타스메노스가 필사본을 완전히 복원하고 다시 제본했다.[5] 책에 실려 있는 식물의 그림에 번호를 붙이고 식물의 이름을 원본의 언셜체[4~8세기에 사용한 둥근 대문자 필사체]로 식물의 이름을 적다가 그리스 필사체로 바꾼 사람도 그였을 것이다. 아랍어와 히브리어로 된 동의어를 추가한 사람은 첫 장과 두 번째 장에 이름이 수록되어 있는 모세 벤 모세일 가능성이 크다. 이 책은 1423년까지 수도원에 보관되어 있었다. 1453년에 콘스탄티노플이 함락된 후, 이 책은 술레이만 대제의 주치의인 하몬의 손에 들어갔다. 빌렘 콰켈빈(1527~1561)이라는 의사를 동행하고 터키를 여행한 신성로마제국의 대사 오기어기슬렌 드 부스베크(1521~1592)는 분명히 이 율리아나의 책에 대해 알고 있었다. 그즈음 이 책은 낡기는 했지만 귀중한 유물이 되어 있었다. 1562년에 그는 이렇게 썼다.

내가 콘스탄티노플에 남겨두고 온 한 가지 보물은 디오스코리데스의 필사본으로, 아주 오래되고 대문자로 씌어 있으며 내가 잘못 기억하는 것이 아니라면 약초의 그림뿐만 아니라 몇몇 꽃피는 나무도 포함되어 있다. (…) 이 책은 유대인인 하몬의 아들이 소유하고 있는데, 그는 생전에 술레이만 1세의 주치의였다. 나는 그 책을 사고자 했지만 가격 때문에 깜짝 놀라지 않을 수 없었다. 부르는 값은 무려 100두캇ducat[유럽 여러 나라에서 사용되던 금화]으로, 나보다는 황제가 감당할 수 있는 금액이었다. 나는 황제에게 몸값을 지불하고 그토록 숭고한 책을 노예와 같은 속박에서 구해내도록 진언하는 것을 멈추지 않을 것이다. 그 필사본은 오래된 탓에 상태가 좋지 않고 외부에서 보기에도 심하게 벌레가 먹은 상태라 그 책이 길가에 떨어져 있다면 거의 아무도 주우려 하지 않을 것이다.[6]

그림 21. 율리아나의 책에서 발췌한 아스포델Asphodelus aestivus. 디오스코리데스의 필사본에서 유래한 것으로 512년 오노라타의 마을 사람들에게서 받은 선물이다.

그림 22. 율리아나의 책에서 발췌한 검은딸기나무Rubus Fruticosus. 디오스코리데스의 필사본에서 유래한 것으로 512년 오노라타의 마을 사람들에게서 받은 선물이다.

7년 후, 막시밀리안 2세 또는 부스베크 자신이 이 고문서를 구입하여 비엔나의 제국 도서관으로 보냈다. 부스베크는 희귀한 것을 좋아하는 열렬한 수집가였다. 이 유명한 고문서를 발견하기 몇 년 전에 서부 유럽에 처음 튤립 구근을 들여온 것도 바로 그였다.

이 고문서는 16세기 유럽과 기원전 120~63년에 생존했던 폰토스의 왕이자 위대한 독물학자 미트리다테스 6세의 궁정을 연결해주는 직접적인 고리였다. 미트리다테스 6세는 전쟁에서 폼페이를 상대로 싸우다 패배한 후 자살한 왕이다. 미트리다테스 6세 재위 당시에 대한 기록을 남겨 연결 고리 역할을 한 사람은 그의 궁정 의사였던 그리스의 약초 전문가 크라타에우스였다. 크라타에우스는 식물 약리학에 관한 저서를 썼다고 추정되며(현존하지 않음), 이 책은 식물을 알파벳 순서대로 배열한 초기 기록 가운데 하나라고 알려져 있다. 폼페이는 크라타에우스의 책을 레나에우스 그라마티쿠스의 번역으로 로마 시민들에게 소개했다. 크라타에우스의 원본 기록에 실려 있던 혁신적인 그림을 복제한 화가도 알려져 있다. 크라타에우스의 책은 훗날 섹스티우스 니제르가 쓴 약초 의학서의 주요 참고 문헌이 되었고, 이것을 다시 플리니우스와 디오스코리데스가 표절했다. 그다음 디오스코리데스가 쓴 책은 당시에 다시 제작된 율리아나의 책에 나오는 식물 정보의 주요 출처였다. 이 연약한 양피지 두루마리는 유럽과 아시아를 넘나드는 엄청난 군대의 썰물과 밀물, 종교의 탄생과 쇠락, 도시와 학교의 흥망성쇠를 통해 축적된 엄청난 지식과 마음가짐을 담고 있었다. 거대한 제국이 세워졌다 망하는 동안에도 그리스, 로마, 투르크, 아랍, 고트 족 등 인종과 국가를 막론하고 모든 사람에게 중요했던 이 식물에 대한 기록은 끝까지 살아남아 약진을 계속했다.

그림이 글과 밀접하게 연관되도록 편집한 율리아나의 스타일은 그후 발간된 모든 책의 모범이 되었다. 이 스타일은 그후 오랫동안 식물에 대한 연구의 내용과 형식을 규정했다. 어쩌면 너무 오래 이러한 스타일이 사용되었는지도 모른다. 형식이 아름답기는 하지만 식물과 의학의 연관성을 더욱 단단하게 만드는 결과를 가져왔기 때문이다. 식물 약리학이 대세로 자리 잡게 된 셈이다. 그러나 식물을 단순히 약통에 들어 있는 하나의 재료 이상으로 보지 않는 경우 식물 사이의 관계, 유사성과 차이점, 식물 그 자체의 의미에 대한 좀 더 근본적인 의문을 던지기는 더욱 어렵다. 좀 더 큰 그림, 즉 우주의 질서를 알려줄 실마리에 대한 이타적이고 지적인 탐구는 산산이 와해되어 여러 가지 일상적인 걱정거리로 바뀌어버린다.

대황: '모든 종류의 통증, 경련, 성마름, 간질, 신장 질환 복통, 방광 통증에 좋다.' 아네톤(오늘날의 딜): '자궁 통증으로 고통 받는' 여성에게 좋다. 멜리소풀룬(오늘날의 향유): '버섯에 중독된' 사람에게 도움이 된다. 부자附子: '검은 표범과 멧돼지, 늑대를 비롯한 모든 야생 동물을 죽이며 작은 살코기 덩이에 넣어서 동물에게 준다.'

이는 17세기 영국의 학자 존 구디어의 번역으로, 그는 디오스코리데스의 책 전체를 손으로 전부 베껴 쓰고 그 아래에 같은 뜻의 영어를 달아주는 정성을 보였다. 구디어가 살았던 시대에는 디오스코리데스의 책이 다른 유럽 언어로는 번역되어 있었지만 영어판은 존재하지 않았다. 구디어가 작업한 분량은 필사본 4절판으로 4540장에 달하며 원본의 각 장을 마무리한 날짜와 시간까지 깔끔하게 주석으로 정리되어 있다. 이 작업 전체를 마치는 데 3년이 걸

렸다.[7]

    이탈리아 중에서도 그리스가 지배한 지역 어딘가에서 식물에 관한 또 다른 자료 모음집이 만들어졌는데, 이는 아마도 라벤나 지역일 가능성이 크다. 콘스탄티노플에서 꽃피었던 헬레니즘 문화의 마지막 영향력은 일부 이탈리아 지역에서 여전히 강하게 나타나고 있었다. 이 모음집은 율리아나의 책과 같은 원본 자료를 바탕으로 하고 있었다. 그러나 율리아나가 교양 있는 후원자이자 세련된 애서가였기 때문에 그녀를 위해 만들어진 책도 그러한 위상에 걸맞게 제작되었다. 반면 이탈리아의 책은 학자들이 실제로 사용할 목적으로 만들어져서 그만큼 호화롭지는 않았다. 율리아나 버전에 비해 색상은 칙칙했고 그림도 작고 조악했으며 한 쪽에 2~3개씩 그림이 실려 있는 경우가 많았고 제목은 붉은색 잉크(아마도 펜이 아니라 붓으로 작성), 본문은 검정색 잉크를 사용했으며 그림 밑에는 세로 단으로 설명이 달려 있다(그림 23 참조). 이들 그림은 율리아나의 책에 실려 있는 그림과 매우 비슷하여 같은 원본을 참조했음을 알 수 있지만 글과 그림의 질에는 상당한 차이가 있어 한쪽이 다른 한쪽을 직접 복제했을 가능성은 없다. 이 나폴리 고문서[8]는 성서 대문자라고 불리는 글자로 작성되었기 때문에 그 연대를 6세기 후반 또는 7세기 초반으로 추정할 수 있다. 7세기 중후반에는 글자가 홀쭉해지는 한편 좀 더 인위적으로 그림과 같은 형태로 바뀐다. 디오스코리데스의 원본 기록은 상당 부분 삭제되고 딱딱한 몇 마디로 요약되었으며 몇 가지 동의어와 약간의 새로운 의학 처방이 추가되었다. 이 책은 율리아나의 책보다 뒤에 발간되었고 크기도 더 작아서 양피지가 가로 29.5센티미터, 세로 25.5센티미터 크기였다. 그림은 400개 이상이 수록되어 거의 모든 쪽을 장식하고 있었다. 본문은 부차적인 것으로 전락하여 식물의 연관 관계에 대한 설명이나 새로운 이론 또는 주장을 제시하는 부분은 찾아볼 수 없고 단순한 주석으로 그림을 보조하는 역할을 했다. 이 책은 실제 사물의 복잡성보다는 요약과 발췌를 선호하는 시대, 글보다는 그림에 반응을 보이는 시대에 만들어졌다. 아마도 격무에 시달리며 진찰실에 줄지어 서 있는 환자의 수를 줄일 방법을 찾는 바쁜 의사를 위한 안내서였을 것이다. 율리아나의 책과 마찬가지로 본문에 그려진 식물의 상대적인 크기나 규모에 대한 언급은 찾아볼 수 없다. 아마란스bliton와 블랙베리 관목batos은 한 쪽에 나란히 배치되어 있는데, 둘 다 철자 b로 시작하고 높이가 비슷하기 때문이다. 때로는 133쪽의 난과 같이 같은 과에 속한 식물을 함께 모아놓은 경우도 있었지만 이것도 알파벳의 순서에 따라 우연히 그렇게 배열된 것이지 과학적 조사에 따른 배치는 아니었던 것으로 보인다. 일반적으로 식물은 앞면 전체 모습이 그려져 있고 뿌리는 아래에 글을 수록할 공간을 확보하기 위해 수평으로 얽히도록 납작하게 그려진 경우도 있다. 때로는 눈높이나 시점이 변하기도 한다. 아디안툼Adiantum(오늘날의 양치식물)은 위쪽에서 바라본 모양으로 그려져 있는데, 길게 갈라진 잎이 마치 제멋대로 움직이는 불가사리의 팔처럼 보인다(그림 24 참조). 때때로 돌계단의 틈새에서 자라나는 케이퍼[지중해 연안에 널리 자생하는 식물]나 푸른 물웅덩이에서 자라나는 공작고사리kallitrixon 등과 같이 그림을 그린 화가가 식물의 서식지를 보여주려는 시도를 한 흔적이 보이는 것도 있다. 한편 상상 속에나 나올 법한 괴이한 분위기를 풍기는 그림도 있다. 예를 들어 털깃털 이끼의 분형근rootball[뿌리 분포가 둥글게 되어 있는 모양]은 고르곤[고대 그리스 신화에 나오는 괴물]의 머리 모양을 하고 있다.

그림 23. 나폴리 의학품 목록에서 발췌한 등대풀Tithymalos. 7세기 초반에 그리스 문자로 작성된 디오스코리데스의 필사본으로 추정.

그림 24. 나폴리 의학품 목록에서 발췌한 아디안툼. 7세기 초반에 그리스 문자로 작성된 디오스코리데스의 필사본으로 추정.

자연에 대한 충실한 묘사보다는 단순화와, 원 주제에 대한 추상화 경향이 강하게 나타났던 것이다. 잎사귀는 거울에 비친 것같이 대칭으로 배열되어 있고 구불거리는 줄기는 똑바로 그렸으며, 식물의 불규칙한 복잡성은 도식적인 형태로 단순화되었다.

이로써 중세 초기, 약초에 대한 그림은 추상화된 '허깨비'로 변하기 시작했다. 그리스도교 지도자들의 엄격한 검열 성향 때문에 독립적인 연구 정신이 꽃피기도 어려웠다. 680년, 아가토 교황은 콘스탄티누스 4세 황제에게 이런 서신을 보냈다. "황제는 독실한 삶과 성서 과학에 대한 해박한 지식으로 잘 알려진 주교 몇 명을 보내달라고 요청했소이다." 이 요청에 주교들을 보내주면서 교황은 이런 말을 덧붙였다. "이들이 첫 번째 요건을 만족하는 경우, 과학이 진정으로 독실한 신앙에 대한 지식만을 가리키며 불경한 과학eloquentia saecularis을 의미하지 않는 경우에만 두 번째 요건을 충족시켜야 하오." 그레고리 1세(540~604) 교황이 두 선교사 시어도어Theodore와 하드리아누스Hadrian를 영국으로 파견했을 때, 이들의 주된 임무는 아일랜드식 부활절 계산법을 정정하는 것이었다. 그러나 이들은 문화 사절단답게 그림의 채색 스타일을 함께 들여왔고 이는 일부 영국 수도원들 사이에 마치 천연두처럼 급속도로 퍼져나갔다. 이 방법은 자연의 세부 사항에 대한 모든 관심을 거의 완전히 배제하고 사물을 더욱 단순화, 기호화하는 결과를 가져왔다.

나폴리 고문서의 172쪽에 적혀 있는 글귀(Antonii Seripandii ex Hieronymi Carbonis d(om)inici optimo munere)를 보면 16세기 초반에 지롤라모 카르보네가 이 책을 문인이자 고대 학자들의 필사본 수집가이며 지롤라모 세리판도 추기경의 형제인 안토니오 세리판도에게 주었음을 알 수 있다. 세리판도는 1531년에 사망하면서 이 책을 형제인 추기경에게 남겼고 추기경은 다시 이 책을 카르보나라에 있는 산 조반니 수녀원의 도서관에 소장되게 했다. 이 책은 1718년까지 그곳에 머물다가 카를 6세 황제의 제국 도서관 책임자 네오폴리탄 알레산드로 리카르디의 명령으로 비엔나로 옮겨져 율리아나의 책과 함께 보관되었다.

VII 아랍의 영향
600~1200년

율리아나의 책은 최초이자 가장 아름다운 그리스 약초 의학서다. 비록 이 책이 6세기 초반에 만들어지기는 했지만 그 후 거의 1000년 동안 서유럽에서는 이보다 뛰어난 책이 나오지 않았다. 그러나 유럽에서 학문이 더욱 깊은 블랙홀로 빠지는 동안 동방에서는 지식의 움직임이 왕성히 되살아났다. 최초의 중심이 된 곳은 시리아의 에데사였다. 원래 마케도니아의 식민지로 세워진 에데사는 시리아 고원의 북쪽 끝자락에 자리 잡고 있어 남북 교역 경로나 동서 경로, 즉 중국으로 이어지는 실크로드를 여행하는 사람들에게는 이상적인 위치였다. 로마 제국의 경계에 위치했던 덕분에 에데사는 보기 드

문 독자성과 번영을 누렸다. 시리아의 상인들은 홍해를 따라 유럽과 북아프리카를 두루 여행했으며 남서 아라비아, 인도, 실론과의 교역에도 자금을 댔다. 에데사는 광범위한 교역 교차점의 한가운데 자리 잡고 있었던 덕분에 이미 터를 잡았던 교양 있는 상인층이 성장할 수 있었다. 이들은 본질적으로 로마의 통치에 반감을 품고 있었고 그에 따라 자연스레 그리스(와 그리스 학문)에는 호의적인 감정을 가지게 되었다. 4세기 이후부터 에데사에는 의료 학교가 설립되어 있었다고 한다. 489년에 제노 황제가 이 학교를 이단자들의 온상이라고 규정하며 폐교시켜버리자 네스토리우스 교도였던 이 학교의 선생들은 니시비스로 이동했고 다시 500마일(805킬로미터) 남쪽에 있는 페르시아의 준디샤푸르로 이주했다. 준디샤푸르는 529년에 아테네에서 추방된 신플라톤주의자들 역시 받아들였고 이들의 교육 방법과 내용은 이슬람 철학에 강력한 영향을 미쳤다. 네스토리우스파 의사들은 준디샤푸르에 있는 유명한 의학 학교를 장악하게 되었다. 그리스인, 유대인, 페르시아인, 힌두인 사상가들이 한데 모여 공용어인 시리아어로 아이디어를 교환하면서 문화 수렴 현상이 일어났다.[1] 페르시아 황제의 열렬한 지원으로 도시에 병원과 의학 학교가 세워졌는데 그 책임자가 된 사람은 약제상의 아들 아부 자카리야 유하나 이븐-마사와이흐(777~857)였다. 준디샤푸르는 아랍인들이 페르시아를 정복하고 바그다드가 교육의 중심지가 될 때까지 300년간 크게 번영했다.

　네스토리우스 학자[2]들은 그리스의 과학 연구 서적들을 번역했다는 점에서 중요한 인물들이다. 그들이 아니었다면 그 자료는 비잔틴 도서관에서 여전히 잊힌 채 먼지만 뒤집어쓰고 있었을지 모른다. 로마 제국의 콘스탄티누스 황제가 비잔티움을 정복하자 이들은 동쪽의 시리아로 피난했고 그곳에서 시리아어로 기록된 논문을 아랍어와 페르시아어로 번역했다. 에데사에서 시작된 이 작업은 준디샤푸르에서도 계속되었으나, 아부 유수프 야쿱 이븐-이샤크 알-킨디(800~866년경)가 바그다드 의학 학교의 책임자가 된 9세기 바그다드에서 정점에 이르렀다. 819~825년에 특히 의학 서적을 중심으로 한 수많은 책을 콘스탄티노플에서 바그다드로 옮겨왔고 이는 이슬람인들이 서구에서 이미 유실된 원본 기록(테오프라스토스의 저서를 포함하여)의 완전한(그리고 정확한) 버전을 갖고 있었다는 뜻이 된다. 압바스 왕조의 칼리프인 알-마문이 콘스탄티노플에 보낸 사절은 비잔틴 황제가 고대 필사본의 운명에 대해 전혀 아는 바가 없으며 관심조차 없을뿐더러 심지어 필사본이 어디에 보관되어 있는지도 모른다고 보고했다. 그러나 한 학구적인 수도사는 보관 장소를 알고 있었고 아마도 콘스탄티노플보다는 바그다드에 보관되는 편이 더욱 안전할 것이라 생각했는지 필사본이 숨겨져 있는 장소를 가르쳐주었다. 832년에 칼리프는 바그다드에 도서관과 바이트 알-히크마 Bayt al-Hikma, 즉 지혜의 전당이라는 학자들이 서로 만날 수 있는 장소를 만들었다. 학자이자 의사인 후나인 이븐 이샤크는 이곳에서 외국 문서를 순서대로 맞추고 번역하는 일을 전담하는 부서의 책임자가 되었다.

그리하여 854년경에 후나인 휘하의 번역사인 스테파노스가 작업한 디오스코리데스의 첫 번째 아랍어판이 발간되었다. 바그다드에 사는 그리스도 교인이었던 스테파노스는 최대한 많은 그리스의 식물 이름을 번역하려고 노력했으나 알맞은 아랍 이름을 도저히 알 수 없는 경우 단순히 그리스 문자를 아랍 문자로 바꾸어놓고는 "신께서 이 이름들을 번역할 누군가를 길러내실 것"이라는 주석을 달았다. 스테파노스가 그리스어에서 아랍어로 번역한 판본은 948년까지 아랍 국가 사이에 널리 배포되었다. 아랍에 사는 그리스도 교인이자 약사의 아들인 후나인 자신도 이 책을 아랍어로 번역했다. 후나인은 아랍어와 시리아어에 모두 능통했으며 바그다드에 자리를 잡기 전에는 2년간 여행을 하면서 그리스어를 완벽하게 익히고 책들을 수집했다. 987년에 코르도바의 의사인 이븐 줄줄은 후나인이 없었다면 그리스어로 된 디오스코리데스의 기록이 바그다드의 아랍인들에게 결코 전파되지 못했을 것이라고 적은 바 있다. 디오스코리데스 책의 아랍 판본 가운데 그림이 첨부되고 현재까지 남아 있는 중세 필사본은 10여 개로, 그 가운데 5개가 바그다드 지혜의 전당에서 작업한 후나인과 스테파노스의 번역을 따르고 있다.

948년에 비잔틴 제국의 로마노스 2세[3]는 코르도바의 칼리프 아브드 알 라흐만 3세(912~961)에게 선물을 보냈다. 이 선물은 디오스코리데스 책의 그리스어 필사본으로, 매우 수려한 비잔틴 스타일의 그림이 수록되어 있었다. 칼리프에게 보내는 편지에서 로마노스는 이 책이 그 자체로도 위대한 보물이기는 하지만, 식물과 식물로 만든 약에 대한 지식이 있는 누군가가 그리스어를 아랍어로 번역해야만 비로소 유용하게 사용할 수 있을 거라고 적었다. 당시에는 코르도바의 그리스도 교인들[4] 가운데 고대 그리스어를 읽을 수 있는 사람이 없었기 때문에 3년 동안 이 아름다운 책은 아무에게도 읽히지 못한 채 칼리프의 도서관에서 잠자고 있었다. 그러다가 칼리프가 로마노스 황제에게 혹시 통역사를 보내줄 수 있겠냐고 물었고, 비잔틴 수도사인 니콜라스가 스페인으로 파견되어 코르도바에 모인 여러 학자들과 합류했다. 유대인 의사 하스다이 b.

샤프루트와 그리스어를 구사하고 약용 식물에 대한 지식이 있었던 시실리인의 도움으로 니콜라스는 디오스코리데스가 언급했던 식물을 모아 이를 무어인들이 지배하고 있는 스페인 지역에서 자라는 꽃이나 관목과 비교했지만 언제나 성공적으로 연관 관계를 찾을 수 있었던 것은 아니었다.[5]

아랍 학문의 놀라운 문화 교류에도 불구하고(내가 관심을 두고 있는 지식이라는 측면에서 보면 당시 서구에서 살펴보아야 할 사람은 아랍인들뿐이다) 가장 핵심적인 문제는 해결되지 않고 있었다. 즉 식물에 대한 글을 해석하는 것보다 기록된 식물 자체가 무엇인지 이해하는 것이 훨씬 어려웠다는 점이다. 어느 국가나 지역이든 마술과 약에 사용되는 식물을 고유한 일반명으로 부르고 있었다. 율리아나의 책 98r쪽에는 매우 인상적인 화살표 모양의 잎사귀가 달린 식물이 수록되어 있는데, 이 식물은 오늘날의 야생 아룸 Wild arum에 해당된다. 이 식물의 공식 명칭은 아룸 마쿨라툼 Arum maculatum으로, 국제 명명 규약 International Code of Nomenclature 덕분에 이제 유럽뿐만 아니라 미국, 일본, 오스트레일리아 또는 인도에서도 쉽게 알아볼 수 있다. 그러나 디오스코리데스가 처음 이 식물[6]에 대해 기록했을 때에는 aron, aris, eparis, ephialton, kynozolon, onokephalon, parnopogonon, 또는 phoinikeon 등의 다양한 이름으로 불렸다. 이집트 사람들은 이 식물을 ebron으로, 로마인들은 beta leporina로 알고 있었으며, 에르투리아인들은 gigarum, 다카르인들은 kurionnekum, 북아프리카에서는 ateirnochlam, 시리아인들은 lupha라고 불렀다. 만약 이 그리스 식물과 저 스페인(또는 이탈리아, 프랑스, 체코, 폴란드, 독일, 영국) 식물이 같은 식물인지 100퍼센트 확신하지 못한다면 해당 식물을

그림 25. 1224년에 바그다드에서 제작된 필사본에서 발췌한 아라비아의 약국.

손질하는 방법이나 이를 재료로 사용하여 열을 가라앉히고 상처를 아물게 하고 뼈를 붙게 하고 괴물을 몰아내는 방법도 거의 쓸모가 없었다. 또한 이러한 식물 가운데 상당수는 자연 서식지의 경계인 그리스보다 서쪽에 위치한 지역에서는 아예 자라지 않았다. 반대로 그리스보다 동쪽에 있는 국가에서는 디오스코리데스가 기록한 식물이 대부분 서식했다. 따라서 아랍 학자들이 비록 디오스코리데스가 언급한 지중해 동부의 식물과 스페인 남부에서 자라는 식물군의 짝을 맞추느라 고생하기는 했지만 훗날 북유럽에서 활동한 학자들만큼 심각한 난제에 시달리지는 않았다.

또한 학자들은 디오스코리데스가 식물을 묘사하기 위해 선택한 방법 때문에 더욱 골머리를 앓았다. 테오프라스토스와 마찬가지로 디오스코리데스도 이 식물은 저 식물보다 잎이 크고, 꽃이 작다는 식으로 비교하는 것을 좋아했다. 테오프라스토스가 월계수 잎, 월계수, 배 등과 같이 한정된 몇몇 식물을 비교 '기준'으로 사용한 데 비해 디오스코리데스는 훨씬 많은 식물을 비교 기준으로 삼았다. 따라서 오류가 일어날 확률도 더욱 커졌다. 비교의 기준으로 사용된 표준 식물의 이름을 정확하게 번역하지 못한다면 비교 대상이 된 식물의 정체를 정확하게 파악할 가능성은 더욱 희박하다. 그런 까닭에 후나인과 스테파노가 그리스어에서 아랍어와 시리아어로 그토록 정성 들여 옮긴 번역본에 담은 식물에 대한 지식은 손에 잡힐 듯, 잡히지 않을 듯 모호한 상태로 남아 있었다.

7세기 이후 아랍 정복자들은 이슬람교를 중심으로 과학의 재건을 모색했으며 이는 그리스도교가 전파된 유럽의 전반적인 학문 정체 현상과 극명하게 대비되었다. 주요 교역로를 독점한 아랍인들은 번영을 누리게 되자 새로운 것을 배우고자 하는 여유가 생겨

그림 26. 6세기 후반에 제작된 필사본에서 발췌한 드라콘테아Dracunculus vulgaris(오늘날의 천남성). 그림을 그린 화가는 음침한 분위기의 색이 진한 불염포가 달린 모습 대신 열매가 달린 모습을 보여주고 있으며 각 잎사귀를 구성하는 작은 잎의 반원형 곡선을 매우 정확하게 포착해내고 있다.

낮다. 976년 즈음에는 알 하킴이 확장하고 후원한 코르도바 대학이 유럽뿐만 아니라 이슬람 제국 전체에서 최고의 권위를 자랑했다. 바그다드에서는 아두드 앗 다울라의 대학 병원 건물인 알 아두디 병원이 978년에 완성되었으며 그곳에서 일하던 24명의 의사가 세계 최초의 의료 시설을 세웠다. 이슬람 통치자들은 학문의 발달을 지원했고 적어도 당시에는 다른 종교에 대해 상당한 관용을 보였기 때문에 그리스도교의 철저한 이단 탄압과 비교할 때 오히려 상당히 개화된 모습이었다. 코란에 나오는 '알라의 이름으로 읽으라'는 구절은 기도뿐만 아니라 지식에 대한 소명으로 해석되었다. 연구는 신을 숭배하는 행위의 한 형태였고 인류에게 이익이 되는 연구라는 사실이 증명되는 한 연구에 가해지는 제한은 거의 없었다. 아랍인들은 측정할 수 있는 정밀과학, 즉 이론보다는 실증적인 학문에 뛰어났다. 지식을 추구하는 과정을 통해 구원을 추구한 셈이다. 후나인의 번역 작업은 점차 개정되고 다듬어져 11세기에 228쪽에 달하는 깔끔한 나스히naskhi 문자 판본에서 정점을 이루었다. 나스히 판본은 현존하는 세계에서 가장 오래된 아랍어 약초 의학서다.[7] 각 페이지를 장식하는 600개 이상의 그림은 주로 차분한 녹색, 갈색, 주황색, 빨강색으로 채색되어 있고, 파랑색과 노랑색은 그보다 훨씬 적게 등장한다.[8] 수록된 식물은 장미, 수련, 발삼(커다란 단도 두 개를 줄기에 꽂아 수액이 흘러나오도록 한 모습으로 그려져 있다), 난, 뿌리 끝이 갈라진 맨드레이크 등 디오스코리데스에게도 익숙한 식물이다. 그러나 그림이 깔끔한 반면 상당히 조악해서 식물에 대한 사전 지식이 있어야 비로소 그림을 알아볼 수 있을 정도였다. 수련(흰 꽃 세 송이와 빨간 꽃 두 송이의 다섯 송이가 우아하게 얽혀 있는 형태, 그림 27 참조)은 푸른 파도가 치는 물 위로 솟아난 모습으로 그려져 있다. 지면을 절약하기 위해 장미는 빨강, 흰색, 진한 테두리로 둘러싸인 분홍색 등 서로 다른 종류가 같은 줄기에서 꽃을 피운 것처럼 그려져 있다. 그러나 32쪽에 실린 엉성한 2차원 그림을 보고 들판에서 난을 식별해내기란 거의 불가능하다. 발삼 나무에서 수액이 흘러나오는 이미지는 14세기 초반의 『식물론』에 이르러서야 다시 등장하는데, 그즈음에는 그림을 그리는 방법에 중요한 변화가 나타나게 된다. 거의 미신을 믿듯이 그림을 고문서에서 그대로 복제하는 대신(마치 수정을 가하면 마법의 효과가 떨어지기라도 하듯이) 화가들은 바로 눈앞에 놓여 있는 것처럼 식물을 그리기 시작했다. 어쩌면 실제로 식물을 가져다놓고 그렸는지도 모른다. 그러나 아부 알리 알-후사인 b. 아브드 알라 b. 시나(980~1037)와 같은 후대의 아랍 학자가 널리 전파한 것은 디오스코리데스의 기록에 포함된 지식이었다. 서구 유럽에 이븐시나Avicenna로 알려져 있던 이 학자는 부카라 근처의 아프샤나에서 태어났으며 여러 동방 통치자의 개인 주치의로 활약하면서 다양한 지역을 두루 여행했다. 그가 쓴 『의학정전Qanun』은 12세기에 크레모나의 제라르드가 라틴어로 번역했으며 그후 500년간 표준 의학 교과서로 사용되었다. 『의학정전』은 거대한 의학 백과사전으로, 758가지의 약을 만드는 데 사용되는 식물 650개의 자세한 설명이 수록되어 있다. 훗날 유명한 바그다드의 의사 아브드 알 라티프는 동시대의 가장 유명한 학자들을 만나보기 위해 동방을 두루 여행하면서 다마스커스와 카이로에서 철학과 의학을 가르치기도 했다. 이러한 다재다능함과 호기심은 당시 아랍 학자들의 전형적인 특징이었다.

    사상은 이렇게 전달되고 널리 퍼지면서 이해의 폭도 넓혀갔으나 식물의 이름은 그렇지 못했다. 아랍의 학자와 의사, 약사들은 1세

그림 27. 1083년에 북부 이슬람에서 제작된 필사본에 수록된 수련으로, 빨간색과 흰색 꽃이 서로 얽혀 있는 모습이다.

기의 그리스 의사들이 가지고 있던 식물의 지식을 재건하여 보존하고자 했지만 재료에 대한 그리스 의사들의 지식이라는 것은 대부분 약초 채집꾼에게서 얻은 것이었다. 약초 채집꾼에게 필요한 것은 특정한 약을 만들기 위해 필요한 구체적인 식물의 '간단한 이름'뿐이었다. 당연히 자신들이 쓰는 언어 이외의 다른 언어로 된 약초의 이름을 파악하는 데에는 전혀 관심이 없었다. 이러한 어려운 문제가 남아 있었고 해결도 요원하기 짝이 없었지만 아랍 학자들은 디오스코리데스가 남긴 기록을 계속해서 주요 참고 자료로 활용했다. 아랍의 학자들은 디오스코리데스가 공개적으로 반대했던, 자료를 알파벳 순서대로 모으고 정리하고 배열하는 방식을 선호했다. 아랍인들은 참고 자료로는 디오스코리데스의 책을 크게 존중했고 심지어 숭배하기까지 했지만, 디오스코리데스가 자료를 배치한 방법이 가장 유용한 방법이라는 데에는 동의하지 않았다. 이러한 아랍 학자들의 영향을 받아 디오스코리데스가 전혀 알지 못했던 페르시아, 인도, 아랍의 식물이 점진적으로 약전藥典에 포함되기 시작했다.

    이슬람교가 과학 연구를 장려했고 실제로 의학과 농업 분야에서 엄청난 진보가 이루어지기는 했지만 현실적인 이미지를 제작하는 것은 금지되어 있었다. 식물을 다루는 책에는 아름다운 그림이 수록되어 있었지만 그림은 양식화되고 평평하게 보이도록 그려져 있어 마치 벽지나 직물에 인쇄하는 문양 같은 느낌을 주었다(그림 28 참조). 이스탄불의 아야소피아에 있는 슐레마니에 모스크 도서관에는 화려한 그림이 수록된 디오스코리데스가 쓴 책의 아랍어 버전이 소장되어 있다.[9] 이 책은 후나인의 조수였던 스테파노스의 원본 번역을 사용했고 아마도 당시의 진보적인 칼리프 알 나

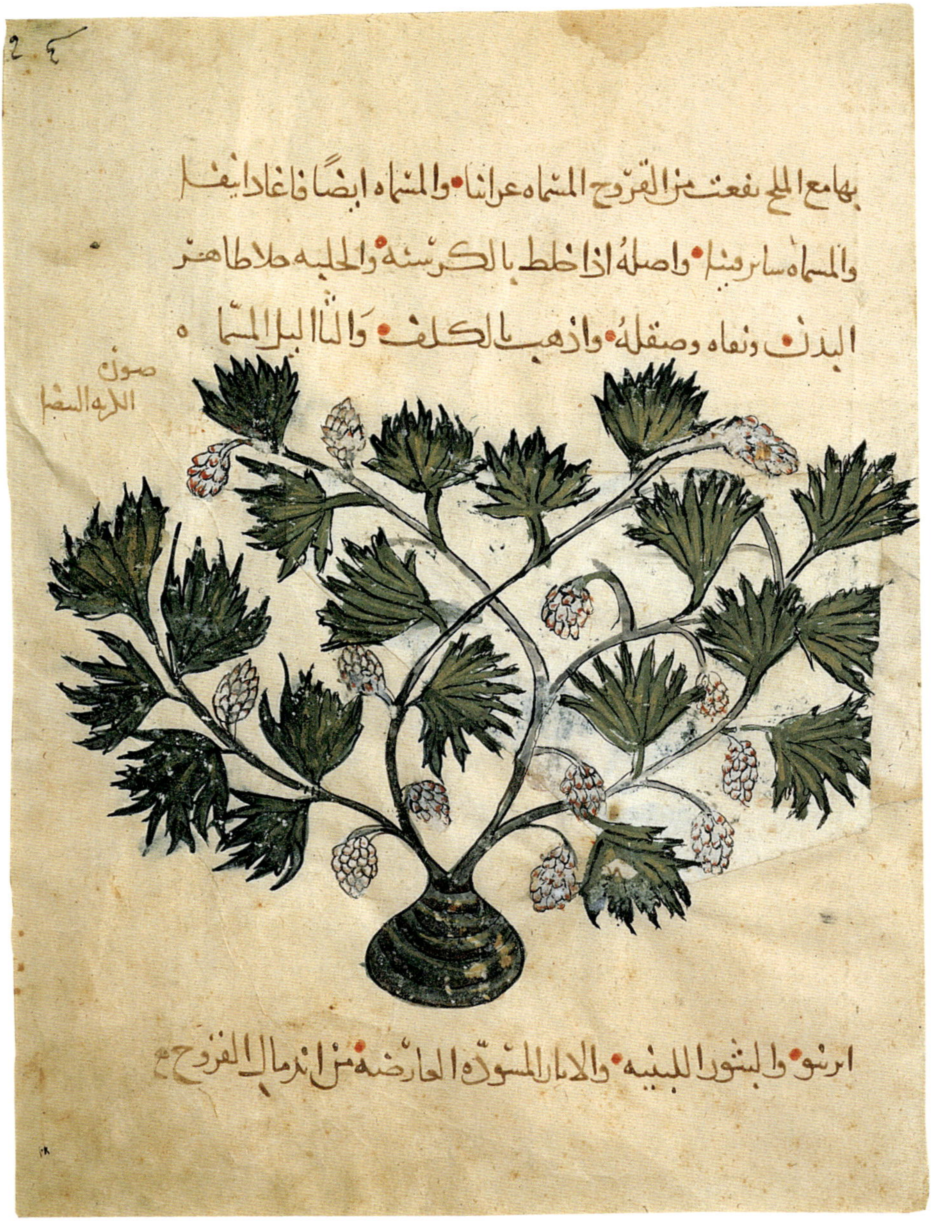

بهام الملح نفعت من القروح المسماه عرابا و المسماه ايضا فاغادبغا
و المسماه سارونيا و اصلها اذا خلط بالكرسنه و الحلبه حلا طاهر
البدن و نقاه و صقله و اذهب بالكلف و النا البرز المسما

صور الارها الشا

ارنو و البثور اللبنيه و الاما المسموه العارضه من ازمان القروح

그림 28. 1224년에 바그다드에서 제작된 필사본에서 발췌한 포도나무로 둥그런 형태의 뿌리에서 자라난 모습이 흥미롭다.

시르의 후원을 받아 1224년에 바그다드에서 제작된 것으로 추정된다. 알 나시르의 통치하에 바그다드에서 아랍 문화는 찬란한 꽃을 피웠지만 34년 후 몽고인 침략자들에게 정복되면서 산산이 무너지고 파괴되었다. 그러나 아랍의 학문이 정점에 이르렀던 이 시기에 제작된 필사본에조차 에드워드 리어Edward Lear〔영국의 화가 겸 아동문학가로 직접 그린 공상적이고도 괴상한 삽화가 수록된 넌센스 시리즈로 유명하다〕의 『넌센스 식물학Nonsense Botany』에나 나올 법한 상상 속의 식물 그림이 실려 있다. 그 중에서도 21쪽에 있는 그림이 잠시 나의 흥미를 끌었다(그림 29 참조). 가운데에 있는 그림(아마도 아랍인들이 반타풀룬bantafullun이라고 불렀던 식물, 즉 오늘날의 양지꽃을 나타낸 것으로 보인다) 옆에는 가운데 그림만큼이나 도식적인 세부 그림 두 개가 그려져 있다. 가운데 그림의 왼쪽에 있는 것은 찻종 모양의 꽃처럼 보이며 일곱 개의 작은 방울이 달린 줄기가 있다. 오른쪽에 있는 비슷한 그림은 언뜻 양식화된 꽃(뾰족한 꽃잎 세 개)처럼 보이며 꽃 위로는 둥그런 막대사탕 같은 것이 튀어나와 있다. 나는 이것이 수술이라고 생각했다. 이 그림을 그린 사람은 실제로 수술을 보여주기 위해 노력한 것이다. 누군가가 마침내 꽃을 피우는 식물에서 수술이 얼마나 중요한 역할을 하는지 이해하게 된 것이다. 화가는 가까이서 본 모습을 자세히 보여줌으로써 보는 사람의 시선을 그쪽으로 돌리고 있다. 이는 그야말로 획기적인 돌파구다. 그러나 확대경을 가져오자마자 내가 방금 세운 이론은 와르르 무너져내렸다. 확대해서 보니 수술이라고 생각했던 방울은 빨갛고 파란 꽃을 작게 그린 것에 지나지 않았고 각각이 네 개의 꽃잎을 달고 있었다. 결국 식물의 이름을 짓는 과정에서 그토록 핵심적인 역할을 하게 될 수술과 씨방에 대한 지식이 탄생하기까지는 아직도 몇백 년이라는 세월을 기다려야 하는 셈이다.

12세기와 13세기의 문명화되고 지적으로 뛰어난 아랍 학자들은 의학 연구를 발달시키고 정교하게 갈고닦아 그리스 스승들이 시작한 연구를 크게 발전시켰다. 이들은 넓은 지역을 여행하며 테오프라스토스가 했던 것처럼 직접 눈으로 관찰하고 오직 식물을 살펴보고 식별한다는 목적으로 원정대를 조직하기도 했다.(13세기 초반에 무슬림 학자인 이븐 알 수리는 레바논으로 식물 채집 여행을 떠났으며 이는 유럽의 식물학자들이 비슷한 조사 여행을 떠나기 오래전의 일이었다.) 그러나 아랍 학자들은 고대 디오스코리데스의 기록을 비판하고 수정하거나 추가하기는 했지만 이를 완전히 배제하지는 않았고 전적으로 자신들의 지혜와 경험을 바탕으로 한 완전히 새로운 논문을 내놓지 않았다. 도대체 이유가 무엇일까? 나는 케임브리지에 있는 대학 도서관의 숨소리도 나지 않을 만큼 조용한 희귀문서 보관실에 앉아 아마도 16세기에 제작된 듯한 정교한 아랍 필사본을 보면서 이 점에 의아해하지 않을 수 없었다.[10] 1682년에 스미르나에서 영국으로 가져온 식물 그림 뭉치는 이제 문양이 찍힌 묵직하고 어두운 색의 가죽 표지를 덧대어 두꺼운 책으로 제본되어 있다. 나는 이 필사본이 살아온 과거의 분위기라도 파악하고 싶어서 강아지처럼 가죽의 냄새를 맡아보고자 하는 생각이 간절했다.(그러나 높은 연단에 앉아 있는 감독관이 너무 무서워 보여 감히 실천에 옮기지는 못했다.) 누가 이 필사본을 만들었을까? 누가 소유했을까? 어디로 옮겨 다녔을까? 돌나물, 향쑥, 카모마일, 뚜껑별꽃, 산형과의 여러 아름다운 식물, 딱총나무, 이질풀, 순무 등 372쪽에 이르는 장마다 식물 그림이 하나씩 실려 있었다. 우아하게 그려진 티젤〔산토끼꽃과의 두해살이풀〕은 가시로 뒤덮인 줄기와 꽃줄기가 자라나는

그림 29. 1224년에 바그다드에서 제작된 필사본에서 발췌한 반타 풀룬
(오늘날의 양지꽃 Potentilla reptans으로 추정된다).

커다란 배 모양의 포엽을 보여주며 전체가 탁한 황록색으로 그려져 있고 황토 빛이 도는 노랑색으로 강조할 부분을 덧칠한 모양새다. 또한 쇠뜨기, 붓꽃, 흰백합, 시클라멘, 등대풀(고대 그리스 이름인 tithymalos라는 설명이 붙어 있다), 독특한 긴 꼬투리가 달린 미나리아재비 등이 수록되어 있다. 뒷면에는 바다 속에 앉아 있는 바다의 신 넵튠 형상의 머리에 돋아난 두 갈래 뿔에서 산호가 자라나는 기발한 이미지가 실려 있으며, 넵튠의 무릎에는 뱀이 불편한 모습으로 똬리를 틀고 있고 주위에는 물고기가 헤엄쳐 다닌다.

가끔씩 각 쪽의 반대쪽에 아랍어 글이 한 문단씩 등장하지만 이 책은 그림이 중심이 되는 책이다. 각 쪽 맨 오른쪽 구석에는 아래쪽 그림에 나와 있는 식물의 서로 다른 이름을 모아놓았다. 대학 도서관의 이슬람교 필사본 일람표 Handlist of Muhammadan MSS(케임브리지, 1900)에는 글이 히브리어, 그리스어, 아랍어, 그리고 일부는 터키어로 기록되어 있다는 설명이 실려 있다. 추후의 연구로 헤브라이어는 16세기에 세파르디(스페인, 북아메리카계의 유대인)의 손으로 추가되었다는 주장이 제기되었다. 일람표에는 나와 있지 않지만 이 필사본은 일정 기간 이탈리아인의 수중에 있었던 것이 틀림없으며 이 이탈리아인은 모국어로 된 동의어인 geranio picolo, regolizi, eleboro 등을 추가했다. 나는 책벌레들이 여기저기에 만들어놓은 구불구불한 구멍을 보면서 예수가 태어나기도 전에 테오프라스토스의 식물에 대한 위대한 원본 기록이 묻히고 거의 소실될 뻔했던 구덩이를 떠올렸다. 케임브리지 필사본의 그림은 율리아나의 책에서 복사한 것이기 때문에 굉장히 눈에 익은 것이다. 이 필사본에도 쓴쑥이 기록되어 있으나, 원본 그리스 필사본에서는 그토록 우아한 모습이었던 빨간 열매의 깃털이 여기서는 우아함을 잃고 특징 없는 덩어리처럼 그려져 있으며 잎사귀도 그만큼 가벼운 느낌이 나지 않는다. 아스포델도 수록되어 있으나 케임브리지 필사본에서는 잎의 회전을 그만큼 정교하게 보여주지 못하고 두상화 역시 고대 기록처럼 올바른 위치에 균형 잡힌 모습으로 그려져 있지 않다. 디오스코리데스가 쓴쑥에 대해 처음 기록한 것은 『약물에 대하여』 2권에서였다. 500년이라는 세월이 흐른 뒤, 디오스코리데스의 책은 율리아나의 책을 만들 때 주요 참고 자료가 되었다. 케임브리지 필사본이 제작된 것은 그로부터 다시 1000년이 지나서다. 왜 사람들은 6세기에 처음 제작된 식물의 그림을 바라보면서 여전히 그림과 식물의 이름을 연관짓는 데 어려움을 겪고 수많은 동의어로 골머리를 앓고 있었을까? 의문을 갖지 않을 수 없다. 왜 현명한 아랍인들은 이 분야의 연구를 좀 더 적극적으로 추진하지 않았을까? 왜 그리스 필사본을 버리고 자신들의 땅에서 자라는 식물의 특징을 더욱 상세하게 연구해서 독자적인 책을 직접 쓰지 않았을까? 아마도 아랍인들은 점진적이지만 지속적으로 디오스코리데스의 기록을 수정하는 것만으로 충분하다고 생각했는지 모른다. 어쩌면 의학에 대한 깊은 관심으로 디오스코리데스가 기록한 식물과 동일한 식물을 계속해서 찾아냄으로써 고대 문헌을 더욱 폭넓게 실생활에 적용한다는 대의명분에 만족했을 수도 있다. 그러나 이들이 테오프라스토스가 시작한 논의에 흥미를 가졌다는 흔적은 어디에서도 발견할 수 없다. 이 식물 사이의 관계는 무엇인가? 어느 부분이 비슷하고 어느 부분이 다른가? 사물의 본질을 밝힐 열쇠는 어디서 찾을 수 있는가? 처음으로 식물이 의학적인 필요에 따라 약초 의학서의 여기저기에 무작위로 흩어져 있는 부차적인 존재가 아니라 식물 자체의 내부적인 논리로만 이해할 수 있는 거대하고 아름다우며 질서정연한 체계에 따라 배열되어 있다는 사실을 깨달을 방법은 무엇인가? 그러나 인간의 마음이란 아무리 세련되었다 할지라도 알고 있는 것의 한도 내에서만 미지의 영역으로 나아갈 수 있다. 테오프라스토스는 이러한 질문을 던졌다. 이에 대한 대답은 식물에 대해 훨씬 더 많은 것이 밝혀지고 나서야 수면 위로 떠오를 수 있다. 체제를 구축하는 것은 여전히 가장 어려운 문제였고 이 점에 있어서 디오스코리데스는 아무런 도움도 되지 못했다. 그는 식물 그 자체보다는 식물을 의학적인 용도로 사용할 가능성에 더욱더 큰 흥미를 보였던 인물이었다. 따라서 식물은 약품 목록이라는 굴레에 갇힌 채, 좀 더 포괄적인 시각으로 조명받지 못했다.

10~13세기 유럽의 학문 침체와 비교할 때 이슬람 지역에서 지적 활동이 만개한 것은 기적이라고 할 수 있다. 그리스도교는 중세 유럽인들의 마음을 해방시키는 역할을 하지 못했다. 성 아우구스투스는 지식(여기에는 물론 모든 과학이 포함된다)이란 인간의 지성 안에 들어 있는 신의 마음을 반영하는 것이라고 가르쳤다. 그로 말미암아 일종의 수동적인 분위기가 형성되었다. 깨달음이나 설명은 하느님의 권위로만 주어지는 것이며 그 전달 형식도 직접적이거나 교회라는 매개체를 통해서만 가능한 것이었다. 자연은 찰스 레이븐Charles Raven의 말대로 '빈 수레Empty vessel'에 불과하며[11] 교회는 이 공백을 자신들의 아이디어로 채운다고 믿었다. 중세에는 개인의 관찰이나 실험을 권장하거나 촉진시키지 않았다. 유럽의 중세 시대는 자연계에 대한 해석 작업을 진실을 탐구하는 것으로 받아들이기보다는 미신, 징후, 불길한 전조로 폄하했다. 아랍인들은 서구의 기록에서 배울 만한 지식을 완전히 소화하고 나서 이를 다

시 유럽으로 역수출했다. 아랍인들이 서구로 진출함에 따라 유럽의 학자들은 다시 자신들의 문화의 뿌리를 더듬어갈 수 있게 되었다. 그 외에도 향후에 자신을 둘러싸고 있는 세상을 바라보는 방법에 심오한 영향을 미치게 될 다양한 지식을 습득했다.

이슬람인들이 고대 그리스인의 지식을 천천히 소화한 것처럼, 아랍 세계의 학문적 결실도 천천히 서구로 퍼져나갔으며 이는 유대인들이라는 중개인을 통해 전파되는 경우가 많았다. 유대인은 학구적이었고 헤브라이어뿐만 아니라 그리스어와 아랍어로도 의사소통을 할 수 있었으며, 심지어 다문화라는 말이 발명되기도 전에 다문화적인 특성을 보여준 사람들이었다. 대표적 인물로는 도놀로Donnolo라는 이름으로 잘 알려진 사바타이 벤 아브라함 벤 조엘Sabbatai ben Abraham ben Joel(913~982?)을 꼽을 수 있다. 도놀로는 오트란토의 유대인이었으며 고작 12세 때 가족과 함께 사라센 침략자들에게 납치되어 팔레르모로 끌려갔다. 이탈리아에 있는 친척들이 몸값을 지불해 가족이 풀려날 즈음 벤 조엘은 자신을 억류하고 있던 사라센인들에게 배운 아랍어를 유창하게 구사하고 있었다. 그는 남부 이탈리아의 로사노에서 의학 공부를 하고 환자들을 진료했다. 그보다 훗날에 등장한 아프리카의 콘스탄티누스와 마찬가지로 도놀로는 『창조의 서Book of Creation』(946년경)라는 책에서 "그리스인, 아랍인, 바빌로니아인, 인도인의 과학"을 연구했다고 주장했다. 그는 참신한 지식을 찾아 이탈리아 전역을 여행했으며 가는 곳마다 아랍의 학문을 전파했다. 아프리카의 콘스탄티누스(1020~1087년경)는 카르타고 출신의 무슬림으로, 아랍어를 구사하며 인도와 페르시아를 몇 년 동안 여행했다. 1065년경 그는 시실리를 거쳐 이탈리아의 남서 해안에 있는 살레르노로 향했다.

거기서 라틴어와 그리스어를 배운 다음 몬테카시오에 있는 수도원에 들어가서 일평생 그리스어와 아랍어로 된 의학과 식물 관련 서적을 라틴어로 번역했다. 번역 작업이 대규모로 진행되기 무려 100년 전에 그는 혼자 힘으로 이 그리스/아랍의 지식으로 사람들의 관심을 돌려놓았던 것이다.

유럽의 학자들은 대부분 아랍 학문의 결실을 유럽에 소개하는 이러한 중개인들에게 의존했다. 아랍어는 심지어 로저 베이컨Roger Bacon과 같은 박식하고 위대한 학자조차 해독하기 어려운 언어였다. 그리스어와 헤브라이어를 독학하는 데에는 아무런 문제가 없었던 베이컨일지라도 아랍어를 배우는 유일한 방법은 아랍어를 사용하는 나라에서 사는 것뿐이었다. 배스의 애덜라드(1080~1145년경)와 크레모나의 제라르드(1114~1187)와 같은 뛰어난 학자 몇 명은 스페인으로 건너가 아랍어로 된 문서들을 번역할 준비를 하고 있었다. 서구의 과학이 처음 이슬람에서 분리되어 나오기 시작했을 때, 스페인은 중요한 접점point of contact 역할을 했다. 엘 시드El Cid〔중세 에스파냐의 명장〕가 레온의 국왕 알폰소 6세와 함께 톨레도를 침략한 1085년 이후 톨레도는 동방과 서방의 중요한 교류점이 되었다. 나는 흥미로운 지식이 마치 제2차 세계대전의 작전실에 펼쳐진 광대한 세계 지도처럼 대륙 전체를 빙빙 도는 모습을 지켜보았다. 우선 비잔티움에서 진행된 연구는 에데사로, 다시 준디샤푸르로, 그다음에는 바그다드로 향했다. 985년에는 그리스인, 유대인, 사라센인, 현지 살레르노인의 네 의사를 주축으로 살레르노에 중세 유럽 최초의 의학 학교가 설립되었고 이곳은 곧 지적 활동의 중심지가 되었다. 나의 식물이 아직도 의사들의 굴레에 갇혀 있는 것은 달갑지 않지만 이들 외에는 언급할 사람조차 없다. 디오스코리데스에서 중세 시대에 이르기까지 그 오랜 세월 동안 감정에 치우치지 않는 객관적인 눈으로 식물을 바라본 사람은 없었던 것이다. 의학이 모든 줄거리를 왜곡하고 있었다. 약이나 식량, 마술에 쓸모가 없다는 이유로 아무도 그림을 그리거나 설명하지 않는 식물이 너무나도 많았다. 디오스코리데스는 여전히 거장 대우를 받고 있었지만 그리스에 서식하는 4300가지의 야생 식물 가운데 그가 언급한 것은 극히 일부에 지나지 않았다.

그래서 나는 몬테카시노의 베네딕트 수도회와 밀접한 관련이 있으며 그리스의 식물과 의학에 대한 최고의 서적들이 소장된 살레르노에 있는 의학 학교에 가야 했다. 왜 이 학교가 살레르노에 세워졌을까? 18세기에 의사들이 배스로 몰려든 것과 같은 이유에서였다. 나폴리 남쪽의 해안가에 있는 살레르노는 부유한 사람들이 온천에서 요양을 하기 위해 오는 곳이었다. 기원전 7세기, 이곳에서 고작 40킬로미터 떨어진 비옥한 해안 평원에 그리스인들은 포세이돈의 도시를 뜻하는 포세이도니아라는 번영하는 도시를 세웠고 나중에는 로마인들이 이 도시를 점령하여 파이스툼이라고 불렀다. 이곳은 과거 그리스의 식민지로서 이탈리아에서도 그리스 문화의 자취가 잘 보존되어 있는 지역이었다. 또한 시실리에서 가까웠는데 시실리의 팔레르모에는 사라센 정복자들이 수백 년 전에 이미 의학 학교를 세운 바 있었다. 점진적으로 살레르노의 의학 학교는 중세 시대에 가장 신뢰할 수 있고 실용적인 논문을 발표하는 곳으로 명성을 쌓았다. 이런 업적들 가운데 상당 부분은 아랍인들과 그들이 쌓은 지식 덕분이었다. 살레르노의 의학 학교는 유럽의 다른 어느 학문의 전당보다 먼저 이슬람인들의 지식을 흡수했다. 그러나 1224년에 황제인 프리드리히 2세 황제가 나폴리에 있는 대학에 많은 돈을 기부하여 전략적으로 키우면서 전통 있는 살레르노 학교에서 가장 뛰어난 인재들을 여럿 데려갔다. 그 결과 살레르노 학교는 점차 위조 학위의 온상이 되었고, 급기야 1811년에는 나폴레옹이 폐교 조치를 내렸다.

VIII 암흑기에서 탈출하기
1100~1300년

배스 출신의 애덜라드는 자연 현상을 보고 무조건 초자연적인 존재의 힘이 작용한 것으로 돌리기 전에 먼저 자연적인 원인을 찾는 것이 중요하다고 강조한 시대를 앞서간 유럽인이었다. 애덜라드는 1130~1340년에 집필한 저서 『자연의 제문제Quaestiones naturals』의 처음 6장을 식물과 관련된 이론적인 문제에 할애하고 있다. 이는 테오프라스토스 이후 아무도 이러한 류의 의문을 던지지 않았다는 점에서 주목할 만하다. 애덜라드는 테오프라스토스처럼 교육을 통해 철학자가 되었다. 그는 영국의 헨리 1세의 후원을 받아 샤르트르에서 유학 생활을 한 다음 아랍의 학자들과 학문을 찾아 시리아, 그리스, 시실리를 여행했다. 그후 당시 스페인에서 가장 번영하고 기술적으로 발달한 도시 가운데 하나였던 톨레도에 정착했다. 애덜라드는 식물이 단순히 잠재적인 약물의 재료로서뿐만 아니라 식물 그 자체로서 연구할 가치가 있다는 개념을 되살렸다.

　아랍 약초 의학서에서는 식물의 그림을 사실적으로 그리지 못하도록 제한을 두었다. 그러나 서방과 동방의 영향을 모두 받았던 톨레도와 살레르노에서는 식물의 그림이 이런 제한에서 해방될 수 있었다. 1224년경에 아랍에서 제작된 아야소피아 고문서[1]에 수록된 식물 그림만 보고는 그 식물이 어떤 식물인지 거의 알아볼 수 없다. 율리아나의 책에는 검은딸기나무의 구불구불한 모습이 반짝이는 짙은 열매와 함께 혼동의 여지가 없을 만큼 분명하게 그려져 있는 반면, 이 문서는 율리아나의 책보다 700여 년이나 뒤에 제작되었지만 검은딸기나무가 둥근 구근처럼 생긴 뿌리와 털이 부실거리는 늑대 꼬리 같은 이상한 줄기가 달려 있는 괴이한 환상의 식물로 둔갑해 있다(그림 31 참조).[2] 초롱꽃[3]이라는 이름이 붙은 식물에는 옅은 노랑색의 길쭉한 물체가 달려 있어, 주머니 모양의 콩깍지가 달린 식물이라면 어떤 식물이라도 갖다붙여도 될 정도다. 율리아나의 책은 초롱꽃의 독특한 콩깍지가 주황색이 섞인 밝은 빨강으로 마치 불이 타오르는 듯 채색되어 원래 색상을 그대로 보여주고 있으며, 둥근 곡선 모양인 윗부분과 날카롭게 돌출되어 있는 아랫부분이 정확하게 묘사되어 있었다. 이에 비해 바그다드 문서에 수록되어 있는 그림 가운데 특징을 정확하게 묘사하여 한눈에 식물을 알아볼 수 있게 해주는 것은 하나도 없다. 간신히 둥글납작한 식물과 뿌리가 있는 식물을 구별하는 정도다. 글라디올러스라는 이름이 붙어 있는 식물(그림 32 참조)의 경우 구근에서 자란다는 사실만큼은 확실히 보여주지만 그 외의 잎이나 꽃에서 글라디올러스와 비슷한 점은 찾아볼 수 없다. 오히려 이 아랍 문서에 실린 그림들의 매력은 부수적인 세부 사항에 있다. 그중 흥미 있는 것으로는 글라디올러스라는 이름이 붙어 있는 식물의 잎사귀를 둘둘 감고 있는 뱀(아마도 뱀에 물린 경우 해독제로 사용되었을 것이다)과 토대황이라는 이름만 붙여놓았을 뿐 전혀 닮지 않은 3v의 식물 근처를 날아다니는 새와 전갈처럼 보이는 곤충, 우산잔디의 푸른색 물결 배경과 그 뒤에 있는 줄무늬 언덕 등 서식지의 풍경을 묘사하려는 시도 등을 꼽을 수 있다. 그러나 이러한 배경조차 설득력이 없는 경우가 태반이어서 물과는 전혀 관련이 없는 개양귀비를 물에서 자라는 식물로 그려놓기도 했다. 심지어 색상조차 율리아나의 책에 비해 전혀 발전한 것이 없었다. 잎에는 탁한 회색빛이 도는 녹색, 줄기와 대와 뿌리에는 주황색이 도는 갈색, 꽃에는 분홍빛이 도는 빨강과 가끔씩 노랑색을 사용했다. 새들은 좀 더 사정이 나아서 장마다 윤택한 터키색 깃털을 자랑하고 있었다.

대략 같은 시기에 살레르노에서 제작된 약초 의학서와 이 아랍 문서를 비교해보자. 살레르노 문서에는 여러 의학적인 연구 가운데에서도 1150년경에 마테우스 플라테리우스Matthaeus Platearius가 저술했고 일반적으로 책의 첫머리를 따서 『시르카 인스탄스Circa instans』라고 부르는 약리학 논문의 복사본이 포함되어 있었다. 그 문헌에서 소개한 273개의 약 가운데 229개가 식물을 재료로 하고 있었다. 『식물론』으로 알려진 일련의 약초 의학서 가운데에서도 현존하는 가장 초기 문헌인 살레르노 필사본은 1280~1300년에 제작되었으며 이 문서에는 실용적인 글이 실려 있었지만 그다지 새로운 내용은 아니었다. 그러나 거기에 실린 그림은 그야말로

그림 30. 새와 메뚜기가 토대황Rumex aquaticus으로 보이는 식물의 잎을 살피고 있다. 이 그림을 그린 화가는 뿌리줄기에서 '새끼 식물'이 자라나는 것을 표현하여 식물이 스스로 번식하는 방법을 분명히 보여주고 있다.

그림 31. 1224년 바그다드에서 제작된 필사본에서 발췌한 이상한 모양의 검은딸기나무Rubus Fruticosus. 뿌리줄기는 일종의 구근처럼 그려져 있고 늑대의 꼬리처럼 보이는 괴이한 줄기가 식물의 가운데에서 솟아나 있다.

그림 32. 글라디올러스Gladiolus segetum라는 그럴듯한 이름이 붙어 있는 둥글납작한 식물. 1224년에 바그다드에서 제작된 필사본에서 발췌.

혁명과도 같았다(그림 33 참조).[4] 아름다운 크로커스(Croci oriental 이라는 이름이 붙어 있다)는 두툼한 구근에서 폭발하듯 솟아올라 있으며 풀처럼 가는 잎사귀와 꽃병 모양의 꽃뿐만 아니라 눈에 잘 띄는 수술도 제대로 그려져 있다. 천수국 잎의 다육성 다발은 수많은 꽃잎으로 구성되어 위쪽에 나란히 배열되어 있는 꽃을 지탱하고 있다. 시클라멘 꽃은 실물 그대로 셔틀콕 모양을 하고 있고 야생 브리오니아는 독특한 하트 모양의 잎으로 중세의 글귀를 휘감고 있다. 냉이의 특징적인 작은 콩깍지는 얼룩진 양피지 위에 두드러지도록 대담한 윤곽으로 그려져 있다. 여름 재스민의 날개 모양 잎사귀도 정확하게 관찰하여 묘사해놓았으며 남부 유럽에서 향기를 내는 용도로 널리 재배했던 흰색 꽃들의 기다란 줄기도 생생하게 그려져 있다(그림 34 참조). 터리풀의 뿌리에 있는 불룩한 옹이도 실물에 가깝게 묘사하고 있다. 회향의 꽃은 몇 가닥으로 된 얇은 잎줄기에서 자라나 있으며 이 줄기를 그린 선은 통통한 콩깍지와 다섯 개의 꽃잎이 달린 푸른색 꽃으로 여백을 온통 뒤덮고 있는 아름다운 니겔라Nigella[미나리아재빗과의 한해 또는 두해살이풀]보다 더 가늘다. 오늘날 우리가 흔히 보는 니겔라는 꽃이 반 이중으로 되어 있다. 이 책에는 초기의 개량되지 않은 야생 니겔라가 등장한다(68v). 무언가 특별한 일이 일어났다. 마침내 누군가 용기를 내서 새 출발을 한 것이다.

오늘날의 관점에서 본다면 『식물론』에 실린 그림은 아직 자연스러운 그림이라고 보기는 힘들다. 마치 꽃 앨범에 눌러놓은 식물처럼 평평하고 2차원적이다. 그러나 적어도 의도적으로 양식화한 그림은 아니다. 과감하게 자연 그대로의 모습에 접근하려고 노력했다. 마침내, 마침내, 마침내, 마침내. 이 필사본이 남부 이탈리아에

그림 33. 알렐루야Alleluia(오늘날의 애기괭이밥Oxalis acetosella), 아세토사Acetosa(오늘날의 애기수영Rumex acetosa) 그리고 오른쪽에 밝은 빨강색의 열매가 열려 있는 알바트라Albatra(오늘날의 딸기나무Arbutus unedo), 발사모Balsamo(오늘날의 미국포플러Populus balsamifera일 가능성이 있다)의 독특한 잎사귀들. 1280~1310년에 살레르노에서 제작된 필사본에서 발췌.

그림 34. 스파굴라Spargula(오늘날의 러비지Levisticum officinale)와 실푸Silfu(오늘날의 일반적인 재스민 Jasminum officinale)가 1280~1310년에 살레르노에서 제작된 필사본을 우아하게 장식하고 있다.

서 제작된 것도 놀라운 일은 아니다. 이 책이 제작될 즈음 남부 이탈리아는 노르만 족의 지배하에 있었지만 여전히 아랍 과학의 영향을 받고 있었다. 살레르노에 있는 의학 학교의 의사들, 프리드리히 2세가 나폴리에 세운 새로운 대학의 교수들에게는 실용적인 교과서가 필요했다. 프리드리히 2세는 1231년에 새로운 법령인 황제의 서Liber Augustalis[멜피법전이라고도 하며 프리드리히(페데리코) 2세가 제정한 시칠리아의 법전]를 제정하면서 약사와 그들이 파는 약에 더욱 엄격한 통제를 가했다. 앞으로는 제한된 수의 약사만이 영업을 할 수 있었고 약은 반드시 의학 달인의 관장하에 약사 두 명이 협력해서 만들어야 했다. 의사들은 더 이상 직접 약을 판매할 수 없게 되었으며 돌팔이 약사를 보면 즉시 고발해야 했다. 물론 약사들은 아직도 채집한 원재료를 공급해주는 약초 캐는 노파들에게 전적으로 의지하고 있었다. 이 약초꾼들은 건네받은 식물이 자신들이 부탁한 것인지 아닌지 구별할 수 있는 약사가 얼마 되지 않는다는 사실을 잘 알고 있었다. 『식물론』의 본문에서는 아마도 프리드리히 2세의 새로운 법령에 대응한 것인지 대체품과 유사품(위조품)에 대해 특별히 주의를 기울이며 진짜와 가짜를 구별하는 방법을 설명하고 있다.

그러나 『식물론』을 밝게 빛나는 등대로 만드는 것은 글이 아니라 그림이다. 예술사학자 오토 파흐트Otto Pächt는 이 약초 의학서에 수록된 그림에 대해 이렇게 언급했다.

이 약초 의학서는 가능한 한 항상 자연을 직접 참고함으로써 전해져 내려오는 식물 그림에 수정을 가하기 시작했으며 이는 무엇보다 사람들이 주변의 식물군을 최대한 활용하기 시작했다는 것을 의미한다. (…) 이러한 새롭고도 중요한 태도가 그림에 분명하게 드러나며, 시각적인 세계를 탐험하고 스스로의 힘으로 사실을 알아내고자 하는 새로운 용기가 분명히 관찰된다. (…) 아직 그림은 실물을 그대로 그렸다고 보기는 어렵다. 실제 식물만을 참고로 한 연구를 기반으로 삼고 있는 것이 아니라 문헌에 남겨진 모델(고대 원전)과 실제 대상을 서로 세심하게 비교하여 얻은 결과를 바탕으로 하고 있기 때문이다.[5]

그림은 펜과 붓으로 그려져 있으며 총 406장에 달하는 그림은 단순화되어 있기는 하지만 꽃, 씨를 비롯한 주요 부분이 각각 줄기에 배열되어 있는 등 중요하고 특징적인 세부 사항을 담고 있다. 이들 그림에서는 특히 딱총나무의 날개 모양 잎사귀, 루핀의 손 모양 잎사귀 등과 같이 잎사귀의 모양 차이가 분명하게 드러난다. 식물의 여러 부분이 서로 연관되어 있는 방식을 정확하게 묘사한 것은 아마도 『식물론』의 그림을 그린 화가가 아직도 동의어의 홍수 속에서 악전고투하고 있는 사람들에게 남긴 가장 위대한 유산일지도 모른다. 이 화가는 율리아나의 책에 그려진 식물의 큰 특징이었던 역동성을 잡아내지 않았다. 율리아나의 책에 실려 있는 그림은 생생한 움직임과 흐름으로 살아 있는 식물이라는 느낌을 주었다. 그러나 『식물론』의 화가는 살아 있는 식물을 다듬어 그리는 과정에서 식물의 독특한 특징을 강조했고 흥미로울 정도로 일상적인 아름다움, 서로 겹치는 식물 그리고 그림 주위에 여기저기 배치되어 있는 글로 페이지를 하나하나 채워갔다.

아랍권에서 제작된 문헌과는 달리 서구 유럽의 약초 의학서를 가득 채웠던 미신과 마법에 대한 내용이 『식물론』에는 거의 포함되어 있지 않다. 심지어 맨드레이크(61쪽)마저 사람 모양이 아닌 식물처럼 보인다. 그때까지 맨드레이크는 언제나 개에 묶여 있는 형태로 그려졌으며 운 나쁜 개의 역할은 사람이 손댈 필요가 없도록 사람 대신 맨드레이크를 땅에서 뽑아내는 일을 하는 것이었다. 약초 의학서는 신뢰성을 되찾았고 새로운 '식물론'을 제작하는 사람들에게는 두 가지 선택안이 생겼다. "손상되지 않은 고대 문헌의 식물 그림으로 회귀하는 방법과 자연을 직접 참고하는 방법이다. 두 가지 수단이 모두 사용된 것으로 보인다."[6] 파흐트가 주장하듯이 『식물론』이 고대 원전으로 회귀했는가 아니면 부활시켰는가는 예술사학자들이 논할 문제다. 내 입장에서 보면 결과는 똑같다. 식물의 그림이 마침내 발전하기 시작한 것이다.

아랍인들의 식물에 대한 관심은 12~13세기에 절정을 이루었으나 현존하는 당시 아랍 필사본에 실린 그림은 자연을 직접 관찰하여 그린 것이 아니었다. 코란에서 실제 그대로 이미지를 그리는 행위를 금지하고 있었기 때문에 예를 들어 아야소피아 약초 의학서를 그린 사람은 묘사하고 있는 식물과는 거의 닮지 않은 장식적인 이미지를 만들어야 했다. 술탄 알 말리크 알 카밀은 식물학자인 이븐 알 바이타르를 약초 재배 책임자로 임명했다. 이븐 알 바이타르는 다마스커스 주변의 시골 지역에서 식물 채집을 했기 때문에 약초 의학서에 실린 그림이 야생에서 직접 목격한 식물과 전혀 닮지 않았다는 사실을 틀림없이 알고 있었을 것임에도 식물을 그리는 스타일은 변하지 않았다. 그러나 술탄 알 카밀은 프리드리히 2세의 궁정과 외교적으로 밀접한 관계를 맺고 있었다. 이것이 바로 접점이었다. 아랍인들의 진취성이 프리드리히 정권의 특징이었던 전반적인 탐구 정신과 맞아떨어졌던 것이다. 발명, 혁신은 의학과 약학

뿐만 아니라 농업에도 영향을 미쳤다. 학자들은 입증되지 않은 통념을 버리고 이성을 따르기 시작했다. 아랍인들의 영향을 받아 고대 약초 의학서의 내용도 점진적으로 다듬어지기 시작했다. 『식물론』에 이르면 내용뿐 아니라 그림도 함께 발전하기 시작하여 실제로 알아볼 수 있는 그림이 등장한다. 그렇다면 누가 이러한 변화를 주도했는가? 개인 도서관에서 사적으로 이 문제를 상의하며 가끔씩 동료 학자들에게 문헌을 보여주던 부유하고 교양 있는 과학 후원자들이 주도했을까? 아니면 의학 연구를 침체기에서 끌어낼 보조 교재를 필사적으로 찾던 대학이나 의학 학교의 고위 관계자들이 앞장섰을까? 그것이 누구였든, 프리드리히 2세가 내세운 "이성과 자연의 힘으로 증명되는 경우에만 진실로 받아들여야 한다"는 절대적 명령이 진리임을 깨달았던 것이다.

당시 유럽의 상황을 살펴보면 『식물론』에 더욱 놀라움을 금할 수가 없다. 아랍인들이 꾸준한 진보를 이루고 있는 동안에도 서방의 학자들이 활용할 수 있는 자료는 현실과 점점 더 멀어져갔다. 성 아우구스티누스(354~430)는 『신국론 De civitate Dei』에서 세속 세계는 완전히 부패하여 아무런 가치가 없다고 설파했다. 중세인들의 마음속에 이 세계, 즉 살아 있는 것들의 세계는 또 하나의 숭고한 세계를 반영하는 상징과 도구에 지나지 않았다. 자연계를 연구하고 해석할 수는 있지만 그 자체에 의미를 두지는 않았다. 자연계를 연구하는 유일한 목적은 앞으로 만나게 될 하늘나라를 좀 더 잘 이해하기 위함이었다. 따라서 13세기에 아우구스티누스회 성직자인 알렉산더 네캄(1157~1217)이나 도미니크회 수사인 뱅상 드 보베(1190~1264년경)가 엮은 두꺼운 백과사전에서는 내가 찾고 있는 종류의 깨우침은 발견할 수 없다. 마찬가지로 영국 출신 프란체스코회 수사인 바르톨로뮤(1260년경)의 대표작인 『사물의 성질에 관하여De proprietatibus rerum』가 무려 셰익스피어 시대까지 자연사에 대한 표준 참고 문헌으로 여겨졌지만 여기서도 그다지 쓸 만한 내용은 찾을 수 없다. 네캄의 저서처럼 바르톨로뮤가 쓴 백과사전 19권 대부분은 신과 천사들에 관한 내용이었고 식물은 맨 끝자락에 간단히 언급될 뿐이다. 다루고 있는 식물도 대부분 실제로 쓸모가 있기 때문에 수록한 것이다. 생강, 포도, 오디 그리고 주카룸Zucarum과 수카라Sucara라고 불리는 설탕이 있다. 이 설탕은 나일 강을 수원으로 하는 호수 및 연못에서 자라는 특수한 수수와 갈대로 만든다. 이러한 수수나 갈대에서 짜낸 즙은 칸나 멜리스Canna mellis라고 부르며 바닷물로 소금을 만들 듯이 이 즙을 끓여 설탕을 만드는 것이다.[7]

이승은 일시적이고 덧없고 파괴할 수 있는 존재라는 사고방식에 집착했던 중세 유럽에서는 자연의 수수께끼를 풀기 위해 상세하고 실용적인 연구를 하려는 움직임이 거의 일어나지 않았다. 게다가 서부 유럽의 학자들이 잘못된 역할 모델을 찾았기 때문에 상황은 더욱 심각해졌다. 유럽의 학자들은 처음부터 아랍인들처럼 디오스코리데스의 명확하고 현실적인 문헌을 기준으로 삼아 계승하지 않았다. 그 대신 암흑의 시대와 중세 초기에 아풀레이우스 플라토니쿠스Apuleius Platonicus라는 상당히 혼란스러운 인물을 모범으로 삼았고 여기에 마법, 미신, 그리고 엘프elf가 쏜 화살, 9의 법칙〔게르만 민족의 마법에서는 9라는 숫자가 매우 중요하게 사용되었다〕, 날아다니는 독〔중세 시대에는 날아다니는 독이 공기로 감염되는 질병의 원인이라고 믿었다〕 등 앵글로색슨 족의 근거 없는 믿음까지 추가되었다. "날아다니는 독을 없애려면 오크로 만든 나무 막대로 네 방향을 향해 네 번씩 세게 쳐서 나무막대에 피가 묻게 한 다음 막대를 던져버리고 이 노래를 세 번 불러라."[8]

아풀레이우스가 쓴 약초 의학서의 원본은 400년경에 라틴어로 제작되었을 가능성이 있지만 현존하는 가장 오래된 판본은 6세기 후반까지밖에 거슬러 올라가지 못한다.[9] 심지어 이 판본에도 이미 오래전에 사어가 되어버린 카르타고어, 다키아어로 된 동의어가 가득 실려 있었다. 알아볼 수 없는 그림과 상당수 이해할 수 없는 본문으로 구성된 약초 의학서를 복제하는 헛된 노력이 수백 년간 계속되었다. 한 가지 예외는 9세기에 보비오에서 현명한 수도사 한 사람이 아풀레이우스의 문헌을 복제하다가 자기가 모르는 식물은 모두 제외하고 그 자리에 좀 더 익숙한 약용 단일 식물 처방 simples(하나의 식물로 만드는 간단한 치료약)을 채워 넣은 사례다. 아풀레이우스 통합본에 실린 그림은 율리아나의 책과 같은 원전을 참조한 것 같지는 않다. 이 통합본에는 플리니우스 기록의 일부분과 디오스코리데스 기록의 일부분이 보통의 아랍 학자들보다 훨씬 현실성이 떨어지는 사고방식에 맞게 변형되어 실려 있었고 베토니카 vettonia, 즉 오늘날의 베토니 Stachys officinalis에 대한 내용도 있었다. 베토니는 중세 교회에서 가장 중요하게 여기던 만병통치약 가운데 하나였다. 아풀레이우스의 기록에서는 눈과 귀를 치료하고 치통을 다스리며 숙취, 뱀에 물린 상처, 미친개에 물린 상처를 해독하는 데 베토니를 사용하도록 권장했다.

베토니라는 이름이 붙은 이 풀은 초원과 깨끗한 경사진 목초지, 그늘진 곳에서 자란다. 이 풀은 인간의 마음 또는 신체에 효과가 있다. 한밤중에 찾아오는 흉측한 불청객과 무서운 환청, 악몽으로부

그림 35. 1050년경에 고대 영어로 작성된 아풀레이우스 플라토니쿠스 약초 의학서에서 발췌한 헤네 벨레Henne belle. (향쑥의 일종일 가능성이 있을까?)

터 보호해주며 건강에도 매우 좋다. 이 풀은 8월에 쇠를 사용하지 않고 채집해야 하며 일단 채집하면 흔들어서 흙이 하나도 남지 않게 턴 다음 그늘에서 완전히 말린다. 뿌리가 부서질 때까지 마르면 사용할 때가 된 것이며 가장 필요할 때 복용하라. 머리가 아픈 경우 베토니라는 풀을 비벼서 미세한 가루로 만든 다음 두 모금 분량을 뜨거운 맥주와 함께 삼킨다. 이 액체를 마시고 나면 머리의 통증이 빠르게 나을 것이다.[10]

베토니에 대한 설명(오히려 사용법이라고 하는 편이 좀 더 정확할지도 모른다. 아풀레이우스 약초 의학서에는 이 식물 자체를 구별하는 데 도움이 되는 정보는 사실상 거의 수록되어 있지 않기 때문이다)은 코튼 필사본 〔애서가였던 코튼 경이 수집한 장서로, 오늘날 영국 도서관의 토대가 되었다〕 비텔리우스 세 번째 칸의 세 번째 책(Vitellius C III)으로 알려진 판본을 참조했으며, 이 판본은 1000~1066년에 앵글로색슨 족이 사용하던 고대 영어로 쓰여 있다. 맨드레이크를 소개하면서는 마법과 미신 숭배에 대한 내용을 잔뜩 싣고 '다양하고 훌륭한 측면'이 있다고 묘사한 것도 놀라운 일이 아니다. 앵글로색슨 복제사는 '이 식물을 이런 방식으로 채집해야 한다'고 조언한다.

이 식물은 밤에 마치 등처럼 빛나기 때문에 쉽게 알아볼 수 있을 것이다. 처음 이 식물의 머리를 보면 날아서 도망가지 못하도록 쇠로 파내야 한다. 이 식물의 효험은 매우 강력하고 유명하기 때문에 정결하지 않은 인간을 만나면 즉시 도망가고 만다. 따라서 앞에서 말했듯이 쇠로 파서 캐내되, 식물 자체를 쇠로 건드려서는 안 되며 상아로 만든 자루를 땅에 꽂아 조심스럽게 채집해야 한다. 맨드레이크의 손과 발이 보이면 끈으로 묶고 그 끈의 다른 쪽 끝은 굶주린 개의 목에 걸어라. 그다음 개가 미처 닿지 못하는 거리에 고기를 놓아 풀을 땅에서 뽑지 않으면 개가 고기를 먹을 수 없도록 하라. 이 풀은 엄청난 힘을 가지고 있다고 알려져 있으므로 무엇으로 뽑아냈든 채집한 사람을 속이고 도망갈 수 있다고 한다. 따라서 이 풀이 뽑혀 나온 것을 보자마자, 그리고 손에 넣게 되자마자 즉시 손으로 잡아서 비튼 후 잎에서 액체를 짜내 유리 단지에 담아라.[11]

나는 지금도 사다리 밑을 걸어갈 때 손가락을 겹치거나(불운을 몰아내준다고 한다), 까치가 울타리 위로 날아갈 때 경례를 하기 때문에(까치는 행운을 가져오는 새라고 믿는다) 중세 학자들이 땅에서 뽑을 때 소리를 지른다는 이 맨드레이크 뿌리에 대해 가지고 있던 미신적인 두려움을 이해한다. 혹자는 내가 11세기의 복제사들보다 더 한심하다고 할지도 모르겠다. 그 이후 1000년이라는 세월이 흘렀고 그동안 이루어진 수많은 연구와 발견을 고려할 때 21세기를 살고 있는 나는 좀 더 논리적이고 합리적이며 이성적으로 생각해야 하기 때문이다. 그렇지만 나는 아직도 만약을 위해 이런 미신을 따른다. 아마 중세의 복제사들도 나와 비슷한 심정으로 지금까지 전해 내려온 절차를 지키는 것이 낫다고 생각했을지 모른다. 그 점을 이해한다고 해도 이 중세 기록들의 무분별함에는 화가 치밀어 오르지 않을 수 없다. 나는 영국 도서관의 코튼 필사본, 비텔리우스 세 번째 칸, 세 번째 책의 페이지를 넘기면서,[12] 조심스럽게 그은 선 위에서 춤을 추는 화려한 고대 영어를 헤치며 군데군데 독한 색소가 어떻게 양피지를 부식시켰는지 살펴보았다(그림 36 참조). 무려 기원전 6세기에 이오니아의 그리스인들이 우주를 이해할 수 있

그림 36. 1050년경 고대 영어로 작성된 약초 의학서에 수록된 머그위트 Artemisia vulgaris. 이 그림에 사용된 색소가 양피지를 부식시켰다.

는 법칙에 따라 움직이는 합리적인 체계로 생각했는데 그보다 훨씬 후대의 사람들이 그렇지 못했다는 것은 의아한 일이 아닐 수 없다. 찰스 싱어Charles Singer는 중세인들의 정신을 "미신으로 가득 차고 희망 때문에 착각에 빠졌다"고 표현한 바 있다.[13] 서구 유럽에서 지식은 왜곡되고 변질되었으며 고대 과학은 마법의 늪, 「방랑자The Wanderer」[고독한 망명자가 과거의 영광을 회상하는 고대 영시]의 신비주의, 디오르Deor[「디오르의 탄식」이라는 고대 영시의 주인공으로 주인에게 버림받은 신세를 한탄하는 음유시인]의 이해하지 못할 세계 속으로 사라졌다. 그러나 아풀레이우스의 고대 영어 번역판과 비슷한 시기인 1080년에 제작된 바이외 태피스트리Bayeux tapestry[바이외에서 발견된 중세 직물 벽걸이로 정복왕 윌리엄 1세의 업적과 중세 신화 등이 상세히 기록되어 있다]를 보면 중세인에게도 분명히 세부 사항을 효과적으로 보여줄 수 있는 관찰력이 있었음을 알게 된다. 또한 100년 후에 세워진 사우스웰 참사회 회의장에 돌로 만들어놓은 과실, 잎사귀, 꽃을 보면 자연계의 아름다움을 완전히 무시한 것도 아님을 깨달을 수 있다. 1085년에 정복왕 윌리엄이 전국적으로 토지를 조사하여 둠즈데이Domesday라는 토지대장을 만들도록 명령했다는 사실은 당시 사회가 방대한 양의 실용적인 정보를 정리하고 취합할 능력이 있었음을 시사한다. 그럼에도 불구하고 고대 영어로 작성된 약초 의학서에서는 오늘날 아르테미시아 불가리스Artemisia vulgaris라는 정식 명칭이 붙어 있는 머그워트를 여행을 떠나려는 모든 사람에게 진지하게 권장하고 있다.

아르테미시아라는 풀을 여행 떠나는 이에게 건네주고 이 풀을 가지고 다니도록 하라. 그러면 여행 중에 그다지 피로감을 느끼지 않을 것이다. 또한 이 풀은 악마의 병(악마에게 홀리는 것)을 물리치는 역할을 한다. 이 풀을 집 안에 놓아두면 사악한 마술이 집 안에 들어오지 못하게 막아주며 사악한 인간의 눈을 쫓아버리는 역할을 한다.

또한 빙카periwinkle〔유럽 원산의 협죽도과 식물〕를 가지고 있는 사람에게 허망한 행운을 약속하는 내용도 있다.

이 풀은 (…) 여러 가지 용도로 유용하게 쓰인다. 우선 첫 번째로는 악마의 병과 뱀, 야생 동물, 독을 물리쳐주는 한편 여러 가지 소원을 이뤄주며 질투, 공포 등을 다스리는 데에도 쓰이는 것은 물론 은총을 받도록 해준다. 이 풀을 지니고 있는 사람은 굉장한 번영을 이룩하여 높은 명성을 쌓을 것이다.

만약 이 두 가지 처방전에 사용된 식물 가운데 어느 하나라도 희귀하거나 값비싼 것이었다면 왜 이렇게 화려한 찬사가 붙었는지 이해할 수 있을 것이다. 그러나 머그워트는 영국 전역의 길가와 황무지에 무성하게 자라는 억센 다년생 잡초였다. 또한 대부분의 정원사가 익히 알고 있듯이 빙카는 다양한 조건에서 자랄 수 있으며 튼튼한 줄기가 땅에 닿기만 하면 어디서나 뿌리를 내리는 식물이다. 아풀레이우스 약초 의학서에 실린 내용은 쉽게 검증해볼 수 있었을 것이다. 물론 설명하고 있는 식물이 정확히 무엇인지 확신할 수 있었다면 말이다. 고대 영어로 된 아풀레이우스 약초 의학서에는 가끔 서식지가 표시되어 있는 것을 제외하고는 식물에 대한 설명이 전무했다. 예를 들어 머그워트는 "자갈밭과 모래밭에서" 발견할 수 있다는 설명이 있을 뿐이다. 만약 책에 실려 있는 식물의 그림이 정확했다면 설명이 부족해도 별 문제가 되지 않는다. 그러나 그림조차 전혀 참고가 되지 않았다. 파란색과 녹색이 반씩 섞인 양식화된 잎사귀가 달린 머그워트의 그림은 사리풀이나 그 외의 수많은 다른 약초로 보아도 전혀 이상하지 않을 정도였다. 잎사귀는 잘리고 들쭉날쭉하게 처리되어 실제 식물을 상당히 단순화한 것으로 보이며, 파란색은 잎사귀의 아랫면이 은색으로 빛나는 것을 화가 나름대로 나타내고자 한 것인지도 모른다.(화가는 사리풀을 묘사한 비슷한 그림에서도 가운데 줄기의 오른쪽에 있는 잎사귀는 아랫면을 파란색으로 표시했지만 왼쪽에 있는 잎사귀는 윗면을 파란색으로 표현했다.) 그러나 꽃은 보는 사람이 크게 오도하도록 그려져 있다. 실제 머그워트의 꽃잎은 거무칙칙하며 회색과 녹색, 크림색이 섞여 있어 다른 꽃들과는 분명하게 구별된다. 그러나 고대 영어판 아풀레이우스에 그림을 그린 화가는 머그워트의 꽃을 윤기 나는 빨강색으로 공들여 칠했다.[14]

    노르만 족의 침략과 더불어 영국의 약초 의학서는 기술적인 측면에서 상당한 진보가 이루어졌다. 전반적으로 솜씨도 좋아졌고 책장에 자료를 배열하는 방법도 더욱 체계가 잡혀갔다. 그림 자체도 훨씬 대담해져서 화려한 머리글자로 장식된 본문과 확연히 구별되도록 짙은 갈색이나 검정색으로 테두리를 둘렀다(그림 37 참조).[15] 그러나 이렇게 형식이 발전하고 세련미가 더해졌음에도 불구하고 약초 의학서의 존재 이유, 즉 식물 자체에 대한 지식에는 전혀 진전이 없었다. 그림을 더욱 아름답게 그릴수록 그림이 나타내고자 하는 식물의 실제 모습에서는 점점 더 멀어졌다. 예를 들어 13세기 초반에 제작된 아풀레이우스 약초 의학서[16]에는 아르테미시아가 아름답고 납작한 브로치같이 은색과 금색의 잎으로 호화롭

그림 37. 도식화된 아포딜Affodille(오늘날의 야생 수선화 또는 수선화인 Nacissus pseudonarcissus)과 켄타우레아Cantaurea, 즉 수레국화를 높이 들고 있는 고뇌에 찬 켄타우로스(그리스 신화에 나오는 반인반마). 1200년경의 필사본에서 발췌.

게 장식된 액자 안에 고정되어 있다(그림 38 참조). 뿌리는 우아하게 액자 밖으로 나와 있으며 두상화는 기하학으로 도형화된 삼각형으로 그린 한편, 줄기의 마디는 금색 고정쇠로 처리되어 있다. 노르만 족의 영향을 받은 약초 의학서가 표현 수단에 메시지가 묻혀버리는 본말전도 현상으로 아무 쓸모가 없는 책으로 전락해버리는 것처럼 보이던 바로 그 순간, 아랍 문화의 침투와 함께 축복받은 시대가 발을 내디뎠다. 아랍 문화는 의학 분야에 심오한 영향을 미쳤고 그에 따라 식물의 특징을 기록하고 그림을 그리는 방식에도 변화가 일어났다. 화려한 장식을 동원해 공들여 그렸지만 마치 자연계의 식물에 모슬린 천을 몇 겹으로 둘러싼 듯 결과적으로 실제로 식물을 구별하는 데에는 전혀 도움이 되지 않았던 앵글로색슨-노르만 화가들의 그림 대신 『식물론』을 제작한 살레르노 화가들의 그림이 사용되기 시작했다. 이렇게 하여 유럽 대륙과 근동을 가로지르는 지식과 학문의 발달은 내 마음속에서 하나의 거대한 주기를 마쳤다. 그리스 문헌이 아랍어로 번역되고(보통 히브리어를 하는 중간 번역자를 통해), 이 아랍 문헌이 이제는 서방 세계의 공통어인 라틴어로 번역되었다. 그후 몽고 침략자들이 중국과 페르시아의 고대 문명을 파괴하고 아프가니스탄, 인도, 러시아를 휩쓸었다. 1258년 2월 10일, 칭기즈칸의 손자인 훌라구가 이끄는 몽고군이 바그다드에 도착했다. 이슬람 학자들이 대를 이어 그토록 심혈을 기울여 쌓아올렸던 지혜의 전당과 웅장한 도서관은 파괴되었다. 그러나 아랍인들이 발전시킨 학문은 이미 서방에 통합되고 전파되어 있었다. 책은 또다시 불에 탔지만 지식만은 살아남았던 것이다.

그림 38. 극도로 양식화된 아르테미시아.
1200년경 영국에서 제작된 아풀레이우스 플라토니쿠스 약초 의학서에 수록.

IX 그림을 그리는 사람들

1300~1500년

14세기 이탈리아 시인인 페트라르카는 이렇게 쓴 바 있다. "나는 시대의 경계에 서서 마치 서로 다른 두 사람처럼 과거와 미래를 동시에 바라보고 있다."[1] 과거의 영역에는 중세 수 세기에 걸친 미신적인 교리가 있었고 현재에는 이탈리아 인구의 3분의 1을 죽음으로 몰아넣은 전염병 때문에 마비된 나라가 있었다. 그리고 미래에는 이미 한 차례 꽃을 피웠던 문화의 부활, 즉 그리스와 로마의 영광 (특히 그리스)을 재발견하고자 하는 르네상스가 펼쳐져 있었다. 그러나 페트라르카와 같은 인문주의자는 과거의 유산을 더욱 발전시키고자 하는 강한 열망도 품고 있었다. 이들은 단순히 수동적으로 과거에 향수를 느끼는 것이 아니라 실제로 고대의 규범에서 영감을 얻었다. 이들은 인간의 독창성을 매우 중요하게 생각했으며 자연계를 더 잘 이해하기 위해 독창성을 십분 활용했다. 전쟁과 정치로 인해 동방과 서방 사이의 오래된 교류가 끊어져버렸다. 중세의 학자들은 이슬람 문화에서 영감과 활기를 얻었지만 페트라르카는 스페인 남부의 현명한 무어인들과 유대인 학자들이 아라곤과 카스티야[둘 다 스페인의 옛 왕국 이름]의 침략군 때문에 침묵을 지킬 수밖에 없는 시대를 바라보고 있었다. 비잔티움은 파괴되었다. 베네치아의 상인 마르코 폴로(1254~1324)가 그토록 훌륭하게 개척했던 중국까지의 육로는 폐쇄되었다.

그러나 동방에서 중요한 발명품 두 가지가 전해져 유럽 문화에 엄청난 영향을 미쳤다. 그 중 하나는 물건이었고 다른 하나는 기술이었다. 여기서 말하는 중요한 기술은 인쇄였지만, 종이라는 물건이 발명되어 중세 내내 사용되던 양피지와 모조 피지를 점진적으로 대체하지 않았더라면 인쇄 기술도 굶주린 맹수에 지나지 않았을 것이다.[2] 15세기 중반에 요하네스 구텐베르크가 그 유명한 '구텐베르크 성서'를 인쇄하자 이제 의사소통의 수단으로서 글이 그림보다 앞서나가는 시대가 열린 것처럼 보였다. 하지만 읽을 가치가 있는 글이 나오기 전까지는 손으로 모조 피지에 긁어서 글을 쓰든, 기계로 종이에 인쇄를 하든 아무런 차이가 없었다. 인쇄 기술의 발명으로 정보를 더욱 빠르고 널리 전파할 수 있게 되었으나 초기에는 실제 인쇄되는 책의 내용이 인쇄하는 기계의 혁신적인 발달에 전혀 미치지 못했다. 식물에 대한 지식이 크게 발전할 때까지는(그렇게 되는 데에는 다시 몇백 년이라는 세월이 걸렸다) 구텐베르크의 거대하고 복잡한 인쇄 기계도 변화의 매개체로서 위력을 전혀 발휘할 수 없었다. 이 시기에는 분명히 중요하고 혁명적인 변화가 일어났지만 그것은 문인들이 아닌 화가들이 중심이 된 움직임이었다.

그림의 발달 과정은 페트라르카가 태어나기 직전에 시작되었다. 무명의 화가가 1280~1300년에 (아마도 살레르노에서) 제작된 약초 의학서에 사상 최초로 생동감이 넘치고, 실제로 그림을 보고 어떤 식물인지 파악할 수 있는 그림을 그려 넣었던 것이다. 영국 도서관에 소장된 『식물론』(MS 에거튼Egerton 분류 기호 747)에 그림을 그린 화가는 기존의 질이 떨어지는 양식화된 그림을 과감히 버리고 진짜 공작 고사리(줄기가 책 면을 가로질러 대각선으로 과감하게 배치되어 있다)를 묘사하고 있다. 누에콩에 달려 있는 통통하고 즙이 많은 콩깍지도 실감나게 표현했으며 렁워트〔지칫과의 여러해살이풀〕의 독특한 특징인 얼룩덜룩한 잎사귀도 생생하게 그려냈고, 이 화가는 심지어 코끼리를 그리려고 시도하기도 했다. 결과적으로 코가 길게 튀어나온 돼지처럼 그려지긴 했지만 말이다. 하지만 이렇게 되자 이제는 필사본에 실린 식물의 그림이 그 식물에 대한 어떤 설명보다도 훨씬 중요한 의미를 갖게 되었다(그림 34 참조). 1330~1340년에 만프레더스 드 몽테 임페리알레라는 의학에 능통한 학자가 새로운 『식물론』[3] 판본을 제작했는데 이 새 판본은 몇 가지 의미에서 한층 더 발전한 것이었다. 만프레더스는 이전 판본에서 그림을 복제했지만 그 색상과 꽃의 형태에 더욱 주의를 기울였다. 민타 콜린스Minta Collins는 1370~1380년경 북부 이탈리아, 아마도 파도바 지역에 살았던 무명의 화가가 만프레더스의 새로운 판본을 다시 복제하면서 만프레더스처럼 참고한 원본보다 더욱 아름다운 그림을 그려냈을 거라 추론했다.[4] 흰백합의 비늘줄기를 생생하게 묘사할 정도로 식물학 지식이 해박한 학자는 아직 등장하지 않은 데 반해 화가는 연한 녹색 잎, 배 모양 꽃밥에 꽃가루가 잔뜩 묻어 있는 툭 튀어나온 수술, 흰 꽃잎 중심을 가로지르는 홈에 이르기까지 흰백합의 모든 특징을 완벽하게 잡아냈던 것이다(그림 39 참조). 이 화가는 유명한 「수태고지Annunciation」라는 작품에서 천사의 왼손에 흰백합을 그려 넣은 이탈리아의 화가 프라 필리포 리피(1406~1469년경)보다 식물의 중요한 본질을 더욱 잘 묘사했다.

이는 일련의 작은 혁명이나 마찬가지였다. 새로운 판본이 나올 때마다 식물을 눈에 보이는 그대로 정확하게 표현하고자 하는 화가의 의도가 조금씩 더 반영되었고, 그 정점을 이룬 것은 바로 1390~1400년경에 파도바에서 제작된 카라라Carrara 약초 의학서다.[5] 이 책의 글은 파도바의 수도승 자코포 필리피노가 자유도시 파도바의 마지막 영주였던 프란체스코 카라라를 위해 쓴 것이었다. 카라라는 1403년에 쫓겨나서 3년 후 베네치아의 감옥에서 교수형을 당했다. 이 약초 의학서는 아랍 의사였던 소小 세라피온 Serapion the Younger이 800년경에 처음 쓴 중세 식물학 문헌을 이탈리아어로 번역한 것이었다. 따라서 글 자체에서는 새롭거나 혁신적인 것을 전혀 기대할 수 없었다. 그러나 쥐똥나무, 붉은토끼풀, 보리, 아스파라거스, 흰메꽃, 카밀레, 포도, 소나무(그림 40 참조), 고혹적인 제비꽃 무리, 여러 종류의 박 등 모조 피지에 구아슈 기법〔고무를 수채화 그림물감에 섞어 불투명 효과를 내는 회화 기법〕으로 그린 그림은 그야말로 매혹적이다. 필사본에는 이러한 그림을 위한 공간이 상당히 많이 남겨져 있었지만 정작 완성된 것은 50여 개뿐이었다. '다른 그림은 도대체 왜 그리지 못한 걸까?' 나는 영국 도서관 필사본실의 초현대적인 시설에 둘러싸여 600년도 더 전에 제

그림 39. 비늘줄기로 이루어진 구근까지 표현된 아름다운 흰백합Lilium candidum. 1370~1380년대의 필사본에서 발췌.

작된 소용돌이 모양의 생생한 그림들을 바라보면서 의아해하지 않을 수 없었다. 처음 원본을 제작한 아랍인과 이 책의 그림을 그린 무명 화가 사이에 흐른 시간만큼 나와 이 놀라운 책의 제작 시기 사이에도 간극이 존재한다. 이 무명 화가는 무엇을 기준으로 그릴 식물을 선택했을까? 살아 있는 식물 표본을 구할 수 있는지의 여부? (선택한 주제 가운데 상당수가 늦여름에 열매를 맺는 종류다.) 그중 가장 강력한 인상을 줄 수 있는 식물을 먼저 그리기로 결정한 것은 화가의 예술적인 성향이 반영되었기 때문일까?(박, 포도나무, 그림 41 참조) 이 화가(혹은 후원자)는 세라피온이 설명한 꽃이나 의학용 약초보다는 식량으로 사용할 수 있는 식물에 더 많은 관심을 기울였을까? 콩, 보리, 여러 가지 씨 있는 과일, 다양한 종류의 조롱박이 각 장을 가득 채우고 있다. 보리의 이삭 네 개는 마치 책의 행처럼 네 줄로 가지런히 배열되어 있고, 왼쪽에 있는 이삭의 엽초葉鞘는 마치 이삭 전체를 두르는 띠처럼 구부러져 있다. 식물은 놀라울 정도로 생생하게 그려져 있지만 그와 동시에 의식적으로 일정한 규칙에 따라 정형화된 형태로 묘사되었다. 이 무명 화가는 의뢰받은 그림을 다 끝내지 못하고 죽은 것일까? 아니면 후원자가 참혹한 죽음을 맞는 바람에 계속 그림을 그리기 어렵거나 불가능해진 것은 아닐까? 진실이 무엇이든 간에 이 그림을 그린 화가는 매우 용감하고 오래된 패러다임을 버릴 만큼 자신감에 차 있었으며 '자연 그 자체를 정면으로 바라볼 만큼' 대담했던 14세기의 선구자들 가운데에서도 최고의 인재였다.[6]

카라라 약초 의학서에 실린 그림은 여러 차례 복제되었으며 이 책이 공개된 후 얼마 지나지 않은 1445~1448년에 베네토에서 제작된 『약초 처방집Liber de Simplicibus』[7]에도 이 책에서 복제한 그림

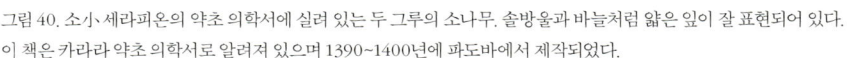

그림 40. 소小 세라피온의 약초 의학서에 실려 있는 두 그루의 소나무. 솔방울과 바늘처럼 얇은 잎이 잘 표현되어 있다. 이 책은 카라라 약초 의학서로 알려져 있으며 1390~1400년에 파도바에서 제작되었다.

그림 41. 소소 세라피온의 약초 의학서의 춤을 추듯 면적을 꽉 채우며 그려져 있는 포도나무 Vitis vinifera. 이 책은 카라라 약초 의학서로 알려져 있으며 1390~1400년 파도바에서 제작되었다.

이 20개 이상 실려 있다. 베네토 처방집은 코네글리아노의 니콜로 로카보넬라라는 의사의 의뢰로 제작되었고 안드레아 아마디오라는 화가가 그림을 그렸다. 독초인 벨라돈나Atropa belladonna, 노루귀Hepatica triloba, 금작화Genista tinctoria 등 이 책에 그림이 실려 있는 식물 가운데 몇 가지는 그때까지 한 번도 그림으로 제작되지 않았던 것들이었다. 따라서 이 책에서 처음 그림의 형태로 나타나게 된다.[8] 카라라 약초 의학서(와 비슷한 종류의 모든 기타 약초 의학서)가 양피지로 제작된 데 반해 아마디오는 새롭게 발명된 매체, 즉 흰 종이에 구아슈 기법으로 그림을 그렸다. 1340년에 유럽 최초의 제지소가 이탈리아의 파브리아노에 세워졌던 것이다.

로카보넬라의 처방집에는 식물의 이름이 라틴어, 그리스어, 아랍어로 표기되어 있었지만 이탈리아어는 찾아볼 수 없다. 독일어와 세르비아-크로아티아 동의어는 그가 자라에서 의사 활동을 하고 슬라브인 및 독일인 환자들을 치료하는 과정에서 추가되었을 가능성이 크다. 이 책은 베네데토 리니오라는 이름의 베네치아 의사의 수중에 들어가게 되면서 16세기 후반까지 리알토에 있는 테스타 도로 약국에서 사용되었다. 리니오는 세상을 떠나면서 이 책을 아들 알베르토에게 물려주며 "실제 대상을 보고 그린 그림이 수록되어 있는 상당한 가치의 의학 처방집"을 절대로 몸에서 떼어놓으면 안 된다고 충고했다. 그러나 알베르토는 자식이 없었기 때문에 1604년에 숨을 거두면서 도미니크 수도회의 산 조반니 에 파올로 수도사들에게 이 책을 남겨주었다. 이 책을 아주 소중하게 지켜야 한다는 이야기를 들은 수도사들은 책을 사슬로 묶어놓고 수도사 보조 두 명이 동석한 자리에서만 열람이 가능하도록 했다. 이 처방집에 더 많은 동의어를 추가한 것은 수도원의 필경사였는지도 모른다. 식물에 대한 지식은 이런 식으로 과거의 기록에 개인의 경험, 개인적인 관찰 내용이 차곡차곡 쌓여 발전했다.

로카보넬라가 약초 처방집을 의뢰했을 즈음, 배움과 지식 교류의 중심지는 살레르노와 나폴리에서 북쪽인 파도바와 베네토로 이동했다. 대학교, 의과 대학이 있는 파도바와 끊임없이 여행객들이 드나드는 베니스는 자연스럽게 지식 혁명의 중심지가 되었다. 새로운 약초 의학서에서는 꼭두각시 같은 인간의 모습이 사라지게 된다. 식물이 전면에 부각되어 모든 관심을 받게 된 것이다. 식물의 그림이 본문의 여백으로 진출하고 탐구의 덩굴손과 꽃잎이 엄격한 규격에 맞춘 페이지의 세로줄 밖으로 자유롭게 뻗어나가기 시작했다. 이렇게 새롭고 자연스러운 스타일로 작업하는 화가들은 크기에 대해서도 훨씬 명확한 개념을 가지고 있었다. 1380~1390년경에 롬바르디아에서 제작된 『건강 지침서 Tacuinum sanitatis』[9]에 파슬리 Apium를 그린 화가는 파슬리를 마치 나무처럼 그려놓았고, 깃털 모양의 잎사귀는 나무 아래 꽃밭에 서 있는 남녀보다 훨씬 위에 달려 있는 것으로 묘사했다. 그러나 1400년경에 역시 롬바르디아에서 제작된 또 다른 『건강 지침서』[10]에는 파슬리가 집단으로 자라나는 키가 작은 풀로 그려져 있어 실제 모습에 훨씬 가깝게 묘사되었다. 이 새로운 화가들은 더욱 쉽게 (그리고 좀 더 정확하게) '읽을' 수 있는 그림을 그리기 시작했다.[11] 비교적 짧은 시간에 엄청난 변화가 일어난 셈이다.

식물에서 모든 장식을 벗겨내고 아무런 꾸밈없이 무대 가운데 식물을 홀로 올리는 과정에서 몇 가지 정보가 유실되었다. 초기의 약초 의학서에서 화가들은 때로 식물을 발견할 가능성이 가장 높은 서식지를 표현하려고 노력하기도 했다. 예를 들어 주택의 기와 지붕에서 자라나는 돌나물(크기는 사실과 전혀 다르게 묘사)이라든가, 연못의 푸른 물결을 배경으로 한 수련과 같은 경우가 그러하다. 그러나 이러한 초기의 그림은 지나치게 정형화되고 복사하는 과정에서 다시 곡해되는 경우가 많아 21세기를 사는 우리에게는 너무나 익숙한 정보가 당시 약초 채집꾼에게는 현실적으로 아무런 쓸모없이 되고 말았다. 초기의 필사본에서는 또한 곤충, 미친개나 독이 있는 뱀을 함께 그려 넣어 해당 약초가 이러한 위험에서 인간을 보호해준다는 사실을 알려주려는 경우가 많았다. 초기 약초 의학서에 추가된 삽화[12]에서는 약초를 채집하고 손질하는 모습, 환자를 치료하는 모습을 보여주기도 했다(그림 42 참조). 15세기 전반기라는 이 중요한 시기에 화가들은 식물을 용도와 분리하여 책에 그려 넣음으로써 식물 연구가 한발 전진할 수 있는 기반을 닦았다. 각각의 식물을 먹을 수 있다거나 약으로 사용할 수 있다거나 다양한 의식에 사용할 수 있는 존재로 다루는 것이 아니라 그 자체로서 관심의 대상으로 삼았다. 화가들은 의사나 약사가 알아볼 수 있어야 한다는 이유가 아니라 단순히 영감을 주고 아름답다는 이유로 꽃을 그리기 시작했다. 살레르노, 파도바, 베네토, 프로방스, 콘스탄티노플, 베리 세인트 에드먼즈 등 제작 장소와는 관계없이 약초 의학서는 현지에서 실제로 자라는 식물의 극히 일부만 수록하고 있었다. 참고로 하는 필사본을 현지의 수요에 따라 약간 변형하는 경우는 있었지만 화가들은 이탈리아인이든, 독일인이든, 아니면 앵글로-노르만인이든 여전히 어떤 의미에서 유용하다고 생각되는 식물만을 수록했다.

　벨루넨시스 고문서에 그림을 그린 화가는 비록 아마디오나 카라라 약초 의학서에 그림 작업을 한 화가처럼 소묘 실력이 뛰어나

그림 42. 온 몸에 반점이 난 환자가 불안해하면서 의사의 치료를 기다리고 있다. 의사가 만들고 있는 약에는 돼지의 분 糞이 중요한 원료로 사용되는 것으로 보인다. 그림 아래쪽에 실려 있는 정체불명의 약초에는 보트라시온 스태티스 Botracion statice라는 이름이 붙어 있으며 미나리의 일종으로 추정된다.

지는 않았지만 또 하나의 혁신적이고 중요한 요소를 도입했다. 그는 관습대로 꽃이 활짝 핀 식물을 그렸지만 그 외에도 특정 부분을 상세하게 묘사하여 원래의 식물과 별도로 배치했다. 릴리움 마르타곤의 줄기(그림 43 참조)는 책의 맨 아래쪽에서 똑바로 자라나고 있으며 이 식물의 특징인 원형으로 자라는 잎사귀도 분명하게 표현되어 있다. 그 옆 왼쪽에는 비늘줄기로 된 구근과 평평한 바닥에서 아래로 자라난 뿌리가 그려져 있다. 식물의 오른쪽에 있는 것은 씨에 담긴 릴리움 마르타곤이다. 대략적인 구성이지만 마치 가지가 달린 촛대와 같은 모양으로 줄기의 아래쪽에 있는 꽃이 어떻게 줄기의 위쪽에 있는 콩깍지로 변하는지를 정확히 보여준다. 초롱꽃Physalis alkekengi을 표현할 때에도 화가는 종잇장같이 얇은 주황색 꽃받침을 확대해서 보여주고 있으며, 절단하여 벌어진 상태를 그려놓아 안에 들어 있는 앵두를 닮은 과일까지 잘 보이도록 배려했다. 약초 의학서는 서서히 변신하기 시작하여 화려한 화보花譜로 다시 태어났다.

플리니우스는 반복해서 복제를 하면 그림이 서서히 왜곡된다는 이유를 들어 식물과 관련된 책에 그림을 싣는 것을 반대했다. 플리니우스의 생각은 옳았다. 그러나 그가 예견하지 못한 것은 새로운 방식으로 식물을 바라보게 되기 전까지 오랫동안 그 양식상의 구속 때문에 중세의 화가들이 식물을 살아 있는 개체가 아닌 하나의 추상적인 문양이나 패턴으로 전락시킬 수밖에 없었다는 점이었다. 이는 어설프고 실력 없는 복제사들보다 오히려 식물 그림을 실제 모습에서 더욱 멀어지게 하는 결과를 가져왔다. 14세기 후반과 15세기 전반의 화가들은 '보아라! 우리는 해냈다!Look, we have come through!'의 정신으로 선입견을 깨고 눈을 돌려 자연계의 아름

그림 43. 백합의 일종인 릴리움 마르타곤Lilium martago의 그림으로 꽃이 피어 있는 줄기 옆에 세부적으로 묘사한 구근과 꼬투리가 함께 그려져 있다. 1400~1425년에 벨루노에서 제작된 벨루넨시스 고문서Codex Bellunensis에서 발췌.

다움으로 회귀한 것이 아닐까? 이들은 유럽을 휩쓴 흑사병을 극복하고 살아남았다. 이것이 바로 삶에 고마움을 표현하는 방법, 지금 여기에 살아 있음을 축하하기 위한 방법이었을까?

　이렇게 새로 찾은 자유를 발판 삼아 식물은 약초 의학서에서 벗어나 태피스트리 속으로 들어갔다.[13] 또한 기도서와 채색된 필사본을 장식하기도 했다. 피렌체 대성당의 세례당을 위해 로렌초 기베르티(1378~1455)가 제작한 멋진 청동문에서도 식물은 화려하게 꽃을 피웠다. 이탈리아 북부에서 제작된 뛰어난 약초 의학서에 화가들이 그려놓은 최초의 그림은 후대의 화가들에게 좋은 참고 자료가 되었다. 1365년에 안드레아 디 보나이우토가 피렌체 산타 마리아 노벨라 성당의 스페인 예배당에 그린 「꽃밭에서 춤추는 소녀들」에 등장하는 식물은 양식화되어 비록 형태는 다양하지만 어떤 종류인지 알아볼 수가 없다. 그러나 1438~1440년경에 안토니오 피사넬로(1394~1455년경)가 그린 유명한 마르게리타 곤자가 Margherita Gonzaga의 초상화[14]에는 톱니 모양 꽃잎과 나비의 말린 혀처럼 세밀한 수술이 달린 생생한 매발톱꽃과 패랭이꽃이 숲이 우거진 어두운 배경과 극명한 대조를 이루며 점점이 그려져 있다(그림 45 참조). 동물 그림을 그린 화첩으로 유명한 피사넬로는 식물에 대한 연구도 실시했다. 예를 들어 제비꽃, 큰양초, 양지꽃, 민들레 등 흔히 볼 수 있는 식물의 서로 다른 잎사귀 형태를 관찰했던 것이다.[15] 피사넬로가 곤자가 초상화의 배경에 흩뿌린 꽃송이들은 브뤼헤와 겐트에서 제작된 채색 필사본의 테두리에도 나타나기 시작했다. 여기에는 피사넬로의 매발톱꽃과 패랭이꽃뿐만 아니라 데이지, 빙카, 푸른 뚜껑별꽃도 등장한다.[16] 브뤼헤에서 드레스덴 기도서의 거장이 부르봉-몽팡시에 가의 샤를로트를 위해 제작한 「기도서Book of Hours」(1470년대 중반)와 시몽 마르미옹이 용담공勇膽公 샤를과 요크 가의 마가렛 부부를 위해 제작한 「환상The Vision」(발랑시엔Valenciennes과 겐트, 1475)에는 수레국화, 딸기, 실잔대, 살갈퀴[콩과의 풀], 엉겅퀴 등 특정한 종류의 식물이 선을 보이기 시작했다. 푸른색이 가장 즐겨 사용되었다는 사실은 이 값비싼 예술 작품을 의뢰한 사람들의 사치스러운 소비 성향을 잘 보여준다. 당시 검정색 안료 1온스(28그램)의 가격이 2.5솔도[중세 이탈리아의 동전]였던 데 반해 푸른색 안료 1온스의 가격은 10솔도나 했다. 푸른색 안료보다 비싼 것은 1온스에 15솔도였던 금색 안료뿐이었다. 브르타뉴의 공주 안느를 위해 1500~1508년경에 제작된 기도서에서 화가인 장 부르디숑은 심지어 스노드롭과 패랭이꽃을 자신이 가장 좋아하는 푸른색으로 채색하기도 했다. 초기의 필사본에서는 시몽 마르미옹과 같은 화가들이 때때로 식물이 실제로 자라고 있는 것처럼 그리기도 했다. (「환상」의 7, 15v, 17, 27, 29쪽에 실려 있는 데이지의 경우) 14v에 실려 있는 제비꽃은 밑부분에 몰려 있는 잎사귀와 줄기가 카라라 약초 의학서에 실려 있는 제비꽃만큼이나 생생하게 묘사되어 있는 가장 아름다운 그림 가운데 하나다. 이 채색된 테두리에는 놀라운 식물도 등장한다. 마르미옹은 「환상」의 27쪽 가장자리에 야생 난을 그려 넣었던 것이다.(이후로 다시는 등장하지 않는다.)

    1480년대 중반에 이르자 플랑드르에서 제작된 대부분의 채색 필사본에는 단일 색상 배경에 꽃과 곤충이 세심하게 배치된 새로운 종류의 장식 테두리가 사용되었다.[17] 이는 시몽 마르미옹이 그린 자라나는 식물의 그림이 아니라 독립적인 꽃의 그림으로 제비꽃, 패랭이꽃, 데이지, 물망초 등과 같이 비교적 테두리 장식에 잘

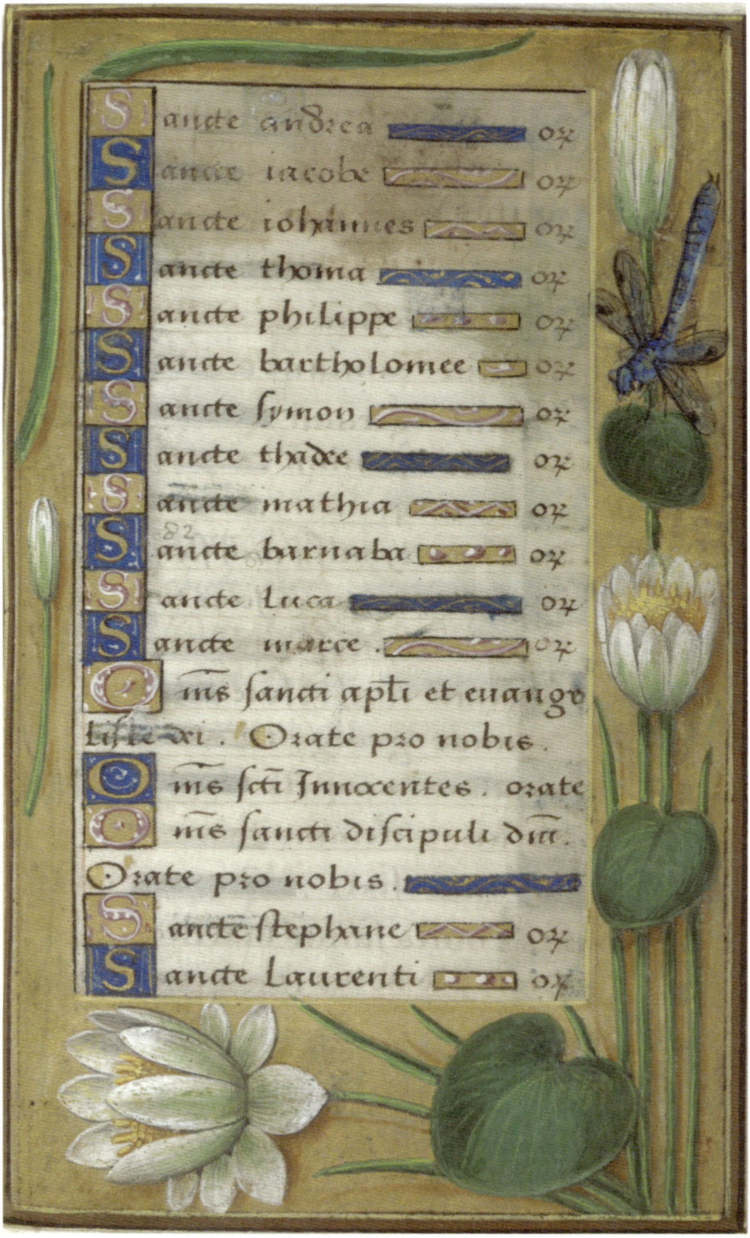
Sancte andrea or
Sancte iacobe or
Sancte iohannes or
Sancte thoma or
Sancte philippe or
Sancte bartholomee or
Sancte symon or
Sancte thadee or
Sancte mathia or
Sancte barnaba or
Sancte luca or
Sancte marce. or
Oms sancti apti et euangeliste dei. Orate pro nobis.
Oms scti Innocentes. orate
Oms sancti discipuli dni.
Orate pro nobis.
Sancte stephane or
Sancte Laurenti or

그림 44. 경계에 딱 맞도록 늘려서 그린 수련. 16세기 초에 프랑스에서 제작된 부르디숑 기도서에서 발췌. 이렇게 채색된 필사본은 인쇄기가 발명된 후에도 계속 제작되었다.

어울리는 납작한 꽃이 등장하는 경우가 많았다(그림 44 참조). 머지않아 화가들은 다양한 종류의 꽃들을 모델로 삼게 되었다. 다시 한 번 자연은 패턴화되어 화실에서 사용되는 양식으로 변했다. 그러나 이번에는 과거보다 훨씬 표현력이 뛰어난 패턴을 바탕으로 작업을 할 수 있게 되었다. 또한 그림 도구도 예전에 비해 크게 발달했다. 뿐만 아니라 화가들 자신도 자연에 눈을 떴다. 비록 당시의 엄격한 상징주의 때문에 1470~1560년에 제작된 채색 필사본에 같은 꽃들이 여러 차례 거듭해서 등장하는 경향은 있었지만 말이다. 초기 약초 의학서에 수록된 식물의 목록은 그 용도를 중심으로 구성되었다. 그러나 기록에 종교적인 의미가 부여되면서 채식사彩飾師들이 그릴 수 있는 꽃의 종류는 더욱 줄어들 수밖에 없었다. 마르미옹이 그린 난초는 해당 그림이 실린 일련의 문서에서 아무런 상징적인 역할이 없었기 때문에 하나의 일탈이었다고 볼 수 있다.[18] 그러나 앞선 시기의 꽃을 그린 화가들이 다져놓은 기반이 없었다면 과연 이 채식사들이 그토록 놀랍고도 실물처럼 아름다운 그림을 그려낼 수 있었을까? 비엔나의 거장이 1470~1475년경에 브르고뉴의 마리를 위해 제작한 「브르고뉴 마리의 기도서Hours of Mary of Burgundy」에서 열린 창문의 선반에 놓인 유리병에 키가 큰 붓꽃이 꽂혀 있는 그림(14v)과 같이 생생한 식물 그림이 나올 수 있었을까? 이와 같은 방식은 「나사우의 엥겔베르트 기도서」의 181v에서 시도한 것처럼 꽃을 납작하게 눌러서 축소한 다음 테두리에 그려 넣는 것보다 훨씬 꽃을 생생하게 활용하는 방법이었다. 당시의 꽃은 위쪽이 묵직해져서 테두리 공간에 넣기에는 너무 컸다. 꽃 자체를 제대로 표현하기 위해서는 길고 억센 줄기와 길쭉한 잎사귀 다발을 함께 묘사해야 했다. 알브레히트 뒤러가 1503년경에 그

린 비슷한 독일 붓꽃 그림에서 보여주었듯이 말이다(그림 6 참조).[19]

페트라르카는 자연의 아름다움과 그 효용성을 구분한 최초의 인물 가운데 하나였다. 그러나 르네상스의 특징이었던 예술과 과학의 '놀라운 결합'에 이르러서는 그 경계가 모호해졌다. 30세라는 나이에 밀라노 공작의 공학자로 일하고 있었던 레오나르도 다 빈치(1495~1519)는 예술과 과학을 구별하지 않았음이 분명하다. 다 빈치는 『비망록notebooks』에서 비행기, 헬리콥터, 잠수함, 낙하산의 원형을 고안했다. 또한 준설기[물속의 흙이나 모래 따위를 파내는 데에 쓰는 기계]를 설계했고 새가 나는 모습을 분석했으며 다른 후원자인 프랑스의 왕 프랑수아 1세를 위한 모델 도시를 스케치하기도 했다.[20] 한편 유명한 속담을 수집했으며 "두 개의 커다란 손도끼와 여덟 개의 놋쇠 숟가락"을 포함하여 집에서 사용하는 집기들의 목록을 만들기도 했다. 다 빈치는 건물이나 기계의 구조만큼이나 식물의 구조에 관심을 가졌다. 또한 촛불을 태워 약간 기름기가 있는 검댕을 만든 다음 이를 잎사귀의 아래쪽에 묻힌 후 검댕이 묻은 부분을 종이에 눌러 일종의 판화, 즉 생태형physiotype을 만들었다. 그러나 다 빈치는 화가답게 식물의 구조만큼이나 실제로 눈에 어떻게 보이는지에 대해서도 똑같은 흥미를 느꼈다(그림 46 참조). 「논문Treatise」에서 다른 화가들에게 충고하면서 다 빈치는 이렇게 적었다. "가을에는 성숙 단계에 따라 대상을 있는 그대로 그리게 될 것이다. 처음에는 가장 오래된 가지의 나뭇잎들만 바래기 시작한다. 그러나 바래는 정도는 식물이 비옥한 땅에 뿌리를 내리고 있는가, 아니면 척박한 땅에 뿌리를 내리고 있는가에 따라 달라진다. 그리고 모든 종류의 식물(비록 같은 거리에 있기는 하지만)을 같은 농도의 녹색으로 표현하는 사람들을 모방하지 마라. 초원, 돌, 나무

그림 45. 1438~1440년에 안토니오 피사넬로가 그린 마르게리타 곤자가의 초상화.
배경에는 패랭이꽃과 매발톱꽃이 점점이 흩어져 있다.

의 줄기, 그 외의 모든 개체를 최대한 다른 색으로 표현하기 위해 노력하라. 자연의 다양성은 무한하기 때문이다."[21] 원저에 있는 왕실 수집품 가운데에는 아래로 고개를 떨어뜨리고 있는 검은딸기나무, 숲바람꽃, 매발톱꽃의 꽃송이, 흰백합에 대한 놀라운 연구가 포함되어 있다(1479년에 종이에 기록).

레오나르도 다 빈치보다 고작 20년 늦게 태어난 뒤러(1471~1528)는 노골적으로 구조를 강조하지 않고도 꽃이 줄기에 놓여 있는 방식, 풀잎이 자신을 둘러싸고 있는 조직에서 솟아나는 방식 등 식물의 습성을 어떻게 정확히 잡아내는지 알고 있었다. 뒤러는 레오나르도처럼 사물의 내면에 대해 법의학적인 관심을 가지고 있지는 않았다. 그러나 자신의 눈으로 직접 본 것에 절대적으로 의존하는 점만은 다 빈치와 같았다. 뒤러는 비례에 대한 논문에서 "자연 속의 생명체는 진실을 드러낸다"고 쓴 바 있다.[22] "그러므로 자연을 성실하게 관찰하고 그에 따르며 자의적으로 자연에서 멀어져 혼자서 더 나은 것을 찾아내려 노력하지 말라. 그렇게 하면 잘못된 방향으로 나가게 된다. 진정으로 예술은 자연 속에 있는 것이다. 자연에서 아름다움을 끌어낼 수 있는 자가 예술을 소유하게 된다." 레오나르도 역시 「회화론Treatise on Painting」에서 같은 주장을 펼쳤다. 만약 화가가 "자연 그대로의 대상에서 배우려는 자세를 가지고 있다면 좋은 결과물을 얻을 것이다. (…) 분수의 물을 사용할 수 있는 사람은 물뿌리개에 손을 뻗지 않는다." 자연에 얼마나 충실했는지의 여부가 예술의 질을 판단하는 잣대가 되었고 1503년에 뒤러가 그린 유명한 풀밭 그림은[23] 그 어떤 화가의 작품보다도 자연을 거울처럼 가장 정확하게 묘사한 그림으로 알려지게 되었다(그림 47 참조). 뒤러는 벌레의 시점으로 식물을 거의 실물 크기로 그렸다. 시점은 늦봄

그림 46. 1483년경에 레오나르도 다 빈치가 그린 꽃 그림 습작(펜과 금속필金屬筆에 묻힌 잉크 사용).

그림 47. 「웃자란 풀밭Das grosse Rasenstuck」,
1503년에 알브레히트 뒤러가 극도로 정밀하게 표현하여 유명해진 풀밭 그림.

으로, 매끄러운 목초지의 풀, 꼬리풀, 민들레, 섬꽃마리, 새발풀, 데이지, 질경이, 애기겨이삭띠, 서양톱풀이 싱그럽게 땅에서 솟아나 있다. 이 수채화의 진술함과 정밀함, 그리고 아름다움은 뒤러가 그린 다른 모든 그림의 완성도를 가늠하는 기준이 되었다. 뒤러의 모란, 백합, 안쿠사[지칫과의 한해 또는 두해살이풀](브레멘Bremen에 있는 문헌에 수록), 매발톱꽃, 제비꽃(둘 다 비엔나의 알베르티나 미술관 소장), 미나리아재비, 노란구륜앵초가 피어난 풀밭 그림은 모두 다른 사람이 그린 것이 아닌가 하는 의심을 받았고, 그 유명한 모노그램을 분석한 결과 미심쩍은 점이 발견되었다. 다음 세대의 미술 역사가들이 등장할 때까지는 말이다. 하지만 비록 뒤러가 직접 그리지는 않았다고 하더라도 이러한 식물 그림들이 존재한다는 사실은 뒤러의 천재성에 영감을 받은 화가 집단이 있었음을 보여준다. 이들 모두의 노력으로 어느 누구도 다시는 진정한 형태와 정확한 색상을 보여주는 식물의 그림을 보고 혼란에 빠지지 않게 되었다.

　15세기 당시에도 뒤러의 출생지인 뉘른베르크는 정원으로 유명했다. 뉘른베르크의 한 시민은 1495년에 "사시사철 봄의 기운을 느끼게 하는 창문 근처에는 헤아릴 수 없는 꽃들과 외국에서 들여온 식물의 달콤한 향기가 가득 차 있고 아주 작은 미풍이라도 불어오면 그 향기를 집 안의 침실뿐만 아니라 가장 깊숙한 방에서도 맡을 수 있다"고 썼다. 그러나 화가들이 꽃을 보면서 그 아름다움을 지면에 표현하는 동안 왜 문인들은 아무런 글도 쓰지 못했을까? 뒤러나 레오나르도는 글을 쓰는 사람들과는 완전히 다른 세계에 살고 있었던 것처럼 보이기도 한다. 율리아니의 책에서 처음 식물의 그림이 수록된 이후 그토록 오랜 시간이 흘렀음에도 불구하고 발전을 보인 것은 오직 그림뿐이었다. 화가들은 14세기 후반부터 16세기 중반까지 세월이 흐르는 동안 뛰어난 박물학자와 같은 눈을 갖추게 되었지만[24] 특정한 하나의 방식으로밖에 사물을 설명할 수 없었다. 화가들은 눈을 뜰 수는 있었으나 자신의 힘만으로는 토론을 촉진시킬 수 없었다. 문인들도 중세의 어두운 터널에서 빠져 나오는 방법이 있었지만 그렇게 하려면 사물을 설명하는 새로운 방식을 창조해내야만 했다. 화가들은 새로운 그림의 언어를 발전시킬 수 있었지만 식물의 각 부위나 식물 사이의 유사점, 차이점에 대한 용어가 통일되지 않은 상태에서 작가들과의 생산적인 교류는 불가능했다. 이 문제를 최초로 해결하고자 했던 테오프라스토스는 서기 200년에 그리스의 의사인 갈레노스가 세상을 떠나기 전부터 이미 서방에서는 잊힌 인물이었다. 이제 테오프라스토스가 부활할 시기였다.

그림 48. 1440년경에 롬바르디아에서 제작된 필사본에 실린 히푸리스Hyppuris(오늘날의 쇠뜨기말풀Equisetum arvense). 자킨투스Jacintus라는 이름이 붙은 둥글납작한 식물은 당시 아직 터키에서 서구 유럽으로 전파되지 않았던 히아신스Hyacinthus orientalis라기보다 이미 프랑스와 독일에 서식하고 있었던 무스카리Muscari neglectum일 가능성이 더 크다.

X 테오프라스토스 다시 태어나다
1250~1500년

오래된 그림들의 질이 형편없이 떨어져 쓸모가 없어지게 되었을 즈음 새로 등장한 화가들은 과거의 유산을 청산하고 새 출발을 하여 놀라운 결과물을 만들어냈다. 13세기에 그림과 마찬가지로 쓸 수 없을 정도로 질이 저하된 고대의 글로 이와 같은 변화를 시도한 사람이 한 명 있었다. 이는 매우 용기 있는 행동이었지만 안타깝게도 시대는 그의 편이 아니었다. 이 선구자는 부유한 바이에른 집안 출신의 수도사로 파도바 대학에서 수학한 뒤 도미니크 수도회에 들어간 알베르투스 마그누스(1200~1280년경)였다. 1230년대에 알베르투스는 독일에서 교편을 잡은 다음 파리로 이동했고 마침내

1248년에 쾰른에 정착했다. 1256년이 되기 전에 알베르투스는 그의 대표작으로 꼽히는 『식물에 관하여』를 펴냈는데 자신은 이 책이 아리스토텔레스가 쓴 논문을 기반으로 한다고 생각했다. 아리스토텔레스처럼 알베르투스는 생명체의 '정신' 또는 영혼이라는 개념에 커다란 관심을 가지고 있었다. 그는 식물이 영양분을 섭취하고 자라고 생식하고 죽는 것을 관찰했지만 식물이 감정을 느끼거나 욕망을 품거나 잠을 잔다고는 상상할 수 없었다. 담쟁이덩굴이 나무를 휘감을 때에는 과연 두 식물의 영혼도 비슷한 방식으로 합쳐지는 것일까? 알베르투스는 식물의 뿌리가 어머니, 즉 그 위에 있는 가족들에게 영양분을 공급해주는 중요한 역할을 한다는 사실은 분명하게 알고 있었다. 테오프라스토스와 마찬가지로 알베르투스는 종의 변이를 믿었다. 오크나무나 너도밤나무를 밑동까지 완전히 잘라버리면 그 자리에서 포플러나무가 자라날 수 있다는 것에 한 점의 의심도 품지 않았다. 그리고 서양모과나무로 만든 지팡이가 마법사에게 특별한 힘을 준다는 당시의 통념을 받아들였다. 또한 여행자의 다리에 머그워트 Artemisia vulgaris를 묶어주면 피로를 덜어준다는 사실에도 의문을 제기하지 않았다. 알베르투스의 책은 일곱 장으로 되어 있었으며 그 중 다섯 장은 이론이었다. 여섯 번째 장에는 약으로 사용할 수 있는 식물의 목록을 실었고 일곱 번째 장은 농업과 원예학에 할애했다. 알베르투스는 여섯 번째 책을 목본木本 식물 90여 가지, 초본草本 식물 180여 가지의 두 부분으로 나누어 각각을 알파벳 순서로 배열했다. 알베르투스는 몇몇 고대 그리스 철학자들처럼 처음 다섯 장의 수준 높은 철학적 담론에서 여섯 번째 장처럼 좀 더 현실적인 영역으로 내려오는 것을 다소 품위가 없고 심지어 천박하기까지 하다고 생각했다.[1]

알베르투스는 식물에게 성별도 없고 생식 과정도 없다고 생각하고 있었다. 그는 모든 식물의 성별은 같으며 하나의 식물 안에 남성과 여성의 특징이 공존한다고 생각했다. 알베르투스는 '수컷'과 '암컷'이라는 말을 쓰긴 했지만 특정한 특징이 있는 식물을 서로 구별하기 위한 목적으로 사용했을 뿐이었다. '수컷' 식물은 잎사귀의 폭이 좁고 단단하고 마르고 거칠며 작은 열매와 씨를 맺는다. '암컷' 식물은 상대적으로 잎사귀의 폭이 넓으며 부드럽고 즙이 많고 매끄러울 뿐만 아니라 수컷 식물보다 커다란 씨앗과 과실을 맺는다. 또한 알베르투스는 식물의 영혼에 관심이 많았고 미신적인 믿음도 일부 수용했기 때문에 시대정신을 반영한다고 볼 수 있다. 그러나 그는 테오프라스토스처럼 식물을 '탐구'하며 그 정의를 추구했다는 점에서 동시대의 다른 학자들과는 구분된다. 알베르투스는 나무arbor를 뿌리에서 하나의 줄기가 자라나고 여러 개의 가지rami가 뻗어나가는 목본 식물로 정의했다. 한편 관목arbustum은 뿌리에서 여러 개의 줄기가 뻗어 나오는 식물로 규정했다. 또한 초본 식물을 잎줄기의 크기가 상당히 큰 것olus virens('무성한 풀'이라는 뜻)과 상대적으로 크기가 작은 나머지 풀herba로 분류했다. 그러나 이런 분류는 식물을 각 분류 항목에 집어 넣는 데 문제가 있었다. 예를 들어 비트beet는 첫 번째 해에는 풀에 속하지만 그 이후부터는 무성한 풀이 된다. 잎이라는 뜻의 폴리움folium이라는 말도 홑잎과 물푸레나무와 호두나무의 잔잎뿐만 아니라 포엽이나 꽃잎과 같은 것을 가리키기 위해서도 아무런 구별 없이 사용되었다. 포도덩굴이나 오이와 같은 식물의 덩굴손은 안채anchae라고 불렸다. 알베르투스는 나무껍질이 두 겹이며 바깥층이 딱딱하고 건조한 반면, 안쪽층은 좀 더 부드럽고 즙이 많다고 기록했다. 그는 나무의 목질 부분lignum과 속medulla을 분명하게 구별했다. 알베르투스는 특히 대추야자의 줄기가 발달하는 방법에 흥미를 보였는데, '원형의 층으로 자라는 것이 아니라 여러 개의 말뚝asseres으로 구성된 것처럼 보였기 때문'이다. 그는 식물을 모양에 따라 날렵한 모양, 종 모양, 별 모양(가장 흔한 형태), 또는 삼각추 모양으로 분류했다. 알베르투스가 아는 한 꽃이 피는 주요 목적은 열매를 맺는다는 것을 알리기 위해서indicia fructuum였다. 고대 학자들과 마찬가지로 알베르투스는 먼저 꽃을 피우지 않고 열매를 맺는 무화과와 뽕나무를 예외 사례로 분류했다. 비록 꽃은 그다지 높게 평가하지 않았던 것 같지만 알베르투스는 몇 개의 꽃잎이 소용돌이 모양으로 배열된 꽃의 경우 바깥쪽 소용돌이에 있는 각 꽃잎이 안쪽 소용돌이에 있는 두 꽃잎 사이에 생긴 공백을 감싸고 있다고 기록했다(튤립을 살펴보면 이 말이 무슨 뜻인지 정확히 알 수 있다). 알베르투스는 수술의 존재를 인식했고 수술의 줄기인 수술대와 그 끝부분인 꽃밥을 구분했다. 이는 놀라운 관찰이었으며 만약 당시 알베르투스가 교류하던 학자들 가운데 한 사람이라도 그를 매료시킨 이 주제에 대해 약간만 관심을 보였다면 이미 수천 년은 시대에 뒤처진 고대의 글들을 폐기하고 진보를 향해 나아갈 수 있었을지 모른다. 그러나 안타깝게도 아무도 관심을 보이지 않았다. 하지만 테오프라스토스는 알베르투스를 매우 자랑스러워했을 것이다(물론 알베르투스는 테오프라스토스에 대해 들어본 적도 없었다). 알베르투스가 참고로 삼았던 문헌은 『식물에 대하여De plantis』로, 그는 이 책을 아리스토텔레스가 썼다고 생각했다. 그러나 사실 이 책은 서력 기원 초기의 학자인 니콜라우스 다마스쿠스Nicolaus Damascenus가 쓴 것이었다. 고대의 다른 많은 문헌과 마찬가지로 니콜라우스의 그리스어 문서는 시리아어로 그리고 아랍어로, 다시 라틴어로 번역되었고 알베르투스는 이 라틴어 버전을 참고하여 『식물에 관하여De vegetabilibus』를 집필했다. 그렇다면 니콜라우스 다마스쿠스는 어떠한 문헌을 참고하여 『식물에 대하여』를 썼을까? 바로 테오프라스토스의 연구였다. 그러나 이 뜻밖의 사실은 이 식물 연구의 아버지가 내놓은 위대한 역작 『식물 연구』가 마침내 학계의 주류로 다시 편입된 15세기 후반이 되어서야 밝혀졌다.

암흑의 시대를 거치는 동안 서부 유럽에서 테오프라스토스의 책이 살아남았다면 혹시 중세 학자들의 사고방식이 달라지고 탐구에 좀 더 열린 자세를 취할 수 있었을까? 알베르투스가 나중에 르네상스 이탈리아의 루카 기니처럼 식물에 대한 지식을 나누는 수많은 학자 네트워크의 중심이 될 수 있었을까? 그러나 안타깝게도 중세 학자들은 플리니우스의 『박물지』와 같이 고전 학문이 쇠퇴하던 시기의 기록을 물려받았다. 테오프라스토스의 저술을 마지막으로 직접 인용한 사람은 먼 옛날 사람인 갈레노스였다.

책이 영향력을 발휘하려면 읽을 준비가 되어 있는 독자가 있어야만 했다. 암흑의 시대나 중세에는 그럴 만한 독자가 없었지만 15세기에 학습이 부활하는 분위기 속에서 교황 니콜라오 5세는 바티칸 도서관의 선반에 쌓여 있는 엄청난 고대 문헌을 번역하겠다는 계획을 세웠다. 그 중에 바로 테오프라스토스의 『식물 연구』가 있었다. 갈레노스가 죽은 지 1300년 만에 마침내 가자의 테오도로(1398~1478년경)가 테오프라스토스의 책을 그리스어에서 라틴어로 번역한 것이다. 테오도로는 테살로니카 출신으로, 그리스가 터키에 함락되었던 1430년경에 이탈리아로 도피한 인물이었다(그림 50 참조). 테오도로는 초기 르네상스 시대의 전형적인 학자였다.

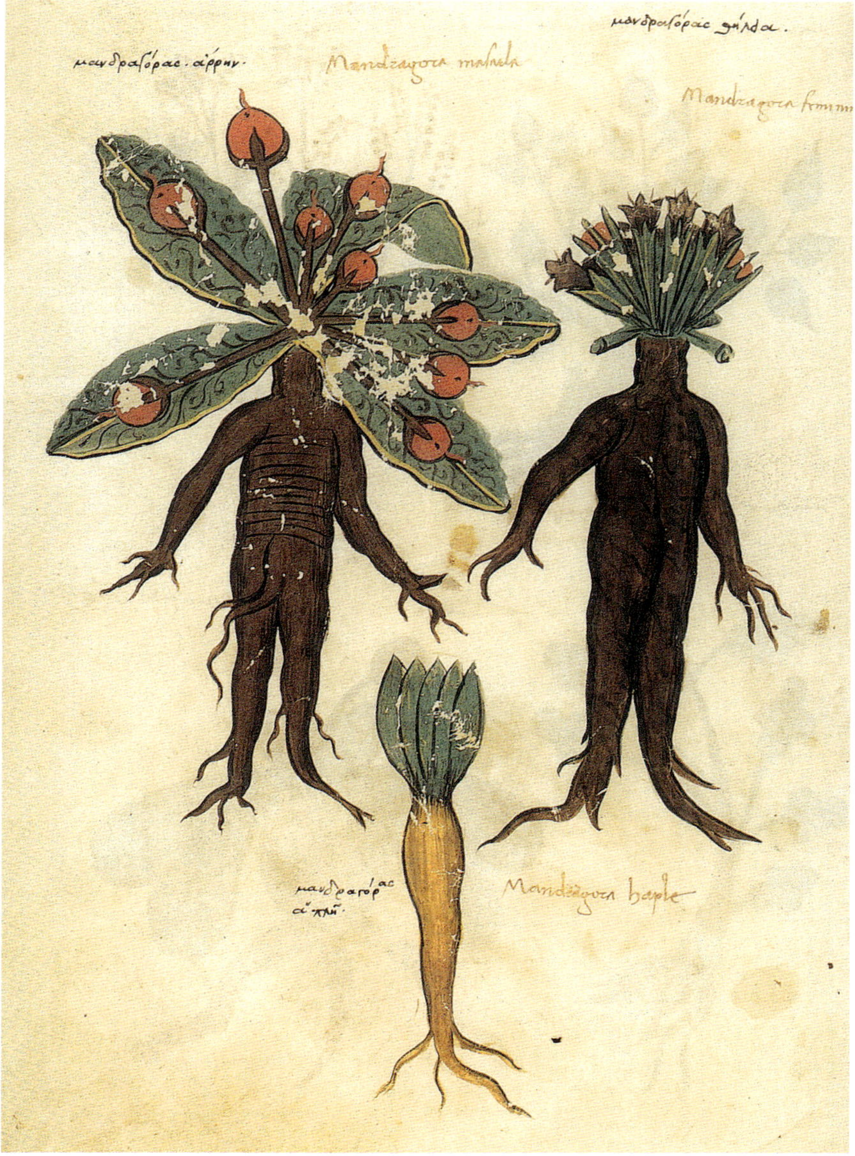

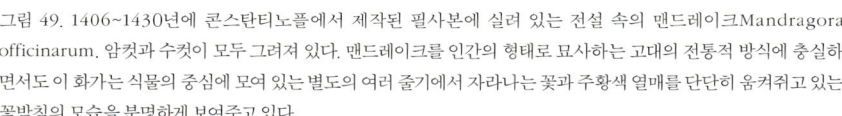

그림 49. 1406~1430년에 콘스탄티노플에서 제작된 필사본에 실려 있는 전설 속의 맨드레이크Mandragora officinarum. 암컷과 수컷이 모두 그려져 있다. 맨드레이크를 인간의 형태로 묘사하는 고대의 전통적 방식에 충실하면서도 이 화가는 식물의 중심에 모여 있는 별도의 여러 줄기에서 자라나는 꽃과 주황색 열매를 단단히 움켜쥐고 있는 꽃받침의 모습을 분명하게 보여주고 있다.

1422년경에 고향인 테살로니카에서 이주하여 술탄 무라드 2세가 콘스탄티노플을 포위하기 직전에 그곳에서 학원을 열었다. 콘스탄티노플에서 도망쳐 나올 수밖에 없게 된 테오도로는 시실리를 거쳐서 이탈리아로 갔다. 만투아에서는 비토리노 다 펠트레 밑에서 라틴어를 공부했고 파비아에서는 그리스어를 가르쳤으며, 강의를 맡아달라는 페라라 공작의 설득에 힘입어 페라라 대학의 교수가 되었다. 1451년에 테오도로는 그리스 최고의 학자들이 쓴 책들을 라틴어로 번역하는 계획을 추진하고 있던 교황의 부름을 받아 로마로 향했다. 피렌체 대학에서는 1391년에 그리스를 연구하는 학과가 개설되었지만 15세기 말까지는 고대 그리스에 대한 지식이 매우 희박했고 이는 초기 르네상스 시대의 학자들도 마찬가지였다. 테오도로에게 할당된 책은 두 권으로, 바로 아리스토텔레스의 『동물론』과 테오프라스토스의 『식물 연구』였다. 테오도로는 5년도 지나지 않아 번역을 모두 완성했지만 그가 번역한 테오프라스토스의 책이 트레비소에서 인쇄된 것은 1483년이 되어서였다. 『식물 연구』의 서문을 쓰면서 테오도로는 번역자로서 작업이 얼마나 어려웠는지를 넌지시 암시했다. 라틴어에는 테오프라스토스가 묘사했던 식물의 각 부분에 해당하는 단어가 없었기 때문에 번역자가 직접 만들어내야 했다. 식물학자가 아닌 테오도로의 입장에서는 테오프라스토스가 기록해놓은 그리스 이름을 올바른 라틴 이름으로 옮겼는지 확신할 수가 없었다. 테오도로의 독미나리는 아테네인들의 독미나리와 같은 식물이었을까? 월계수나 백합을 이야기할 때 양쪽이 같은 식물을 의미하고 있을까? 당시에는 아무도 테오프라스토스의 연구를 기반으로 식물학을 더욱 발전시키지 않았지만, 1700년이 지나서야 테오도로의 도움을 받아 그때와 같은 학문적 기반이 다시 구축되었고 이번에는 이런 노력이 그대로 낭비되지 않았다. 조용히, 그러나 체계적으로 연구가 진행되기 시작했다. 나중에 이 연구는 식물학botany이라는 이름까지 얻게 되었다. 테오도로는 굉장한 영웅이 되어 페라라의 학자들은 그의 집을 지나가면서 모자를 벗어 경의를 표할 정도였다. 테오도로가 죽고 난 다음에도 학자들은 오랫동안 그런 습관을 유지했다.

테오프라스토스의 재발견은 르네상스 학자들의 고전 학습에 대한 열의를 상징적으로 잘 보여준다. 처음에 이런 현상은 중세 사상의 편협함에 대한 반발로 나타난 것이었다. 그러다가 고대 사상 자체에 대한 평가라는 중요한 단계로 발전했다. 그리고 머지않아 이탈리아 학자들이 당시 널리 사용되고 있던 플리니우스 기록의 허점을 지적하기 시작했다. 니콜로 레오니세노(1428~1524)는 세상을 떠날 때까지 60년간이나 페라라 대학의 의학 교수로 재직했다. 당시 학생들이 가장 쉽게 손에 넣을 수 있는 식물에 대한 정보원은 새롭게 인쇄된 플리니우스 판본이었다. 그러나 레오니세노와 동료 학자들은 플리니우스의 그리스어 원본을 읽으면서 번역 과정에서 얼마나 많은 오류가 발생했는지 깨닫게 되었다. 가자의 테오도로도 그 문제를 인정한 바 있다. 1492년에 레오니세노는 『플리니우스와 몇몇 기타 의학용 약초서 저자의 기록에서 발견되는 오류Indication of Errors in Pliny and in Several Other Authors who Have Written on Medicinal Simples』를 출판했다. 이 책은 고대 기록물에 대한 첫 번째 '논평'이었는데 르네상스 시대에 더 많은 그리스 원전들이 발굴, 공개되면서 이러한 논평이 탄생할 수 있었다. 플리니우스의 기록에 이보다 더욱 큰 타격을 준 책은 같은 해에 에르몰라오 바르바로 Ermolao Barbaro(1453/4~1493)가 펴낸 『플리니우스 비판Castigationes

그림 50. 아리스토텔레스의 『동물론』과 테오프라스토스의 『식물 연구』를 5년에 걸쳐 번역한 가자의 테오도로(1398~1478년경).

Plinianae』으로 이 책에서는 『박물지』에서 찾을 수 있는 2500가지의 오류를 나열해놓았다.(물론 바르바로는 이 오류가 거장 플리니우스보다는 여러 세대에 걸친 대필자들의 잘못이라고 가정하는 것을 잊지 않았다.) 바르바로는 플리니우스의 기록을 가차 없이 비판한 뒤 디오스코리데스에게 화살을 돌렸다. 바르바로가 죽은 뒤, 1516년에 출판된 『디오스코리데스 정리Corollarium Dioscorides』는 그리스의 군의관인 디오스코리데스가 쓴 책에 덧붙이는 일종의 부록과 같은 것으로, 디오스코리데스가 서기 77년에 쓴 『약물에 대하여』에 수록된 식물에 대한 추가적인 잡동사니 정보를 모아놓은 것이다. 예를 들어 붓꽃에 대해서는 디오스코리데스 자신은 거의 언급조차 하지 않은 테오프라스토스의 기록에서 발췌한 정보와 플리니우스의 기록에서 발췌한 정보 그리고 자신의 경험에서 우러나온 정보(가장 흥미로운 부분이다)를 조금씩 추가했다. "파도바에 있는 정원에서 펠릭스 소피아Felix Sophia는 나에게 붓꽃을 보여주었다. 이 꽃에서는 농익은 자두와 같은 향기가 나기 때문에 개미들을 무척 잘 끌어들인다." 이것이 남부와 중부 유럽이 원산지이며 조금 붉은 자주색에 자두 향기가 나는 꽃이라는 점에서 혼동의 여지가 없는 독일 붓꽃Iris Graminea에 대해 처음으로 언급한 문헌이란 말인가? 가자의 테오도로와 마찬가지로 바르바로 역시 동의어와 관련된 문제를 알고 있었다. 바르바로는 이렇게 기록했다. "그리스어에서 제라늄이라고 부르는 식물과 라틴어에서 제라늄이라고 부르는 식물은 상당히 다르다."

요하네스 구텐베르크는 1450~1455년에 활판으로 인쇄한 최초의 책을 내놓았다. 플리니우스가 쓴 책의 첫 번째 인쇄판은 1459년에 발간되어 즉시 베스트셀러가 되었으며 얼마 지나지 않아 디오스코리데스의 기록도 여러 쇄가 출판되었다. 그후 1483년에 테오프라스토스가 쓴 책의 라틴어 번역본도 출판되었다. 이를 보면 약초 의학서에 대한 수요가 충분할 만큼 존재했다는 것을 알 수 있다. 인쇄된 책이 하나의 일상용품으로 보편화될 즈음에는 매우 뛰어난 품질의 식물 그림이 제작되어 특히 베네토를 중심으로 한 북부 이탈리아에서 유행했다. 이 시기, 즉 15세기 후반을 돌아보면 마침내 완전히 새로운 문헌을 창조해낼 기운이 무르익어가는 것처럼 보인다. 안드레아 아마디오와 같은 화가들이 그린 실제처럼 생생한 멋진 식물 그림을 바탕으로 한 목판화와 르네상스의 탐구적인 시대정신을 반영한 새로운 글을 결합할 기회 말이다. 그러나 그런 일은 일어나지 않았다. 오래된 고전이 그대로 반복되었고 식물의 삽화가 처음으로 인쇄될 즈음에는 진보가 아니라 중세 시대에서도 가장 터무니없는 시기로 후퇴하고 말았다. 1475년에 아우크스부르크의 한스 발머가 인쇄한 콘라드 폰 메겐베르크Conrad von Megenberg의 『자연의 책Buch der Natur』 5장 맨 처음에는 목판화가 인쇄(획기적인 사건이다. 물론 나는 좀 더 가치 있는 그림이 첫 번째 인쇄 삽화였기를 바라지만 말이다)되어 있다(그림 52 참조). 대략 가로 5인치(12.7센티미터), 세로 7인치(17.8센티미터) 크기의 틀 안에 그려진 이 그림은 아홉 개의 서로 다른 알아볼 수 없는 식물을 묘사하고 있는데 식물에 조금이라도 관심이 있는 사람에게는 글보다도 더 쓸모가 없는 그림이다. 이 그림은 이븐시나, 갈레노스, 디오스코리데스 등 흔히 알려져 있는 식물 전문가들의 저서에서 발췌한 내용을 대충 섞어놓은 것에 불과했다. 에르푸르트와 파리 대학에서 공부를 한 폰 메겐베르크가 1349~1351년에 이 책을 썼으므로 처음 인쇄되었을 당시에도 이미 100년 이상 시대에 뒤처진 것이었다. 1475년

그림 51. 장미를 배경으로 한 마리아와 예수의 그림. 1445년경 도메니코 베네치아노Domenico Veneziano의 작품.

에 브르고뉴의 마리가 고용한 비엔나의 거장은 마치 방금 잘라낸 것같이 창문틀에 놓인 유리병에 꽂혀 있는 키가 큰 붓꽃을 그렸다. 시몬 베닝Simon Bening이 브뤼헤에서 제작된 기도서에 가로 3인치(7.6센티미터), 세로 2인치(5.1센티미터)가 채 되지 않는 크기로 흩뿌리듯 그려놓은 패랭이꽃, 더블 데이지, 등갈퀴나물, 물망초, 뚜껑별꽃 등은 너무나 생생하여 금세라도 손을 뻗어 꺾고 싶을 정도다. 이와 비교할 때 『자연의 책』에 실려 있는 삽화는 끔찍할 정도로 형편없다. 더 큰 문제는 이것이 예외가 아니라는 사실이다.

그다음에 식물 관련 책 가운데 인쇄된 책의 형태로 세상에 선보인 것은 중세 시대 기록 가운데에서도 가장 질이 떨어지는 아풀레이우스 플라토니쿠스의 약초서를 복제한 것이었다.[2] 원본 필사본에 그려진 그림은 아무짝에도 쓸모가 없었다. 뿐만 아니라 더욱 조악한 매체인 목판화로 옮기는 과정에서 그림의 질은 더욱 떨어져 거의 환상 속의 식물처럼 변해버렸다. 1481년 즈음에는 자연계에 아주 약간이라도 관심이 있는 사람이라면 누구나 어떻게 생겼는지 알고 있었던 수련의 경우 커다랗고 둥근 잎이 수면에 수평으로 퍼져 있고 그 사이에 꽃잎 여러 개로 이루어진 컵 모양의 꽃이 피어 떠다니는 형태였다. 그러나 9세기 원본에서 복제한 그림에는 날개와 같은 잎이 쌍으로 달린 줄기 끝에 세 개의 막대사탕처럼 보이는 꽃이 얹혀 있을 뿐이다(그림 53 참조). 그야말로 형편없는 그림이다. 1481년에 휘호 판 데르 후스Hugo van der Goes(1440~1482년경)는 피렌체의 메디치가를 위해 유명한 포르티나리 제단화를 그리면서 마리아와 아기 예수 앞에 주황빛이 도는 백합, 파랑색과 흰색의 붓꽃, 매발톱꽃, 패랭이꽃 등 한눈에 알아볼 수 있을 뿐만 아니라 매우 아름다운 꽃들이 가득 담긴 꽃병과 긴 컵을 배치했고 그 아래

그림 52. 책에 실린 첫 번째 식물 삽화.
1478년에 아우크스부르크에서 출판된 콘라드 폰 메겐베르크의 『자연의 책』에서 발췌.

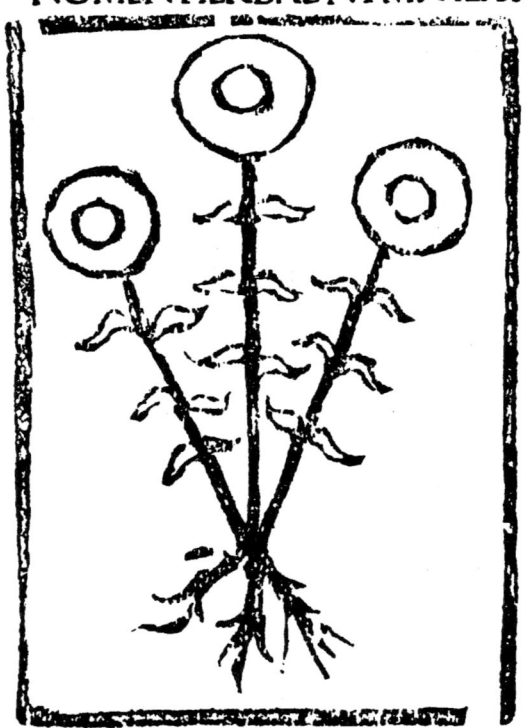

그림 53. 어이가 없을 정도로 질이 떨어지는 수련의 목판화.
1481년경에 로마에서 요하네스 필리푸스 데 리그나미네가 인쇄한 아풀레이우스 플라토니쿠스의 약초서에서 발췌.

땅에는 제비꽃이 자라난 모습을 그렸다. 이렇게 선구적인 모델은 분명히 존재했으나 식물과 관련된 책을 만드는 사람들은 이런 모델을 전혀 활용하지 못했다(그림 54 참조).

식물과 관련된 지식에 대한 욕구는 분명히 존재했고 서적상들이 마을에서 마을로 옮겨 다니며 책들을 광고함에 따라 책을 판매하는 시스템도 빠르게 발달했다.[3] 1480년경에는 이미 뉘른베르크의 출판업자 안톤 코베러가 자신이 판매하고 있는 22권의 책을 광고하는 전단지를 제작하기도 했다. 새로운 곳에 도착할 때마다 서적상들은 이 광고물을 나눠주고 그 아래에 자신이 묵는 여관의 이름을 적어 넣었다. 물론 하나의 원본으로 제작할 수 있는 책의 권수도 혁명적으로 증가했다. 1475년에 한 관측자는 3개월간 세 대의 인쇄기를 돌려 366쪽의 책을 300권 찍어냈다고 기록한 바 있다. 그는 필경사 세 명이 평생 동안 작업을 해도 그 정도 양을 만들어낼 수 없었을 것이라고 주장했다. 대필자들이 복제를 할 때마다 암암리에 왜곡되고 질이 떨어지던 오랜 문제점은 인쇄기의 발명으로 단번에 해결될 수 있었다. 가지런히 배열된 목재 또는 금속 활자에 고스란히 담긴 글이 있었던 것이다. 인쇄업자가 원하는 만큼 그 고정된 활자들의 복사본을 수도 없이 쏟아낼 수 있는 구텐베르크의 위대한 인쇄기도 있었다. 이론상으로는 실수가 발생할 여지가 없어야 했다. 그러나 인쇄되는 식물 관련 책에 대한 저작권이 제대로 정비되지 않은 상황이었기 때문에 해적판이 난무했다. 글의 경우 여러 인쇄업자가 경쟁하는 과정에서 활자를 여러 차례 재배치하며 오류는 더욱 심각해졌다. 브장송에서 피에르 멜링거가 처음 출판한 『종합 식물 표본집Le grand Herbier』이 영국에서 새롭게 단장되어 The grete herbal이라는 이름으로 나올 즈음에는 40년이라는 세월이 흘렀고 그 사이에는 오류와 왜곡이 발생할 기회가 무수하게 존재했으며 안타깝게도 기회가 있을 때마다 오류는 발생했다. 그러나 다행스럽게도 이런 변화가 일어나면서 자체 검열의 가능성도 높아졌다. 인쇄된 문헌에서는 필사본보다 이러한 내용상의 오류를 발견하기가 더욱 쉬웠으며, 독자층도 점점 늘어남에 따라 니콜로 레오니세로와 에르몰라오 바르바로가 플리니우스의 오류를 지적했던 것처럼 잘못된 부분을 바로잡고자 하는 의욕이 넘치는 독자들도 있었다.

또 삽화를 찍어내는 매체로 사용된 목판화 때문에 새로운 오류의 가능성이 생겨났다. 목판화 기술은 1400년경에 유럽에 도입되었지만 목판을 조각하는 판화가의 도구는 아마데오의 붓이나 다 빈치의 펜과 견줄 때 뭉툭하기 짝이 없었다.(그렇다고 해서 이것이 최소한 주변에서 흔히 볼 수 있는 식물의 윤곽조차 적절한 형태로 표현하지 못한 것에 대한 변명이 될 수는 없지만 말이다.) 마리 보애스는 시대를 고려해볼 때 식물에 대한 최초의 활자 인쇄본에 실려 있는 조악한 재래식 목판화와 세밀화 전문가 그리고 화가의 작품 사이에 그다지 큰 차이가 나지 않는다고 주장한다. "목판화는 글과 함께 필사본의 그림에서 충실하게 복제한 것이었고 그림은 자연이 아닌 글을 기준으로 하여 제작되었다. 물론 독특한 관점이었다는 것은 의심할 여지가 없으나 진정한 의미의 독립된 식물학(또는 동물학)은 여전히 존재하지 않았다. 식물에 대한 본격적인 연구는 16세기에 가서야 나타나게 된다."[4] 가장 초기의 책에서는 글과 그림을 모두 같은 목판에 조각하였으나 활판 인쇄기가 발명되고 난 뒤에는 그림에만 목판을 사용했다. 이때 사용된 목재는 사과나무, 배나무, 양모과나무, 마르멜로나무[장미과의 과일나무]와 같이 단단하고 결이

그림 54. 휘호 판 데르 후스(1440~1482년경)가 그린 포르티나리 제단화의 가운데 폭. 전경에는 붓꽃, 매발톱꽃, 옅은 빨강색의 백합(아마도 오렌지 백합Lilium bulbiferum으로 추정)이 꽂혀 있는 꽃병이 눈에 잘 띄게 배치되어 있다.

고운 나무였다. 글과 그림이 서로 분리되면서 인쇄업자들이 그림을 엉뚱한 글과 함께 배치하는 실수를 저질러 새로운 혼란을 야기했다. 의뢰하는 인쇄업자의 입장에서 목판은 상대적으로 값비싼 물건이었기 때문에 본전을 뽑으려고 여러 번 반복해서 사용했다. 또한 닳거나 부서진 목판도 아랑곳하지 않고 계속 사용했다. 뛰어난 그림과 이를 복제하는 과정에서 심하게 왜곡된 그림의 차이는 필경사들이 활약하던 시대부터 불거진 문제점이었던 것이다. 이 간극을 극복할 수 있는 식물에 대한 책이 출판된 것은 이로부터 거의 100년이나 지나서였다.

고대의 문헌과 씨름했던 다른 르네상스의 학자들처럼 테오프라스토스, 디오스코리데스, 플리니우스의 박물학 기록들을 처음 편집했던 사람들도 벌레 먹은 필사본으로 작업해야 했으며 그 벌레 먹은 책 자체도 여러 차례 복제에 복제를 거듭한 것이었다. 번역은 매우 힘든 과정이었다. (가자의 테오도로가 자신이 맡은 아리스토텔레스와 테오프라스토스 부분을 마치는 데에 5년이 걸렸다.) 그러나 식물 부분을 맡은 사람들은 윤리나 수학을 다룬 문헌과 씨름하는 사람들에게는 없는 하나의 특권을 누리고 있었다. 바로 정원에 핀 꽃, 과수원에 열린 과일, 봄에 근처의 초원을 덮는 무성한 풀 등 살아 있는 식물을 대상으로 삼고 있었기 때문이다. 고대 의학자들이 언급한 것과 정확히 같은 식물은 아니었을지 모르지만(르네상스 시기에 식물을 연구하는 사람들이 이 사실을 깨닫기까지는 상당한 시간이 걸렸다), 이 학자들은 테오프라스토스가 역작 『식물 탐구』에 설명한 것과 똑같은 형태의 식물이 여전히 어딘가에 존재하고 있을 것이라 믿어 의심치 않았다.

1480년대에 부유한 독일 아마추어 학자가 이러한 식물을 찾기 위한 탐험을 했다. 이 사람의 이름은 알려지지 않았으나 1485년에 마인츠에서 피터 쉐퍼가 이 탐험의 결과를 『건강의 정원Der Gart der Gesundheit』이라는 책으로 묶어 펴냈다. 이 책은 유례가 없는 시도 몇 가지를 하고 있다는 점에서 매우 혁신적이라 할 수 있다. 글은 라틴어나 그리스어가 아니라 일상생활에서 쓰는 언어(독일 바이에른 지방의 사투리)로 쓰였다. 379개의 목판화 가운데 적어도 6분의 1은 원래 식물이 무엇인지 알아볼 수 있을 정도의 사실성을 확보하고 있었다(그림 55 참조). 이는 기적에 가까운 일로, 아마도 그림을 조각한 목판이 일반적인 크기의 두 배인 가로 5인치(12.7센티미터), 세로 7인치(17.8센티미터)였기 때문에 가능했을 것이다. 이 책은 또한 상당히 체계가 잡힌 몇 개의 색인도 갖추고 있어서 독자들이 원하는 내용을 좀 더 쉽게 찾아볼 수 있도록 되어 있었다. 이 책의 저자는 서문에 이렇게 적고 있다. "그 이후 이 세상에서 인간에게 신체의 건강보다 더 귀중한 보물은 없다."

내가 할 수 있는 일 가운데 전 세계 사람들과 공동의 선을 위해 수많은 약초와 다른 창조물의 장점, 본질과 함께 해당 식물의 실제 색과 형태를 담은 책을 펴내는 것보다 명예롭고 유용하고 성스러운 일, 혹은 노동이 없다는 결론을 내렸다. 그 결과 나는 의술을 공부한 거장(프랑크푸르트의 지역 의사였던 요한 폰 쿠베)에게 이 치하할 만한 일을 시작하도록 의뢰했으며, 요한은 나의 요청으로 갈레아노, 이븐시나, 세라피오, 디오스코리데스, 판덱타리우스, 플라테리우스, 기타 저명한 의술 분야 대가들의 기록에서 여러 가지 약초의 장점과 본질을 발췌하여 책으로 묶었다. 그러나 이 작업을 하는 과정에서 나는 약초의 그림과 설명에 관심을 기울이게 되었고 독일

그림 55. 아코루스Acorus(오늘날의 노랑 아이리스Iris pseudacorus). 1485년에 마인츠에서 출판된 독일 약초 의학서 『건강의 정원』에서 발췌.

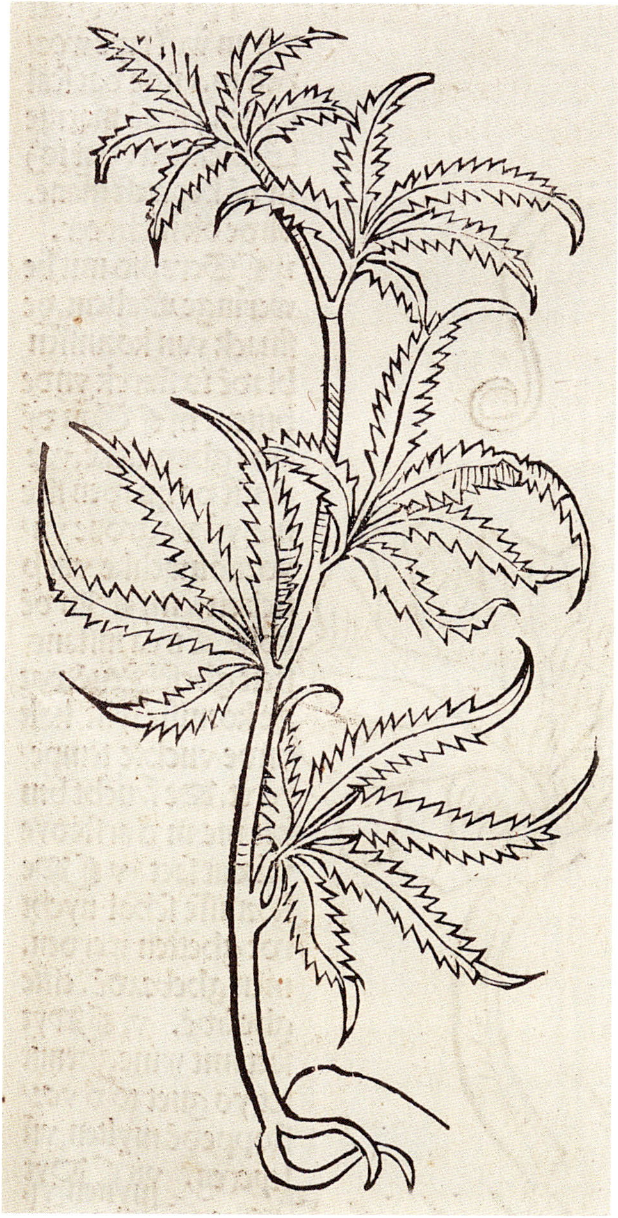

그림 56. 다섯 손가락 모양으로 갈라진 잎을 매우 세밀하게 묘사한 카나푸스Canapus(오늘날의 대마Cannabis sativa). 1485년에 마인츠에서 출판된 독일 약초 의학서 『건강의 정원』에서 발췌.

땅에서는 자라지 않는 소중한 약초가 무수히 많아 전언에 의지하지 않고서는 그 약초들의 실제 색과 형태를 그릴 수 없다는 사실을 알게 되었다. 따라서 나는 내가 시작했던 일을 끝내지 못하고 성묘 聖墓와 은총이 가득하신 성녀 카트리나가 평화로이 잠들어 계신 시나이 산을 방문할 수 있는 은총과 허가를 얻을 때까지 펜을 옆으로 밀어놓았다. 그리고 내가 시작했으나 미처 끝마치지 못했던 귀중한 작업이 무산되지 않도록 하기 위해, 그리고 이 작업을 위한 여정이 내 영혼뿐만 아니라 전 세계에 유익이 될 수 있도록 하기 위해 재치 있고 섬세하며 수많은 연습을 거쳐 실력을 갖춘 화가를 대동했다(이 화가의 이름은 에르하르트 루비치Erhard Reuwich였다). 그리고 우리는 독일에서 이탈리아, 이스트리아, 그리고 슬로베니아, 즉 윈디시 땅을 거쳐 크로아티아, 알비니아, 달마티아, 그리스, 코르푸, 모레아, 칸디아(크레테), 로도스, 키프로스를 지나 약속의 땅이자 성스러운 도시 예루살렘에 도착했다. 거기서 다시 소 아라비아 Arabia Minor를 건너 시나이 산으로, 시나이 산에서 홍해를 향해 카이로, 바빌로니아 방면으로, 그리고 이집트의 알렉산드리아로 향했고 그곳에서 다시 칸디아로 돌아왔다. 이러한 왕국과 영토를 탐험하는 과정에서 나는 열심히 현지의 약초를 찾아 다녔고 찾아낸 약초의 실제 색과 형태를 자세하게 기록하도록 지시했다. 그리고 신의 은총으로 무사히 독일의 집으로 돌아온 후 이 일에 대한 엄청난 애정으로 끝까지 매진할 수 있었고 지금은 신의 도움으로 모든 작업이 마무리되었다. 그리고 이 책은 라틴어로 건강의 정원이라는 뜻인 Ortus sanitatis, 독일어로는 Der Gart der Gesundheit라 부른다. 이 책에는 인간의 건강에 도움이 되고 약방에서 보편적으로 사용되는 435가지 식물과 기타 창조물의 효력과 장점이 실제 색깔은 물론 형태와 함께 수록되어 있다. 또한 전 세계에서 학식이 있는 사람이나 없는 사람이나 두루 사용할 수 있도록 나는 이 책을 독일어로 기록했다.⁵

따라서 몇 가지 측면에서, 특히 라틴어나 그리스어로 작성되지 않은 최초의 식물에 관한 책이라는 점에서 『건강의 정원』은 새로운 지평을 열었다. 그러나 식물 자체에 대한 좀 더 객관적인 평가라는 점에서는 전혀 기여한 바가 없었다. 이 책은 식물을 여전히 그 자체의 본질적인 가치가 아니라 의학의 한 요소로서 연구하고 다루었다. 또한 이 미상의 학자는 중세 시대부터 전해 내려온 치료와 관련된 미신의 안개를 걷어버리기는커녕 더욱 짙게 만드는 데 공헌했다. 그의 작업은 당시 주류였던 네 가지 원소 이론과 그로부터 이끌어낸 네 가지 원칙 또는 속성에 기초를 두고 있었다. 네 가지 원소는 불(뜨겁고 마른 것), 공기(뜨겁고 축축한 것), 물(차갑고 축축한 것), 흙(차갑고 마른 것)이다. 네 가지 원소와 관련된 네 가지 서로 다른 속성이 바로 뜨겁고, 차갑고, 축축하고, 마른 성질이다. 당시의 내과의들은 우리 몸에서 네 가지 원소와 속성이 올바른 균형을 이루고 있을 때가 건강한 상태라고 생각했다. 각각의 약초에는 식물 자체의 본질이 아닌, 그것이 가지고 있는 효과에 따라 일정한 특성을 부여했다. 서문에서 저자가 설명했듯이 "한 약초는 몸을 덥게 하고 다른 약초는 차갑게 하며 그 정도는 각 약초의 본질과 양상에 따라 달라진다." 식물의 유사성과 차이점도 검토했으나 적어도 내가 보는 기준에서는 올바른 것이 아니었다. 어떤 의미에서는 획기적이라고 할 만한 꼼꼼한 색인도 식물에게 올바른 이름을 붙이는 데 도움이 되는 방식으로 식물을 분류하고 나열한 것은 아니었다. 나는 여전히 자연계의 광대하고 어마어마한 체계를 이해하며 이를 단어로 재창조하고 식물을 약학에서 해방시키고 효용성에 따라 억지로 부과해놓은 인위적인 순서를 파괴할 천재의 등장을 기다리고 있다. 한편 15세기의 독자들은 앞 다투어 쉐퍼의 책을 읽었다. 5년도 지나기 전에 마인츠의 요한 쉔스페르거라는 사람이 해적판을 출판했다. 나중에 절반 크기로 줄어든 목판화를 효율적으로 사용하기 위해 스트라스부르, 바젤, 울름의 인쇄업자들이 그후 4년간 일곱 개의 해적판을 내놓았다.

그러나 세상은 빠르게 개방되고 있었다. 마르코 폴로는 1270~1295년까지 여러 지역을 여행하면서 말린 상태로 약방 선반에 진열된 형태로만 알려져 있던 대황, 계피, 울금, 녹나무, 코코넛, 인삼과 같은 식물의 원 서식지를 눈으로 직접 목격했다. 이 여행에 대한 이야기는 1298년 이후부터 필사본으로 공개되어 있었으나 그 반향이 좀 더 직접적으로 느껴지기 시작한 것은 1477년에 마르코 폴로의 이야기가 출판되고 나서였다. 1487년에 탐험가들은 아프리카 해안에 도달했고 오늘날의 에티오피아에 해당되는 아비시니아 내륙까지 깊숙이 들어갔다. 1498년에는 유럽 선박들이 다시 인도까지 진출하여 알렉산더의 장군들이 이국적인 반얀 나무에 대한 보고서를 처음으로 보내온 인더스 지역을 다시 방문했다. 1503년에는 서인도, 아메리카 대륙 전체와 교역을 하기 시작했고 1511년에는 말라카와 동인도가 지도에 기재되었다. 1516년에는 선원들이 중국까지 발을 넓혔고 1542년에는 일본에도 상륙했다. 16세기 중반에 이르자 유럽의 탐험가와 선원들이 발을 디디지 않은 국가는 전 세계에서 오스트레일리아와 뉴질랜드를 제외하고 거의 찾아볼 수 없었다. 사람들은 고대 학자들에게는 전혀 알려져 있지 않았던 식물이 존재한다는 사실을 마

그림 57. 알레소 발도비네티Alesso Baldovinetti(1426~1499년경)의 노란 옷을 입은 여성. 소매 부분의 과감한 장식은 당종려나무Trachycarpus fortune를 본뜬 것으로 보이기도 한다.

침내 인식하기 시작했다. 100년도 되지 않은 기간 동안 그 전 2000년보다 20배나 많은 식물이 유럽에 전해졌다. 처음 신대륙을 탐험하기 위해 항해를 떠난 것은 포르투갈 선원들이었지만 이러한 새로운 발견을 활용하기 위해 자금을 댄 것은 대부분 이탈리아의 상인과 은행가들이었고, 이런 낯선 식물을 경작해보려고 처음 시도한 곳도 이탈리아였다. 신대륙에서 들어온 식물에는 옥수수, 얌, 감자, 깍지콩, 강낭콩, 해바라기, 돼지감자 등이 있었다. 15세기 메디치가의 피렌체 정원에는 이미 올리브와 포도 사이에 파인애플과 뽕나무가 자라고 있었고, 16세기 이탈리아 학자들이 새롭게 전파된 헤아릴 수 없이 많은 식물을 분류하고 정리하는 문제를 진지하게 생각하기 시작했을 때는 작업에 도움이 되는 세 가지 도구가 이미 마련되어 있었다. 그것은 바로 식물원, 식물 표본집 hortus siccus, 그리고 마침내 등장한 제대로 된 몇 권의 식물 관련 서적이었다.

XI 브룬펠스의 책
1500~1550년

가자의 테오도로와 같은 초기 인문주의자들은 플리니우스나 디오스코리데스가 쓴 고전을 편집하는 것 자체에 목적을 두었다. 중세 시대의 스콜라 철학과 논리, 신학에 대한 집착에 강하게 반발한 인문주의자들은 중세를 고대의 위대한 업적과 희망찬 미래를 제시하는 현재 사이에 자리 잡은 불행한 암흑기로 보았다. 인문주의자들은 신과의 관계만큼이나 인간과 살아 있는 세계와의 연관을 중요하게 생각했다. 그러나 초기의 학자들은 모두 고대 학자들의 사상을 올바르게 이해하기 위해서는 정확한 문서가 필요하다는 데에 의견의 일치를 보였다. 학자들은 고전의 서로 다른 판본을 꼼꼼하게 비교하면서 유실된 문단을 복구하고 잘못된 표기를 수정했다. 혹 오류가 발견되면 그동안 흐른 세월과 복제사들의 탓으로 돌렸을 뿐 결코 고전의 저자들을 비판하지는 않았다. 그러던 중 1453년에 콘스탄티노플이 투르크 족에게 함락되자 그동안 그리스 문헌을 전해주던 풍부한 공급원이 갑자기 사라져버렸다. 피콜로미니 추기경은 니콜라오 교황에게 "영감의 분수가 영원히 말라버리고 말았다"고 탄식하기도 했다. 새로운 자료를 손에 넣지 못하게 되면서 다음 세대 학자들은 새롭게 라틴어로 번역된 기존의 고대 문헌을 좀 더 비판적인 눈으로 보기 시작했다. 그러면서 이들은 전설적인 고대 거장들의 기록에 의문을 제기하기 시작했다. 니콜로 레오니세로는 『플리니우스의 기록에서 발견되는 오류』를 출간했고 에르몰라오 바르바로는 『플리니우스 비판』을 펴냈다. 인문주의 학자가 되기 위해서는 고전으로 탄탄한 기반을 닦아야 했지만 이들은 머지않아 고전에 실린 내용이 해답보다는 더욱 많은 의문을 불러 일으킨다는 사실을 깨닫기 시작했다. 일이 이렇게 되고 보니 고대 그리스 문헌을 안전하게 보존하는 데에 엄청나게 중요한 역할을 했던 아랍인들은 의심의 눈초리를 받게 되었다. 아랍인은 귀중한 디오스코리데스와 플리니우스의 기록에 자신들의 사고방식과 글을 얼마나 덧붙였을까?

학자들은 서서히 고전 기록에 대한 집착에서 벗어나기 시작했다. 인내심이 부족하고 교만으로 가득 차 있으며 당시에는 발견조차 되지 않았던 지식으로 넘쳐나는 오늘날에 그 시대를 돌아보면 우리는 왜 그토록 학자들이 오랫동안 고대 기록에 얽매여 있었는지 의문을 가질 수밖에 없다. 인본주의자들은 결국 자연에서 즐거움을 발견하는 한편 (성 아우구스투스가 가르쳤듯이) 자연을 성경을 해석하는 데 사용되는 가치나 신의 놀라운 능력을 보여주는 상징으로서가 아니라 그 자체로서 이해하고 만끽해야 한다고 주장했다. 해방의 시기였고 독창적인 사고를 할 시기가 된 것이다.

이제 1700년 전에 쓰인 대로가 아니라 식물 자체의 의미를 생각해볼 시기였다. 그러나 생각을 하려면 먼저 눈으로 보아야 했다. 다행히도 16세기에는 식물을 직접 눈으로 볼 기회가 크게 늘어났다. 파도바와 피사에 최초의 식물원이 세워지고 최초의 식물 표본집(눌러서 말린 식물의 모음집)이 제작되었으며 무엇보다도 외견상으로는 진지한 식물에 대한 책이 처음 출판되었던 것이다. 이에 해당되는 최초의 책은 오토 브룬펠스의 『식물의 생태도Herbarum vivae eicones』(1530)로 그 제목이 시사하는 바와 같이 이 책에서는 그림이 글보다 더 중요한 역할을 했다.

브룬펠스(1488~1534, 그림 58 참조)는 책의 헌정사에서 이렇게 밝혔다. "이 책을 쓴 유일한 목적은 사라져가는 과학에 다시 생명을 불어넣는 것이다. 그렇게 하기 위한 유일한 방법은 모든 고대 약초 의학서를 배제하고 새로우면서도 진짜 실물 같은 그림을 수록하고 그와 함께 고대 학자와 신뢰할 수 있는 저자들의 기록에서 발췌한 정확한 설명을 싣는 것이라고 생각했다. 따라서 나는 두 가지 모두를 시도했고 그 두 가지 작업을 충실히 하기 위해 최선의 노력을 쏟아붓고 주의를 기울였다."[1]

브룬펠스에게 그림을 그려준 사람은 한스 바이디츠였다. 바이디츠는 "새로우면서도 진짜 실물 같은 그림"을 여럿 그렸는데 이런 그림 덕분에 어느 누구도 할미꽃, 수선화, 레이디스맨틀, 수련이 어떻게 생겼는지 의문을 가질 필요가 없게 되었다(그림 62 참조). 아마디오도 좀 더 제한된 범위의 식물을 대상으로 이런 그림을 그렸지만 그의 그림은 단 한 장밖에 없는 것이었다. 그러나 이제는 인쇄 기술이 발명된 덕분에 독일, 프랑스, 이탈리아, 덴마크에 있는 모든 학자들이 정확히 똑같은 그림을 볼 수 있었다. 이제 식물의 생태에 대한 연구가 시작되었다. 학자들이 식물의 특별한 부위에 붙여야 하는 이름에 대해 의견차를 좁히기까지는 아직도 헤쳐나가야 할 난관이 많았지만 뒤러의 제자였던 바이디츠는 260개에 달하는 손에 잡힐 듯 생생하고 뛰어난 식물의 그림을 남겼다. 그는 산토끼꽃의 부러진 줄기, 헬레보어의 시든 잎, 야생 난초의 녹색 잎사귀를 공격한 질병을 자세히 보여주었다. 이 그림들은 형태를 모호하게 나타낸 것이 아니라 개별 표본을 충실하게 그림으로 옮긴 것이었다.

긴 헌정사에서 브룬펠스는 직접적으로 바이디츠의 이름을 언급하지는 않는다. 그러나 2년 후에 *Contrafayt Kreuterbuch*라는 이름으로 출판된 독일어판 서문에서는 '장인 한스 바이디츠 폰 스트라스부르'를 언급하며 그의 공로를 인정하고 있다. 그러나 브룬펠스는 바이디츠의 완성도 높은 그림에 기뻐했다기보다 오히려 분개한 듯하다. 브룬펠스는 여러 차례 거장과 숙련된 판화가에게 양보해야 했다고 불평했다. 이 예술가들은 자신이 그리고 싶은 것을 자신이 내킬 때에 그렸기 때문이다. 그는 판화가들이 일단 그림을 제작해야만 어떤 식물이 포함될지 알 수 있었기 때문에 식물을 유의미한 방식으로 배열할 수 없다고 설명했다. 이 책은 충분한 자료가 모일 때마다 여러 차례에 걸쳐 출판되었으며 첫 번째 권은 1530년에, 두 번째 권은 1531~1532년에, 세 번째 권은 브룬펠스의 사후인 1536년에 출간되었다. 우리가 바이디츠의 그림이 브룬펠스의 글보다 훨씬 중요한 것처럼 생각하듯이 어쩌면 처음부터 그림이 글

그림 58. 오토 브룬펠스(1488~1534).
뒤러의 뛰어난 제자인 한스 바이디츠가 그림을 그린 『식물의 생태도』(1530~1536)의 저자.

보다 중요한 취급을 받았는지도 모른다. 어쩌면 이 책의 제작은 브룬펠스가 생각해낸 것이 아니라 인쇄업자이자 출판업자인 스트라스부르의 요하네스 쇼트의 아이디어로 시작된 것인지도 모른다. 어쩌면 쇼트가 뛰어난 그림이 실린 식물에 대한 새로운 책을 내면 상당한 시장성이 있을 거라 간파하고 바이디츠에게 그림을 의뢰한 뒤 작업이 진행되는 동안 내내 바이디츠를 이 계획에서 가장 중요한 작업자로 취급했을지도 모른다. 바이디츠가 선택한 식물 가운데 47종이 이전에는 결코 그림으로 그려진 적이 없는 것이었다. 여기에는 숲바람꽃, 황새냉이, 질경이, 할미꽃 등 흔하지만 아름다운 토종 식물이 포함되어 있었으며 특히 할미꽃 그림은 책 전체에서 최고로 손꼽힐 만큼 아름답다(그림 59 참조). 깃털처럼 가벼운 잎사귀, 줄기의 부드러운 솜털, 덩굴손처럼 자란 꽃받침 위에 활짝 피어난 꽃. 바이디츠는 이 모든 것을 완벽하게 그림에 담았다. 브룬펠스는 제대로 된 라틴어 이름도 없는 "무명의 풀"이자 약제상에게는 아무 쓸모도 없는 할미꽃을 책에 포함시키는 것이 큰 불만이었다. 숲바람꽃 역시 "이름이 알려지지 않은" 자연림에 자라는 풀이라 여기며 할미꽃처럼 무시했다. 브룬펠스는 바이디츠가 그린 또 하나의 야생화인 은방울꽃에 대해 "전문가들은 '쥐 죽은 듯 조용했으며' 아무런 언급을 하지 않았다"고 말했다. 브룬펠스는 효능이 알려져 있지 않은 식물을 왜 책에 수록해야 하는지 이해하지 못했다. 과거 식물에 대한 책을 쓴 저자들은 인간에게 쓸모없는 식물을 책에 포함시킨 적이 없었다. 브룬펠스는 혁신적인 생각을 하는 사람이 아니었다. 그러나 결코 타협하지 않는 뒤러의 가르침을 받은 바이디츠는 식물의 본질적인 다양성, 여러 가지 잎의 형태, 꽃이 줄기에 자리 잡고 있는 방식, 씨를 감싸고 있는 서로 다른 형태

Kuchenschell.   Backerkraut.

OTHO BRVNNFELSIVS.

CONSTITVERAMVS ab ipso statim operis nostri initio, quicquid esset huiuscemodi herbarum incognitarum, et de quarum nomenclaturis dubitaremus, ad libri calcem appendere, & eas tantum sumere describendas, quæ fuissent plane uulgatissimæ, adeoq; & officinis in usu: uerum longe secus accidit, & rei ipsius periculum nos edocuit, interdum seruiendum esse scenæ καὶ καιρῷ λατρεύειν, quod dicitur. Nam cum formarum deliniatores & sculptores, uehementer nos remorarentur, ne interim ociose agerent & prela, coacti sumus, quamlibet proxime obuiam arripere. Statuimus igitur nudas herbas, quarum tantum nomina germanica nobis cognita sunt, præterea nihil. Nam latina neq; ab medicis, neq; ab herbarijs rimari ualuimus (tantum abest, ut ex Dioscoride, uel aliquo ueterum hanc quiuerimus demonstrare) magis adeo ut locum supplerent, & occasionem præberent doctioribus de ijs deliberandi, q;

그림 59. 할미꽃 Pulsatilla vulgaris.
오토 브룬펠스가 마지못해 『식물의 생태도』에 포함시킨 "이름 없는 풀" 가운데 하나.

의 화탁花托 등에 강한 호기심을 느낀 것이 분명했다. 그리고 바이디츠가 이 새로운 그림들을 그려냈기 때문에, 나아가 이 그림이 인쇄되어 유럽 전체에 퍼졌기 때문에 그가 그린 식물은 더 이상 무시당하지 않게 되었다. 비록 약제상에게는 아무 쓸모가 없을지 몰라도 이 "이름 없는 풀", 즉 무명의 별볼일 없는 식물은 분명히 존재했다. 1530년에 첫 번째 『식물의 생태도』가 출판되었을 때에는 분류와 정리 작업을 할 만큼 식물의 종류 자체가 많지 않았다. 그래도 브룬펠스는 무언가 체계를 부여해야 한다고 느꼈다. 그는 단순히 화가가 사용한 이름이라고 해서 자신이 알아보지도 못하는 식물의 이름을 받아들여야 할 때 매우 화를 냈다.[2]

브룬펠스의 글은 여러 유용한 자료에서 발췌한 것을 모아놓은 것이었다. 브룬펠스가 참고한 자료는 모두 47가지나 되었으며 여기에는 테오프라스토스, 디오스코리데스, 플리니우스, 아풀레이우스, 플라토니코스, 세라피온, 메수외, 이븐시나, 라제스와 같은 아랍 의사의 기록도 포함되어 있었다. 정교한 권두 삽화(그림 60 참조)는 고전적인 상징으로 가득 채워져 있다. 디오스코리데스와 아폴로(술이 달린 이상한 망토를 착용)는 사각형 틀로 둘러싸인 제목 양쪽에 배치되어 있고 비너스는 널빤지로 둘러싸인 돋음 모판이 있는 16세기풍 정원에서 편안하게 쉬고 있으며 아래쪽에는 헤스페리데스(그리스 신화에 나오는 황금 사과 밭을 지키는 여신들)가 황금 사과가 열린 과수원에서 즐겁게 노닐고 있다. 그러나 브룬펠스는 의사docti가 아닌 소위 평민vulgus이라고 부르는 사람들의 공로 역시 인정했다. 브룬펠스는 서민들의 식물에 대한 실용적인 지식을 존중했다. "책에서 얻은 지식은 아니었지만 실험을 통해 얻은 지식도 유용했다."[3]

시금치와 비슷한 향미 채소인 명아주에 대해 이야기해준 것도 "약초에 대한 지식을 가지고 있는 사람", 즉 약초를 채집하는 노파들이었다.[4] 그리고 브룬펠스는 16세기 초반의 의사이자 인문주의자인 바젤의 기욤 코푸스Guillelmus Copus가 베푼 만찬에 대한 이야기를 언급하면서 이율배반적인 만족감을 느끼는 듯했다. 코푸스는 신선한 샐러드 접시에서 풀을 하나 들어올리고는 손님으로 식탁에 앉아 있던 파리 의과 대학의 동료 의사들에게 그 풀의 이름을 아느냐고 물었다. 손님 가운데 그 풀의 이름을 아는 사람은 아무도 없었고 모두들 그 풀이 매우 희귀하고 이국적인 식물이라 생각했다. 코푸스가 부엌에 있던 하녀를 불렀고 그 하녀는 그 풀이 파슬리라고 했다.

브룬펠스는 자신의 성장 배경 때문에 더욱 서민들과 자연스러운 공감대를 형성할 수 있었는지도 모른다. 브룬펠스는 독일의 베츨라르 근처에 있는 브라운펠스라는 곳에서 태어났다. 아버지인 요한은 통을 만들어 파는 사람이었는데 외동아들이 교회에 들어가겠다는 희망을 피력하자 강력하게 반대했다. 1510년에 브룬펠스는 마인츠 대학에서 예술학 석사학위를 취득한 뒤 고향을 떠나 스트라스부르 근처의 쾨닉스호펜에 있는 카르투지오 수도회에 들어가 수련 수사가 되었다. 브룬펠스는 그곳에서 10여 년간 생활했으나 루터 교도로 개종한 뒤 동료인 미하엘 헤어 신부와 함께 도망쳤고 스트라스부르의 요하네스 쇼트라는 인쇄업자의 집에서 지내게 되었다. 그후 몇 년간 브룬펠스는 독일의 남쪽과 서쪽을 여행하며 복음주의 루터 교도로서 설교를 했다. 1524년에 스트라스부르로 돌아온 브룬펠스는 결혼을 하고 학교를 세웠다. 그후 1532년까지 10여 년간 그는 신학에 대한 글만 쓰고 이를 출판했다. 그다음 바젤 대학에서 의학 박사학위를 받았다. 그는 잠시 스트라스부르에서 병원을 열었다가 베른 시의 의사가 되었다. 그로부터 고작 1년 뒤에 폐결핵으로 숨을 거두었다.

따라서 그가 『식물의 생태도』와 관련된 대부분의 작업을 한 시기는 자신의 학교를 운영하고 신학에만 몰두했던 1532년 이후였다. 1532년에 의학 박사학위를 받았고 같은 해에 『식물의 생태도』의 두 번째 권이 출간되었다. 그가 공부한 교과 가운데 당시 학생들이 식물에 대해 배울 수 있었던 유일한 방법인 식물 표본res herbaria에 대한 강의도 포함되어 있었을 것이다. 브룬펠스를 가르친 교수들은 틀림없이 그에게 참고 문헌을 찾는 방법을 가르쳐주었을 것이고 그는 나중에 이 문서들의 상당 부분을 『식물의 생태도』에 반복해서 실었다. 그러나 이 식물이라는 주제는 독자들에게와 마찬가지로 브룬펠스 자신에게도 상당히 생소한 분야였다. 또한 제약도 심했다. 바젤의 교수들은 의학적으로 가치 있는 식물에 대해서만 강의했을 것이다. 바이디츠가 고대 저자들이 아무런 언급도 하지 않은 식물의 그림을 그려서 가져왔을 때 브룬펠스가 화를 냈던 것도 당연했다. 고대 저자들이 '쥐 죽은 듯한 침묵'을 지켰다면 현지의 약초 채집꾼들이나 약제사들에게서 새로운 정보를 얻지 못하는 한 자신도 침묵을 지켜야 했다. 그는 식물의 형태가 그 쓰임새에 대한 가장 좋은 단서가 된다는 약징주의藥徵主義를 무비판적으로 받아들였다. 예를 들어 편축〔마디풀과의 식물〕은 각 잎사귀에 피처럼 붉은 반점이 있기 때문에 피부에 난 상처를 치유하는 데 널리 사용되었다. 브룬펠스는 편축에 대해 이렇게 기록했다. "이 약초는 작은 것과 큰 것의 두 가지 종류가 있으나 양쪽 모두 잎은 복숭아처럼 생겼고 잎의 가운데에는 마치 피 한 방울이 떨어진

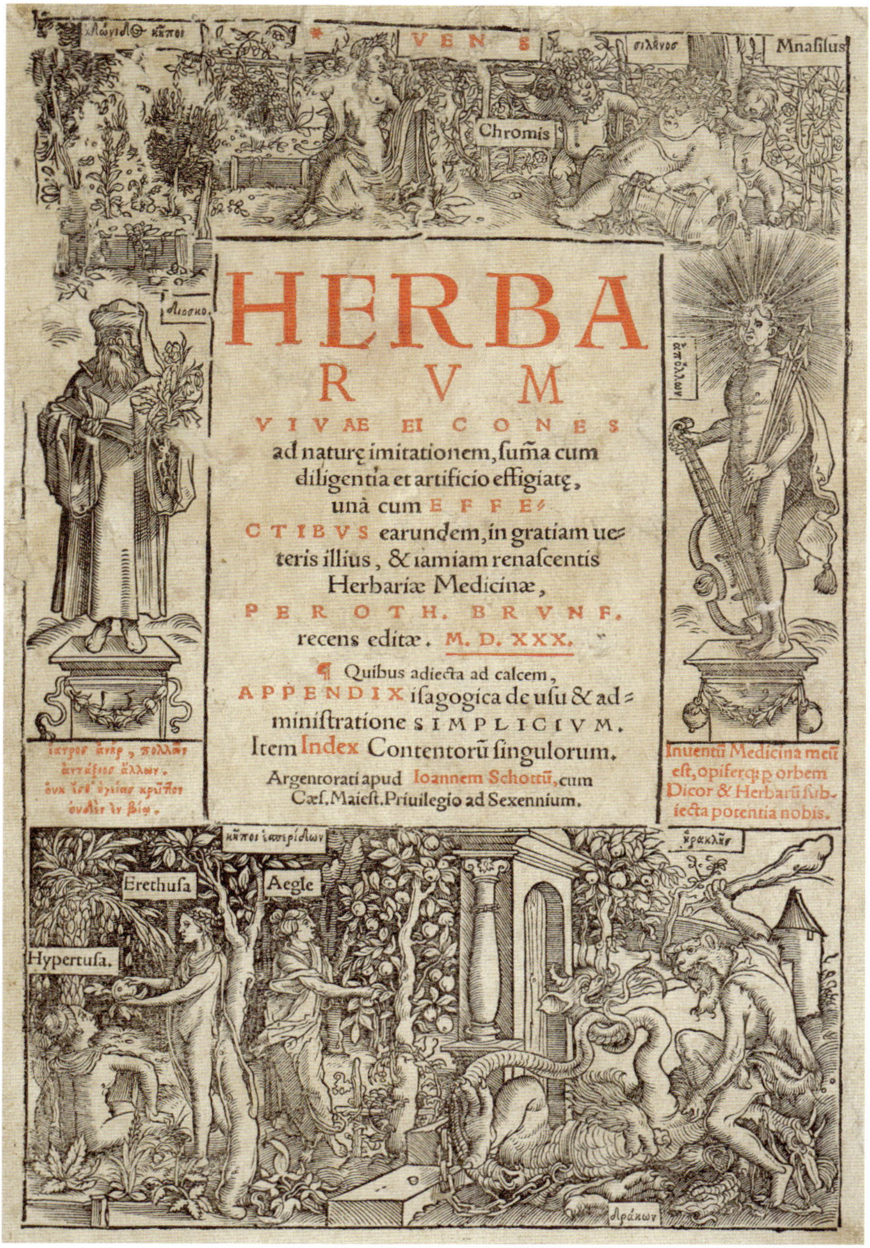

HERBA
RVM
VIVAE EICONES
ad naturę imitationem, sum̃a cum
diligentia et artificio effigiatę,
unà cum EFFE-
CTIBVS earundem, in gratiam ue-
teris illius, & iamiam renascentis
Herbariæ Medicinæ,
PER OTH. BRVNF.
recens editæ. M. D. XXX.
¶ Quibus adiecta ad calcem,
APPENDIX isagogica de usu & ad-
ministratione SIMPLICIVM.
Item Index Contentorũ singulorum.
Argentorati apud Ioannem Schottũ, cum
Cæs. Maiest. Priuilegio ad Sexennium.

Inuentũ Medicina meũ
est, opiferq; p orbem
Dicor & Herbarũ sub-
iecta potentia nobis.

그림 60. 오토 브룬펠스가 쓴 『식물의 생태도』의 표제지.
이 책에는 한스 바이디츠의 뛰어난 식물 그림이 실려 있다. 1530년에 스트라스부르에서 출판되었다.

것 같은 반점이 있다. 이는 약초의 다른 어떤 기적보다도 나를 더욱 놀라게 하는 강력하고도 놀라운 신호다." 실제로는 여러 개의 식물이 뒤죽박죽 섞여 있는 경우임에도 당시 사람들은 같은 꽃의 서로 다른 표현형이라고 생각했다. 브룬펠스는 이 같은 경우에도 자기 자신이 관찰한 내용을 추가하지 않고 이 혼란스러운 상황을 그대로 정확하게 재현하는 뛰어난 능력을 보여주었다. 브룬펠스는 이런 예 가운데 하나인 수선화에 대해서 이렇게 적고 있다.

사람들은 이 식물에 수꽃과 암꽃이라는 두 종류의 꽃이 있다고 한다. 색깔은 보라색, 노란색, 흰색이고 3월과 9월 두 차례 핀다. 성령강림절에 씨앗을 뿌리면 봄에는 흰색과 노랑색 꽃을, 가을에는 보라색 꽃을 피운다. 사람들은 이 꽃을 보며 자연의 기적을 체험할 수 있다고 한다. 누구든 3월에 이 식물을 파내는 사람은 한 손가락으로도 쉽게 뿌리까지 뽑아낼 수 있지만 그때 이후로 하루가 지날수록 더욱 깊숙이 땅속으로 뿌리를 내려 9월이 되면 엄청난 힘을 쓰지 않고서는 땅에서 뽑아낼 수 없다. 그 사이에는 뿌리의 시작 부분이 약 1큐빗 깊이로 땅속에 도사리고 있지만 겨울에는 금세 다시 위쪽으로 올라오므로 봄바람이 불어오기 시작하고 처음 꽃이 필 때쯤에는 뿌리가 땅 위까지 올라오기도 한다. 우리는 또한 이 식물을 발견하여 그 뿌리를 관찰했다. 처음에는 뿌리가 부드럽고 둥글납작하며 잎은 리크(백합과의 두해살이풀)와 같은 모습을 하고 있지만…… 머지않아 뿌리가 딱딱해지고 다육질로 변한 잎이 줄기 없이 뿌리에서 직접 솟아난다. 9월이 지나면 상당히 단단해지고 두꺼운 껍질이 생기지만 목초지의 풀을 두 번째로 벤 뒤에 상당히 연약한 백합 모양의 꽃이 땅 위 한 뼘 정도 높이에 피어난다.[5]

사실 이렇게 방대하고도 복잡한 설명에서 세 가지 식물을 식별해낼 수 있다. 노란 꽃이 피는 수선화, 흰 꽃이 피는 스노플레이크, 보라색 꽃을 피우는 콜키쿰 또는 사프란이다. 『식물의 생태도』의 첫 번째 권 129쪽에는 바이디츠가 수선화와 스노플레이크를 함께 그린 그림이 실려 있는데(그림 61 참조), 이 그림을 보면 꽃들이 서로 완전히 다르다는 사실을 알 수 있다. 또한 브룬펠스는 명칭이라는 제목 하에 모아둔 이름의 목록(그리스어, 라틴어, 독일어)에서 독일에서 이 식물이 적어도 완전히 다른 두 개의 일반명으로 알려져 있다고 기록했다. 3월에 피는 꽃은 Hornungsblum, 9월에 피는 꽃은 Zeytloesslin라고 부른다는 것이다.

비록 브룬펠스가 '수꽃'과 '암꽃'이라는 용어를 사용하기는 했지만 오늘날 우리가 생각하는 의미로 쓴 것은 아니었다. 그때까지도 식물에 생식 과정이 있다고 생각하는 사람은 없었다. 암수는 브룬펠스와 같은 학자들이 기본적으로 같은 종류라고 생각했던 식물의 서로 다른 표현형을 구별하는 용어에 불과했다. '수꽃'이라는 용어는 색이 짙은 꽃을 연한 '암꽃'과 구별하기 위해서 사용하는 경우가 많았다. 따라서 브룬펠스가 말하는 수꽃 '수선화'는 아마도 보라색 꽃이 피는 콜키쿰일 것이고 암꽃이라고 일컬은 것은 봄에 흰색 꽃이 피는 스노플레이크일 가능성이 크다. 브룬펠스는 노란색 수련을 수꽃이라고 했으며, 흰색 수련을 암꽃이라고 했다. 때로는 관찰자가 해당 식물의 표준이 되는 기본 형태라고 생각하는 것에 '수꽃'이라는 말을 붙이기도 했다. 따라서 '암꽃'은 자연스럽게 기본에서 벗어난 일탈형을 나타내게 되었다. 그렇다고 해서 암꽃이 반드시 수꽃보다 열등한 형태라는 뜻은 아니었다.

따라서 현대의 용어로 표현하면 브룬펠스는 사실상 '복사하여

corum, TOMVS Primus. 129

NARCISSVS

Narcissus
Pseudonarcissus *Leucojum vernum*

DE NARCISSO, & Hermodactylo,
Rhapsodia Vicesima.
❡ NOMENCLATVRAE.
Græcæ, νάρκισσος ἀντιγενής βόλβος ὁ ἐμετικός λίριον ἀνυδρος.
Latinæ, Narcissus, Hermodactylus.
Germanicę, in Marcio, **Hornungs blům**. In Septembri, **Zeytlößlin**.
PLACITA AVTORVM de Narcisso.
Historia Narcissi, secundum DIO=
SCORIDEM, lib. 2.

NARCISSVS folia Porro simillima habet, tenuia, multo mi-
nora, & angustiora: caulis uacuus, & sine folijs, supra dodrantem attolli-
tur: flos albus in medio, intus croceus, in quibusdam purpureus: radix in
tus alba, rotunda, bulbosa: semen uelut in tunica, nigrum, longum. Pro-
batissimum nascitur in montibus suaui odore. Cætera Porrum imitatur,
atq3 hærbaceum uirus olet.

m

그림 61. 나팔수선화Narcissus pseudonarcissus와 스노플레이크Leucojum vernum.
오토 브룬펠스의 『식물의 생태도』(1530)에서 발췌.

붙이는' 작업을 능숙하게 해낸 셈이다. 다시 말해 새로운 내용을 추가하는 측면에서는 거의 공헌한 바가 없었다. 토머스 스프라그 Thomas Sprague가 브룬펠스의 『식물의 생태도』에서 구별해낸 258종의 식물 가운데 78종은 테오프라스토스가 알고 있었던 식물이고, 84종은 디오스코리데스를 비롯한 고전 시대의 여러 저자들이 알고 있었던 식물이며, 94종은 중세 식물학자들이 알고 있었던 식물이었다.[6] 나머지 47종의 '새로운' 식물도 이전에 책에 기록된 적이 없다는 의미에서만 새롭다는 말로 표현할 수 있을 뿐, 그나마도 브룬펠스가 과학적인 가치 때문에 수록한 것이 아니라 바이디츠가 그 형태에 흥미를 느껴 선택한 것일 가능성이 높다. 식물을 논리적인 순서에 따라 배열하지 않은 것에 대해서는 브룬펠스를 이해해줄 수 있다. 판화 작업을 의뢰하는 데에 상당한 자본을 들인 출판업자 쇼트가 전체 작업이 완성될 때까지 기다리려 하지 않았음이 분명하기 때문이다. 쇼트는 그림이 웬만큼 완성될 때마다 바로 취합하여 책을 펴냈다. 그러나 이러한 상황에서도 브룬펠스가 노력을 했다면 식물의 이름을 붙이기 위한 모종의 논리적인 체계를 고안할 수도 있었겠지만 그는 그렇게 하지 않았다. 브룬펠스는 '고전적'인 이름을 선호했고 고대 문헌에서 이름을 찾을 수 있는 경우 그것을 그대로 사용했다. 참고할 자료가 없는 경우는 다양한 일반명 가운데에서 마구잡이로 선택했다. 브룬펠스는 고대 문헌의 저자들이 대부분 지중해 지역에 서식하는 식물을 설명했으며 알프스 저편의 독일 토종 식물에 대해서는 거의 아는 바가 없었다는 사실을 고려조차 하지 않았다. 만약 테오프라스토스나 디오스코리데스의 기록에 나오지 않는 독일 토종 식물을 다루게 되면 그냥 무시해버렸다. 또는 고대인들이 한때 그 식물을 알고 있었던 것이

cõrum, TOMVS Primus. 137

Viola canina

V. odorata β.   *Viola odorata. a*

DE VIOLIS RHAPSODIA XX.
Nomenclaturæ, Violæ Nigræ.

Græcæ, ἴον μέλαν. λευκόιον. ἴον ἄγριον. πορφύριον. κυάνιον.
Latinæ, Sessilis. Muraria Viola. Viola nigra. Viola purpurea.
Germanicæ, Blaw Violaten. Gel Violaten. Brun Violaten. Zam Violaten. Wild Violaten.

m 2

그림 62와 63. 한스 바이디츠가 『식물의 생태도』(1530)에 이러한 그림을 그리기 전에는 인쇄된 책에 실물처럼 생생한 식물의 그림이 수록된 적이 없었다. 이 그림에는 흰 꽃이 핀 수련Nymphaea alba과 다양한 야생 제비꽃Viola ssp.이 포함되어 있다.

분명하지만 잘못된 기록 때문에 해당 식물에 대한 설명에 오해가 발생했다고 생각했다. 브룬펠스는 설명을 그다지 많이 싣지 않았지만 그토록 뛰어난 바이디츠의 그림이 실려 있었기 때문에 사실 독자에게는 별다른 설명이 필요하지 않았다. 식물의 각 부분을 설명하는 특별한 용어도 없었다. 또한 여전히 비교의 방법으로 식물의 특징을 설명했다. 브룬펠스는 편축의 잎을 "복숭아와 비슷"하다고 묘사했으며 수선화의 잎이 "리크와 비슷하다"고 적었다.

그렇다면 왜 이 책이 중요할까? 가장 큰 이유는 바이디츠의 그림 때문이다. 바이디츠의 그림들은 이 책을 보는 사람이라면 누구나 인정할 만한 새로운 기반을 제시해주었다. 유럽 전체에 흩어져 있는 학자들은 식물계 전반을 포괄적으로 이해하기 위한 새로운 여정이 이 책에서 시작된다는 사실을 인식했다. 인쇄 기술 덕분에 똑같은 식물 그림이 널리 전파될 수 있었고, 인쇄 기술의 발명은 궁극적으로 식물 연구에 지대한 영향을 미쳤다. 사상 처음으로 식물을 실물처럼 생생하게 묘사한 그림의 존재가 식물 연구와 식물을 유의미한 집단으로 분류하는 방식을 개발하는 데 중요한 촉매제 역할을 한 것이다. 만약 자연을 있는 그대로 묘사한 그림들이 식물 연구를 촉진하는 데 그토록 큰 역할을 했다면(실제로 그러했다) 이러한 그림이 등장하는 데 왜 그렇게 오랜 시간이 걸렸을까? 그 이유 가운데 하나는 초기 르네상스의 인문주의 학자들이 발굴한 고전 기록에 지나친 경외심을 가지고 있었기 때문이다. 플리니우스와 같은 고대 저자들은 그림이 식물의 한 가지 형태밖에 나타낼 수 없기 때문에 보는 사람에게 오해를 불러일으킬 수 있다는 입장을 견지했다. 그러나 바이디츠는 대표적인 그림 옆에 여러 종류의 작은 세밀화를 추가하여 이 문제를 해결했다. 예를 들어 꽃봉오리가 달려 있는 바이디츠의 수선화 그림 옆에는 활짝 핀 꽃이 그려져 있다. 이런 노력 덕분에 그림에 대해 오랫동안 이어져왔던 편견은 서서히 사라지기 시작했다. 그림을 함께 수록하는 방법의 장점이 너무나 분명했던 것이다. 또 하나의 이유는 문화적이라기보다는 기술적인 것이었다. 화가들은 일찌감치 뛰어난 식물 그림을 그릴 수 있다는 것을 보여주었지만 판화가(조각가)들이 이러한 그림을 인쇄할 수 있을 만큼 충실히 재현할 수 있을 정도의 기술을 갖추게 된 것은 뒤러의 시대부터였다. 뒤러의 까다로운 요구 때문에 독일에서 목판화의 새로운 전통과 기술이 탄생했던 것이다. 그렇기 때문에 이탈리아가 아닌 독일의 인쇄업자와 판화가들이 최초의 믿을 만한 약초 의학서를 제작하게 된 것이었다. 르네상스의 중심지인 이탈리아는 머지않아 다시 두각을 나타내기 시작했지만 인쇄에서만큼은 독일이 주도적인 역할을 했다.

XII 성마른 푹스
1500~1570년

그림을 첨부하는 방식의 장점이 단점보다 훨씬 크기는 했지만 그림이 수록되면서 새로운 오류의 가능성이 생겨난 것도 사실이다. 레온하르트 푹스(1501~1566)가 1542년에 식물을 다룬 책인 『식물사』라는 책을 펴내면서 언급했듯이, 브룬펠스의 책에 실려 있는 그림이 항상 올바른 글과 짝을 이루도록 배치되어 있는 것은 아니었다. 물론 푹스(그림 64 참조)는 결코 비판할 기회를 놓칠 만한 사람이 아니었다. 두 독일인, 즉 브룬펠스와 푹스는 공통점이 많았다. 둘 다 가톨릭교도로 성장했으나 루터 교도로 개종했고 학교에서 교편을 잡았으며 의학 학위도 받았고 식물에 대한 책을 취

그림 64. 자신의 저서인 『식물사Da historia stirpium』(1542)에 묘사된 레온하르트 푹스(1501~1566).

그림 65. 『식물사』(1542)에서 그림을 담당한 세 공예가. 알브레히트 마이어가 원본 밑그림을 그렸고 하인리히 풀마우러가 이를 목판에 복제했으며 파이트 루돌프 스페클(아래)이 목판에 조각을 했다.

합하기 위해 대부분의 고전 기록을 참고했으며 둘 다 여행을 하거나 독일 이외의 다른 나라에서 식물을 관찰한 기록이 없다. 하지만 푹스는 완벽한 시점이라는 이점을 가지고 있었다. 원래부터 푹스는 브룬펠스보다 더 뛰어난 학자이자 원예가였다. 더욱이 푹스는 브룬펠스보다 12년 늦게 태어났기 때문에 지식을 공유하고 식물을 교환하고 명칭에 대한 끝없는 논쟁을 펼치며 유럽 전역에 걸쳐 빠르게 발전했던 학자들의 뛰어난 네트워크에 참여할 수 있는 시대의 혜택을 입었다. 푹스는 튀빙겐에 새롭게 설립된 프로테스탄트 대학의 의학 교수로 안정된 지위를 누리고 있었다. 그에 비해 브룬펠스는 의학 학위를 받은 후 몇 년 지나지 않아서 사망했다. 또한 푹스는 투쟁심이 강했고 독선적이었으며 몸담았던 어떤 단체에서나 추진력을 발휘했다. 브룬펠스는 그림을 그린 화가의 의도에 따라가는 쪽이었다. 반면 푹스는『식물사』제작 작업을 전적으로 책임지고 추진했다. 원본 밑그림을 그린 알브레히트 마이어 Albrecht Meyer와 그림을 목판에 복제한 하인리히 풀마우러 Heinrich Fullmaurer, 그리고 실제로 목판을 조각한 파이트 루돌프 스페클 Veit Rudolf Speckle(책의 맨 끝에 세 사람의 그림을 모두 수록했다. 그림 65 참조)의 공로를 충분히 인정했지만 푹스가 쓴 헌정 서간을 보면 이 세 사람이 푹스의 지시에 따라 작업을 했음이 분명히 드러난다.

그림에 대해서 말하자면 모든 개별 그림이 살아 있는 식물의 선과 형태를 묘사하고 있다(그림 66 참조). 우리는 특히 그림을 정확하게 제작하는 데에 주의를 기울였으며 모든 식물의 뿌리, 줄기, 잎, 꽃, 씨앗, 과일을 묘사하기 위해 매우 성실하게 노력했다. 우리는 명암 때문에 모호해지지 않는 한 식물의 자연스러운 형태를 훼손하지 않으려고 의식적으로 노력했으며 때로는 화가들이 예술적 완성도를 높이기 위해 사용하는 여러 가지 기교를 피했다. 또한 공예가가 자신의 변덕 때문에 실물과 정확히 일치하지 않는 그림을 그리는 것을 허용하지 않았다. 스트라스부르에서 가장 뛰어난 판화가인 파이트 루돌프 스페클은 데생 화가의 놀라운 작품을 감탄할 정도로 충실히 복제했으며 뛰어난 공예 기술로 각 데생의 특징을 목판화에 생생하게 표현하였고 데생 화가의 훌륭한 작업에 만족했던 것으로 보인다.[1]

물론 직접적인 언급은 없지만 우회적으로 과학적인 편의보다는 예술적인 비전에 따라 작업을 했던 브룬펠스의 화가 바이디츠에 대해 신랄한 평가를 내리고 있다. 비록 푹스는 『식물의 생태도』의 완성도에 비판을 가했지만 약초 의학을 "멸종의 위기라는 짙은 어둠 속"에서 구해내고 이 주제를 "개선하고 재조명"하려고 노력한 데 대해 브룬펠스의 공을 치하했다. "상당히 적은 식물, 그것도 매우 흔한 식물만 수록했고 식물에 잘 알려져 있는 올바른 이름을 붙이지 않았기 때문에 브룬펠스의 글에는 여러 가지 단점이 있다. 그럼에도 불구하고 처음으로 식물을 설명하는 올바른 방법을 독일에 다시 들여와 다른 사람들이 모방할 수 있는 토대를 만들었다는 이유만으로도 칭찬받아 마땅하다."[2]

물론 푹스의 목표는 브룬펠스를 모방하는 것이 아니라 뛰어넘는 것이었다. 그리고 책에 수록한 식물의 개수 면에서 푹스는 성공을 거두었다. 푹스의 책에는 500개에 달하는 그림이 전면에 걸쳐 실려 있으며[3] 내용은 대부분 디오스코리데스의 기록에서 발췌했지만 브룬펠스보다 쉽게 접근할 수 있는 방식으로 정보를 배열했다. 식물

그림 66. 레온하르트 푹스의 『식물사』(1542) CCXXXIX 장에 실려 있는 앵두나무. 꽃과 세 가지 다른 종류의 과일이 모두 표시되어 있다.

은 그리스 알파벳에 따라 344장으로 묶여 있었다. 이상적인 형태는 아니지만 이러한 배치는 역사적인 선례가 있다. 푹스는 각 장의 정보를 똑같은 순서로 배열했다. 처음에는 호칭Nomina(식물을 부르는 여러 가지 이름), 그다음에는 어떤 형태Forma(식물의 외양에 대한 설명), 서식지Locus(해당 식물을 찾을 수 있는 위치), 온도Tempus(생장에 적합한 계절), 기질Temperamentum(갈레노스가 처음으로 제안한 의학용 식물 평가 체계에 따라 축축함/마름, 뜨거움/차가움, 강함/약함 가운데 한 범주)에 속하는지 그리고 마지막으로 힘Vires(디오스코리데스, 갈레노스, 플리니우스를 비롯해 푹스가 참고했던 모든 권위자가 설명한 약초의 성질) 순이었다. 때로 푹스는 해당 식물에 대해 직접 관찰한 내용을 적어놓은 부록Appendix에서도 이 순서를 따르기도 했다. 예를 들어 고대부터 의료용으로 사용되던 대마Cannabis savita에 대해 플리니우스, 디오스코리데스, 갈레노스가 기록한 것을 인용한 후 푹스는 다음과 같은 구절을 추가했다. "대마가 마음을 흥분시키고 정신에 상처를 입힌다는 사실이 분명하기 때문에 흔히 일어나는 실수처럼 현명하지 못하게 이 식물의 씨로 만든 물약을 정신병 환자, 특히 증상이 심각한 환자에게 처방하면 위험하다."[4]

푹스는 브룬펠스만큼 서민들의 실용적인 경험과 지식에 공감하지 않았으며 헌정 서간에는 의사들에 대해서도 이렇게 언급하고 있다.

> 심지어 의사들 가운데에서도 (식물에 대한) 올바른 지식을 갖추고 있는 사람은 몇백 명 가운데 한 명도 찾기 어렵다. 의사들은 이런 류의 정보는 자신이 알 필요가 없다고 생각하는 듯하며 자신의 위상으로 볼 때 식물을 사고 파는 사람들이 보유하고 있는 지식의 정

확도와 신뢰도에 의문을 제기하는 것은 교만으로 보인다고 판단하는 것 같다. 따라서 제대로 된 지식이 없는 대다수 약제사들이 약초와 뿌리를 모으는 우매하고 미신을 믿는 노파들에게 모든 것을 일임하는 행위가 용납되고 있으며, 이로 인해 오류에 오류가 더해지고 있다. 식물로 만든 약을 식별하는 일이 천박하고 무지한 사람들의 손에 맡겨지는 한 이러한 상황은 계속될 것이다.[5]

푹스는 조숙한 아이였고 어른이 되어 드러낸 오만함은 여기에서 기인했을 가능성이 크다. 푹스는 성공한 시장市長의 세 자녀 가운데 막내로 태어났고 아버지는 푹스가 다섯 살 때 세상을 떠났다. 푹스는 하일브론에 있는 학교에 들어갔고 15세가 될 때까지 에르푸르트 대학에서 공부했다. 2년 뒤 예술 학위를 받은 푹스는 자신의 고향 마을인 벰딩에 학교를 열었다. 그로부터 채 1년도 지나지 않아 그는 잉골슈타트 대학에 들어가서 의학을 공부했으며 1519년 6월 28일에 학위를 받고 23세가 될 때까지 뮌헨에서 개업의 생활을 했다. "점잖은 집안에서 좋은 가정교육을 받고 자라난 가장 고결한 숙녀" 안나 프라이베르거와 결혼한 후 푹스는 신부와 함께 잉골슈타트로 돌아와 의대에서 학생들을 가르쳤다. 2년 후(1528년 5월 18일)에는 푹스와 마찬가지로 프로테스탄트로 개종했던 브란덴부르크의 선제후 게오르그 공작(1484~1543)의 부름을 받고 안스바흐로 갔다. 선제후는 안스바흐에 새로운 프로테스탄트 대학을 세우고 푹스가 그곳에서 학생들을 가르치기를 바랐다. 결국 이 바람은 실현되지 않았으나 푹스는 그후 7년간 선제후의 개인 주치의로 일했다. 푹스는 1529년에 독일을 휩쓴 발한병發汗病을 치료하는 데 성공하여 크게 명성을 높였다. 푹스의 동료였던 게오르그 히츨러는 푹스의 장례식에서 이렇게 추모사를 남겼다. "이 전염병이 퍼졌으나 치료법이 널리 알려져 있지 않아 수천 명이 세상을 떠났다. 그때 전지전능한 신이 은혜롭게 아끼셨던 이 의사가 자신의 기술로 수많은 사람의 목숨을 구했다. 이것으로 그는 많은 사람의 호의와 사랑을 받았을 뿐만 아니라 가장 고귀한 사람들도 그의 능력을 칭찬하고 존경했다. 이 질병은 보통 발한병Sudor Anglicus이라고 하며 그 섬을 덮친 것은…… 1496년이었다."[6]

마침내 푹스는 당시 울리히 공작이 후원하던 튀빙겐 대학의 교수직을 수락했다(그림 67 참조).[7] 푹스는 1535년 8월 14일에 튀빙겐에 도착하여 남은 생애 동안 그곳에 머무르면서 14세기에 수녀원으로 사용되었던 건물에서 살았다.[8] 흉측한 습지로 변해 있던 집의 동쪽 정원에 방동사니를 길렀고 새롭게 유입된 희귀종인 담배의 씨앗을 심었으며 나중에 『식물사』에서 설명한 많은 다른 식물을 길렀다. 푹스는 튀빙겐에 도착한 직후에 『식물사』 집필에 착수했던 것으로 보이지만 대학에서 의학을 가르치는 방법을 바꾸는 데에도 깊숙이 관여했다. 후원자와 마찬가지로 개혁에 대한 열정으로 가득 차 있던 푹스는 교과 과정에서 아랍 교과서를 모두 없애버렸다. "아랍인들이 거의 모든 자료를 그리스 문헌에서 복제했다는 사실을 모르는 사람은 없으므로 앞으로 이 과목(의학)을 가르치는 데에는 아랍 문헌이 거의 사용되지 않을 것이다. 향후에는 탁한 웅덩이에서 물을 마시기보다 예술의 샘물에서 직접 영감을 얻어 가르치는 편이 타당하다." 이는 놀라운 일이 아니었다. 푹스가 안스바흐에 있을 당시인 1530년에 출판된 푹스의 첫 번째 책 『정오표Errata』의 내용은 이슬람 의사들에 대한 비판이었다. 그는 르네상스 시대의 사람이었으므로 당연히 이슬람 번역가보다는 고전의

그림 67. 16세기 초반에 제작된 튀빙겐의 지도. 1535년에 푹스는 이곳에 있는 프로테스탄트 대학의 의학 교수 자리 제안을 받아들여 1566년에 사망할 때까지 여기에 머물렀다.

그림 68. 레온하르트 푹스의 『식물사』(1542) CCLIIII 장에 실려 있는 장미. 홑꽃인 분홍색 장미와 겹꽃인 빨강색 장미를 모두 보여주고 있다. 푹스는 "길들인 품종은 정원 어디에서나 자란다"고 기록했다.

저자들을 옹호했다. (그렇지만 『식물사』에는 아랍 학자인 이븐시나의 기록을 몇 차례 인용하고 있다.) 또한 울리히 공작의 제안으로 교수가 학생들을 데리고 현장 학습을 나가야 한다는 새로운 의무 조항이 생겼다. "여름에는 (교수가) 의학을 공부하는 학생들과 함께 시골과 산악 지역을 탐사하며 식물을 주의 깊게 관찰하고 살아 있는 식물의 특징을 탐구해야 하며 지금까지의 수많은 의사들처럼 상스러운 연고 행상이나 무지한 약초 채집 노파들이 보유하고 있는 약초에 대한 지식을 믿어서는 안 된다."[9] 이는 그야말로 혁신적인 아이디어였으며 아마도 에르푸르트 시절에 푹스를 가르쳤던 에우리시우스 코르두스Euricius Cordus가 의학도를 위한 교육과정에 현장 학습을 처음으로 도입했던 것에서 영감을 얻었음이 틀림없다. 이 조치는 커다란 반향을 일으켰다. 테오프라스토스가 2000여 년 전에 했던 대로 살아 있는 식물을 직접 관찰하고 식별할 수 있는 훈련을 하고 식물 사이의 유사점과 차이점을 논의하기 시작하면서 '식물 분류학'이라는 과목이 세상의 이목을 끌게 되었다. 관습과 특권 의식 때문에 의사들이 식물에 대한 자세하고 개인적인 지식을 "상스러운 연고 행상인이나 무지한 약초 채집 노파"에게 맡겨두는 한 식물에 대한 연구는 발전할 수 없었다. 의사들은 스스로 자신들이 너무나 위대하다고 생각했다. 철학자들은(적어도 테오프라스토스 이후의 철학자들) 식물에 대한 상세한 지식에는 관심을 기울일 가치가 없다고 생각했다. 이제 식물에 대한 지식이 반드시 습득해야 하는 필수 지식이 되면서 이 영광스러운 15세기의 나머지 기간 동안 식물에 대한 관심은 시대를 정의하는 하나의 특징으로 자리 잡았다.

푹스는 1년에 160길더[네덜란드의 옛 화폐 단위]를 받고 튀빙겐에서 학생들을 가르쳤고 1537년에는 200길더로 인상되었다. 뿐만 아니라 1년에 15길더씩 배당되는 주택 수당까지 합하면 푹스는 대학에서 급료를 가장 많이 받는 교수들 가운데 하나였다. 튀빙겐에서 2년 정도 근무했을 무렵, 푹스는 덴마크의 왕인 크리스티안 3세가 코펜하겐에 새로 설립하려는 대학에서 교수로 일해줄 수 없겠느냐는 제안을 받았다. 그러나 1538년 4월 10일에 푹스는 이 제안을 거절하는 서신을 보내며 이렇게 설명했다. "집에 어린아이들이 많은 데다 아내가 임신 중이므로 당장 그렇게 장기 여행을 할 수는 없습니다. 또한 책도 아주 많이 소장하고 있어서 그렇게 먼 곳까지 운반하는 것은 불가능합니다. 이 책들은 의학을 연구하고 대중에게 의술을 베푸는 데에 꼭 필요하므로 이곳에 두고 갈 수 없습니다. 전하가 제안하신 조건을 받아들인다 하더라도 700~800길더 이하의 급료는 받아들일 수 없습니다. (…) 국왕 폐하가 그렇게 큰돈을 저에게 쓰실 리가 없을 것이라는 사실을 잘 알고 계실 테니 제 거절 의사를 너그럽게 받아주시기 바랍니다."[10]

 더 많은 급료에 대한 욕심은 진심이었지만 제안을 거절하려고 내놓은 변명은 그다지 설득력이 없었다. 푹스가 코펜하겐으로 가려고 하지 않았던 것은 이미 『식물사』의 집필에 깊이 빠져 있었기 때문이다. 1538년 10월 24일, 코펜하겐의 일자리 제의를 거절한 그 해에 그는 알브레히트 공작에게 "약초 의학서를 준비하고 있으며 아직 인쇄업자에게 넘길 준비는 되지 않았지만 350개가 넘는 식물의 그림을 수록할 예정이다"(그림 69 참조)라는 내용의 서신을 보냈다. 실제로 책이 출판된 1542년에 이르자 그림의 수는 500개를 넘어섰다. 표지에서는 다음과 같이 선언하고 있다.

 우리 시대의 가장 뛰어난 의사인 레온하르트 푹스가 엄청난 노력과 근면함으로 완성한 식물의 역사에 대한 주목할 만한 논평과 자연을 충실하게 모방한 500개 이상의 생생한 그림이 수록되어 있으며 지금까지 이보다 뛰어난 그림이 그려지거나 인쇄된 적은 없었다. 수많은 사람들이 처방전의 원료가 되는 식물에 대한 보다 상세한 지식을 얻기 위해 때로는 생명의 위험까지 무릅쓰면서 엄청난 자금을 들여 여기저기 외국 땅을 방문하고 끊임없는 노력을 했다. 그러나 이제 그 모든 식물을 살아 있는 기쁨의 정원과도 같은 이 책에서 배울 수 있다는 데에 만족하게 될 것이다. 이 책은 돈과 시간을 크게 절약시켜줄 뿐만 아니라 위험에서도 멀어지게 해준다.

이 책에는 분문 여기저기에 사용된 까다롭고 모호한 용어에 대한 간략한 설명이 추가되어 있다. 네 장에 걸친 색인에는 식물의 그리스어 이름, 라틴어 이름, 약제상의 상점이나 약초 채집꾼이 사용하는 이름, 독일어 이름이 수록되어 있다.[11]

저자의 초상화는 45세 때의 푹스를 묘사한 것으로 납작한 검은 모자를 쓰고 무릎까지 오는 예복을 입었으며 붉은빛이 도는 갈색의 우아한 모피를 두르고 있다(그림 70 참조). 모피 깃은 실용성이 높은 장식품이었지만 푹스의 이름이 독일어로 '여우'를 뜻한다는 사실을 은유적으로 나타냈을 가능성도 있다. 푹스는 붉은 보석이 박힌 반지를 끼고 자신의 이름이 붙은 푸크시아Fuchsia[도금양목 바늘꽃과의 소관목]가 아니라 꼬리풀의 일종Vernica chamaedrys을 들고 있다. 푸크시아는 당시 유럽에는 알려지지 않은 상태였으며 푹스가 사망한 지 137년 뒤인 1703년에야 푹스의 이름을 따서 명명되었다.

푹스는 1539년에 프로테스탄트로 개종하고 당시 브란덴부르

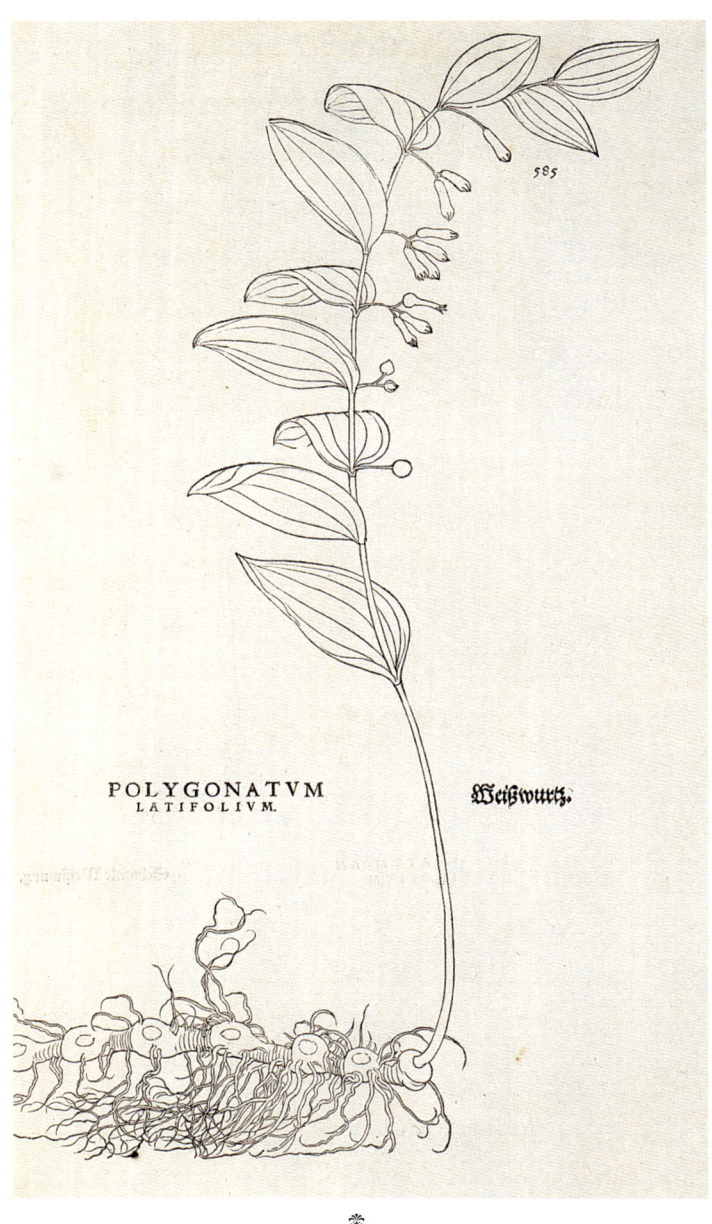

그림 69. 레온하르트 푹스의 『식물사』(1542) CCXXII 장에 실려 있는 둥굴레Polygonatum x hydridum. 이 식물의 특징인 울퉁불퉁한 뿌리줄기가 잘 표현되어 있다. 둥굴레는 유럽 전체에 널리 분포해 있으나 푹스는 이 식물이 산에서만 자란다고 주장했다.

그림 70. 호화스러운 여우털 깃을 두르고 있는 레온하르트 푹스. 1541년에 하인리히 풀마우러가 그린 초상화.

크 선제후였던 요아힘 2세에게 이 책을 헌정했다. 푹스는 선제후의 비위를 맞춰 자신에게 유리한 결과를 얻기 위해 이렇게 썼다. "왜 대부분의 통치자들이 고대의 왕과 영웅들의 모범을 따라 식물을 탐구하는 사람들을 후원하려는 최소한의 노력조차 하려 하지 않았는지 이해할 수가 없다. (…) 통치자들이라면 먼 곳에서 들여온 식물을 포함하여 가장 훌륭한 식물이 가득 자라는 정원을 만들고 자비를 들여 약초 재배인들이 그 식물을 돌보고 번성시키며 보존하도록 지원할 충분한 힘을 가지고 있었을 것이다. (…) 이런 방식으로 식물에 대한 이해 촉진에 관심을 갖는 것보다 찬양과 명성을 얻는 더욱 확실한 방법은 없다." 강력한 후원자를 확보하는 것은 성공으로 가는 가장 빠른 지름길이었다. 선제후가 관심을 갖는다면 이 책이 크게 각광받을 가능성이 높았다. 또한 튀빙겐은 선제후가 다스리던 영지 내에 있었기 때문에 선제후는 튀빙겐 대학에서 푹스를 승진시킬 만한 권력도 있었다. 이 책이 출판되고 몇 달 후 푹스는 친구이자 동료 원예가인 요아힘 카메라리우스Joachim Camerarius(1500~1574)에게 꼼꼼하게 제본된 『식물사』 한 부를 보내면서 간청했다. "사비누스Sabinus든 누구든 공작이 이 책을 쉽게 접할 수 있도록 하는 데 도움이 되는 사람에게 서신을 보내주게. (…) 이 책을 전하는 젊은이에게 포장을 풀고 자네에게 보여주도록 지시해놓았네."[12] 라이프치히 대학에서 학생들을 가르치고 있던 카메라리우스는 푹스의 가장 충직한 벗이자 푹스가 존경하고 신뢰했던 몇 안 되는 사람 가운데 하나였다. 푹스는 카메라리우스에게 『식물사』의 명칭과 관련한 문제를 상의했고 그의 충고에 감사했음이 분명하다. 푹스는 이렇게 썼다.

자네가 내 의견에 강력히 반대하는 것에 상처를 입기는커녕 그에 대해 기뻐하고 있네. 자네처럼 진실에 대해 친근하고 우애가 넘치는 방식으로 논쟁할 수 있는 상대가 더욱 많았으면 좋겠네. 나는 자네의 주장에 얼굴을 직접 맞대고 응답하고 싶지만 다시 만날 때까지 도저히 기다릴 수가 없을 것 같네. 자네도 알다시피 결정한 것은 무엇이든 즉시 해치워버리는 버릇은 나의 천성에 깊게 뿌리 박혀 있다네. 그런데 어떤 시골 사람이 나를 세 번이나 불러냈네. 오늘은 평상시와 다르게 소변의 표본으로 나를 어리둥절하게 했지. 하지만 이쯤 해서 본 주제로 돌아가도록 하세……

여기서 말하는 본 주제는 개꽃anthemis과 그 올바른 식별법에 대한 논의였다.[13]

브룬펠스처럼 푹스는 『식물사』에 실린 식물을 유의미한 방식으로 분류하지 못하고 오직 "연관된 식물을 여기저기 함께 묶어놓기만" 한 것에 대해 안타까워했다. 바야흐로 일종의 체계, 질서, 논리에 대한 필요성이 시급하게 대두되었다. 식물 서적에 더 많은 식물에 대한 설명이 수록되면서 식물 분류의 필요성은 더욱 절실해졌다. 푹스는 다섯 종류의 미나리아재비, 다섯 종류의 박하, 네 종류의 양배추 같은 형태로 이따금 비슷한 종류를 한데 묶었지만 이는 충분치 않았고 푹스도 그 사실을 알고 있었다. 푹스는 브룬펠스와는 달리 "디오스코리데스 혹은 고대의 다른 어떤 학자도" 자신이 쓴 책에 실린 모든 식물을 다 알지는 못했다는 사실을 인정했다. 실제로 그 가운데 100여 가지는 독일이나 중부 유럽에서만 자라는 것이었기 때문이다. 또한 옥수수, 호박, 천수국 등 수입된 이국적 식물을 포함하여 100여 종은 처음으로 『식물사』에 그림으로 수록된 것이었다. 천성적으로 편협하고 책상 앞에만 앉아 있었으며 여행을 싫어했던 푹스는 그러한 식물의 원산지가 어디인지에 대해서는 지극히 대략적인 개념만 가지고 있었다. 그는 바다 건너 신대륙에서 당시 어떤 식물이 들어왔는지 알기는커녕 자신이 그토록 전적으로 참고했던 고전 저자들의 고향인 그리스나 이탈리아에서 어떤 식물이 자라는지조차 알지 못했다. 푹스는 브룬펠스와는 달리『식물사』전면을 가득 채운 그림을 수록한 이유에 대해 설명할 필요성은 느끼지 않았으며 단지 이렇게 적었을 뿐이다. "우리는 모두 그림에 매료되었다. 캔버스와 종이에 묘사된 식물은 단순히 말로만 설명한 식물보다 우리 마음속 더욱 깊숙한 곳에 기억될 것이다."

이 책은 식물 분류학의 진보에서 또 하나의 중요한 이정표를 세웠다. 알브레히트 마이어의 그림은 바이디츠의 그림만큼 훌륭했지만 그만큼 단편적이지 않았다. 그림의 개수만 해도 두 배에 달했으며 바이디츠의 그림에서 처음으로 나타나기 시작한 꽃과 씨앗의 세부 사항도 좀 더 자세히 그려져 있었다. 예를 들어 만약 유럽 아룸Arum maculatum을 식별하고자 한다면 마이어의 그림에서 알아야 할 사항을 모두 찾을 수 있었다(그림 71 참조). 그림 가운데에는 울퉁불퉁한 땅속 덩이줄기부터 끝이 뾰족한 화살 모양의 잎과 꽃을 싸고 있는 불염포에 이르기까지 완전히 자란 식물 전체의 모습을 그렸다. 왼쪽 그림은 좀 더 후기의 과일이 열린 상태로, 잎사귀와 불염포는 사라지고 줄기의 위쪽에는 밝은 색 열매가 주렁주렁 열려 있다. 오른쪽 그림은 불염포의 아래쪽을 나타낸 단면도(또 하나의 혁신적인 시도)로, 꽃차례의 바닥에 있는 털과 돌기의 복잡한 배열을 보여주고 있다. 나무는 풀보다 좀 더 까다로웠다. 크기를 그대로 표현할 수가 없었기 때문이다. 마이어는 그래도 오크나무

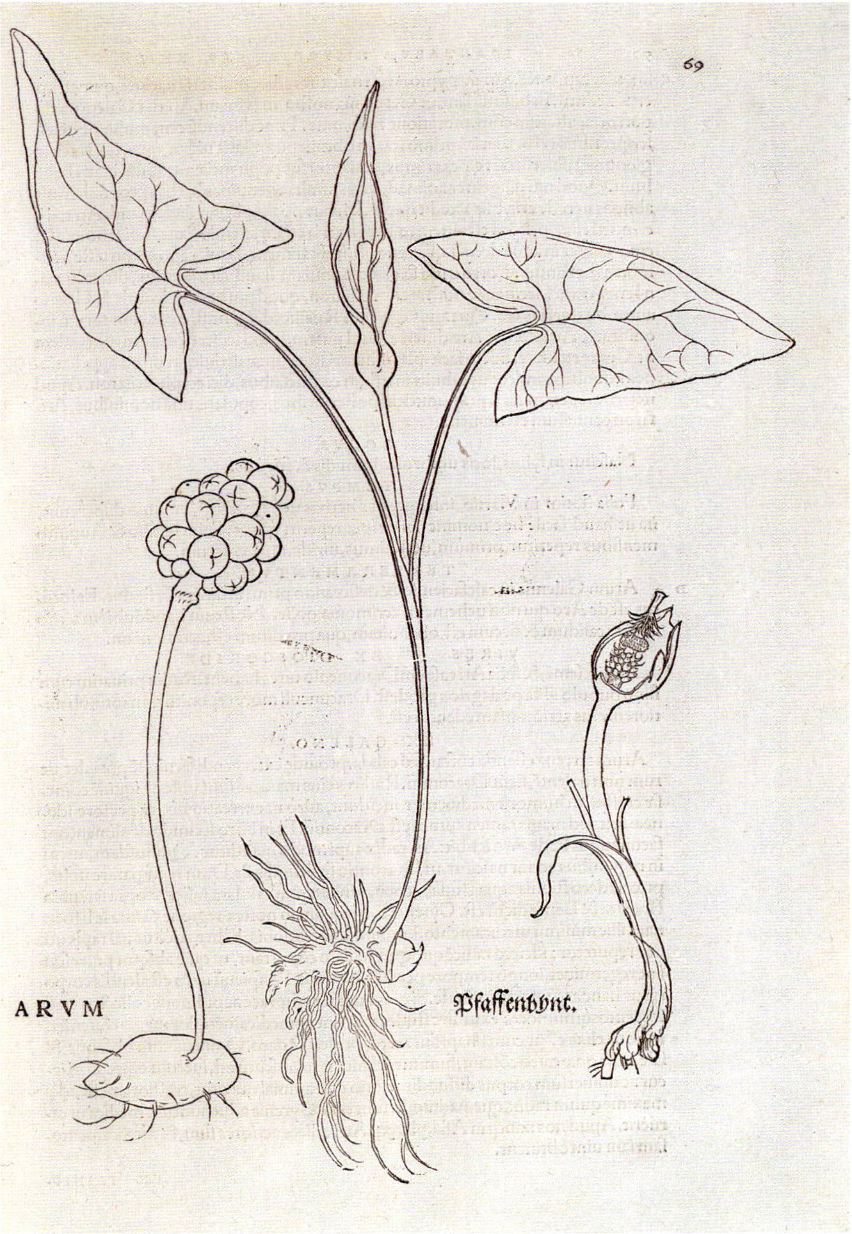

그림 71. 레온하르트 푹스의 『식물사』 XXII 장에 실려 있는 유럽아룸Arum maculatum. 푹스는 특유의 불만스러운 어투로 "약제사들은 늘 이 식물의 이름을 잘못 쓰는 오류를 범한다"고 적었다.

옆에 도토리를 그렸고 호두나무 옆에는 쭈글쭈글한 호두를 그렸다. 푹스는 여기에 개략적인 설명을 보탰다. 호두나무는 "독일 전역에서 널리 심는 나무", 골고사리는 "오늘날 대부분의 정원에서 소중히 가꾸는 식물", 카네이션은 "화분에 담아서 키우는 식물로 널리 보급되어 있다. 집 앞에 카네이션 화분을 내놓지 않은 집을 찾기 어려울 정도다", 바질은 "어디에서나 여성들이 점토 화분에 심어 창문틀에 놓고 키운다", 고추는 "이제 독일 전역에서 찾아볼 수 있으며 점토 화분이나 흙으로 만든 용기에 심는다. 몇 년 전까지만 해도 알려지지 않은 식물이었다" 등으로 설명했다. 이 설명을 모두 취합하면 16세기 중반의 독일 정원을 상당히 자세하게 그려볼 수 있다. 자라고 있는 식물의 경우 그림은 상당히 빠르게 변했다. 또한 푹스가 식물의 효용에 대해 적은 글을 보면 고대나 중세의 약초 의학서와는 강조하는 부분이 분명히 다르다는 사실을 알 수 있다. 초기의 약초 의학서에서는 독미나리(와 그 해독제)와 같은 독풀을 매우 중요하게 다루었다. 중세의 약초 의학서에는 미친개, 독뱀, 독충의 그림이 여기저기 그려져 있고 이러한 동물에게 물렸을 때의 치료법을 소개하고 있다. 발한병이 독일을 휩쓸고 간 후 그토록 짧은 시간에 묶어낸 푹스의 약초 의학서는 전염병을 치료하는 다양한 방법을 소개하고 있다. 안젤리카는 "끔찍한 역병의 전염을 막아준다. (…) 소변과 땀으로 독을 빼낸다." 카네이션으로 만든 설탕 조림도 같은 효과를 거둘 수 있다. 용담은 "역병의 독을 물리치는 데 매우 유용하다." "역병이 집 안에 들어오지 못하도록 하려면" 로즈메리의 가지를 반드시 집 안에서 태워야 한다. 머위 뿌리로 만든 가루는 환자가 땀을 내도록 하므로 "역병 때문에 생기는 열에 놀라운 효과를 발휘한다." 한편 이 책에서는 미용을 위해 식물을 사용하는 방법도 설명하고 있다. 레이디스맨틀Alchemilla mollis로 만든 물약에 담근 아마는 처진 가슴을 탄탄하고 탱탱하게 만들어준다. 흔히 볼 수 있는 상록수인 회양목은 머리를 붉은색으로 물들이는 데 사용할 수 있다. 금잔화 꽃을 사용하여 머리를 감으면 머리카락이 밝아진다. 유럽아룸은 "얼굴과 피부의 기형을 없애준다." 중세 약초상들은 베토니를 만병통치약으로 썼지만 독일에서는 나라 전체에 널리 분포되어 있으며 오랫동안 강력하고 신성한 식물로 여겨졌던 노간주나무를 만병통치약으로 썼다. 푹스는 노간주나무에 대해 이렇게 적고 있다.

이 식물을 계란 흰자에 섞어 관자놀이와 이마에 바르면 코피가 멎는다. 이를 유향 가루 및 계란 흰자와 함께 먹으면 토악질을 억누른다. 마찬가지로 같은 재료를 문지르면 설사가 잦아든다. 이 식물의 가루를 계란과 섞어서 마시면 노란색의 구토물을 쏟아내 위를 진정시키며 하혈을 멈추게 한다. 이는 위장과 소장에 축적된 담을 없애는 역할도 한다. 또한 뇌에서 나오는 체액도 조절한다. 이 식물은 뱃속에 들어 있는 촌충과 그 외 여러 벌레를 죽인다. 상처의 아물지 않은 틈도 굳게 한다. 이 식물은 생리혈을 멎게 하며 훈증약으로 사용하면 감기에 효과가 있다. 손과 발의 갈라진 부분에 문질러도 효과를 발휘한다. 모두 종합하면 이 식물은 수키누스succinus〔오늘날의 호박琥珀에 해당하며 또 하나의 만병통치약으로 간주했다〕의 힘을 가지고 있으나 그보다 조금 더 효과적이다.

플리니우스는 베토니를 이뇨제로 추천했다. 그런데 현대적인 연구를 실시한 결과 노간주나무가 실제로 소변 배출량을 증가시킨다는 사실이 확인되었다. 노간주나무에 함유된 휘발성 기름이 신장의 유조직에 영향을 미치기 때문이다.[14]

자신의 책에 그림을 수록한 것을 스스로 높이 사며 푹스는 "글로는 표현할 수 없는" 식물이 많았다고 주장했다. 올바로 표현하는 데 필요한 단어들이 아직 존재하지 않았던 것이다. 그러나 푹스는 처음으로 식물에 대한 책에 오늘날 우리가 용어집이라고 부르는 "어려운 표현 설명Vocum difficilum explication", 즉 어려운 용어에 대한 해설집을 추가한 사람이기도 했다. 물론 이는 아마도 푹스가 새로운 과학의 영역에 포함될 수 있는 용어를 만들어내려는 열망이 컸기 때문이겠지만, 그것만큼이나 푹스가 이 책의 대상으로 생각했던 독자에 대해 많은 것을 시사해준다. 푹스는 이 "어려운 용어"를 만들어내지 않았다. (모두 132개의 용어가 알파벳 순서로 배열되어 있었다.) 이 가운데 구근bulbus, 과일fructus, 절간internodium(식물의 마디와 마디 사이 부분) 등 상당수는 플리니우스가 처음으로 사용한 용어였다. 수술stamen을 필두로 하여 몇 가지 다른 용어는 예전부터 사용되고 있었지만 푹스는 이러한 일반적인 용례와는 달리 특정한 경우에 사용했다. 푹스는 수술을 "꽃의 중심에 솟아오른 정점"이라고 정의했다. 그러나 아직 '꽃잎'에 대한 언급은 나타나지 않고 있으며 단순히 일종의 잎사귀라고 지칭하고 있다. 또한 역할을 아직 분명하게 이해하지 못한 '꽃가루'를 가리키는 말도 없었다. 한편 '수꽃'과 '암꽃'이 식물의 세계에서 실제로 어떠한 의미를 갖는지를 이해했다는 흔적도 찾을 수 없다. 그러나 안젤리카Angelica sylvestris, 서양매발톱꽃Aquilegia vulgaris, 디기탈리스Digitalis purpurea 등 가끔씩 우리에게 매우 익숙한 이름이 튀어나오기도 한다.[15] 지금도 원예용품점에 가면 이와 똑같은 푯말을 볼 수 있고 원예 관련 책에서도 같은 이름을 찾을 수 있다. 성/이름의 두 단어로 구성된 명칭은 서로 다른 종류뿐만 아니라 같은 종류 안에서도 여러 유형의 식물을 구별할 수 있는 좋은 명명 방식이었다. 드디어 식물의 명칭에 대한 체계가 잡히기 시작한 것이다. 그러나 푹스는 이 체계의 잠재력을 마음껏 활용할 수 있는 처지가 아니었다. 푹스는 어떤 때에는 두 단어 이름을 사용하고 어떤 때에는 한 단어 이름을 사용했으며 그리스어 이름을 쓰는가 하면 라틴어 이름을 적기도 했다. 그러나 점진적으로 나무의sylvestris, 흔한vulgaris, 보라색purpurea, 흰색albus, 독일의germanicum, 이탈리아의italicum, 정원의hortensis, 둥근rotunda, 잎이 날카로운angustifolia, 달콤한 향기가 나는odoratum, 경작된sativus 등과 같이 약초 처방전과 관련된 용어와 우리가 현재까지 식물을 묘사하는 데 사용하는 유용한 형용사들이 하나하나 쌓여가기 시작했다. 브룬펠스는 『식물의 생태도』에서 두 단어로 구성된 명칭을 무작위로 사용하기 시작했다. 푹스도 이러한 명명 과정을 계속 이어나갔으나 전반적인 식물의 명명 체계를 계획하고 구성하는 일은 그에게도 상당히 벅찬 작업이었다. 매번 식물에 대한 새로운 책이 나올 때마다 식물을 좀 더 분명하게 관찰할 수 있는 기반이 조금씩 다져졌지만 여전히 아무도 설명조차 시도하지 않은 식물이 수천 종이나 남아 있었다. 또한 식물에 잘못된 이름이 붙어 있는 경우도 너무나 많았다. 푹스가 달콤한 향기가 나는 서양서향에 대해 설명한 구절은 당시에 흔하게 발생했던 혼란의 전형적인 사례다.

이 시점에서 약제상들이 크게 과오를 저지르고 있다는 점에 주목해야 한다. 이들은 서양서향Mezereon 대신 진달래속 식물Daphnoides

그림 72. 『신생태도 New Kreuterbuch』(1543)에 실려 있는 디기탈리스 Digitalis purpurea. 이 식물은 『식물사』의 CCCXLII 장에 이미 수록된 바 있으며 이 식물의 그림이 제작된 것도 『식물사』가 처음이다.

의 잎을 사용하기 때문이다. 그러나 서양서향은 그리스어로 카멜레아Chamelea라고 하며 다프노이데스Daphnoides와는 전혀 다르다. 산발나무Thymelea의 과실인 크니도스 열매Cnidian berry 대신 사용되는 이 식물의 과일 역시 매우 잘 알려져 있어서 설명이 필요하지 않다. 그러므로 약제상들은 가장 명백한 사실을 제대로 보지 못하는 경우가 많으며 그들만큼이나 약초에 무지한 의사도 약제상의 오류를 바로잡지 못한다. 산발나무Thymelea가 오늘날 라우레올라Laureola라고 부르는 식물이 아니라는 사실은 디오스코리데스의 기록 가운데 일부 사람들이 경작된 아마와 비슷한 열매를 맺는다는 이유만으로 라우레올라를 아마Linum라고 불렀다는 사실로 확인할 수 있다. 그러나 아마가 라우레올라와 상당히 다르다는 사실은 누구나 알고 있으며……[16]

푹스가 가장 좋아하는 구절은 "이 지경인데 더 말해서 무엇 하겠는가?"였다.

푹스는 혁신을 꿈꾸는 사람이라기보다 체계적으로 통합하는 데 소질이 있었다. 푹스가 쓴 글은 대부분 다른 기록에서 발췌한 것이고(344장 가운데에서 본인이 직접 쓴 것은 12장에 불과했다) 의학적으로 가치가 있는 식물에 한해서만 다루었다. 토머스 스프라그는 푹스의 주요 목적이 "독일의 약전藥典을 개혁"하려는 것이었으며 그에 대해서 탐구자라기보다는 "성실하고 꼼꼼하고 신중한 편집자"라고 규정했다.[17] 그러나 일정한 몇몇 소제목 하에 정보들을 알아보기 쉽게 배열했고 그림의 수준도 매우 뛰어났으며 푹스 자신의 말에 따르면 "엄청난 비용과 노력을 들여" 제작한 이 책은 큰 성공을 거두었다.[18] 푹스가 후원자인 브란덴부르크 선제후에게 보낸 책에 들어간 그림은 모두 손으로 채색한 것이었다. 물론 원판은 흑백으로 인쇄되었으며 인쇄를 마친 다음 푹스 자신의 감독 하에 꽃, 잎, 과일을 모두 올바른 색상으로 채색하여 채색 판본을 제작했다. 광물성 색소 가운데 녹청은 불투명한 녹색을 내는 데 사용되었고, 진사辰砂는 풍성한 붉은색을, 청금석은 짙은 군청색을 나타내는 데 사용되었다. 사프란처럼 식물에서 추출한 색소는 더욱 불투명한 색을 냈다. 채색본이든, 흑백 인쇄본이든, 이 책은 푹스가 살아 있는 동안 무려 39쇄를 찍었고 독일어, 프랑스어, 스페인어, 네덜란드어로 번역되었다. 1545년에 푹스의 출판업자였던 바젤의 이징린은 "식물에 대해 심도 있게 배우고자 하는 모든 사람이 길을 걸을 때나 여행을 할 때 편리하게 주머니에 넣어 휴대하며 자라나는 식물과 비교해볼 수 있도록" 원본과 똑같은 식물의 "생생한 그림"을 크기만 줄여서 수록한 『식물사』의 포켓판을 출간했다. 튀빙겐 대학의 교육 과정에 현장 학습을 도입함으로써 푹스는 새로운 틈새 시장을 찾아낸 셈이었다.

자만심이 강하고 독단적이며 의견을 굽힐 줄 모르고 마치 칠면조의 수컷처럼 자신의 책에 대해 으스댔던 푹스는 스스로 『식물사』가 매우 뛰어난 책이라고 생각한다는 사실을 누구에게나 노골적으로 드러냈다. 푹스는 그 책을 제작하면서 "비용도 노력도 아끼지 않았다"는 점을 여러 차례 강조했다. 그는 벌판과 숲을 자주 탐색하며 "높은 산등성이를 쉴 새 없이 기어올랐던" 것을 못마땅하게 생각하지 않는다고 했다. 또한 "수정해야 할 수많은 오류를 남긴 공예가들 때문에 여러 차례 화가 치미는 일을 꾹 참아야" 했다고 주장했다. 푹스는 또한 비꼬는 투로 "상대방이 모욕적인 발언을 삼가고 진정으로 진실을 탐구하는 사람으로 이성에 따라 논박하고 오류를 입증한다는 전제 하에서만" 다른 학자들의 의견을 받아들이겠다고 말했다. 다른 사람의 노력을 너무나 쉽게 폄하하는 사람들에 대해 그는 이렇게 지적했다.

> 이들 대부분은 그늘에서 도사리고 있거나 한쪽 귀퉁이에 숨어 있으며 자신처럼 무지한 사람들 사이에서 지나치게 으스댄다. 그러나 이렇게 남의 결점만 찾아내는 사람들을 그늘에서 몰아내어 열린 공간에 노출되게 하면 이들이 실은 공허한 지적 교만으로 가득 차 있는 무례한 협잡꾼이라는 사실을 깨닫지 못하는 사람은 없을 것이다. 그리고 우리는 이렇게 비방을 일삼는 자들이 계속 어둠 속에 머무르고자 하며 다시는 밝은 곳으로 나오기를 갈구하지 않을 만큼 신랄한 평판을 해주어야 한다. 왜냐하면 우리는 그들에게 걸맞은 대우를 할 수 있을 뿐만 아니라 그들이 던지는 창과 화살을 피하고 다시 돌려줄 힘과 기술이 충분하기 때문이다.[19]

이러한 경고는 확실히 효과가 있었다. 그후 몇 년간 우쭐대는 칠면조와 같은 푹스는 감히 자신의 영역에 발을 들이려는 경쟁자가 나타나면 누구든 맹렬히 쪼아댔다. 경쟁 인쇄업자인 프랑크푸르트의 크리스티안 에게놀프가 출판한 책은 "바보 같은 오류"로 가득 차 있다고 비난했다. 푹스가 갈레노스의 기록에 지나치게 의존하고 있다고 비난한 타드도이스 두노Thaddeus Duno는 "무지몽매한 하룻강아지"라고 부르기를 서슴지 않았다. 『식물사』를 보고 여기저기에 흩어져 있던 기록을 모아 짜깁기한 책에 불과하다고 혹평한 야누스 코르나리우스Janus Cornarius에게 푹스는 이렇게 반박했다. "미친 사람이 정상인으로 가장하고 있는 것은 끔찍한 일이다.

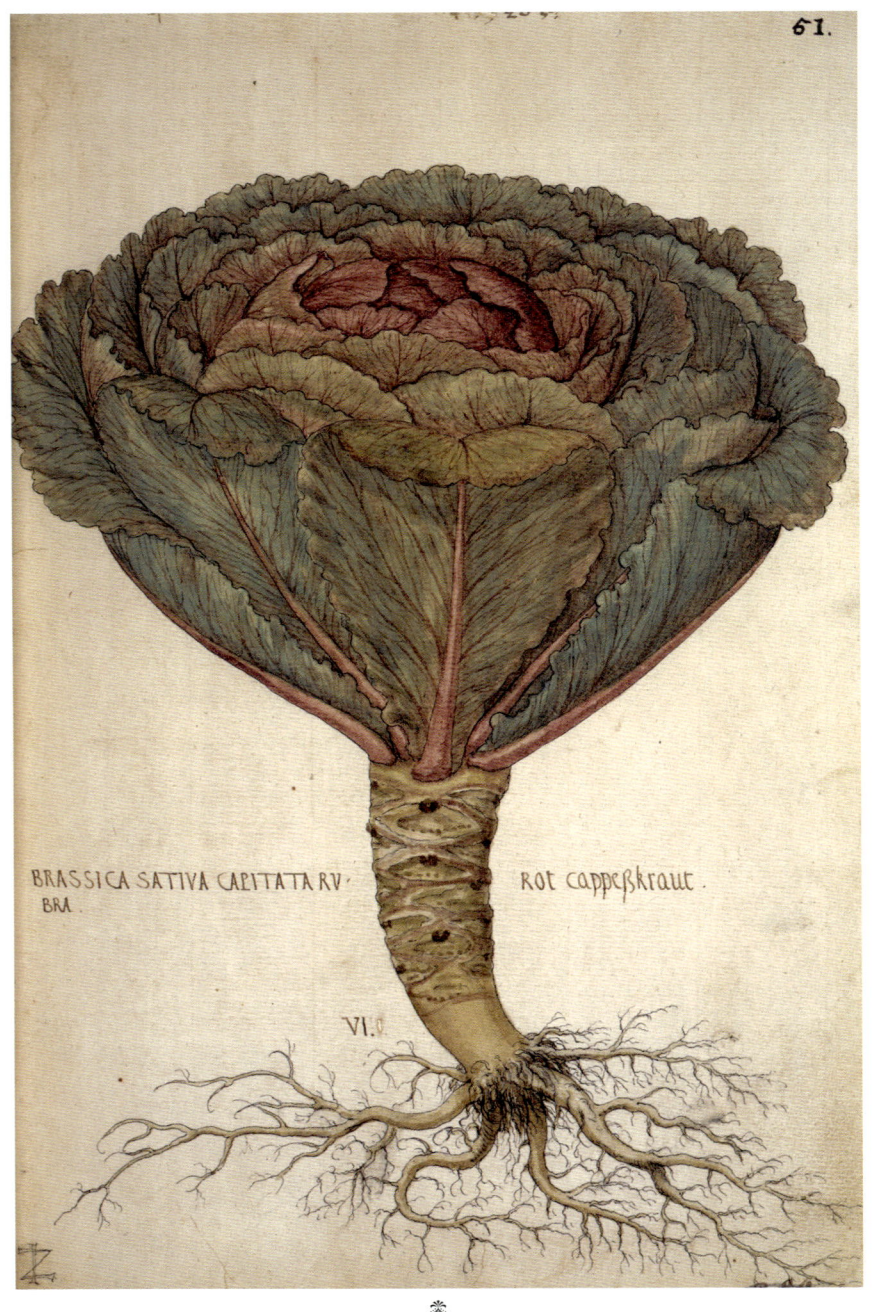

그림 73. 푹스의 출판되지 않은 식물 백과사전에 싣기 위해 제작된 붉은 양배추Rot capperkraut의 초기 형태.

(…) 좀 더 건강한 정신을 찾을 때까지 까마귀 둥지로 물러나도록 하라."

출판은 쇄를 거듭했고 책의 명성은 날로 높아졌다. 이 책이 출간된 지 2년 후에는 이탈리아의 코시모 데 메디치 공작이 피사 대학에서 의학을 가르치는 조건으로 푹스에게 1년에 600크라운이라는 "매우 후하고 넉넉한 급료"를 제안했다. 게오르크 히츨러가 푹스의 추도사에서 언급했듯이 "북쪽 나라 독일에서 모든 학문과 인문학 분야에 뛰어난 학자가 넘쳐나는 이탈리아로 내려가는" 기회를 얻은 독일인은 지극히 드물었다. 메디치가는 원하는 것이라면 모두 손에 넣는 것에 익숙해져 있었지만 푹스는 그 제안을 거절했다. 그래도 돈의 유혹은 상당했고 코펜하겐 때보다 이탈리아로 오라는 제안은 훨씬 매력적이었다. 1544년 11월 1일에 친구인 요아힘 카메라리우스에게 보낸 서신에서 푹스는 자신의 딜레마에 대해 적었다. "이탈리아의 교수직 제안에 내가 얼마나 갈등하고 모든 계획이 혼란스러워졌는지 쉽게 상상할 수 있을 걸세. (…) 비록 내 마음은 이탈리아로 향하지 않지만 그렇다고 해서 내가 이곳에 계속 남아 있을 거라는 뜻은 아니네. 많은 일들이 나에게 다른 자리로 옮기는 것을 고려해보라고 촉구하고 있네. 특히 더욱 소중하게 보살펴야 하는 수많은 내 아이들이 그렇다네."[20] 여기서 '수많은 아이들'이라 함은 네 명의 아들과 여섯 명의 딸을 가리키며 이들 가운데 두 명은 어렸을 때 세상을 떠났다.

이 '수많은 아이들'이 푹스가 코시모 공작의 너그러운 제안을 거절한 진짜 이유였을까? 대다수 사람들이 가톨릭교도인 이탈리아에서 일하는 것이 독실한 루터 교도에게는 혐오스러운 일이었을까? 또는 다시 한 번 진행하고 있는 작업에 방해가 될 이주를 원치 않았던 것일까? 『식물사』가 출간되자마자 푹스는 더욱 야심 찬 프로젝트를 시작했다. 훨씬 더 많은 그림과 방대한 식물을 실은 백과사전 작업, 즉 단순히 약용으로 쓰는 식물에 대한 지침서가 아니라 자연계의 더 폭넓은 부분을 모두 포괄하는 작업이었다. 그는 죽기 전까지 24년간을 이 프로젝트에 투자했으며 첫 번째 권은 1550년에 출판 준비를 마쳤다. 그때가 되자 원래 푹스의 출판업자였던 미하엘 이징린은 이미 세상을 떠난 상태였고 푹스가 친구인 카메라리우스에게 불평했듯이 이징린의 미망인은 새로운 책을 출판하는 데 필요한 3000플로린(2실링에 해당하는 옛날 영국 동전)의 투자를 꺼렸다. 그러나 푹스는 이에 아랑곳하지 않고 더 많은 그림을 의뢰하고 함께 넣을 글을 썼다.[21] 『식물사』의 원판 데생을 목판에 복제하는 일을 했던 하인리히 풀마우러도 1545년에 사망했고 판화를 조각한 파이트 루돌프 스페클은 1550년에 세상을 떠났다. 할 수 없이 푹스는 새로운 작업을 위해 요르그 지글러Jorg Zielger를 고용했다. 지글러가 배나무 목판에 작업한 원본 몇 개는 아직도 튀빙겐에 있는 식물 연구소에 보관되어 있다. 푹스는 이러한 목판 몇 개의 가장자리에 목판에서 묘사하고 있는 식물의 이름을 새겨 넣었는데, 이는 출판업자가 그림을 잘못된 글과 짝지었을 경우 변명이 통하지 않도록 하기 위해서였다. "꽃과 콩깍지, 씨앗을 확대하여 자세히 그린 그림을 수록한다"는 『식물사』에서 처음 도입되었던 발상은 새로운 작업을 하면서 훨씬 더 발전되었다(그림 7 참조). 필사본에는 확실히 묘사해야 할 세부 사항에 대해 지글러와 다른 알려지지 않은 화가에게 지시를 내리는 메모가 여기저기 표시되어 있었다. 튀빙겐에 본거지를 두고 있던 푹스는 방대한 연락망을 구축했는데, 여러 지역에 흩어져 있는 지인들이 푹스에게 새로 발견한 사

그림 74. 푹스의 출판되지 않은 식물 백과사전에 싣기 위해 제작된 그림에 묘사되어 있는 환각성 맨드레이크 Mandragora officinarum. 푹스는 이렇게 썼다. "시장을 떠도는 사기꾼과 협잡꾼들이 인간의 형태로 된 뿌리를 맨드레이크라고 주장하며 팔고 있다. 그러나 이는 칸나Canna의 뿌리를 인간과 비슷하게 보이도록 손으로 조작하고 만든 것이 분명하다."

실을 알려주고 씨앗과 표본을 보내왔다. 푹스는 시간이 지나면서 1500개 이상의 식물을 망라하는 자료를 축적하게 되었고 이 정보를 『식물사』와 같은 방식으로 배열했다.

젊고 뛰어난 스위스 학자인 콘라트 게스너Conrad Gesner(1516~1565)도 이와 비슷한 작업에 참여하고 있었으나, 그럼에도 불구하고 푹스의 이 새로운 작업을 매우 기대하고 있다고 적었다.

> 비록 몇 가지 측면에서, 특히 고대에 사용되던 식물의 이름을 그대로 차용한 점에서 『식물사』와 의견을 같이하지는 않지만, 그럼에도 불구하고 저자가 나를 비롯하여 식물이 풍부한 해외 지역을 더 많이 관찰한 다른 사람들의 충고를 받아들인다면 더 좋은 책을 만들기 위해 몇 가지 수정을 가할 것이라는 점에 대해 의심하지 않는다. 또한 나는 저자의 성실함과 꼼꼼한 설명 방법을 높이 사며 마지막으로 책에 실린 그림의 우아함과 완벽함에 감탄을 금하지 않을 수 없다. 이 그림들은 아무것도 추가하지 않은 상태라 할지라도 그 자체로서 상당한 가치가 있다.[22]

게스너가 말하려는 바는 분명했다. 비록 당시 29세에 불과했지만 게스너는 이미 독일, 프랑스, 이탈리아, 스위스 등 여러 곳을 여행한 경험이 있었다. 이에 반해 푹스는 바이에른 지역과 뷔르템베르크 근처의 독일 서남 지방밖에 알지 못했다. 푹스가 『식물사』에서 원산지를 언급하는 경우는 모두 자신이 알고 있는 지역이 원산지일 때뿐이었다. 백합의 일종인 릴리움 마르타곤은 오스터베르크Osterberg, 노란 용담과 골고사리는 파렌베르크, 스노플레이크가 풍부하게 발견되는 곳은 튀빙겐에서 그다지 멀지 않은 베벤하우젠의 수도원 위에 있는 그늘진 숲속, 무 가운데 "크기가 거대한 것은 에르푸르트", 쇠서풀은 뉘른베르크, 범꼬리는 블랙포레스트〔독일 남서부의 삼림지대〕 등처럼 말이다.

푹스는 게스너에게 연구한 내용을 자신에게 보내주면 앞으로 나올 포괄적인 식물 백과사전에 실어주겠다고 제안했다. 이는 아마도 경쟁자의 저작이 출판되는 것을 막아보려는 시도였을 것이다. 차분하고 예의 바르게 게스너는 "(푹스가) 같은 연구 분야에서 나를 몰아내려고 하는 것이 틀림없다. (…) 세상에는 헤아릴 수 없을 만큼 많은 식물이 존재하며 지역마다 자라는 식물이 다르기 때문에 어떠한 사람도 혼자서 모든 식물을 다 알 수는 없다"며 놀라움을 표시했다. 모든 사람이 공공의 이익을 위해 협조한다면 실제로 "모든 식물을 담은 완벽한 하나의 책"을 제작할 수 있을지 모른다. 그러나 게스너는 자신이 살아 있는 동안 그러한 책이 완성될 것이라 생각하지 않았다. 그렇다 해도 많은 정보원들이 알아낸 사실을 푹스에게 전달하고 그것이 푹스의 '위대하고 아름다운 시작'에 도움이 되기를 바랐다. 그러나 게스너 역시 하고 싶은 이야기가 있었다. 그 가운데 대부분이 아직 글로 쓰지 않았거나 자신 외에는 알아보지 못하는 형태였다. 그래서 게스너는 이렇게 썼다. "제가 계속 자유롭게 가장 좋아하는 일을 하도록 내버려두시기를 부탁드립니다." 식물이라는 연구 영역에 대해 게스너는 푹스에게 이렇게 일깨웠다. "우리가 배울 것이 아직 많이 남아 있습니다." 또한 게스너는 푹스가 프랑스 학자들인 피에르 블롱(1517~1564)이나 기욤 롱드레Guillaume Rondelet(1507~1566)와는 달리 정보를 제공한 사람에게 공을 돌리는 데 상당히 인색했다는 점을 은근히 암시한다. 게스너가 지적했듯이 이것은 "가장 배은망덕한 행위이거나 무례하고 자기 본위적인 행위"이다.

게스너는 관대하게 스트라스부르의 인쇄업자 벤델 리헬에게 자신의 출판 의도를 대략적으로 말해주었다. 그리고 더욱 대인배다운 면모를 보이며 푹스에게 만약 자신의 계획에 "선생님이나 출판업자 이징린이 불쾌감을 느낀다면 마음에 드시도록 제 계획을 변경하고 선생님의 책이 모두 출판될 때까지 기다리겠습니다"라는 서신을 보냈다.[23] 그러나 이렇게 너그러운 제안도 성난 푹스를 달래는 데에는 아무런 도움이 되지 못했다. 몇 년이 지나도록 푹스는 독자적인 노선을 걷겠다는 게스너의 희망을 용납할 수 없었다. 푹스는 카메라리우스에게 편지를 썼다.

> 나는 크게 놀랐다네. 게스너의 장대한 작업을 크게 기대하고 있는 사람들이 있다는 사실에 말일세. 왜냐하면 게스너는 1년 전쯤에 책의 대부분이 아직 준비되지 않았다는 편지를 보내왔기 때문이지. 게스너가 실제로 나보다 먼저 책을 출판한다 해도 나는 걱정하지 않는다네. 게스너는 나에게 자주 편지를 보내는 좋은 친구이기도 하지. 그는 거의 모든 유의 저자 주위를 돌아다니면서 다른 작가들이 풀어헤쳐놓은 화환을 새로운 형태로 엮어내는 것을 좋아한다네. 따라서 최근에 게스너는 롱드레가 쓴 책 전체를 복제하고 물고기에 대한 자신의 주석을 달아서 내놓기도 했다네. 또 게스너는 내가 해당 주제를 배열한 방식에 대해 자신의 판단을 적용할 수 있도록 해준다는 가정 하에 내 해설집이 출판되고 난 후 그에 대한 부록을 쓰도록 해달라고 간청했다네. 게스너 자신이 한 연구는 자기가 바라는 대로 배열하게 내버려두게. 그러나 내 연구는 내가 직접 선택한 방법 이외의 다른 방식으로 배열하도록 절대 허락하지 않겠

네. 이제 게스너는 내 모든 표본에 대해 알려달라고 하네. 하지만 나는 게스너가 무슨 계획을 세우고 있는지 알기 때문에 아무것도 보내지 않을 생각이네.[24]

한편 푹스 주변에는 자신이 발견한 정보를 기꺼이 공유하고자 하는 사람이 많았다. 몽펠리에의 위대한 학자 롱드레 밑에서 공부를 한 아우크스부르크의 젊은 학자 레온하르트 라우볼프Leonhart Rauwolf(1535/40~1596년경)는 자신이 펴낸 말린 식물의 표본집에 사용했던 표본들을 푹스에게 빌려주었다.[25] 이 표본집은 식물을 정확하게 설명하기 위해 말린 식물을 사용한 첫 번째 사례였다. 당시 그 기술은 이탈리아에서 개발된 지 얼마 되지 않았고 푹스는 방대한 식물 해설서에 대한 작업을 사실상 모두 끝마친 1563년이 되어서야 라우볼프를 만났지만, 라우볼프가 채집하여 새로운 방식으로 압착한 45종의 식물을 포함시키기 위해 식물을 다시 배열하는 번거로운 작업을 주저하지 않았다. 라우볼프는 집이 있는 몽펠리에를 출발하여 성St. 고트하르트 고개를 따라 알프스를 넘은 후 취리히와 튀빙겐을 거쳐 아우크스부르크로 돌아오는 긴 여정에 이러한 식물을 수집했다. 이탈리아에서는 프란체스코 델리 알레산드리Francesco degli Alessandri(1529~1587)가 맨드레이크를 보내왔고, 피사에 있는 위대한 스승 루카 기니(1490~1556)는 자두 향기가 나는 붓꽃의 그림을 보냈으며 영국의 식물학자 윌리엄 터너William Turner(1510~1568년경)는 전분이 많은 피그너트Bunium bulbocastanum를 제공했다. 앤트워프에서는 '열성적인 식물학자' 사무엘 퀴켈베르크Samuel Quickelberg(1529~1572)가 컴프리를 보냈고 독일에서 자료를 보내준 사람들 가운데에는 오놀츠바흐에 있는 영지에서 어

그림 75. 페루에서 유입된 것으로 알려진 거대한 해바라기. 이 그림은 푹스가 튀빙겐 정원에서 기른 것을 바탕으로 했으며 출판되지 않은 식물 백과사전에 싣기 위해 1560년경에 제작되었다.

린 낙엽송을 보내온 브란덴부르크 선제후도 있었다. 푹스는 몽펠리에의 의학 교수인 기욤 롱드레에게 참여로, 호스 파슬리, 가지, 음양곽, 피그너트(최종적으로는 윌리엄 터너에게서 받은 Bunium bulbocastanum) 등을 보내주었으면 하는 62가지 식물의 목록을 보내면서 "이러한 식물을 발견하면 즉시 저에게 보내주십시오"라는 편지를 썼다. "바젤이나 스트라스부르로 이러한 식물을 보내실 수 있습니다. 바젤에서는 인쇄업자 이징린이나 오포리누스가 받아서 저에게 전달해줄 것이고 스트라스부르에서는 의학 박사인 제발프 하펜로이터가 그렇게 해줄 것입니다." 그 전 8월에 보낸 편지에서 (푹스에게 도착한 것은 4개월 후였다) 롱드레는 장래가 밝은 젊은 학생인 카롤루스 클루시우스Carolus Clusius가 푹스에게 몇 가지 흥미 있는 식물의 그림과 설명을 보낼 것이라고 분명히 밝히고 있었다. 그러나 푹스는 이렇게 답장을 했다.

선생이 저에게 추천해준 의대 학생의 그림자도 보지 못했습니다. 아마도 다른 경로를 통해서 오는 것이 겠지요. 선생이 플랑드르인이라고 쓴 Carolus Lucius(본래 Clusius이나 푹스가 쓴 원문 그대로 인용)는 그림이건, 설명이건 아무것도 보내지 않았습니다. 그리고 그 학생이 진심으로 한 말인지 아닌지도 알지 못합니다. 그 학생이 나를 위해서 그 일을 하지 않는다 할지라도 최소한 선생에게 한 약속은 지켰으면 하는 것이 나의 바람입니다. 그 학생이 어디 있는지 알고 있다면 아마도 직접 편지를 썼을 것입니다. 만약 그 학생이 선생에게 사는 곳을 알려주었다면 선생이 직접 그 학생에게 이 일을 재촉해준다면 정말 고맙기 그지없겠습니다.

푹스는 롱드레에게 자신이 식물에 대한 위대한 해설집 두 권을 이제 막 완성했으며 세 번째 권을 시작하기 직전이라고 말했다. 푹스의 글은 계속 이어진다. "나는 마티올리의 말도 안 되는 행동에 강력히 반대하며 (…) 그 거짓말쟁이가 쓰는 글에 다시는 시간을 낭비하지 않을 것입니다. 만약 선생이 그자가 출판하지 않도록 설득할 수 없거나 그가 실제로 출판을 할 경우 우리는 그 책을 비웃을 것입니다."[26] 이탈리아의 학자 피에르 안드레아 마티올리Pier Andrea Mattioli(1501~1577년경)는 푹스의 『식물사』가 출판된 지 고작 2년 후에 디오스코리데스에 대한 해설집을 이탈리아어로 써서 출판한 적이 있었다. 푹스는 마티올리가 조르조 리베랄레Giorgio Liberale와 볼프강 메이에르페크Wolfang Meyerpeck의 그림을 수록하여 이 책의 근사한 라틴어 버전을 제작하고 있다는 사실을 알고 있었음이 분명하며, 롱드레에게 이 책의 출간을 저지하기 위한 모든 조치를 취해달라고 부탁한 것이다. 그러나 푹스와 거의 같은 나이대였던 마티올리는 젊은 게스너만큼 고분고분하지 않았다. 그는 푹스의 동시대 학자들 가운데 의지, 스스로에 대한 자신감, 설전을 주고받을 만한 기술, 어떠한 논쟁에서도 자신이 이긴다는 흔들리지 않는 신념이라는 측면에서 푹스의 가공할 만한 능력에 필적할 수 있는 유일한 인물이었다.

푹스는 카메라리우스에게 쓴 편지에서 이렇게 분통을 터뜨렸다. "도대체 내가 책마다 몇백 번씩 반박을 해야 그 자만심으로 가득 찬 이탈리아인이 독일에는 자신의 허튼소리를 간파하고 정체를 폭로할 수 있는 사람들이 있다는 사실을 분명하게 이해하겠는가."[27] 푹스는 진행하고 있는 작업에서 기회가 날 때마다 경쟁자를 적극적으로 공격했다. 처음으로 담배에 대해 쓰면서 푹스는 이 식물이 사리풀의 일종일 것이라는 당시의 통념을 고려했다. "마티올루스는 자신의 약초 의학서에서 아무런 사리판단 없이 이 잘못된 의견을 옹호하고 있는데, 그는 언제나 다른 사람들의 잘못된 추측을 따른다. (…) 마티올루스, 도도나에우스Dodonaeus, 그리고 몇몇 특정 학자들이 이러한 주장을 하면서 하늘 전체를 헤매고 있다는 사실이 한낮의 태양보다도 분명하다."[28] 푹스는 화가에게 담배의 특징인 커다란 잎을 잘 살려서 네 가지의 그림을 제작하도록 의뢰했다. 이것은 신대륙에서 건너온 이 독특한 식물에 대해 제작된 가장 초기의 그림에 속했다(그림 76 참조). 푹스는 또한 오늘날까지 학명에 사용되는 담배(니코티아나Nicotiana)라는 말을 처음으로 만들어내기도 했다. 이 이름은 아마도 1559년경에 담배의 씨앗을 프랑수아 2세와 프랑스 궁정의 다른 사람들에게 전해준 포르투갈 주재 프랑스대사 장 니코Jean Nicot(1530~1600)의 업적을 기리는 의미에서 지었을 가능성이 크다. 담배를 처음 기록한 것은 1492년 원정을 떠난 크리스토퍼 콜럼버스의 선원들이었고 이들은 쿠바와 아이티의 원주민들이 새총 모양의 타바코tabaco를 사용해 담배를 흡입하는 광경을 보았다. 담배 잎에 불을 붙인 다음 그 위에 타바코라는 도구의 손잡이나 대롱을 가져다댄 다음 Y자 모양으로 벌어진 부분을 양쪽 콧구멍에 끼우고 연기를 빨아들이는 형태였다. 아이티 원주민들은 이 식물을 코호바cohobba라 불렀고 아즈텍인들은 콰우이틀레quauhytle라고 불렀지만 이러한 현지 이름이 유럽에서 제대로 번역되는 일은 매우 드물었다. 언어는 너무나 넘기 힘든 장벽이었고 질문과 답변에서 오해가 발생하는 경우는 무수히 많았으며 잘못된 정보가 사실로 굳어졌다. 그러나 니코는 담배를 처음으로 유럽에 소개한 사람이 아니었다. 이미 담배는 1540년대에 스페인 상인들을 통해 저지대 국가[북해 연안의 벨기에, 네덜란드, 룩셈부르크로 구성된 지역]에 상륙한 바 있었다.

 푹스의 새로운 작업은 『식물사』에서 다룬 식물보다 세 배나 많은 식물을 망라하고 있었으며, 식물을 효용성과 분리하여 그 자체로서 기록했을 뿐 아니라 신대륙과 근동에서 유럽으로 홍수처럼 밀려 들어오는 수많은 식물까지 포함시켰다. 푹스는 『식물사』에서 가지를 처음으로 소개하면서 고전의 어떤 기록에서도 가지에 대한 설명을 찾을 수 없었기 때문에 가지에 직접 "미친 사과mala insane"라는 이름을 붙여주었다. 그는 "일부 사람들은 이 식물을 먹으며 버섯처럼 기름, 소금, 후추와 함께 요리한다"며 가지 먹는 법을 설명했다. 절임을 만드는 사람들은 소금물에 가지를 저장했지만 푹스는 가지가 "미식가와 무엇이든 맛을 보려는 의지가 있는 사람들을 위한 음식"이라고 생각했다. 이 새로운 백과사전 작업에서 푹스는 토마토를 처음으로 소개했다. 나와틀어[멕시코 남부와 중미 지방의 원주민이 사용하는 언어]로 "토마틀tomatl"이라 불렸던 토마토는 본래의 이름과 비슷한 명칭이 붙은 몇 안 되는 식물 가운데 하나다. 마티올리는 1544년의 『주석』에서 이탈리아에 토마토가 있다는 사실을 언급했으나 그림을 수록하지는 않았다. 따라서 푹스의 토마토 그림은 비록 뛰어난 것은 아니었지만 아마도 최초로 이 멕시코 원산의 희귀종을 그린 그림일 것이다(그림 77 참조). 푹스는 토마토를 황금 사과라는 뜻의 Malus aurea라고 불렀으며 토마토의 특징인 작은 가지에 꽃과 열매가 매달리는 형태가 아니라 잎이나 줄기와 만나는 접점에서 꽃과 열매가 열리는 형태로 그려놓았다. 그렇지만 그림 주위를 빙 둘러가며 설명을 적어놓았기 때문에 푹스 자신은 이 그림에 만족하지 않았음이 틀림없다. 필사본의 왼

그림 76. 당시 생소했던 담배Nicotiana tabacum. 출판되지 않은 푹스의 식물 백과사전에 수록하기 위해 제작된 이 그림에는 다양한 이름을 모아놓았다. 푹스는 "최근에 독일에 전파된 식물이며 내가 아는 한 이전에 이 식물을 본 사람은 없다"고 썼다.

쪽 윗부분에는 꽃을 좀 더 세부적으로 그렸다. 아래쪽에는 황금색 열매 옆에 스케치를 그려서 위쪽에 토마토의 특징인 녹색 꽃받침을 어떻게 포함시켜야 하는지 보여주었다. 푹스는 이 식물에 대해 이렇게 썼다. "고대 그리스인이나 로마인, 심지어 무어인도 언급하지 않은 식물 가운데 하나다." 자신이 경멸했던 아랍 학자들을 튀빙겐의 교육과정에서 몰아내기 위해 최선을 다했던 푹스는 이제 아랍 학자들의 기록을 다시 채택하기로 결심한 것으로 보이며, 이 새로운 백과사전 작업에 메수외, 이븐시나, 소小세라피온을 인용하고 있다. 이번에는 『식물사』보다 훨씬 많은 식물을 다루었기 때문에 토마토와 같이 고전 기록에는 실려 있지 않은 식물의 비중도 훨씬 높아졌을 것이고 그렇기 때문에 참고하는 서적도 더욱 방대할 수밖에 없었다.

지금은 수많은 화단에서 화려함을 자랑하지만 당시에는 귀한 희귀종이었던 천수국(그림 78 참조)도 푹스의 방대한 모음집에 처음으로 등장한다. 콜럼버스의 발자국을 따라 탐험에 나선 스페인 출신의 탐험가들이 멕시코에서 들여온 이 일년생 식물은 정원사들이 유용하고도 아름답다는 이유로 앞 다투어 정원에 가득 심기 시작하면서 유럽 전역에 빠르게 확산되었다. 푹스는 필사본에 중국에서 유럽으로 전해진 이국적인 왕원추리의 가장 초기 그림도 수록했다. 또한 빨강, 노랑, 유백색 꽃을 피우는 튤립의 가장 오래된 그림 가운데 하나도 푹스의 필사본에 등장한다. 푹스가 이 꽃을 튤립이 아니라 단순히 구근이라고 부른 것으로 보아 튤립이 너무나 새로운 종이라서 아직 제대로 된 이름이 없는 상태였음을 알 수 있다. 이제 수많은 식물이 유럽으로 유입되었고, 특히 근동과 아메리카에서 새로운 식물이 대량으로 들어와 학자들은 완전히 새로운 종류와 특징 때문에 고심을 거듭하게 되었다.

1529개의 그림을 수집하고 1540여 가지의 식물에 대한 해설을 완성한 다음 푹스는 마침내 독자들에게 설명을 했다. 푹스는 독자들이 이 방대한 식물 해설서로 큰 혜택을 입을 수 있으리라 확신했다. 20년 전에 푹스는 청중에게 "식물에 대한 지식이 마치 감옥 안에 숨어버린 것처럼 거의 완전히 소실되고 사라졌을 때" 자신이 『식물사』를 출판했다고 상기시킨 바 있었다. "식물과 관련된 과학이 믿을 수 없을 만큼 복잡하고 체계가 결여되었기 때문에 과거의 저자들은 오류를 피하기가 매우 어려웠다"고 지적했다. 그는 "현 시대에 지나치게 많아진 참견하기 좋아하는 트집쟁이들은 내가 식물을 주제로 한 저작을 다시 출판했다는 사실을 알자마자" 이를 "조롱하고 폄하할" 새로운 기회를 잡게 되리라고 확신했다.

그러나 출판업자 이징린의 미망인과의 문제는 쉽게 해결되지 않았다. 푹스는 이미 1557년에 다른 출판업자인 바젤의 요하네스 오포리누스에게 서신을 보내 새로운 작업은 "세 권으로 구성되어 있으며 각 권의 크기는 첫 번째 판본과 동일하오. 이 책을 다른 출판업자에게 보내느니 자네에게 의뢰하고 싶지만 자네의 재정 상태가 어느 정도인지 알지 못하오"라고 썼다. 아마도 푹스는 오포리누스가 이징린의 미망인에게서 완성된 목판화를 얻을 수 있을지 모른다고 설명했을 것이다. "만약 미망인이 이에 동의한다면 나머지를 제작하는 데에는 그다지 큰 비용이 들지 않을 것이오." 그러나 푹스는 1563년에 충실한 친구인 카메라리우스에게 이런 편지를 썼다. "나는 지금 블리지바트에서 자네가 이곳에 왔을 때 특히 즐겼던 온욕을 하고 있네. 하지만 이제 나는 홀아비가 되었고 집을 비우고 멀리 떠날 수가 없네. 밤늦게까지 불을 밝히고 몰두하던

그림 77. 토마토, 즉 황금 사과goldt apffelkraut의 그림에 푹스가 가득 적어놓은 설명. 이것은 아마도 유럽에서 제작된 최초의 토마토 그림일 가능성이 크며 출판되지 않은 식물 백과사전에 수록하기 위해 제작되었다.

그림 78. 천수국Tagetes erecta. 영어로 African marigold라고 부르는 이 식물은 사실 멕시코에서 건너왔으며 이 그림은 출판되지 않은 식물 백과사전에 수록하기 위해 제작되었다. 출판된 책 가운데 처음으로 천수국의 그림을 실었던 책은 1565년 피에르 안드레아 마티올리의 『비망록Commentarii』이다.

작업에 대해 말하자면 나는 이미 오래전에 식물의 역사에 대한 해설 작업을 마치고 그 결과를 세 권이나 되는 방대한 책으로 완성해 놓았네. 하지만 이징린의 미망인과 그 사위는 나와의 신의를 저버렸네. 미망인이 자필로 써놓은 글에 대한 의무가 있는데도 말일세. 그러므로 나의 진정한 친구 요아힘이여, 다른 사람은 아무도 믿을 수가 없다네."[29] 오포리우스와 다른 출판업자들은 활자와 종이에 들어가는 자본이 지나치게 클 것이라고 생각했음이 분명하다. 출판업자들에게 종이는 매우 큰 비용이 들어가는 것이었고 푹스의 새로운 책에 수록될 커다란 전면 그림은 지나치게 많은 공간을 차지했다.

푹스는 최초로 식물의 그림을 출판하는 영예를 누리지 못했다. 푹스가 혐오했던 경쟁자 마티올리가 천수국(과 히아신스)의 그림을 푹스가 죽기 전 해인 1565년에 처음으로 출판했다. 플랑드르 출신의 학자 렘베르 도도엥Rembert Dodoens이 토마토와 왕원추리(1554), 그리고 나중에는 해바라기(1568) 그림을 최초로 수록했다. 역시 플랑드르 학자 로벨리우스Lobelius, 마티아스 데 로벨Matthias de l'Obel은 서방 세계에 담배가 어떻게 생겼는지 처음으로 소개하는 영예(1570)를 누렸다. 푹스는 이러한 이국적인 식물의 그림을 이미 다 준비해놓고 있었으나 안타깝게도 1566년 5월 10일에 숨을 거두었다. 푹스가 인생 후반기의 24년이라는 세월을 헌신하여 완성한 방대하고 선구적인 책은 결국 출판되지 못했다.

XIII 이탈리아에서

1500~1550년

오늘은 11월 2일 토요일 아침, 나는 산타 마달레나에서 돈니니로 걸어가고 있다. 나는 지난 6주간 이곳 이탈리아에서 홀로 지내면서 내가 알고 있는 것을 잊으려고 노력했다. 이 두 장소는 몇 마일밖에 떨어져 있지 않은 데다 포도밭과 올리브 밭을 가로지르며 무너져 가는 외양간과 이정표 역할을 하는 사이프러스 나무를 지나 한 번도 차도로 나서지 않아도 길을 잃지 않고 갈 수 있다. 포도는 이미 수확한 후라서 남아 있는 것이라고는 포도덩굴에 바스락거리며 달려 있는 마른 잎뿐이다. 이제 농부들이 올리브를 수확하고 있다. 어떤 사람들은 나무로 만든 집게로 작은 가지를 훑으면서 올리브를 분리하여 나무 아래쪽에 펼쳐놓은 망 안으로 떨어뜨린다. 어떤 사람들은 장갑 낀 손으로 가지를 훑어 내리며 마치 싱싱한 새 풀밭을 찾은 소떼 같은 소리를 내고 있다. 올리브가 가득 담긴 커다랗고 깊이가 얕은 고리버들 바구니들이 나무로 된 사다리 옆에 쌓여 있고 그 옆에는 올리브를 수확하면서 나무에서 떨어져 나온 어린 올리브 가지들이 가지런히 놓여 있다.

나는 왜 여기 있는 것일까? 나는 왜 마음속에서 진화와 그에 동반하는 모든 개념을 잊으려고 하는 것일까? 왜냐하면 16세기에 이탈리아는 자연계를 탐구하고 이해하려는 위대한 여정의 중심부에 있었기 때문이다. 브룬펠스와 푹스로 대표되는 독일에서 식물에 대한 중요한 책을 최초로 출판하는 영예를 차지했지만 그 외의 다른 중요한 발견과 혁신은 모두 이곳 이탈리아에서 일어났다. 식물 연구의 르네상스는 이미 15세기에 베네데토 리니오가 쓴 아름다운 약초 의학서의 형태로 꽃을 피우기 시작했다. 플리니우스가 쓴 『박물지』의 첫 번째 판본은 1469년에 베네치아에서 출판되었고 가자의 테오도로가 라틴어로 번역한 테오프라스토스의 책은 1483년에 트레비소에서 간행되었다. 플리니우스와 디오스코리데스의 기록에 대해 논평을 한 사람은 베네치아 의회의 일원이었던 에르몰라오 바르바로, 페라라 대학의 의학 교수였던 니콜로 레오니세로 등 이탈리아 학자들이었다. 마르첼로 베르질리오 Marcello Vergilio(1464~1521)는 디오스코리데스의 『약물에 대하여』를 새롭게 번역하여 1518년에 내놓았는데 이때는 미켈란젤로가 시스티나 성당의 천장에 그린 프레스코 벽화가 아직 채 마르지도 않은 즈음이었다. 그런데 나는 왜 이미 알고 있는 것을 잊어버리려 하는가? 왜냐하면 그 이후에 일어난 린네, 다윈, DNA 같은 중요한 사건들을 모두 머릿속에서 지워버리지 않는다면 16세기 이탈리아에서 일어난 업적의 진수를 제대로 감상하지 못할 것이기 때문이다. 고대 학문의 복구는 초기 르네상스 시대를 정의하는 특징이다. 그러나 후기 르네상스는 더욱 혁신적이었고 복구보다는 발견을 추구했다. 1533년에 파도바 대학에서는 전 의학 교수였던 프란체스코 부오나페데Francesco Buonafede가 최초의 약용 식물simplicia medicamenta 전문 교수가 되었다. 지금이라면 식물학이라고 부르겠지만 그 단어는 아직 만들어지지 않았을 때였다. 1540년대에 피사, 파도바, 피렌체에 최초의 식물원이 세워졌다. 특히 피렌체에서는 메디치가의 대공작 코시모 1세가 1545년 12월 1일부터 정원을 만들기 위한 땅을 임대했다. 피사에서는 뛰어난 스승인 루카 기니(1490~1556, 그림 79 참조)가 최초의 식물 표본집을 만드는 과정에서 식물을 연구하는 완전히 새로운 방식을 찾아냈다. 식물을 납작하게 눌러서 말린 식물의 뼈대를 책에 붙임으로써 식물 표본집을 발명해낸 것이다.

따라서 나는 당시 이탈리아 사람들의 마음속에 있던 풍경을 찾아 이렇게 자갈이 깔린 오래된 길을 천천히 걷고 있다. 길의 양쪽에는 가두리 돌이 단단히 일렬로 박혀 있고 도로 중앙 부분은 완만하게 솟아 있어 빗물이 흐르거나 홍수가 났을 때 물을 양쪽의 도랑으로 흘려 보내게 되어 있다. 아마도 피렌체에서 네 시간 정도 여행을 하면 이 숲, 이 포장된 길에 도달할 수 있을 것이다. 내가 향하는 방향에서는 양들 무리가 풍기는 냄새에 마음이 푸근해진다. 양들은 작은 우리 안에 옹기종기 모여 있으며 나무에 묶인 개가 양들을 지키고 있다. 양치기 개가 나를 보고 껑충 뛰며 짖자 묶여 있는 나무(서양딱총나무)가 흔들리고 나뭇가지에 묶여 있는 오래된 종이 울리며 커다란 경고음을 낸다. 틈새에 세워져 있는 것은 도자기에 유약을 발라 구운 작은 성모 마리아 상으로 파란색, 흰색, 노란색으로 채색되어 있다. 그 아래에 있는 작은 병에는 누군가가 하늘색 치커리꽃과 노란색 데이지꽃, 연한 노란색의 좁은잎해란초꽃을 꽂아놓았다. 내 뒤쪽 먼 곳에는 여전히 아주 높고 폭이 좁은 교회의 탑이 보이며 그 교회의 종소리는 산타 마달레나에 있는 내 방까지 들린다. 빨간색 열매를 맺은 들장미와 소나무 겨우살이가 길옆에 늘어서 있고 지금과 같은 계절에는 보기 힘든 분홍색을 띠고 있는 사철나무가 가끔씩 불쑥 나타난다. 스키아파렐리Schiaparelli〔프랑스의 복식 디자이너로 쇼킹 핑크shocking pink라고 하는 로즈 바이올렛 색을 상징적으로 자주 사용했다〕.

"안녕하쇼Salve!" 올리브 나무에 기대놓은 사다리 꼭대기에 서 있던 남자가 소리친다. "안녕하세요!" 나도 인사를 받기 위해 손을 높이 올리면서 대답한다. 나는 루카 기니와 16세기에 대해 생각하고 있었는데 이 남자는 플리니우스의 언어로 나에게 인사를 하고 있다〔Salve는 이탈리아어와 마찬가지로 라틴어에서도 '안녕'이라는 인사말로 쓰였다〕. 나는 우아하게 완만한 곡선을 그리고 있는 돌로 만든 단순교single span bridge로 다가가면서 기니는 아마 이 모든 것을 알고 있었으리라 생각한다. 다리 아래에 있는 강바닥에는 거대한 돌판이 깔려 있어 산에서 눈이 녹아내린 물이 물줄기를 크게 이루며 흐르고 있다. 나는 풀밭에 앉아 돈니니에 있는 빵집에서 산 갓 구운 흰색 치아바타 안에 프로슈토 햄이 든 샌드위치를 먹고 후식으로 사과와 무화과를 먹는다. 내 옆에는 고약한 악취가 나는 헬레보어의 옅은 청자색 꽃봉우리가 상록의 잎사귀 위로 피어나려던 참이었다. 그 뒤에는 붓꽃과 수선화의 어린잎이 연령초의 얼룩덜룩한 잎들 사이를 밀고 올라온다. 연령초는 한스 바이디츠가 굉장히

그림 79. 한 세대의 모든 원예가들에게 영감을 주었던 카리스마 넘치는
피사 대학의 교수 루카 기니(1490~1556)의 초상.

자세한 그림을 그려 1530년에 제작된 브룬펠스의 책에 실었던 식물 가운데 하나다. 주변 어디를 둘러보아도 식물이 활동하고 있다. 다만 산발적일 뿐이다. 영국과는 달리 이곳은 오랫동안 그대로 방치될 것이다. 이곳에는 소도 양도 경작하는 작물도 거의 없다. 풍경은 대부분 포도나무(가지만 치고 포도를 딴다)와 올리브로 이루어져 있고 이 두 가지는 거의 같은 시기에 가지를 치고 수확을 한다. 나는 발다르노를 바라보면서 들꽃이 자라기에는 정말 안성맞춤의 환경이라고 생각했다. 영국에서는 농작물 경작 일정 때문에 들꽃이 대부분 제대로 자라지 못한다. 물론 수레국화와 꽃양귀비 같은 일부 일년생 들꽃은 1년 단위로 토양이 순환되는 것을 오히려 선호하기도 하지만 말이다. 길을 따라 세워져 있는 옹벽擁壁의 커다란 벽돌 사이로 꽃무, 패랭이꽃, 천수, 금잔화의 촘촘한 꽃잎이 삐죽 혀를 내밀고 있다. 나는 이 길을 따라서 마당에서는 두엄 더미를 파헤치는 수탉, 칠면조, 거위, 암탉이 노닐고 헛간에는 옥수수 자루를 거꾸로 매달아서 말리는 농장을 지나친다. 지붕에는 거대한 주황색 호박이 햇빛을 마음껏 받고 있다. 몇 시간 후, 나는 숲을 지나는 다른 길을 따라 산타 마달레나로 돌아간다. 눈에 보이지는 않지만 돼지들이 도토리 냄새를 맡고 부드럽게 꿀꿀거리는 소리가 들려온다. 루스쿠스 아쿨레아투스의 선명한 빨간색 열매는 덤불을 환하게 밝혀준다. 너도밤나무 잎을 헤치고 지나가면서 나는 경쟁이 치열한 이탈리아 도시 국가들 사이의 끝없는 반목과 복수극을 내 마음속에서 몰아내려고 노력하고 있다. 밀라노는 베네치아와 겨루었으며 로마는 피렌체와 맞섰고 나폴리는 밀라노와 싸웠으며 피렌체는 바다에 대한 접근권을 통제했던 피사와 다투었다. 하지만 그 순간 나는 갑자기 빈터로 나선다. 그곳에서는 콜키쿰이 마지막 꽃을 피워내고, 풀을 뜯고 있던 사슴 두 마리가 고개를 들고 잠시 동안 마치 프레스코화에 그려진 풍경처럼 동작을 멈추었다가 숲속으로 도망친다. 나중에 내가 산타 마달레나에 거의 도착했을 무렵, 나는 사냥꾼들이 서로에게 소리를 지르며 뿔피리를 부는 소리를 들었다. "여기요! 여기요!" 나는 사냥꾼들이 내 위치를 파악할 수 있도록 소리를 지른다. 이렇게 하면 서로에게 지르는 소리가 계곡을 건너 메아리치고, 나는 길이 만나는 교차점까지 나온다. 그곳에서 사냥꾼들이 데리고 다니는 털이 거친 리트리버가 껑충 뛰어오르는 순간 개 목 주위에 매달린 종이 갈라진 단조의 음을 낸다.

이상하리만치 사람 손을 타지 않은 발다르노를 누비며 길고도 고독한 산책을 하던 중에 나는 피렌체나 아레초로 기차 여행을 한다. 산 엘레르노에서 2유로짜리 표를 사면 거장들의 그림에 마음껏 취할 수 있는 피렌체의 한복판에 발을 디딜 수 있다. 나는 지오토에서 미켈란젤로에 이르기까지 다양한 작품을 감상하며 이곳저곳을 누비다가 종국에는 내가 가장 좋아하는 장소 가운데 하나인 산타 마리아 노벨라 성당을 방문하는 경우가 많다. 토르나부오니 예배당(그림 80 참조)에 있는 기를란다요Ghirlandaio의 프레스코화는 1485년에 제작되기 시작했지만 놀라울 정도로 현대적이다. 성벽 너머로 마을을 내려다보는 남자들의 편안하고도 자신만만한 자세, 모여 있는 사람들 가운데 몇 명이 놀란 듯한 표정으로 관람객을 정면으로 바라보는 방식은 마치 내가 돈니 산책길에서 만났던 긴 막대기 세 개를 끌고 마을로 돌아가는 노파의 시선을 닮았다. 높은 종탑은 너무나 익숙한 것이며 들오리를 습격한 매도 보인다. 마을 뒤쪽의 풍경에는 야트막한 언덕이 마치 두더지가 파놓

그림 80. 피렌체의 산타 마리아 노벨라 성당에 있는 도메니코 기를란다요Domenico Ghirlandaio의 「성 엘리자베스를 방문하는 은총이 가득한 동정녀 마리아The Visitation of the Blessed Virgin」.

은 흙더미처럼 높이 불룩 솟아 있다. 나는 그 멀리 있는 길을 따라 걸으면서 비슷한 나무, 꽃, 농장, 돼지, 사냥꾼, 포도나무를 발견할 수 있었다.(호박은 예외다. 푹스가 16세기 중반에 호박에 대해 기록했을 당시 호박은 신대륙에서 넘어온 새로운 종이었다.) 아르노 강 남쪽의 산타 마리아 델 카르미네 교회에서 나는 제단 앞에 3개 국어로 쓰인 안내판을 꼼꼼하고 자세하게 살폈다. 중앙에 있는 그림은 산타가타의 거장이 그린 13세기의 경이로울 만큼 장중한 성모 마리아이며 주위에는 마솔리노Masolino, 마사초Masaccio, 프라 필리피노 리피가 그린 15세기의 프레스코화가 배치되어 있다. 나는 리피가 문에 그려놓은 높고 가느다란 사이프러스나무, 노간주나무, 포플러나무가 무성히 자라 있는 언덕을 살펴본다. 산 엘레르노에서 피렌체로 돌아오는 기차를 타면 그와 똑같은 언덕, 그와 똑같은 나무를 볼 수 있다.

비아 카보우르에 있는 메디치가의 궁전에서 베네초 고촐리Benezzo Gozzoli가 그린 키가 크고 말끔하게 가지치기가 된 나무에서 빛나는 열매를 바라본다. 이 열매가 석류였을까? 1471년에 처음 출판된 피에르 데 크레센치Pier de' Crescenzi의 『농업서Liber cultus ruris』에는 석류를 기르는 방법이 자세하게 설명되어 있고 아몬드, 개암나무, 밤나무, 앵두, 마르멜로, 무화과, 사과, 뽕나무, 서양모과, 올리브, 배, 자두, 복숭아를 가꾸는 방법도 실려 있다. 고촐리가 메디치가의 실력자 코시모(1389~1464)를 위해 이곳에 그린 프레스코화는 메디치가의 사설 예배당의 삼면을 가득 메우고 있으며, 가스파르, 멜키오르, 발타자르의 동방박사 세 사람이 하인, 말, 사냥개, 심지어 표범까지 동원된 거대한 수행단을 이끌고 반은 꿈, 반은 현실인 괴이한 풍경을 지나가는 모습(그림 81 참조)을 보여주고 있다. 은행가이자 정치가였던 코시모는 피렌체에서 가문의 정치적 힘을 길렀으며 산 마르코에 있는 동방박사 조직 Confraternita dei Magi의 후원자이기도 했다. 매해 공현대축일(1월 6일, 동방박사들이 아기 예수를 만나러 베들레헴을 찾은 것을 기리는 축일)에는 의상을 차려입고 비아 라르가라는 도시를 행진하는 행사를 조직했다. 메디치가는 유럽 16개 도시에 은행을 두고 있었고 르네상스를 이끌어나간 것은 바로 돈이었다. 그것이 로마인의 돈이든, 베네치아인의 돈이든, 밀라노인의 돈이든, 피렌체인의 돈이든 간에. 메디치가는 양모와 비단 사업으로 돈을 벌었으며 영국, 플랑드르, 프랑스와 교역을 하면서 평범한 옷감 여러 필을 들여와 재가공한 뒤 근사한 푸른색과 진홍색으로 염색했다. 나는 이렇게 염색된 옷감을 산 조반니 발데르노에 위치한 마사초의 집에 소장되어 있는 그림에서 보았다. 양모 상인, 비단 짜는 사람, 은행가, 약제사의 길드는 교역을 쥐락펴락하는 일곱 개의 대규모 길드에 속했고 메디치가의 변신은 매우 품위 있는 것이었다. 교역상에서 대자본가로, 그리고 다시 지혜, 품위, 그 외 피렌체인들이 숭배했던 모든 덕목을 갖춘 만능인l'omo universal으로 진화했던 것이다.

이탈리아는 대부분 자치적인 도시 국가로 이루어진 나라였기 때문에 메디치와 같은 부유한 후견인들이 끊임없이 학문을 발달시키는 데 힘을 썼다. 이는 학문 그 자체를 위해서라기보다는 더욱 큰 권력과 명망을 손에 넣기 위해서였다. 16세기가 되자 1391년에 교황 보나파티우스 9세가 페라라에 세웠던 대학이 공작인 알폰수스와 에르쿨레스에게서 방대한 지원금을 받았다. 조아우 호드리게스 드 카스텔로 브랑코(1511~1568)는 다음과 같이 기록했다. "나는 식물에 대한 가장 정확한 지식을 원하는 어느 누구에게나 페라

그림 81. 피렌체의 메디치 리카르디 궁전에 있는 베네초 디 레세 디 산드로 고촐리Benezzo di Lese di Sandro Gozzoli(1420~1497)의 프레스코화(1460)의 부분.

라로 가라고 조언해준다. 왜냐하면 페라라 사람들은 마치 신의 축복이라도 받은 듯이 모든 의사들 가운데서도 특히 학식이 뛰어나고 자연을 탐험하는 데 매우 성실한 사람들이기 때문이다." 1533년에 식물을 전문으로 가르치는 교수직을 마련해달라고 간청한 것은 파도바 대학의 학생들이었지만 이 요청을 열광적으로 지지한 것은 베네치아의 의회였다. 베네치아는 매우 이윤이 높은 향료 교역을 장악하고 있었기 때문에 식물 지식에서 경쟁 도시보다 앞서나가야 상업적인 이익을 누릴 수 있었다. 항독제, 당밀, 찜질제, 약탕의 재료가 되는 말린 뿌리, 씨앗, 향료는 지중해에서 가장 위대한 해군의 배에 실려 들어왔다(그림 82 참조). 베네치아의 무기고에서는 100일마다 새로운 갤리선[주로 노를 저어 움직이는 군함]이 제작되었다. 배들은 마치 물 위에 컨베이어벨트가 있는 것처럼 부두를 따라 일렬로 움직였고 창고를 하나씩 지날 때마다 돛대, 돛, 노, 비축품을 배에 싣는 구조였다. 모든 갤리선은 국가의 소유였다. 배의 구조와 크기는 표준화되어 선원들이 다른 배로 쉽게 이동할 수 있도록 했다. 베네치아 도시 국가는 아크레, 알렉산드리아, 콘스탄티노플, 시돈, 티레에 교역 공동체를 설립했고 베네치아의 상인들은 아드리아해만큼이나 흑해의 지리도 잘 알고 있었다. 페라라의 의사 안토니오 무사 브라사볼라Antonio Musa Brasavola(1500~1555)는 자신이 알고 있는 베네치아 거래상에 대해 쓰면서 종 모양의 간판을 달고 교역을 하며 "어떠한 사업 비용도 계산한 적이 없으며" 볼가강 둑에서 말린 대황과 생대황을 모두 수입한다고 기록했다.[1] 15세기 말엽에 베네치아는 연간 최소 6척 이상의 갤리선을 알렉산드리아와 베이루트로 보냈으며 해외에서 향료를 구입하는 데 50만 두캇 이상을 썼다.[2] 베네치아는 카이로와 이스파한 등 먼 도시에도 대사를 파견했다. 베네치아의 여행자들은 포르투갈의 탐험가 바스코 다 가마(1469~1524년경)가 희망봉을 돌기도 전에 먼저 수마트라와 실론에 도착했다. 런던, 파리, 브뤼헤에 살던 베네치아인들은 스파이에게 정보를 제공했다. 한편 이러한 여행자, 대사, 배의 선장, 상인들은 동시에 새롭고 이상한 식물도 들여왔다. 셀바에 별장을 소유하고 있었으며 무라노 섬에 희귀한 식물을 기르는 정원을 가지고 있었던 베네치아의 대사 안드레아 나바제로는 1525년에 조반니 바티스타 라무시오에게 말을 타고 바르셀로나에서 세비야까지 여행하는 길에 관찰한 식물에 대한 긴 편지를 쓰면서 아랍 농부들이 기르는 작물도 기록했다. 베네치아의 귀족 피에트로 안토니오 미키엘(1510년 출생)은 희귀한 식물을 찾아서 이탈리아 전역을 여행했다. 그는 베네치아의 산 트로바소라는 섬에 이국적인 식물로 가득한 정원을 꾸미고 루카 기니, 루이지 안구일라라Luigi Anguillara(1512~1570년경), 울리세 알드로반디Ulysse Aldrovandi와 같은 이탈리아 식물학자들의 방대한 네트워크와 정기적으로 접촉했다. 콘스탄티노플과 알렉산드리아 등 먼 곳에서 일하던 베네치아인들은 베네치아의 배로 미키엘에게 식물 표본을 보내왔다. 그는 베니스를 지나가는 프랑스, 독일, 플랑드르 여행자와 상인들에게서 새로운 소식뿐만 아니라 책과 씨앗을 얻었다. 또한 크레테, 달마티아, 레반트에도 지인이 있었다. 한편 도메니코 달레 그레케Domenico Dalle Greche의 그림을 실은 뛰어난 약초 의학서를 의뢰하기도 했다.³ 그림을 수록한 약초 의학서에 관심을 가졌던 것은 베네치아인들의 특징으로 보인다. 안드레아 아마디오의 그림을 수록한 15세기의 아름다운 약초 의학서를 소유한 베네데토 리니오 역시 베네치아 사람이었다. 니콜로 콘타리니와 같이 위대한 베네치아의 지주들은 오랫동안 식물에 대해 커다란 지적 호기심을 느꼈다. 파도바와 베네치아에서 수사법과 시학을 가르치고 교황청에 베네치아 대사로 파견되기도 했으며, 『플리니우스 비판』과 『디오스코리데스 정리』를 펴낸 에르몰라오 바르바로도 다름아닌 베네치아인이었다. 1462년 마인츠의 약탈 덕분에 인쇄기가 유럽 여러 지역에 빠르게 퍼졌으며 1480년 즈음에는 인쇄기를 갖춘 마을이 110군데가 넘었는데 그 가운데 50군데가 이탈리아 마을이었다. 또한 그 50군데의 마을 가운데 대부분이 베네치아에 자리 잡고 있었기 때문에 베네치아는 사실상 독점적인 인쇄 산업을 구축할 수 있었고 국가는 이를 장려하고 보호했다. 베네치아의 입장에서 피렌체는 강력한 라이벌이었지만 콘타리니는 메디치의 적수가 되지 못했다. 니콜로 레오니세로는 『플리니우스의 기록에서 발견되는 오류』의 도입부에 "관대한 로렌초 데 메디치"에게 화려한 찬사를 바치며 메디치를 "현 시대의 가장 훌륭한 학문의 후원자이며 비용을 아끼지 않고 대리인을 세계 구석구석까지 파견하여 필사본을 수집함으로써 자신과 다른 걸출한 학자들에게 가장 풍요로운 연구와 지식을 얻을 수 있는 자료를 제공해준다"고 썼다.[4] 그리고 로렌초의 아들인 코시모 대공작, 즉 토스카나 최초의 대공작은 아버지와 다름없는 학문에 대한 열정으로 피사를 이탈리아에서 가장 위대한 학문의 전당으로 만들겠다고 결심하여 레온하르트 푹스에게 피사 대학의 교수직을 제안했던 것이다.

    페라라, 볼로냐, 피사, 파도바, 피렌체에 있는 대학들은 루카 기니와 같은 뛰어난 교수들에게 탄탄한 기반을 제공해주었다. 또한 이들 대학은 식물에 대한 연구가 발전할 수 있는 체계를 제공하는 역할도 했다. 1533년에 프란체스코 부오나페데를 최초의 식

그림 82. 16세기의 항해사들이 묘사한 베네치아.

물학 교수로 임명한 지 얼마 지나지 않아 파도바 대학은 실용 식물ostensor simplicium 담당 교수를 임명하는 혁신적인 조치를 취했다. 이 교수의 임무는 학생들을 인솔하고 새로 지은 대학의 식물원을 둘러보는 것이었다. 르네상스 후반기에는 식물을 직접 눈으로 보는 것을 강조하는 새로운 풍조가 생겨났고 각 대학에서는 연구를 위해 살아 있는 식물을 모아놓은 공간을 만들었다. 당시는 광물, 기이한 조가비, 곤충, 산호, 박제된 새, 말린 뱀 껍질, 절인 생선 등 다양한 것을 모으는 수집의 시대였다. 닥치는 대로 모으고 합치고 축적하는 것을 취미로 삼는 마니아에게 식물은 안성맞춤의 소재였다. 자연에는 수집할 식물이 무수히 많았고 근동이나 신대륙에서 이국적인 식물이 계속 이탈리아로 유입되면서 식물의 수는 계속 늘어났다. 16세기 초반에 이르자 이탈리아에는 이미 엄청난 양의 식물이 수집되어 있었으나 대부분은 메디치와 같은 부유한 후원자가 소유하고 있었고 메디치는 심지어 피렌체에 있는 정원에서 열대 지방으로부터 들여온 파인애플을 키우기도 했다. 그러나 같은 1540년에 세워진 피사와 파도바 대학의 정원은 개인이 자랑하기 위해 세운 것이 아니었다. 이들 식물원은 모두에게 개방되어 있었고 약사와 약제상이 오랫동안 사용해왔던 식물뿐만 아니라 희귀한 식물, '잡초', 그리고 그에 못지않은 여러 종의 토종 식물이 전시되어 있었다. 또한 이러한 식물 사이의 관계를 이해하고 다양한 형태의 목적을 파악하려는 매우 실질적인 욕구가 생겨났다. 피렌체의 학자 마르첼로 비르질리오 아드리아니Marcello Virgilio Adriani(1464~1561)는 이렇게 썼다. "식물의 과학을 이해하는 것은 (…) 자연에서 일어나는 끊임없고 다채로운 변화 때문에 언제나 까다로웠으며 심지어 현재까지도 어려움은 계속된다. 시간의 흐름,

다양한 장소, 계절의 변화, 경작의 영향, 자연의 항구적인 유동성 등의 다양한 조건에서 식물이 같은 모습을 드러내는 일은 거의 없다. 자연적으로 발생하는 어려움에 서로 다른 나라에서 활동한 저자들이 각자 다른 방식으로 식물을 설명하면서 생기는 혼란이 추가된다. 이러한 작업에서 맞닥뜨리게 되는 당혹감은 매우 크다."[5] 이 '당혹감'을 해결하기 위해서는 앞으로 할 일이 산더미같이 남아 있었지만 마침내 식물을 생생하게 묘사한 뛰어난 그림(뿐만 아니라 식물 그 자체가 오래전에 땅속으로 사라졌을 때 연구를 계속할 수 있도록 말린 표본을 제작한 기니와 여러 학자들 덕분에)이 등장하면서 토론을 위한 탄탄한 기반이 마련될 수 있었다. 또한 독일, 프랑스, 플랑드르, 스위스, 이탈리아의 학자들이 공통어인 라틴어로 의사소통을 할 수 있다는 사실도 상당한 도움이 되었다. 책은 대개 라틴어로 먼저 출판되었으며 그다음에 각 지역 언어로 번역되었다.

그러나 이렇게 그림이 갖춰지고 공통어가 존재했음에도 불구하고 심지어 가장 흔한 식물에 대해서조차도 혼란이 가시지 않았다. 『모든 식물의 연구Examen omnium simplicim medicamentorum』라는 책에서 페라라의 브라사볼라는 프리물라 베리스Primula veris라는 식물에 대해 자신이 사는 지역을 중심으로 이렇게 묘사하고 있다.

> 피렌체 사람들은 이 풀을 샐러드로 만들어 먹으며 페라라의 경우에도 이른 봄에 풀들이 부드러울 때에는 먹을 수 있다. 그러나 그후에는 페라라의 땅에서 너무나 많은 식용 식물이 자라나기 때문에 누구도 이 풀을 거들떠보지 않는다. 이 풀은 크기가 작으며 잎사귀가 땅 위에 펼쳐져 있다. 꽃은 카밀레를 닮았고 빨간색 끝부분만 제외하면 전체적인 색상은 흰색이다. 겨울이 온난한 우리 페라라 주

그림 83. 남부와 동부 유럽의 알프스 초원에서 흔하게 서식하고 있었던 오쿨리스 보비스Oculis bovis, 즉 오늘날의 은엉겅퀴Carlina acaulis. 15세기 초반 이탈리아에서 제작된 벨루노 약초 의학서에서 발췌.

그림 84. 1561년에 파도바의 식물원에 소개된 용설란Agave americana. 1577~1587년에 프란체스코 1세 데 메디치를 위해 야코포 리고치Jacopo Ligozzi(1547~1632)가 그린 여러 장의 식물 그림 가운데 하나.

에서는 1년 내내 이 풀의 꽃을 볼 수 있다. 약제상들은 이 풀을 프리물라 베리스Primula veris라고 부르고 페라라의 여성들은 페트렐라 petrella라고 부르며 혹자는 성 피터의 풀St. Peter's herb이라고 부르기도 한다. 최근에는 허바 파랄리시스herba paralysis와 마르가리타 margarita 등의 다양한 이름이 사용되기도 하는데, 이는 사람들이 각자 기분에 따라 제멋대로 이름을 붙이기 때문이다.[6]

우리가 볼 때 프리물라 베리스는 봄에 꽃을 피우는 큰앵초에 해당되지만, 브라사볼라가 설명하고 있는 끝부분이 빨간 흰 꽃은 큰앵초와 전혀 닮은 곳이 없다. 단서는 그가 언급한 일반명 가운데 하나인 마르가리타margarita에 있다. 그는 데이지의 일종인 마거리트marguerite, 좀 더 정확하게 말하면 수많은 잔디밭에서 잘 자라는 잡초인 일반 데이지Bellis Perennis에 대해 이야기하고 있는 것이다. 이 식물은 인간만큼이나 오랫동안 유럽에서 서식해왔지만 그 정체에 대해서는 아직도 합의가 이루어지지 않은 상태였다. 문제는 식물의 일반명과 함께 사용할 수 있으며 누구나 알아볼 수 있는 보편적인 명칭을 제공하는 것이었다. 물론 일반명은 나라마다 달랐고 심지어 같은 국가에서도 여러 가지 이름을 사용했다. 브라사볼라가 설명했듯이 같은 식물에 네다섯 개의 다른 이름이 붙는 경우도 있었다. 이는 오늘날도 마찬가지다. 갈퀴덩굴Galium aparine은 여러 지역에 자생하는 성가신 잡초로 줄기와 잎으로 구성되어 있으며 작고 구부러진 털로 덮인 후추만 한 열매가 열린다. 사람이 갈퀴덩굴을 스쳐 지나가면 열매가 몸에 붙어 다른 곳으로 이동한다. 이 들러붙는 성질 때문에 클리버cleaver라는 이름이 붙었지만 예전에는 이 풀을 베어 알을 깨고 나온 거위 새끼들에게 먹였기 때문에 거위풀goosegrass이라고 불리기도 한다. 일반명은 생생하게 식물을 묘사해주며 해당 식물의 과거에 대한 갖가지 정보를 담고 있다. 점점 더 하나로 통일되는 세상에서 이렇게 지역적 특색이 드러나는 일반명에도 분명히 장점은 있다. 그러나 이러한 일반명은 다른 나라에서 사용할 수 없다는 결정적인 단점이 있었다. 르네상스 학자들은 자신들이 고안해내는 체계는 무조건 어디에나 적용 가능해야 한다는 사실을 일찍이 깨닫고 있었다. 보편적으로 사용할 수 있는 체계를 마련해야 했던 것이다. 이미 라틴어라는 공통 언어를 보유하고 있었기 때문에 가장 간단한 방법은 이 공통어를 사용하여 궁극적으로는 지구상에 있는 모든 생물을 포용할 수 있는 시스템을 구축하는 것이었다. 보티첼리, 레오나르도 다 빈치와 같은 화가들은 누구나 알아볼 수 있는 식물의 그림을 그림으로써 자신들만의 고유한 방식으로 이 과정을 시작했다. 그러나 올바른 단어는 그림보다 훨씬 찾기 어려웠다. 브라사볼라는 이렇게 말하기도 했다. "단어를 사용하지 않고 사물을 이해하고 숙지할 수 있다면 이름은 필요하지 않을 것이다. 그러나 예술, 과학을 막론하고 이름을 사용하지 않고서는 어떤 것도 이해하거나 배울 수 없다. 따라서 아무에게도 인정받지 못한 상스러운 말보다는 최고의 학자들이 선택하는 단어를 사용하는 것이 바람직하다."[7] 그 결과 이탈리아의 대학과 거기에 부속된 정원에서 식물의 이름에 대한 위대한 논의가 시작되었고, 유럽 전역의 학자들이 참여했다. 질서, 이해를 위한 탐구가 르네상스 시대를 정의하는 특징이었기 때문에 이 문제는 당대의 뛰어난 석학들의 관심을 끌었다.

"저기를 보세요." 나는 독일어, 일본어, 프랑스어, 영어를 구사하는 가이드와 함께 미술사 지식을 주워 담고 있는 우피치 미술관의 수많은 관광객들에게 말하고 싶었다. "저걸 보세요. 단순히 관점이나 회화적 기술, 상징에 대한 탐구만이 중요한 것은 아니랍니다. 사람들이 말을 타고 풍경을 누비면서 나무, 나무의 기원, 다른 식물과의 관계에 대해 토론하고 있지 않나요. 학생들은 미술사 과목뿐만 아니라 여러분이 바라보고 있는 저 식물에 대한 강의도 요청했다고요. 보티첼리가 세상을 떠날 즈음에는 루카 기니가 이미 스무 살쯤 되었지요. 그 유명한 보티첼리의 「봄Primavera」에 나오는 꽃들은 단순한 암호가 아니랍니다. 학자들은 이러한 식물을 기르고 식물에 대한 정보를 서로 교환했지요. 이 학자들이 식물의 명칭 체계를 세우기 위한 새로운 출발의 중심 역할을 했답니다."

안토니오 무사 브라사볼라와 같은 학자들은 이미 "이 세상에 존재하는 식물 가운데 디오스코리데스가 설명한 것은 100분의 1에도 미치지 못하며, 테오프라스토스나 플리니우스가 기록한 식물 역시 100분의 1에도 미치지 못한다. 뿐만 아니라 매일매일 새로운 식물이 추가되고 있다"는 사실을 알고 있었다.[8] 16세기 중반경에는 오스트레일리아와 뉴질랜드를 제외한 거의 전 세계의 지도가 제작되었다. 이제는 월터 롤리 경이 말했듯이 신이 "아리스토텔레스의 두뇌 안에 모든 배움의 등불을 가둬놓으신 것"[9]은 아니라는 사실이 분명해졌다. 여름이 무덥고 긴 이탈리아에서는 처음으로 옥수수, 고구마, 감자, 깍지콩, 강낭콩, 파인애플, 해바라기, 돼지감자 등의 생소한 식물의 경작에 성공했다. 1550년경에 이르자 사람들은 처음으로 토마토를 앞 다투어 가꾸기 시작했는데 이는 식량으로서가 아니라 최음제로 사용하기 위해서였다. 1595년이 되자 피망이 스페인의 카스티야와 모라비아(체코슬로바키아 중심부)뿐만 아니라 이탈리아 전체에서 왕성하게 열매를 맺었다. 이탈리아 대학에

그림 85. 1573년에 레바논에서 유럽으로 들어온 붓꽃의 일종Iris susiana과 지중해에서 들어온 스페인붓꽃Iris xiphium. 1577~1587년에 프란체스코 1세 데 메디치를 위해 야코포 리고치가 그린 여러 장의 식물 그림 가운데 하나.

서 해부학이 부활하면서 의학의 르네상스가 일어난 것처럼 식물 연구가 도입되자 직접적인 관찰, 이성적인 비판, 지적인 회의론, 한참 전에 나왔어야 할 고전 교리에 대한 의문이 활발하게 일어났다.

XIV 최초의 식물원
1540~1600년

프란체스코 부오나페데가 제창한 파도바의 식물원(그림 86 참조)을 설립하는 데 자금을 댄 것은 베네치아 의회였다. 루카 기니가 1544년에 피사에 도착한 직후에 설립한 피사의 식물원을 후원한 이는 토스카나의 대영주 코시모 데 메디치였다. 코시모 데 메디치는 푹스에게 교수직을 제안했다가 거절당한 다음 볼로냐 대학에 있던 기니를 피사로 데려왔다. 파도바에서 식물에 대한 특별 과목을 마련한 지 불과 2년 후에 볼로냐 대학 역시 식물 연구를 전담으로 하는 교육 과정을 설치했고, 그곳에서 1527년부터 의학 교수로 학생들을 가르치고 있던 기니가 약초 전문 강사 lector simplicium가 되었다가 다시 전

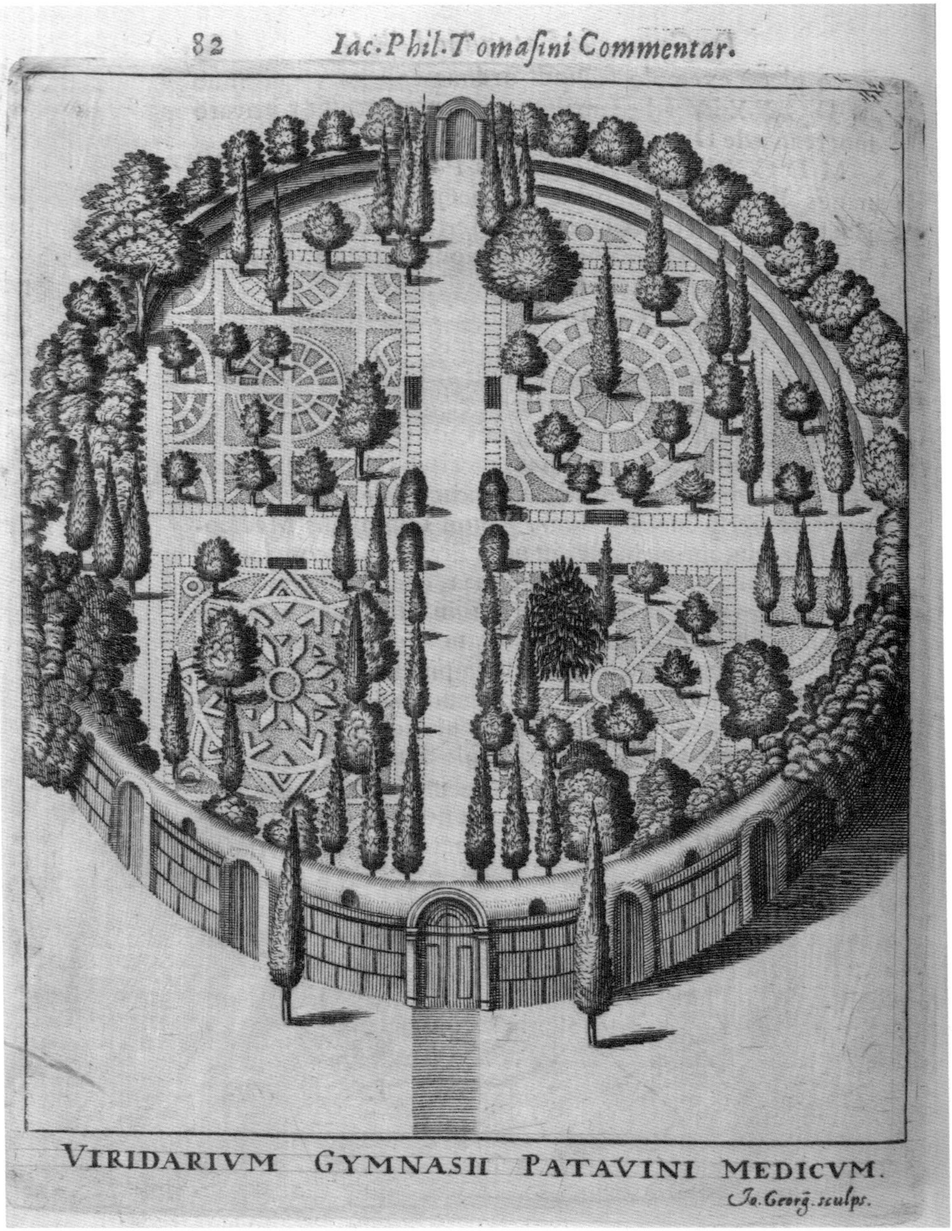

그림 86. 1545년에 프란체스코 부오나페데가 세운 파도바의 식물원. P. 토마시니P. Tomasini(1654)의 『김나지움 파타비눔Gymnasium patavinum』에서 발췌.

문 교수profession simplicium를 맡게 되었다. '식물에 대한 지식'과 관련하여 제기된 수많은 의문에 해답을 제시하면서 기니는 순식간에 유럽 최고의 교수로 명성을 떨치게 되었다. 크로아라에서 태어난 기니 자신도 볼로냐 대학 출신이었으며 식물에 대한 새로운 교육과정을 담당하면서 그곳에 식물원을 세우는 것이 어떻겠느냐고 관계자들을 설득했다. 그러나 관계 당국이 자꾸 일을 지연하고 핑곗거리만 내세우자(결국 1567년이 되어서야 설립되었다) 당시 이미 54세였던 기니는 그런 상황을 피사 대학으로 옮길 좋은 구실로 삼았다.[1] 유럽 최초의 식물원을 세우기 위해 피사에서 선택한 장소는 아르노 강 오른편 둑에 있는 땅으로 피사 공화국의 해군 조선소인 무기고에서 가까운 자리였다. 피사의 도시 지도(스코르치scorzi 지도라고 알려져 있으며 1692~1737년에 제작되었다)[2]에는 한쪽이 구엘파 문의 벽까지 넓게 뻗어 있는 상당히 넓은 정원이 표시되어 있다. 대학의 교수라는 권한으로 기니는 식물원의 책임자, 즉 원장직을 맡았고 식물원에 소장된 식물에 자신의 설명, 즉 각 식물의 주요 특징ostensio simplicium에 대한 설명을 달아 학생들이 참고할 수 있도록 했다. 기니의 제자들 가운데 라티움의 루이지 안구일라라(1512~1570), 아레초의 안드레아 체살피노Andrea Cesalpino(1519~1603), 볼로냐의 울리세 알드로반디(1522~1605) 등 뛰어난 식물학자들도 스승을 따라 볼로냐에서 피사로 이동했다. 갈릴레오가 태어나기 무려 20년 전에 기니는 피사 대학에 관찰과 실험 과정을 만들어 동료 학자들 가운데 선구자가 되었다.

새로운 정원(그림 87 참조)을 처음 언급한 것은 루카 기니가 1545년 7월 4일에 대공작의 집사인 프란체스코 리초에게 보낸 편지에서였다. 피스토야 근처의 아펜니노 산맥을 넘어서 피사에서 볼로냐까지 가는 먼 여정에서 루카 기니는 "피사 정원에 심을 여러 가지 식물"을 모았다고 적었다. 그는 리초에게 "정원을 깔끔하게 정리하여" 대공작에게 기쁨을 줄 뿐만 아니라 "학생들에게도 큰 도움이 될 수 있도록" 해달라고 요청했다. 기니는 또한 그 전해 6월에 떠났던 여행에 대해서도 언급하면서 당시 "피사의 정원에 아주 조심스럽게 심었던 많은 아름다운 식물"을 모았다고 했다.[3] 1548년의 목록을 보면 이미 식물원에 620종이나 되는 식물이 있었다고 한다.[4]

기니의 가장 뛰어난 제자 가운데 하나(그리고 나중에 아름다운 카라라 약초 의학서를 손에 넣게 되는 행운아)였던 울리세 알드로반디는 기니가 피사에서 했던 강의의 목록을 남겼다. 강의의 종류가 모두 103개나 되는 것으로 보아 기니가 매우 다양한 주제를 다루었음이 분명하며, 디오스코리데스의 기록을 인용하는 것만큼이나 "우리 대공을 위해 싸우는 그리스 병사들" 또는 그리스 하녀들의 직접적이고 실용적인 지식을 활용하는 데 거리낌이 없었다. 기니는 디오스코리데스의 문제점에 대해 이렇게 적었다. "간단하고 간결하고 엉뚱하며 불완전한 설명을 너무나 많이 남겨놓아 이렇게 짧은 단서로는 실제로 식물의 식별이 불가능하다. 사람은 매우 다양한 의견을 가지고 있으며 때로는 식물에 대해 정반대되는 판단을 내리기도 하므로 심지어 올바른 식물을 찾아낸다 할지라도 알아보는 것이 가능할지 확신할 수 없다."[5]

디오스코리데스가 크로코딜리움crocodilium이라고 불렀던 식물은 전형적인 수수께끼였다. 디오스코리데스는 이 식물을 이렇게 표현했다. "나무가 우거진 곳에서 자라며 길고 부드러우며 비교적 큰 뿌리가 달려 있는데 이 뿌리에서는 톡 쏘는 듯한 냄새가 난다. 이 뿌리를 끓여서 마시면 코에서 엄청난 양의 피가 흐른다. 화를

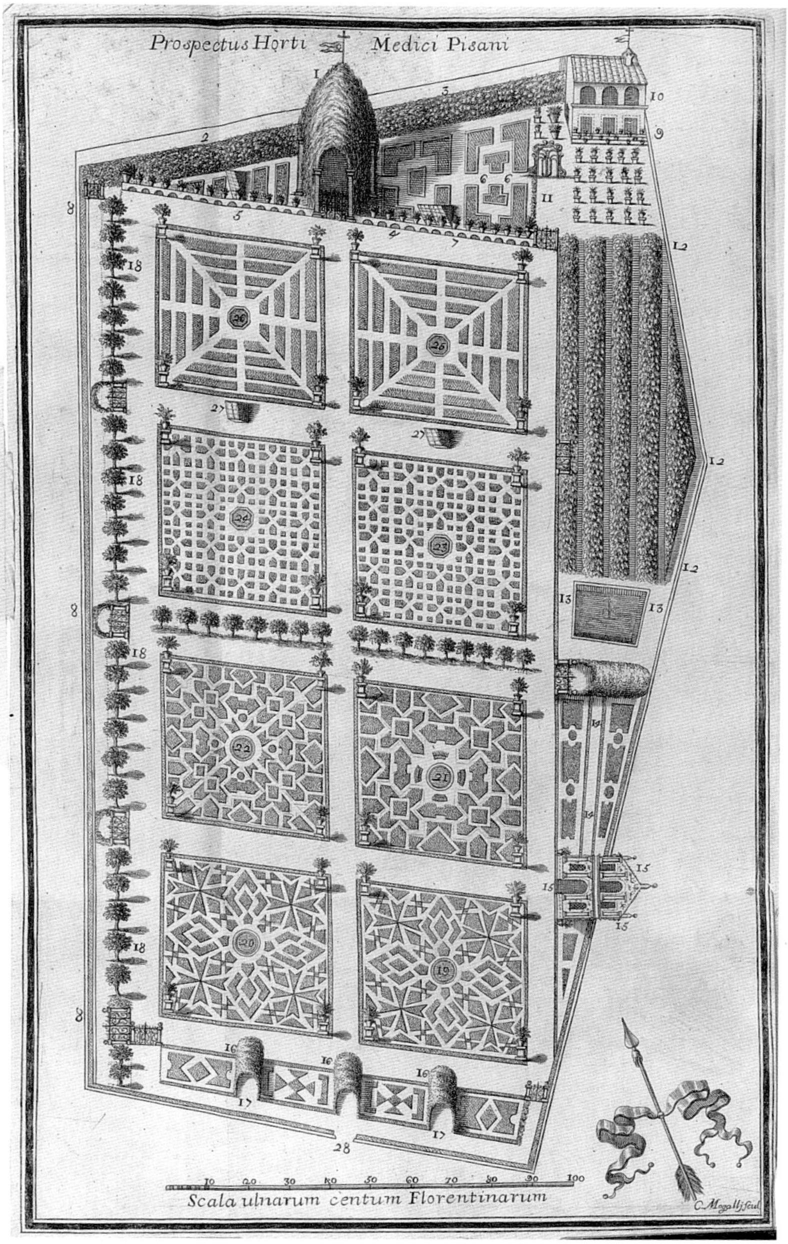

그림 87. 피사에 있는 식물원. M. 틸리M. Tilli(1723)의 「피사의 식물 정원 안내Catalogus plantarum horti Pisani」에서 발췌.

잘 내는 사람들에게 이 식물을 주면 도움이 되는 것으로 보인다. 이 식물의 씨앗은 둥글며 방패처럼 이중으로 되어 있고 씨앗 자체를 이뇨제로 사용할 수 있다." 기니는 친구에게 보내는 편지에 디오스코리데스가 묘사했던 독특하고 방패 같은 씨앗을 맺는 이 식물을 오랫동안 찾아왔다고 썼다. 디오스코리데스가 최소한 이 식물의 서식지에 대한 단서는 주었으므로 기니는 그늘지고 나무가 많은 곳에서 이 식물을 찾을 수 있으리라 기대했다. 그러나 해안가에서 식물과 씨앗을 채집하고 있을 때 발견한 식물에 대해 그는 다음과 같이 썼다.

일반적으로 에린지움 마리눔Eryngium marinum이라고 부르고 잎사귀가 가시처럼 생겼으며 푸른빛이 도는 회색 식물을 발견했는데, 이 식물의 씨앗이 방패와 비슷하게 이중이었으며 둥글었다네. 그러다가 플리니우스가 '크로코딜리움'을 자갈이 많은sabulosis 곳에서 자란다고 묘사했던 것을 기억해냈지. 디오스코리데스는 나무가 우거진 장소sylvosis라고 했지만 사실 원래 말하고자 했던 것은 자갈 투성이sabulosis가 아니었을까 생각한다네. 그의 기록이 잘못된 것이지. 나는 자네가 이 이야기를 판단이 아닌 단순한 의견으로 생각해주기를 바라네. 하지만 그와 동시에 나는 이 식물이 내가 그토록 찾아다니던 크로코딜리움이 아닐지도 모른다는 의문을 품기 시작했네. 이 식물의 잎사귀는 가시처럼 보인다는 점을 제외하고는 자네가 카마에론 니저Chamaelon niger라고 생각하는 엉겅퀴의 잎사귀와는 별로 닮지 않았다네. 나는 지금까지 이 식물에 대한 기록을 곧이곧대로 믿어왔네. 그런데 나중에 엉겅퀴의 뿌리를 샐러드로 먹었지만 건강에 아무 이상이 없었다는 사실을 기억해냈네. 그것은

XXII년(1522), 숨마노 산에서 그곳에 사는 수도사와 함께 있을 때였다네. 나는 해안가는커녕 평원에서도 이 식물이 자라는 모습을 본 적이 없었다네. 디오스코리데스가 카마에론 니저의 서식지라고 말했던 산에서 자라는 것을 보았을 뿐이지. 그래서 나는 생각을 달리하기 시작했다네. 이제 나는 우리가 말하는 엉겅퀴가 카마에론 니저가 아니라 뭔가 비슷한 것이라고 확신한다네. (…) 내가 진짜 크로코딜리움이라고 생각하는 식물에서 채집한 씨앗을 자네에게 좀 보내겠네. 이 식물의 뿌리를 우려내서 마셔본 다음 실제로 코피가 흐른다면 내 생각이 맞다는 것을 더욱 확신하게 될 것이네.[6]

기니가 선구적으로 개척했던 식물 표본집 hortus siccus, 즉 '말린 정원' 덕분에 서로 다른 나라에 있는 학자들이 식물을 정확하게 식별하고 올바른 명칭을 붙이기가 훨씬 용이해졌다. 데생과 그림도 효과적이었지만 중요한 특징이 보존되도록 세심하게 눌러서 건조한 진짜 식물은 더욱 쓸모가 있었다. 식물에 관심이 있는 사람이라면 누구든 기니의 식물 표본집이 얼마나 유용한지 금세 깨달았다. 1551년에 기니는 엄선한 건조 식물을 당시 고리치아에서 시중 의사로 일하고 있던 피에르 안드레아 마티올리(1501~1577년경)에게 보냈다. 1553년 10월 16일에 과거 제자였던 볼로냐의 울리세 알드로반디에게 쓴 편지에서 기니는 한때 600가지가 넘는 말린 풀 erbe secche을 수집했으나 그 가운데 반 이상을 잃어버렸다고 털어놓았다. 로벨리우스로 잘 알려진 플랑드르의 학자 마티아스 데 로벨과 그의 친구 피에르 페나 Pierre Pena 역시 기니가 토스카나 식물의 훌륭한 그림을 제작했으며 색상까지 정확하게 기록했다는 점을 기억하고 있었다. 반면 식물 표본집의 경우에는 시간이 지남에 따라 색이 바래는 경향이 있었다.

　식물 표본집은 식물에 대한 기록을 남기는 새로운 수단을 제공했을 뿐만 아니라 식물을 수집하는 방식에도 새 바람을 일으켰다. 토스카나의 식물을 수집한 기니는 토종 식물군을 모두 모아놓으려고 시도한 최초의 식물학자 가운데 하나였다. 그는 수많은 자료를 모았으나 결국 책의 형태로 출판하지는 못했다. 대신 기니는 두 종류의 초롱꽃, 시스투스, 붓꽃, 오르니토갈룸, 다양한 야생난초 등 의뢰한 토스카나 식물의 그림 중 일부를 튀빙겐에 있는 푹스에게 보냈다.[7] 기니 역시 볼로냐에서 활동하는 동안에는 보다 포괄적인 약초 의학서를 쓰려는 계획을 세우고 있었으나 그가 피사로 이동한 그해에 마티올리의 묵직한 『비망록』이 출판되어 즉시 베스트셀러가 되었다. 마티올리는 1558년에 기니의 과거 제자 제오르제 마리우스에게 쓴 편지에서 이렇게 말하고 있다. "기니는 식물에 관해 기록한 책을 자신이 의뢰한 그림과 함께 여러 권에 걸쳐 출판하려고 했네. 그러나 내가 쓴 『비망록』을 읽고 내가 앞질러 책을 출판함으로써 본인의 수고를 덜어준 데 대해 감사의 편지를 보냈다네. 기니는 또한 수많은 식물을 보내주었기 때문에 그 식물의 그림을 내 책에 수록할 때 기니의 공로를 반드시 인정해야 한다는 의무감을 느낀다네."[8]

　이렇게 하여 성마른 마티올리는 분명한 물리적 업적을 남기게 되었다. 그러나 기니는 내세울 만한 저서가 없었다. 그렇다고 해서 기니가 새로운 식물을 소개한 공로를 인정받을 수 있는 것도 아니었다. 비록 칼라브리아, 이집트, 시실리, 스페인, 시리아에 있는 지인들과 크레테에서 변호사로 일하고 있는 동생 오타비아노에게서 식물을 받기는 했지만 기니 자신이 여행을 많이 하는 사람이 아니었기 때문이다. 제자인 안구일라라가 아드리아해와 흑해 사이의 야생 지역을 헤매며 터키, 시리아, 그리스를 여행한 뒤 아프리카 북부 해안의 알렉산드리아, 트리폴리, 튀니지까지 가는 동안에 기니는 기껏해야 엘바[이탈리아의 작은 섬]까지 발걸음을 하는 정도였다. 이탈리아에서 가장 아름다운 주택과 정원을 소개한 16세기 저서에서 밀라노의 바르톨로메 타에조는 피사의 식물원에 대해 "이탈리아의 다른 어떤 곳에서도 찾아볼 수 없는 수많은 희귀 식물이 무성하게 자라고 있다"고 묘사했다.[9] 그러나 기니의 탁월한 능력을 상징하는 이런 혁신적인 식물원도 더 이상 그의 유산으로 남아 있지 않다. 기니가 죽은 지 7년 후에 산토 스테파노의 기사들이 무기고를 확장하기 위해 식물원을 징발했기 때문이다. 대신 원래 식물원보다 훨씬 규모가 작은 새 식물원이 칼체사나 문과 산타 마르타 수녀원 근처에 세워졌다. 그러나 이는 기니의 식물원이 아니라 안드레아 체살피노의 식물원이었다. 체살피노는 루이지 레오니의 도움을 받아 이 식물원의 건설을 감독했지만 학교 업무 때문에 이 식물원에 신경을 쓸 겨를이 없었다. 식물원은 결코 번성하지 못했다. 토양의 질도 좋지 않았고 거대한 도시 성벽 때문에 식물원 부지에는 대부분 그늘이 드리워져 있었다.[10] 루카의 조반 바티스타 풀케리는 1571년 10월에 알드로반디에게 편지를 보내 "뛰어난 체살피노"를 만나러 피사로 가는 길이라고 했다. 그다음에 보낸 편지에서 그는 일부러 피사까지 여행을 했는데도 체살피노를 만나기는커녕 조수인 레오니조차 만날 수 없었다고 불평하면서 이렇게 적었다. "만약 이 정원을 앞으로 더욱 세심하게 보살피지 않으면 상추 밭이나 별 다를 바 없게 될 것이다." 한편 스승인 루카 기니처럼 결정과 광석에 큰 관심을 가지고 있던 체살피노는 미켈레 메르카티라는 학생을 데리고 광물과 화석을 찾아 토스카나 지역을 배회하고 있었다. 체살피노의 식물원은 30년이 조금 넘는 기간밖에 버티지 못했다(1563~1595). 설상가상으로 이 식물원은 대학에서 너무 멀리 떨어져 있어서 학생들이 충분히 활용할 수 없다는 큰 문제점이 있었다. 따라서 페르디난도 1세 데 메디치는 세 번째이자 마지막 식물원을 만들도록 지시했다. 이것이 바로 오늘날까지 비아 산타 마리아와 접해 있는 곳에 남아 있는 식물원이다.

1554년에 식물원에서 은퇴하여 2년 후 세상을 떠나면서 책도 식물도 식물원도, 심지어 식물 표본집조차(그가 만든 식물 표본집의 원본은 유실된 것으로 보인다) 남기지 못한 기니는 대신 이보다는 훨씬 가시적이지 않은 기념물, 즉 명성을 남겼다. 이타심, 너그러움, 최대한 많은 사람들과 공유하고자 하는 이타적인 욕구, 선택한 주제에 대한 헌신 등은 그가 타고난 재능이었다. 그는 말린 식물을 마티올리에게 보냈고 푹스에게는 그림과 살아 있는 식물을 보냈다. 기니는 베푸는 사람이었지 남의 것을 가로채는 사람이 아니었다. 기니는 아주 먼 거리에서까지 사람들을 끌어들였다. 영국인 존 팰코너John Falconer와 윌리엄 터너도 그의 제자였다. 그는 제자들에게 열정을 불어넣었고 결코 잊지 않을 식물의 지식과 그 복잡성에 대한 관심을 길러준 다음 각자의 길로 내보냈다. 기니는 촉매자였다. 그에게 배운 수많은 제자들은 예외 없이 기니를 뛰어나고 카리스마 있는 스승으로 칭찬했다. 나는 이상하게 보이는 작은 염소 수염을 기르고 놀란 듯한 표정을 짓고 있는 기니의 초상을 보면서 그가 나의 스승이었다면 얼마나 좋을까 생각했다.

기니의 제자이자 후계자인 안드레아 체살피노(그림 89 참조)가

그림 88. 피사에 있는 식물원에 전시되어 있던 이국적인 식물 가운데 하나인 자스민 아라비쿰Jasminum Arabicum, 즉 오늘날의 커피. M. 틸리(1723)의 『피사의 식물 정원 안내』에서 발췌.

그림 89. 안드레아 체살피노(1519~1603). 볼로냐에서 루카 기니의 가르침을 받은 식물학자로 나중에 루카 기니의 뒤를 이어 피사 식물원의 설계자가 되었다.

1563년에 만든 식물 표본집은 아직도 존재한다. 체살피노는 실제로 식물 표본집 두 개를 만들었는데, 현재 유실된 하나는 후원자였던 대공작을 위해 제작했고 나머지 하나는 메디치 수행단 가운데 권력이 있고 중요한 인물이었던 알폰소 토르나부오니를 위해 제작했다. 이 두 번째가 현재 피렌체의 자연사 박물관에 보관되어 있는 식물 표본집이며 피렌체에서 내가 첫 번째로 탐구해야 할 목표이기도 했다. 하루 종일 비가 내린 10월의 어느 날, 나는 잠겨 있는 두 개의 거대한 양판문 앞에 서서 벨을 눌렀다. 윙 하는 소리가 나면서 자물쇠가 풀렸다. 안으로 들어가자 제복을 입은 관리인이 책상에 앉아 있었다. 나는 식물 박물관이 어디냐고 물었다. 식물 박물관은 없다고 관리인이 대답했다. "식물원Giardini dei Simplici뿐입니다. 3유로예요. 박물관은 문을 닫았습니다." "언제 문을 여나요?" 내가 물었다. 관리인은 어깨를 으쓱했다. "하지만 체살피노는……." 나는 말문을 열어보았다. 관리인은 다시 어깨를 으쓱했다. "박물관장과 이야기를 할 수 있을까요?" "안 됩니다. 그럴 수 없습니다." 진퇴양난에 빠진 나는 할 수 없이 식물원으로 들어가는 표를 산 다음 널찍한 자갈길 가운데 한 곳을 천천히 걸어 내려가 중앙에 있는 원형 연못으로 갔다. 전통적인 방식으로 배열되어 있는 매력적인 정원이었다. 사각형의 정원이 중앙에서 교차하는 두 개의 큰 길을 따라 다시 네 개의 작은 사각형 정원으로 나뉜 형태였다. 교차로에 있는 연못은 거대하고 오래된 테라코타 화분에 심어놓은 감귤류로 둘러싸여 있었다. 거대한 진달래 역시 화분에 심겨져 연못에서 식물원의 원래 입구인 비아 G. 라 피라의 멋진 문까지 이어지는 산책로에 줄지어 늘어서 있었다. 머리 위에는 고대의 밤나무, 아카시아나무, 라임나무가 있었다. 식물원의 양쪽은 높은 건물로 둘러싸여 있고 벽은 황토색이 나는 노란색으로 바래갔다. 빗줄기에 참피나무 잎사귀가 떨어지기 시작하자 나는 식물원의 초기 지도에 나와 있는 높다란 아케이드형 온실에서 비를 피했다. 아직 월동 준비를 위해 연약한 식물을 온실 안으로 들여놓지 않은 터라 온실에는 몇몇 식물밖에 없었다. 뉴칼레도니아가 원산지인 아로우카리아Araucaria columnaris와 오스트레일리아가 원산지인 남양삼나무Araucaria cunninghamii는 둘 다 거의 온실 천장에 닿을 정도까지 자라 있고 인공으로 만든 작은 동굴에서는 종유석이 자라 있었다. 나는 정원사가 한 줄로 늘어선 지름 7인치(18센티미터)쯤 되는 화분에 씨를 심는 모습을 관찰했다. 씨앗은 이 식물원에서 채집한 것으로 흰색 종이봉투에 담겨 있었다. 정원사는 화분마다 밑바닥에 한 움큼의 마른 잎사귀를 넣고 손수레에 담겨 있는 퇴비로 화분을 채운 다음 손가락 관절로 요령 있게 재빨리 치대고는 씨앗을 조심스럽게 줄기, 겉껍질, 과피에서 분리한 후 퇴비 위에 뿌렸다. 까치밥나무, 파, 명아주 등 이름표에 이름을 쓴 다음 화분의 가장자리에 뚫려 있는 구멍에 실을 꿰워 이름표를 달았다. 그 정원사는 홀로 일에 완전히 몰두했다. 이러한 일과는 체살피노의 시절 이래 그다지 변한 것이 없다.

그 외에 온실에서 비를 피하고 있는 사람은 짙은 푸른색의 칼라 없는 카디건을 입은 키가 크고 우아한 남자였다. 얼굴이 길쭉하고 말랐으며 70세쯤 되어 보였다. 그는 이반 일리히라고 자기소개를 했다. 나는 내가 왜 온실을 걸어 다니고 있는지 설명하며 그에게 1563년에 제작되었고 이제는 내가 들어갈 수 없는 바로 옆 건물에 보관되어 있는 체살피노의 식물 표본집에 대해 이야기했다. 남자는 예의 바르게 그건 내 잘못이라고 일러주었다. 식물 박물관은 요청에 따라서만 공개한다는 것이었다. 반드시 예약을 해야 하며 저녁에 자신에게 연락을 하면 담당자 이름과 전화번호를 알려주겠다고 했다. 나중에 나는 남자가 알려준 대로 우피치 근처의 공중전화 부스에서 그에게 전화를 걸었다. 빗발이 투명 아크릴로 된 공중전화 부스의 천장을 세차게 두드려대고 스쿠터들이 우렁찬 소리를 내며 광장을 누볐다. 그리고 2주 후, 나는 천장이 높고 식물 표본이 가득 쌓인 벽장이 양옆으로 늘어서 있는 식물 박물관의 2층으로 들어갈 수 있었다. 포름알데히드의 옅은 냄새가 긴장되고도 묵직한 침묵 속으로 스며들었다. 앞면이 유리로 되어 있는 벽장의 선반에는 반짝이는 녹색 유약을 바르고 윗부분에는 둥그렇게 검정색과 흰색으로 무늬를 그려넣은 18세기 말, 19세기 초반의 멋진 화분들이 차곡차곡 쌓여 있었다. 각 화분에 그려져 있는 것은 이빨에 리본을 물고 있는 남자의 마스크로, 그 리본에는 작은 타원형 틀이 걸려 있었다. 틀마다 화분에 넣어놓은 정교하게 만들어진 밀랍 식물의 이름인 큰열매시계초Passiflora quadrangularis, 모과나무Pyrus japonica, 태산목Magnolia grandiflora, 헤디키움Hedychium gardnerianum 등이 검은 글씨로 쓰여 있었다. 밀랍으로 만든 식물은 이탈리아의 공동묘지에서 볼 수 있는 장례식 리스와 같이 누런색과 올리브 그린 색으로 다소 바래 있었다. 그리고 그곳에 큐레이터가 세심하게 배치해놓은 것은 바로 붉은색 모로코 가죽을 사용하여 세 권으로 제본한 체살피노의 식물 표본집이었다. 나에게 그 식물 표본집은 성화와 같은 가치가 있었다. 식물 표본집은 마치 마사초의 프레스코화에 그려진 성인의 머리 뒤에서 빛나는 후광처럼 빛에 둘러싸여 있었다.

체살피노의 식물은 가로 29센티미터, 세로 43센티미터 규격의 두꺼운 수제 종이에 붙어 있었다. 아레초(체살피노의 출생지) 근처에 있는 산 세풀크로의 주교 토르나부오니에게 바치는 손으로 쓴 헌정사는 작고 깔끔한 글씨로 두 쪽에 걸쳐 실려 있었다. 토르나부오니는 열성적인 아마추어 식물학자로 담배를 이탈리아로 들여온 공적도 있다. 그는 너무나 많은 학자들이 철학적인 기반 없이 식물을 연구하려는 데 대한 체살피노의 유감을 잘 이해하고 있었을 것이다. "철학적인 기반 없이는 식물 연구에서 어떤 이익도 얻어낼 수 없다." 헌정사 뒤에는 색인(그림 90 참조)이 나오며, 처음에는 그리스어, 그다음에는 라틴어, 이탈리어의 순서대로 식물의 이름이 알파벳 순서로 나열되어 있었다. 체살피노는 디기탈리스digitalis, 디오산토스diosanthos, 디프사쿠스와 같이 루카 기니의 명명법을 따랐고 각 이름 옆에는 각 식물이 수록된 쪽수를 기록했다. 그러나 식물 표본집의 본문에는 식물이 알파벳 순서로 배열되어 있지 않았다. 본문에는 비슷한 식물을 하나로 묶어서 수록했는데, 이런 시도를 한 것은 체살피노가 처음이었다. 1583년에 피렌체에서 출판된 『식물론De Plantis』에서 체살피노는 그가 하고자 하는 작업을 설명했다. 체살피노가 세운 체계는 주로 서로 다른 종류의 과실과 씨앗 사이의 관계, 즉 관련성을 중심으로 구성되어 있었다. 그는 자신이 생각하기에 비슷한 열매를 맺는 식물을 한자리에 모았고 이들을 다른 구조의 열매들과 구별하고 분리했다. 체살피노는 다음과 같이 적었다.

> 모든 과학은 비슷한 것들을 한자리에 모으고 서로 다른 것들을 구분하고 분리하는 작업으로 구성되어 있다. 즉 대상이 드러내는 차이에 따라 속屬과 종種으로 분류하여 묶어놓는 것이다. 이제 나는

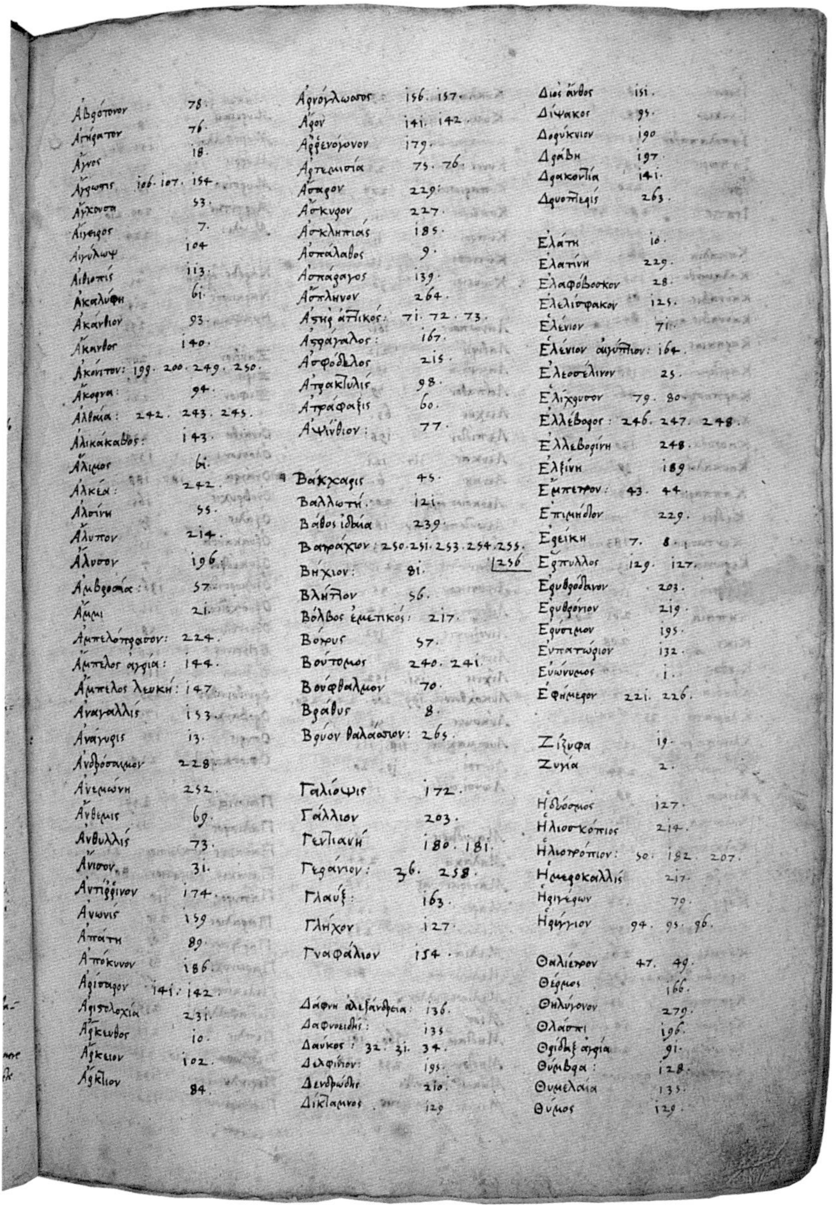

그림 90. 1563년에 제작된 안드레아 체살피노의 식물 표본집 맨 앞에 있는 식물의 색인(여기에는 그리스어로 표시되어 있다). 식물은 과일과 씨의 유사성에 따라 배열되어 있다.

식물의 일반적인 역사에 그러한 체제를 도입하려고 하며, 나의 제한된 능력을 인식하면서도 이런 노력으로 대중에게 이익이 될 수 있는 무언가를 제공하려고 한다. 고대 학자들 중에서는 테오프라스토스가 처음으로 이러한 분류 방법의 가능성을 시사했지만 끝까지 완성하지는 못했다. 우리 시대에는 루엘이 비슷한 시도를 했으나 처음 이 방식을 개척한 테오프라스토스의 업적을 뛰어넘지는 못했다. 디오스코리데스는 의사답게 식물을 의학적인 성질에 따라 즙, 수지, 뿌리, 씨 등으로 배열했다.[11]

그런데 체살피노는 이 모든 것을 이미 1563년에 쓴 산 세풀크로의 주교 토르나부오니에게 바치는 식물 표본집의 헌정사에서 설명하고 있다. 식물을 관찰하고 배열하는 이 혁신적인 방법은 『식물론』을 출판하기 20년 전부터 체살피노의 머릿속에 자리 잡고 있었던 것이다. 나는 조심스럽게 식물 표본집을 한 장 한 장 넘기면서 이제는 잘 구운 베이컨처럼 바삭해진 체살피노의 식물을 관찰한다. 체살피노가 아그리모니Agrimony〔장미목 장미과의 여러해살이풀〕, 버바스컴Verbascum〔쌍떡잎식물 통화식물속 현삼과의 한 속〕, 버베나Verbenas〔쌍떡잎식물 통화식물속 마편초과의 한 속〕를 채집할 때, 티치아노는 「거울을 보는 비너스」를 그렸고 생소하고도 끔찍한 전염병이 유럽을 휩쓸었다. 결국 런던에서만 2만 명이 이 병으로 사망했다.

체살피노는 종이 260장에 상록의 회양목, 은빛의 향쑥, 서양지치, 금작화, 다양한 양치식물, 우아한 헬레보어, 뾰족한 바다 엉겅퀴, 너도밤나무 잎사귀, 골풀, 수련, 제비꽃, 쐐기풀 등 768가지의 식물을 붙여놓았다(그림 91 참조). 체살피노는 테오프라스토스처

그림 91. 안드레아 체살피노의 식물 표본집 120쪽에 함께 모아놓은 베토니와 꿀풀과의 여러 식물. 이 책은 체살피노가 식물을 과科에 따라 배열한다는 혁신적인 새로운 이론을 정리해놓은 『식물론』(XVI권)을 출판하기 20년 전인 1563년에 제작되었다.

럼 처음에 나무를 다루었고 그다음에 관목, 꽃의 순서로 진행했다. 책의 가장 앞쪽에는 너도밤나무, 서어나무, 서양물푸레나무, 라임나무를 소개했다. 체살피노가 세운 식물원에 심은 식물이 400년 넘는 세월을 뛰어넘어 지금 나를 바라보고 있다. 체살피노는 이 식물을 채집하여 눌려서 말린 다음 무작위가 아니라 전적으로 신중하게 계획한 방식에 따라 한 장 한 장 붙여나갔다. 이 식물 표본집에 붙어 있는 식물은 나의 첫 번째 영웅 테오프라스토스로 거슬러 올라가는 살아 있는 연결 고리다. 아리스토텔레스의 연역 논리에 심취했던 체살피노는 테오프라스토스가 단순히 식물을 나열하고 설명한 것 이상의 작업을 하려 했다는 사실을 이해했다. 테오프라스토스는 식물 사이의 중요한 유사성과 차이점을 탐구하고 있었던 것이다. 체살피노 대에 이르러서야 마침내 1800년 전에 테오프라스토스가 했던 연구의 중요성을 이해하고 사장되었던 아이디어를 되살려내서 논의를 이어갈 학자가 나타난 셈이다. 흥미롭게도 테오프라스토스와 체살피노 사이의 간극은 체살피노와 오늘날 우리 사이의 간극에 비해 그다지 크게 느껴지지 않는다. 체살피노는 고전에 매우 정통했다. 그는 식물에 정신이 있다는 아리스토텔레스의 개념을 전혀 이상하다고 생각하지 않았다. 체살피노는 식물의 정신 또는 영혼은 식물의 땅속뿌리가 땅 위의 싹과 만나는 지점에서 찾을 수 있다는 아리스토텔레스의 주장에 동의했다. 심지어 체살피노는 식물의 이 중요한 접점에서 동물의 뇌와 같이 연조직을 분리해낼 수 있다고까지 생각했다. 그는 테오프라스토스와 마찬가지로 모든 식물의 궁극적인 목표는 씨앗을 만드는 것이라고 믿었다. 그러므로 식물을 이치에 맞는 합리적인 방식으로 분류하기 위해서는 씨앗 자체에 중요한 열쇠가 있다고 생각했다.

플라톤은 수컷의 정자가 골수에서 유래한다고 생각했다. 이와 같은 논리에 따라 체살피노는 씨앗이 식물의 내부 핵심 부위에서 나오는 것이 틀림없다고 가정했다. 그는 씨앗이 나무의 두꺼운 가지보다는 비교적 얇은 잔가지에서 맺히는 경향이 있음을 눈치 챘다. 이 사실로 미루어 씨앗을 만들어내는 핵심 부분이 두꺼운 가지를 감싸고 있는 조밀한 나무껍질을 뚫기보다는 잔가지를 둘러싸고 있는 얇은 막을 뚫고 씨앗을 밀어내기가 더 쉬울 것이라고 가정했다. 이런 개념은 지금 생각하면 이상하게 보일지 모르지만 체살피노가 사망한 이후에도 200년간이나 유효한 개념으로 인정을 받았다. 당시에 알려져 있었던 사실을 고려해보면 체살피노의 주장은 매우 합리적인 것이었다.

체살피노는 식물의 진정한 본질과 그 특징을 존중하는 체제, 질서가 있다고 주장했다. "우리는 식물의 우연한 성질quae accidunt ipsis이 아닌 핵심적인 본질substantia을 기준으로 유사성과 차이점을 탐구한다. 왜냐하면 감각 기관은 우선 사물을 핵심적인 본질로 인식한 다음 부차적으로 우연한 성질을 통해 이해하기 때문이다."[12] 핵심적인 본질substantia과 우연한 본질accidentia의 차이는 아리스토텔레스의 연구에서 도출한 것이며, 체살피노는 이를 계기로 과거 다른 학자들이 제안한 인공적인 체계를 채택하지 않은 것이 옳았다고 확신하게 되었다. 예를 들어 의사인 디오스코리데스는 마치 의약품을 배열하듯이 이쪽에는 감기약, 저쪽에는 해열제 하는 식으로 식물을 배열했다. 알파벳 순서로 식물을 배열하는 방법은 일정한 체계를 부여해주었지만 식물 사이의 관계를 나타내고 같은 기본적인 특징을 나타내는 식물을 하나의 과科로 묶을 수 있는 가능성을 배제했다. 다른 학자들은 식물의 뿌리에 주목하여 비숫한 둥근 모양을 하고 있는 순무, 아룸, 시클라멘을 하나의 종류로 묶었다. 그러나 체살피노는 이 뿌리를 기준으로 분류하는 방식의 문제점은 자연이 "그다지 많은 다양성을 부여하지 않았다"는 점이라고 지적했다. 뿌리에는 유의미한 분류를 할 수 있을 만큼 차이점이 충분하지 않다는 뜻이다. 체살피노는 잎사귀의 기능이 단순히 열매를 보호하는 것이라고 믿었기 때문에 식물을 분류하는 방식에서 잎사귀의 형태는 제외했다. 식물의 크기는 토양, 기후, 계절에 따라 달라지기 때문에 식물의 크기에 대한 연구에서도 유용한 분류 기준을 도출하려 하지 않았다. 마찬가지로 향기, 맛, 서식지도 모두 우연한 성질accidentia로 여겨 배제했다. 열매와 씨앗이 분류 체계의 기반이라고 그토록 설득력 있게 주장했던 체살피노였기에 다른 특징들을 그다지 중요하지 않다고 배제한 것도 그다지 놀라운 일은 아니었다. 그는 수많은 식물을 다루는 가장 현실적인 방법을 추구했고 자신의 체계가 가장 효율적이라고 믿었다.

따라서 체살피노는 도토리와 비슷한 열매를 맺는 나무들, 즉 오크나무, 밤나무, 너도밤나무, 개암나무를 하나로 묶었다. 또한 서어나무, 자작나무, 오리나무, 새우나무를 한 종류로 묶었는데 그 기준은 이들 식물의 꽃차례(꽃차례를 기준으로 했다면 개암나무가 이 집단에 포함되어야 할 것이다)가 아니라 열매의 모양이었다. 그는 하나의 씨앗이 들어 있고 돌기가 달린 열매를 맺는 나무들, 즉 느릅나무, 라임나무, 플라타너스나무, 단풍나무, 서양물푸레나무 등을 같은 종류로 분류했다. 한편 딱딱한 씨앗이 가운데에 들어 있고 풍부한 과육이 주변을 둘러싸고 있는 열매를 맺는 체리나무, 복숭아나무, 자두나무를 분리하여 하나로 묶었다. 그는 튤립이나 수선화 같은 동글납작한 식물에서 자라는 특징적인 삼면 꼬투리를 기록했다. 또한 곰팡이와 이끼 같은 일부 식물은 아예 씨를 맺지 않는 것으로 보인다고 기록했다. "이들은 가장 불완전한 식물이며 부패하는 물질에서 자라난다. 그러므로 스스로 영양분을 섭취하고 자랄 뿐이며 자신과 같은 식물을 생산할 수는 없다. 이들은 일종의 식물과 무생물의 중간 형태다media inter plantas & inanimata." 하나의 체계로서 체살피노가 제시한 것은 그 이전의 어떠한 체계보다도 뛰어났다. 이 체계는 단단한 철학적 기반을 바탕으로 하고 있었으며 체살피노는 "발달하는 열매에서 관찰할 수 있는 것만큼 다양한 조직과 눈에 띄는 특징을 자연이 만들어놓은 부분은 없다"고 주장했다. 체살피노는 식물의 세부적인 정보에서 보편적인 특징을 탐구했으며 지각을 통해 원칙을 이끌어내려고 노력했다. 나중에는 그의 체계가 잘못된 기반을 바탕으로 세워졌다는 사실이 밝혀지지만, 지극히 설득력 있는 추론이라는 측면에서는 하나의 이정표를 세웠다고 해도 과언이 아니다.

나는 이 두꺼운 종이들을 넘기면서 체살피노가 사용했던 식물 이름 가운데 상당수가 눈에 익은 이름이라는 사실을 깨닫고 놀라지 않을 수 없었다. 식물에 대한 언어가 비로소 정착되기 시작한 것이다. 마침내 어느 정도의 합의가 이루어지게 되었다. 물론 일부 명칭은 테오프라스토스 시절 이후 변하지 않고 그대로 전해 내려왔다. 현재의 식물 학명에 등장하는 아브로토눔abrotonum, 아디안툼adiantum(공작고사리), 알타에아althaea(접시꽃), 아스파라거스asparagus, 아스포델루스asphodelus, 발사미나balsamina, 엘레보룸elleborum, 실피움silphium 등의 단어를 처음으로 사용한 사람은 테오프라스토스였다. 체살피노의 식물 목록 가운데 적어도 40개는 그 유래를 테오프라스토스의 『식물 연구』에서 찾을 수 있었다. 그러나 동시에 체살피노는 마침내 '식물의 올바른 이름은 무엇인가?' 라는 문제에 대답을 제시하는 코드를 작성하기 시작했다. 체살피노는 마른 식물 표본을 모아놓은 이 책의 첫 부분에 깔끔한 손글씨로 목록을 작성하고 서로 밀접하게 연관되어 있다고 믿은 식물을 구분하기 위해 해당 식물의 특징을 정의하는 형용사를 추가했다. 예를 들어 마루비움Marrubium(감기약을 만드는 데 널리 사용했던 흰색 박하)에 검정이라는 뜻의 니그룸nigrum이라는 단어를 붙여서 흰색이 아닌 보라색 꽃을 피우는 마루비움 니그룸Marrubium nigrum(검정 박하)을 마루비움과 구분하는 식이었다.

그는 가시 달린 담쟁이Edera spina와 땅 가까이에 붙어서 자라는 담쟁이Edera terrestris를 구별했다. 또한 뚜껑별꽃 가운데 축축한 늪지를 선호하는 아나갈리스 아쿠아티카Anagallis aquatica와 숲속에서 더 잘 자라는 아나갈리스 실베스트리스Anagallis sylvestris를 모두 보여주었다. 비록 체살피노가 식물을 분류한 방식은 나중에 잘못된 것으로 판명되었지만, 비슷한 종류의 식물 사이의 연관성을 나타내기 위해(그리고 부수적으로 식물의 특징을 표현하기 위해) 만들어낸 두 단어로 된 명칭은 누구나 이해할 수 있고 이탈리아뿐 아니라 덴마크, 독일, 프랑스 등 어느 곳에 있는 학자라도 사용할 수 있는 이름이었다.

아레초에서 태어나 피사 대학에서 공부한 체살피노는 1549년에 의학 박사학위를 받았다. 기니가 세상을 뜬 후 제자인 체살피노가 그의 뒤를 이어 피사의 식물원장이 되었고 40여 년간 피사에서 식물학, 의학, 철학을 가르쳤다. 기니와 마찬가지로 체살피노는 식물원에서 정기적인 전시회를 열었으며 때로는 공휴일에 행사를 마련하기도 했다. 체살피노는 1558년에 코시모 대공작이 치비달레

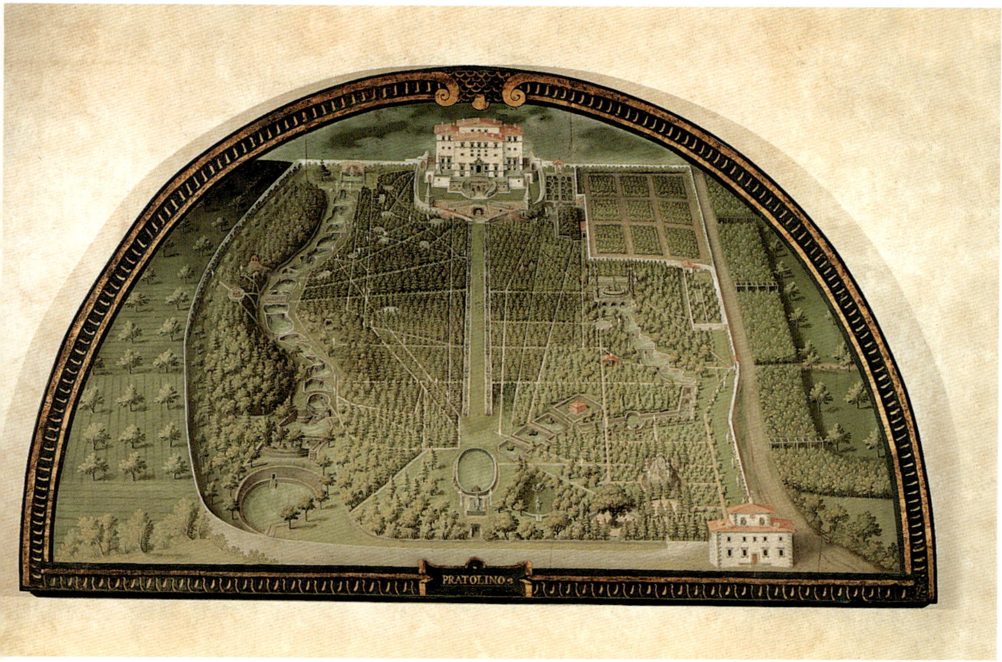

그림 92. 1598~1601년에 요스트 우텐스Joost Utens가 그린 아치형 채광창에 묘사된 프라톨리노Pratolino의 웅장한 정원과 주변 풍경. 대공작 프란체스코 1세를 위해 조성된 이 정원은 월계수나무로 된 미로와 꽃이 가득 핀 초원이 갖춰져 있었다.

의 루이지 레오니(역시 기니의 제자였다)를 조수로 임명할 때까지 식물원을 단독으로 관리했다. 레오니는 1550년에 세워진 피렌체 식물원의 원장이 되기도 한 인물이다. 1555년에 프랑스의 묘목상 주인이자 여행가인 피에르 블롱이 체살피노의 식물원을 방문하여 몇 가지 상록 관목arbuscolis perpetuo virentibus을 받아갔다. 플랑드르의 학자 로벨리우스와 그의 친구 피에르 페나도 그 직후에 식물원을 방문하여 '특별히 두 사람을 위해 캐낸' 파피루스 뿌리를 몇 개 얻었고 그 가운데 일부를 취리히에 있는 콘라트 게스너에게 보내겠다고 약속했다.[13] 파피루스는 체살피노가 콘스탄티노플, 이집트, 시리아, 그 외 알려지지 않은 먼 나라에 있는 지인을 통해 수집한 타마린드〔콩과의 상록 교목〕, 알로에, 칸나 등과 같이 수많은 이국적인 식물 가운데 하나에 불과했다. 1592년에 체살피노는 피사를 떠나 로마로 갔는데 아마도 프란체스코 대공작이 볼로냐의 지롤라모 메르쿠리알레에게 자신보다 훨씬 많은 급료를 주면서 피사 식물원의 책임자 자리를 맡도록 한 사실에 대해 분개했기 때문일 것이다. 로마에서 체살피노는 교황 클레멘스 8세의 주치의라는 영광스러운 자리에 올랐으며 동료에게 보낸 편지에서 이 새로운 임무와 고등 의학교육 강사 자리를 합하면 자신이 경쟁자와 동등한 위치에 올라서게 된다고 말했다.[14]

체살피노는 식물 표본집을 제작했을 때 44세였고 그후 20년이 지나서야 자신의 혁신적인 이론을 출판하여 세상에 내놓았다.『식물론』16권De plantis libri XVI은 아랍 의사인 카심 이븐-무하마드 알-와지르 알-가사니가 아랍어로 된 최초의 식물 분류서를 출판하기 3년 전인 1583년에 피렌체에서 출판되었다(그림 93 참조).[15] 체살피노가 심혈을 기울인 이 책은 라틴어로 제작되었고 621쪽에 이르는 빽빽한 본문 다음에는 색인과 정오표가 실려 있었다. 그는 식물 표본집 이후 식물을 분류하는 체계를 더욱 세밀하게 정비하여 1500개에 달하는 식물을 Umbelliferae(독미나리나 카우 파슬리와 같이 우산 모양의 꽃송이 속에 꽃이 들어 있는 식물), Compositae(데이지, 민들레와 같이 수많은 꽃잎으로 이루어진 식물) 등 32개의 종류로 분리했다. 이 책에 그림은 수록되어 있지 않았다. 체살피노는 서문을 통해 왜 책에 그림을 싣지 않았는지 설명하려 했다. "그림은" 자세한 설명보다 "확실한 지식을 제공할 수 없는데", 그 이유는 그림으로는 식물의 "모든 차이점을 표현"할 수 없기 때문이라는 것이다. 체살피노는 책에서 부정확한 그림을 발견한 적이 많았다. 심지어 한스 바이디츠나 알브레히트 마이어 등의 뛰어난 화가들조차도 식물을 각자 다르게 보아 서로 다른 그림을 그려냈다. 또한 목판을 재사용하는 과정에서 잘못된 위치에 그림이 인쇄될 가능성도 있었으며 실제로 그러한 착오가 발생했다. 체살피노가 헌정사에서 자신의 책을 "그림이라는 불순물이 섞이지 않은 가장 순수한" 작업이라고 표현하기는 했지만, 동시에 사실은 책에 싣기 위한 그림이 제작되었으며 모두 "후원자(이 책은 코시모 대공작의 아들인 세레니시뭄 프란체스코 데 메디치에게 헌정되었다) 덕분"이라며 감사하는 구절이 나온다. "너무나 성실하게 제작된 이 그림들은 식물의 가장 미묘한 차이점을 잘 나타내고 있다. 이 그림들은 살아 있는 것처럼 생생하며 매우 믿을 만한 증거를 제시해준다. 만약 향후에 이 그림들을 출판하기로 결정한다면 이는 단순히 뛰어난 작품일 뿐만 아니라 식물을 구별하는 훌륭한 기준으로서 가치가 있음을 인정받아야 할 것이다." 사실 체살피노는 이 그림들을 자신의 책에 수록하려고 필사적인 노력을 기울였다. 1579년에 피사에서 후원자인

DE PLANTIS
LIBRI XVI.
ANDREAE CAESALPINI ARETINI,

Medici clarissimi, doctissimiq; atque Philosophi celeberrimi, ac subtilissimi.

AD SERENISSIMUM FRANCISCUM Medicem, Magnum Aetruriae Ducem.

FLORENTIAE,
Apud Georgium Marescottum.
MDLXXXIII.

그림 93. 1583년 피렌체에서 출판된 안드레아 체살피노의 중요한 저서 『식물론』 16권.

프란체스코 1세 데 메디치의 비서 벨리사리오 빈타에게 보낸 편지를 살펴보면 체살피노가 이전에 코시모 대공작이 후원하기로 약속했던 프로젝트에 대한 정보를 요청했음을 알 수 있다. 이 프로젝트는 체살피노가 책에 수록하기 위해 수집한 그림을 동판화로 제작하는 것이었다. 체살피노가 우려한 대로 코시모가 사망하자 코시모의 후계자는 이 프로젝트를 중단시켜버렸고 그 이후 그림은 유실되어버렸다. 결국 『식물론』은 출판되었지만 독자의 입장에서는 그림이 없는 책을 읽기가 쉽지 않았다.

이렇게 그림 프로젝트를 계속 질질 끌었던 것이야말로 체살피노가 1583년에 『식물론』을 출판하기까지 그토록 오랫동안 기다려야 했던 주된 이유였을 것이다. 체살피노는 자신의 분류 체계에 확신을 가지고 있었다. 헌정사에서 분명히 밝혔듯이 이것은 이미 프란체스코의 아버지 코시모 대공작에게 헌정하기로 약속했던 책이다. 그러나 체살피노는 또한 거대한 변화의 시기에 이 작업을 진행하기도 했다. 그는 책에 대해 이렇게 썼다. "나의 목표에 전혀 다다르지 못했다. 속담처럼 매일매일 아프리카에서 무언가 새로운 식물이 쏟아져 들어오기 때문이다. 자연이 새롭고 아름다운 형태의 식물을 내놓거나 만들어내기 때문이 아니라 시간이 지날수록 이미 있었던 식물이 우리 눈앞에 나타나기 때문이다." 체살피노는 특히 최근에 들어서야 '매우 학식 있는 의사'인 스페인의 니콜라스 모나르데스가 목록을 작성한 서인도 제도의 식물을 언급했다. 포르투갈의 학자 가르시아 드 오르타 Garcia de Orta 는 이미 1563년에 청미래덩굴을 "5~6피트(1.5~1.8미터) 크기의 관목이며 뿌리는 1피트(0.3미터)에 달하고 두꺼운 뿌리와 얇은 뿌리가 각각 하나씩 있다. 잎사귀는 어린 오렌지 나뭇잎과 같은 모양이다"라고 묘사한 바 있다. 그러나 체살피노의 책에는 이 식물이 수록되지 않았다. 새로 들어오는 식물을 모두 수록하는 것은 애당초 불가능했던 것이다. 식물을 백과사전식으로 설명하고자 노력했지만 심지어 활자를 배열하기도 전에 식물의 종류가 늘어나는 바람에 도저히 감당할 수가 없게 되어버렸다. 체살피노는 자신의 식물 표본집에 768종류의 식물을 실었다. 한편 나중에 출판한 『식물론』에서는 1500개의 식물을 묘사하고 분류했다. 식물의 종류가 계속해서 늘어나자 이들을 유의미한 방식으로 배열하는 작업의 필요성이 더욱 절실해졌다. 체살피노는 식물을 군대에 비유했다. 쓸모없는 식물은 분류함으로써 단순화할 수 있다. 또한 식물은 "군대의 전선과 마찬가지로 서로 다른 집단으로 나뉘어 있지만 혼란과 변동이 일어나면 필연적으로 이 모든 개체가 섞일 수밖에 없다." 이러한 흥망과 변화의 시기에는 실수가 발생하기 마련이다. "일부 식물은 우연히 우리의 눈을 피하기도 한다. 또한 가끔씩 다른 부대에 섞여 들어가는 병사와 마찬가지로 식물도 자신이 속하지 않는 범주에 섞일 수 있다. 이러한 착오는 특히 외국에서 들여온 약제용 식물에서 자주 발생하는데, 식물 전체의 모습을 보지 못하고 뿌리, 즙, 또는 나무나 기타 부분만 채집한 상태로 우리 손에 들어온 경우에 이런 일이 일어난다."[16] 이는 일리 있는 지적이었다. 유창목은 일반적으로 말려서 바로 사용할 수 있는 형태로만 수입했다.

 나는 아주 행복한 기분으로 선선하고 조용한 박물관 전시실을 빠져 나온 뒤 둥글게 구부러진 난간을 따라 계단을 내려갔다. 액자에 넣어 벽에 걸어놓은 바위 사이에 갇힌 화석 식물 곁을 지나가면서 나는 이 16세기 학자의 사상에 대해 다시 한 번 생각한다. 체살피노는 씨앗이 식물의 내부에서 밖으로 밀고 나온다고 생각했다.

형태와 물질이라는 아리스토텔레스의 개념에 심취했던 체살피노는 이 두 가지 원칙이 자연계를 이해하고 체계화하는 데 필요한 모든 기반을 제공해준다고 믿었다. 이에 따라 식물 역시 동물과 같은 용어로 설명할 수 있다고 생각했다. 식물의 핵심부는 줄기와 뿌리가 만나는 곳에 있다. 뿌리는 동물의 소화 기관과 같은 기능을 했고 내장은 식물의 속에 해당되었다. 줄기는 생식 기관인 셈이고 열매는 배아의 역할을 한다고 생각했다. 박물관에서 갑자기 식물원의 밝은 빛 속으로 나서니 라임나무와 감귤나무 잎사귀가 뜨거운 태양빛에서 열매를 보호하는 기능을 한다는 개념이 그다지 이상해 보이지 않았다. 당시에는 아무도 광합성에 대해 알지 못했다. 심지어 산소와 이산화탄소에는 이름조차 붙어 있지 않은 상태였다.

이제 밖에서는 정원사들이 시끄럽게 지게차를 동원해 화분에 들어 있는 연약한 식물을 안전한 온실로 옮긴다. 내가 앉아서 내리는 비를 바라보던 장소는 이제 겨울을 나기 위해 온실로 들어온 이국적인 식물로 가득 차 있다. 아프리카에서 온 소철, 멕시코에서 온 달콤한 향기가 나는 독말풀, 남아프리카공화국에서 온 극락조화 등이 말이다. 온실 밖의 네모난 화단에 가지런히 정렬되어 있는 씨앗이 든 화분들은 내가 지난번에 정원사가 심는 광경을 지켜보았던 바로 그 화분들이었다. 개양귀비는 이미 자라나서 연못 위의 좀개구리밥처럼 밝은 녹색 빛을 띤 새싹을 뽑내고 있다. 우피치 근처의 공중전화 부스에서 나는 이반 일리히에게 체살피노와 그가 남긴 식물 표본집을 볼 수 있도록 도와주어 감사하다는 전화를 했다. 하지만 전화가 연결되지 않았다. 교환수는 그런 전화번호는 없다고 한다. 하지만 분명히 그 번호는 존재했다. 마치 신데렐라의 구두처럼 본인이 직접 써준 내 공책에.

그림 94. 남아메리카 열대 지방에서 피렌체로 들여온 유홍초 Ipomoea quamoclit. 1577~1587년에 프란체스코 1세 데 메디치를 위해 야코포 리고치가 그린 식물 그림 여러 장 가운데 하나.

체살피노의 식물 표본집과 밀회를 나눈 며칠 뒤에 나는 어떤 가이드북에도 언급되어 있지 않은 체살피노의 출생지를 보기 위해 기차를 타고 아레초로 향했다. 일요일 오전이라 매달 열리는 골동품 시장의 노점상들이 마을 맨 위쪽의 광장을 둘러싸고 있는 거리를 가득 메우고 있다. 골동품 시장에서는 금박을 입힌 오래된 촛대, 여러 직물의 견본, 채색된 가구, 외로움과 습기가 가득 밴 냄새를 풍기는 오래된 책 등 갖가지 물건을 찾아볼 수 있다. 이제는 널찍한 풀밭, 즉 잔디 공원이 되어버린 성채가 그 뒤에 자리 잡고 있는데, 공원에는 털가시나무와 함께 무솔리니가 1928년에 흰 대리석으로 만든 보기 흉한 페트라르카 조각상이 서 있다. 상록수인 오크나무 사이에는 라임나무와 소나무가 있고 잘라놓은 회양목 무더기도 군데군데 보인다. 널찍한 돌계단은 골동품 시장의 위쪽 경계이자 꼭대기에 항아리 모양으로 조각된 돌기둥으로 장식되어 있는 비아 리카솔리로 이어진다. 표지판을 보다가 우연히 내가 지금 비아 체살피노라는 거리의 모퉁이에 서 있다는 사실을 알게 되었다. 표지판에는 피렌체에서 이곳으로 망명을 왔던 페트라르카가 살았던 집도 표시되어 있다. 페트라르카의 집 가까이에는 정면이 모래와 같은 황토 빛 노란색을 띠고 있으며 창문에 소용돌이 장식이 있고 벽돌로 아치형 구조물을 만들어놓은 키아로만니 궁전이 있다. 나는 산 피에르 피콜로 교회와 마돈나 델라 프로비덴차의 15세기 치장 벽토를 보고 감탄하며 천문학자 톰마소 페렐리의 출생지를 눈여겨봤다. 그러나 거리 이름을 제외하고는 내가 찾으려는 위대한 체살피노를 기념하는 것은 하나도 남아 있지 않으며 아레초 문화관광청에서도 이 문제에 대해서는 아무런 도움을 주지 못했다. "체살피노의 『식물론』은 나에게 너무나 버거웠다"는 말을 한 사람은 17세기의 뛰어난 학자 가스파르 보앵Gaspard Bauhin이었다. "나는 분류하는 데 도움을 받고자 오랜 시간을 투자하여 이 책을 읽었다. 체살피노는 학식 있는 사람이었지만 매우 모호하게 글을 썼다. 나는 이 책을 이해하는 데 상당히 어려움을 겪었으며 과연 초심자나 학생들이 체살피노의 글을 이해할 수 있을지 의문이 들었다." 안타깝게도 보앵의 생각은 옳았다.

XV 코가 긴 트집쟁이
1540~1600년

결국 승리한 것은 엉뚱한 사람이었다. 길을 돌아 골동품 시장을 통과하여 다시 역으로 돌아오면서 중고책 좌판이 눈에 띄었다. 거기에 전시되어 있는 것은 체살피노의 책이 아니라 피에르 안드레아 마티올리(1501~1578, 그림 95 참조)가 1544년에 처음 출판한 묵직한 약초 의학서 『아나자스부르의 페다니우스 디오스코리데스가 쓴 책 6권에 대한 비망록Commentarii in libros sex Pedacii Discoridis Anazabei』의 한 쪽이었다(그림 96 참조). 팔기 위해 내놓은 그 낱장은 후기의 판본에서 떨어져 나온 것이 분명했다. 왜냐하면 덩굴손이 휘감겨 있고 작은 원형 열매가 달린 청미래덩굴의 거대한 목판화가 그림

그림 95. 67세 때 그려진 피에르 안드레아 마띠올리(1501~1577)의 초상화.

전체를 차지하고 있기 때문이다. 이러한 그림은 이 책이 이미 베스트셀러로 명성을 떨치고 있던 1565년 이후에 제작되었다. 마티올리의 책은 모두 합쳐서 61가지의 서로 다른 판본으로 제작되었다. 프랑스어 번역본은 1561년에 출판되었고 체코어 번역본은 1562년에(그림 97 참조), 독일어 번역본은 1563년에, 그리고 932개의 뛰어난 그림이 수록된 화려한 라틴어 판본은 1565년에 출판되었다. 마티올리가 살아 있는 동안에만 이 책은 여러 경로로 3만 2000권이나 팔려나갔다. 당시에는 500권을 파는 것도 엄청난 베스트셀러였던 시절이다. 체살피노를 배신하는 일이나 다름없었지만 나는 그래도 그 낱장 종이를 샀다. 순전히 조르조 리베랄레의 목판화 때문이다. 음영이 많이 들어간 리베랄레의 그림은 한스 바이디츠의 것처럼 생생한 맛은 없었지만 과감하고 장식적 효과가 뛰어났다. 바이디츠는 눈앞에 있는 식물을 그대로 그려서 자연을 재현했다. 그러나 리베랄레는 좀 더 양식화된 그림을 그렸고 식물로 일종의 패턴을 만들어 모든 식물을 똑같은 직사각형 틀에 맞도록 늘이고 펼쳤다. 마티올리는 재능이 뛰어나고 혁신적인 체살피노에 비하면 구시대 공룡이나 다름없었던 터라 글 때문에 그 페이지를 살 가치는 전혀 없었다. 마티올리는 여전히 디오스코리데스의 영향에서 벗어나지 못했으며 이 그리스 의사의 기록을 자신이 쓴 두서없는 논평의 바탕으로 삼았지만 그 과정에서 디오스코리데스를 완전히 묻어버렸다. 디오스코리데스가 자신의 책에 대해 쓴 서문은 단 한 장밖에 되지 않는 반면 그 서문에 대한 마티올리의 번드르르한 해석은 문단 사이의 빈칸이나 숨을 돌리기 위한 부분도 없이 장장 14쪽에 걸쳐 이어진다. 마티올리는 디오스코리데스가 원 저작인 『식물에 대하여』에 수록한 600개의 식물에 몇백 개의 새로운 식물을

그림 96. 조르조 리베랄레가 넝쿨을 아름답게 표현한 Smilace aspra, 오늘날의 청미래덩굴Smila china의 목판화. 마티올리가 쓴 『아나자스부르의 페다니우스 디오스코리데스가 쓴 책 6권에 대한 비망록』의 이탈리아어 버전에서 발췌. 전면에 걸친 그림은 1565년의 라틴어 판본을 위해 처음으로 제작되었다.

추가했고 새로운 판본이 나올 때마다, 특히 콘스탄티노플과 근동에서 유럽으로 쏟아져 들어오는 새로운 식물을 덧붙였다. 스승인 루카 기니에게 훌륭한 가르침을 받은 체살피노는 마티올리보다 뛰어난 식물학자였지만 마티올리처럼 경쟁자를 눌러버리겠다는 공격적인 투지는 없었다. 그렇다고 해서 운이 좋았던 것도 아니었다. 체살피노는 자신의 책에 그림을 수록하고 싶어했지만 그림 작업을 승인했던 메디치가의 후원자가 책이 제작되기도 전에 세상을 떠나고 말았다. 한편 페르디난트 대공의 주치의로서 프라하에서 안정된 자리를 잡은 마티올리는 비용이 많이 드는 그림을 제작하기 위해 얼마든지 후원금을 얻어낼 수 있었다. 두 사람 모두 유럽 전역과 해외에 수많은 지인을 두고 있었다. 두 사람 모두 식물과 그에 관한 정보를 풍부하게 수집했다. 그러나 마티올리는 지인들을 무자비하게 악용했으며 실제로 다른 사람들이 한 작업에도 자신의 도장을 찍었다. 체살피노가 식물의 유사점과 차이점을 고려하여 식물을 평가하는 전혀 새로운 방식을 고안함으로써 식물 왕국을 위한 체계를 세심하게 구축한 반면, 마테올리는 식물의 분류와 관련된 이 위대한 철학적인 논쟁에 전혀 기여한 바가 없었다. 그런데도 마티올리의 책은 베스트셀러가 되었고 살아남았다. 이 놀라운 세기에 제작된 모든 저서 가운데 계속해서 끊임없이 재출판된 것은 바로 마티올리의 책이었다.

어느 날 연못과 분수가 있는 광장을 둘러싸고 재건된 발다르노의 보기 흉한 작은 마을 리냐노에서 쇼핑을 하던 나는 피오렐라 갈란티 마사이 박사가 소유한 프라텔레시 약국을 지나쳤다. 이 약국은 통유리가 끼워져 있는 말끔한 새 약국으로 어떤 아파트 1층에 입주해 있었다. 마사이 박사는 세대를 이어온 약사 집안 출신인데

할아버지는 발롬브로사 근처의 유명한 약국에서 일했다고 한다. 프라텔레시 약국의 통유리 안쪽에는 약사들이 고대부터 사용해 온 도구인 커다란 대리석 막자사발과 막자, 알약을 만드는 틀, 약 배합을 위해 사용하는 작은 칼, 인형처럼 작은 추가 달린 저울, 겸자, 증류 장비, 한때 식물과 광물에서 추출한 약제상의 약을 담았던 화려한 도자기 등이 전시되어 있었다. 반짝거리는 타원형 잎사귀가 달린 고무나무가 거대한 청동 막자사발에서 삐죽 자라나 있다. 통유리 창문 가운데에 위치한 스탠드에는 착색한 피지로 제본된 마티올리의 책이 접착테이프로 고정되어 있다.

친절하게도 마사이 박사는 반짝반짝 윤기 나는 새 약국으로 나를 초대한 뒤 쇼윈도에 전시되어 있던 책을 가져와 보여주었다. 나는 마사이 박사의 곡선진 책상 앞에 놓여 있는 세련된 디자인의 우아한 회전의자에 앉아 멋진 조명 아래에서 휴대전화를 손에 든 채 1565년에 출판된 마티올리 책의 라틴어 버전에서 '독자에게 고하는 말Admonitio ad lectores'을 읽었다. 이 판본에 실려 있는 그림들은 크기가 작은 것들로, 때로는 한 쪽에 네 개의 그림이 배열되어 있는 경우도 있다. 맨 앞에는 시클라멘, 헬레보어 등 식물의 목록을 싣고 그다음에는 외부 장기 손상, 정신적인 상처, 중독 등 알파벳 순서로 배열한 병명을 나열한 다음 디오스코리데스와 마티올리가 해당 질환의 치료를 위해 추천한 식물의 색인을 실었다. 밖에서는 깔끔한 흰색 가운을 입은 직원들이 두통, 감기에 대한 처방약을 내주고 있는 가운데 나는 붓꽃, 튤립(유럽에 소개된 지 얼마 되지 않는 식물이라 마티올리는 수선화Narcissus Constantinopolitanus라고 실었다), 천남성, 라일락이 수록되어 있는 페이지를 넘겼다. 라일락이 처음 그림의 형태로 등장한 것은 1565년에 제작된 『비망록』 판본에서였다. 오늘날 라일락은 가장 흔한 정원 관목 가운데 하나가 되었지만 당시에는 근동에서 유럽으로 갓 들어온 희귀한 식물이었다. 프랑스의 탐험가이자 묘목상이며 유럽인으로서는 거의 최초로 터키 전역을 여행한 피에르 블롱은 이미 이 식물을 "담쟁이덩굴과 비슷한 잎사귀를 가진 작은 관목으로 사시사철 낙엽이 지지 않으며 거의 1큐빗 길이의 보라색 꽃을 피워 잔가지를 감고 있는데 그 크기가 여우Regnard의 꼬리만 하다"고 묘사했다.[1] 그러나 처음으로 이 식물의 그림을 제작하고 라일락이라는 유럽식 이름을 지어준 공로를 인정받는 사람은 마티올리다. 라일락은 오기어 기슬렌 드 부스베크가 1562년에 콘스탄티노플에 있는 술레이만 대제의 궁정에서 대사로 근무하다가 비엔나로 돌아올 때 유럽에 소개한 여러 보물 가운데 하나였다.

마사이 박사는 언제부터 이 책이 전해 내려왔는지 아무도 기억하지 못할 정도로 오래전부터 자기 집안에 대대로 내려온 것이라고 설명해주었다. 이 책에는 역대의 여러 사용자들이 여백에 주석을 기록해놓아 마치 저자가 처음 이 책이 출판된 1544~1577년에 세상을 떠날 때까지 33년간 끊임없이 책을 개정한 것처럼 업데이트 해놓았다. 왜 이 책이 그토록 인기를 끌었을까? 일반 독자들은 이 책의 백과사전식 성격에 마음을 빼앗겼을지도 모른다. 이 책은 식물과 그 사용법이라는 주제에 대해 필요한 모든 지식이 실려 있다는 인상을 주었다. 이 책의 첫 번째 판본에는 비록 그림이 실려 있지 않았지만 이탈리아어로 출간되었기 때문에 수많은 현지인을 독자로 확보할 수 있었다. 디오스코리데스의 이름은 워낙 유명했고, 아드리아니, 마나르도, 브라사볼라, 레오니세로 등의 주의 깊은 비판이 제기되었음에도 불구하고 식물 분야에서 디오스코리데스라는 이름은 아직 상당한 영향력을 발휘했다. 그토록 많은 사람들이 식물과 그 효용에 대한 궁극적인 권위를 지니고 있다고 인정하는 학자의 이름에 자신의 이름을 슬쩍 덧붙여 편승함으로써 마티올리는 디오스코리데스의 영향력과 권위가 부분적으로나마 자신의 책에서도 발휘되도록 했다.

그리고 마티올리는 대다수 동시대인들보다 오래 살았다. 마티올리는 책 출판을 두고 첨예한 다툼을 벌였던 레온하르트 푹스와 비슷한 시기에 태어났지만 푹스가 세상을 떠난 후에도 10년이나 더 살았다. 1556년에 루카 기니가 사망했을 때, 마티올라는 아직도 20년이라는 세월을 남겨두고 있었다. 그렇지만 마티올리가 기니와 말다툼을 한 적은 없었다. 그러기에는 기니의 도움이 너무나 절실했다. 1551년에 『비망록』의 개정 판본 작업을 하면서 마티올리는 디오스코리데스가 기록한 식물 가운데 이름을 알 수 없는 65개의 목록을 기니에게 보냈다. 그 가운데 하나가 메디카Medica(현재의 자주개자리)였다. 당시 아직 피사에 있던 기니는 자신도 그 식물의 존재를 안 지 오래되지 않았다는 답장을 보냈다. "교황 특사로 베네치아에 온 우리 시대에 가장 존경받는 신부 루도비코 베카델로가 스페인에서 가져온 메디카의 씨앗을 나에게 주었소. (…) 나는 그 씨앗을 심어서 키웠는데 (…) 이 정원에서 그 씨앗을 키우니 모든 식물이 디오스코리데스가 묘사한 메디카와 정확하게 일치했소. 디오스코리데스는 언급하지 않았지만 이 식물은 보라색 꽃을 피우고 씨앗은 렌틸(렌즈콩의 일종)과 비슷하지만 그보다 작은 데다 훨씬 심하게 안으로 굽어 있는 콩깍지에 들어 있다오."[2] 악착같이 자신의 계획을 끝까지 추진했던 푹스와는 달리 기니는 직접 식물에 대한 책을 출판하려고 했던 생각을 포기하고 자신이 연구

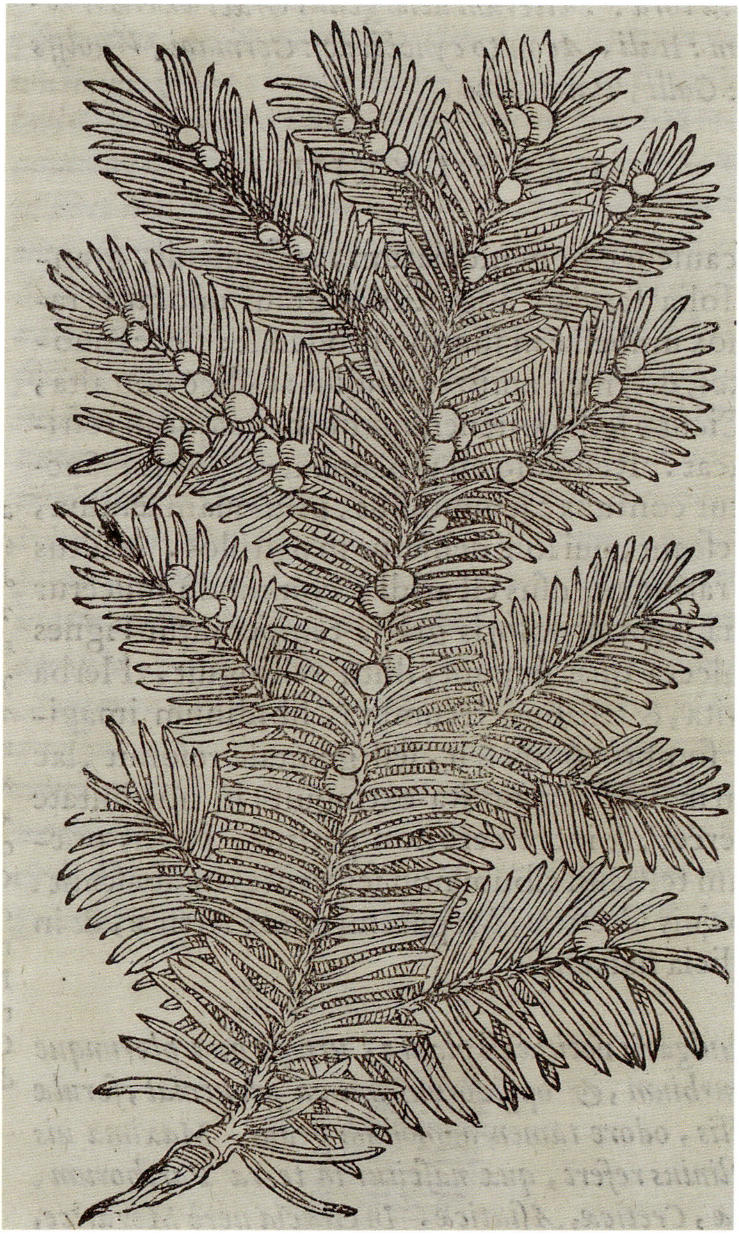

그림 97. 1565년에 베니스에서 출판된 피에르 안드레아 마티올리의 『아나자스부르의 페다니우스 디오스코리데스가 쓴 책 6권에 대한 비망록』에 실린 주목나무 Taxus baccata의 그림.

한 모든 것을 마티올리가 사용할 수 있도록 내주었다. 체살피노는 마티올리 자신이 인정한 것보다 기니에게 훨씬 더 큰 신세를 졌다고 생각했다. 마티올리는 기니의 공로를 공개적으로 인정한 적이 없는데, 아마 마티올리 자신도 그렇다는 사실을 알고 있었기 때문일 것이다. 1558년에 기니의 수많은 제자 가운데 한 사람인 제오르제 마리우스에게 쓴 편지에서 마티올리는 "기니의 죽음은 나에게 큰 타격이다. 기니의 지적인 재능은 대단히 뛰어났다. 진실성, 성실함, 친구에 대한 흔들리지 않는 우정은 특히 눈에 띄는 장점이었다. 기니는 결코 남을 시기할 줄 몰랐다"[3]고 인정하고 있다. 한편 위대한 학자이자 식물학자 울리세 알드로반디(1522~1605)에게 보낸 편지에서 마티올리는 기니의 죽음 때문에 심장이 반쪽은 떨어져 나간 것 같다고 썼다.

푹스가 카메라리우스를 가장 신뢰하며 편지를 주고받았듯이 마테올리가 가장 신뢰하며 수많은 편지를 주고받은 사람은 알드로반디였다(알드로반디는 1550년에 볼로냐에 유럽 최초로 자연사 박물관을 설립한 것으로 추정된다). 이 두 사람의 서신 교환은 1550~1572년까지 22년간 계속되었다. 알드로반디처럼 기니의 제자였던 루이지 안구일라라(1512~1570년경)는 그만큼 운이 좋지 않았다. 마티올리와는 달리 안구일라라는 디오스코리데스가 설명했던 식물을 찾아 레반트Levant(동부 지중해 및 그 섬과 연안 제국)와 에게해, 크레타를 여행했다. 1561년에 그는 식물에 대한 소책자 『식물Semplici』을 출판했으며, 그 책에서 마티올리가 기록한 몇 가지 식물의 명칭을 부드럽고 예의 바르게 수정했으며 디오스코리데스가 기록한 식물에도 몇 가지 다른 속성을 제안했다. 이 일로 화가 머리끝까지 난 마티올리는 안구일라라의 책을 거세게 비난했으며 학문적으로 지

그림 98. 1565년에 출판된 피에르 안드레아 마티올리의 『아나자스부르의 페다니우스 디오스코리데스가 쓴 책 6권에 대한 비망록』에 수록하기 위해 볼프강 메위에르페크와 조르조 리베랄레가 제작한 그림 가운데 하나로 배나무 목판에 조각한 갯질경이Limonium latifolium.

독한 공격을 퍼부었다. 어찌나 거만하게 동료 학자의 역량을 철저히 짓밟아버렸던지 당시 파도바에 있는 식물원Giardini dei Semplici의 관리인으로 일하고 있던 안구일라라는 마지못해 사임하고 은퇴하여 조용히 페라라로 물러날 수밖에 없었다. 그러나 마티올리가 구축하려고 했던 식물 지식에 대한 독점적인 권위에 의문을 제기했던 안구일라라의 생각은 옳았다. 마티올리의 오만함은 일종의 부주의함으로 이어졌다. 마티올리의 책에는 바나나 나무(마티올리는 이 식물을 본 적이 없었고 오직 전해 들은 말을 책에 적었을 뿐이다)가 거꾸로 인쇄되어 있었다. 또한 마티올리는 압착하여 말린 상태로 지인들에게 받은 식물 표본을 물에 불려서 '재생시킨' 다음 화가들 앞에 내놓았던 까닭에 화가들은 눈앞에 놓인 질척이는 녹색 덩어리를 살아 있는 식물로 해석하기 위해 상당한 상상력을 발휘해야 했다. 그리고 그 상상력이 반드시 올바른 방향으로 작용한 것도 아니었다.

비록 생애의 상당 부분을 페르디난트 대공과 함께 프라하, 비엔나, 인스부르크 사이를 오가며 보내기는 했지만 마티올리는 언제까지나 시에나 사람이라는 생각을 버리지 않았으며 '내 고향 토스카나'에 강한 집착을 보였다. 마티올리의 집안은 15세기 초반부터 시에나에 자리를 잡고 있었으며 마티올리 역시 1501년 3월 12일에 시에나에서 태어났다. 그는 보티첼리가 죽었을 때 열 살이었으며, 레오나르도 다 빈치의 천재적인 두뇌가 마침내 안식을 취하게 되었을 때 열아홉 살이었다. 당시의 여느 위대한 이탈리아 학자와는 달리 마티올리는 제자들을 길러내지 않았지만 로마에서 개업의로 활동하기는 했다. 1527년에 부르고뉴와 네덜란드의 왕 샤를 5세가 로마를 약탈했을 때 마티올리는 이탈리아 북동부의 고리치아에서 시중 의사로 기반을 잡고 있었다. 그러다가 1555년에 "상당한 급료를 제시받으며" 프라하로 부름을 받았다. 마티올리를 궁정으로 불러들였던 황제 페르디난트 1세가 세상을 떠나고 난 후 마티올리는 후계자 막시밀리안 2세의 주치의로 임명되었다. 그는 이렇게 궁정 의사로 일하게 되면서 페르디난트 1세의 대사로 콘스탄티노플에 파견되었던 플랑드르인 오기어 기슬렌 드 부스베크와 매우 긴밀하고 유용한 연락을 취할 수 있게 되었던 것이다. 1557년 8월에 콘스탄티노플에서 보낸 편지에서 부스베크의 개인 주치의 빌렘 우아켈벤Wilem Quackelbeen은 "약초와 기타 식물로 만든 약에 대해 지금까지 얻은 모든 정확한 지식은 전적으로 디오스코리데스에 대한 당신의 뛰어난 비망록 덕분이다"라고 썼다.[4] 이것이 바로 마티올리가 듣고 싶어했던 말이었다. 부스베크는 그토록 다양한 멋지고 새로운 식물을 유럽으로 전달하는 나라에 7년이나 머물면서 마티올리에게 자신이 직접 보고 들으며 체험한 것에 대한 설명을 들려줄 수 있었다. 1562년에 유럽으로 돌아온 직후 쓴 편지에서 부스베크는 "마티올리에게 주기 위해 터키에서 몇 가지 식물과 관목의 그림을 가져왔다. 그러나 실제 식물과 관목은 하나도 가져오지 않았다. 벌써 몇 년 전에 창포를 비롯하여 여러 식물 표본을 그에게 보냈기 때문이다"라고 썼다. 아름다운 율리아나 아니시아의 고문서를 콘스탄티노플 밖으로 빼내도록 손을 썼던 부스베크는 터키에서 손에 넣은 두 개의 디오스코리데스 필사본을 마티올리에게도 보냈다.

　마티올리는 꼼꼼하게 정보를 축적하고 편집하고 기록했지만 결코 일손을 멈추고 자신이 모은 엄청난 양의 사실을 토대로 어떠한 것을 추론해낼 수 있는지에 대해 생각해보지는 않았다. 정보를 쌓았지만 그를 바탕으로 무언가를 이끌어내지는 않았던 것이다. 체

그림 99. 부드러운 녹색과 검정색의 꽃이 핀 미망인 붓꽃Hermadactylus tuberosus. 1577~1587년에 프란체스코 1세 데 메디치를 위해 야코포 리고치가 그린 그림. 이 식물 옆에는 어떤 꽃을 그리려고 했을까?

살피노가 식물 분류와 관련된 혁신적인 이론으로 골머리를 썩이고 있을 때, 마티올리는 그저 계속해서 새로운 식물을 독차지하고 추가하여 새로운 판본을 내놓는 데에만 힘을 쏟았다. 체살피노는 버섯에 대해 골똘히 생각했고 버섯의 흥미로운 생활 방식과 대다수 다른 식물과의 차이점을 연구했다. 반면 마티올리는 송로버섯에 대해 이렇게 덤덤하게 썼을 뿐이다. "송로버섯은 모든 사람이 알고 있다. 송로는 토스카나 어디에나 풍부하게 자라며 커다랗고 질이 좋은 버섯은 두 종류가 있다. 하나는 껍질 아래의 색이 희고 다른 쪽은 좀 더 칙칙한 색이다. 하지만 두 종류 모두 껍질은 거칠고 어둡다. 트렌트 교구에는 껍질이 부드럽고 색이 연하며 크기가 작은 종류가 살고 있는데 이것은 맛이 없다."5 그러나 영국의 외교관 헨리 워튼 경은 1637년에 쓴 유언장에서 자신의 소유물 가운데 가장 소중한 물건 하나를 찰스 1세의 아내인 헨리에타 마리아에게 남겼는데, 그것은 바로 화려하게 손으로 채색된 마티올리의 『비망록』이었다. "나는 가장 자애롭고 고결한 메리 왕비에게 자연 그대로의 색으로 채색하고 왕비가 자신의 직계 출신지라고 말한 토스카나의 가장 뛰어난 언어로 마티올리가 번역한 디오스코리데스의 식물서를 남기노라. 감사하는 마음과 나의 헌신을 드러내는 소박한 징표로, 그리고 기꺼이 나의 개인 연구를 직접 참관하여 자리를 빛내주었던 영광스러운 순간을 기념하며."

XVI 정보망을 엮는 사람
1500~1580년

이토록 놀라울 정도로 많은 연구 활동이 진행되었던 시기에, 당면 과제의 중요성에 의문을 제기하는 사람은 없었다. 자연계의 다채로운 요소를 이해하고 설명한 다음 분류하여 질서를 부여하는 작업의 필요성 말이다. 마치 최초의 라디오 발신기에서 쏟아져 나오던 방송처럼 16세기 초반 이탈리아의 대학에서 논의되던 사상은 점차 유럽의 다른 지역으로 퍼져나갔다. 이탈리아, 프랑스, 스위스, 독일, 네덜란드의 학자들 사이에 놀라운 연락망이 형성되었고 이들에게는 모두 식물과 관련된 작업에 열정을 품고 있다는 공통점이 있었다. 이들은 딱히 클럽이나 다른 장소에서 정기적으로 만나는 것도 아니었다. 관점을 교환하고 사상을 전파하는 과학 학술지도 없었다. 비슷한 생각을 가진 사람들이 가입할 수 있는 학회도 없었다.[1] 그럼에도 불구하고 이 네트워크는 점점 넓어져 약제상, 화가, 가톨릭과 프로테스탄트 양쪽의 성직자, 의사, 인본주의 학자, 교사, 그리고 식물 연구를 취미로 삼는 부유한 사람들을 끌어들였고, 이제 식물에 대한 공통적인 관심이 이전 시대에 이들 사이의 간극을 형성했던 사회적 편견보다 훨씬 커지게 되었다. 직업적인 경계 역시 모호해졌다. 베네치아의 에르몰라오 바르바로는 파도바에서 수사학과 시를 가르치는 동시에 베네치아 의회에서 일하며 아리스토텔레스, 디오스코리데스, 플리니우스의 새로운 판본을 제작했다. 오토 브룬펠스는 카르투지오 수도사였으며 『식물의 생태도』를 쓰기 전에 교편을 잡기도 했다. 터키의 수많은 멋진 식물을 유럽으로 소개한 오기어 기슬렌 드 부스베크는 식물을 채집하기 위해 터키에 주재한 것이 아니라 오스트리아의 페르디난트 대공이 오스만 제국에 보낸 대사였다. 이들은 외교관인 동시에 시인이었으며 성직자인 동시에 정치인, 역사학자인 동시에 의사였다. 그렇지만 이들은 무엇보다 이 모든 것을 초월하는 열정, 즉 식물에 대한 사랑과 식물을 분류하기 위한 가장 논리적인 방법을 탐색한다는 공통된 목표를 기반으로 삼아 하나로 묶여 있었다.

    이 연락망의 중심에는 대학이 있었고 특히 처음에는 주로 이탈리아 대학들이 중요한 역할을 했다. 카리스마 넘치는 스승 루카 기니의 명성은 본거지인 피사의 경계를 뛰어넘어 멀리까지 전해졌으며, 볼로냐에 있던 기니의 제자 울리세 알드로반디는 식물 연구가 대학 교육과정의 핵심으로 유지되도록 힘썼다. 마찬가지로 안토니오 무사 브라사볼라(1500~1555)는 페라라 대학으로 학생들을 끌어 모으는 데 큰 성공을 거두었다. 한편 머지않아 이탈리아 이외 지역의 대학, 특히 취리히와 바젤의 몽펠리에에서도 뛰어난 교수들이 등장하기 시작했다. 몽펠리에에서 기욤 롱드레(1507~1566)의 가르침을 받은 두 제자 샤를 드 레클루제Charles de l'Ecluse(클루시우스)와 마티아스 데 로벨(로벨리우스)은 둘 다 뛰어난 식물학자가 되었다. 취리히에서는 푹스, 마티올리와 미묘하게 충돌했던 콘라트 게스너도 몽펠리에에 지인이 있었고 역시 롱드레 밑에서 공부한 장 보앵과 함께 식물을 채집하러 다녔다. 장의 동생인 가스파르 보앵(1560~1624)은 바젤 대학에서 최초의 해부학과 식물학 교수가 되었으며 베네치아, 로마, 베로나, 피렌체에서 교환 교수로 학생들을 가르쳤다. 그는 학생 가운데 한 명이 파도바에서 선물로 가져다준 체살피노의 『식물론』을 매우 주의 깊게 연구했으며, 1568년에 체살피노가 기록한 식물을 자신의 다른 분류 체계에 끼워 맞추는 작업의 어려움에 대해 토로하는 편지를 친구에게 보냈다. 보앵은 죽기 전 해에 마침내 자신의 책 『식물의 극장총람Pinax theatri botanici』을 펴냈을 때 교수, 의사, 학생, 친구, 지인 등 자신에게 씨앗과 식물을 보내준 63명의 이름을 언급했다.

그러나 초기에는 유럽 본토의 학자들을 그토록 복잡하게 연결했던 이 정보망에 영국 학자들은 포함되지 않았다. 옥스퍼드와 케임브리지 대학은 식물학 연구를 위한 교수 자리를 마련하거나 식물에 대한 연구를 촉진하기 위해 식물원을 만드는 일에 그다지 적극적으로 나서지 않았다. 영국 최초의 식물원인 옥스퍼드 식물원은 피사와 파도바에 식물원이 세워진 지 80여 년 후인 1621년이 되어서야 설립되었다. 그럼에도 불구하고 몇몇 영국인은 이탈리아로 건너가 뛰어난 대학에서 식물학을 공부했다. 토머스 리나커Thomas

Linacre는 헨리 7세의 대사와 함께 바티칸으로 건너가 로마의 웅장한 바티칸 도서관을 마음껏 활용할 기회를 얻었다. 그는 당시 플리니우스『박물지』의 새로운 판본 제작 작업을 하고 있던 에르몰라오 바르바로와 이야기를 나누었으며 그 후 파도바로 이동하여 1496년에 그곳에서 의학 박사학위를 취득했다. 1499년에는 다시 옥스퍼드로 돌아와서 마침 그리스어를 공부하기 위해 와 있던 독일 인문학자 에라스무스를 만났다. 40년 후, 존 팰코너John Falconer는 루카 기니에게서 식물을 압착해서 말리는 방법과 책에 부착하는 방법을 배웠다. 팰코너가 자신이 만든 새로운 식물 표본집을 포르투갈의 탐험가 아마투스 루지타누스에게 보여주자 루지타누스는 깜짝 놀랐다. 루지타누스는 팰코너를 "가장 학식이 뛰어난 약초상과 비교해도 손색이 없는 사람, 식물을 연구하기 위해 많은 곳을 여행했으며 수많은 식물 표본을 기발하게 처리하여 붙여놓은 책을 가지고 다니는 사람"이라고 묘사했다.[2]

그렇지만 영국에서 식물에 대해 제대로 된 책을 쓴 사람은 없었다. 영국 학자들은 독일의 푹스가 출판한 책은 물론이고 이탈리아의 마티올리가 펴낸 책에 비견할 만한 것조차 전혀 내놓지 못했다. 1526년에 영국에서 출판된『대본초서grete herbal』(그림 100 참조)는 중세의 식물서와 그다지 다를 것이 없었다. 이 책은 형편없는 프랑스의『종합 식물 표본집』이라는 책을 영어로 번역한 다음 마찬가지로 매우 질이 떨어지는 동시대 독일 약초 의학서의 그림으로 장식해놓은 것에 지나지 않았다. 거침없는 성직자 윌리엄 터너가 마침내『신본초서A new herball』의 마지막 부분을 완성한 1564년이 되어서야 비로소 영국에서 식물에 대한 제대로 된 책이 나왔다고 주장할 수 있게 되었다.

1508년경에 모페스에서 태어난 터너는 1526년에 케임브리지의 펨브룩 대학에 입학했으며 1533년에 문학 석사학위를 받았다. 동시대의 어떤 사람은 터너를 "외모가 매우 수려하며 유머와 익살이 넘치는 동시에 뛰어나고 우아한 학자"라고 묘사했지만 또 다른 사람은 "스스로에 대한 자부심이 매우 강하며 성마르고 참견하기를 좋아하고 루터의 사상에 크게 집착하고 있다"고 평가하기도 했다. 케임브리지에서 터너는 종교 개혁가들과 화이트 호스 여관에서 정기적으로 모여 마치 새로운 십자군의 전사들처럼 열정적으로 종교 논쟁을 벌였다. 당시 모이던 사람들 가운데에는 터너에게 그리스어, 테니스, 활쏘기를 가르친 니콜라스 리들리Nicholas Ridley(1500~1555년경), 뛰어난 설교로 케임브리지를 영국 종교 개혁의 선구적 중심지로 만들었던 휴 래티머Hugh Latimer(1485~1555년경) 등이 있었다. 이 여관은 그곳에서 만나는 사람들이 루터의 사상을 열렬하게 추종했기 때문에 곧 '작은 독일'이라는 별명을 얻게 되었다. 터너는 래티머처럼 정의와 이성을 믿었고 교회에는 억압된 자들을 보호할 의무가 있다고 열렬하게 주장했다. 또한 가톨릭교회의 미신과 족벌주의도 강력하게 비판했다. 터너는 마르틴 루터가 유명한 95개조 반박문Ninety five Theses을 비텐베르크 성 부속 교회 정문에 붙였을 때, 채 열 살도 되지 않은 어린 나이였다. 그러나 루터가 면죄부 판매에 대해 강한 혐오감을 품었던 것과 마찬가지로 훗날 터너도 영국 교회의 고질적인 부패에 대한 강한 증오심을 품게 되었다. 울지 추기경은 아들에게 네 개의 부주교직, 관할 교구의 주임 사제직, 다섯 개의 보직, 두 개의 목사관을 얻어주었고, 그것도 모자라 더럼의 주교직까지 확보해주려고 애쓰다가 비로소 부패 행각을 멈추기도 했다.

노섬브리아에서 태어난 터너의 배경에 대해서는 거의 알려진 것이 없으나, 그가 평생을 바친 책 『신본초서』에는 고향에서 자라는 식물과 현지에서 사용되는 이름이 언급되어 있다. "나는 모페스 근처의 노섬브리아에서 자라는 한 그루와 케임브리지 근처의 반웰 수도원에서 자라는 한 그루 외에는 영국에서 다른 플라타너스나무를 본 적이 없다." 히아신스에 대해서는 이렇게 설명하고 있다. "영국에서는 벌노랑이(크로토crowtoe)라고 부르며 북쪽 지방에서는 크로티crawtee라고 부르기도 한다." 또한 터너는 "노섬브리아의 소년들이 식물의 뿌리를 긁어내서 그 진액을 화살과 코에 문질렀던 것"을 기억했다.³ 그러나 『신본초서』의 첫 번째 권이 출판될 즈음 터너는 노섬브리아와 케임브리지셔보다는 훨씬 폭넓은 지역의 식물을 참고할 수 있었다. 영국에서 자신이 그토록 열정적으로 믿었던 교리를 설파할 수 없게 되자 1540년에 칼레로 건너간 뒤 헨리 8세가 1547년에 사망할 때까지 영국으로 돌아오지 않았기 때문이다.

리들리가 보내준 넉넉한 지원금으로 버티면서 기나긴 망명 생활을 하는 동안 터너는 프랑스를 거쳐 이탈리아로 넘어간 후 볼로냐에서 루카 기니를 스승으로 삼아 공부했다. 그는 크레모나, 코모, 밀라노, 베네치아를 여행했으며 나중에 위성류[쌍떡잎식물 제비꽃목 위성류과의 낙엽 소교목]를 "프란콜리노와 베니스 사이의 섬"에서 보았다고 썼다. 베네치아에서 터너는 다시 페라라로 향했고 "페라라의 내 스승" 안토니오 무사 브라사볼라와 함께 공부했다. 스위스를 거쳐 돌아오는 길에 터너는 자신이 "가장 학식이 뛰어나고 신뢰할 수 있는 인물"이라고 말한 젊은 학자 콘라트 게스너를 방문했다. 1543년에 터너는 안전한 피난처 바젤에 머물면서 영국에서는 출판할 수 없었던 『로마 여우의 사냥과 발견The huntying &

fynding out of the Romyshe fox』 등과 같은 종교적인 소책자를 펴냈다. 마티올리가 『비망록』을 펴낸 해에 터너는 쾰른에 있었다. 그곳에서 의료 활동을 펼치던 터너는 네덜란드와 이스트 프리슬란트로 이동하여 '엠덴 백작'의 개인 주치의로 임명되었다. 터너는 이스트 프리슬란트에 4년 동안 머물렀으며, 그곳에서 "쇠돌고래를 통째로 두 마리나 구입해서 해부했다." 그는 범꼬리와 피버퓨(국화과의 여러해살이풀)를 약으로 조제하여 뛰어난 효과를 보았지만 아편으로는 끔찍한 경험을 했다. "나는 아편을 물과 조금 섞어서 욱신거리는 이를 헹궈냈는데 무의식중에 그 액체를 약간 삼켰다. 한 시간도 채 지나지 않아 손이 손목까지 부어오르고 간지러워지기 시작했으며 숨이 막혀왔다. 와인과 함께 미나리과 다년초masterwort의 뿌리 조각을 삼키지 않았다면 아편 때문에 목숨을 잃었을 것이다." 이스트 프리슬란트 생활을 마친 터너는 루뱅에서 식물을 채집했으며 앤트워프의 부르게르호우트에 있는 오래된 종 간판이 달린 피터 코우덴베르크의 유명한 약제상을 방문했다. 나중에 코우덴베르크는 게스너에게 이런 편지를 보냈다. "나는 전에 터너에게 유럽산 약쑥의 잔가지를 주었고 터너는 그 그림을 영어로 쓴 약초 의학서에 수록했다. 그러나 그 식물은 씨앗을 남기지 않은 채 죽어버렸으며 아무리 정성껏 돌보아도 되살릴 수 없었다."4 앤트워프로 이동한 터너는 그곳에서 처음으로 설탕 덩어리를 파피루스로 포장하는 장면을 보았을 뿐 아니라 방향을 바꾸어 사다새를 보기 위해 당시의 유명한 관광지인 메헬렌으로 향했으며 브라반트에서 약제상이자 열성적인 식물학자인 존 리치John Rich와 휴 모건Hugh Morgan에게 식물을 보냈다. 마침내 됭케르크를 거쳐 영국으로 돌아올 즈음, 터너는 자신만큼 다양한 장소에서 수많은 식물을 본 영국인은

The grete herball

lvhiche geueth parfyt knolvlege and vnder
standyng of all maner of herbes & there gracyous vertues whiche god hath ordeyned for our prosperous welfare and heith, for they hele & cure all maner of dyseases and sekenesses that fall or mysfortune to all maner of creatoures of god created/practysed by many expert and wyse maysters, as Auicenna & other. ¶. Also it geueth full parfyte vnderstandynge of the booke lately pryn ted by me(Peter treueris)named the noble experiens of the vertuous hand warke of surgery.

그림 100. 1526년에 영국에서 출판된『대본초서grete herbal』는 독창적인 작업이 아니었다. 이 책은 형편없는 프랑스 약초 의학서『종합 식물 표본집』을 번역한 것이었고 실려 있는 그림 역시 비슷한 시기의 독일 약초 의학서에서 발췌한 것으로 식물을 식별하는 데 전혀 도움이 되지 않았다.

없다고 뽐낼 수 있는 입장이 되었다.(실제로 자랑거리로 삼지는 않았지만 말이다.) 식물의 잎사귀, 줄기 또는 꽃의 자세한 모습을 이해하고 기억하는 능력, 올바른 종류에 정확한 이름을 붙이는 복잡한 작업에 대한 깊은 관심, 서로 다른 나라에서 서로 다른 언어로 연구하지만 비슷한 성격의 학자들 사이를 잇는 복잡한 연락망을 꾸준히 구축해내는 능력 때문에 터너는 뛰어난 식물학자들이 무수히 등장했던 시대에 강력한 구심점 역할을 했다. 기니, 푹스, 롱드레, 터너, 안구일라라, 코르두스, 게스너, 블롱, 도도엥, 체살피노, 알드로반디, 클루시우스, 카메라리우스, 페나, 로벨리우스, 장 보앵 등 쟁쟁한 식물학자들이 모두 16세기 초반의 40년 사이에 태어났다. 물론 이들의 특별한 관심은 예견된 것이 아니었다. 그러나 식물에 대한 연구는 당대 사람들이 심취했던 주제였다. 이후 시대에 가장 뛰어난 과학자들이 수학, 핵물리학, DNA 연구에 몰려든 것처럼 당시 학문적으로 뛰어난 사람들은 자연스레 식물 연구에 힘을 쏟았다.

터너는 케임브리지에 몸담고 있는 동안 "심지어 의사들 사이에서도 풀이나 나무의 그리스어, 라틴어, 영어 이름을 단 하나도 배우지 못했으며 이는 당시 사람들이 식물에 대해 얼마나 무지했는지를 보여준다"고 불평했다.[5] 영어로 되어 있는 유일한 책(1526년의 『대본초서』)은 "무지몽매한 설명과 잘못된 약초 이름으로 가득하다"고 평가했다. 돌연 영국 땅을 떠나기 2년 전인 서른 살에 터너는 식물 이름에 대한 작은 용어집인 『식물에 대한 소책자Libellus de re herbaria』(1538)를 출판하고 144가지 식물의 라틴어, 그리스어, 영어 동의어를 수록했다(그림 101 참조). 터너는 서문에 이렇게 썼다. "독자들은 아마 놀라운 심정으로 아직 수염도 나지 않은 젊은 나이에

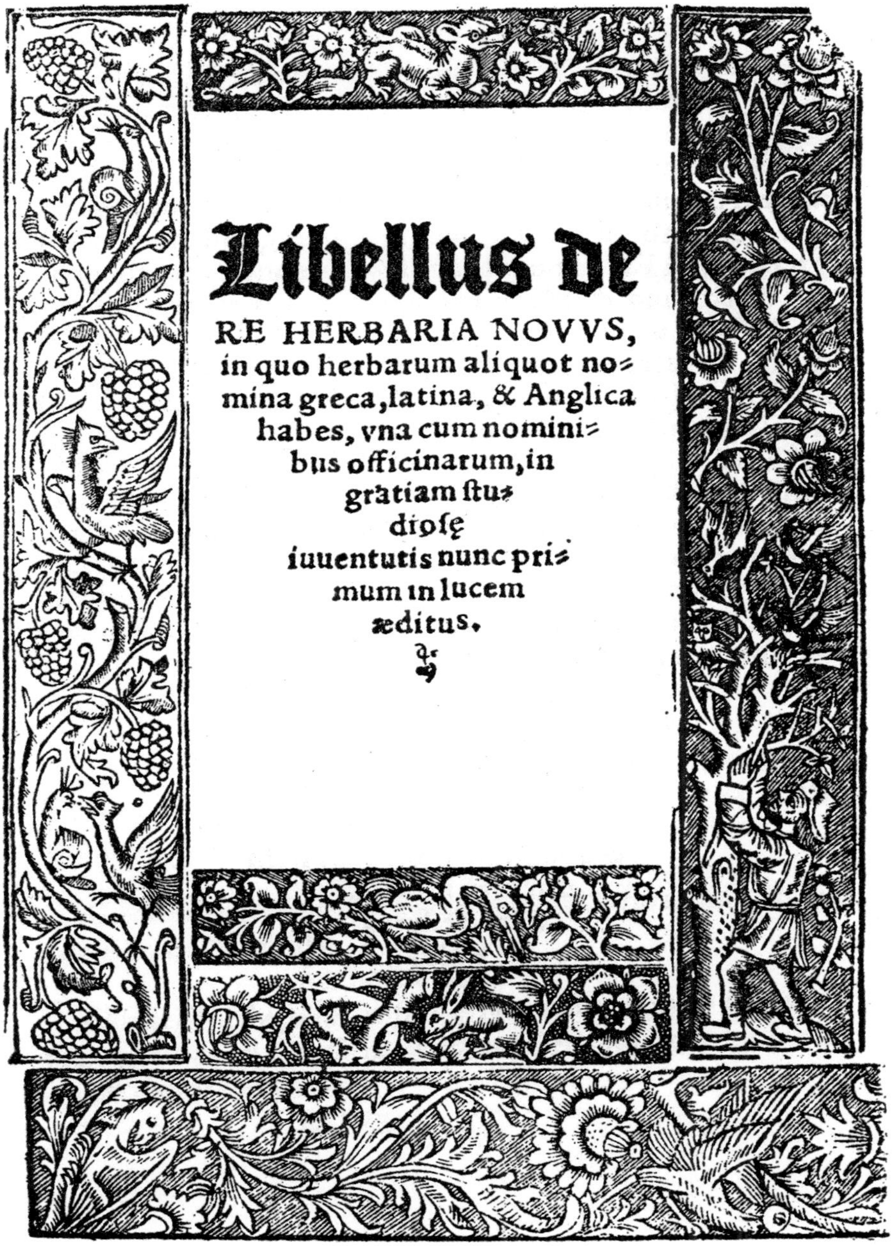

Libellus de

RE HERBARIA NOVVS,
in quo herbarum aliquot no=
mina greca, latina, & Anglica
habes, vna cum nomini=
bus officinarum, in
gratiam stu=
diosę
iuuentutis nunc pri=
mum in lucem
æditus.

그림 101. 윌리엄 터너가 펴낸 소책자 Libellus의 표제지. 1538년 존 바이델이 인쇄했다.

의학 지식을 약간 배운 내가 도대체 왜 식물에 대한 책을 출판하게 되었는지 의아해할 것이다." 그러나 영국에서 아무도 이 작업을 하려는 사람이 없는 듯했기 때문에 터너는 "식물 이름 세 개도 제대로 알지 못하는 어린 학생들이 계속 무지함 속에서 헤매도록 내버려두는 것보다는 어렵더라도 관련 작업을 시도하는 것"이 최선이라고 생각했다. 이 책은 터너가 유일하게 라틴어로 쓴 것이었고 조촐한 시작이었으며 똑같은 식물이 수많은 다른 언어와 이름으로 알려져 있는 '식물 이름의 실타래'를 해결하기 위한 최초의 시도였다. "갯능쟁이ATRIPLEX는 그리스어로는 아트라팍시atraphaxy, 영어로는 아르케areche 또는 오르케oreche라고 부르며 스페인에서는 아트리플렉스Atriplex를 우리의 시금치와 비슷한 것으로 보기도 한다." 이 소책자는 영국에 돌아온 직후 출판한 『식물의 이름The names of herbes』(그림 102 참조)의 시험판이었다. 이 책에는 소책자의 세 배에 달하는 식물을 실었지만 주요 목적은 소책자와 마찬가지로 유럽 각국에서 같은 식물에 붙인 여러 가지 이름을 모아놓는 것이었다. 이번 책에서는 라틴어, 영어 이름뿐만 아니라 독일어, 프랑스어 이름까지 나란히 수록했다. "갯능쟁이ATRIPLEX인 아트리플렉스 Atriplex는 그리스어로 아트라팍시스atraphaxys 또는 크리솔라카노 Chrysolachano, 영어로는 오르케Oreche 또는 오레지Orege, 네덜란드〔독일〕어로는 미텐Miten, 프랑스어로는 아로슈arroches라고 부르는 식물로, 축축함 2급, 차가움 1급이며, 정원과 옥수수 밭에서 자란다." 터너는 또한 『식물의 이름』에서 "어떠한 고대의 학자도 언급한 바 없는" 38개의 식물을 최초로 수록했는데, 그 가운데에는 레이디스맨틀과 디기탈리스도 포함되어 있었다. 익숙한 꽃에는 항상 일반명이 붙어 있었지만 이러한 일반명은 나라마다 다를 뿐만 아니

그림 102. 윌리엄 터너가 쓴 『식물의 이름』의 표제지. 이 책은 그리스어, 라틴어, 영어, 독일어, 프랑스어로 된 식물의 이름을 모아놓은 것으로 1548년에 출판되었다.

라 같은 나라에서도 지역에 따라 달라졌다. 또한 식물학적으로 전혀 관계가 없는 서로 다른 식물에 같은 일반명이 사용되는 경우도 드물지 않았다.

터너는 식물과 그들의 올바른 이름을 식별하는 데 천부적인 소질과 관심을 가지고 있었다. 만에 하나 이러한 소질이 동기로 작용하지 않았다 해도 최소한 기니가 적극적으로 식물 연구를 장려했을 것만은 분명하다. 터너는 마지막으로 쓴 『신본초서』에서 다음과 같이 끊임없이 기니에게 감사의 뜻을 표하고 있다. "디오스코리데스를 가르쳐준 루카 기니는 볼로냐에 있는 내 스승이다." 이 책에는 또한 콜루테아, 시클라멘, 그리고 이탈리아 사람들이 가죽을 무두질하는 데 사용한 옻나무 등 터너가 "볼로냐 근처에 있는 아펜닌 산맥"에서 관찰한 나무와 관목도 언급되어 있다. 터너는 이탈리아에 있을 때 포 강을 거슬러 올라 밀라노 근처까지 갔고 그곳에서 "호밀이 무성하게 자라는 모습"을 관찰했다. 케르토사에서 파비아로 가는 길에서는 "작은 강 옆에 있는 벽에서 약간 떨어진 곳에 여기저기 자라고 있는" 놀라운 홉을 보았다. 키아벤나에서는 "알프스에서 매우 무성하게 자라고 있는" 투구꽃 군락을 발견했다. 터너는 키아벤나에서 스위스로 건너간 뒤 쿠어를 거쳐 취리히에서 콘라트 게스너를 만났다. 두 식물학자는 그후로도 서신을 주고받으며 신뢰하는 친구가 되었다. 터너는 게스너에게 양파를 보냈고 게스너는 터너에게 루타(귤과의 상록 다년초)의 씨앗을 보냈다. 그러나 여전히 식물에 대해 알려지지 않거나 이해할 수 없는 것들이 너무나 많았다. 터너는 불사조가 실제로 존재한다고 믿으며 박쥐를 새라고 생각하던 시대에 살았다. 터너처럼 세심한 관찰자조차 황새가 물속 강바닥 근처에서 동면한다는 생각을 의심 없이 받아들였다. 그런 점에서는 13세기에 비해 그다지 발전한 것이 없었다. "수탉의 두뇌는 액체로 되어 있다." 알렉산더 네캄이 『물성론 De naturis rerum』에 기록한 내용이다. "수탉의 뇌 맨 윗부분에는 몇 개의 뼈가 있으며, 매우 느슨하게 서로 연결되어 있다. 액체에서 생겨난 대량의 증기가 갈라진 틈으로 나오려다가 너무 많아서 완전히 빠져 나오지 못하고 머리 위쪽 부분에서 굳어지는데, 이렇게 하여 생겨난 것이 볏이다." 16세기에는 각다귀라는 곤충이 나뭇잎에 맺힌 이슬에서 태어나며 애벌레는 저절로 양배추에 나타난다는 것이 보편적인 상식이었다. 수분受粉과 변태變態, 이동에 대해 아무것도 알려지지 않았던 시기에 자연발생설은 자연의 수수께끼에 대한 합리적인 설명으로 보였고 학자들이 추론 끝에 도달할 수 있는 유일한 결론이었다.

그렇게 새가 따개비에서 부화하고 호밀이 갑자기 수레국화로 변할 수 있다고 믿었던 바로 그 사람이 식물에 대한 뛰어난 해설서를 써냈던 것이다. 그것도 이전에 아무도 묘사한 적이 없었던 몇 가지 식물까지 포함해서 말이다. 이상한 기생 식물 초종용[금작화 등의 뿌리에 기생하는 식물의 총칭]에 대해 쓰면서 터너는 "작은 줄기가 달려 있으며 붉은색을 띠고 때로는 두 뼘 혹은 그 이상 자라며 거칠면서도 부드럽고 잎사귀는 없다. 꽃은 흰색을 띠고 있으며 점차 노란색으로 변해간다. (…) 나는 직접 기록해둔다. 이 풀은 대부분 금작화의 뿌리에서 자라며 마치 강아지가 입에 뼈를 물 듯이 작은 뿌리로 금작화의 뿌리를 모든 방향에서 둘러싸고 있다. 그럼에도 불구하고 이 풀 때문에 말라서 죽은 금작화는 보지 못했다. 세잎풀 또는 클래버라고 불리기도 하는 이 풀은 금작화 뿌리를 단단히 옥죄고 있으며 뿌리에서 나오는 모든 즙을 빨아들인다."[6] 심지어 21세기의 야생 식물 지침서라 해도 이보다 더 자세히 설명하기는 힘들 것이다. "초종용Broomrape Orobanche minor은 다른 식물의 뿌리에 기생하여 영양분을 얻기 때문에 씨앗이 없고 녹색 색소도 없다. 브룸레입Broomrape이라는 영어명은 오늘날 흔하게 찾아볼 수 없는 커다란 금작화broom를 '강간rape'하는 식물이라는 뜻에서 유래했다. 초종용은 보라색, 붉은색, 노란색을 띠며 완두콩의 꽃이나 국화과 식물을 숙주로 삼는다. 이 식물은 6~9월에 들판에서 꽃을 피운다."[7]

터너는 영국으로 돌아가면 자신의 숙원 사업인 『신본초서Herball』(그림 103 참조)에 많은 시간을 할애하면서 좀 더 안정된 삶을 살기를 바랐다. 1538년에 내놓은 소책자를 참고하여 『식물의 이름』을 저술했듯이 『신본초서』도 이미 『식물의 이름』으로 쌓아놓은 기반을 바탕으로 작업을 진행할 생각이었다. 터너는 서머싯의 공작 에드워드 시모어의 주치의 자리를 수락하여 큐에 있는 공작 소유의 집에서 살았다. 그 집에서 시골을 여행하며 카밀레라는 식물은 "런던에서 8마일(12.8킬로미터) 떨어진 벌판과 리치먼드의 벌판, 브랜트퍼드의 벌판 그리고 모든 축축한 곳과 하운즐로우의 황야"에서 자란다고 기록했다. 그러나 주치의 업무는 생각했던 것보다 훨씬 바빴기 때문에 터너는 이렇게 불만을 토로했다. "지난 3년 반 동안 나는 식물을 탐색하고 식물이 어떤 곳에서 자라는지 기록할 수 있는 자유 시간을 불과 3주밖에 내지 못했다." 터너는 3주라는 시간을 웨스트 컨트리에서 보냈다. "웨스트 컨트리는 단 한 번도 가본 적 없는 곳이며 내가 듣기로는 영국 전역의 시골 가운데 자연이 선물해준 수많은 종류의 이상하고 멋진 식물이 가장 풍부하게 자라는 곳이라고 한다." 그곳에서 자라는 식물 가운데에는 영국의 다른 지역에서는 찾아볼 수 없는 것들이 많았다. 터너는 도싯에 있는 퍼벡 섬에서 야생 산호붓꽃을 보고 "야생에서 자라는 아름다운 작은 꽃"이라고 언급했다. 이 어두운 보라색 붓꽃은 오늘날까지도 그 지역의 생울타리 근처 축축한 곳에서 자란다. 터너는 또한 웨스트 컨트리에서 야생으로 자라는 작은 빙카도 기록했으며 무성하게 자라는 수많은 종류의 양치식물을 구별하는 매우 까다로운 작업도 시도했다. 하드 펀Hard fern이라고 불리는 고사리는 "독일뿐만 아니라 서머싯 주, 도싯 주의 여러 곳에서 자주 관찰된다. 이 식물은 꼬리고사리보다 훨씬 길고 마치 이빨처럼 갈라진 부분의 간격도 꼬리고사리보다 훨씬 넓다. 또한 이빨 자체도 훨씬 길고 날카롭다." 그는 또한 모란을 관찰하여 "가장 멀리서 이 식물을 목격한 것은 뉴베리에 있는 부유한 의류상의 정원이었다"고 기록했으며 바스 근처에 서식하는 콜키쿰Middow Saffron에 대해서도 자주 언급했고 차드 근처에서 가을 숙녀의 머리채autumn lady's tresses라는 별명이 붙은 작은 난초를 발견했다고 기록하기도 했다.

터너는 이제 충분한 자격을 갖추었다는 생각에 영국 교회에서 승급하여 좋은 자리를 얻어내기 위해 안달했다. 1549년 6월에 터너는 로버트 세실에게 편지를 보내 "내가 허가증을 얻을 수 있도록 신경을 써준 것에 대해" 감사했다. 그리고 자신의 아이들이 "너무나 오랫동안 희망만을 먹고 살았기 때문에 아주 마른 상태다. 가능하다면 아이들을 더욱 살찌우고 싶다"라고 썼다.[8] 터너는 이렇게 간청하는 편지를 쓴 덕분에 요크 근처 보테반트라는 지역의 목사가 되었으나 이에 만족하지 않았고 1550년 11월에 다시 한 번 세실에게 편지를 보내 다음과 같이 할 수 있도록 허락을 구했다. "네 마리의 작은 말을 데리고 독일로 가서 그곳에서 당분간 머물면서 라인

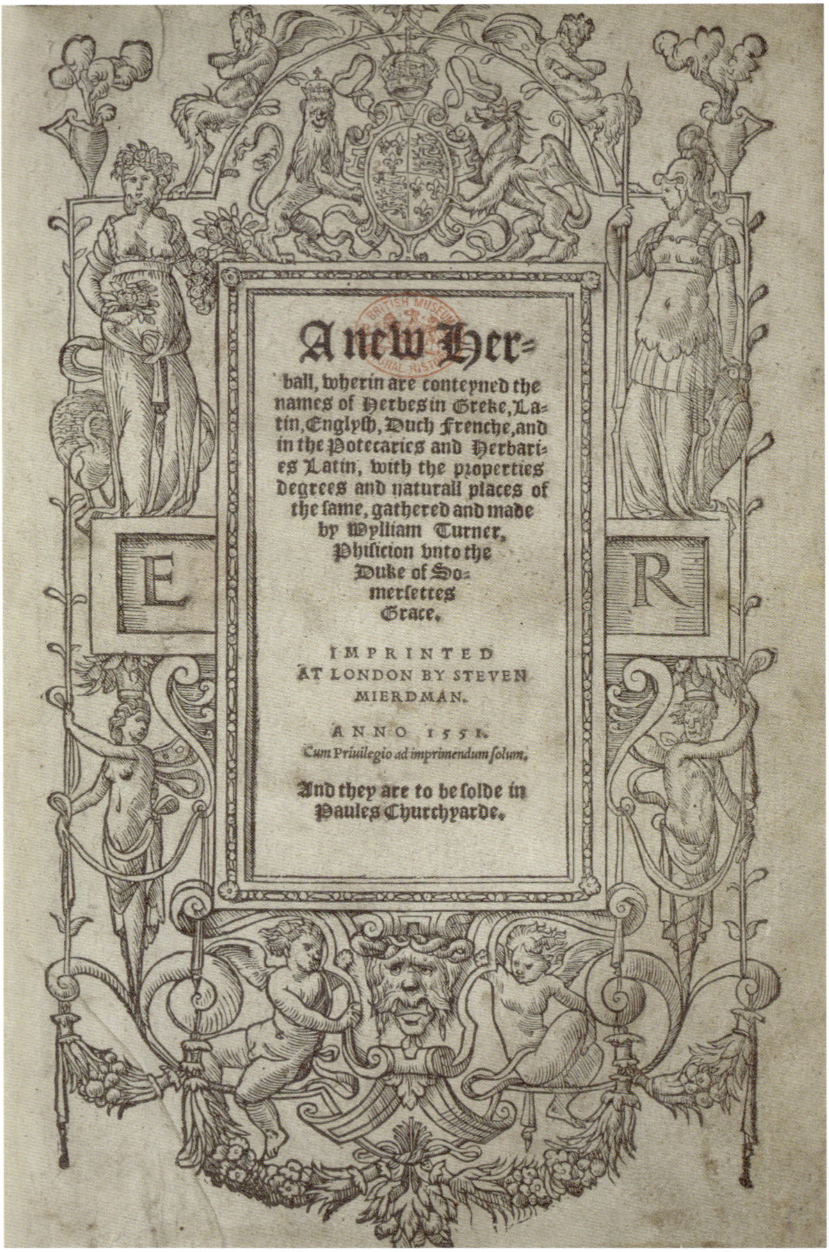
E R

A new Herball, wherin are conteyned the names of Herbes in Greke, Latin, Englysh, Duch Frenche, and in the Potecaries and Herbaries Latin, with the properties degrees and naturall places of the same, gathered and made by Wylliam Turner, Phisicion vnto the Duke of Somersettes Grace.

IMPRINTED AT LONDON BY STEVEN MIERDMAN.

ANNO 1551.

Cum Priuilegio ad imprimendum solum.

And they are to be solde in Paules Churchyarde.

그림 103. 윌리엄 터너가 쓴 『신본초서』의 첫 번째 권 제목 페이지. 1551년 런던에서 스티븐 미어드먼이 인쇄했다.

백포도주 같은 저렴한 음료를 마시면서 자네에게 담석을 가져다 줄 수 있을지도 모르네. 지난번에 독일에 살았을 때와 마찬가지로 약소한 성직자의 보수를 매년 받을 수 있다면 나는 그 대가로 영어로 된 신약을 개정하고 수정 사항과 정정한 번역에 대한 책을 쓸 것이네. 또한 신이 삶과 건강을 허락하신다면 위대한 식물 책과 물고기, 광물, 금속에 대한 책을 끝마칠 것이네."[9]

독일로 갈 허락을 얻는 대신 터너는 웰스의 주임 사제직을 얻었지만 궁정으로 가서 전임자인 존 굿먼을 몰아내야 했다. 이런 상황에 대해 터너는 항의했다. "나는 이곳 웰스에서 주임 사제직을 맡고 있다. 하지만 집은커녕 땅도 한 뼘 얻을 수 없다. (…) 땅을 얻을 수 없다면 내 말들을 위한 목초지를 어디에 장만하란 말인가."[10] 터너가 그토록 신경을 쓴 것은 특혜보다도 "나와 불쌍한 아이들이 쉴 수 있는 곳"이었다. 당시 터너에게는 피터, 위니프레드, 엘리자베스라는 세 아이가 있었다. 1년 뒤인 1551년 5월에 터너는 아직도 "주인집 작은방에 틀어박혀 있으며 하인과 아이들은 가축우리 같은 곳에서 지내고 있다. (…) 아이들이 우는 소리와 방 안으로 들어오는 소음 때문에 책을 가까이할 수가 없다"[11]고 토로했다.

이러한 소음과 아이들, 제대로 책을 놓을 장소조차 부족했던 어려운 상황에도 불구하고 터너는 1551년에 『신본초서Absinthium-Fab』의 첫 번째 권을 런던에 있는 인쇄업자 스티븐 미어드먼에게 보냈다. 플랑드르인이자 터너와 마찬가지로 독실한 프로테스탄트 교도인 미어드먼은 이단적인 책을 출판한다는 혐의를 피해 앤트워프에서 영국으로 온 인물이었다. 그는 푹스의 인쇄업자와 아는 사이였음이 분명하다. 왜냐하면 터너의 책에는 169개의 목판화 그림이 실렸는데, 그 가운데 대부분은 5년 전에 출판된 푹스의 『식물사』

에서 차용한 것이었기 때문이다. 이번 책에서 터너는 당대 대부분의 학자들처럼 라틴어를 사용한 것이 아니라 영어로 글을 썼다. 그는 헌정사에서 이렇게 적었다. "어떤 사람들은 약제에 대해 이토록 많은 지식을 영어로 설명한 것을 현명하지 못하다고 지적하며 내가 가르치는 학문의 영예를 더럽히고 공공의 이익에 반하는 행동이라고 생각할지도 모른다. 그들은 '이제부터 누구나 (…) 심지어 별다른 지식이 없는 노파들조차 의술을 행하려 하지 않겠는가'라고 주장한다." 그러면서 터너는 이렇게 반문한다. "플리니우스의 원본을 읽을 수 있는 의사나 약제상이 얼마나 되는가? 디오스코리데스도 결국 그리스어를 하는 대중을 위해 그리스어로 책을 썼다. 그 책 때문에 아무도 목숨을 잃지 않았다면 내가 쓴 책도 마찬가지다." 터너는 『식물의 이름』에서 식물을 알파벳 순서로 배열했는데 아르테미시아Arthemisia, 아룸Arum 등의 라틴어 이름을 각 설명의 제목으로 삼았다. 『신본초서』에서는 라틴어 제목을 머그워트, 유럽아룸(그림 104 참조) 등의 영어 이름으로 대체했고 영어 일반명을 모르는 경우에는 자신이 직접 영어 이름을 지었다. 영어 이름은 라틴어 이름을 직역한 경우가 대부분이었다. 라틴어로 바르바 히르키barba hirci라는 식물에는 '염소의 수염goat's beard'이라는 이름을 지어주고 "런던 근처의 풀밭에서 무성하게 자란다"는 설명을 달았다. 또한 "독일의 쾰른 근처에서 자라"고 라틴어 이름이 히에라시움hieracium인 식물에는 '매의 풀hawkweed'이라는 이름을 붙여주었다. 그러나 번역은 생각보다 만만한 작업이 아니었다. 당시에 가장 널리 사용되었던 사전은 쿠퍼Cooper의 『라틴어-영어 동의어 사전Thesaurus Linguage Romanae & Britannicae』이었는데, 이 사전에는 각 라틴어 단어 밑에 수없이 많은 영어 동의어가 실려 있었다. 따라서 미묘한 뉘앙스를 잘 살리는 것이 무엇보다 중요했다. 해당 식물에 대해 잘 모른다면 완전히 관련이 없는 영어 단어를 택하기 십상이었다. 라틴어의 아칸디움acanthium과 같이 직역을 해서 전혀 뜻이 통하지 않는 이름이 나올 경우 터너는 해당 식물을 어떤 식으로든 설명하는 이름을 선택했다. 터너는 『식물의 이름』에 다음과 같은 기록을 남겼다. "나는 아칸디움이라는 식물의 영어 이름을 들어본 적이 없다. 하지만 이 식물의 씨는 거친 귀리와 비슷하기 때문에 영어로 엉겅퀴의 일종이라고 부를 수 있을지 모른다. 또한 이 식물에는 고무진이 많기 때문에 고무진 엉겅퀴라고 할 수도 있으며 잎이 부러지면 목화솜과 같은 물질이 나오기 때문에 목화 엉겅퀴라고도 부를 수 있다." 터너는 영어로 책을 쓰면서 자신이 알고 있는 지식을 최대한 많은 사람들에게 전파할 수 있기를 바랐다. 또한 이는 라틴어 경전과 찬송가를 사용하는 로마 가톨릭교회와 거리를 두는 방법이기도 했다. 터너는 영어로 설교를 하지 않는 사제란 영국 북쪽 국경 마을인 버릭의 성벽 위에 서 있는 파수꾼과 같다고 말했다. 스코틀랜드 군대가 언덕 위에서 밀고 내려오는 상황에서 베니운트 스코티Veniunt Scotii('스코틀랜드인들이 쳐들어온다'는 뜻)라고 아무리 라틴어로 소리쳐봤자 아무도 알아듣지 못한다는 것이었다. 그러나 좀 더 공정하고 평등한 사회를 위한 투쟁에 발맞춘 이 작업은 터너가 바라던 효과를 거두지 못했다. 당시 영국에 사는 300만 명의 사람들 가운데 글을 읽을 수 있는 이는 50만 명 정도에 불과했다. 그러나 일단 글을 읽을 수 있는 사람이라면 영어와 마찬가지로 라틴어도 쉽게 읽을 수 있었다. 또한 터너가 가장 중요한 역작을 영어로 썼기 때문에 영국을 벗어난 대륙에서는 독자를 전혀 확보할 수 없었다. 터너 자신이 그토록 많은 식물에 대한 정보를 대륙에서 얻었는데도 말이다. 당시에는 라틴어가 공용어였던 것이다.

한편 시기상으로도 터너는 운이 좋지 않았다. 에드워드 6세는 터너가 웰스의 생활에 적응하여 『신본초서』의 두 번째 권을 위한 작업을 집중적으로 시작하기 전에 세상을 떠났다. 왕위에 오른 지 고작 6년 만인 1553년에 승하한 에드워드 6세의 뒤를 이어 그의 이복누이이자 독실한 가톨릭교도인 메리가 왕위에 올랐다. 그 결과 프로테스탄트 교도인 터너는 다시 한 번 종교 분쟁에서 박해받는 편에 서게 되었고 할 수 없이 서둘러 영국을 떠나야 했다. 터너는 수많은 영국 프로테스탄트 교도들의 피난처가 되었던 독일로 돌아갔고, 처음에는 바이센부르크에 정착하여 그 지역의 약제상인 야코프 데터와 친분을 가꿔나갔다. 메리가 취임하면서 터너의 모든 책은 다시 한 번 영국에서 금서로 지정되었기 때문에 많은 사람들이 그의 책을 접할 가능성은 더욱 적어지고 말았다. 1546년 7월 8일에 첫 번째 금서 조치를 내린 사람은 헨리 8세로, 그는 터너를 비롯한 다른 열 명의 논쟁을 불러일으키는 저자가 "쓰거나 인쇄한 모든 종류의 책을 (…) 받거나 소유하거나 얻거나 보관하는 것"을 범죄로 규정했다.[12] 메리는 1555년 6월 13일에 비슷한 칙령을 선포하여 금서의 범위를 더욱 넓히고 제재를 강화했다. 케임브리지에서 터너의 동료였던 리들리와 래티머는 1555년에 화형대의 이슬로 사라졌다. 이 엄격한 명령에 불복한 대가가 어떤 것인지는 너무나 분명했지만 최초의 스태퍼드의 남작인 헨리(1501~1563)가 1556년에 작성한 자신의 책 302권의 목록에는 1548년에 출판된 『식물의 이름』과 1551년에 출판된 『신본초서』가 모두 들어 있다. 한편 터너는 대륙에서 자신의 굽히지 않는 신념을 담은 글을 계속해서 출판했으며 평민들을 가두고 병원을 폐쇄한 새로운 귀족계층을 "까마

그림 104. 윌리엄 터너의 『신본초서』에 수록된 유럽아룸Arum maculatum과 머그워트 Artemisia vulgaris. 아룸의 그림(좌우가 바뀌어 있기 때문에 불법으로 복제했을 가능성이 크다)은 원래 푹스의 『식물사』에 수록하기 위해 제작된 것이었다.

귀와 같이 속 검은 상류층"이라고 맹렬히 비난했다. 그는 끊임없이 모든 사람을 위한 양질의 교육, 사제와 목사들에게 어느 정도의 생활 수준 보장, 가장 많은 돈을 내는 사람을 승진시키는 뿌리 깊은 부패 관행을 종식시키기 위해 싸웠다.

터너는 이렇게 사회비판적인 사상을 가지고 있었기 때문에 메리가 사망하는 1558년까지 외국에서 망명 생활을 해야 했다. 그다음 해인 1559년 9월 10일에 터너는 런던 대화재로 불타버리기 전의 구 세인트 폴 대성당에 모인 의기양양한 수많은 신도 앞에서 설교를 했다. 또한 장기간의 재판 끝에 마침내 완강한 존 굿먼을 몰아내고 웰스의 주임 사제 자리를 다시 차지할 수 있었다. 한편 런던에 정착한 터너는 약제상 친구인 존 리치, 휴 모건(1540년대~1613)과 다시 연락을 주고받기 시작했다. 모건의 약제소와 정원은 콜먼가에 있었는데, 이 길은 무어게이트와 나란히 북쪽으로 뻗어 로드버리에서 런던 월까지 이어졌다. 런던에 모건보다 서인도에서 온 식물에 대해 더 잘 아는 사람은 없었다. 그는 런던 항으로 들어오는 배의 선장들과 친분을 유지했다. 또한 모건은 수많은 새로운 식물이 처음으로 등장하는 베네치아의 상인들과도 정기적으로 연락을 주고받았다. 모건은 유럽 대륙 전역에 약제상과 약사들을 지인으로 두고 있었다. 베로나의 프란체스코 칼촐라리와 안드레아 벨리코코, 베네치아의 알베르토 마르티넬로와 그의 형제인 시리아 출신 의사 체키노 마르티넬로, 마르세이유의 자크 레노데, 몽펠리에의 자크 파르쥬, 릴의 플랑드르인 팔레란트 다우러스, 앤트워프의 빌헬름 드리슈와 터너의 친구 피터 코우덴베르크 등이 있었다. 이들은 주로 순회 서적상을 매개로 서신을 교환하며 새로운 발견, 새로운 이름, 새로운 치료법을 주고받았을 뿐만 아니라 서로에게 교역의 원료인 식물의 씨와 뿌리를 직접 보내기도 했다. 터너가 "에 섹스에서 모건에게 보내온 수많은 겨우살이"를 처음 본 것도 모건의 약제소에서였다. 시금치 역시 새로운 식물이었으며, "최근에 발견하여 사용하기 시작한 별로 오래되지 않은 풀"이었다. 터너는 시금치가 복통과 가스를 유발할 가능성이 크지만 유용한 식물이 들어왔다고 생각했다.

1562년에 『신본초서』의 두 번째 권이 출판되었고, 터너는 이 책을 "케임브리지에서 물리학과 철학을 공부하는 학생이며 아버지의 연례 전시회 덕분에 많은 도움을 받을 수 있었던" 바론 웬트워스에게 헌정했다. 이즈음 터너는 이미 영국으로 돌아온 지 4년이 지난 시점이었지만 그의 책은 런던이 아닌 쾰른에서 출판되었다. 터너의 출판업자인 미어드먼 역시 터너와 마찬가지로 메리 여왕이 즉위하면서 영국을 떠나야 했지만 메리가 사망하고 나서도 영국으로 돌아오지 않았던 것이다. 이것이 터너에게는 또 하나의 불운이었다. 스스로는 전혀 통제할 수 없는 이유로 『신본초서』의 첫 번째 권을 내놓은 출판업자가 나머지 작업을 계속할 수 없게 되었고 터너는 미어드먼이 언제 영국으로 돌아올지, 아니 과연 돌아오기는 할지의 여부를 알 수 없게 되었다. 터너는 바이센부르크에 머물다가 두 번째 망명의 후반부를 쾰른에서 보냈는데 아마 이때 『신본초서』의 두 번째 권을 출판한 아닐드 버크먼Arnold Birckman을 알게 된 듯하다. 버크먼은 미어드먼과 마찬가지로 푹스의 책에 사용된 그림을 입수할 수 있었기 때문에 터너는 계속해서 이 그림을 사용할 수 있었다(그림 105 참조). 그러나 독일에서 영어로 쓴 책을 출판한다는 것은 성공 확률이 지극히 낮을 수밖에 없었다. 대륙에 사는 유럽인들 가운데 영어로 된 책을 읽을 수 있는 사람은 거의 없었고 영어를 쓰는 영국인들은 책 자체를 손에 넣을 수가 없었다. 하지만 터너는 이에 굴하지 않고 계속 위대한 작업을 위해 노력했으며 이러한 백과사전식 서적을 제작하려 했던 다른 모든 학자들과 마찬가지로 유럽으로 새롭게 들어오는 엄청난 수의 새로운 식물을 모두 수록하기는 어렵다는 사실을 인식하고 있었다.

 항상 거리낌 없이 발언하며 교회의 통치에 비판적인 태도를 보였던 터너는 변함없이 단호한 태도로 설교를 계속해갔다. 버클리 주교는 1563년에 윌리엄 세실과 파커 캔터베리 대주교에게 보낸 편지에서 "웰스의 주임 사제 터너 박사가 설교단에서 보이는 지각 없는 행동 때문에 골머리를 썩이고 있다"고 불평한 바 있다. "터너는 모든 문제를 언급하고 권위자들에 대한 불경한 말을 서슴지 않는다. 대부분의 주교를 비난하며 흰 코트를 입고 어깨걸이를 한 신사라고 부르는가 하면 그것보다 훨씬 불경한 말로 책망한 다음 도대체 누가 그들에게 권위를 주었으며 왜 그들에게 부여한 것보다 더 많은 권위를 나에게 행사하려 하느냐고 묻는다."[13] 1580년대에 청교도 지하 언론이 출판한 『마프를리트 논문집 Marprelate Tracts』에서는 주교가 저녁 식사를 하러 왔을 때 터너가 잘 훈련된 개를 불러내는 장면을 기록하고 있다. "개는 주교에게 달려들어 모자를 잡아챘다. 아마도 모자가 치즈케이크라고 생각했던 것 같다. 그 다음 개는 모자를 물고 주인에게 가져다주었다."[14] 터너를 제거하려는 노력에도 불구하고 터너는 주임 사제 자리를 끝까지 지켰고 『신본초서』의 세 번째와 마지막 권은 터너가 런던에서 세상을 떠나기 4년 전인 1564년 6월 24일 웰스에서 출판되었다. 이 두 권은 앞선 두 권과 마찬가지로 쾰른의 버크먼이 인쇄했으며 "바돈이라는 인도 땅에서 온" 육두구, "히스파니올라 외곽의 서쪽에서 새롭게 발견된 땅"에서 온 계수나무 등과 같이 여러 개의 새로운 식물에 대한 내용을 담았다. 아마도 휴 모건이 런던 항에 들어오는 배에 실려 있는 새롭고 생소한 식물에 대한 정보를 계속해서 제공해주었을 것이다. 브뤼헤를 거쳐 1568년 4월 29일에 런던에 도착한 콕 호가 내려놓은 진귀한 씨앗 가운데에는 캐러웨이, 오이, 호로파, 삼 등과 같은 식물이 포함되어 있었다. 또한 오렌지, 레몬, 아몬드, 육두구, 아니스 씨와 같이 이국적인 식물의 씨앗도 당시의 화물에 섞여 있었다.[15] 전작인 『식물의 이름』에서 아주 간략하게 언급했던 식물도 『신본초서』에서는 훨씬 길게(그러나 반드시 더욱 친절하다고는 할 수 없게) 다루었다. 독이 있는 협죽도를 예로 들면 『식물의 이름』에서는 "이탈리아 외의 지역에서는 본 적이 없다"고 설명했지만, 『신본초서』에서는 다음과 같이 자세히 설명하고 있다. "나는 이 식물을 이탈리아의 여러 곳에서 보았지만 이 식물이 영국에 들어왔는지의 여부는 알 수 없다. 사방으로 뾰족한 모양은 파슬리를 닮았으며 이 부분이 없다면 매우 아름다울 것이다. 안쪽은 굶주린 늑대나 살인자를 연상시킨다." 또한 『식물의 이름』에서는 광대수염에 대해서 동의어와 서식지를 간략하게 언급해놓았을 뿐이고 그 외의 내용은 거의 싣지 않았다. 반면 『신본초서』에서는 생생하게 식물을 묘사하고 있다. "광대수염의 쐐기풀과 비슷하지만 그보다 덜 들쭉날쭉하며 좀 더 밝은 흰색이다. 솜털 같은 부분은 마치 개의 귀 안에 있는 털과 비슷하지만 물지는 않으며 줄기는 네모꼴이고 꽃은 흰색에 향기가 강하며 모양은 맨머리 위에 씌워져 있는 작은 모자나 두건과 매우 비슷하다. 씨앗은 검정색이고 박하처럼 줄기 근처 특정한 부분에서 자란다." 터너는 화를 잘 냄(뜨겁고 마른), 우울함(차갑고 마른), 침착함(차갑고 축축한), 낙관적임(뜨겁고

Of Anagyris.

Anagyris groweth not in Englande that I wote of/ but I haue sene it in Italye. It may be called in English Beane trifolye/ because the leaues growe thre together/ and the sede is muche lyke a Beane. Anagyris is a bushe lyke vnto a tree with leues and twigges/ like vnto Agnus castus of Italy. But the leaues are greater and shorter/ and growe but thre together/ where as Agnus hath euer fyue together/ and excedinge stinkinge/ wherevpon riseth the Prouerb/ Præstat hanc Anagyrim nō attigisse. It hath the floures lyke vnto kole. It hath a fruyt in longe horned coddes/ of the lykenes of a kidney/ of diuerse coloures/ firme and stronge/ whiche when the grape is ripe wexeth harde.

The properties of Anagyris.

그림 105. 윌리엄 터너의 『신본초서』 마지막 판본에 실린 아나지리스 Anagyris foetida. "내가 알기로는 영국에서 자라지 않으며 이탈리아에서는 본 적이 있다." 쾰른에서 아널드 버크먼이 인쇄(1568)했다.

축축한)이라는 네 가지 '상태'에 따라 식물을 설명하기는 했지만 자신이 언급한 식물에 대해서는 여태까지보다 많은 사용법을 기록했다. 심지어 자신이 그 사용법을 인정하지 않는 경우에도 일단 기록해두기는 했다. 일부 여성은 "주름을 없애기 위해 노란 구륜 앵초의 꽃을 백포도주에 담그고 가만히 두어 가라앉힌 다음 그 물로 얼굴을 씻어 신의 눈보다는 속세 사람들의 눈에 더욱 아름답게 보이려고 하는데, 이렇게 함으로써 단정치 못한 행동과 영혼의 불결함, 더러움으로 신을 거스르기를 두려워하지 않는다."[16] 인동〔덩굴식물의 일종〕은 딸꾹질에 효과가 있지만 발기 불능을 야기할 수 있기 때문에 자주 사용해서는 안 된다. 육두구는 "기꺼이 아이를 갖고자 하는 차가운 남편들에게" 유용한 최음제로 사용되었다. 수련은 "밤에 성교에 대한 불결한 꿈을 꾸거나 지저분한 오염물을 배출하는 신사의 아내나 숙녀의 남편"에게 알맞은 약이었다. "왜냐하면 이를 일정 기간 동안 계속해서 음용하면 씨가 대부분 약해지기 때문이다."[17]

또한 『신본초서』에는 처음으로 영국 토종 식물 238가지를 구별할 수 있는 설명이 실려 있었다.[18] 터너는 단어에 대한 매우 정확한 해석을 바탕으로 종교와 과학을 연구했다. 디오스코리데스처럼 터너는 식물과 해당 식물이 자라는 서식지를 연결하는 데 뛰어난 재능을 발휘했다. 예를 들어 터너는 수련이 "고인 물"을 선호하며 괭이밥은 "숲속의 나무뿌리 부근이나 덤불 사이"에서 가장 흔히 발견되고, 약쑥은 "한때 바닷물이 들어오던 구덩이에서 자라며", 노랑뿔양귀비는 "바닷가 근처"에서 발견될 가능성이 가장 크다고 기록했다. 터너는 영어로 책을 씀으로써 영국 독자들이 자신의 책을 좀 더 쉽게 읽을 수 있기를 바랐다. 마티올리 역시 모국어인 이탈리아어로 책을 썼지만 그의 책은 즉시 다른 언어로 번역되었고 책이 출판된 21년 내에 라틴어 판본도 제작되었다. 그러나 아마도 터너는 라틴어를 배제하고 모국어를 사용하면서 애국자적인 자부심을 느꼈는지도 모른다. 『식물의 이름』 서문에서 터너는 "영국의 위대한 영광을 위해 다른 나라에는 없고 영국에만 서식하는 흔하고 독특한 풀이 몇 개나 되는지 확정"하고 싶었다고 분명하게 의사를 밝혔다. 어쩌면 터너는 영어를 과학적인 담론에 적합한 언어로 만들고 싶다는 욕망을 이렇게 표현했는지도 모른다. 혹은 중요한 책이 영어로 출판되면 다른 나라의 학자들도 영어를 배울 수밖에 없을 것이라고 생각했는지도 모른다. 물론 결국 영어가 학문의 세계에서 널리 쓰이는 언어가 되었지만 터너는 뛰어난 학자 체살피노처럼 시대를 지나치게 앞서 살았던 듯하다. 이유는 서로 달랐지만 말이다. 체살피노의 『식물론』은 식물을 분류하는 기준이 동시대인을 크게 앞서갔기 때문에 널리 읽히지 못했고 터너의 책은 좋지 않은 시기에 출간되었기 때문에 많은 사람이 접하지 못했다. 외국 땅에서 외국어로 출판된 터너의 책은 다른 언어로 번역조차 되지 않았다. 오늘날 '신본초서'라는 제목을 들으면 터너보다는 지성, 도덕성, 비전의 측면에서 터너에 훨씬 못 미치는 약삭빠른 존 제라드John Gerard를 떠올리게 된다. 터너는 일생 동안 어려운 환경을 극복하면서 연구를 진행했다. 심지어 『신본초서』의 마지막 권 서문에서도 "너무나 자주 병마에 시달리고 신학을 설파하고 연구하며 규율을 집행하는 데에 지나치게 많은 시간을 빼앗긴 나머지 책을 쓸 시간이 거의 없었다"고 불평했다.

터너는 푹스와 마티올리처럼 초상화를 남기지 못했으며 자신의 이름을 따서 지은 식물 이름도 없다. 다행히 1568년 7월에 터너가 세상을 떠난 뒤, 케임브리지 부시장의 딸인 미망인 제인이 터너의 교구 교회인 런던 하트 스트리트의 세인트 올라브 교회에 추모비를 세웠다. 그로부터 436년이 지난 어느 더운 여름날, 나는 터너에게 바치기 위해 웨스트 컨트리에서 서식하는 꽃으로 만든 작은 꽃다발을 들고 펜처치 스트리트 역에서 쏟아져 나오는 통근자들의 물결을 헤치며 걸어가고 있다. 안타깝게도 꽃다발에는 서머싯의 서머턴과 마톡 사이의 들판에서 터너가 그토록 감탄했던 시호柴胡는 들어 있지 않다. 한때 웨스트 컨트리의 경작지에 널리 분포했던 이 식물은 오늘날 야생에서는 멸종된 상태이다. 십자가 수도회에 있는 터너의 집과 길 하나로 연결되어 있는 터너의 교회는 원래 11세기에 세워진 것이었다. 1450년에 지어진 현재의 건물은 그 자리에 세 번째로 세워진 교회이며 1941년 4월의 대공습으로 심하게 파손되었다. 그러나 기적적으로 교회 안의 기념비들은 살아남았고 교회 입구 옆에 있는 명판에는 그 가운데 가장 중요한 인물들이 기록되어 있다. 상인이자 모험가인 제임스 딘(1608) 경, 일기 작가인 새뮤얼 핍스(1669), 동인도 회사의 회장인 앤드류 리카드(1672) 경……. 그러나 윌리엄 터너에 대한 언급은 없다. 안쪽으로 들어가면 핍스와 리카드가 멋들어진 작은 교회의 성단소〔교회 예배 때 성직자와 합창대가 앉는 제단 옆자리〕를 가운데 두고 마주보고 있으며 둘 다 돌로 화려하게 장식되어 있다. 남쪽 벽에는 밝은 색으로 채색된 '오래된 혈통'의 망명한 피렌체인이자 1582년에 전염병으로 생을 마친 페테르 카포니의 흉상이 있다. 뜻밖에도 누군가 슈베르트의 소나타를 연주하고 있다. 제단 앞에 놓여 있는 그랜드 피아노 주변을 조용히 돌아 나는 마침내 터너를 찾았다. 터너의 기념비는 상인이자 모험가인 딘의 커다랗고 화려한 기념비에 완전히 가려져 잘 보이지도 않는다. 16세기 성직자들의 사치스러운 특권에 강력하게 항의했고 자신의 집을 방문하는 주교의 머리에서 모자를 가로채도록 개를 훈련시켰던 성격에 걸맞게 터너의 기념비는 우윳빛깔 대리석으로 된 아주 평범한 작은 직사각형으로, 테두리에는 빅토리아 시대의 전형적인 장식인 검은 띠가 둘러져 있다. 라틴어로 빽빽하게 새겨진 비문은 터너의 독실한 신앙심을 강조하고 그가 어떻게 "교회와 영연방의 적, 특히 로마에 있는 적그리스도들에 대항해서 싸웠는지" 기록하고 있다. 영국인이 쓴 최초의 식물에 대한 독창적인 책인 『식물의 이름』이나 『신본초서』에 대한 언급은 찾아볼 수 없었다.

터너는 지독히도 운이 없는 사람이었다. 터너는 자신에게 맞는 장소, 맞는 시기를 찾자마자 세상을 떠나고 말았다. 그리고 수많은 다른 선구자들과 마찬가지로 자신이 이뤄낸 업적의 가치를 제대로 인정받기 전에 숨을 거두었다. 터너가 참을성 있게 그리스어, 라틴어, 영어, 프랑스어, 독일어, 이탈리아어로 된 식물의 이름을 통합하여 모아놓은 덕분에 일반명만 널리 통용되고 있을 때 흔하게 발생했던 혼돈은 상당 부분 해소되었다. 터너는 폭넓은 지역을 여행한 덕분에 유럽을 아우르는 지식 지도에 영국을 포함시킬 수 있었다. 16세기 초반에 영국의 몇몇 식물학자들이 경험했던 지적 고립은 16세기 후반 들어 완전히 사라졌다. 터너가 죽은 뒤 영국은 식물 연구에 관심이 있는 사람이라면 누구든 자석처럼 끌어들였다. 1540년에 터너는 가톨릭의 박해를 피해 유럽으로 도망쳤다. 30년 후, 같은 이유로 플랑드르의 학자 마티아스 데 로벨(로벨리우스)이 이번에는 유럽에서 영국으로 도망쳐왔다. 식물학 연구라는 측면에서 로벨리우스의 눈앞에 펼쳐진 영국은 한때 터너가 억지로 망명을 떠나야 했던 나라와는 완전히 다른 나라가 되어 있었다. 터너가 존 구디어, 존 파킨슨John Parkinson, 존 레이John Ray 등 다음 세대의 뛰어난 식물학자들이 등장할 수 있는 기반을 닦았던 것이다. 그는 초기의 학구적 식물학자와 더욱 실용적이고 실험을 중시하며 대부분 영국에 기반을 두고 있던 차세대 식물학자 사이를 잇는 소중한 연결 고리였다. 그러나 대부분의 주춧돌이 그렇듯이 터너의 업적도 너무나 빨리 땅에 묻혀 잊혀버렸다. 사람들은 모르고 있지만 세인트 올라브 교회 입구의 명판에 새겨져야 하는 이름은 바로 터너인 것이다.

XVII 프로테스탄트 교도의 승리

1530~1580년

16세기에 여러 차례에 걸쳐 유럽에서 망명 생활을 했던 터너의 삶은 당시 강한 종교적인 신념을 지니고 있던 사람들에게 운명처럼 닥쳐온 혼돈과 혼란의 전형적인 사례였다. 16세기 전반에 영국의 프로테스탄트 교도였던 터너는 상대적으로 안전한 독일과 네덜란드로 도망쳤다. 나중에 플랑드르 출신의 위그너 교도들은 스페인의 펠리페 2세 및 휘하 가톨릭 군대의 박해를 피해 반대 방향으로 이동했다. 이들은 영불 해협을 건너 다시 한 번 프로테스탄트 교도가 왕위에 오른 영국으로 피신했던 것이다. 격동의 시대가 지나가고 시간이 흐른 후 과거를 찬찬히 돌아보면 이렇게 종교적 신념을 위해 어쩔 수 없이 익숙한 땅을 떠나 낯설고 물 설은 땅으로 이동하는 일에는 어려움도 따랐지만 유익한 점도 있었다는 사실을 깨닫게 된다. 특히 이들 망명자와 함께 새로운 사상이 전파된 것이 가장 좋은 점이었다. 또한 이 망명자들은 낯선 도시에 있는 학자들과 새로운 친분 관계를 쌓았다. 바젤에서는 이탈리아와 프랑스에서 쫓겨난 학구적인 프로테스탄트 교도들이 물밀듯이 몰려 들어오면서 대학의 지적 기반이 크게 풍요로워졌다. 학살과 순교를 당하면서 프로테스탄트 교도 사이의 결속은 단단해졌다. 간접적이기는 하지만 종교 개혁은 식물학 연구에 뚜렷한 영향을 미쳤다. 종교 개혁 때문에 학자들이 다른 나라에서 다른 식물에 둘러싸여 다른 삶을 살 수밖에 없었기 때문이다. 종교 개혁이 일어날 때까지 대학은 자연계에 많은 관심을 기울이지 않았다. 교수보다는 오히려 농부들이 식물에 대해 더 잘 알고 있다는 것이 대체적인 인식이었다. 그러나 루터는 추종자들에게 심지어 복숭아씨와 같이 작고 정교한 것에서도 아름다움과 복잡함, 신께서 마음을 쓰신 증거를 찾아보도록 촉구했다. 점진적으로 의학 교육 과정에 식물에 대한 자세한 연구를 도입하는 개혁이 시작되었다. 최초의 개혁은 레온하르트 푹스의 지휘 하에 튀빙겐에 있는 새로운 프로테스탄트 대학에서 일어났다. 푹스는 시대에 뒤처진 교육 과정을 개선하기 위해 치열하게 투쟁했다. 마찬가지로 새로 설립된 마르부르크의 루터교 대학에서는 푹스와 거의 동시대인인 에우리시우스 코르두스(1486~1535)가 약제소에 보관되어 있는 약제에 잘못된 이름이 붙어 있는 경우가 많다며 이를 개선하기 위해 『식물편람Botanologicon』(1534)을 출판했다. 코르두스는 다른 학자들과 마찬가지로 그리스의 군의관인 디오스코리데스가 설명한 식물이 독일, 프랑스, 네덜란드의 서늘한 기후에서 자라는 식물과 반드시 같지는 않다는 사실을 보여주려 했다. 식물에 대해 절대적인 권위를 누리고 있던 디오스코리데스의 아성에 도전하는 것은 결코 쉽지 않았다. 그러나 15세기 후반과 16세기 초반부터 조금씩 변화가 나타나기 시작했다. 개혁에 대한 코르두스의 열정은 자연계를 있는 그대로 바라보고 논리적인 방식으로 질서를 부여하기 위한 점진적인 여정 중 눈에 띄는 하나의 이정표에 불과했다.

프로테스탄트 개혁주의자들은 신의 눈에 모든 인간이 평등하다고 주장했다. 아무리 비천한 인간이라도 구원할 가치가 있다고 생각했다. 마찬가지로 프랑스의 카롤루스 클루시우스, 독일의 에우리시우스 코르두스와 그의 아들 발레리우스, 스위스의 콘라트 게스너와 장 보앵과 가스파르 보앵 형제, 영국의 윌리엄 터너 등 새롭게 쏟아져 나온 개혁주의 학자들은 모든 식물에 똑같은 관심을 쏟을 가치가 있다고 생각했다. 이들은 소위 '잡초'라고 부르는 식물도 약용으로 쓰이는 식물만큼 자세하게 설명했다. 다행히 종교의 차이에도 불구하고 북유럽의 학자들은 이탈리아 학자들과 활발하게 교류했다. 그러나 자연계를 연구하는 학자들은 공개적으로 사상의 변화를 인정할 수 없는 경우에도 정신적으로는 개혁을 지지하는 성향이 있었다. 피사의 안드레아 체살피노와 파도바에 식물원을 설립한 울리세 알드로반디는 둘 다 가톨릭교회에서 이단이라는 의심을 받았다. 17세기에 파도바 대학에는 아랍의 철학자이자 의사이며 아리스토텔레스 철학을 이슬람 교리와 통합하려 했던 아베로에스Averroes(1126~1188)를 추종하는 세력이 많았다. 이 교리는 특히 의학을 연구하는 사람들에게 매력적으로 다가왔다.

프랑스에서는 가톨릭과 프로테스탄트 단체 사이의 분열이 공공연하게 드러났다. 파리 대학으로부터 입학을 거부당한 프로테스탄트 교도, 특히 위그노 교도들은 남쪽 지방으로 내려가 랑그도크에 있는 몽펠리에 대학에 입학했다(그림 106 참조). 파리에 있는 학생들이 거의 책만으로 의학을 배운 반면, 몽펠리에 대학의 교육 과정은 좀 더 실용적인 기반을 갖추고 있었다. 몽펠리에의 의학 학교는 1220년에 처음으로 인가서와 학위를 수여할 자격을 얻은 곳이었고, 설립된 것은 그보다 더 오래전이었다.[1] 14세기 중반 즈음이 되자 교육 과정은 이븐시나, 갈레노스, 히포크라테스를 포함하여 20종류의 교과서에서 발췌한 내용으로 구성되어 있었다. 나중에 몽펠리에 대학은 새로운 학칙을 발표하여 학생들의 수업료로 받은 돈 가운데 절반을 도서관의 장서를 마련하는 데 사용하도록 했다. 그리고 학위 과정 시작을 축하하는 관례적인 연회를 열지 않는 학생은 그 대신 도서관에 상당한 돈을 기부해야 했다.[2]

1530년에 몽펠리에의 학생 사감은 지역 향료 상인의 아들인 기욤 롱드레(1507~1566, 그림 107 참조)였다.[3] 롱드레는 파리에서 4년간 교양 과목을 공부한 후 몽펠리에 의학 학교에 입학했다. 학교를 졸업한 후에는 처음에 오베르뉴에서 의사로 활동하다가 고향으로 되돌아왔다. 에우리시우스 코르두스와 마찬가지로 롱드레는 자신이 처방한 약을 약사들이 잘못된 재료로 조제했을 때 환자가 겪게 될 위험을 크게 우려했다. 치커리 시럽처럼 흔하게 쓰이는 치료약조차 커다란 해를 끼칠 수 있었다. 치커리 시럽은 간의 폐색이나 한기를 다스리는 처방약으로, 일반적인 제조법에는 타락시콘taraxicon, 치체르비타cicerbita, 엔디비아endivia, 스카리올라scariola와 같은 재료가 필요했다. 이들 재료는 모두 약사들이 같은 이름으로 알고 있는 식물에서 추출한 것이었다. 그러나 식물의 이름 자체에 혼란이

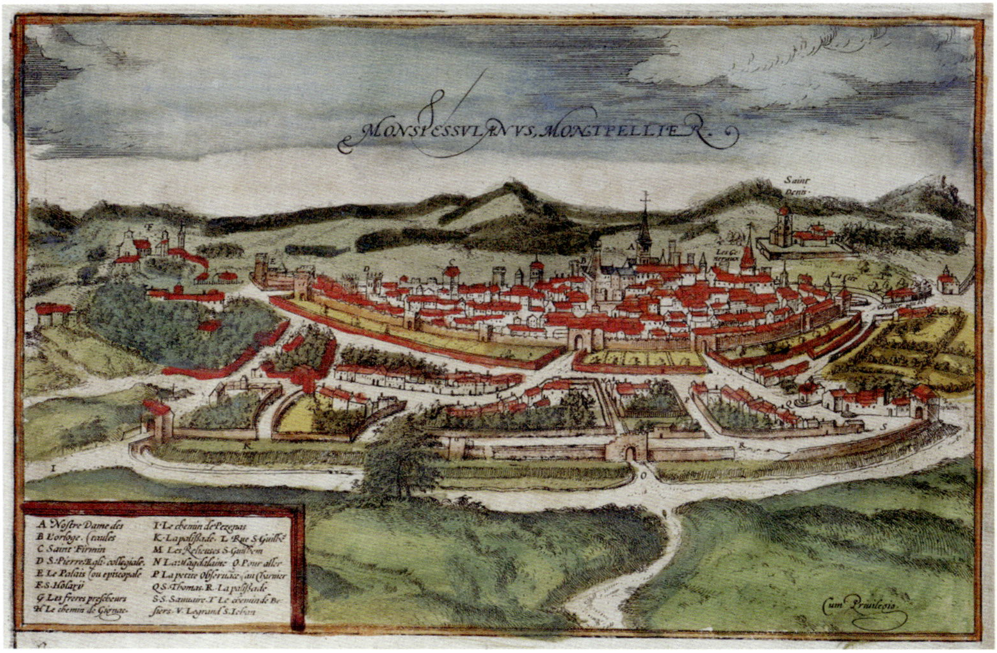

그림 106. 프랑스 랑그도크에 위치한 몽펠리에 대학 타운의 모습. 「도시 주변 지역Civitates Orbis Terrarum, 1572~1618년경」에서 발췌.

빈번하게 일어나는 상황이었기 때문에 엔디비아를 때로는 스카리올라라고 부르거나 인티부스 도메스티쿠스intybus domesticus라고 부르기도 했다. 만약 그 두 개가 같은 식물이라면 왜 제조법에는 엔디비아와 스카리올라를 모두 표기했을까? 또한 서로 다른 식물이라면 약사들은 무엇을 대신 사용해야 하는가? 그리고 치체르비타는 오이의 일종인 쿠쿠르비타cucurbita를 잘못 표기한 것이 아닐까? 아니면 그리스인들이 손쿠스sonchus라고 불렀으며 농부들이 돼지코라고 불렀던 진짜 치체르비타일까? 그러나 안타깝게도 손쿠스에는 단단한 것과 부드러운 것의 두 가지 종류가 있었다. 프랑스의 약사들이 무심코 롱드레가 내준 처방전의 재료를 잘못 썼다가 환자가 여럿 사망하는 사고가 발생한 것도 놀라운 일은 아니었다. 치체르비타 대신 쿠쿠르비타를(손글씨가 분명하지 않았다), 드리옵테리스dryopteris 대신 폴리포디움polypodium을 사용한 경우처럼 말이다(둘 다 양치류였다).

    롱드레는 몽펠리에에서 의사로 성공하지는 못했다. 그는 돈에 쪼들렸고 태어난 지 얼마 안 된 아들이 세상을 떠나자 사망 원인을 찾기 위해 아들의 시체를 해부하여 마을에 큰 논란을 일으켰다. 그러나 이런 스캔들에도 불구하고 롱드레는 이 지역에 전염병이 창궐하기 몇 년 전인 1539년에 몽펠리에의 의학 교수가 되었다. 1543년이 되자 대학의 의학 과정에는 학생이 세 명밖에 남지 않았고 법학 과정에는 아예 아무도 남아 있지 않았다. 롱드레 역시 몽펠리에를 떠나기로 결심하고 영향력 있는 추기경인 프랑소와 드 트루농의 개인 주치의 자리를 수락하여 수행단에 합류했다. 롱드레는 추기경과 함께 여행하면서 이탈리아의 대학을 방문했고 당시 막 피사에 자리를 잡았던 루카 기니, 페라라의 안토니오 무사 브라사볼라, 파도바의 울리세 알드로반디, 볼로냐에서 기니의 후임으로 '식물학' 강사 자리를 맡은 체사레 오도Cesare Odo 등과 정보를 교환했다.

그리고 롱드레는 몽펠리에로 돌아와 다시 교편을 잡으면서 루이 12세가 대학에 처음으로 마련한 봉급이 많고 영향력이 지대한 네 개의 학장 자리 가운데 하나를 차지했다. 여러 곳을 여행하고 수많은 책을 읽었으며 넓은 인맥을 자랑하던 롱드레는 자신만큼이나 식물에 대한 올바른 연구에 열정을 불태우고 있던 당시 가장 뛰어난 학생들을 여럿 끌어들였다. 이는 마치 피사에서 기니의 주변에 재능이 뛰어난 인재들이 모여들었던 것과 마찬가지였다. 스위스의 젊은 학자 콘라트 게스너는 1540년에 잠시 이곳에 머물렀지만 적당한 숙소를 찾지 못해 바젤로 떠났다. 1550년대 초기에 롱드레는 나중에 레이던에 세워진 새 식물원의 초대 원장이 된 카롤루스 클루시우스(샤를 드 레클루제)를 가르쳤다. 보앵 형제 가운데 형인 장은 튀빙겐의 까탈스러운 푹스 밑에서 공부하다가 1561년에 몽펠리에로 왔다.

1552년 당시 고작 15세에 불과하던 걸출한 과학자 펠릭스 플래터Felix Platter가 바젤에서 몽펠리에까지 조랑말을 타고 와서 롱드레 밑에서 6년간의 교육 과정을 시작했다. 플래터는 아버지에게 보낸 편지를 나중에 일기 형태로 출간했는데, 이 편지에서 펠릭스 플래터(그림 108 참조)는 기욤 롱드레가 학장직을 맡고 있는 대학의 일상적인 하루가 어떤지 생생하게 묘사하고 있다.[4] 플래터는 롱드레처럼 프로테스탄트 교도였지만 롱드레와는 달리 종교적인 신념을 밖으로 드러내지 않으려고 주의를 기울였다. 1528년에는 이미 몽펠리에의 학생이었던 스테파누스 드 템플로가 툴루즈의 종교 심판

그림 107. 몽펠리에 대학의 의학 과정에 수많은 뛰어난 학생들을 모았던 기욤 롱드레(1507~1566). 이 초상화는 그가 쓴 『어류서Livre des Poissons』(1554)에 등장하는 세밀화이다.

관에게서 '루터교 이단 범죄' 판정을 받고 기소된 바 있었다. 몽펠리에의 주교 기욤 펠리시에의 감독 하에 거행되는 대학 학장 선거는 대학 내 종교 분열의 초점이 되었다. 다행히도 펠리시에와 롱드레 사이에는 표면적인 종교 상의 차이보다는 식물에 대한 열정이라는 공통점이 더 컸다. 『삶Life』(1599)이라는 책에서 롱드레의 제자인 주베르는 롱드레가 폭력을 싫어했다는 일반적인 평판을 강조했다. "여행을 할 때에도 단검조차 지니고 다니지 않았다."[5] 친구인 펠리시에가 감옥에 갇히자 롱드레는 이에 대한 극단적인 항의의 표시로 자신의 모든 신학 책을 불태웠다. 그러나 대학에서 개혁자들이 점차 세력을 확장해나가기 시작하자 교과 과정의 운영 방식을 개선하는 학칙이 도입되었다. 예전에는 교수들이 부유한 개인 환자를 진찰하기 위해 자주 자리를 비운다는 학생들의 불평이 많았다. 바뀐 학칙에 따르면 교수들은 9월 말이나 10월 초에 있는 성 루카 축일 직후에 강의를 시작하여 부활절까지 중단 없이 수업을 진행해야 했다. 강사가 가정에서 사적으로 가르치는 강의에 대해 돈을 받는 것은 금지되어 있었으며 환자나 약제상의 가게를 방문할 때 학생들을 동반할지라도 그들에게서 돈을 받을 수 없게 되어있었다. 새로운 학칙은 의학 공부에 대한 실용적인 측면을 강조했다. 여름 내내 강사 가운데 한 명은 몽펠리에와 주변 지역에서 '식물'을 찾아 헤매야 했고 이를 학생들에게 '설명'해야 했다.

　　1552년에 신입생으로서 펠릭스 플래터는 이러한 학칙과 혁신적인 교육 방식에 즉각 커다란 혜택을 입었다. 바젤에서 학교 교사이자 인쇄업자였던 플래터의 아버지는 돈을 빌려서 아들을 몽펠리에 대학에 입학시키고 그곳까지 타고 갈 조랑말을 구입했다. 펠릭스는 10월 10일에 집을 떠났고, 그의 아버지는 "셔츠 두 장과 손수건 몇 장을 밀랍을 입힌 보자기에 싸서 주셨다." 프리부르에서 플래터는 아버지에게 "우리는 프랑스식으로 먹고 자기 시작했습니다"라는 편지를 썼다. 10월 20일에 플래터와 동행은 리옹에 거의 다다랐고, 그곳에서 "몇 명이 교수대에 매달려 있고, 또 다른 몇 명은 마차 바퀴처럼 생긴 고문 도구에 묶여 있는 광경을 목격했습니다. (…) 마을로 들어서자 기독교도 한 사람을 성문 밖에서 화형시키기 위해 끌고 가는 광경이 눈에 들어왔지요. 그 사람은 셔츠를 입고 있었고 등에는 밀짚 더미가 묶여 있었어요"라고 썼다. 또한 물이 불어나 있던 론 강의 얕은 곳을 건넌 후 피에르라테에 도착하여 처음 올리브를 맛보고 "이상한 신맛이 난다"는 사실도 알게 되었다. 오랑주에 도달할 즈음에는 "비참하고 실의에 빠져 있었습니다. (…) 너무나 집으로 돌아가고 싶은 생각에 마구간에 가서 작은 조랑말의 목에 팔을 두르고 울음을 터뜨렸습니다"라고 적었다. 그는 바젤에서 몽펠리에까지 전체 거리를 95독일 마일(영국 마일보다 대략 네 배 길다)로 추산했다. 이 여정은 20일이 걸렸으며 조랑말을 위한 마구간과 사료값, 팁, 숙소와 강을 건너는 통행료 등을 모두 합쳐 10리브르〔과거 프랑스의 화폐 단위〕가 넘게 들었다.

몽펠리에에서 플래터는 세베놀 지역에 위치한 마을 약사 로랑 카탈란 소유의 집에 묵었다.[6] 플래터는 아버지에게 안전하게 도착했다는 편지를 보내면서 "우리 고향 사람들이 인쇄하고 서적상에서 판매하는 성경책을 비롯한 수많은 종교 관련 책을 거리에 쌓아놓고 태워버리는 광경을 보았습니다"라는 말을 덧붙였다. 플래터는 의학 과정에 등록했고 오늘날까지 약대 건물로 사용되고 있는 건물에서 "진지한 공부를 하기 위한 절차"를 밟았다. 11월 6일에 그는 몇몇 독일 친구와 빌뇌브에 갔고 그곳에서 "우리 고향의 노간주

그림 108. 1584년에 대大 한스 보크Hans Bock the Elder가 그린 펠릭스 플래터(1536~1614)의 초상화. 아버지에게 보낸 일련의 편지로 플래터는 몽펠리에 대학의 의대생 생활을 생생하게 묘사한 글을 남겼다.

나무처럼 로즈메리가 들판에서 자유롭게 자라고 있는 것을 보고 매우 놀랐습니다. 마조람과 타임도 들판을 가득 채우고 있었는데 너무나 흔해서 아무도 이런 식물에 신경을 쓰지 않더군요. 로즈메리가 어찌나 많은지 땔감으로 사용하고 있었습니다. 당나귀의 등에 실어서 마을로 싣고 와서 난로에 넣고 태웠습니다"라고 썼다.

플래터는 나중에 회고 글에서 이렇게 적었다. 카탈란의 집에서 책을 읽고 공부할 때 가장 좋아했던 장소는 "돌계단을 타고 올라가는 멋진 테라스였다. 테라스에서는 마을 전체가 내려다보였으며 멀리 바다까지도 눈에 들어왔고 바람의 방향만 맞으면 바다 소리까지 들려왔다. 나는 그곳에서 화분에 뱅갈고무나무를 심어 길렀다." 플래터는 하숙집에서 "고기와 계란을 먹는 것이 금지되어 있고 이를 위반하면 사형에 처해진다"는 사실을 알게 되었지만 아버지에게 "그래도 우리 독일인들은 그런 음식을 먹습니다. 종이 위에 계란과 버터를 놓은 다음 불이 붙은 숯에 올려서 요리하는 법을 배웠습니다. 그 용도로는 어떠한 식기도 감히 사용하지 않았습니다"라는 편지를 보냈다. 하숙집에 머무르는 동안 플래터는 서재에 계란 껍데기를 숨겨놓았지만 껍데기가 점점 불어나자 하인에게 들켰고 하인은 카탈란 부인에게 이 사실을 고자질했다. 부인은 "매우 격노했지만" 다행히도 그 문제를 더 이상 추궁하지는 않았다. 카탈란 씨는 존경받는 랍비로, 그 가족은 신앙이 돈독한 유대인들이었다. 플래터는 새 바지를 입고 성령강림절을 축하했다. 바지는 "빨강색이었고 몸에 꼭 달라붙었으며 호박단으로 절개선을 내고 밑단을 댄 다음 주름을 너무 낮게 잡아놓아서 거의 장식 주름을 깔고 앉는 것이나 마찬가지였다. 바지가 너무나 꽉 끼었기 때문에 몸을 구부리기조차 힘들었다." 5월 23일에는 마을의 성벽 밖에서 석류

꽃을 채집했고 평소와 똑같은 형식과 간격으로 화형대에서 타 죽은 다섯 명의 순교자에 대해 편지를 썼다. "로잔에서 공부를 하다가 돌아오는 길에 체포되었으며 감옥에 갇혀 있다가 화형 선고를 받았습니다."

7월 25일에 플래터와 몇몇 친구들은 식물을 채집하기 위해 그라몽으로 향했다. 그 지역에는 상록 오크나무 잡목림으로 둘러싸인 작은 수도원이 있었는데, 이곳은 플래터가 아는 한 야생화를 발견하기에 최적의 장소 가운데 하나였다. 플래터의 아버지는 아들이 부지런히 식물과 약초를 찾아다니며 많은 시간을 투자하고 있다는 소식을 듣고 크게 기뻐했지만, 아들에게 매우 위험한 시기인 만큼 친구를 조심해서 사귀어야 한다고 충고했다. 성 바돌로메의 날인 8월 24일에는 대규모 양파 시장이 몽펠리에서 열렸다. 플래터는 아버지에게 이렇게 설명했다. "짚으로 만든 노끈으로 묶은 양파가 마치 나뭇단처럼 쌓여 있는데, 더미의 높이가 2피트(60센티미터)에 달합니다. 광장 전체가 양파로 뒤덮여 있으며 사람들이 지나갈 좁다란 통로만 남아 있습니다. 온갖 종류의 양파가 모여 있는데, 어떤 것은 아주 크고 어떤 것은 흰색에 단맛이 나는 것도 있지만 우리 고향의 양파처럼 강한 맛이 나는 것은 없습니다."

대학의 학기는 10월 18일 성 루카의 날에 다시 시작되었다. 대부분의 교수들은 여름 동안 강의를 하지 않았는데, 플래터의 글에 따르면 "추가적인 수업료를 받고 개인 교습을 하는 몇몇 교수는 예외였다"고 한다. 1553년 11월 6일에 플래터는 바젤에 있는 아버지에게 상당량의 과일과 씨앗을 보내면서 터키 함대가 에그모르트에 도착했다는 소식도 함께 전했다. "바다에서 똑똑히 보입니다." 새해가 되자 끔찍한 처형식이 몇 차례 더 있었다. 사제직을 박탈당한 기욤 달랑송과 개종을 거부한 옷감 재단사 한 명이 형장의 이슬로 사라졌다. 그 옷감 재단사는 달랑송과 마찬가지로 화형대에 오를 예정이었지만 플래터가 아버지에게 쓴 편지에 따르면 "그날 비가 왔기 때문에 불이 제대로 타지 않았습니다. 사형수는 완전히 죽지도 않은 채 엄청난 고통을 당해야 했습니다. 결국에는 이웃 수도원의 수도사들이 짚단을 좀 더 가져왔고 사형 집행인은 그 짚단을 받아서 우리 주인집 약국에 보내 불을 붙이기 쉽도록 테레빈 기름을 붓게 했지요. 그후 저는 기름을 가져다준 조수들을 책망했지만 그들은 저에게 아무 말도 하지 말라고 충고했습니다. 저도 이단자로 몰려 똑같은 운명을 맞을 수도 있다면서요."

6년간 플래터 부자의 편지는 열심히 바젤과 몽펠리에 사이를 오갔으며 때로는 전달되는 데 무려 세 달이라는 오랜 시간이 걸리기도 했다. 아버지의 편지에는 아들을 염려하고 훈계하는 말이 담겨 있었다. 아버지는 아들에게 더욱 열심히 공부하라고 촉구하며 여러 차례에 걸쳐 이미 바젤에는 의사가 17명이나 있기 때문에 기존 의사들 사이에서 틈새시장을 찾기는 어려울 것이라는 사실을 끊임없이 환기시켰다. 아들의 편지에는 세레나데, 음주, 춤 등의 이야기가 가득 담겨 있었다. 아들은 더 많은 류트 줄을 보내달라고 부탁하기도 했다(플래터는 롱드레의 딸인 카트린에게 류트를 가르치고 있었다). 플래터는 아버지를 위해 사포르타 박사의 기억력 강화 처방전을 동봉하기도 했다. 두 사람은 계속되는 공포와 종교적 박해라는 시대 배경 속에서 이러한 일상적인 사연들을 주고받았다. 1554년 3월 23일, "툴루즈에서 심사관이 내려왔고 동시에 마을의 루터 교도들을 철저하게 색출했습니다. 그때 개종한 모든 사람들의 이름을 불렀고 이름이 불리지 않은 사람들은 칼뱅파와 위그노

파였어요. 마을 전체에 트럼펫 소리와 함께 이들의 이름이 울려 퍼졌고 그들을 아는 사람은 반드시 고발해야 했습니다. 그러지 않으면 엄한 벌을 받게 되었지요."

크리스마스가 다가오자 플래터는 재미있는 물건이 가득 담긴 상자를 아버지에게 보냈다.

집게발이 없는 바닷가재 두 마리와 마치 접시만큼이나 크고 잘 건조된 상태의 거대한 게를 넣었습니다. 또한 아버지가 심어서 키울 수 있도록 뱅갈고무나무의 잎도 넣었습니다. 테라스에 화분을 놓고 고무나무를 심었는데 무성하게 자란 덕에 잎사귀를 몇 개 딴 것입니다. 주인집 정원에 심은 식물 가운데 하나는 진짜 나무로 자라서 가지가 여럿 생겨나고 열매까지 맺었습니다. 어쨌든 이렇게 커다란 나무도 이탈리아에서 들여온 잎사귀 하나가 자라난 것입니다. 또한 여러 개의 조가비와 커다란 석류 95개도 넣었습니다. 시장에서 구입한 석류인데 어떤 것은 달고, 어떤 것은 신맛이 납니다. (…) 그리고 아름다운 오렌지 63개와 말린 포도 한 바구니, 그리고 무화과도 몇 개 넣었습니다. (…) 커다란 항아리에 담은 혼합 해독제와 작은 뼈, 또 편지도 함께 동봉합니다.

플래터는 식물을 수집하여 이를 "종이에 적절하게" 배열해서 자료를 축적해나갔으며, 플래터의 아버지는 이를 거대한 "국내 유의어 사전"이라고 불렀다. 아마도 롱드레는 이 기술을 피사에 있는 루카 기니에게서 배운 다음 자신의 제자들에게 가르쳐주었을 것이다. 아버지는 아들에게 녹색으로 염색한 가죽 두 필을 보내주었고 아들은 이 가죽으로 양복 한 벌을 만들었는데, 플래터는 나중에 이 양복에 대해 이렇게 회상했다. "이 양복을 입고 무도회를 누비며 모든 남성의 부러움을 한 몸에 받았다. 당시 프랑스에서는 가죽 바지가 거의 알려져 있지 않았기 때문이다. 재단사는 가죽이 부족했다고 주장하며 옷을 꽉 끼게 만들었지만, 나중에 그 재단사가 가죽을 상당 부분 훔쳐서 아내에게 가방을 만들어주었다는 사실을 알게 되었다." 1556년 11월에 플래터와 동료 학생들은 교수들이 학칙에 명시된 강의 수를 제대로 채우지 않는다고 불평했다. "우리는 대변인을 선출하여 의회로 갔고 대변인은 우리를 대표해 교수들의 태만에 대해 이의를 제기했으며 의무를 다하지 않는 교수의 연봉을 몰수할 권한을 가진 감독관 두 명을 둘 수 있는 전통적인 권리를 요구했습니다." 학생들의 주장은 받아들여졌고 의과 대학에는 다시 평화가 찾아왔다.

1557년 2월 27일, 펠릭스 플래터는 몽펠리에를 뒤로하고 나르본느, 푸아티에, 오를레앙, 파리를 거쳐 고향으로 돌아갔고 특히 파리에서는 한 달 이상을 머물렀다. 파리를 떠난 후 디종과 몽펠리에를 지나친 펠릭스의 눈에는 마침내 낯익은 바젤 대성당의 두 탑이 들어왔다. 마을 사람들이 모두 거리로 뛰어나와 펠릭스의 안전한 귀향을 축하했다. 아버지의 우려와는 달리 플래터는 고향 마을에서 의사로 크게 성공하여 단단한 기반을 잡았고 대학에서도 실용 의학 교수로 임명되었다. 펠릭스는 "프랑스 스타일의 아라베스크로 장식하고 채색한" 커다란 집을 지었다. 정원에는 몽펠리에의 하숙집 옥상에서 잘라낸 잎사귀로 처음 길렀던 뱅갈고무나무를 포함하여 수많은 희귀 식물을 가꾸었다. 야생 당나귀와 마못을 비롯한 이국적인 동물들은 마구간과 진귀한 것들을 모아놓은 플래터의 유명한 집에서 길렀다. 프랑스의 수필가인 미셸 몽테뉴(1533~1592)

그림 109. 펠릭스 플래터의 고향인 바젤. 1550년경에 쾰른에서 인쇄된 바우어Bauer와 호겐베르기우스Hogenbergius의 16세기 개요서 『세계의 모든 도시All Cities of the World』에 실린 지도.

그림 110. 펠릭스 플래터가 만든 식물 표본집에 실린 보라색 난초와 살렙(난초과의 여러해살이풀). 플래터는 압착하고 말린 식물 표본 옆에 한스 바이디츠가 브룬펠스의 『식물의 생태도』에 싣기 위해 그린 그림을 오려서 붙였다.

는 플래터의 개인 박물관을 구경하기 위해 바젤까지 발걸음을 했던 수많은 여행자 가운데 하나였고, 1580년에 "플래터는 다른 작업과 함께 식물에 대한 책을 준비하고 있었다. (…) 자연색을 살린 그림을 사용했던 여느 식물학자들과는 달리 플래터는 식물을 설명한 쪽에 직접 해당 식물을 붙이는 방법을 사용했는데, 가장 작은 잎이나 섬유질까지도 자연 그대로의 모습을 생생하게 보여주도록 무척 주의를 기울여 정교하게 작업했다. (…) 플래터는 20년도 더 전에 붙여놓았던 몇 가지 식물을 보여주기도 했다."[8]

운명의 장난인지 플래터가 모은 보물 가운데에는 한스 바이디츠가 브룬펠스의 『식물의 생태도』에 싣기 위해 제작한 정교한 원본 그림도 포함되어 있었다. 500여 년이 지난 지금, 우리는 이들 그림의 단순한 아름다움뿐만 아니라 서구 유럽에서 최초로 식물의 사실적인 모습을 보여준 작품으로서의 상징적인 가치를 매우 높게 평가한다. 플래터는 좀 더 실용적인 사람이었다. 몽테뉴가 묘사한 식물 표본집에서 플래터는 압착하고 말린 식물을 붙인 다음 그 맞은편에 그 식물이 등장하는 바이디츠의 그림을 배열했다. 그러나 바이디츠의 원본 그림은 종이의 양면에 그려져 있었다. 최대한 많은 이미지를 활용하기 위해 플래터는 각각의 그림을 잘라내서(그림 110 참조) 자신의 책에 붙인 다음 잘려나간 뒷면에는 덧그림을 그렸다. 현재 베른 대학에 있는 펠릭스 플래터 식물 표본집에 붙어 있는 조각난 그림을 보면서 나는 플래터가 바이디츠의 그림을 잘라내지 않았으면 얼마나 좋았을까 하는 생각을 지울 수 없다.

XVIII 게스너의 걸작

1530~1580년

바이디츠의 그림에는 중요한 식물 그림 가운데 유럽에서 최초로 출판된 것이라는 의미가 있다. 바이디츠의 그림이 출판된 지 12년 후에 레온하르트 푹스의 『식물사』를 위해 제작한 알브레히트 마이어의 그림이 뒤를 이었다. 세 번째 중요한 식물 그림은 이탈리아의 피에르 안드레아 마티올리가 『비망록』에 싣기 위해 의뢰한 조르조 리베랄레의 대담하고 장식적인 그림이었다. 이제 네 번째 중요한 식물 그림을 수집하게 되는 사람은 스위스의 젊은 학자 콘라트 게스너(그림 111 참조)였다. 게스너는 장장 1500장에 달하는 그림을 모았는데, 일부는 게스너 자신이 직접 그렸고 일부는 화가를 고용하여 의뢰하기도 했다. 이들 그림의 주변에는 모두 휘갈겨 쓴 필체로 식물의 원산지와 색, 서식처에 대한 정보를 알려주는 주석이 달려 있었으며 이 주석은 끊임없이 수정되었다. 게스너는 1551~1558년에 1200장의 목판화를 담아 기념비적인 『동물사Historia animalium』를 묵직한 네 권의 책으로 출간했고, 그 후속작으로 내놓으려 했던 방대한 『식물사Historia Plantarum』에 수록하기 위해 그토록 많은 식물의 그림을 수집한 것이었다.[1] 그러나 게스너는 결국 식물에 대한 책을 출판하지 못했고, 그가 모아놓은 그림들은 18세기까지 여러 사람의 손을 거치며 전해 내려오다가 마침내 뉘른베르크의 의사였던 트레브 박사가 입수하여 다시 바이에른 에를랑겐의 식물학 교수 카지미어 슈미델Casimir Schmiedel에게 넘겼다. 이 그림들은 1743년에 설립된 그곳 대학에서 조용히 잊혔다가 우연히 대학 도서관의 다락방에서 발견되었다. 게스너가 사망한 지 400년이 훨씬 지난 후에야 사물을 정확하게 관찰하고 뛰어난 솜씨로 재현한 게스너의 그림들이 마침내 온전한 형태로 출판되었다.[2]

 게스너가 출판하려고 했던 책은 여기에 소개된 책 전체를 통틀어서 가장 뛰어난 역작이 될 수 있었던 작품이며, 그 책이 결국 햇빛을 보지 못한 것은 루카 기니가 제대로 된 책을 출판하지 못했다는 사실보다 더욱 안타까운 일이다. (기욤 롱드레의 경우 또한 마찬가지다. 롱드레는 어류에 대한 뛰어난 책을 내놓았지만 식물에 대한 책은 출판한 적이 없다). 어렸을 때부터 조숙했던 게스너는 스물여섯이라는 젊은 나이에 네 가지 언어로 된 식물의 이름을 모아 『식물편람Catalogus Plantarum』이라는 소책자를 제작했다. 볼로냐, 피사, 푹스의 튀빙겐, 롱드레의 몽펠리에 등 여러 대학 교육 과정에 새롭게 도입된 식물 채집 여행을 하는 학생들에게 유용한 참고 서적이 되었으면 하는 생각에서 제작한 소책자였다. 『식물편람』은 터너가 1538년에 펴낸 『식물에 대한 소책자』보다는 약간 더 자세하고, 10년 후에 출판되는 『식물의 이름』보다는 다소 간략한 형태였다. 비록 처음 내놓은 것이기는 했지만 이 책의 서문에서는 이미 게스너의 원대한 시야, 지칠 줄 모르는 연구에 대한 열정, 식물을 수집하면서 항상 자신의 눈으로 직접 본 증거를 바탕으로 의견을 개진하는 선천적인 재능이 잘 드러나 있다. 서문에서 그는 "무한히 탐구하는 정신"의 진수, 사실상 자기 자신의 영혼을 정의하려고 노력한다. 게스너는 의사가 되기 위한 교육을 받았으나 동물학자, 식물학자, 문헌학자, 서지학자, 백과사전 편집자 또는 언어학자(게스너는 출신 지방인 스위스 방언뿐만 아니라 라틴어, 그리스어, 히브리어를 읽을 수 있었으며 프랑스어, 독일어를 구사할 수 있었다)라고 불러도 손색이 없는 인물이었다. 그는 16세기의 구글에 비판적인 논평을 추가한 걸어 다니는 검색 엔진이나 다름없었다. 게스너는 단순히 사실을 수집하기만 한 것이 아니라 각 정보의 중요성을 고려하고 그에 대한 견해를 제시하며 일종의 논리적인 평가를 글로 옮겼던 까닭에 글을 읽는 사람은 그를 신뢰하게 되었다. 처음부터 게스너는 체제, 배열, 범주, 분류, 질서, 방법, 패턴, 칸막이를 사랑하는 사람이었다. 그는 분류하고 정리하고 체계 세우기를 좋아했다. 또한 개신교도이기는 했지만 다른 종교를 가진 사람들을 적대시하지는 않았다. 게스너가 도움을 청하거나 식물을 보내달라고 하면 지인들은 흔쾌히 도와주었다. 젊은 게스너를 심각한 경쟁자로 여겼던 푹스나 마티올리와 비교할 때 게스너는 매우 너그러운 편이었다. 푹스와 마티올리는 게스너의 연구 결과를 각자의 책에 통합하겠다고 제의하여 게스너가 책을 내지 못하게 했다. "나는 그와 의견을

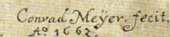

D. CONRADUS GESNERUS.
ARCHIATRUS TIGURINUS. PROFESSOR PHYSICUS.
Obijt A° 1565. Æt. 49. 13. xbr.
Plinius alter eram: per me vis iam liquet omnis
Naturæ, ingenij vi superata mei.

Conrad Meyer fecit.
A° 1662.

그림 111. 죽기 전에 10년이라는 오랜 기간을 투자한 기념비적 책 『식물론』을 미처 출판하지 못하고 세상을 떠난 콘라트 게스너(1516~1565). 이 초상화는 1662년에 콘라트 마이어가 제작한 판화이다.

함께하며 그의 잘못을 용서한다." 게스너가 마티올리에 대해 한 말이다. "마티올리는 내가 자신에 대해 비판하지 않는 한 나의 우정을 받아준다."

『식물편람』을 내놓은 지 3년 후, 게스너는 『도서총람Bibliotheca universalis』이라는 어마어마한 전집을 제작했다. 이 책은 그리스어, 라틴어, 히브리어로 책을 쓴 알려져 있는 저자를 모두 알파벳 순서로 정리한 목록이었다. 그는 베네치아의 디에고 우르타도 데 멘도사 도서관과 베사리온 추기경(1403~1472)이 소중한 그리스어 필사본 컬렉션을 맡겨놓은 마르치아나 도서관 깊숙한 곳에 보관되어 있던 잘 알려져 있지 않은 작품까지 발굴했다. 게스너는 피렌체에 있는 로렌치아나의 도서 목록과 바티칸 도서관의 목록, 볼로냐에 있는 산 살바토레 교회 도서관의 목록도 확인했다. 또한 독일, 이탈리아, 프랑스에 있는 인쇄업자와 서적상, 베네치아의 알두스 마누티우스, 바젤의 크라탄더, 파리의 웨셀에게 서적 목록을 보내달라는 서신을 보냈다. "프톨레마이오스의 도서관에 소장되어 있던 7만 권의 장서는 어디로 갔는가?" 게스너는『도서총람』에 실은 헌정사에서 이런 상징적인 질문을 던졌다. "알렉산드리아 병사들이 파괴했다." 비잔티움이 불타면서 120만 권이 추가로 유실되었으나 이 어마어마한 장서의 핵심 내용은 1264권의 책에 빽빽이 담겼고, 게스너는 3000여 명의 저자들이 쓴 만 권가량의 목록을 모았다.[3] 그의 목록은 단순히 책의 제목만을 나열한 것이 아니라 목록에 실은 책의 형태와 형식에 대한 논평도 곁들인 것이었다. 그다음 수집한 책의 목록을 수학, 점성학, 천문학, 변증법, 운명학, 지리학, 기하학, 문법과 철학, 역사, 음악, 자연철학, 시, 수사학 등의 여러 범주로 분류했다. 대다수의 독자는 지루하여 하품이 나는 일이라고 생각할지도 모르겠다. 세상에 이렇게 따분한 일이 또 있을까? 하지만 사실은 그렇지 않았다. 체계가 절실히 필요했던 것이다. 호기심과 탐구심이 넘치던 이 시대에 지식은 그야말로 기하급수적으로 늘어나고 있었다. 게스너가 『도서총람』을 펴내기 불과 2년 전에 폴란드의 천문학자 코페르니쿠스가 태양계에 대한 혁신적인 생각을 담은 책을 출판했고, 같은 해에 플랑드르의 의사 안드레아 베살리우스가 인체의 해부에 대한 중요한 연구를 발표했으며, 콜럼버스가 발견한 신대륙에 대한 소식 역시 물밀듯 들어오고 있었다. 이렇게 폭포수처럼 쏟아지는 새로운 정보를 흡수하여 가장 유용한 장소에 배치하기 위해서는 어떠한 방식으로든 체계를 세워야 했다. 체계가 세워져야만 학자들이 그 안에 포함된 정보를 분석하고 비교할 수 있기 때문이었다.

만약 게스너가 동물보다 식물을 먼저 다루었다면 그의 작업 방식을 통해 수많은 아름다운 유럽 식물을 이해하고 질서를 찾는 과정이 커다란 진전을 이루었을 것이다. 그러나 게스너는 아마도 아리스토텔레스의 본보기를 따르고 싶어했던 것 같다. 역사를 통틀어 게스너 전에 그와 같은 백과사전 작업을 시도했던 학자는 아리스토텔레스뿐이었다. 1800년 전, 아리스토텔레스는 동물계에 먼저 손을 댄 다음 식물계에 대한 연구는 제자인 테오프라스토스에게 남겨주었다. 게스너가 식물에 대한 책의 제작 작업을 본격적으로 시작한 것은 세상을 떠나기 고작 10년 전이었다. 그러나 새로운 식물에 대한 정보가 전해지는 속도는 혈혈단신으로 보편적인 지식이라는 목표, 즉 자연계에 대한 백과사전적 이해라는 목표를 추구하던 게스너 같은 사람조차 감당하기 어려울 정도로 엄청났다. 1565년 12월 13일, 49세의 게스너는 1560년대에 취리히를 휩쓸었던 전염병으로 숨을 거두었다. "병이 진행되기 시작한 지 닷새째 되는 날, 한밤중에 게스너는 침실에서 작업실과 서재로 갈 수 있도록 도와달라고 부탁했다. 같은 날 침상을 작업실에 놓고 기댄 다음 몇 분 뒤에 세상을 떠났다."[4] 식물에 대한 게스너의 위대한 작업은 결국 끝을 보지 못했다. 취리히의 그로스뮌스터 성당의 회랑에서는 게스너가 묻힌 장소를 알려주는 묘비를 찾아볼 수 없으며 그의 이름이 실린 명판도 눈에 띄지 않는다.

이 걸출한 학자를 움직인 것은 무엇인가? 프로테스탄트 윤리? 가난? 물론 그런 이유도 없지 않겠지만 게스너의 연구에 가장 큰 원동력이 된 것은 자신이 첫 번째 책의 서문에 기록한 "무한히 탐구하는 정신"이었다. 모피 상인이었던 게스너의 아버지는 가난했으며 16세기 초반 스위스에서 벌어진 프로테스탄트와 가톨릭 주 사이의 내전에서 프로테스탄트 교도들을 위해 싸우다가 죽었다. 젊은 게스너는 성당 참사회 회원이자 흥미 있는 식물을 모아놓은 작은 정원을 소유하고 있던 삼촌 요하네스 프리히의 손에서 교육을 받았다. 나중에 취리히의 시 행정 담당자들은 견문을 넓히라는 뜻에서 게스너를 파리로 보냈다. 파리의 왕실도서관에서 『도서총람』을 쓰면서 게스너는 그야말로 책을 "집어삼킬 듯 탐독"했다. 특히 아리스토텔레스, 디오스코리데스, 갈레노스, 플라톤, 히포크라테스, 소포클레스, 테오프라스토스 등의 고전을 즐겨 읽었다. 가톨릭교회에서 프로테스탄트 학생들을 심하게 탄압하기 시작하자 게스너는 1534년 12월 9일에 파리를 떠나 취리히로 돌아갔고 그곳에서 학교를 열었으며 자기만큼 가난한 집 출신의 열아홉 살 될까 말까 한 어린 소녀와 결혼했다. 이 때문에 행정 담당자들은 게스너에 대한 후원을 중단했지만 이 떠들썩한 결혼에도 불구하고 게스너는 2년 뒤 로잔 대학의 그리스어 교수로 임명되었다. 이것이 아마도 처음이자 마지막으로 게스너가 돈을 받고 종사했던 직업일 것이다. 게스너는 로잔 대학에 3년 동안 머물렀다. 그다음에는 몽펠리에, 그리고 바젤에서 의학 공부를 계속했다. 1541년 3월에 학교를 졸업한 후 고향인 취리히로 돌아온 다음에는 거의 그곳을 떠나지 않았고, 그 대신 서신과 지인들의 방문, 이탈리아, 프랑스, 영국, 독일, 네덜란드에 있는 열성적인 학자들이 보낸 뼈와 화석 및 식물이 담긴 소포 등을 통해 여러 가지 사실을 이해하고 해석하는 학문의 세계를 자기의 주변에 구축했다. "이름을 붙여야 하는 진귀한 식물을 가지고 있다면 나에게 말린 꽃과 잎을 보내는 것으로 충분하다." 게스너가 드레스덴에 있는 켄트만 박사에게 보낸 서신이다. 취리히에 있는 게스너에게는 엄청난 양의 정보가 흘러 들어왔지만 게스너는 받는 것에 그치지 않고 입수한 정보를 다시 적극적으로 다른 사람들에게 보냈다. 그는 마티올리가 이탈리아에서 하고 있는 작업에 대한 이야기를 장 보앵에게 전해주었으며 독일에 서식한다고 알려진 새로운 식물에 대해 영국에 있는 토머스 페니Thomas Penny와 토론을 벌였다.

게스너는 스위스, 독일, 이탈리아 북부에 있는 가장 중요한 식물군에 대한 지침서 『독일의 정원De hortis Germaniae』(1561)을 펴내면서 이 책은 '자연철학자'를 겨냥해서 썼다고 밝혔다. 이 책은 "사물의 효용과 금전상의 가치를 탐구하는 사람"에게는 적합하지 않을 것이며 사소한 자연의 객체에 대한 관심을 아무런 쓸모 없는 호기심이라 치부하는 사람에게도 적합하지 않을 것이다. 나는 청과물 상인, 꽃집 주인, 미식가, 의사, 또는 약제상의 정원이 아니라 개방적이고 과학적인 사람의 정원에서 찾아볼 수 있는 특정한 종류

그림 112. 게스너를 자녀의 가정교사로 고용했던 울리히 푸거의 정원에서 자라던 붓꽃(아마도 Iris graminea 또는 Iris sibirica). 결국 출판되지 못했던 식물 백과사전에 수록하기 위해 콘라트 게스너가 수집하고 주석을 단 여러 장의 그림 가운데 하나.

의 식물을 골라 실었다."⁵ 비록 피사, 파도바, 피렌체, 페라라 대학에 식물원이 설립되기는 했지만 게스너가 책에 실은 대다수 식물은 리바우의 상인인 마티아스 쿠르투이스, 파도바의 귀족인 가브리엘리 데 카스파레 등과 같이 식물 수집을 취미로 삼는 열성적인 개인 애호가들이 소장하고 있는 것이었다. 게스너는 또한 어떠한 정원용 꽃에 수많은 변종이 생겨나 수집되었는지도 기록했다. 이탈리아의 정원사들은 특히 아네모네를 선호했다. "이 꽃은 향기 때문이 아니라 형태와 색깔로 인해 크게 환영받았지만 의학적인 효용은 전혀 없다." 이로써 식물의 이름을 짓는 작업이 더욱 복잡해졌다. 이 모든 변종을 무엇이라 부를 것인가? 비슷비슷한 변종에 어떠한 개별적인 이름을 붙일 것인가? 열성적인 수집가들이 가장 좋아하는 변종의 씨를 수집하여 심으면서 상황은 훨씬 더 복잡해졌다. 이러한 변종들은 아주 약간씩만 차이가 나는 무수한 다른 식물을 만들어냈으며, 일부는 한쪽 부모의 특징을 보였고 일부는 다른 쪽 부모의 특징을 보였다. 그러나 아직까지 씨가 어떻게 맺히는지, 식물의 종種과 거기서 파생될 수 있는 변종의 차이가 무엇인지 이해하는 사람은 없었다.

게스너 역시 이에 대한 답은 알지 못했지만 문제만큼은 분명히 인식하고 있었다. "나는 두 종류 이상으로 나눌 수 있는 집단에 속하지 않는 식물은 실질적으로 없다고 생각한다"는 서신을 장 보앵에게 보냈다.⁶ "고대 학자들은 용담Gentiana 단 한 종류만 알고 있었지만 나는 10개 이상의 다른 종류를 관찰했다." 게스너는 또한 서로 다른 식물의 씨를 심어 어떠한 특징이 진짜 고정된 속성이고 어떤 것이 '우연한' 속성인지 시험해볼 가치가 있다고 생각했다. 겹꽃은 절대 씨를 맺지 않는다는 사실을 알고 있었는데, 이는 씨를 맺는 데 사용되어야 할 영양분이 더 많은 꽃잎을 만드는 데 소비되었기 때문일 것이라고 생각했다. (당시의 사고방식으로는 합리적인 추정이다.) 게스너는 현재 우리가 생태학이라고 부르는 분야에 대해 직관적으로 이해했고 "식물은 서로 다른 서식지를 선호한다"는 점을 인식했다. 어떤 식물은 산꼭대기를 선호하며 어떤 식물은 산의 측면을 선호한다. 일부는 초원에서 자라며 일부는 담벼락이나 생울타리 근처에서 자란다. 어떤 식물은 돌로 된 땅을 좋아하며 어떤 식물은 그늘진 숲을 선호한다. 일부는 휴경지에서만 자라며, 어떤 식물은 경작지에서 잘 자란다. 수련은 물 위에서만 자라지만 공작고사리는 물이 고여 있는 곳에서는 자라지 않고 습기를 머금은 축축한 곳에서만 자란다. 게스너는 또한 반복되는 현상을 연구하는 학문, 즉 오늘날 계절학의 선구자이기도 했다. 그는 천 가지 이상의 다양한 식물을 관찰하면서 잎이 언제 펼쳐지는지, 꽃은 언제 피는지, 씨는 언제 맺히는지 기록했다. 서인도 제도와 중앙아시아에서 서구 유럽으로 들어오는 식물에 대한 정보를 바쁘게 모았던 게스너는 칸나, 패모, 그리고 잘 알려진 대로 튤립에 처음으로 이름을 붙이기도 했다.

숨을 거두기 전 10년 동안 식물에 대한 책을 준비하면서 모은 1500장의 정교한 식물 그림(그림 113 참조)에서 알 수 있듯이, 게스너는 식물을 식별하고 종류에 따라 분류하는 데 있어서 잎사귀보다는 꽃, 열매, 씨앗이 더 중요하다고 생각했다. 게스너보다 불과 세 살 어린 이탈리아의 학자 안드레아 체살피노 역시 피사에서 비슷한 작업을 하고 있었고 열매와 씨앗의 유사성에 따라 식물을 배열하여 1563년에 식물 표본집을 펴냈다. 게스너의 그림에는 꽃잎, 꽃가루 주머니, 콩깍지의 모습이 별도로 자세하게 그려져 있어 확

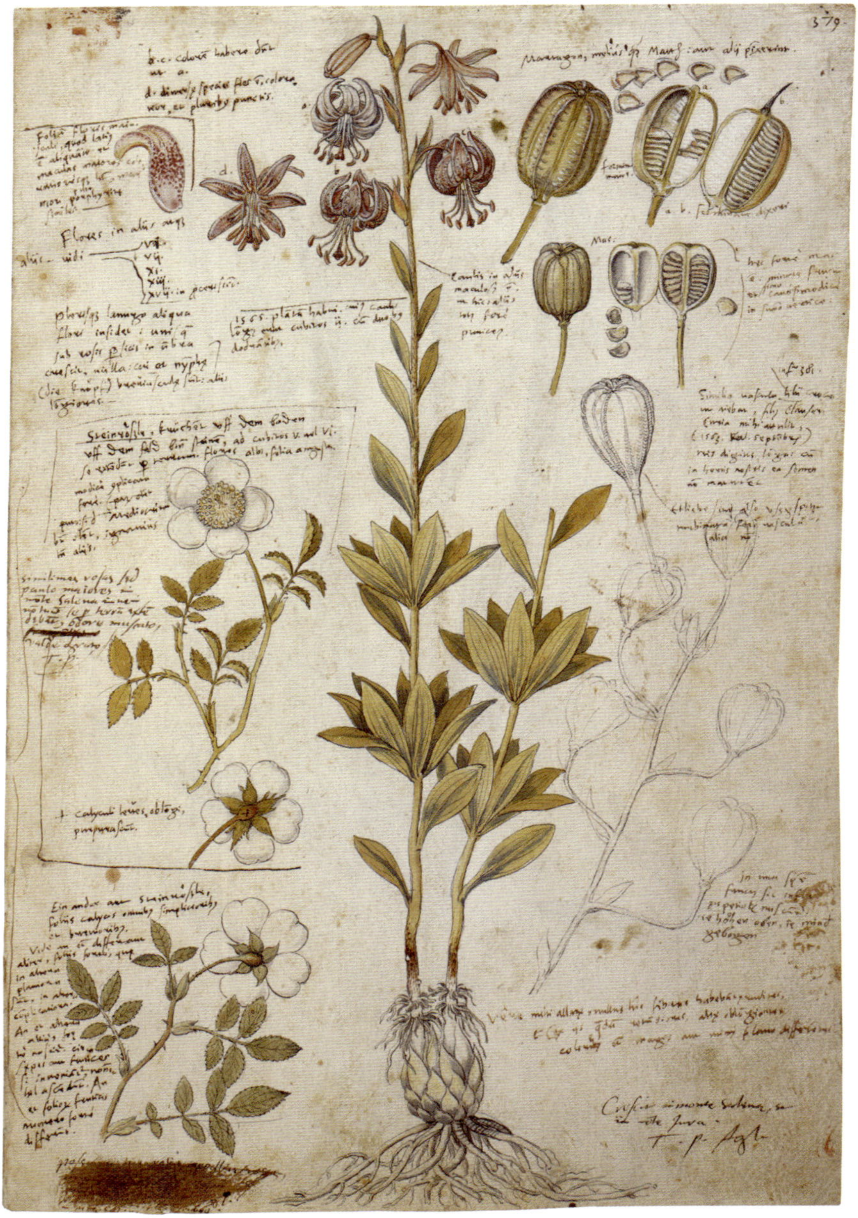

그림 113. 게스너가 모은 식물의 그림에는 게스너 자신뿐만 아니라 영국인 친구인 토머스 페니도 끊임없이 보완하고 주석을 달았다. 백합과 백장미를 그린 이 그림에서는 페니가 서명한 기록을 볼 수 있다.

대경의 도움을 받았음이 분명하다. 기술적으로 정확하면서도 아름다운 이 세부도는 완전히 새로운 접근 방식을 보여준다. 게스너는 그림을 순수하게 식물을 식별하는 수단으로 생각하는 사고방식에서 한발 더 나아가 그림을 식물의 물리적인 구조, 특히 꽃과 콩깍지의 배열 방법을 좀 더 분명히 이해하는 수단으로 썼던 것이다. 뒤러가 그린 붓꽃은 눈앞에 있는 식물을 그대로 그린 것이었다. 반면 게스너의 수채화 그림은 시베리아 붓꽃을 칼처럼 길쭉한 잎사귀의 다발, 서로 다른 각도와 발달 단계에서 본 꽃 세 개, 다육질의 뿌리줄기와 그 아래 달려 있는 뿌리 등 여섯 개의 부분으로 나누었다(그림 112 참조). 그는 꽃의 꽃밥을 그리면서 꽃을 찾아오는 곤충의 등에 꽃가루가 잘 묻도록 절묘한 위치에 붙어 있는 꽃가루 주머니를 보여주었다. 또한 그림에 가는 선을 추가하여 세부도를 서로 분리해놓거나 휘갈겨 쓴 글씨 주위에 대강 사각형을 그려넣어 보완을 했으며, 예를 들어 붓꽃의 경우에는 아우크스부르크에 있는 울리히 푸거의 정원에서 손에 넣었다고 기록했다. 푸거는 1545년에 젊은 게스너를 아이들의 가정교사로 고용하고 싶어 했다. 백합의 일종인 우아한 릴리움 마르타곤은 원래 마티올리에게서 얻은 것으로, 게스너는 이 식물의 특징인 소용돌이 무늬의 잎과 촛대를 거꾸로 뒤집어놓은 모양의 콩깍지를 자세하게 표현했다. 이 페이지를 비롯한 여러 장에는 몽펠리에에서 함께 공부했던 게스너의 영국인 친구 토머스 페니가 자신의 이름을 달아서 주석을 추가했다.

게스너는 꽃과 씨앗의 구조에 대한 면밀한 연구로 식물의 놀라운 다양성을 좀 더 쉽게 이해하고 감상할 수 있도록 식물을 분류하고 구분할 방법을 찾아내려 했던 것이 분명하다. 너무나 가난했던 탓에 멀리 여행할 형편이 못 되었던 게스너는 표본을 구하는 데 점점 더 지인들에게 의존했다. 그 자신의 이야기에 따르면 세상을 떠나기 전 몇 달간, 게스너는 "장 보앵이 보낸 수많은 말린 표본의 그림을 최대한 빨리 그린 다음 주인에게 돌려주기 위해" 지칠 줄 모른 채 일에 몰두했다고 한다. 게스너가 몽펠리에에서 알게 된 펠릭스 플래터 역시 말려서 압착한 식물을 보내주었다. 그림을 그리기 위해 은백양이 필요하자 바젤 대학의 총장이자 가장 가까운 지인인 데오도르 츠빙거에게 학생 한 명을 보내 펠릭스 플래터의 아버지의 정원에서 표본을 채집해오도록 해달라고 부탁했다. 게스너는 몇 년 전에 그 정원에서 본 은백양을 기억하고 있었던 것이다. 죽기 불과 한 달 전에 게스너는 츠빙거에게 이런 편지를 썼다. "희귀하거나 이국적인 식물, 또는 그 일부분을 비축해놓은 것이 있다면 시간이 날 때 최소한 그러한 식물의 이름이라도 보내주면 매우 기쁠 것이오. 또한 각 식물의 경우 잎이 달린 줄기 위쪽에 꽃, 과실 또는 뿌리가 있는지, 이들 가운데 한두 개 혹은 모두가 나타나 있는지 알려준다면 매우 고맙겠소. 왜냐하면 식물을 그릴 때 그 세 부분만큼은 반드시 묘사하려고 하기 때문이오. 잎사귀보다는 이 세 부분으로 식물의 관련성이 더욱 분명하게 나타난다오."[8]

게스너가 세상을 떠난 뒤 친구와 동료들은 그의 업적을 기리기 위해 최선을 다했다. 그의 그림은 소小 요아힘 카메라리우스(1534~1598)가 거두어 그 가운데 약 40점을 자신의 『의학의 정원 Hortus medicus』(1588)에 수록했고 장 보앵은 게스너와 주고받은 방대한 서신을 모아 출판했다. 그러나 야코프 츠빙거가 3년 연속 프랑크푸르트 도서전에서 게스너의 『독일의 정원』을 찾았을 때, 서적상이 이미 오래전에 팔리지 않은 책들을 스트라스부르에 있는

인쇄업자에게 돌려보냈고 인쇄업자는 그 책으로 압지를 만들었다는 안타까운 이야기를 듣고 말았다.[9]

XIX 새로운 환경
1550~1580년

1565년에 게스너가 사망하고, 다음 해에 롱드레와 푹스가 죽자 식물학 연구의 한 시대가 막을 내렸다. 16세기 전반에는 뛰어난 식물 그림 모음집이 네 차례나 제작되고 유통되었으며 그림에 주석이 달리고 비교 작업이 이루어졌다. 이탈리아에는 중요한 식물원 네 곳이 설립되어 이후 유럽 다른 지역에 세워지는 식물원의 본보기가 되었다. 라이프치히에는 1580년에, 레이던에는 1587년에, 바젤에는 1588년에, 하이델베르크에는 1593년에, 몽펠리에는 1597년에 식물원이 문을 열었다. 1595~1599년까지 몽펠리에서 의학을 공부한 펠릭스의 남동생 토머스 플래터는 롱드레의 후계자인 피에르 리셰 드 벨레발Pierre Richer de Belleval이 어떻게 그곳에 새로운 식물원(그림 114 참조)을 세웠는지 설명했다.

식물원의 위치는 페이루와 생-겔리의 문 사이로, 마을을 둘러싼 성벽에서 멀리 떨어지지 않은 거리에 위치해 있다. 리셰는 커다란 우물과 물웅덩이를 팠고 그 옆에는 여름에 기분 좋을 만큼 시원해지는 동굴을 몇 개 지었다. 리셰의 지시에 따라 동굴에 축축하고 이끼 낀 흙을 깔고 수생 식물을 재배했다. 다른 종류의 식물에도 완벽한 환경을 만들어주었다. 리셰는 심지어 언덕까지 몇 개 만들어 경사진 비탈에 계단식 밭을 차례로 배치해놓기도 했다. 식물원의 각 영역에는 별도의 입구가 있었다. (…) 만약 왕이 이 식물원을 만드는 데에 사용한 돈을 모두 보상해주지 않았다면 리셰는 빈털터리가 되었을 게 틀림없다.[1]

1596년 여름, 토머스 플래터와 친구들은 토머스의 형인 펠릭스가 40년 전에 탐험을 했던 것처럼 몽펠리에의 해안선을 따라 식물 채집을 떠났다. 그러나 그라몽의 숲속에 있던 수도원은 이미 폐허가 된 터였고 작은 교회는 농가가 되어 있었다. 1550년대에 젊은 학생이었던 펠릭스 플래터는 프랑스 프로테스탄트 교도들의 박해 뒤에 이어진 학살을 직접 목격했다. 랑그도크의 종교 전쟁은 16세기가 저물 때까지 계속되었다. 게스너가 세상을 떠날 즈음에는 플랑드르에서 처음 넘어온 종교 망명자들이 이미 영국에 정착한 상태였다. 1562년은 플로리다에 위그노 교도들의 집단 거주지가 자리를 잡을 즈음이었다. 리셰가 그토록 세심하게 계획하고 가꾸었던 몽펠리에 식물원은 불과 30년도 지속되지 못했다. 루이 13세는 앙리 4세만큼 몽펠리에의 프로테스탄트 교도들에게 관용을 베풀지 않았기 때문이다. 1621~1622년 겨울, 루이 13세의 군대가 마을을 포위했다. 병사들은 식물원에 캠프를 만들어 "완벽하게 파괴한 후 폐허로 만들어놓고" 떠났다. 아이러니한 점은 롱드레가 가톨릭 친구들과 지속적으로 교류한 프로테스탄트였으며 가톨릭교도였던 리셰 역시 자신의 일생에 걸친 사업이 가톨릭 군대의 손으로 파괴되는 광경을 보아야 했다는 점이다.

지적인 측면에서 반종교 개혁[16~17세기의 가톨릭교회 내부의 개혁 운동]은 이탈리아를 스스로 고립시키는 결과를 가져왔다. 르네상스 초기부터 이탈리아를 중심으로 발달해왔던 선구적인 연구를 이끌어갈 능력을 지닌 학자들을 배출한다는 측면에서 점차 프랑스, 독일, 저지대 국가들이 앞서가기 시작했다. 종교 개혁은 프로테스탄트 교도에게 '신의 작업'에서 기쁨을 재발견하고 자연계와의 공생을 도모하도록 촉구했다. 16세기 중반이 되자 변화는 거의 완성 단계에 접어들었다. 이탈리아는 여전히 위대한 식물학자들을 배출하고 있었지만 16세기 후반에 식물 연구 분야를 주름잡은 이들은 모두 저지대 국가 출신이었다. 렘베르 도도엥(1517~1585)은 벨기에 메클린에서 태어났으며 샤를 드 레클루제(1526~1609)와 마티아스 데 로벨(1538~1616)은 각각 플랑드르의 아라스와 릴에서 태어났다. 이들은 식물에 대한 책을 홍수처럼 쏟아냈으며, 대부분은 앤트워프의 플랑드르 출신 인쇄업자 크리스토프 플랑탱Christophe Plantin(1520년경~1589)의 손을 거쳐 인쇄되었다. 플랑탱은 또 한 차례 중요한 식물 그림 제작을 의뢰했는데, 이는 1530~1590년에 다섯 번째로 등장한 식물 그림 컬렉션이었다. 플랑탱보다 더 목판화를 십분 활용한 사람은 없었다. 플랑

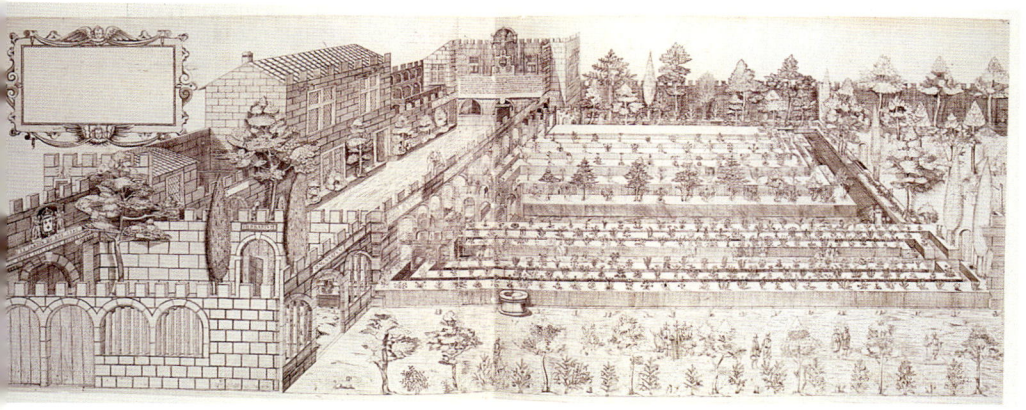

그림 114. 1596년 몽펠리에 대학 식물원의 모습. 샤를 마르탱Charles Martin의 『식물원Jardin des Plantes』(1854)에서 발췌.

탱은 1591년 『이국적인 식물의 그림Icones stirpium sseu plantarum tan exoticarum』에 수록되었던 총 2173개에 달하는 그림 전체를 재활용했다.

새로 세워진 식물원은 희귀하고 이상한 식물에 대한 흥미를 돋웠다. 이제 부유한 사람들은 순수하게 보고 즐기기 위해 정원을 가꾸기 시작했고 콘스탄티노플에서 유럽으로 전해진 이국적인 패모, 튤립, 수선화, 백합 등의 식물로 정원을 가득 채웠다. 이러한 현상의 촉매 역할을 한 사람은 플랑드르인인 오기어 기슬렌 드 부스베크(1522~1592)로, 부스베크는 여행자, 언어학자, 학자, 골동품 수집가였으며 페르디난트 황제의 대사로 1554~1562년까지 오스만 제국의 중심지인 콘스탄티노플에 머물렀다. 열정적인 식물학자였던 부스베크는 친구인 니콜라스 미카울츠Nicholas Michault[2]에게 보낸 여러 통의 편지에서 자신과 수행단이 오스만 궁정으로 향하는 길에 지나간 나라를 묘사했다.

우리는 아드리아노플에서 하루를 묵었고, 이제 콘스탄티노플이 얼마 남지 않아 여정의 마지막 단계에 접어들었다. 이 지역을 지나가면서 어디에나 수많은 꽃이 피어 있는 것을 보았다. 수선화, 히아신스, 그리고 투르크 족이 튤리판tulipan이라고 부르는 튤립까지. 식물이 자라기 어려운 한겨울에도 꽃이 피는 것을 보고 깜짝 놀랐다. 그리스에서는 수선화와 히아신스를 풍부하게 볼 수 있으며 이러한 꽃은 매우 강렬한 향기를 풍기기 때문에 꽃향기에 익숙하지 않은 사람은 꽃이 가득 피어 있는 곳에서 두통을 일으키기도 한다.[3]

1660년대에 근동으로 여행했던 앵글로-프랑스 출신의 보석상 존 차딘은 서구 유럽인들의 눈에 매우 아름답게 보였던 다채로운 꽃에 대해 비슷한 글을 남겼다.

색상의 선명함 때문에 이 꽃들은 유럽이나 인도의 꽃보다 더 아름다워 보인다. (…) 카스피해 해안을 따라 오렌지나무, 흘꽃과 겹꽃의 재스민, 모든 유럽 꽃들, 그 외 다양한 식물이 무성하게 자라는 숲이 있다. 메디아와 아라비아 남부로 가면 들판에는 튤립, 아네모네, 가장 아름다운 빨간색의 홀꽃미나리아재비, 패모가 자란다. 이스파한 근처와 같은 다른 지역에는 노랑수선화가 자란다. (…) 제철이 되면 7~8종류의 수선화가 자라며 겨우내 꽃이 지지 않는다. (…) 흰색과 푸른색의 히아신스…… 앙증맞은 튤립과 미르나무…… 봄에는 노란색과 빨간색의 스톡[쌍떡잎식물 양귀비목 겨자과의 여러해살이풀]과 가지각색의 호박 씨앗, 카네이션이라고 부르는 매우 독특한 꽃이 자라며 카네이션 한 줄기에는 대략 30개의 꽃이 핀다.

치단은 또한 이렇게 기록했다.

계곡에 핀 백합, 다양한 색상의 백합과 제비꽃, 패랭이꽃과 유럽의 꽃보다도 진한 향기를 풍기는 아름다운 말리…… 아름다운 마시멜로[아욱목 아욱과의 식물]가 있으며 이스파한에는 매력적이고 줄기가 짧은 튤립이 자란다. (…) 장미는 매우 흔하며 우리가 익히 알고 있는 색 외에도 다섯 종류의 색이 있다. 흰색, 노란색, 빨간색, 그리고 한쪽은 빨간색이고 다른 쪽은 흰색 또는 노란색인 꽃이 두 가지 더 있다. (…) 나는 같은 가지에 노란색, 노란색과 흰색, 노란색과

빨강색의 세 가지 색의 꽃을 피우는 장미나무를 본 적이 있다.[4]

상인들은 크로커스, 시클라멘, 패모, 히아신스(그림 115 참조), 백합, 튤립과 같이 구근과 알줄기에서 자라는 식물은 동방에서 서방으로의 수송이 어렵지 않다는 사실을 깨달았다. 왜냐하면 이들 식물은 꽃을 피운 직후에 시들고 다음에 꽃을 피우는 계절이 될 때까지 동면 상태를 유지하기 때문이다. 또한 서방의 열렬한 수집가들은 쥐가 구근에 접근하지 못하도록 하고 여름에 잘 건조시키기만 하면 이러한 귀중한 구근을 키우기가 그다지 어렵지 않다는 사실도 알게 되었다. 패모와 같은 신품종의 희소성과 이들 식물을 구입하기 위해 지불하는 비용 때문에 정원사들은 새롭게 얻은 식물을 면밀하게 관찰하지 않을 수 없었고, 본능적으로 원래의 서식지보다 습기가 많고 서늘하며 태양이 뜨겁지 않은 기후에서 이들 식물이 생존하기 위해서는 무엇이 가장 필요한지 알아내고자 최선을 다했다.

서구 유럽에 처음 물밀듯이 쏟아져 들어온 외국산 식물인 이질적인 꽃들은 화려함과 대담한 색상, 당당한 존재감과 매력으로 커다란 충격을 주었다. 1560년대까지 유럽의 정원에서 자라던 금잔화, 다양한 색상의 매발톱꽃, 제비꽃 무리, 독특한 큰앵초 등 대다수 꽃들은 유럽과 지중해 지역이 원산지였다. 그러나 1559년, 바이에른 지역의 잿빛 하늘 아래 펼쳐진 부유한 아우구스부르크 은세공인의 정원에 갑자기 동방에서 들어온 튤립이 화려한 진홍색으로 만개했다. 1570년대에는 최초의 패모(그림 116 참조)가 봄의 맨땅을 뚫고 다육질의 두툼한 줄기를 불쑥 내밀며 노골적인 유혹의 분위기를 풍기는 꽃을 피워 튤립과 맞먹는 충격을 주었다. 패모는

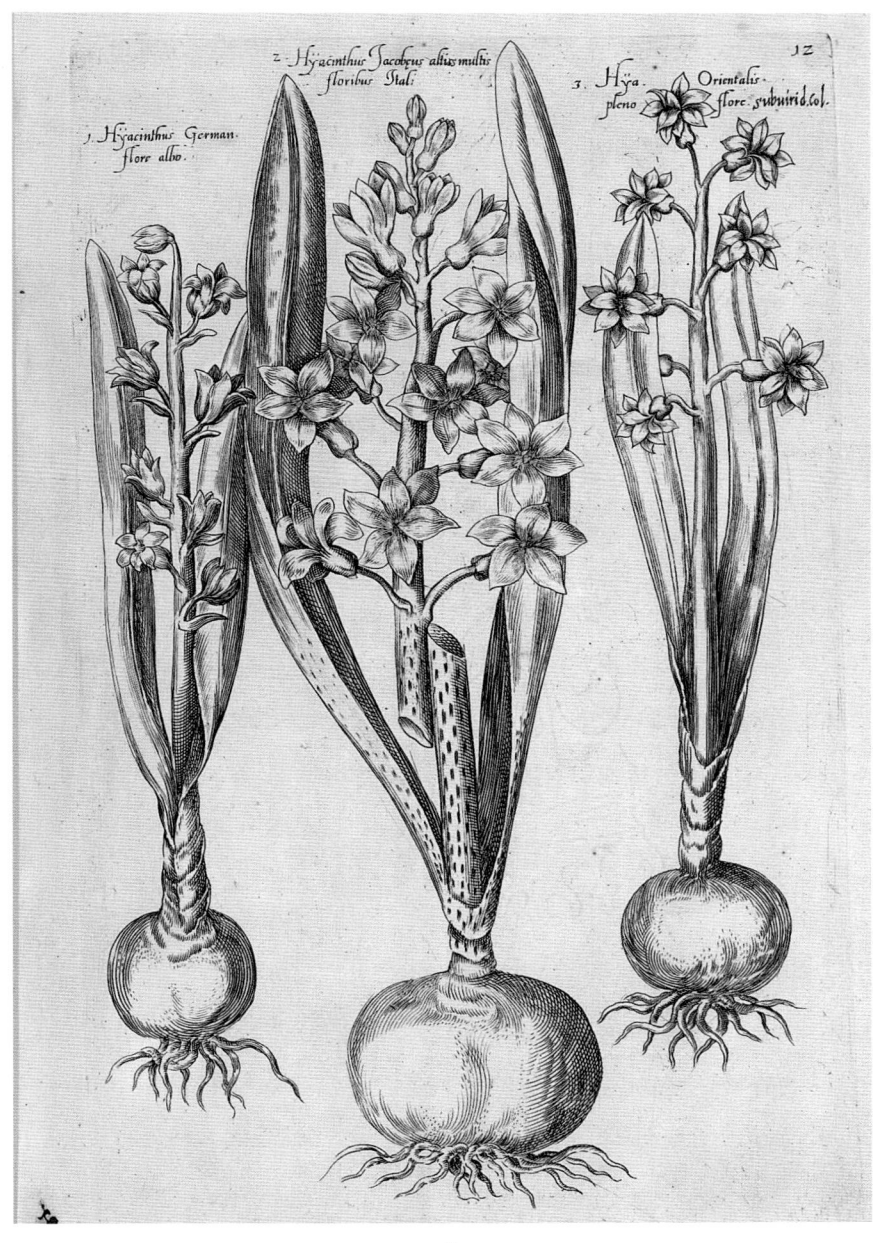

그림 115. 에마뉘엘 스워트Emmanuel Sweert의 『화보花譜, Florilegium』(1612)에는 히아신스의 홑꽃과 겹꽃이 모두 수록되어 있다.

두꺼운 줄기 맨 위에서 주황색 종 모양의 꽃을 피우는데 두껍고 다육질인 꽃은 완벽한 원을 이루며 대칭적으로 배열되어 있다. 중앙에 매달려 있는 암술은 마치 종 안의 추 같은 모습을 하고 있다. 영국의 식물학자 존 제라드의 기록에 따르면 "이러한 종 모양 꽃의 바닥에는 맑게 빛나는 즙 여섯 방울이 들어 있는데 마치 설탕과 같은 맛이 나며 진귀한 동양의 진주를 연상시킨다. 이 즙을 덜어내면 즉시 똑같은 방울이 맺히며 상처를 입더라도 본성에 따라 꼿꼿한 모습을 유지한다. 식물을 부러뜨리지 않는 한 결코 쓰러지지 않는다."[5] 종 모양 꽃의 윗부분에는 녹색의 작은 잎이 상투 모양으로 배열되어 있는데, 이는 유럽에서 관찰할 수 있는 그 어떤 꽃과도 다른 배열이다. 패모는 존재감을 뽐내며 스스로 중심에 서서 주목을 받는 꽃이다. 큰앵초, 제비꽃 등으로 대표되던 부드럽고 희미한 유럽의 봄 꽃 향기는 이제 더욱 묵직하고 강렬하고 지속력이 강한 히아신스의 향기가 장악하게 되었다. 사향에 가까운 히아신스의 향기는 압도적인 강도를 자랑했다.

그러나 부스베크는 술탄 셀림 1세와 술탄 무라드 1세가 통치하던 시절 터키, 오스트리아, 네덜란드 사이의 강력한 연계를 구성하며 번성했던 수출 교역의 일부분에 지나지 않았다. 이 지역에서 들어오는 대다수 새로운 식물은 구근에 특히 큰 관심이 있었던 샤를 드 레클루제(동시대인들에게 카롤루스 클루시우스라고 알려져 있었다)의 손에 금세 들어갔다. 클루시우스(그림 117 참조)는 몽펠리에의 롱드레 밑에서 공부한 인물로, 코시모 1세 데 메디치가 루카 기니를 설득하여 피사로 데려온 것과 마찬가지로 신성로마제국의 막시밀리안 2세는 클루시우스를 설득하여 비엔나의 제국 식물원을 관장하는 책임을 맡겼다. 클루시우스의 동시대인인 렘베르 도도엥

그림 116. 16세기 후반에 콘스탄티노플에서 유럽으로 들어온 화려한 패모Fritillaria imperialis. 이 그림은 피터르 판 카우엔호른Pieter van Kouwenhoorn이 1630년대에 그린 것이다.

역시 황제의 개인 주치의 자격으로 함께 초청되었다. 페르디난트, 막시밀리안, 그리고 그 후계자 루돌프는 희귀한 식물과 그 외의 진귀한 물건들을 열성적으로 수집했는데, 이는 당시 수집가들의 전형적인 특징이었다. 흥미로운 것들을 모아두는 장식장에 동전, 메달, 필사본, 화석, 원석, 해골, 조가비, 자연에 대한 위대한 책gran libro della natura, 동물, 야채, 광물 등이 꽉꽉 들어차 있는 분더캄머wunderkammern[기억하고 싶은 여러 진귀한 것을 수집해놓은 방]는 16세기 후반과 17세기 초반의 시대적 특징이 되었다. 스페인의 펠리페 2세, 티롤의 페르디난트 2세 대공, 윌리엄 5세 공작, 바이에른의 막시밀리안 1세 공작은 모두 호기심의 문화cultura della curiosita에 푹 빠져 있었다는 공통점이 있었다. 이들이 수집한 수집품은 자연계에 존재하는 진귀하고 귀중한 것들을 모아놓은 일종의 소우주였다. 이들뿐만 아니라 나폴리의 페란테 임페라토, 볼로냐의 울리세 알드로반디, 밀라노의 카논 만프레드 세탈라, 코펜하겐의 올라오 보름스, 런던의 트레산트 가문 등 유럽 전역의 개인 수집가들이 헤아릴 수 없는 수집품을 모았다.

당시 가장 부유하고 막강한 권력을 자랑하던 비엔나 궁정의 한가운데에 있었던 클루시우스는 제국 식물원이 최소한 유럽 다른 지역의 식물원들에 뒤지지 않을 만큼 희귀한 식물을 많이 갖추도록 해야 했다. 황제의 대사들은 각기 주재하는 여러 나라에서 새롭게 발견하는 식물을 본국으로 보내라는 지시를 받았다. 1576년에 클루시우스는 부스베크의 뒤를 이어 콘스탄티노플 대사로 일하고 있던 다비드 폰 우그나트가 보내온 수많은 희귀한 나무와 관목을 받았다. 그러나 안타깝게도 대부분은 죽어 있었고 긴 여행을 견디고 살아남은 것은 칠엽수와 폰 우그나트가 트라비손 쿠르

마시Trabison curmasi라고 불렸던 트레비존드의 대추야자, 즉 자두뿐이었다. 동면하는 계절에는 단단한 조직에 싸여 있어 비교적 쉽게 운반할 수 있었던 구근에 비해 커다란 나무는 원거리 이동이 훨씬 어려웠다. 그러나 살아남은 칠엽수와 자두는 마치 원산지에서처럼 유럽에 뿌리를 내렸고 열성적인 정원사들 사이에 빠르게 퍼져나갔다. 그러나 이 정원사들은 외국에서 들여온 식물이 새로 찾은 보금자리보다 원산지에서 훨씬 가혹한 조건을 견디며 살아왔다는 사실을 잊는 경우가 많았다. 1629년에 영국의 식물학자 존 파킨슨은 제임스 콜의 하이게이트 정원에 피어 있는 자두(영국에서는 월귤月橘이라고 불렸다)를 묘사하면서 "식물을 좀 더 잘 보존하기 위해 해마다 담요를 덮어 겨울의 혹독한 추위에서 보호하려 했다"고 설명했다.[6]

또한 클루시우스는 여러 지역을 두루 여행하며 스페인과 포르투갈에서 최소 200가지 이상의 새로운 식물을 들여왔다. 이 모든 식물은 1576년에 크리스토프 플랑탱이 출판한 클루시우스의 첫 번째 창작서『스페인에서 관찰한 희귀한 식물 이야기Rariorum aliquot stirpium per Hispanias observatorum historia』에 수록되어 있다. 이 책에는 스페인과는 전혀 관련이 없는 부록이 있는데, 이 부록에는 클루시우스가 그때까지 '전 트라키아', 즉 오늘날의 발칸 반도 동쪽에서 받았던 식물의 목록이 자세하게 수록되어 있다. 플랑탱은 이 책을 위해 특별히 목판화를 제작했지만 이 그림들은 결국 클루시우스의 손에 들어가기도 전에 도도엥의 책에 먼저 사용되고 말았다. 만약 푹스였다면 이 문제에 대해 벼락같이 화를 내며 분통을 터뜨렸을 것이다. 하지만 클루시우스는 도도엥과 자신이 "오랜 우정으로 묶여 있다"며 "친구가 가지고 있는 것이라면 무엇이든 자

그림 117. 16세기 식물학자들을 연결하는 네트워크의 중심 역할을 했던 카롤루스 클루시우스(샤를 드 레클루제, 1526~1609)의 초상화. 필리포 팔라디니Filippo Paladini의 작품이다.

유롭게 공유해야 한다"고 언급하는 데 그쳤을 뿐이다. 1571년, 영국을 처음 방문한 길에 클루시우스는 로벨리우스(마티아스 데 로벨)와 함께 브리스틀 근처에서 식물 채집을 했다. 윌리엄 터너는 웨스트 컨트리가 식물을 사랑하는 사람들에게는 일종의 성지와도 같다고 했고 클루시우스는 콜키쿰, 양고추냉이, 하이페리쿰, 옐로워트(용담과의 노란 꽃이 피는 식물), 희귀한 뚜껑별꽃, 레이디스맨틀, 특수한 종류의 히코리나무 등 웨스트 컨트리에서 자라는 독특한 식물을 찾아 다녔다. 당시 클루시우스는 로벨리우스가 살고 있던 런던에서 시인 필립 시드니 경을 만났고 프랜시스 드레이크가 들려주는 신대륙에서의 모험 이야기를 들었다.

그 당시 막 세비야에서 스페인 의사 니콜라스 모나르데스(1493~1588)가 출판한 책을 클루시우스가 접하게 된 곳도 런던이었다. 이 책은 아메리카 대륙의 이상하고 알려지지 않은 식물을 묘사한 최초의 책이었다. 제목이 『두 권의 책…Dos Libros…』(그림 118 참조)인 이 책은 당시 서쪽 대양Oceano Occidentale에 있던 서인도 제도라는 곳에서 스페인으로 들어오는 진귀한 것들을 설명한 책이었다. 모나르데스의 아들 가운데 한 명이 페루에 자리를 잡았고 스페인 정복자들은 여러 차례 남아프리카를 여행하면서 이전에는 지도에도 표시되지 않았던 영토에서 구한 물건들을 카디즈와 스페인 남부 도시로 직접 들여왔다. 다음은 모나르데스의 설명이다. "우리 스페인 사람들은 새로운 영토, 새로운 왕국, 새로운 지방을 탐험하면서 새로운 약품과 새로운 치료법을 들여왔다." 콘스탄티노플과 근동에서 서구 유럽으로 들어온 식물은 아름다움과 희귀성 때문에 식물학자들 사이에서 높은 평가를 받았던 반면 얼마 후에 신대륙에서 유럽으로 흘러 들어오기 시작한 식물은 주로 의학적인 효능 때문에 큰 환영을 받았다. 크리스토퍼 콜럼버스와 함께 구대륙에 상륙한 매독은 전염병보다 더 빠른 속도로 유럽을 휩쓸었다. 남아메리카에서 새로 들여온 식물에서 추출해낸 약은 유럽에서 나는 재료를 증류해서 만든 치료제보다 훨씬 강력하고 매독 치료에 효과적이었다. 『두 권의 책…』과 유럽인들이 거의 본 적이 없는 모나르데스가 묘사한 식물에 매료된 나머지 클루시우스는 이 책을 라틴어로 번역했고 플랑탱이 1574년에 이를 새 판본으로 출판했다. 3년 후에는 어른이 된 후 대부분의 시간을 스페인에서 보낸 존 프램턴이라는 상인이 『신대륙에서 날아온 기쁜 소식Joyfull newes out of the newe founde worlde』이라는 재미있는 제목을 달아 영어판을 출판했다. 모나르데스의 책에서 저자는 독자들에게 이런 약속을 하고 있다. "독자들은 다양한 말린 풀, 나무, 기름, 식물, 돌의 희귀하고 독특한 효용과 그 사용 방법에 대해 알게 될 것이다. 이런 재료를 잘 사용하기만 하면 모든 질병을 치료할 수 있으며 그 중 일부는 그야말로 놀랍기 짝이 없다……." 이 책과 다양한 판본은 즉시 큰 인기를 끌었으며 다음과 같은 설명으로 유럽의 독자들을 매료시켰다.

> 새로운 스페인이라고 불리는 나라는 페루이며 그곳에는 많은 지방, 많은 왕국, 많은 도시들이 있을 뿐만 아니라 상당히 이질적이고 다양한 풍습이 있다. 이곳에서는 세계 다른 어느 지역에서도 볼 수 없었고 이제까지 알려지지 않았던 것들을 볼 수 있다. 그 외에도 금, 은, 진주, 에메랄드, 터키석을 비롯하여 매우 귀중한 가치가 있는 보석들이 풍부하게 발견된다. (…) 그리고 서인도 제도에서는 이러한 위대한 재물 외에도 뛰어난 의학적 효용이 있는 나무, 식물, 풀, 뿌리, 즙, 수지, 열매, 액, 돌 등을 보내온다. (…) 철학자들은 모든 나

DOS LIBROS, EL V-
NO QVE TRATA DE TODAS LAS COSAS
que traen de nuestras Indias Occidentales, que siruen
al vso de la Medicina, y el otro que trata de la
Piedra Bezaar, y de la Yerua Escuerçonera.
Cõpuestos por el doctor Nicoloso de Monardes Medico de Seuilla.

IMPRESSOS EN SEVILLA EN CASA DE
Hernando Diaz, en la calle de la Sierpe.
Con Licencia y Priuilegio de su Magestad.
Año de 1569.

그림118. 스페인의 의사 니콜라스 모나르데스가 몇몇 신대륙 식물을 최초로 설명한 『두 권의 책…』의 표제지. 1569년에 세비야에서 인쇄되었다.

라에 똑같은 식물과 과일이 자라지는 않는다고 주장해왔기 때문에 이는 놀랄 만한 일은 아니다. 특정한 열매, 나무, 식물이 어떤 나라에서는 자라는 반면 다른 나라에서는 자라지 않는다.[7]

스페인과 영국 사이에는 활발한 교역이 이루어졌던 덕에 스페인 상인들이 신대륙에서 들여온 물건은 금세 "영국에도 전파되었고, 이는 일상적인 일이 되었다."

모나르데스는 "쿠바라는 섬"에 대해 이야기하면서 "바닷가에 있는 어떤 샘에서는…… 검은색 역청과 같은 물질이 나오며" 스페인 선원들은 이를 동물 기름과 섞어서 배에 바르는 타르로 사용했다고 밝혔다. 그는 아메리카 인디언 원주민들이 송진을 모을 때 "나무에 칼집을 내고 절개하여 수액이 떨어지게 한다"고 묘사했다. "인디언 말로 카라나Caranna라고 부르는" 송진은 카르타헤나와 놈브레 데 디오스를 거쳐 스페인으로 들어왔고, 스페인 사람들은 남아메리카에서 불리던 이름을 그대로 썼다. 또한 아메리카에서는 르네상스 시대에 약국에서 아스피린으로 사용되던 발삼도 자랐다. 이 약은 이전에 이집트에서 수입하고 있었으나 모나르데스의 설명처럼 "현지의 덩굴이 말라버렸기 때문에 여러 해 동안 수입을 하지 못하고 있었다." 발삼이 처음으로 아메리카 대륙에서 스페인으로 들어왔을 때에는 가격이 상당히 비싸서 "1온스에 10두캇이 넘었"다. 나중에는 상인들이 "발삼을 너무나 많이 들여와서 값이 크게 내려갔다." 그러나 신대륙에서 나는 모든 식물 가운데 가장 중요했던 세 가지는 산토도밍고 부근에서 자라는 나무의 껍질인 유창목, 생강과 비슷한 뿌리인 청미래, 그리고 사르사파릴라sarsaparilla였다. 사르사파릴라는 "청미래가 유입된 이후에 들어온 식물이다. 이곳에서 이 식물이 사용되기 시작한 것은 20여 년전 일지도 모른다." 이 세 가지 식물은 "환자가 처음 매독을 옮긴 여성에게로 돌아가지 않는 한" 모든 매독 환자에게 큰 효과를 발휘하는 것으로 여겨졌다.[8]

잘 알려진 대로 아메리카 대륙에서는 담배도 자랐으며, 모나르데스가 쓴 책의 두 번째 권 제목 페이지를 장식하고 있는 것도 바로 담배 그림이다. 모나르데스는 장장 16쪽에 걸쳐 담배의 "뛰어난 효용"에 대해 기술했지만, 흡연이라는 관습이 유럽에 전파된 것은 상당한 시간이 흐른 뒤였다. 처음에는 "정원을 장식하여 아름다운 모습으로 꾸미기 위한 용도"로 담배를 사용했기 때문이다. 모나르데스는 아메리카 인디언들 사이에서 이 식물이 페시엘스peciels라는 이름으로 알려져 있다고 소개했으며 (담배의 영어 이름인 타바코 tobacco는 동명인 스페인 섬의 이름을 딴 스페인어다) 이 식물에 대해 이렇게 설명했다.

아메리카 인디언들은 소일거리로 타바코의 연기를 마시고 잔뜩 취한 상태로 눈앞에 펼쳐지는 광경이나 사물을 보기도 하며 즐거움을 느낀다. (…) 이 지역에서 서인도 제도로 넘어간 흑인들도 인디언과 똑같은 방식으로 타바코를 사용한다. 몸이 피곤하면 코와 입으로 연기를 들이마시고 인디언들과 마찬가지로 타바코가 효과를 발휘하기 시작하면 마치 죽은 것처럼 세 시간 또는 그보다 짧은 시간 동안 누워 있다. 그후에는 몸이 가벼워지고 피로가 사라져서 다시 일을 할 수 있게 된다. 또한 타바코를 사용하면 기분이 아주 좋아지기 때문에 피곤하지 않은 때에도 사용하려는 욕망이 강했다. 그리고 이것이 지나치게 큰 영향을 미치게 되어 주인이 이들을 훈계하고 타바코를 사용해서는 안 된다며 불태워버렸다. 타바코를 사용할 수 없게 되자 이들은 사막이나 비밀스러운 장소로 가서 타바코 연기를 들이마시고 포도주를 마셨다. (…) 여행을 하다가 물이나 고기를 찾을 수 없는 경우 타바코를 약간 집어서 아랫입술과 이 사이에 넣고 여행하는 내내 씹었으며 다 씹고 나면 삼키기도 했다. 이런 식으로 고기나 물 없이 3~4일간 여행을 하기도 했다.[9]

프램턴은 모나르데스의 책을 번역하면서 이 풀이 프랑스인들 사이에서는 니코틴nicotiane이라고 알려져 있으며, "왕의 측근인 외교관 장 니코가 포르투갈 대사로 주재하던 1559년의 어느 날 포르투갈 왕의 감옥을 보러 갔는데, 감옥을 지키는 신사가 플로리다에서 들어온 이상한 식물이라며 이 풀을 보여주었다. 외교관 니코는 이 풀을 자신의 정원에 심었다……"고 기록했다. 1570년 무렵에는 이미 로벨리우스가 『식물 신지Stirpium adversaria nova』라는 책에 담배에 관한 내용을 수록하면서 이를 프랑스 이름인 니코티아나 갈로룸Nicotiana gallorum으로 불러야 하는지, 아니면 스페인 이름인 사나 산크타 인도룸Sana sancta Indorum이라고 불러야 하는지를 명확히 규정해놓지 않았다. 로벨리우스는 모나르데스가 사용했던 것과 매우 비슷한 식물의 그림(그림 119 참조)을 실었지만 옆에 이상한 삽화를 함께 수록했다. 아메리카 인디언의 입에서 거대한 풍요의 뿔처럼 생긴 물체가 삐죽 솟아 있으며, 그 꼭대기에는 엄청나게 많은 양의 연기와 불꽃이 뿜어져 나오고 있는 그림이었다. 당시 유럽인들이 담배 피우는 것을 이렇게 생각했다면 "소일거리" 형태의 끽연이 유럽에서 즉시 유행하기 시작하지 않았던 것도 놀랄 만한 일은 아니다.

모나르데스는 또한 코카에 대해서도 "인디언들이 너무나 소중히 여기는 풀"이며 "금속, 소, 소금 외에 돈처럼 쓰이는 물건"으로 다른 물건을 살 때 일종의 화폐로 사용되었다고 썼다. 모나르데스의 설명에 따르면 코카 씨는 "유럽에서 정원에 콩이나 완두콩을 심는 것처럼 약간 경사진 땅에 심었다"고 한다. 인디언들 사이에서는 코카를 사용하는 것이 "일반적"이었으며 모나르데스는 인디언들이 코카로 약을 만드는 방법을 다음과 같이 묘사했다.

> 인디언들은 새조개의 살을 발라내고 태운 다음 곱게 간다. 태우고 나면 라임처럼 아주 작은 가루만 남는데, 코카 잎을 따서 입에 넣고 씹은 다음 조가비를 태운 가루와 섞어서 마치 페이스트처럼 만든다. 이때 가루보다는 풀을 많이 넣어야 하며 이 페이스트를 둥근 그릇에 담아 말린 다음 사용할 때에는 약간을 떼어내 입에 넣고 씹는다. (…) 이 약은 필요한 경우 언제든지 사용하며 육로로 여행할 때, 특히 고기나 물이 부족한 길을 따라 여행할 때 쓴다. 이 약을 약간만 사용해도 배고픔과 목마름이 사라지며 마치 음식을 먹은 것처럼 든든해진다고 한다. 잔뜩 취하여 정신을 잃고 싶은 경우에는 코카를 타바코의 잎과 섞은 다음 함께 씹는다. 이렇게 하면 취한 것처럼 정신이 혼미해지고 가장 큰 만족감을 얻을 수 있다.[10]

담배와는 달리 코카는 로벨리우스의 책에 소개되지 않았고 16세기 후반에 출판된 어떠한 책에도 실리지 않았다. 코카 잎은 아열대 남아메리카 관목인 코카나무 Erythroxylon coca에서 얻었기 때문에 유럽의 기후에서는 절대 기를 수 없었다. 유럽인들의 머릿속에 코카는 계피나 정향처럼 살아 있는 식물이라기보다는 하나의 재료로 자리 잡고 있었다.

그러나 유럽의 정원사들은 모나르데스가 스페인의 정원에서 벌써 몇 년째 자라고 있다고 설명한 '태양의 풀'(그림 120 참조)을 매우 빨리 받아들였다. 모나르데스는 이 꽃에 대해 다음과 같이 설명하고 있다. "이 풀은 최고의 꽃을 피우며 이제까지 보아온 꽃 가운데 가장 독특하다. 이 꽃은 다양한 색이 채색된 커다란 그릇이나 접시보다 더 크다. 그대로 두면 쓰러지기 쉬우므로 무언가에 기대도록 하여 똑바로 잘 자랄 수 있도록 해야 한다. 이 풀의 씨앗은 멜론의 씨와 비슷하지만 크기가 더 크며, 꽃은 계속해서 태양을 향해 방향을 바꾸므로 그에 걸맞은 이름이 붙었다. 다른 꽃이나 식물도 비슷한 습성을 가지고 있지만 이 꽃은 정원에서 놀라운 광경을 연출한다."[11] 제라드 역시 모나르데스만큼이나 이 식물에 열광했으며 특히 "다듬지 않은 벨벳으로 만들었거나 바늘로 특이한 옷감을 꿰매놓은 것처럼 보이는" 해바라기의 중심부에 커다란 흥미를 느꼈다. 식물이 성숙하면 "솜씨가 뛰어난 일꾼이 벌집과 비슷한 모양으로 공들여 가지런히 배열해놓은 것처럼 보이는" 씨앗이 맺힌다. 그러나 무수한 씨앗이 생기고(때로는 꽃 한 송이에 2000개 이상의 씨앗이 맺히기도 했다) 식물 자체도 기르기에 그다지 까다롭지 않아 17세기 후반 즈음 되자 해바라기는 매우 흔한 꽃이 되어버려 앞서가는 정원에서는 잘 심지 않게 되었다. 또 존 레아는 1665년에 "전혀 귀중한 취급을 받지 못한다"며 무시하는 말투로 언급한 바 있다. 그러나 1606년에 아이호슈타트의 공작이자 주교인 요한 콘라트 폰 게밍겐은 뉘른베르크 남쪽에 있는 아이호슈타트의 개인 정원에 마련해놓은 뛰어난 컬렉션에 자랑스럽게 해바라기를 포함시켰다. 『아이호슈타트 정원Hortus Eystettnsis』은 자신의 정원에 있던 1000종류

그림 119. 로벨리우스의 『식물 신지』(1570)에 수록된 담배Nicotiana tabacum. 그림을 그린 화가는 담배를 피우는 남아메리카 '인디언'들의 모습을 상상 속의 존재처럼 묘사했다.

이상의 식물을 367개의 도판에 담아 기록한 책이다. 해바라기는 "커다란 태양의 꽃Flos solis major"이라는 이름으로 이 책의 한 면을 화려하게 장식하고 있다.

　아즈텍인들은 해바라기를 신성한 것으로 여겨 잉카 신전의 상징으로 새겼던 만큼, 해바라기 역시 담배와 마찬가지로 오랫동안 사용하던 토착 이름이 있었다. 이러한 식물을 처음 유럽으로 들여올 때, 현지에서 사용되던 이름이 함께 유입되었을 것이다. 그러나 이러한 현지 이름은 거의 사용되지 않았고 가끔 유럽인들이 부르기 쉽도록 변형된 이름에서 원산지의 흔적을 발견할 수 있는 경우도 있었다. 프램턴이 1577년에 모나르데스의 책을 번역하면서 "태양의 풀"이라고 옮긴 해바라기는 이미 렘베르 도도엥의 책 『꽃과 화환』(1569)에 "페루 국화Chrysanthemum Peruvianum"라는 이름으로 실려 있었다. 도도엥은 당시 희귀한 편에 속했던 해바라기에 대해 쓰면서 이 꽃이 이미 마드리드의 왕궁 정원뿐만 아니라 파도바의 식물원에서도 꽃을 피웠다고 기록했다. 열성적인 아마추어 식물 재배가였던 필립 브랑숑은 좀 더 기후가 서늘한 메헬렌에서는 해바라기를 피우는 데 성공하지 못했다. 브랑숑의 해바라기는 꽃이라고 부를 수 있을 만큼 자라기도 전에 서리를 맞고 꺾여버렸다. 그러나 해바라기는 유럽에 소개되고 나서 놀라울 정도로 짧은 기간 동안 수많은 별명을 얻었다. 로벨리우스는 1576년에 펴낸 『식물론Plantarum』에서 "페루의 태양꽃" "인디언의 태양", 그리고 도도엥이 사용했던 "페루 국화"라는 세 가지 이름을 수록했다. 이 모든 별칭은 점진적인 분류, 정리, 도태, 재활용 과정을 거쳐 마침내 해바라기가 해를 따라다니기 때문에 헬리안투스Helianthus[태양과 꽃의 합성어]라는 이름으로 통일되었다.

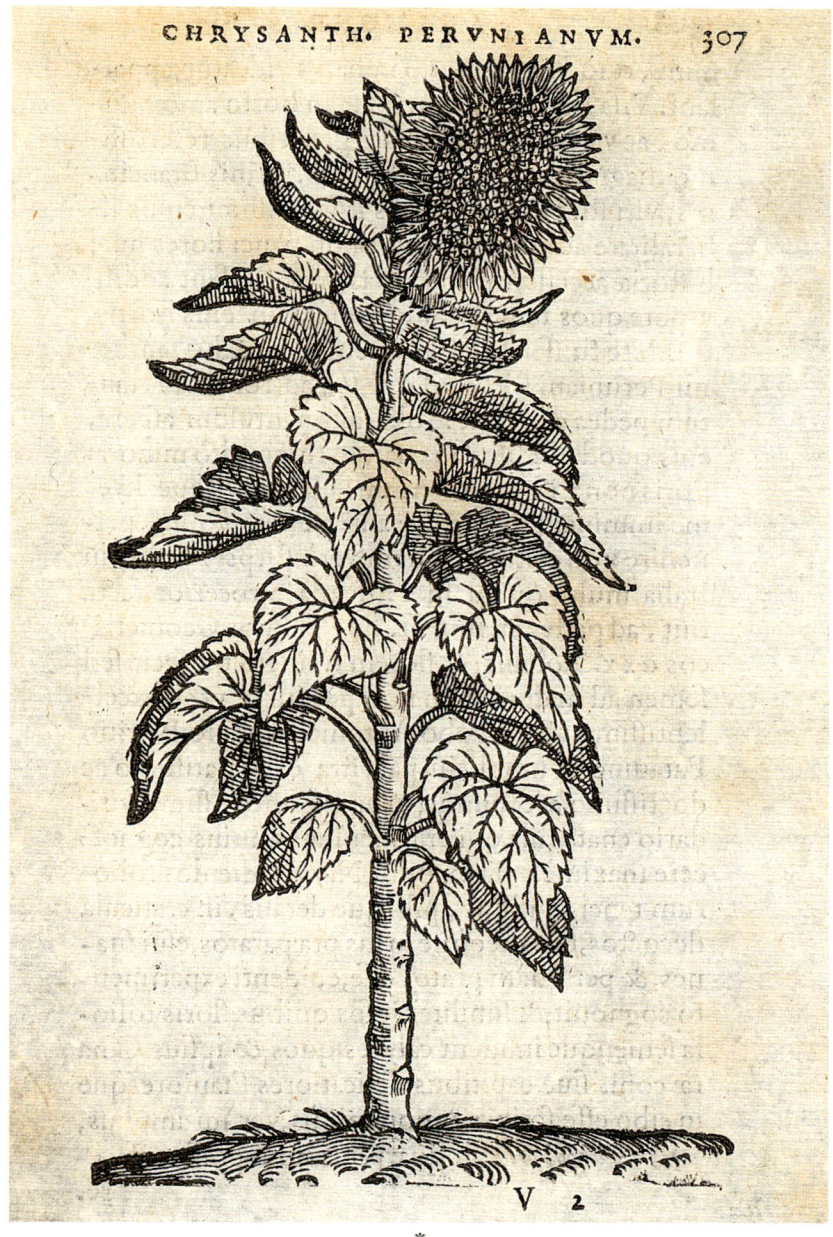

그림 120. 남아메리카에서 유럽에 처음 들어왔을 때 센세이션을 일으킨 해바라기Helianthus annuus. 이 그림은 1568년 앤트워프에서 인쇄된 렘베르 도도엥의 『꽃과 화환Florum et coronarium』에 수록되었다.

그림 121. 1552년에 제작된 아즈텍 필사본, 『바디아누스 약초 의학서Badianus Herbal』에 실린 분꽃Mirabilis jalapa 과 기타 식물.

신대륙에서 들여온 식물의 원산지 이름을 계속 사용한 유럽인은 스페인 사람들뿐이었다. 비록 잔인한 식민주의자들이기는 했지만 스페인 사람들은 멕시코 토착 원주민의 식물에 대한 지식을 상당히 존중하는 의례적인 모습을 보였다. 왕의 주치의 프란시스코 에르난데스(1514년경~1587)가 펠리페 2세에게 진상한 방대한 필사본 『스페인의 새로운 치료법 모음집Rerum medicarum Novae Hispaniae thesaurus』에서는 식물을 설명하면서 멕시코 사람들이 붙인 원산지 이름을 상당수 차용하고 있다(이 책에는 'cocoxochitl', 즉 달리아에 대한 최초의 설명이 실려 있다). 산타 크루즈의 로마 가톨릭 대학에서 두 명의 아즈텍 저자들이 1552년에 펴낸 필사본(그림 121 참조)에도 원산지 이름이 보존되어 있었다. 여기서 두 명의 저자란 "이론적으로 배운 것이 아니라 오직 경험으로 의술을 익힌 인디언 의사" 마르틴 데 라 크루스와 본문을 라틴어로 번역한 후아네스 바디아누스였다. 이 필사본에는 유럽에 들어오자마자 각지의 정원에서 앞 다투어 심은 화려한 분꽃의 그림이 실려 있었다. 유용하게도 이 필사본은 "정부 기관에서 일하는 사람의 피로"를 확실히 치유해주는 식물 추출물도 권장하고 있었다.

XX 플랑탱의 활약
1560~1620년

1570년대 이후 크리스토프 플랑탱은 저지대 국가에서 사실상 식물에 대한 책의 인쇄를 독점하게 되었다. 그 덕분에 카리스마 넘치는 클루시우스, 그리고 그와 거의 동시대인이었던 도도엥, 로벨리우스 사이의 구분이 모호해지고 말았다. 투르 출신인 플랑탱은 캉에서 인쇄와 제본을 배웠으며 훗날 앙리 2세가 프랑스의 신교도를 철저하게 박해하자 앤트워프로 피신했다. 금융 중심지였던 브뤼헤가 생명줄인 즈웨인 강의 토사 퇴적으로 차츰 활기를 잃어가고 있었던 반면 앤트워프는 번창하고 있었다. 신대륙과 주고받는 엄청난 교역량도 성장세를 돕는 이유 중 하나였다. 앤트워프

그림 122. 로벨리우스가 저술하고 1581년에 앤트워프의 크리스토프 플랑탱이 인쇄했으며 작업장에서 손으로 채색한 『크라위트부크Kruydtboeck』에서 발췌한 패모Fritillaria percisa Fritillaria imperials.

에서 움직이는 자본의 규모는 연간 4000만 두카트에 달했을 것이라 추정된다. 1560년대에 "앤트워프에서는 사람들이 호화롭게 살며, 때로는 합리적인 수준보다 더 화려한 삶을 살기도 한다"고 쓴 것은 피렌체의 상인 루도비코 귀차르디니였다.[1] 플랑탱이 도착할 즈음 앤트워프에는 이미 40곳의 인쇄소가 있었고, 16세기 초반 40년간 저지대 국가에서 발간된 4000권의 책 가운데 절반 이상이 이곳에서 인쇄되었다.

처음에 플랑탱은 책 제본가로 일을 했지만 스페인 여왕에게 보낼 가죽 보석 상자를 배달하던 중에 술에 취한 갱단의 공격을 받았다. 그 가운데 한 명이 플랑탱을 칼로 베었는데, 상처가 너무나 심각하여 다시는 예전 일을 할 수 없게 되었다. 1555년 즈음이 되자 플랑탱은 인쇄업자로 자리를 잡고 첫 번째 책으로 이탈리아의 인문주의자 조반니 브루테가 저술한 상류층 집안 어린 소녀들의 교육을 다루는 책을 2개 국어(이탈리아어와 프랑스어)로 출판했다. 1557년이 되자 플랑탱은 유명한 컴퍼스 로고를 사용하기 시작했고 인쇄소 좌우명으로 "지속적인 노력 Labore et Constantia"을 내세웠다. (컴퍼스를 들고 있는 플랑탱의 초상은 현재 앤트워프에 있는 플랑탱-모레투스 박물관에 걸려 있다. 그림 123 참조) 컴퍼스의 한쪽 다리가 일을 하는 동안 다른 한쪽 다리는 가만히 서 있다는 의미에서 지속성 constancy을 의미한다.

플랑탱의 모국어는 프랑스였고 자신이 사는 나라에서 사용하는 언어는 플랑드르어였지만 인쇄소에서는 라틴어와 그리스어, 이탈리아어, 스페인어, 독일어, 영어로 된 책을 모두 찍어냈다. 이러한 다양한 언어를 모두 다루기 위해서는 엄청난 개수의 활자가 필요했다. 1567년에 이미 인쇄소에는 42종류의 활자가 있었는데

1585년이 되자 90개로 불어났다. 사업이 가장 번창할 무렵 플랑탱은 1년에 165플로린〔지금의 10펜스에 해당하는 옛날 영국 동전〕의 급료를 받는 인쇄공 32명과 식자공 20명을 포함하여 모두 150명의 직원을 고용하고 있었다. 플랑탱의 여러 딸들은 다섯 살쯤부터 서너 가지 언어를 다루는 뛰어난 교정자로 일을 할 수 있게 되었다. 앤트워프의 금요일 시장 근처에 있는 본점에는 거대한 수동 인쇄기 16대가 설치되어 있었다.[2] 이러한 인쇄기를 한 대 장만하는 데에는 약 60플로린이 들었는데, 이는 플랑탱이 인쇄한 멋들어진 다국어 성경 한 권의 가격(70플로린)에 비하면 그다지 비싼 것은 아니었다. 이에 따라 황금 컴퍼스 간판을 단 플랑탱의 사업은 크게 번창했다. 그의 말에 따르면 문서들이 참새 떼처럼 새까맣게 본점으로 몰려들어왔다고 한다. 34년간 사업을 하면서 그는 1년에 평균 72권의 책을 출판했고 대부분의 경우 각 책을 1000권씩 찍어냈다. 플랑탱은 르네상스 시대 자본주의의 개척자였으며 고된 수공예 작업을 단순한 생산 라인 이상으로 발전시켰다. 1년에 두 번씩 프랑크푸르트에서 열리는 중요한 책 박람회에 참가했으며 라인 강을 따라서 오르내리는 바지선에 책을 가득 실어 박람회에 출품도 했다. 인쇄는 치열한 경쟁이 벌어지는 업계였다. 경쟁 인쇄업자의 책을 지연시켜 자신들의 책이 먼저 나오도록 검열관에게 뇌물을 주는 인쇄업자들이 부지기수였다. 플랑탱은 1565년 3월 1일에 "인쇄소와 관련된 일로 브뤼셀에 가서 우리에게 도움이 될 만한 수상과 그 외 사람들과 친분을 쌓았다"고 적었다. 수상에게 건네준 물건 가운데에는 3플로린짜리 오베르뉴Auvergne 치즈와 자두 여덟 바구니, 그리고 가격이 앞에 것들의 절반밖에 안 되는 배 등이 포함되어 있었다. 현지의 사제들과 원하기만 한다면 문제를 일으킬 수 있는 사람들에게도 치즈와 과일을 제공했다.

문제는 항상 그렇듯이 종교였다. 플랑탱은 종교적 박해를 피해 파리를 떠났지만 앤트워프에서도 프랑스와 별다를 바 없이 엄격한 검열을 견뎌야 했다. 루뱅 대학에서는 1546년에 금서 목록을 작성했는데, 여기에 올라 있는 책이 300권에 달했다. 1551년에 69권이 추가되었고 1559년에는 교황의 금서 목록에 650권이 등재되어 있었다. 1545년에는 앤트워프의 인쇄업자 야코프 판 리스벨이 루터교 성경을 인쇄했다는 죄목으로 참수형을 당했다. 스페인 왕 펠리페 2세의 사절인 알바 공작은 플랑드르에 도착하여 앤트워프 인쇄업자 네 명을 추방했으며, 한 명은 갤리선의 노예로 만들었고 다른 한 명에게는 교수형을 선고했다. 따라서 플랑탱은 행동을 조심해야 했다. 가톨릭교회의 성무일도서, 미사전서, 기도서, 성경 인쇄가 사업의 3분의 1 이상을 차지했지만 마음속으로는 비밀리에 재세례교도 종파의 하나인 사랑의 가족Family of Love(1560년대에 번성했다)과 뜻을 함께하고 있었다.

1562년 3월 1일, 앤트워프의 후작은 펠리페 2세의 배다른 누나인 파르마의 공작부인 마가렛에게서 껄끄러운 편지를 받았다. 마가렛의 편지 내용은 다음과 같았다.

우리는 이 편지에 동봉하는 작은 책자를 손에 넣게 되었는데, 이 책은 앤트워프에 있는 인쇄업자 크리스토프 플랑탱의 인쇄소에서 제작되었다고 하지만 책 어디에서도 그의 이름이나 주소를 찾아볼 수는 없습니다. 그러나 앞서 언급한 플랑탱이 인쇄한 다른 책과 비교해볼 때 활자가 상당히 비슷하다는 점을 발견했습니다. 이 책은 국왕께서 제정하신 법률과 칙령에 위배되는 내용을 담고 있으며,

그림 123. 신원 미상의 화가가 그린 인쇄업자 크리스토프 플랑탱(1520년경~1589)의 초상화. 플랑탱은 16세기 중반 앤트워프에 인쇄소를 열었는데, 그림에서 그 인쇄소의 유명한 상징인 컴퍼스를 들고 있다.

이 책을 우리에게 보낸 자가 교정자와 하인을 제외하고 플랑탱과 그 주변에 있는 사람들이 이단에 해당되는 새로운 종교에 물들어 있다고 경고한 사실이 있습니다. 따라서 이 책을 그쪽으로 보내어 후작께서 직접 플랑탱의 집으로 찾아가 활자를 증거로 대며 추궁하고 집 안에 이 책과 비슷한 책이 더 있는지 찾아보시는 것이 옳다고 생각했습니다. 이번 달 23일까지 이와 비슷한 책들이 분명히 플랑탱의 집에 있었다는 사실을 확인해준 사람이 있습니다. 그리고 조사 결과에 따라 폐하께서 제정하신 법률과 규정에 부합하는 조치를 취하는 것이 바람직하며, 우리에게도 무엇을 찾아냈는지, 어떠한 조치를 취했는지 알려주시기 바랍니다.[3]

플랑탱은 재빨리 파리로 피신했고 이 달갑지 않은 조사가 마무리될 때까지 1년 동안 파리에 머물렀다. 고용인들 가운데 두 명이 유죄 판결을 받았지만 인쇄소 자체는 문을 닫지 않았다. 아마도 수상에게 보내는 선물 목록에 치즈를 더 많이 넣었던 것이 효과를 발휘했던 모양이다.

종교에 관한 책보다 비교적 덜 논란을 일으킨 것은 식물에 대한 책이었고 플랑탱의 인쇄소에서는 이를 전문 분야로 삼았다. 화가 피터르 판 데어 보르시(1540년경~1608)와 판화가 아르노 니콜라이(1525년경~1590년경)의 도움으로 플랑탱은 엄청난 양의 목판화 그림을 차곡차곡 쌓아갔다. 앤트워프에서 가장 큰 경쟁자였던 인쇄업자 얀 판 데어 로에가 세상을 떠난 뒤 플랑탱은 판 데어 로에의 미망인으로부터 715개의 목판화를 인수했다. 이것은 로에가 1554년에 출판된 렘베르 도도엥의 『크로이데부크Cruydeboeck』에 수록하기 위해 의뢰한 것으로, 이 책은 플랑탱 자신이 앤트워프에 자리를 잡기 전에 출판되었다. 이 책의 그림은 흑백으로 인쇄되어 있었지만 플랑탱은 밍컨 리프링크, 린헌 페르후번, 리스컨 제허르스라는 세 여성에게 인쇄기 옆에서 책의 딜럭스 판본에 실릴 그림에 수작업으로 채색을 하도록 지시했다. 플랑탱은 모아놓은 식물 그림 목판을 마치 보물처럼 다루며 당시 무슨 책을 인쇄하든 이 목판화를 사용했다. 따라서 서로 다른 저자가 쓴 책에 같은 목판화가 거듭해서 사용되었다. 그림을 의뢰하는 데에는 비용이 많이 들었고, 독자들이 이제 식물에 대한 책에서 그림을 기대한다는 사실을 깨달은 플랑탱은 자신이 투자한 것에서 최대한의 이익을 뽑아내기 위해 노력했다. 그러던 중 플랑탱이 완전히 다른 식물의 그림을 여러 책에 거듭 사용하면서 혼란이 발생했다. 나오는 책마다 비슷한 활자와 똑같은 그림을 실었던 까닭에 시각적으로 한 저자의 책과 다른 저자의 책을 구별하기가 어려워졌던 것이다.

또한 플랑탱이 내놓는 책은 지나치게 단조롭다는 단점도 있었다. 도도엥, 클루시우스, 로벨리우스는 계속해서 서유럽으로 흘러들어오는 식물을 따라잡기 위해 자신의 책을 끊임없이 개정하는 작업을 게을리 하지 않았다. 로벨리우스는 1576년에 수선화, 크로커스, 파속 식물, 백합, 콜키쿰, 얼레지 등 40개 이상의 새로운 구근 식물을 수록하여 자신이 6년 전에 출판했던 책의 개정판인 『식물지Plantarum seu stirpium historia』를 펴냈다. 그럼에도 불구하고 이 세 사람 사이에는 중요한 차이점이 있었다. 렘베르 도도엥은 특히 저지대 국가에 서식하는 식물에 대해 박식했던 반면 클루시우스는 스페인, 오스트리아, 헝가리에 서식하는 식물에 강점을 보였다. 클루시우스와 마찬가지로 몽펠리에에서 공부했던 로벨리우스는 학교를 졸업하고 몇 년간 랑그도크에서 식물을 채집했던 덕분에

그림 124. 렘베르 도도엥이 쓴 『크로이데부크』(1554)의 플랑드르어 버전 제목 페이지. 헤라클레스가 헤스페리데스와 황금 사과 정원을 지키는 라돈이라는 용을 공격하고 있다.

그림 125. 원래는 크리스토발 아코스타Christoval Acosta의 『동인도의 약과 의학에 관한 논문Tractado de las drogas y medicinas de las Indias Orientales』(1578)에 수록하기 위해 제작된 후추 그림. 이 그림은 9년 후 자크 달레샹Jacques d'Alechamps의 『식물의 일반사Historia generalis plantarum』(1587) 두 번째 판본에 등장하는 것이다.

프랑스 남부 지역에서 자라는 식물에 대한 해박한 지식이 있었다. 로벨리우스와 피에르 페나는 롱드레 밑에서 공부했던 뛰어난 학생들 가운데 마지막 세대였다.[4] 나중에 런던에 자리를 잡은 로벨리우스는 자신의 프랑스 식물에 대한 지식에 원산지가 영국인 식물에 대한 지식까지 추가했다. 클루시우스보다 아홉 살 많았고 비엔나의 궁정에서도 일했던 도도엥은 언제나 의사의 마음가짐으로 살았다. 그의 책은 지금까지 약초 의학서로 간주된다. 그는 식물을 분류해야 할 경우에는 약제와 효능에 따라 했다. 물론 도도엥이 최후에 펴낸 『여섯 식물의 자연사Stirpium historiae pemptades sex』(1583)에서는 약효와 관계없이 백합, 붓꽃, 난초, 데이지, 산형화 등의 몇 가지 식물을 같은 종류로 취급하기는 했지만 말이다.

필리포 팔라디니가 1606년에 그린 다소 놀란 듯한 표정의 초상화가 보여주듯이 클루시우스는 외모가 수려하고 우아했으며 여러 측면에서 세 명 가운데 가장 뛰어난 재능을 타고난 사람이었다. 그러나 그는 동료 학자들보다 앞서나가는 데 너무 급급하여 더 많은 지식을 습득하려고 노력했으며, 유럽의 다른 어떤 학자보다 많은 것을 보고 소유하고 싶은 마음에 자신이 아는 지식에 대해 철학적으로 고찰해볼 시간을 좀처럼 내지 못했다. (혹은 그러한 성향 자체가 없었다.) 클루시우스는 자신의 책을 제작하는 과정에 적극적으로 참여하는 것을 좋아했다. 심지어 프랑크푸르트에서 솜씨 좋은 목수를 찾아내어서는 "배나무 목판을 아주 잘 다루며 경험이 많고 목판 하나에 10페니히를 받는다"며 플랑탱에게 편지를 보내기도 했다. 클루시우스는 그림의 정확성에 대해서는 매우 까다로워 화가인 판 데어 보르시가 식물 개요서에 수록할 새로운 그림을 그릴 때는 옆에서 자리를 뜨지 않고 지켜볼 정도였다.

플랑탱은 클루시우스가 쓴 책 세 권과 번역한 책 여덟 권을 인쇄했다. 플랑드르어, 프랑스어, 독일어, 그리스어, 이탈리아어, 라틴어, 스페인어를 읽을 수 있었던 클루시우스는 포르투갈어까지 독학하여 포르투갈의 여행가 가르시아 드 오르타가 쓴 고아Goa 여행기를 라틴어로 번역하기도 했다.[5] 바다호스 근처의 엘바스라는 포르투갈 국경 마을에서 태어난 드 오르타(1490년경~1570)는 1534년에 6개월에 걸쳐 타호 강Tagus에서 인도까지 배를 타고 여행을 했고, 당시 포르투갈령 인도의 수도였던 고아에서 포르투갈 해군 장교인 알폰수 드 소자의 개인 주치의로 일했다. 오르타는 고아에서 30년 이상 살았고 1563년에 그곳에서 자주 접한 식물과 약에 대한 글을 썼다. 고아에서 요아네스 드 에드넴Joannes de Ednem이 출판한 오르타의 『인도의 식물, 약, 의학에 관한 담론Coloquios dos simples, e drogas he cousas medicinais da India』은 인도에서 인쇄된 거의 최초의 유럽 서적이며 인도아 대륙의 식물상을 유럽 독자들에게 최초로 소개한 책이었다. 이 책은 드 오르타와 가공의 인물인 의사 루아노의 대화 형식으로 이루어졌으며, 동방과 서방의 교역에서 매우 중요한 부분을 차지하고 있는 빈랑나무 열매, 정향, 말린 육두구 껍질, 육두구, 생강, 녹나무, 계피 등에 대해 설명하고 있다. 드 오르타는 또한 대마Cannabis sativa에 대해 쓰면서 "희롱하거나 남성에게 추파를 던지고자" 하는 여성과 휴식이나 수면을 취하고 세상의 시름에서 벗어나고자 하는 사람들이 사용했다고 적었다. 술탄 바하두르는 "밤에 세상을 여행하고자 할 때" 대마를 사용했다고 한다. 이 책은 약을 만드는 방법뿐만 아니라 코끼리를 길들이는 방법까지 수록한 잡학서였다. 본질에 대한 흥미라는 측면에서(식물은 가끔 다루었지만) 알렉산드리아, 콘스탄티노플, 시리아의 상점들이 서방에 수출하는 약재의 원재료를 확실히 밝힌 최초의 책이었다. 고아에서 드 오르타는 경제적으로 큰 성공을 거두기도 했지만 동시에 지적인 측면에서도 자유를 얻었다. "스페인에 있을 때에는 나조차도 갈레노스나 고대 그리스 거장들에 반하는 발언을 감히 하지 못했다"고 썼다. 드 오르타는 페르시아어, 힌두어, 말레이어 등 동양의 다양한 언어로 된 식물 이름을 수집했으며 그 유래, 손질하는 방법, 자신이 정착한 나라의 관습을 기록했다. 클루시우스가 번역한 라틴어 판본은 1582년에 출판되었으며, 여기에는 플랑탱이 서둘러 제공한 그림이 다수 수록되어 있었다.

황제의 궁전에서 14년을 일한 뒤 클루시우스는 식물원 원장직 제의를 받아들여 레이던으로 향했다. 당시 클루시우스는 이미 67세의 나이였지만 엄청난 열정으로 새로운 식물원을 설계하기 시작했고, 이곳을 중심으로 그에게 식물을 제공하거나 적어도 식물에 대한 정보 또는 그림을 제공하는 지인들의 네트워크를 구축했다. 피렌체의 수집가 마테오 카치니는 클루시우스에게 신대륙에서 온 헤메로칼리스, 미나리아재비, 분꽃과 콘스탄티노플에서 건너온 우아한 패랭이꽃, 흰 튤립을 보냈으며 이 흰 튤립에는 나중에 클루시우스의 이름을 따서 티. 클루시아나 T. clusiana라는 이름이 붙었다. 클루시우스는 그 보답으로 카치니에게 히아신스, 백합, 콜키쿰을 보냈다. 당시 지인인 플레밍 요세프 고데누이체(이탈리아에서는 주세페 카사보나로 알려져 있었다)가 총책임자 자리를 맡고 있던 피사의 식물원에서는 크레타의 씨앗과 구근 식물을 보내왔는데, 여기에는 소벽, 금작화, 크레타 섬을 원산지로 하는 흰꽃모란, 타임, 세이지, 다양한 수선화 등이 포함되어 있었다. 카사보나는 크레타를 여행하면서 마침내 "이다 산에서 자라는 무화과나무와 테오프라

그림 126. 몽스의 통치자 필리프 드 시브리Philippe de Sivry가 새로 남아메리카에서 들여와 클루시우스에게 보낸 감자의 초기 그림. 클루시우스는 이 식물에 대한 묘사를 『식물도감Rariorum plantarum historia』(1601)에 실었다.

스토스가 기록한 바꽃"을 보게 되어 크게 기뻐했다. 그는 내켜 하지 않는 독일 군인 한 명을 데리고 다니며 크레타 섬에 있는 식물 그림을 그렸다. 이들 그림 가운데 일부가 역시 레이던에 있는 클루시우스의 손에 들어갔다.[6]

클루시우스는 지칠 줄 모르는 사람이었다. 플랑드르의 화가 자크 르 모인 드 모르그Jaqcues le Moyne de Morgues(1533년경~1588)가 그린 스케치를 몇 장 구하기도 했는데, 모르그는 1564년에 르네 굴랭 드 로더니에 중위의 플로리다 탐험대에 지도 제작자이자 화가/기록 담당자의 자격으로 참가하여 르 아브르에서 항해를 떠난 인물이었다.[7] 1565년 9월에 스페인이 플로리다에 있던 위그노 식민지를 장악하자 모르그는 그림 몇 장을 지니고 도망쳐 프랑스로 돌아왔다. 모르그가 런던에 정착한 후, 클루시우스는 모르그를 비롯하여 런던에 망명하고 있던 식물학자들과 교류를 계속했다. 그 가운데에는 클루시우스가 "나의 친애하는 친구이자 명예로운 신사이며 식물 연구를 크게 즐기는 사람"이라고 표현한 위그노 교도 약제상 제임스 개릿James Garrett도 포함되어 있었다. 1599년 10월에 개릿은 컴벌랜드의 백작이 산 후안 데 프에르토리코에서 가져온 일종의 아카시아의 말린 표본을 클루시우스에게 보냈다. 런던에서 클루시우스는 토머스 페니가 제작한 식물 표본집을 꼼꼼히 검토했다. 토머스 페니는 결국 출판되지 못한 콘라트 게스너의 식물 백과사전에 싣기 위해 제작한 수많은 그림에 주석을 단 인물이기도 했다. 한편 런던 상법부의 서기장인 '학식 있고 친절한' 리처드 가스는 핼리팩스 근처의 야생에서 자라고 있었다며 클루시우스가 한 번도 본 적이 없는, 잎사귀가 마치 밀가루를 뿌린 듯이 하얀 설앵초를 몇 개 가져다주었다. 클루시우스는 이 표본을 포장해서 앤트워프에 있는 지인들에게 보냈다. 클루시우스는 또한 두 명의 왕실 약제사인 휴 모건, 존 리치와도 서신을 교환했으며 프랑스의 묘목상 주인이자 여행가인 피에르 블롱이 1546년의 레반트 여행에 대해 쓴 책도 라틴어로 번역했다. 『다양한 식물의 관찰Les Observations de plusieurs singularities』이라는 책은 파리에서 처음 출간되자마자 큰 성공을 거두었다. 클루시우스가 1589년에 출판한 번역판은 원작의 인기에 편승해보려는 전형적인 플랑탱식의 기회주의적 행보였다.

클루시우스는 학자(여러 종류의 버섯을 설명하고 그림을 그린 최초의 식물학자)이기는 했지만 자연계의 질서를 탐구하는 데에는 그다지 관심이 없었다. 클루시우스는 천성적으로 서술자이자 전파자, 수집가였다. 1609년에 세상을 뜰 때까지 이미 알려진 식물의 목록에 600개 이상의 새로운 식물을 추가했다. 그렇지만 유럽에 알려지지 않았던 많은 식물이 유입되면서 식물을 나누고 분류하는 올바른 방식을 찾아내는 것이 그 어느 때보다 시급해졌지만 이와 관련된 논의에는 일절 관여하지 않았다. 반면 클루시우스보다 열두 살이나 적었던 로벨리우스는 그렇지 않았다. 일생 동안 로벨리우스는 여러 차례 실증적인 관찰을 거치더라도 문제가 발생하지 않을 만큼 합리적인 식물 분류 방법을 탐구했다. 친구인 피에르 피나와 함께 집필하여 1570년에 발간한 첫 번째 책 『식물 신지Stirpium adversaria nova』에서 로벨리우스는 식물을 분류하는 기준으로 잎의 형태를 선택했다. 로벨리우스는 이탈리아에서 체살피노가 선택했던 다른 분류 방법에 대해 알고 있었을까? 식물을 과실과 씨에 따라 분류한 체살피노의 식물 표본집은 1563년에 발간되었다. 로벨리우스와 페나는 직접 피사의 식물원을 방문하기도 했으므로 그곳에서 체살피노의 뛰어난 식물 표본집을 보면서 양쪽 모두가 관심이 있었던 식물 분류 방법에 대해 논의하지 않았을까? 체살피노가 로벨리우스보다는 식물을 분류하는 열쇠에 좀 더 가까이 다가갔음이 나중에 증명되기는 했지만, 로벨리우스는 잎을 분류의 기준으로 삼았기 때문에 『식물 신지』라는 근본적이고 역사적인 책을 내놓을 수 있었다. 그는 잔디, 골풀, 붓꽃과 같은 구근 식물 등 몇 가지 식물의 잎에는 위에서 아래까지 관통하는 긴 잎맥이 있다고 기록했다. 그리고 다른 식물에는 주맥과 앞의 가장자리를 잇는 잎맥이 그물망처럼 잎 전체에 퍼져 있다. 로벨리우스는 오늘날 제초제 제조업체에 수십억 달러를 안겨준 중요한 사실을 단번에 꿰뚫어보았던 것이다. 온화한 지방에서 잔디밭에 매년 뿌리는 제초제에는 잔디와 같이 평행한 잎맥이 있는 식물과 질경이, 민들레, 데이지처럼 잎사귀가 넓고 잎맥이 그물처럼 퍼져 있는 식물을 구분하는 성분이 들어 있다. 오늘날 이 두 종류의 식물은 로벨리우스가 생각한 대로 잎맥이 분포되어 있는 모양이 아니라 싹이 트는 방식으로 구분한다. 비록 로벨리우스가 갖은 고생을 하며 식물을 관찰했을 때에는 21세기의 과학자들이 이 두 종류의 식물을 가리키는 개념과 전문 용어(즉 외떡잎식물과 쌍떡잎식물)는 존재하지 않을 때였지만, 오늘날 우리가 말하는 외떡잎식물은 로벨리우스가 설명한 평행한 잎맥이 있는 식물에 해당된다. 처음 싹이 틀 때 씨앗에서 잎사귀가 하나만 자라나기 때문에 이러한 이름이 붙은 것이다. 마찬가지로 오늘날의 쌍떡잎식물은 로벨리우스가 말한 잎이 넓은 식물이며, 처음 싹이 틀 때 떡잎이 쌍으로 돋아난다.

로벨리우스가 1576년에 내놓은 『식물지』의 맨 첫장에는 잔디에 대한 설명이 수록되어 있고 제목이 박힌 면에는 플랑탱이 고안해

그림 127. 피에르 페나와 마티아스 데 로벨(로벨리우스)이 쓴 『식물 신지』의 표지지. 1570년에 런던에서 출판.

낸 멋진 포르티코〔특히 대형 건물 입구에 기둥을 받쳐 만든 현관 지붕〕가 전원 지대를 배경으로 하여 그려져 있다. 표제지에서 로벨리우스는 "이름과 의견에 대한 합의와 조화Nominum & opinionum Consensus & Harmonia"가 본문에 나온다고 약속하고는 있지만 식물의 이름과 의견에 대한 완전한 합의와 조화는 아직 요원한 상태였다. 당시 경작지에 널리 분포되어 있던 예쁜 선옹초 등의 지극히 단순한 식물조차도 거의 사전 하나를 만들 수 있을 정도로 수많은 별칭으로 불리고 있었다. 로벨리우스는 이 식물을 롤리움 페르페람Lolium perperam이라고 부르는 것을 선호했지만 모로니는 리크니오이데스 세게툼Lichnioides segetum을 선택했고, 독일의 학자 트라구스는 기타고Gitago라고 불렀으며 스페인 사람들은 이 식물을 네귈리아Neguillia 또는 알리피우레Allipiure로 알고 있었다. 로벨리우스는 그림을 사용하여 자신이 설명하는 선옹초가 다른 저자들이 선옹초라고 생각하는 것과 같은 식물이라는 사실을 좀 더 쉽게 보여줄 수 있었다. 대부분의 이름은 공용어인 라틴어로 되어 있었지만 수많은 유럽 식물 가운데 아마도 가장 중요하고 필수적인 식물인 밀조차 이름에 대한 합의가 이루어지지 않은 상태였다. 로벨리우스는 밀을 '실리고 스파카 무티카Siligo spica mutica'[8]라 불렀고, 그 옆에 독일어(Weyssen), 영어(weet), 벨기에어(Terwe), 프랑스어(Froument, Bled), 이탈리아어('Fourmento', Grano 및 Solina), 스페인어(Trigo) 이름을 적어놓았다.

로벨리우스는 잔디 다음에 붓꽃으로 넘어갔는데, 서로 다른 종류의 차이점을 정확하게 지적하려고 노력한 나머지 "바위에서 자라는 작고 줄기가 없다시피 한 붓꽃Iris perpusilla saxatilis ferme acaulis"이라는 지나치게 복잡한 라틴어 이름을 만들어내고 말았다. 그때까지 수백 년 동안 두 단어로 된 이름이 어느 정도 자연스럽게 관행으로 굳어져온 터였다. 예를 들어 아이리스Iris(붓꽃)가 식물이 소속된 집단을 나타내고 라티폴리아latifolia(잎사귀가 넓은)가 해당 집단 내의 구체적인 종류를 지칭하는데, 이 둘을 합친 아이리스 라티폴리아Iris latifolia와 같은 두 단어 이름은 유용하고도 일반적으로 이해할 수 있는 약칭이었다. 그러나 두 단어로 된 이렇게 간단한 이름이 명칭이라기보다는 식물에 대한 장황한 설명에 가까운 긴 이름 때문에 사라질 위기에 처해 있었다. 식물에 지나치게 긴 이름을 붙이는 좋지 않은 관행은 플랑탱이 펴낸 그림책 『화집Icones』 (1581)에서도 계속되었다. 이 책에는 자그마한 고리 모양의 꽃이 핀 나팔수선화가 "산에 서식하며 골풀과 같은 작은 잎이 자라고 노란색의 꽃을 피우는 수선화Narcissus montanus iuncifolius minimu alter flore luteo"라는 새 이름 아래서 휘청거리고 있었다.

　『식물지』가 출판된 지 불과 5년 후에 플랑탱은 도도엥, 클루시우스, 로벨리우스 같은 저자들이 책에 사용한 모든 그림을 망라하여 『화집』을 펴낸다. 『화집』은 유럽의 수집가들 사이에 구근 식물이 얼마나 빨리 확산되었는지를 잘 보여주고 있다. 이 책에 실려 있는 붓꽃 그림은 종래 8개에서 거의 두 배로 늘어난 15개나 되었다. 『식물지』에 8개가 실려 있던 수선화의 그림은 20개로 늘어났다. 당시에는 아직 릴리오나르시수스Lilionarcissus라고 불렸던 튤립의 그림은 6개에서 26개로 크게 증가했다. 또한 『식물지』에 비해 『화집』에는 두 배나 많은 백합의 그림이 실려 있었다. 플랑탱은 최근에 페르시아에서 수입된 패모나 멋들어진 검은 꽃이 피는 백합 등 상징적인 식물의 그림도 실었다.[9] 피터르 판 데어 보르시가 플랑탱의 의뢰로 그린 그림은 정확했지만 브룬펠스의 책에 실렸던 바이디츠의

그림 128. 1613년 야코프 데 파위의 프랑크푸르트 정원에 꽃을 피운 릴리움 마르타곤Lilium martagon. 요한 테오도르 드 브리Johann Theodor de Bry의 『새로운 꽃들Florilegium novum』 에 실린 그림. 이 책은 1612년에 처음 출판되었으며 여러 판본이 제작되었다.

그림처럼 생생한 느낌을 주거나 마티올리를 위해 작업했던 리베랄레의 그림처럼 우아한 아름다움을 전달하지는 못했다. 플랑탱이 의뢰한 그림은 지극히 실용적인 것으로, 카라라 약초 의학서의 그림처럼 식물의 습성과 형태에 대한 감정적인 공감은 찾아볼 수 없었다. 다만 플랑탱이 의뢰한 화가는 게스너의 혁신적인 방법을 채택하여 식물의 전체 모습을 그린 다음 꽃의 구조, 구근의 독특한 특징, 크게 확대한 씨앗 등 자신이 그리고 있는 식물의 세부 사항에 대한 그림을 옆에 배치했다. 1590년에 자카리아스 얀센Zacharias Jansen이 처음 모델을 내놓았고 갈릴레오가 더욱 발전시킨 복합 현미경은 매우 유용한 도구였고, 이를 통해 식물의 세부 사항을 더욱 정확하게 묘사할 수 있게 되면서 이렇게 자세한 그림은 17세기 초반 식물서에서 더욱 중요한 역할을 하게 되었다. 1665년에 영국의 학자 로버트 훅Robert Hooke이 『미크로그라피아Micrographia』라는 책을 출판하자 현미경은 인간이 이전에 자연계의 숨겨진 비밀을 바라보던 방식을 영원히 바꿔놓은 발명품으로 자리매김했다.

로벨리우스의 『식물지』에는 우리가 오늘날까지 사용하는 이름이 다수 수록되어 있다. 스노플레이크leucojum, 초롱꽃campanula, 과꽃aster, 뿔양귀비Papaver corniculatum, 설리양귀비Papaver rhoeas, 할미꽃Pulsatill avulgaris, 그리고 6세기에 율리아나의 책에 처음으로 그림이 수록된 후 계속 같은 이름을 유지해왔던 시클라멘cyclamen 등이다. 플랑탱은 수많은 그림을 채워 넣었고(때로는 한 쪽에 네 개씩), 이러한 그림이 식물을 식별하는 데 도움이 되기를 바랐다. 그러나 그림과 본문을 아무렇게나 짝지어서 배치해놓았기 때문에 때로는 책이 출판된 후에 수정을 해야 하는 경우도 있었다. 내가 지금 케임브리지 대학 도서관의 희귀본실에서 읽고 있는 판본에는 몇몇 원본 그림 위에 다른 그림이 덧붙여져 있다. 마침내 인쇄된 페이지의 설명에 적합한 그림이 자리를 잡은 것이다. 나는 가죽으로 제본한 낡은 책의 얇은 장들을 넘기면서 '이것도 플랑탱의 다섯 살짜리 딸들이 한 일이군' 하는 생각이 들었다.

16세기 사람들이 식물을 연구하게 된 동기는 매우 다양했다. 어떤 사람은 신앙심 때문에, 어떤 사람은 외국 여행의 기회를 즐기기 위해, 어떤 사람은 대다수 약사들의 무지함에 대한 대책을 세우고자 식물을 연구했다. 일부는 수집가로서의 욕심, 소유하고자 하는 충동 등 일종의 욕망에 끌리기도 했고 일부는 초자연적인 지식에 대한 탐험의 영역을 좀 더 넓히려는 충정으로 그렇게 했다. 어떤 사람은 식물을 자연계의 아름다움과 매력이라는 더욱 포괄적인 영역의 일부분에 불과하다고 생각했고, 어떤 사람은 식물을 그린 화가들의 예술성을 무엇보다도 높이 평가했다. 로벨리우스가 식물에 집착하게 된 데에는 국가적인 자부심도 한몫했을 것이다. 플랑드르의 릴에서 태어난 로벨리우스는 식물 지식에 관한 한 자국의 우월함을 적극 주장하고자 했다. 그는 콘스탄티노플과 근동에서 처음으로 식물을 들여온 것은 플랑드르 사람이며, 플랑드르의 정원에서는 서구 유럽 나머지 지역 전체를 합친 것보다 더 많은 희귀한 식물이 자란다고 주장했다. 이러한 정원의 일부는 16세기에 있었던 내전으로 파괴되었지만 『식물지』에는 카롤루스 데 크로이, 쉬메이의 왕자, 너그러운 요아네스 데 브랑숑, 리모주의 요아니스 박사, 콘드라디 슈체츠의 부인인 명민한 마리아 데 브리뮈, 걸출한 의사 요아네스 판 데르 딜프 등 헌신적인 플랑드르 수집가들에 대한 화려한 찬사가 가득 담겨 있다. 1570년에 이미 로벨리우스와 페나는 파낙스 헤라클리움 헤라쿨레아 Panax Heraclium Herculea라는 이름이 붙은 식물이 "몽펠리에에서 프롱티냥으로 가는 길 왼편에 있는 사켈룸의 폐허 뒤쪽과 가까운 돌로 덮인 언덕에서 자연스럽게 자라며 몽펠리에의 교수인 아사티우스Assatius 박사는 지칠 줄 모르는 끊임없는 노력으로 이 식물을 우리에게 보여주었다. 그러나 이를 종이 위에 보존하고자 하는 수많은 학생의 왕래가 잦아지면서 이 식물은 거의 완전히 멸종되었다"고 기록했다.[10]

비록 자신의 고향을 무척 자랑스럽게 생각하기는 했지만 로벨리우스는 더 이상 플랑드르에서는 살 수 없다고 생각했다. 쉴 새 없이 거센 폭풍이 몰아치는 바다 위에 집을 짓거나 인간의 피가 곳곳에 스며들어 있는 땅에서 태평스럽게 정원과 꽃에 대한 사랑을 마음껏 즐기는 것은 불가능하다는 사실을 깨달았던 것이다. 1569년부터 로벨리우스는 친구 피에르 피나와 함께 영국 전역을 여행했다. 나중에는 런던에 정착하다시피 했다. 해크니에 있는 에드워드 주슈가 소유한 정원의 관리자로 일하면서 로벨리우스는 유럽 대륙의 학구적인 식물학자들과 실용적이고 실험적 성향이 강한 영국, 특히 수도 런던의 신세대 식물학자들 사이를 잇는 중요한 연결고리가 되었다. 1621년에 옥스퍼드 식물원이 세워질 때까지 영국은 유럽에서 파도바, 비엔나, 레이던 같은 다른 위대한 배움의 중심지에는 상대가 되지 못했다. 다만 영국에서도 부유한 귀족들은 식물을 수집했고 그 가운데서도 주슈 경은 매우 중요한 역할을 했다. 주슈 경이 소유한 해크니 정원은 당시의 기록에 따르면 '종교적인 이유'로 영국에 와서 플레밍스나 로벨리우스처럼 아예 런던에 뿌리를 내린 최고의 식물학자들이 모두 모이는 만남의 장소였다. 주슈 경이 힘을 써준 덕분에 로벨리우스는 1607년에 제임스 1세의 왕립 식물원에 입성하게 되었다. 그는 해초를 포함한 식물을 보앵 형제 가운데 형인 장에게 보냈고 그 답례로 동생인 가스파르에게서 씨앗을 받아 주슈 경의 정원에서 길렀다. 또한 프랑스 국왕의 식물학자인 장 로뱅Jean Robin과도 긴밀한 연락을 취했고 1602년에 피레네 산맥에서 가져온 시클라멘을 로뱅에게서 받았다. 그는 콜체스터에서 찾은 갯질경이에 대해 클루시우스에게 편지를 보내기도 했다. 로벨리우스는 특히 웨일스를 자주 드나들었으며, 널따란 시골 지역에 노란색과 주황색의 웨일스 양귀비가 야생으로 자라나는 풍경을 좋아했다. 그는 식물의 웨일스 이름('웨일스-영어'라고 불렀다)을 수집하여 자신이 쓴 식물서의 색인에 추가했다. 햄프셔의 포츠머스 근처에 있는 드레이턴에서는 리처드 가스의 미망인 제인을 만나 잎에 밀가루를 뿌린 듯한 설앵초를 받았고, 벌꿀에 향료를 넣어 발효시킨 벌꿀 술까지 대접받았다. 낭트 칙령 이후 아버지와 함께 캉브레에서 영국으로 도망쳤던 존 드 프랑퀘빌 경 덕분에 사탕수수도 처음으로 볼 수 있었다. 프리슬란트 사람인 빌헬름 뵐은 교역을 하면서 아프리카 북부, 스페인, 포르투갈, 프랑스 남부를 여행하는 과정에서 얻은 씨앗과 식물을 담은 소포를 정기적으로 보내왔다. 플랑드르 투르네의 성당 참사회 회원이었던 히에로니무스 빙허는 멜론 씨앗을 보내왔다. 그리고 로벨리우스는 일생 동안 연구를 계속한 끝에 식물의 잎 사이에 어떠한 차이점이 있는지 분명하게 짚어낼 수 있었다. 그러나 잎사귀를 기준으로 하여 식물을 배열하고 분류하는 방식을 택했기 때문에 일부 '사각 지대'가 발생했고, 그 결과 몇 가지 무모한 결정을 내리지 않을 수 없었다. 예를 들어 그는 "배나무와 사과나무의 차이점을 파악하고 그에 이름을 붙이는 것은 의미가 없다"는 전제 하에 모든 종류의 배를 사과과科에 포함시켜버렸다. 청과물 상인이라면 누구든 그 두 가지가 전혀 다른 종류라며 한 수 가르치려 했을 것이다. 어쨌든 로벨리우스는 『식물 신서』와 1581년에 발간한 『크라위트부크Kruydtboeck』에 정리한 50개의 표로 최소한 당시 학자들이 다뤄야 했던 복잡하고 헤아릴 수 없는 식물을 분류하려는 노력을 기울였다. 또한 스스로의 분류 방법에 내재되어 있는 몇 가지 문제점을 깨닫고 자신의 방식을 따르지 않도록 다른 사람들을 설득하려 했던 것인지도 모른다. 로벨리우스는 1616년에 세상을 떠난 뒤, 하이게이트의 언덕 위에 있는 생 드니 교회 묘지의 안락한 무덤에 누워 17세기 초에 제자들이 성장하는 과정을 지켜보게 된다.

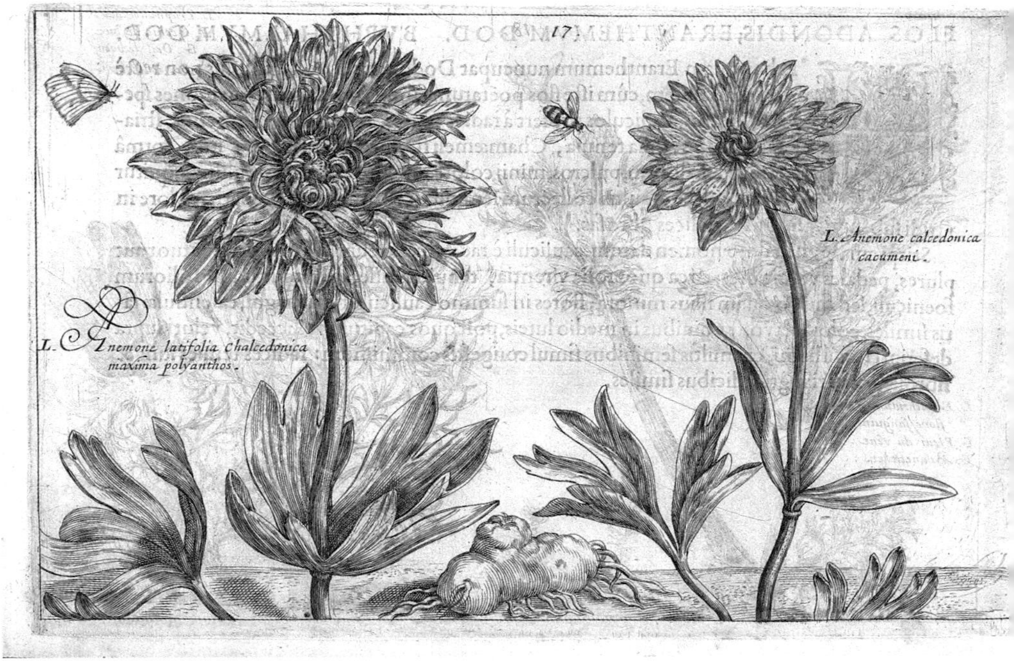

그림 129. 16세기 후반에는 다양한 종류의 아네모네가 수집되었다. 세르모네타 공작인 프란세스코 카에타니는 시스터나에 있는 정원에서 2만 9000송이의 아네모네를 키웠다고 한다. 이 그림은 크리스피 드 파스Crispin de Passe의 『꽃의 정원Hortus Floridus』(1614)에서 발췌했다.

XXI 최후의 약초 의학서
1560~1640년

대학 부설 식물원, 새롭게 구성된 식물학 교수진, 든든하게 기반을 잡은 인쇄업자들이 펴낸 학술서, 영감을 주는 뛰어난 스승 등 유럽 대륙에서 식물에 대한 연구를 발전시켰던 학문적인 토대는 16세기 말까지도 영국에 존재하지 않았다. 로벨리우스가 런던으로 망명했을 때 영국 대학 가운데 식물학 교육 과정이 개설돼 있는 곳은 없었고 식물원이라고는 로벨리우스의 고용주였던 주슈 경처럼 식물에 관심이 많은 아마추어 수집가들이 모아놓은 개인 컬렉션이 전부였다. 버흘리 경 역시 런던 스트랜드와 하트퍼드셔의 시어볼즈에 주슈 경의 정원만큼이나 멋진 정원을 갖추었는데, 이를 관리

그림 130. 1597년에 런던에서 존 노턴이 인쇄한 존 제라드의 약초 의학서. 콘스탄티노플에서 들여온 패모나 신대륙에서 당시 갓 들어온 옥수수 등 이국적인 식물이 주위를 둘러싸며 묘사되어 있다.

하던 사람이 바로 존 제라드(1545~1612)였다. 영국 식물학자들이 전문가로서 집단적인 힘을 발휘할 수 있는 기반으로는 토머스 존슨과 그의 여행 친구들이 회원으로 가입해 있던 약제상 협회Society of Apothecaries, 내과의들의 모임College of Physicians, 그리고 매우 영향력이 큰 이발사 겸 외과의사 단체Barber-Surgeons' Company 등이 있었다. 이러한 단체는 모두 식물에 대한 지식을 습득하는 데 관심을 보였지만 그 관심은 식물 가운데에서도 매우 특별한 종류에 한정되어 있었다. 반면 주슈 경이나 버흘리 경 같은 부유한 아마추어 수집가는 좀 더 객관적이고 폭넓은 시각으로 의학적인 가치보다는 희귀성을 기준으로 식물을 수집할 여유가 있었다. 1562년에 이발사 겸 외과의사인 알렉산더 메이슨 밑에서 도제 수업을 받은 존 제라드(그림 131 참조)는 전문가와 아마추어 양쪽에 모두 관여하고 있었다. 그는 이발사 겸 외과의사로서 빠르게 출세의 사다리를 타고 올라가 1569년에는 명예시민이 되었지만 동시에 수집가로도 명성을 날리고 있었다. 1596년에 제라드는 홀번 정원에 있는 모든 식물(1039종류)의 목록을 출판했다. 홀번의 정원에서는 "모든 종류의 특이한 나무, 풀, 뿌리, 식물, 꽃 및 기타 희귀종을 키웠기 때문에 사람들은 경제적으로 그다지 풍족하지 않은 제라드 정도 지위의 사람이 어떻게 그토록 많은 식물을 수집했는지 의아하게 생각했다."[1] 이렇게 정원의 식물 목록을 만든 사람은 제라드가 처음이었다. 그는 엘리자베스 여왕의 주치의인 랜실롯 브라운, 이발사 겸 외과의사 단체의 장 조지 베이커 등 영향력 있는 지인들과 폭넓게 교류하고 있었다. 또한 제임스 개릿, 휴 모건, 리처드 가스와 같이 런던 시내에 훌륭한 정원을 보유하고 있었던 약제상들과도 친분을 쌓았고 식물도 교환했다. 제라드가 "존경할 만한 신사이자 특이한 식물에 큰 관심을 가지고 있다"고 표현한 가스는 남아프리카에 유용한 인맥을 쌓고 있었고 브라질에서 독특한 희귀종 식물을 수입하기도 했다. 가스는 또한 클루시우스와도 친한 사이였으며 남아메리카에서 들여온 식물을 건네주는 대가로 클루시우스에게서 둥굴레 뿌리를 받았다. 그리고 받은 둥굴레 뿌리를 다시 제라드에게 넘겨주었다. 제라드는 시리아와 터키에서 식물을 수입하는 부유한 상인 터키 컴퍼니의 니콜라스 리트 사장과도 친교를 쌓았고 그 덕분에 이러한 이국적인 식물을 누구보다 먼저 길러볼 수 있었다. 그는 트위크넘까지 가서 빼어난 나무를 모아놓았다고 소문난 리처드 포인터의 정원과 묘목장을 구경하기도 했다. 포인터는 과수원에 토끼를 길렀는데, 잡아먹기 위해서가 아니라 "오직 잔디를 짧게 유지하기 위해서"라고 했다.[2] 제라드는 세인트 제임스에 있는 여왕의 별장 관리자이자 멜론 재배 일인자인 장인 파울과도 아는 사이였다. 햄프턴 궁정의 정원을 가꾸는 관리사인 장인 허긴스와도 정기적으로 연락을 주고받았다. 한편 하인인 윌리엄 마셜에게 "페트라세에서 순풍을 받아 하루 밤낮을 항해한 곳에 있는 잔테라는 섬"에서 플라타너스나무와 선인장Opuntia ficus-indica에 대해 관찰할 임무를 부여해 지중해 원정에 보내기도 했다. 프랑스 국왕의 식물학자 장 로뱅은 파리 "부 뒤 부 몽드라는 거리에 검은색 입간판이 달린 건물"인 자신의 정원에서 채집한 한련의 씨앗을 제라드에게 보냈다.

따라서 영국의 출판업자 존 노턴이 도도엥의 중요한 저서 가운데 한 권인 『여섯 식물의 자연사』(1583)의 영어 번역판을 내기로 마음먹었을 때 존 제라드에게 의뢰한 것도 그다지 놀라운 일은 아니다. 헨리 라이트Henry Lyte(1529~1607)는 이미 도도엥의 『크로이데부크』를 1578년에 『식물 신서A Niewe Herball』라는 이름으로 번역 출판하여 큰 성공을 거둔 바 있었다. 그런 까닭에 노턴은 같은 종류의 책을 내도 충분히 시장성이 있으리라고 생각했던 것이 틀림없다. (16세기 중반에 이르자 영국의 인구는 약 300만에 달했고 1651년에는 500만 명으로 증가했다. 이 300만 명 가운데 적어도 반수 이상은 글을 읽을 수 있었고 책은 점점 더 사상을 전파하는 중요한 수단이 되었다. 인쇄술은 영국에서 자리를 잡는 데 다소 오랜 시간이 걸렸지만 결국 변화에 더욱 박차를 가하는 역할을 했다.) 정직한 아마추어였던 라이트는 최종 인쇄된 책에 도도엥이 쓴 원본 내용을 번역한 것과 자신이 직접 추가한 수정 사항을 세심하게 구별해서 실었다. 그러나 1597년에 존 노턴을 통해 『식물의 이야기Herball』를 출판한 제라드(그림 130 참조)는 표절자이자 사기꾼이었다. 노턴이 처음으로 선택한 번역자는 제라드가 아니었다. 원래 번역을 시작한 사람은 내과의들의 모임에 소속된 프리스트 박사였지만 번역을 마치기 전에 세상을 떠나고 말았다. 제라드는 여러 직책을 겸하고 있었는데, 그 가운데 이 단체가 보유하고 있는 약초 재배원의 큐레이터도 맡고 있었기에 프리스트 박사와 안면이 있었을뿐더러 그가 무슨 작업을 하고 있었는지도 분명히 알고 있었을 것이다. 그런데도 독자에게 쓴 서두에서 제라드는 "런던 모임의 회원이었던 프리스트 박사는 (내가 듣기로는) 도도엥의 마지막 판본을 번역하고 있었고 이 책을 출판하려고 했다. 그러나 세상을 떠났기 때문에 그가 한 번역 작업도 마찬가지로 사라지고 말았다"고 썼다. 사실 제라드는 프리스트의 번역을 도용했고 로벨리우스가 처음 개척한 배열 방식에 좀 더 가깝도록 자료의 위치를 바꾼 다음 자신의 이름을 달고 "내 노력의 첫 번째 결실"이라고 말하며 책을 내놓았던 것이다.

제라드는 "오류가…… 불가피하게 발생했다. 일부는 인쇄업자의 실수, 일부는 훌륭하게 작업하지 못한 내 자신의 잘못, 그리고 일부는 작업 자체의 규모 때문이었다"고 인정했다. 그는 서두에서 "최선을 다했다는 점을 고려하여 의구심을 제기하는 대신 나의 좋은 뜻이 긍정적으로 받아들여졌으면 좋겠다. 부족한 재주로 시작한 이 일은 좀 더 뛰어난 학자가 완벽하게 마무리지을 수 있을 것이다. 특히 내가 그를 위해 얼음을 깨고 나무를 잘라놓는 등 힘들게 기반을 닦아놓았기 때문이다"라고 썼다.

제라드의 동시대인들은 그 책을 높이 평가하지 않았다. 똑똑한 위그노 교도 약제상이자 런던 월에 있는 자신의 정원에서 제라드에게 영국에서 처음으로 핀 튤립을 보여준 제임스 개릿도 마찬가지였다. 제라드가 아직 『식물의 이야기』 작업에 몰두하고 있을 때, 개릿은 조용히 인쇄업자 노턴에게 그 책에 오류가 가득하다고 경고했다.[3] 제라드는 열성적인 수집가이자 식물뿐만 아니라 사람 농사도 게을리 하지 않는 이였지만 본질적으로 학자는 아니었다. 이 문제를 해결하기 위해 노턴은 로벨리우스를 데려와서 본문의 첫 번째 판본을 편집하도록 부탁했다. 제라드와 로벨리우스는 친한 친구였고, 같이 '식물 채집'을 하는 때도 많았다. 로벨리우스가 켄트의 사우스플리트에서 붉은 꽃이 피는 멕시코양귀비를 발견했을 때에도 제라드와 함께였다. 그는 1596년에 발간된 제라드의 『홀번 정원 식물 편람』에 후한 소개사를 써주기도 했다.[4] 로벨리우스는 제라드의 『식물의 이야기』 필사본에서 1000개 이상의 오류를 발견했지만 제라드는 씩씩대며 재빨리 눈앞에서 치워버렸다. 제라드는 로벨리우스가 플랑드르 사람이기 때문에 영어 관용구를 잘 이해하지 못한다는 평계를 댔다. 그러나 사실 제라드에게는 로벨리우

그림 131. 53세의 존 제라드(1545~1612). 이 초상화는 1597년에 발간된 『식물의 이야기』에 등장한다.

스와 견줄 만한 학식은 없었고, 로벨리우스가 실수를 올바르게 지적하면서 플랑탱을 통해 1570년에 출판한 자신의 『식물 신서』 내용을 표절했다고 비난했을 때 제대로 방어할 준비도 되어 있지 않았다. 그러나 이러한 오류와 끊이지 않는 논란에도 불구하고 노턴은 이미 너무나 많은 문제로 지연된 이 책을 출판하기로 결심했다.

그림은 글보다 더 큰 문제였다. 1530~1590년에 유럽에서 다섯 차례에 걸쳐 제작된 뛰어난 그림들에 필적할 만한 식물 그림은 영국에 존재하지 않았다. 노턴은 30년도 더 전에 윌리엄 터너가 자신의 책을 집필하면서 사용했던 푹스의 그림을 불법으로 사용할 수도 있었지만 제라드의 책을 다 채우기에는 충분하지 않았다. 제라드가 설명한 식물의 상당수는 터너가 책을 쓰던 시기에는 아직 소개되지 않은 것들이었다. 물론 가장 합리적인 대안은 도도엥의 원작 『여섯 식물의 자연사』에 수록하기 위해 플랑탱이 의뢰한 그림들을 사용하는 것이었다. 그러나 그림까지 똑같은 것을 쓴다면 저자로서 제라드보다는 도도엥의 권위를 더욱 강조하게 될 것이 틀림없었다. 이에 노턴은 프랑크푸르트에 있는 출판업자 니콜라우스 바소이스가 가지고 있던 수많은 목판화를 대여했다. 모두 2000개에 달하는 목판화 가운데 약 1800개가 『식물의 이야기』에 사용되었다. 그러나 제라드는 목판화에 조각된 식물을 구별하지 못했기 때문에 설명에 맞는 그림을 제대로 배치하지 못했고, 이 과정에서 또 한 차례 큰 혼란이 생겨났다.

이 책에 실린 그림 가운데 새롭게 제작한 것은 약 16점에 불과했으며 그 중에는 거의 최초로 문헌에 그림이 등장하는 감자(그림 132 참조)도 포함되어 있었다. 제라드는 감자에 "아메리카에서 자생하며, 그곳에서 처음 발견되었다. (…) 나는 이 식물의 뿌리를 노럼베

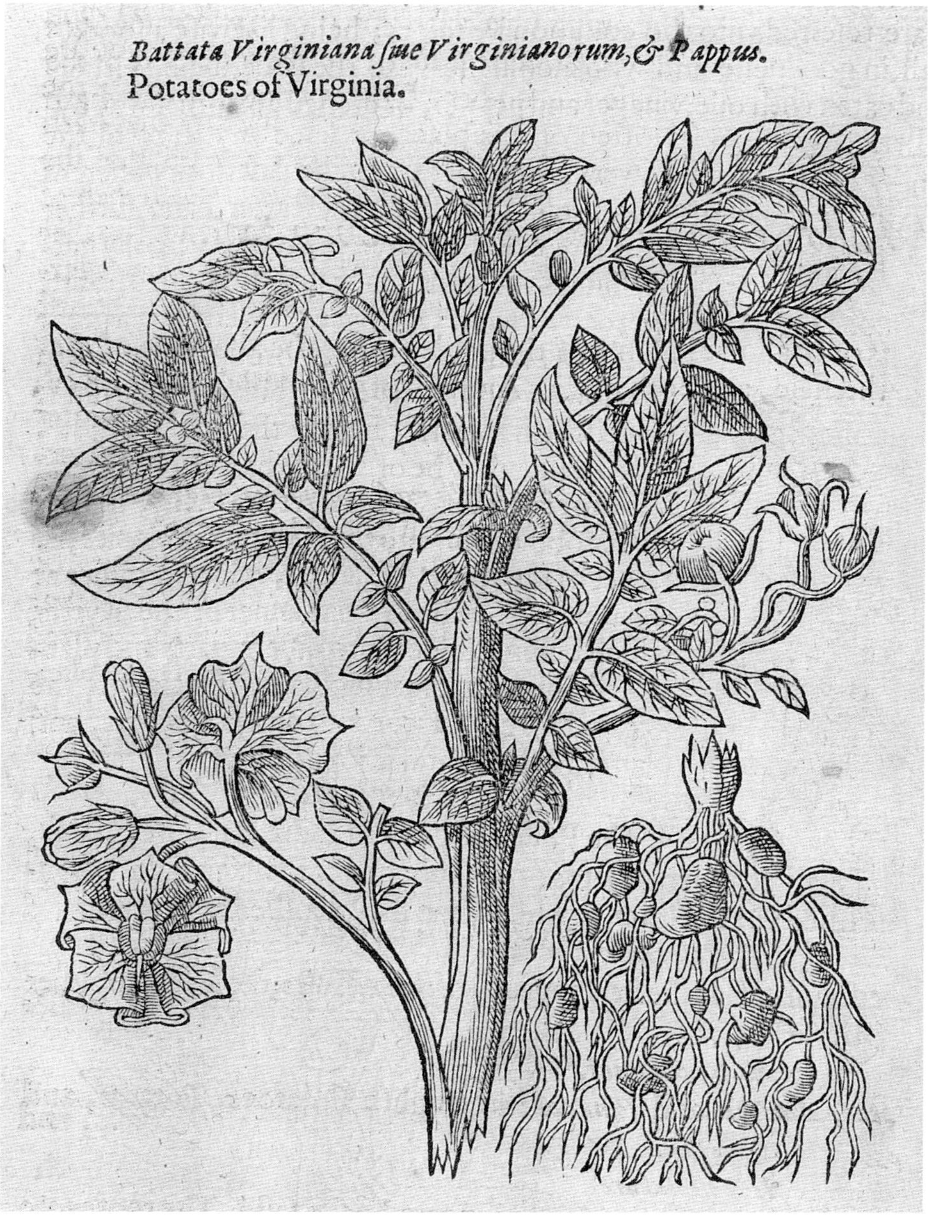

Battata Virginiana ſiue Virginianorum, & Pappus.
Potatoes of Virginia.

그림 132. 1586년에 프랜시스 드레이크Francis Drake가 (버지니아가 아니라) 컬럼비아의 카르타헤나에서 영국으로 들여온 것으로 보이는 감자. 존 제라드는 『식물의 이야기』에서 감자에 대해 "삶아서 기름, 식초, 후추를 곁들여 먹거나 뛰어난 요리사가 다른 방식으로 조리를 해서 먹는 것이 가장 좋다"고 썼다.

가라고도 불리는 버지니아에서 받았으며, 이 식물은 내 정원에서 마치 원산지에서 자라는 것처럼 번성했다"는 설명을 달았다. 제라드가 이 책의 맨 뒷부분에 잎사귀 대신 기러기가 열린다는 전설의 기러기나무에 대한 새로운 그림과 설명(그림 133 참조)을 실은 것은 현명하지 못한 선택이었다. 제라드는 이 나무에 대해 "이 땅(혹은 세계라고도 할 수 있을지 모르겠다)의 경이 가운데 하나다"라고 썼다. 북부 스코틀랜드와 오크니 같은 섬에서는 "살짝 적갈색을 띠고 있는 흰색의 특별한 조가비가 열리는데, 그 안에는 작은 생물체가 들어 있다. 조가비가 성숙하면 껍질이 열리고 그 안에 있던 작은 생물체가 점점 자라다 물에 떨어져서 새가 되는데, 우리는 이 새를 기러기라고 부른다. 영국 북부에서는 흑기러기라고 부르며 랭커셔에서는 나무 기러기라고 부른다. 그러나 물이 아니라 땅에 떨어진 것들은 금세 죽어서 사라진다."

제라드는 이 모든 이야기를 전해 들은 것이라고 했지만, 비슷한 현상을 직접 자신의 "눈으로 보고, 손으로 만져본" 적이 있다는 말을 덧붙였다. 랭커셔의 파일 오브 파울더스라는 섬에 있는 난파된 배의 목재에서 일종의 포말이나 거품 같은 것이 생겼고 시간이 지나면서 조개로 변했다고 적었다.

조개의 모양은 홍합과 비슷하지만 끝부분이 좀 더 뾰족했고 색이 옅다. 안에 들어 있는 명주실로 만든 흰색의 레이스 같은 것은 정교하게 짜여서 하나로 묶여 있으며, 굴이나 홍합 같은 패류처럼 한쪽이 조가비의 안쪽에 단단히 붙어 있다. 다른 한쪽은 불룩한 덩어리 또는 응어리 같은 모양을 하고 있으며 적당한 때가 되면 모양이 잡히고 새의 형상이 된다. 모양이 완전히 잡히면 조개껍질이 열리고 제일 먼저 밖으로 나오는 것은 앞에서 말했던 레이스 또는 실이다. 다음에는 새의 다리가 빠져 나오고, 새가 점점 커지면서 조가비도 더욱 넓게 벌어져서 몸통 전체가 밖으로 나올 수 있을 때까지 벌어지면 부리에 껍질이 간신히 걸쳐 있게 된다. 머지않아 새가 완전히 성숙하면 바다에 떨어지고 그곳에서 깃털이 자라나 청둥오리보다는 크지만 거위보다는 작은 조류로 성장한다. 다리와 부리, 볏은 모두 검은색이다.[5]

이미 13세기에 알베르투스 마그누스는 흑기러기 역시 다른 모든 새들과 마찬가지로 알에서 태어난다고 확실하게 단정지은 바 있다. 그러나 제라드는 그다지 합리적인 사람이 아니었고 미신을 쉽게 믿는 편이었다. 다만 당시의 수많은 관찰자들과 마찬가지로 그는 아직 이해할 수 없는 자연 현상을 설명하려고 상당한 노력을 기울였다. 당시에는 철새들이 매년 이동한다는 사실을 아무도 알지 못했다. 그렇다면 이 수많은 기러기 떼가 갑자기 어디서 나타났을까? 당시의 지적 환경에서 기러기나무에 대한 이야기는 다른 어떤 설명만큼이나 앞뒤가 맞아 보였던 것이다.

제라드는 현실적인 사람이자 인기에 영합하는 사람이었다. 이발사 겸 내과의사 단체 내에서 계급을 타고 올라간 속도(1608년 8월에 회장으로 선출되었다)를 보면 그가 얼마나 사교적인 성격이었는지 알 수 있다. 그러나 로벨리우스, 터너와는 달리 런던 바깥을 거의 여행한 적이 없었다. 젊은 시절 처음이자 마지막으로 해외여행을 한 차례 했는데, 아마도 선상 내과의사 자격으로 러시아, 덴마크, 스웨덴, 폴란드를 오가는 상선을 타고 여행을 했던 것으로 보인다. 그러나 제라드는 터너처럼 유럽 대륙 국가들과 그곳에서 서

그림 133. 기러기나무. 브리타니카 콘카 아나티페라Britannica concha anatifera라는 그럴듯한 거짓 이름을 단 채 존 제라드의 『식물의 이야기』(1597)에 실려 있다.

식하는 식물에 대한 직접적인 경험이 없었으며 로벨리우스처럼 외국어와 학문에 쉽게 통달하는 재능도 없었다. 터너는 케임브리지에서 공부를 했고 로벨리우스는 몽펠리에에서 학문을 갈고 닦았지만 제라드는 젊은 시절 제대로 된 교육을 받지 못했다. 정식 교육이라고는 1545년에 태어난 고향 낸트위치에서 다닌 학교가 전부였다. 이발사 겸 내과의사의 도제로 들어갔을 때 그는 열일곱 살에 불과했다. 제라드는 사상가가 아니라 행동가였다. 『식물의 이야기』를 후원자인 버흘리 경에게 바치면서 적은 야단스러운 헌정사에 제라드는 자신의 특별한 업적이라고 생각한 것을 이렇게 늘어놓았다.

> 나는 이 고결한 섬의 거대하고 뛰어난 식물군에 갖은 방법을 동원해서 손에 넣은 온갖 종류의 외국 풀과 꽃을 추가했으며, 이곳의 기후에서도 최적의 기후를 갖춘 원산지 국가에서처럼 아무런 문제없이 자라고 무성하게 번성할 수 있는 토양을 만드는 데 최선을 다했다. 이에 성공을 거두어 훌륭한 식물군을 가꾸어냈으므로 나는 각하의 정원에 갖춰져 있는 식물에 대한 보고서를 작성하며, 내가 정원을 가꾸면서 들였던 특별한 보살핌과 보전 방법에 대한 글을 간략하게 남긴다.[6]

이는 정원사의 글이지 학자의 글이 아니다. 제라드의 『식물의 이야기』는 식물과 그 다양성, 아름다움에 대한 찬양이며, 식물 연구의 근간이 되는 이론은 거의 언급하지 않고 있다. 책의 첫 부분에서 제라드는 잎사귀를 기준으로 식물을 분류하고 정리한 로벨리우스의 방법을 채택하기 위해 자료를 대강 다시 정리했다. 그러나 그 자신은 "식물의 일반적인 분류에 대해 흥미 있는 담론"을 시작하거나 "저속한 우리 언어로 표현할 수 있는 것보다 더 많은 라틴어로 식물의 여러 부분을 서로 다른 이름으로 부르는 것"을 지루한 일이라고 생각한다는 의견을 분명히 밝혔다. 제라드는 천성적으로 식물 사이의 차이점을 가장 분명하게 정의하는 질서나 특징을 탐구하는 데 관심이 없었다. 『식물의 이야기』는 세 부분으로 나뉘어져 있었으며 첫 권은 "잔디, 골풀, 갈대, 옥수수, 창포"로 시작해서 "구근 또는 양파 모양의 뿌리를 가진 식물...... 대담하고 화려한 꽃을 피우고 아름다운 정원을 꾸며 배보다는 눈을 즐겁게 하는 식물"을 수록했다. 두 번째 권에는 "식량, 약품, 또는 향긋한 냄새를 내기 위해 사용하는 대부분의 풀"을 소개했다. 세 번째 권은 잡동사니였다. "나무, 관목, 덤불, 과일, 송진, 수지, 장미, 잡초, 이끼, 버섯, 산호, 그 외의 여러 종류"에 대해 쓰고 있다.

이 책에서 혁신적인 돌파구는 찾아볼 수 없다. 그렇다면 왜 제라드가 중요할까? 당시 제라드의 책이 인기를 끈 가장 큰 이유는 쉽게 접근할 수 있다는 점에 있었다. 그는 생생한 단어를 사용하여 흰색 헬레보어(오늘날의 여로)의 잎이 "마치 옷을 상자에 넣기 위해 가지런히 개어놓은 것처럼 얌전하게 접혀 있다"고 표현했으며, 루나리아 아누아〔양귀비목 겨자과의 한해살이풀〕의 콩깍지에 "갓 잘라낸 새틴 조각처럼 얇고 투명하게 빛나는" 속껍질이 있다고 묘사했다. 제라드는 아네모네, 패랭이꽃 등 16세기 후반 정원사들이 앞 다투어 열심히 모으기 시작했던 화려한 꽃들을 선호했다. 인맥이 아주 넓었기 때문에 감자, 분꽃, 옥수수(그림 134 참조), 담배, 해바라기, 당시까지 사랑의 사과로 일컬어지며 최음제로 사용되던 토마토 등 아메리카 대륙에서 들어온 진귀한 새로운 식물에 대

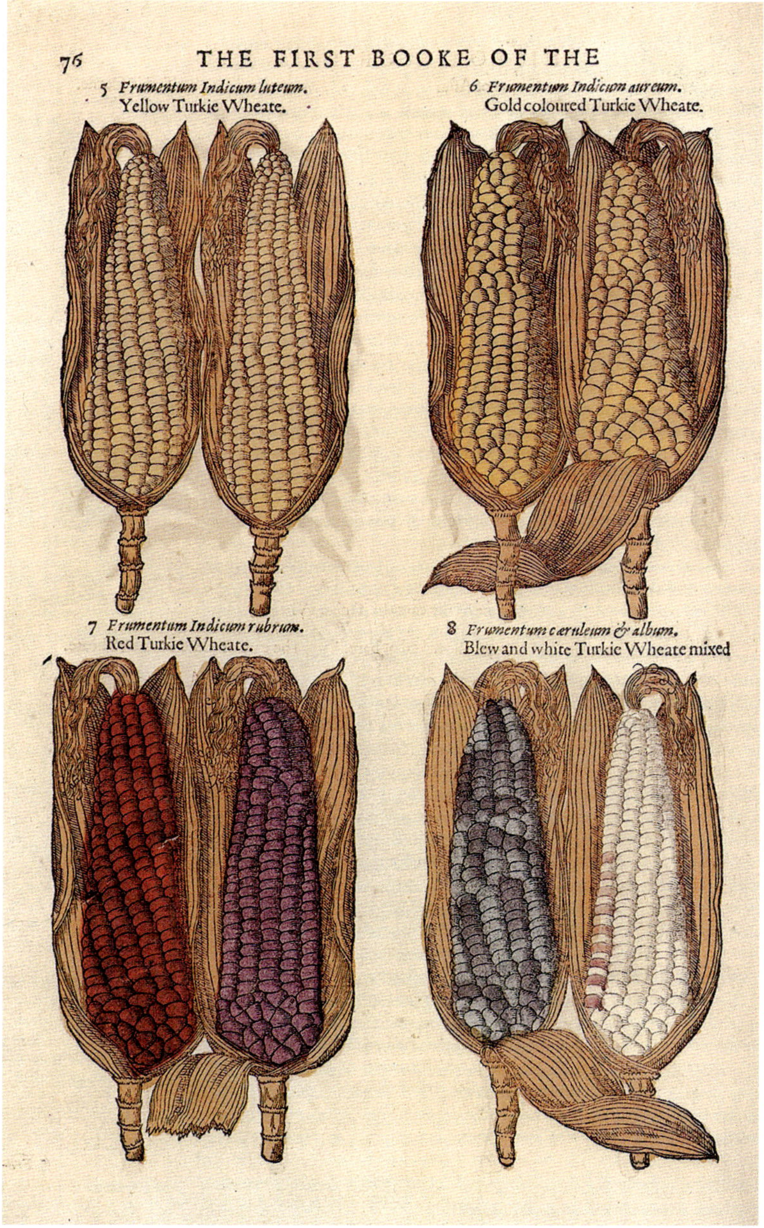

그림 134. 존 제라드의 『식물의 이야기』(1597)에 실린 터키 밀Turkie Wheate. 이름처럼 터키에서 건너온 밀이 아니라 남아프리카에서 건너온 옥수수Zea mays다.

한 자세한 내용을 실을 수 있었고, 이는 영국에 있는 식물학자들의 비상한 관심을 끌었다. 제라드는 토마토에 대해 "매우 길고 둥근 줄기 또는 가지를 땅 위로 뻗으며 줄기는 두껍고 즙이 많다"고 적었다.

> 잎은 크고 가장자리가 깊숙이 파여 있거나 들쭉날쭉하다. (…) 노랑색 꽃은 그 사이 짧은 줄기 또는 근경에서 자라나며 함께 모여 다발을 이룬다. 꽃이 떨어지면 그 자리에서 상당히 질 좋은 사과가 열리는데, 모양은 울퉁불퉁하고 여기저기 묶음으로 자란다. 열매는 밝게 빛나는 빨간색이고 크기는 거위 알이나 커다란 피핀종 사과 정도 된다. 과육은 즙이 매우 많고 부드러우며 붉은색이고 안에는 밀 알갱이 같은 물질이 들어 있다.[7]

비록 의도적인 것은 아니었다 하더라도 제라드는 식물이 서식하는 매우 구체적인 장소를 기록함으로써 차츰 형태를 갖춰가는 영국 식물군의 지도와 그 분포에 대한 이해에 상당한 공헌을 했다. 그가 언급한 대부분의 지명은 런던이나 마게이트, 레이, 하리치 등 런던 근교 지방이었다. 예를 들어 콩과의 일종인 살갈퀴는 햄스테드 히스에서 발견했으며, "런던에서 출발했을 때 오른편에 보이는 비콘 바로 맞은편에 있는 자갈 구덩이 근처에 있었다. 또한 그리니치에서 찰턴으로 이어지는 길에 있는 마을에서 반 마일 거리인 블랙 히스라는 고지대에서도 자란다"는 식이다. 갯질경이는 "그레이브젠드 맞은편에 있는 요새의 벽 위에서 풍성하게 자라며" 채텀에 있는 왕의 창고 옆에서도 자랐지만 "셰피 섬으로 향하는 왕의 연락선 때문에 사라졌다"고 기록했다. 범의귀는 "사우샘프턴 백작이 소유하고 있는 천세리 레인의 벽돌로 된 벽 위에서" 자라며 "스트랜드에 있는 재무상 경의 정원에는" 멋진 플라타너스가 있다고 썼다. 그는 밝은 노란색의 좁쌀풀이 "런던 근교의 램버스에서 배터셋으로 가는 길에 있는 초원을 따라 자라는 것"을 발견했고, 분홍색의 꽃이 피는 황금은 "햄스테드 벌판의 늪지나 질척한 땅에서 발견했으며, 그곳은 1590년에 지각 있는 시민 존 하트 경과 기사, 런던시의 시장이 런던으로 물을 끌어오기 위해 판 여러 개의 샘과 멀지 않은 장소다. 당시 나는 주슈 경과 함께 멋진 샘을 보러 갔으나 동시에 그곳에서 이전에는 본 기억이 없던 이 식물을 발견했다." 제라드는 동쪽 방향으로는 기껏해야 케임브리지 정도까지 나간 듯하며, "케임브리지에서 6마일 떨어진 힐더샴이라는 작은 마을의 목사관 근처에 있는 목초지에서 아주 풍부하게" 자라는 아름다운 보라색 할미꽃에 대해 이야기한 바 있다.[8] 제라드의 출생지인 체셔는 그가 아는 곳 가운데 가장 북쪽에 자리 잡은 지역이었고, 그곳에 있는 비스턴 성의 벽에서 피막이가 자라는 모습을 보았다고 언급했다.

이 책은 또한 터너가 살던 시대의 표준이었던 무거운 독일식 검은 활자보다 정교하고 가벼운 활자를 사용하여 읽기에 큰 부담을 주지 않았고 영어로 출간되었기 때문에 커다란 성공을 거두었다. 이 책이 널리 전파된 것은 부분적으로 제라드 자신의 폭넓은 인맥 때문이기도 했지만 동시에 영국에 서적상들이 점점 늘어나고 있었기 때문이기도 했다. 덴비셔 지역 르웨니의 존 솔즈베리 경(1567~1612)과 같이 『식물의 이야기』를 가지고 있는 사람들은 소장하고 있던 책에 현지 식물에 대한 자세한 설명을 주석으로 달았고, 새로운 토착 식물과 가지각색의 꽃이 피는 시기를 추가했다. 제라드의 해바라기 그림 옆에 솔즈베리는 "이 커다랗고 멋진 해바라기는 르웨인에 있는 존 솔즈베리 경의 정원에서 자라며 1607년에 이 그림과 똑같이 완벽하게 꽃을 피웠다"고 썼다. 이러한 모든 지식의 교환, 주석, 논평은 모두 식물을 정확히 식별하고 올바른 이름에 대한 합의를 도출한다는, 어렵지만 꼭 필요한 과정에 기여하게 되었다. 비록 오류로 가득 차 있었지만 제라드의 책은 분명히 이러한 발전에 일익을 담당했다.

제라드는 신대륙에서 유럽으로 가장 최초로 들어온 식물 가운데 하나인 유카가 꽃을 피우는 것을 보지 못하고 죽었다. 그는 이 희귀한 식물을 소유하고 있다는 사실을 너무나 자랑스럽게 여겼지만 영국에서 처음 유카 꽃을 피우는 데 성공한 영광은 에섹스 노스 오켄던의 윌리엄 코이스William Coys에게 돌아갔다. 제라드가 키우던 유카는 1593년에 "엑세스터에 사는 학식이 풍부하고 기술이 뛰어난 약제상 토머스 에드워스의 하인"이 가져다준 것이었다. 제라드는 그 식물을 남아메리카의 인디언들이 카사바cassava(타피오카라고도 부르는 전분가루)를 만드는 데 사용하는 마니오트manihot나 유카라고 생각했기 때문에 유카라는 잘못된 이름으로 불렀다. 『식물의 이야기』에서 제라드는 이 식물의 잎이 "자세히 보면 작은 나룻배나 배 모양처럼 생겼고, 이곳의 추운 날씨에도 불구하고 덮개 없이" 항상 녹색을 유지한다고 묘사했다. 제라드의 유카는 그가 세상을 떠나면서 함께 시들어버렸지만 그는 생전에 유카의 일부를 파리에 있는 장 로뱅에게 보낸 바 있었다. 로뱅의 아들인 베스파시앙은 다시 이 식물의 '새끼'를 제라드와 서신을 주고받던 존 드 프랑퀘빌 경(로벨리우스도 이 사람을 알고 있었다)에게 보냈다. 런던에 있는 정원에 사탕수수나 돼지감자 같은 희귀한 식물을 다수 보유

그림 135. 존 제라드의 『식물의 이야기』(1597)에 실린 갖가지 형태의 금잔화 Calendula officinalis.

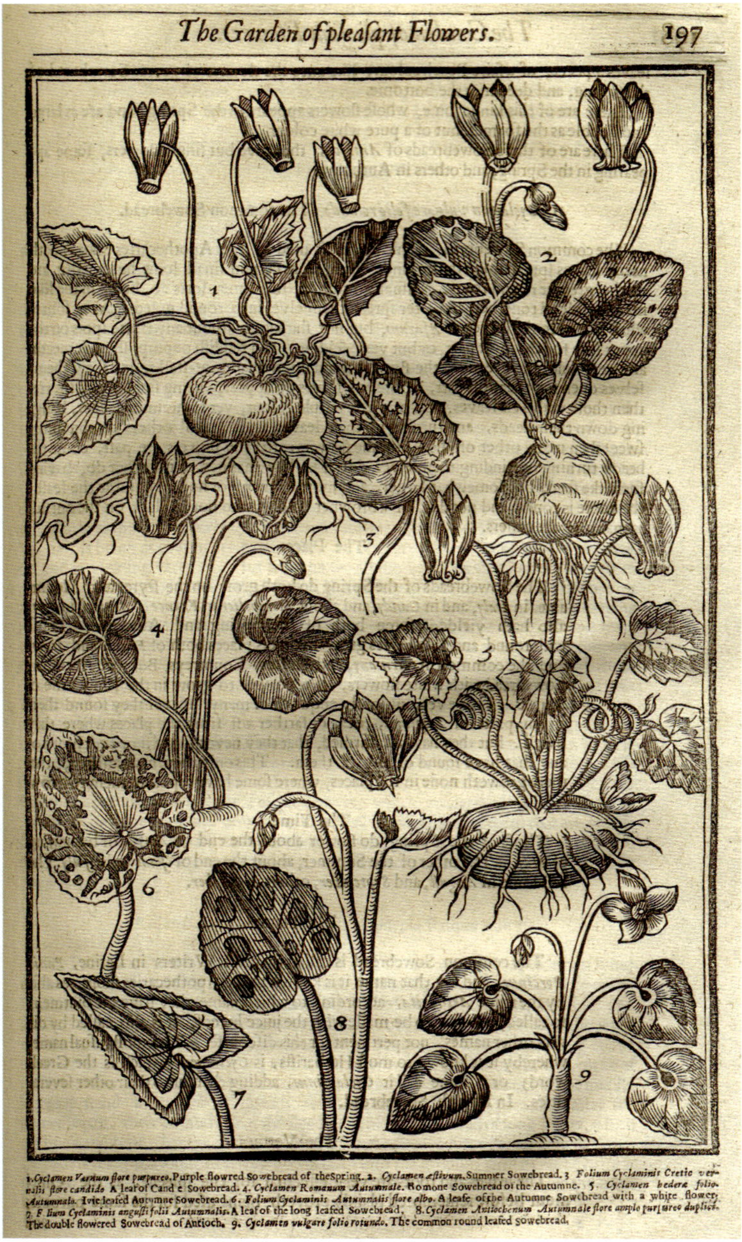

그림 136. 봄과 가을에 꽃을 피우는 시클라멘(아마도 Cyclamen coum과 Cyclamne hederifolium). 존 파킨슨의 『지상의 천국』(1629)에서 발췌한 그림.

하고 있었던 프랑퀘빌은 제라드의 유카 일부를 뛰어난 정원사이자 제임스 1세의 약제사였던 존 파킨슨(1567~1650)에게 보냈다. 파킨슨은 잘못된 이름을 바로잡으려고 노력했지만 때는 이미 너무 늦어버렸다. 그리고 유카는 지금까지 그 이름으로 불리고 있다.

1629년에 출판된 파킨슨의 책 『지상의 천국Paradisi in sole paradisus terrestris』은 제라드의 『식물의 이야기』 이후 처음 발간된 식물서였으며, 파킨슨은 서론에서 이 책의 반응이 좋으면 제라드의 책을 완전히 대체할 수 있는 『식물의 정원』이라는 후편을 낼 의향이 있다고 밝혔다. 노턴의 회사를 인수한 인쇄업자 애덤 이슬립, 조이스 노턴, 리처드 휘테커는 이러한 파킨슨의 발표에 깜짝 놀랐다. 이들은 식물서 시장을 파킨슨에게 넘겨줄 수 없다고 생각했고, 제라드 책에서 파킨슨이 찾아낸 허점을 보완할 만한 개정판을 내야겠다고 마음먹었다. 이들은 1년 이내에 작업을 끝내야 한다는 조건에 맞춰 일해줄 편집자를 다급하게 찾기 시작했다. 상당히 어려운 일이었지만 어찌어찌 작업은 마무리되었고, 1633년에 42s6d 비제본판, 48s 제본판으로 새로운 판본이 출판되었다. 이 개정판은 두께만 해도 제라드가 내놓았던 원작의 1.5배에 달했고, 수록된 2765개의 목판화는 대부분 플랑탱의 보물상자에서 빌려온 것이었다. 이는 그때까지 그 어떤 식물서에 인쇄된 그림보다도 방대한 규모의 컬렉션이었다. 개정판의 편집을 맡은 이는 토머스 존슨으로, 약제상 협회의 동료들과 함께 1629년에 켄트로 식물 채집 여행을 떠난 바로 그 인물이었다.

이 역사적인 여행을 떠날 무렵, 존슨의 나이는 28세쯤이었고, 윌리엄 벨의 약제상에서 8년에 걸친 도제 수업을 막 끝낸 참이었다. 1628년 11월 28일, 그는 "시험을 거쳐 충분히 역량을 쌓았다는 판단 하에 자유의 몸이 되었고, 회비를 낸 다음 숟가락 하나를 기부했다." 존슨은 존 파킨슨과 친하게 지냈으며, 파킨슨의 『지상의 천국』에 추천사를 써주었지만 그의 주된 관심사는 그토록 파킨슨과 제라드를 매료시킨 정원에서 피는 꽃들이 아니었다. 존슨의 오랜 목표는 전국에 퍼져 있는 지인들의 도움을 받아 영국에서 자란다고 알려져 있는 모든 식물의 완전한 목록을 만드는 것이었다. 켄트 지방 여행을 통해서만도 이전에 어디에도 기록된 적이 없는 식물 150여 종을 새롭게 발견할 수 있었다. 그가 본보기로 삼은 사람은 젊은 이탈리아의 식물학자 울리세 알드로반디로, 울리세는 1557년에 이탈리아의 시빌리니 산맥으로 최초의 식물 채집 여행을 떠난 인물이었다. 길지 않은 삶이었지만 존슨은 켄트, 웨스트 컨트리, 웨일스, 아일오브와이트로 떠난 여러 차례의 여행을 기록하여 네 권의 책을 출판했다. 『여행Iter』(1629)은 켄트로 떠난 첫 번째 탐험과 그다음의 햄스테드 히스 원정을 다루고 있다. 『식물을 찾아 떠난 여정 이야기Descripito itineris plantarum』(1632)에서는 훗날의 켄트 지방 여행을 다루었다. 1634년과 1641년에 두 부분으로 나누어서 출판된 『머큐리의 식물학Mercurius botanicus』은 웨스트 컨트리, 웨일스, 아일오브와이트 여행을 기록한 책이다. 웨스트 컨트리와 웨일스로 떠난 야심 찬 원정은 『식물의 이야기』 개정판 작업을 마친 후의 일이고, 그 외의 여행은 모두 개정판을 내기 전에 떠난 것이었다. 존슨의 책들은 영국에서 출판된 책 가운에 최초로 식물 채집 여행을 다루었다는 면에서 의미가 깊다.

제라드의 『식물의 이야기』가 처음 출판된 이후 36년간 식물을 올바르게 식별하는 방법에 있어 상당한 진보가 있었고, 존슨은 제라드의 원작과 일부러 거리를 두었다. "내가 저자인 존 제라드 씨의 입장을 대변하기는 매우 어렵다." 존슨의 글이다. "제라드가 가장 칭찬을 받아야 할 부분은 대중의 지식 발전을 도모한다는 좋은 의도로 자신의 능력을 벗어나는 작업에 착수하여 노력을 기울였다는 점이다. 그에게 능력이 부족했던 이유 가운데 하나는 충분히 배우지 못했기 때문이라는 것이다."[9] 제라드 판본의 속 페이지에는 네 명의 고대 인물이 아네모네, 패주, 시대와는 전혀 맞지 않는 옥수수를 끌어안고 있는 그림이 희미하게 그려져 있다. "시민이자 약제상인 토머스 존슨이 크게 증보하고 수정한" 1633년 개정판의 제목 옆에는 샌들을 신고 생각에 잠긴 테오프라스토스, 군의관 신분에 어울리게 전쟁을 연상시키는 옷을 입고 있는 디오스코리데스가 등장한다. 존슨의 증보 및 수정 판본에는 약 2850개의 식물에 대한 설명이 담겨 있었는데, 적어도 800개 이상은 새로 추가한 것이었다. 존슨은 또한 700개의 새로운 그림도 사용했는데, 그 가운데 하나는 자신이 직접 그린 바나나 송이(그림 137 참조)였다. 바나나 그림이 최초로 문헌에 나타난 것도 바로 이때다. 존슨은 1633년 4월 10일에 내과의들의 모임 회장이었던 존 아르젠트 박사가 선물로 보낸 바나나를 받았다. 아르젠트 박사는 버뮤다의 지인을 통해 바나나를 손에 넣었다. 존슨은 바나나를 런던에 있는 자신의 약제상 상점 바깥쪽에다 걸었고, 이는 즉시 돌풍을 일으켰다. 이제까지 누구도 그렇게 생긴 식물을 본 적이 없었는데, 존슨의 그림은 바나나의 구조와 잎의 주맥을 따라 세로로 길게 맺히는 씨, 줄기의 아래쪽에 있는 이상한 삼각형 표시를 정확하게 묘사하고 있었다. 이 유명한 바나나는 존슨이 수정해서 내놓은 『식물의 이야기』 개정판 속 페이지까지 진출하여 제라드의 초상화 왼쪽에 놓여 있는 꽃병의 중심 자리를 당당히 차지했다. 존슨은 바나나에 대해 "5월

그림 137. 토머스 존슨은 자신의 약제상 가게 바깥쪽에 걸어놓은 바나나를 플랜테인 과일Plantaine fruit이라 불렀다. 이는 런던에 처음 선보인 바나나였다. 존슨은 1633년에 내놓은 제라드의 『식물의 이야기』 개정판에 싣기 위해 직접 바나나 그림을 그렸다.

초에 익기 시작하여 6월까지 지속된다. 펄프 또는 과육은 매우 부드럽고 연약하여 머스크멜론처럼 먹을 수 있다"고 적었다.[10]

XXII 영국의 업적
1629~1664년

영국에서 최초로 식물과 관련된 책을 써서 출판한 윌리엄 터너는 시대를 잘못 타고난 불운한 인물이었다. 시대를 잘못 타고났을뿐더러 평생 운이 없었던 탓에 터너의 책은 제대로 독자를 만날 기회조차 없었다. 반면 토머스 존슨은 시대정신을 활용하기에 최적의 위치에 있었다. 우화에 의문을 던지고, 미신의 정체를 밝히며, 터무니없는 이야기를 차츰 배척해나가는 이 신세대 식물학자들에게 과거의 사상은 충분하지 않았다. 기러기나무는 존슨이 손을 댄 『식물의 이야기』 개정판에 발을 붙일 수 없었다. 점진적으로 지식은 전통이 아니라 관찰에 기반을 두게 되었다. 식물에 대한 공부는 신사들의 교육에서 빼놓을 수 없는 부분이었다. 셔버리의 에드워드 허버트Edward Herbert 경은 이러한 새로운 아마추어 애호가 세대의 전형적인 인물이었다.

> 나는 식물에 대한 연구가 좋은 공부라고 생각하며 신사라면 훌륭한 원예가가 되어야 한다고 생각한다. 그렇게 되면 같은 생명체이자 인간에게 유용하게 사용되는 모든 풀과 식물의 본질에 대해 알게 되기 때문이다. 따라서 이러한 목적으로 몇몇 좋은 풀을 선정하여 그림을 첨부하고 해당 식물에 대한 설명을 실어 영국에서 자라는 식물을 모아놓는 것은 매우 바람직한 일이다. 그다음에는 공공 도로변, 초원, 강가, 습지, 경작지, 건조하고 지대가 높은 곳, 바위나 벽, 그늘진 곳, 해안가에서 잘 자라는 식물로 분류하여 정리하는 것이 바람직하다. 이렇게 한 뒤 평소에 직접 또는 하인이 식물의 그림을 들고 다닌다면 눈에 보이는 모든 풀을 즉시 알아볼 수 있을 것이다. 특히 해당 꽃의 그림이 실물에 충실하게 채색되어 있는 경우에는 말이다. 그후에는 정원에서 이러한 풀을 보게 되면 직접 구별해낼 수 있으며 어떤 것을 외국에서 들여와 영국에 옮겨 심었는지 알 수 있을 것이다.[1]

새롭게 증편된 『식물의 이야기』는 즉시 이튼 학교의 학장이었던 헨리 워턴 경과 같은 식물 애호가들 사이에서 주목을 끌었다. 1637년 7월 2일, 워턴은 존슨에게 서신을 보내 "두세 가지 부탁을 드리기 위해 하인을 보냅니다. 우선 선생께서 펴내신 제라드 개정판 가운데 단단하게 제본된 것을 어디서 살 수 있는지 하인에게 알려주시기 바랍니다. 두 번째는 내 정원 한쪽에 심을 모든 종류의 화려

그림 138. 1641년에 발간된 테오도르 드 브리의 『새로운 꽃과 식물Florilegium renovatum et auctum』에 수록된 다양한 형태의 데이지Bellis perennis.

한 패랭이꽃이나 공기 중에 싱그러운 향기를 뿜어낼 비슷한 꽃을 어디서 구할 수 있는지 알려주시기 바랍니다."²

존슨이 주도하고 약제상 협회의 동료 회원들과 함께 추진한 여름 '식물 채집' 탐험의 원동력이 된 것도 바로 이러한 이성적인 호기심의 정신이었다. 탐험에 참가한 일행 가운데 존 파킨슨의 『지상의 천국』에 추천사를 써준 윌리엄 브로드, 나중에 면허 없이 의사 행세를 했다는 이유로 감옥에 들어간 존 벅스(벅스는 형기를 마친 후 무대에 서기 위해 의료계를 떠나 보헤미아 여왕 극단에 합류했다) 등의 독특한 인물들이 있었다. 일행은 첫 번째 켄트 여행(1629년 7월 13일)에서 270여 가지 식물을 기록하는 수확을 올렸다. 존슨은 나무나 관목에는 그다지 주목하지 않았고 로체스너와 그레이브젠트 주변에서 흔히 볼 수 있는 초원과 경작지, 해안가에서 자라는 자그마한 식물을 좀 더 집중적으로 탐구했다. 존슨이 이 여행에 대해 기록한 책(1629년의 『여행』)은 영어가 아닌 라틴어로 쓰였다. 아마도 그 편이 더 권위 있게 보인다고 생각했을지도 모른다. 어쩌면 그 책의 주된 독자층인 동료 약제상들이 라틴어 책을 기대하고 있다고 생각했을 수도 있다. 혹은 라틴어가 영어보다 더욱 '과학적'이며 과학적인 연구에 상당한 기여를 하기 위한 작업에 좀 더 적합한 언어라는 보편적인 인식이 있었는지도 모른다. 당시에는 그러한 의문을 촉진시킬 왕립학회가 아직 존재하지 않았다. "식물의 자연적인 서식지를 탐험하기 위해 벌써 몇 년 동안이나 3~4일씩 여행을 해왔다는 사실을 알고 있었고", 1632년에는 "늘 여유로운 일정으로 식물 채집 여행을 떠나라고 격려해주었을 뿐만 아니라 본인도 자기 몫의 일은 할 것이며 비용도 다른 사람들보다 넉넉히 내겠다고 약속한" 사람은 바로 약제상 협회의 회장이었던 토머스 힉스였다. 존슨과 동료들은 힉스의 제안에 "즉각 동의했고 우리를 그토록 높이 평가해준 데 대해 그에게 감사했다." 따라서 그해 8월 1일, 존슨과 동료 윌리엄 브로드, 레오나드 버크너, 로버트 라킹, 제임스 클라크 등 여행 동반자들은 힉스의 집에 모여 출발을 축하하는 의미로 아침 식사를 했다. 그러고 나서 그들은,

> 바지선이 정박해 있는 곳에 가서 배에 오른 다음 돛을 펼쳐 바람을 맞으며 런던을 떠났다. 열 시간에 달하는 항해 동안 60영국 마일을 항해한 끝에 첫날밤이 되자 우리는 타넷 섬의 백악 언덕 옆에 있는 해안과 마게이트 만에 도착했다. 그곳에는 말뚝을 여러 개 박아 밧줄로 묶어놓고 바위를 물속에 던져놓아 배가 좀 더 쉽게 정박할 수 있도록 일종의 방파제나 부두처럼 만들어놓았다. 우리 일행은 여기에 배를 댄 후 내려서 여관으로 들어갔고, 리처드 폴라드라는 이름의 주인을 비롯하여 모든 것이 안락하게 준비되어 있었다. 섬에 머무는 동안 주인은 우리 곁을 결코 떠나지 않았으며, 여느 장사꾼과는 달리 떠날 때에 과도한 비용을 요구하지도 않았다.[3]

켄트로 떠난 두 번째 식물 채집 여행에서 존슨과 동료들은 첫 번째 여행보다 동쪽 지역을 주로 탐험했고, 퀙스 파크를 지나 마게이트에서 샌드위치로 이동했다. 퀙스 파크에 있는 식물원은 제라드 역시 잘 알고 있었다. 존슨은 헨리 8세가 1539년에 지은 샌다운 성을 살펴보러 떠났다. 한편 다른 일행은 현지 교사의 안내를 받아 "이제 세월과 함께 어느 정도 폐허가 된" 벽과 요새를 탐험했다. 일행은 그 마을에 정착한 플랑드르인 캐스퍼 니렌을 방문하여 그의 정원에서 스위트시슬리, 리코리스, 범꼬리, 분홍색 꽃이 피는 불

두화나무 등을 감상했다. 이들은 "기억할 만한 가치가 있는 것"을 보여준 현지 약제상 찰스 덕에게 경의를 표했다.

15피트(4.57미터) 길이에 팔뚝보다 더 굵은 뱀의 '전리품'(이렇게 부를 수 있다면)을 보았다. 추측컨대 그것은 물뱀인 것 같았다. 해변 근처의 모래 언덕에서 엽총으로 머리를 박살낸 후 두 사람이 힘을 합해 잡았기 때문이다. 뱀의 배를 가르자 토끼 한두 마리의 흔적이 남아 있었던 것으로 보아 그 뱀은 그곳에 서식하고 있는 토끼를 잡아먹으려 했던 듯하다. 사냥꾼들은 이 괴물의 시체를 우리의 좋은 친구 찰스 덕에게 가져왔고, 찰스 덕은 이를 받아 후한 사례를 치렀다. 찰스 덕은 뱀의 몸통에서 껍질을 벗겨내고 건초를 채워 넣어 그 사건을 기억하는 기념물로 삼았다.

일행은 샌드위치에서 캔터버리로 향했고, "한때 토머스 베킷의 성지로 세계적으로 이름을 날렸으며, 가장 값싼 것이 금이었다고 할 만큼 화려했던" 그곳의 대성당을 구경했다.[4] 그다음 고향 쪽으로 방향을 돌려 좀 더 익숙한 지역인 파버샴을 방문했고, 그곳에서 현지 약제상인 니콜라스 스웨이턴을 만났다. 스웨이턴의 정원은 돈을 벌기 위한 식물뿐만 아니라 보고 즐기기 위한 식물까지 함께 심어놓은 곳이었다. 그곳에는 아메리카에서 들여온 갯개미취, 스톡, 매발톱꽃, 코튼 라벤더, 양귀비, 시클라멘, 피버퓨, 석고 반죽과 찜질제로 수요가 높은 전동싸리 등이 자라고 있었다. "그레이브젠드에서 적절한 때를 기다리다가 강에 첫 번째 조류가 일어날 때 일행은 그곳에 남겨져 있던 여덟 개의 노로 젓는 멋진 배를 타고 런던으로 돌아왔으며, 많은 은혜를 내려주신 주님께 진심으로 감사드렸다. 또한 우리를 비롯하여 공공의 이익을 위해 노력하는 모든 사람에게 주님이 원하는 성과를 내려주시기를 기도한다. 아멘."

열정이 넘치고 야심적인 젊은 약제상 존슨에게 동기를 부여한 것은 바로 이 공공의 이익이었다. 그는 자신의 직업을 자랑스럽게 여겼지만 약을 조제하는 데 사용하는 식물에 대해 너무나 아는 것이 없었기 때문에 부도덕한 공급자들에게 속아 넘어가기 쉽다는 점도 인식하고 있었다. 현지에서 자라는 토착 식물이 여전히 약제상의 약전에서 가장 큰 부분을 차지하고 있었던 까닭에 "식물의 발견을 위해 떠난" 여행의 직접적인 목적은 이 식물이 실제로 어떻게 생겼는지 이해하는 것이었다. 이 두 번째 켄트 여행 이야기를 써서 출판한 책(1632년의 『식물을 찾아 떠난 여정 이야기』)의 서두를 읽어보면 약제상 협회의 모든 회원들이 존슨과 같은 생각을 하고 있었던 것은 아님이 분명하게 드러난다. 아마도 존슨이 "어떤 사람들은 우리의 노력이 아무 소용이나 필요가 없는 일이라고 비웃었을 뿐만 아니라 식물에 대한 정확한 지식 따위는 전혀 쓸모가 없다고 조롱하며 단순히 책을 통해 이름을 아는 것만으로 충분하다고 여긴다"고 불평한 것은 관습과 관행에 물들어 있던 나이 많은 세대를 염두에 두고 한 말일지도 모른다. 존슨의 글은 이어진다. "의학을 처음 창시한 옛날 사람들은 그렇게 나태하고 무지하지 않았던 것이 확실하다." 존슨은 여행에 대한 이야기를 쓴 네 권의 책이나 수정 작업을 한 『식물의 이야기』에서 약제상들이 부족한 지식 때문에 얼마나 쉽게 궁지에 몰릴 수 있는지 지적하는 기회를 결코 놓치지 않았다. 『식물의 이야기』에서 독미나리에 대한 설명을 하면서 존슨은 "램버스 맞은편의 호스 페리보다 약간 위쪽의 요크 하우스 건너편에 있는 버드나무 사이에서 자란다. (…) 우리 시대 일부 사람들의 무지한 행동은 치명적이고 결코 변명의 여지가 없는데, 이들은 이 식물의 뿌리를 사들여(예상할 수 있는 대로) 모란의 뿌리 대신 사용한다. 그리고 나는 칩 사이드의 무지한 여성들이 이 풀을 물미나리라고 속여 자신들보다 더 무식한 사람에게 파는 일이 곧잘 있다는 사실을 알고 있다." 약초 캐는 노파들의 입장에서 보면 영국 남서부 지방의 배수로나 축축한 곳에서 널리 자라는 독미나리는 물미나리나 모란보다 훨씬 찾기 쉬웠다. 그러나 뿌리, 줄기, 꽃 등 독미나리의 모든 부분에는 상당량의 독이 들어 있다. 존슨은 그렇기 때문에 약제상들이 더 많은 지식을 쌓아야 한다고 생각했다.

존슨이 자신의 책에 인용해놓은 내용을 보면 그가 글을 많이 읽는 사람이었다는 사실을 알 수 있다. 그는 디오스코리데스와 같은 고대의 저자, 몽테발도 산에 서식하는 식물의 목록을 작성한 조반니 포나Giovanni Pona, 1592년에 이집트 식물에 대한 책을 펴낸 프로스페로 알피노Prospero Alpino와 같은 이탈리아의 저자, 프랑스의 종묘상이자 탐험가인 피에르 발롱, 1597년 『파리의 식물 목록Catalogus stirpisum lutetiae』을 쓴 장 로뱅과 같은 프랑스 작가, 윌리엄 터너와 존 파킨슨 등 영국 작가들, 그리고 위대한 삼총사 즉 클루시우스, 도도엥, 로벨리우스의 작품까지 두루 섭렵했다. 그러나 영국의 식물학자들이 17세기 전반에 점진적으로 올리고 있던 연구 성과는 책에서 배운 내용에만 기반을 두고 있는 것은 아니었다. 같은 생각하고 있는 광범위한 인맥도 큰 역할을 했다는 데 의견이 모아지고 있다. 존슨은 켄트로 두 번째 여행을 다녀온 직후 작업에 착수한 『식물의 이야기』 개정판에서 이 수많은 지인에게 감사의 뜻을 표하고 있다. 왕실 의정관인 존 턴스털 경은 "크로이던 옆의 에지컴"에 있는 자신의 정원에서 자라는 독특한 콜키쿰에 대한

그림 139. 대니얼 라벨Daniel Rabel의 『플로라(꽃들)의 극장Theatrum florae』(1633)에서 발췌한 17세기 정원의 모습.

소식을 전해왔다. 글린리폰의 토머스 글린은 카나번셔에 있는 자신의 정원에서 빨간 꽃이 피는 담자리꽃나무를 채집해서 보냈다. 허버트 경의 사제였던 윌리엄 쿠트는 조팝나물이 "뉴베리에서 멀지 않은 시드먼턴에 있는 브리짓 킹스밀 부인의 땅 중에서도 데쿠먼 항구 근처에 있는 오래된 로마 캠프에서" 자라는 것을 보았다는 소식을 전해왔다. 존슨과 함께 두 차례나 켄트로 여행을 떠났던 레너드 버크너는 "1632년 8월 말, 아인셤 행 페리를 타고 옥스퍼드에서 3마일 떨어진 곳인 컴너 숲까지 간 다음 근처 비컨 힐 옆의 공유지에 있는 늪지에서" 발견한 쇠뜨기말에 대한 자세한 정보를 보내주었다. 참고할 지도가 없는 상태에서 식물의 정확한 위치를 파악한다는 것은 결코 쉬운 일이 아니었다. 너대니얼 라이트Nathaniel Wright와 함께한 에섹스 여행 중 존슨은 "너대니얼의 동생인 존 라이트가 앉았던 라이트 브리지의 모퉁이에서" 새로운 종류의 뚜껑별꽃을 발견하기도 했다.

존슨은 일반적인 약제상에게 필요한 수준보다 식물에 대한 지식을 훨씬 많이 갖추고 있는 식물학자였다. 야심 찬 웨일스 여행을 계획에 추가하면서 존슨은 1641년, 『머큐리의 식물학 2권Mercurii botanici pars altera』에 장대한 마지막 여행에 대한 이야기를 써서 출판할 때까지 스물다섯 차례나 영국과 웨일스의 여러 지방을 방문했다(이 여행에는 스노든 산 등정도 포함되어 있었는데 일행은 그곳에서 타임, 꿩의비름, 범의귀, 제비꽃에 둘러싸여 피크닉을 즐겼다).[5] 식물을 수집하고 목록을 만드는 것은 존슨의 장기였고, 식물 연구를 더욱 진척시키려면 반드시 해야 할 작업이었다. 영국의 식물 연구는 이미 유럽 본토에 비해 상당히 늦게 발을 내디딘 셈이었다. 그러나 기존의 저작을 편집하는 일에는 상당한 제한이 따랐기 때문에 존슨이 전면적으로 자료의 배치를 바꾸기는 어려웠다. 아마도 제라드의 『식물의 이야기』 편집 작업을 하고 있던 당시에는 존슨 역시 식물을 특정한 집단과 과로 분류하고 배치한다는 로벨리우스의 혁신적인 작업을 도입하는 데 큰 관심이 없었을지도 모른다. 하지만 존슨이 로벨리우스의 업적을 인정하고 존경했던 것만은 분명하다. 『식물의 이야기』와 약제상 협회 동료들과 떠난 여행을 기록한 책에서 다른 어느 학자보다도 로벨리우스를 자주 인용하고 있기 때문이다. 하지만 '골풀에 대하여'라는 장에서 그는 이렇게 분명히 의견을 밝힌다. "여기서는 골풀의 정확한 구별법과 목록을 제시하여 독자들을 괴롭힐 생각이 없다. 만약 그렇게 한다면 나 역시 매우 어려운 작업을 해야 하고 독자들에게도 따분한 내용이 될 것이므로 어느 쪽에도 이익이 되지 않는다."

존슨의 『식물의 이야기』 개정판은 1636년에 다시 인쇄되었지만 존슨 자신은 마지막 쪽에 안내 문구를 넣어 재인쇄판에 새로운 내용이 거의 추가되지 않은 부분에 대해 사과를 해야 한다고 느꼈다. 새로운 내용을 넣지 못한 것은 "영국 방방곡곡을 여행"하고자 하는 자신의 계획 때문이며, 그렇게 여행을 하는 이유는 "영국에 서식하는, 그리고 앞으로 서식하게 될 식물에 대한 지식을 얻기 위해 노력하는 것이 꼭 필요하다고 판단했기 때문이다. 나는 이 땅의 방방곡곡에 살게 될 미래의 주민들에게 필요한 것들을 예지하여 편리하고 꼭 알맞은 식물을 내려주신 것이 신의 섭리라고 굳게 믿는다. 그리고 우리가 이 땅에서 자라는 식물의 효용을 완전히 파악하게 되면 인도나 아메리카에서 들여온 약은 필요치 않다." 존슨은 이제 지인들의 도움을 받아 영국 식물군의 완전한 목록을 제작하겠다는 마음을 먹고 있었다. 여러 차례 책으로 펴낸 여행기에서 소개한 식물의 목록은 일종의 현 상황을 나타내는 것이었다. 그후에 지인들은 존슨이 미처 방문하지 못한 지역에 대한 새로운 정보를 추가해주었다. 안타깝게도 1642년에 내전이 발생하자 존슨의 여행도 갑작스럽게 끝나고 말았다. 존슨은 스노 힐에 있는 자신의 약제상 상점을 떠나 옥스퍼드로 향했고, 런던 왕당파 대열에 합류했다. 그곳에서 윈체스터 후작의 자리에 앉아 있는 베이싱 하우스의 로든 대령 휘하에 들어갔다. 그후 동료 왕당파인 토머스 풀러가 『잉글랜드 명사名士들의 역사Worthies』(1662)에서 밝혔듯이, 존슨은 "뛰어난 약초상이자 의사로서 영국 전역에 명성을 떨치고 있었지만 군인으로서의 가치와 행동도 그에 못지않을 만큼 뛰어나 수비대에서도 눈에 띄는 존재였다." 1644년 9월의 돌격 작전에서 존슨은 어깨에 부상을 입었고 "그 결과 열병에 걸려 2주 후에 죽었다."

존슨이 마음에 두고 있던 영국에 서식하는 모든 식물의 목록 출판이라는 위대한 작업을 실천에 옮길 수 있었던 이가 영국에 딱 한 명 있었으니, 그 인물은 바로 존 구디어였다. 존슨보다 여덟 살 많았던 구디어는 이미 존슨과 협력하여 작업한 적이 있었고, 제라드의 『식물의 이야기』 개정 작업을 할 때 상당한 정보를 제공하기도 했다. 서문에서 존슨은 "이 작업에서 유일하게 함께 일했던 조력자"라고 칭하며 구디어가 많은 기여를 했음을 충분히 인정하고 있고, 구디어가 작성한 각 단락에 자신의 이름으로 서명을 할 수 있도록 배려했다(구디어의 서명은 100개 이상 나타난다). 그러나 구디어는 시골 신사이자 아마추어였고, 자신이 태어난 햄프셔에서 몇 마일 이상 벗어나서 살아본 적이 없는 사람이었다. 그는 꼼꼼하고 체계적이며 거의 강박적일 정도로 메모를 했고, 색인 작성에 극도로 집착하여 용어 색인을 만드는가 하면 독학으로 학문을 익힌 사람이었다. 또한 관찰력이 뛰어나고, 성실하고, 지나칠 정도로 세부적인 사항까지 중시했지만 존슨과 같은 추진력이 부족했다. 좀 더 외향적이고 에너지가 넘치는 존슨과 구디어는 편집 작업에서 완벽한 콤비가 되었다. 하지만 혼자가 되자 구디어는 조용한 햄프셔 서재에 틀어박혀 자료를 수집하고, 서신을 교환하고, 목록을 만들고, 꼼꼼한 기록을 남겼을 뿐(1631년에 런던으로 가는 길에 길퍼드에서 묵은 숙박료 13실링 8펜스, 말에게 먹일 귀리와 건초, 마차 기름칠 비용 6펜스, 말구종에게 준 팁과 램버스에서 페리 요금 1실링), 자신의 이름을 단 책은 한 권도 출판하지 않았다.[6]

존슨처럼 구디어도 새로운 식물을 찾아 매년 여름 여행을 했다(말 빌리는 비용 1실링, 웨이머스에서 든 비용 3실링). 존슨의 탐험이 동료 약제상들의 후원을 받은 것이었던 데 반해 구디어는 특정 집단을 대표하는 입장이 아니었다. 그러나 그는 서로 다른 시기와 장소에서 작성된 엄격한 규칙에 억지로 영국의 식물을 끼워 맞추려고 노력하는 것이 얼마나 의미 없는 작업인지를 깨달았다. 선구자였던 윌리엄 터너는 주로 영국의 식물 이름과 디오스코리데스를 비롯한 다른 고대 학자들이 설명해놓은 식물의 이름을 짝짓는 일에 고심했다. 터너의 책은 비록 식물학 역사에 한 획을 그은 작품이기는 해도 고대 학자들이 몰랐던 영국의 식물에 대한 지식을 늘린다는 측면에서는 거의 기여한 바가 없었다. 제라드의 『식물의 이야기』는 1583년에 대륙에서 도도엥이 출판한 『여섯 식물의 자연사』를 바탕으로 한 것이었고, 실려 있는 그림도 원래 유럽 대륙에서 제작한 것이었다. 1633년 존슨이 펴낸 개정판에는 영국의 여러 지역에서 자라는 영국 식물이 더 많이 추가되어 있었지만 아무래도 원

그림 140. 17세기 초반 네덜란드의 화가가 제작한 그림 화보집花譜集에서 발췌한 얼룩덜룩한 무늬의 콜키쿰(Colchicum agrippinum으로 추정된다).

본 때문에 제한을 받을 수밖에 없었다. 20대 초반에 구디어는 이 공백을 메우기 위한 작업을 하고자 마음먹었던 것으로 보이며, 5년간 초턴의 참나리, 티치필드의 해변에린지움, 워민스터의 흰색과 보라색 콜키쿰, 뉴 포리스트의 잎이 가는 렁워트lungwort, 헤이링 섬의 바다 히스 등에 대한 엄청난 양의 메모를 작성하면서 부지런히 영국 식물에 대한 자료를 모았다. 그는 존슨이 나중에 『식물의 이야기』 개정판에 포함시킨 참나무, 호두나무, 밤나무에 대한 정보를 기록하기도 했다. 이렇게 한바탕 야단스럽게 자료를 수집한 다음 구디어는 1622년에 서재에 틀어박혀 테오프라스토스의 『식물 연구』를 행간 번역(그리스어에서 영어로 번역, 당시 영어판은 아직 존재하지 않았다)하는 고된 작업에 착수했다. 구디어가 가장 처음 구입한 책 가운데 하나는 1497년에 발간된 테오프라스토스의 알다스 판본Aldine[알두스 마누티우스가 15세기 말에서 16세기 초에 걸쳐 베네치아에서 간행한 서적의 총칭]이었다.[7]

  1631년에 구디스는 런던으로 갔는데('존슨과 함께 와인, 6펜스'), 아마도 『식물의 이야기』의 새로운 판본에 대한 논의를 하기 위해서였을 것이다. 그는 스트랜드의 덴마크 가 근처에 있는 엔젤에 묵었고, 롱 에이커에 있는 서적 판매상 데일 박사를 찾아갔다. 또한 구디어는 여러 외국 식물학자에게 보내기 위해 자신이 길러본 적 없는 외국 식물의 씨를 영국 식물의 씨와 교환하자는 내용을 담은 편지의 초안을 작성했다. "선생님, 저는 프랑스 대부분의 지역에서 야생으로 자라는 몇 가지 식물의 짧은 목록을 작성했습니다. 그곳에 혹시 아시는 약초상이 있다면 이 식물의 씨앗을 좀 보내달라고 부탁해주실 수 없겠습니까? 목록에 없는 다른 식물의 씨앗도 상관없습니다." 각 식물 옆에는 "혼란이 발생하지 않도록" 로벨리우스가 1570년에 펴낸 『식물 신서』에 해당 식물이 등장하는 쪽수까지 기업되어 있었다. 40세에 구디어는 미들섹스 필즈에 있는 세인트 자일스의 노처녀 페이션스 크럼프와 결혼했고, 새 신부를 위해 가장자리에 레이스가 장식된 손수건을 사주었다('10펜스'). 구디스는 물론 왕당파였지만 내전에 참전하지는 않았고, 대신 피터스필드의 국왕 수비대 소속 홉턴 경이 1643년 12월 9일에 승인한 보호 명령에 따라 스스로를 최대한 방어했다. 국왕 폐하의 군대는 "사우스턴 겐드 카운티에 있는 피터스필드의 존 구디어를 보호하고 지키기로 되어 있었다. 그의 집, 말, 하인, 가족의 물건, 소지품, 그리고 사유지는 모든 종류의 피해, 손상, 탄압으로부터 보호되었다." 내전이 끝나자 구디어는 4540쪽에 달하는 디오스코리데스의 『약물에 대하여』를 행간 번역하는 일에 착수했다. 나중에 그는 이 책을 4절판 책 여섯 권으로 나누어 제본했다('3실링'). 1661년 9월 26일, 구디어는 40여 년 전에 작업했던 테오프라스토스의 번역본을 제본업자에게 보냈다("깨끗한 종이를 대고 걸쇠로 고정하는 제본에는 4실링이 들었다"). 구디어는 존슨이 죽은 지 20년이 되는 해인 1664년에 세상을 떠나면서 "내가 가지고 있는 식물에 대한 모든 책을 옥스퍼드의 모들린 대학에 기증하여 대학 도서관에 전부 보관하도록" 유언을 남겼다. 구디어가 자신이 구입한 날짜와 가격을 꼼꼼하게 기록해놓은 이 책들은 테오프라스토스부터 존 레이까지 식물 연구의 모든 역사를 요약해놓은 것이었다. 구디어의 조용한 햄프셔 서재 선반에는 아리스토텔레스, 디오스코리데스('1631년 11월 10일에 1실링 6펜스를 주고 구입'), 브룬펠스, 푹스, 마티올리의 『비망록』 여섯 가지 판본, 랜실롯 브라운의 체살피노 『식물의 이야기』 판본('1627년 11월 17일에 4실링을 주고 구입'), 터너, 게스너의 『식물사』, 보앵이 1596년에 펴낸 『파이토피낙스Phytopinax』(1596), 클루시우스가 펴낸 여섯 권의 책, 도도엥의 책 일곱 권, 로벨리우스의 책 여섯 권, 식물 채집 여행을 기록한 존슨의 책 전권이 가지런히 꽂혀 있었다. 내전이 진행되던 10여 년 동안은 책을 구입하지 못했지만 전쟁이 끝나자 다시 책을 모으기 시작했다. "1651년 3월 22일, 3파운드 2실링 6펜스를 데일 박사에게 보내 보앵의 책 3권을 구입, 데일 박사와 책을 주고받으면서 소요된 운송비용 1실링, 돈을 운반한 존 시먼즈에게 1실링 지급, 책을 가져온 윌리엄 미첼에게 1실링 4펜스 지급."[8] 또한 구디어는 멕시코 식물에 대한 에르난데스의 책과 1657년에 출판된 존 레이의 상징적인 케임브리지셔 식물 목록은 거의 인쇄되자마자 구입했다. 존 구디어의 '도서관'에는 역사적으로 식물에 대해 작성된 중요한 기록이 망라되어 있었다. 그러나 정체 지역에 고여 있던 강물이 한꺼번에 터져 강을 휩쓸듯이, 이 방대하게 축적된 엄청난 지식이 마침내 흘러넘치면서 식물에 대한 지식이 논리 정연하게 재정립될 시기가 도래하게 되었다.

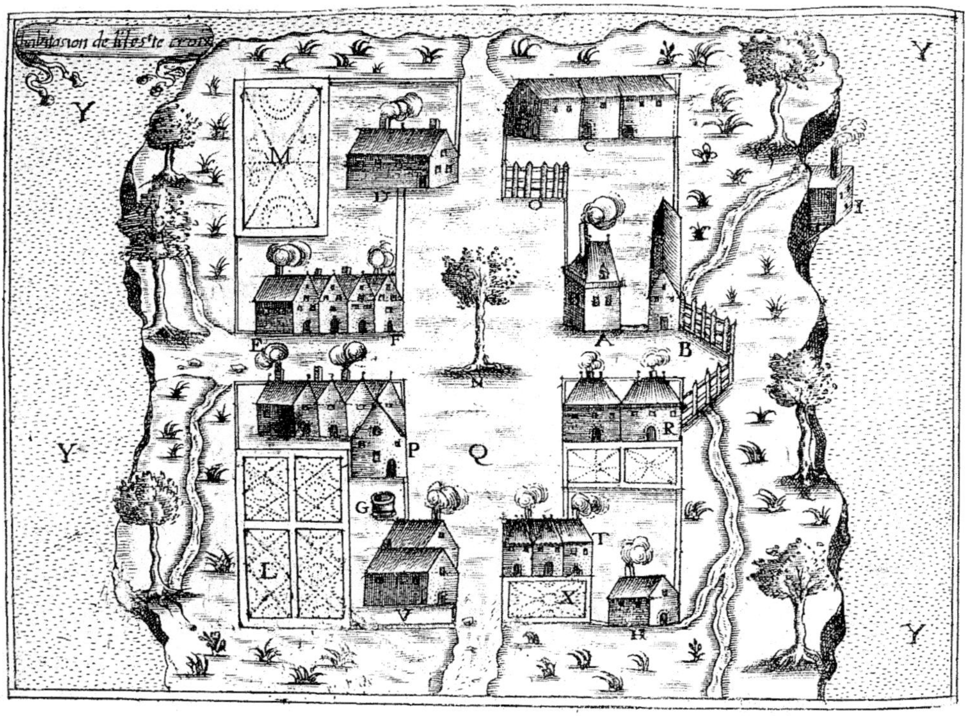

그림 141. 메인 주 라크루아의 정착지를 그린 사뮈엘 드 샹플랭Samuel de Champlain의 스케치. 그가 쓴 『항해 Voyages』(1619)의 제1쇄에 수록된 그림.

XXIII 아메리카 대륙과의 연계

1620~1675년

구디어가 세상을 떠날 즈음에는 테오프라스토스가 2000여 년 전에 아테네의 라이시움에서 던졌던 첫 번째 질문에 대한 답변을 구하는 문제에 있어서 상당한 진보가 이루어졌다. 그는 "우리는 무엇을 가지고 있는가?"라는 질문을 던짐과 동시에 당시에 알려져 있던 식물을 기록하고 설명했으며, 『식물 연구』라는 중요한 저서로 취합하여 내놓았다. 테오프라스토스의 이 책에는 약 500가지의 식물이 수록되어 있다. 1623년에 출판된 가르파르 보앵의 『식물의 극장 총람』에는 식물 6000종의 설명이 실려 있다. 그러나 테오프라스토스의 두 번째 질문, 즉 "어떻게 하면 이 식물을 가장 효과적으로 구별할 수 있는가?"는 좀 더 까다로운 문제였다. 테오프라스토스는 자연계에 조화와 방법, 원대한 계획이 반드시 존재할 것이라고 믿어 의심치 않았다. 가장 어려운 부분은 올바른 열쇠를 찾는 것, 즉 혼돈을 질서로 바꾸어놓을 암호를 해독하여 아수라장 속에서 어떤 체제나 패턴을 밝혀내는 것이었다. 테오프라스토스는 자신이 설명한 500가지의 식물을 정리할 수 있는 몇 가지 방법을 제시했다. 나무, 관목, 풀로 나눌 수 있고, 경작 식물과 야생 식물로 분류할 수도 있으며, 꽃이 피는 식물과 꽃이 없는 식물, 혹은 낙엽이 지는 식물과 상록 식물로 구별할 수도 있었다. 테오프라스토스는 또한 특정 식물 집단의 서식지를 고려했다. 어떤 식물은 높은 지대를 선호하고 어떤 식물은 바위를 선호하는가 하면 수렁이나 개울가를 선호하는 식물도 있었다. 그러나 그는 자신이 제안한 모든 분류와 범주에 문제가 있다는 사실을 발견했다. 테오프라스토스는 나무를 줄기가 하나이고 뿌리를 뽑기 어려운 식물로, 관목을 줄기가 여러 개 자라는 식물로 정의했다. 그러나 석류나무는 하나가 아니라 여러 개의 줄기를 뻗고 자라는 경우가 적지 않았다. 그렇다면 석류나무는 나무가 아니라 관목으로 분류해야 할까? 그리고 표면상으로만 보면 가을에 낙엽을 떨어뜨리는 식물과 그렇지 않은 식물을 구별하기는 쉬워 보인다. 하지만 아테네에서는 낙엽을 떨어뜨리는 무화과와 포도가 어떤 지역에서는 겨우내 잎사귀를 떨어뜨리지 않는다는 소문이 테오프라스토스의 귀에 들려오기도 했다.

테오프라스토스는 나무가 식물의 필수적인 본질을 가장 잘 나타내고 있다고 생각했기 때문에 나무를 식물계의 정상에 놓았다. 한편 플리니우스는 나무가 인간에게 매우 중요하고 가치가 있었기 때문에 나무부터 다루기 시작했다. 이러한 사고방식의 변화는 테오프라스토스가 시작한 질서에 대한 탐구에 크나큰 영향을 미쳤다. 인간과 주변 식물 사이의 관계에서 본질보다는 효용이 가장 중요한 역할을 하게 된 것이다. 그 결과 여러 가지 약을 만들기 위해 어떠한 식물을 재료로 사용해야 하는지 설명하는 것을 주된 목적으로 하는 약초 의학서가 넘쳐나기 시작했다. 이 강력한 목적 때문에 테오프라스토스의 원대한 목표가 빛을 발하지 못했고, 그후 1500년 동안 인간은 효용이라는 관점에서 식물에 관심을 갖게 되었다. 레온하르트 푹스의 『식물사』(1542)와 같은 16세기 책에 등장하기 시작한 상세하고 정확하며 아름다운 그림들은 식물을 식별하고 서로 다른 식물을 구별하는 데에 매우 귀중한 도구가 되었다. 동시에 유럽의 식물학자들은 동의어를 서로 연결하고 잘못된 속성을 제거하며 식물의 정체성에 대한 합의를 이루는 길고도 느린 과정의 첫발을 내디뎠다. 이탈리아에서 시작된 이 작업에는 독일, 플랑드르, 프랑스, 네덜란드, 스위스, 그리고 마침내 영국에 기반을 두고 있는 학자들까지 참여하여 방대한 네트워크가 형성되었다.

어떤 사람들은 2세기에 갈레노스가 처음 시도한 것처럼 식물을 알파벳 순서로 배치하는 것이 논리적이라고 생각했다. 그러나 16세기 중반의 독일 식물학자 히에로니무스 보크Hieronymus Bock(1498~1554)는 나무, 관목, 풀이라는 예전의 분류로 되돌아갔다. "나는 서로 연관되거나 연결되어 있는 식물, 혹은 닮거나 비교할 수 있는 모든 식물을 모아놓은 다음 하나씩 개별적으로 바라보면서 기존의 법칙이나 오래된 약초 의학서에서 발견할 수 있는 ABC 순서에 따른 배열을 포기했다. 알파벳 순서대로 식물을 배열하는 경우 많은 문제와 오류가 발생하기 때문이다."[1] 이는 사실이었지만 보편적으로 인정된 좀 더 나은 방식이 없었기 때문에 16세기 말에 출판된 제라드의 『식물의 이야기』는 여전히 알파벳 순서로 식물을 배열하고 있었다. 심지어 테오프라스토스조차 참나무나 버드나무와 같은 식물은 같은 집단으로 취급할 수 없다는 사실을 이해했다. 이 두 식물은 몇 가지 공통된 특징을 가지고 있었으나 동시에 참나무에도 여러 종류가 있어 각각을 구별할 만한 분명한 차이점이 존재했고, 버드나무도 마찬가지였다. 처음에 콘라트 게스너와 같은 학자들은 라틴어인 속屬, genus과 종種, species을 사용하여 처음에는 큰 집단을, 그다음에는 각 특정 집단의 다양한 종류를 표시했다. "둘 또는 그 이상의 종류로 나눌 수 있는 집단에 속하지 않는 식물은 사실상 없다고 생각한다." 게스너가 장 보앵에게 보낸 편지에 쓴 말이다.[2] 또한 여러 개의 속屬, genus을 묶어서 더욱 큰 집단, 즉 과科, family를 만들 수 있다는 사실도 막연하게 인식하고 있었다. 예를 들어 독미나리와 카우파슬리처럼 커다랗고 평평하며 우산 모양의 두상화를 가지고 있는 식물을 산형과라고 부르듯이 말이다. 모양에 따라서도 식물을 특정한 집단으로 분류할 수 있지만 초기의 학자들에게는 이토록 중요한 범주를 정의하는 일이 극도로 어려웠다. 근대적인 분류 체계에 가장 가깝게 접근한 사람은 뛰어난 학자 안드레아 체살피노였다. 체살피노는 1563년에 지속적인 분류 체계는 향기, 맛, 또는 효용과 같은 우유偶有, accidentia가 아니라 식물의 본질적인 특징, 즉 실체substantia를 기준으로 세워야 한다는 데 착안했다. 체살피노는 참나무, 너도밤나무, 월계수 등 씨앗이 하나 들어 있는 열매를 맺는 나무부터 시작하여 무화과나무, 뽕나무, 포도 등 여러 개의 씨가 들어 있는 열매를 맺는 두 번째 나무 부류로 나아가는 식으로 식물을 15개의 서로 다른 집단으로 나누었다. 초본 식물은 범주를 정하기가 쉽지 않았으며, 결국

13개의 집단으로 나누기는 했지만 그 가운데 몇 가지는 잡동사니에 지나지 않았다. 바로 그 점이 문제였다. 어떠한 방법을 사용하더라도 언제나 분류에 꼭 맞아떨어지지 않는 애매한 식물이 있었던 것이다.

외과의사와 약제상들은 마법이나 의술에 사용하는 법에 따라 식물을 배치한 책에 만족했다. 그러나 식물학자들은 효용성에 기반을 둔 분류는 논리적, 체계적이기는 해도 지나치게 인간 중심적이며 본질적으로 충분하지 않다는 생각을 했다. 클루시우스는 이 점을 이해했지만 그의 장기는 식물을 분류하는 것이 아니라 설명하는 쪽이었다. 로벨리우스는 『식물 신서』(1570)에서 "천국, 또는 현명한 사람의 마음속에 질서보다 더 아름다운 것은 존재하지 않는다"고 적은 바 있다. 로벨리우스는 잎사귀의 구조에 따라 식물을 여러 집단으로 분류하는 독창적인 체계를 개발해냈다. 분명한 원칙을 세우고 작업에 임했지만 로벨리우스는 자신이 아는 모든 식물을 분류 체계에 끼워 맞추는 데 어려움을 겪었다. 대부분의 저자들은 일부 상충되는 법칙을 섞어놓은 체계를 제안했다. 예를 들어 프랑스의 식물학자 달레샹은 1586년에 내놓은 『루그두넨시스 식물사Historia plantarum Lugdunensis』에서 서식지, 효용, 구조라는 세 가지 자명한 원칙을 기준으로 식물계를 18개의 집단으로 분류했다. 서식지에 따라 숲에서 자생하는 나무, 습지에서 자라는 식물, 바닷가 또는 바다 속에서 자라는 식물 등 아홉 개의 분류가 생겨났다. 분류 집단 가운데 세 가지(분류 16: 하제로 사용되는 식물 및 분류 17: 독이 있는 식물 포함)는 의학적인 가치를 중심으로 한 것이었다. 나머지는 형태에 따른 분류였다. 아름다운 꽃이 피는 식물, 향기가 나는 식물, 무엇인가를 타고 올라가는 식물, 뾰족한 끝이나

그림 142. 테오도르 드 브리가 『플로리다에 대한 짧은 이야기 Brevis narratio eorum quae in Florida』(1591)에 수록한 플로리다 해안의 판화. 신대륙의 진귀한 식물과 동물을 보여주고 있다.

가시가 달린 식물 등으로 말이다. 또한 거대한 잡동사니 집단에는 '외국 식물'들이 포함되어 있었다. 1640년에 내놓은 『식물의 극장 Theatrum botanicum』에서 존 파킨슨은 식물을 17종류로 분류했지만 "독이 있고, 졸음을 유발하며 상처를 입히는 식물"(분류 3), "이상하고 기이한 식물"(분류 17) 등 기준이 분명치 않아 달레샹의 분류만큼이나 아무런 의미가 없었다. 세계 반대편에 있는 새로운 대륙과의 교역이 열리자 이상하고 기이한 식물이 점점 더 빠른 속도로 유럽으로 흘러 들어왔다. 단순히 새로운 식물이 들어올 때마다 하나하나 개별적으로 설명하는 것은 너무나 비효율적이었다. 어떠한 형태로든 같은 종류별로 묶어서 관심 있는 학자들이 보편적으로 동의할 수 있는 이름으로 정리해야 했다. 가장 처음 서부 유럽으로 유입된 식물은 터키에서 들어온 크로커스, 시클라멘, 얼레지, 패모, 히아신스, 백합, 미나리아재비, 튤립 등의 강렬하고 화려한 구근 식물로, 이들은 16세기 중반 이후 유럽의 화원을 휩쓸었다. 해바라기, 유카 등의 몇몇 신기한 신대륙 식물은 1600년 전에 유럽에 전파되었지만, 1620년대에 이르자 그때까지 한두 종류씩 들어오던 아메리카의 식물이 홍수처럼 쏟아져 들어오기 시작했고, 그 후 100년 동안 식물 유입의 기세는 수그러들 줄 몰랐다. 1632년에 토머스 존슨이 약제상 니콜라스 스웨이턴의 파버샴 정원에서 그토록 감탄하면서 바라보았던 갯개미취뿐만 아니라 윌리엄 코이스가 에섹스에서 재배했던 아메리카담쟁이덩굴과 북아메리카산 감나무 역시 아메리카 대륙에서 건너온 식물이었다. 존 구디어는 그곳에 찾아가서 코이스가 가지고 있던 희귀한 아메리카 식물의 씨앗과 가지들을 얻고는 매우 기뻐하며 자신의 햄프셔 정원에서 길렀다. 구디어는 이미 두 종류의 담배에 대해 알고 있었으며, "흙으로 된 화분이나 다른 적합한 용기에 심어서 매서운 찬바람을 막을 수 있도록 안전한 장소에 보관하지 않으면 첫 겨울이 다가올 때 식물 전체가 죽어버린다"고 기록했다. 코이스는 구디어에게 당시 신대륙에서 들어온 희귀종이었지만 오늘날에는 흔한 잡초가 된 애기누른주름도 나눠주었다. "나는 에섹스 노소킹턴에 위치한 신의 있는 좋은 친구 윌리엄 코이스의 정원에서 말고는 이 식물을 본 적이 없다." 구디어는 이렇게 적고 1618년에 코이스가 보내온 씨앗을 받아 드록스퍼드에 있는 자신의 정원에서 길렀다는 말을 추가했다. 코이스는 이미 북나무, 미역취, 가지 등 매우 독특한 식물을 버지니아에서 들여와 에섹스 자택의 스터버스에 정착시켜놓았다. 얼마 후, 존 파킨슨은 "1636년 3월 18일 모리스 씨에게서 받은 버지니아 씨앗"의 목록을 꼼꼼하게 작성했는데, 여기에는 다음을 비롯하여 24종이 포함되어 있었다.

진홍색 꽃은 바닥이 축축해야 한다. (…) 독이 있는 검정색 열매는 열매 주변에 거무스름한 씨앗이 진드기처럼 돌출되어 있다. (…) 커다란 후추 열매처럼 생긴 검은색의 둥글고 울퉁불퉁한 열매에 세 면이 각진 검은색의 윤기 나는 씨가 달리고 덩굴이 자라나지만 꽃은 피지 않는다. (…) 산사나무 열매의 일종은 아메리카 인디언들이 많이 먹는다. (…) 버지니아 실크는 길고 희며 두꺼운 깍지에서 자란다. (…) 아메리카에서 들어온 여뀌는 유럽의 여뀌보다 훨씬 높게 자란다. (…) 한 식물의 열매즙은 선명한 빨간 잉크와 같은 색이다. (…) 어떤 선장의 말에 따르면 카랄레스Carales라는 풀은 동인도에서 많이 먹으며 특히 먹을 것이 부족할 때 유용하다고 한다. 작은 윤기가 나는 검정색 씨앗은 패립종이 아니라 아마린스와 비슷한 모양을 하고 있다. (…) 수박은 박과 식물답게 평평하고 어두운 회색 씨앗을 가지고 있다. (…) 붉은 수박 역시 수박과 마찬가지로 평평하고 어두운 회색 씨앗을 맺지만 끝부분이 좀 더 길쭉하고 뾰족하다.[3]

여기서 파킨슨은 씨앗과 함께 도착한 메모를 그대로 복제한 것으로 보인다. 20여 개의 씨앗이 이름도, 설명도, 자라면 어떻게 되는지 그림도 첨부되지 않은 채 실려왔다. 아메리카 인디언들은 분명히 이 모든 식물의 이름을 알고 있었을 것이고 그 누구보다도 이러한 식물의 장점과 단점을 잘 알고 있었을 것이다. 그러나 이 귀중한 정보가 씨앗과 함께 영국까지 도달하는 경우는 거의 없었다. 비록 1643년에 로저 윌리엄스Roger Williams가 『뉴잉글랜드라고 불리는 아메리카 지역의 원주민 언어를 이해하는 열쇠Key into the Language of natives in that part of America called New England』라는 개요서를 펴내 영국의 정원사들에게 아메리카 현지 사람들이 아메리카 식물을 어떻게 사용하는지 간단하게 보여주기는 했지만 말이다. 인디언들은 초기의 순례자들이 약속의 땅에서 굶어 죽지 않고 첫 번째 겨울을 날 수 있도록 해준 옥수수를 'ewachimneash'라고 불렀다. 인디언들은 옥수수 씨 네 개를 언덕에 뿌리고 죽은 물고기로 거름을 주었다. 윌리엄스는 "만약 영국에서도 이 식물의 사용법이 알려지고 보급되어 있었다면 많은 영국 사람들의 목숨을 구했을 것이다. 영국 밀은 엉기는 성질을 가지고 있지만 옥수수는 항상 적당한 점성을 유지하도록 해준다"고 적었다. 윌리엄스는 버지니아의 딸기에 대해서도 열광적으로 기록했다. "이 지역에서 자생하는 모든 과실 가운데에서도 가장 놀라운 편에 속한다. 이 과일은 그 자체로도 아주 훌륭하므로 영국에서 가장 뛰어난 의사 가운데 한 명은 신이 이보다 더 좋은 과일을 만들 수 있었지만 결국 더 훌륭한 열매는 만들지 않았다고 언급하기도 했다. 현지인들이 딸기를 심은 몇몇 지역에서는 그다지 넓지 않은 땅에서 상당한 크기의 배를 가득 채울 만큼 많은 열매가 열리는 것을 여러 차례 보았다. 인디언들은 딸기를 막자에 넣고 으깨서 곡식과 섞은 다음 딸기 빵을 만든다."[4]

파킨슨의 목록은 새로 들어온 식물과 각각의 특징에 대해 아주 간단한 단서만 제공해줄 뿐이다. "숲속에 있는 작은 나무 위에서 발견했다. (…) 꽃은 완벽한 투구 모양이다. (…) 즙은 알로에보다 더 쓰다. (…) 작고 낮은 덩굴로 주변을 휘감고 있는 모습이 발견된다." 이런 설명으로는 그다지 많은 것을 파악할 수 없었지만, 그래도 이러한 식물에 이름을 붙이고 구별하고 같은 것끼리 모아야 했다. 그리고 어떤 식물은 매우 조심스럽게 다루어야 했다. 파킨슨은 1640년에 이미 신대륙에서 온 덩굴옻나무를 정원에서 가꾸고 있었지만 30여 년 후 리처드 스태퍼드Richard Stafford는 여전히 영국 정원사들에게 덩굴옻나무의 위험에 대해 다시 한 번 일깨워줄 가치가 있다고 생각했다. 1668년에 버뮤다에서 쓴 편지에서 스태퍼드는 이렇게 경고했다. "우리 '매거진' 호의 우두머리인 토머스 몰리 선장에게서 내가 손에 넣은 것들을 받게 될 것이다. 그 가운데에는 우리가 '독이 든 잡초'라고 부르며 마치 담쟁이덩굴처럼 자라는 풀의 잎과 열매가 있다. 나는 그 풀에 들어 있는 독 때문에 얼굴의 피부가 벗겨지는 사람을 본 적이 있다. 게다가 그 사람은 그 풀을 결코 만지지 않았고 단순히 지나가면서 보았을 뿐이다."[5] 1629년에 살렘에 도착한 프랜시스 히긴슨Francis Higginson은 스켈튼 목사의 글을 읽은 '독자'로서 구대륙에서 이미 낯이 익은 딸기, 수영,

개불알꽃, 물냉이 등을 신대륙에서 발견하고 즉시 채집했다. 히긴슨은 뉴잉글랜드 회사의 직원이었으며, 표면적으로 내세운 목적은 "주님의 복음을 전하고 인디언들을 개종시키고 아메리카 대륙에 국왕의 지배를 확대하는" 것이었다. 그러나 새로운 식민지가 성공을 거두려면 상인들의 주머니 역시 두둑하게 불려야 했기에 초기부터 배의 선장과 정착민들에게 상업적으로 가치가 있을지 모르는 식물을 본국으로 보내도록 적극 장려했다. 다음 해에 영국에 전해진 히긴슨의 보고서에는 "달콤하고 좋은 향기가 나는 이름 모를 풀"과 "아주 달콤한 향기가 나는 수많은 다마스크 장미"가 묘사되어 있을 뿐만 아니라 "우리의 삼이나 아마처럼 밧줄이나 옷을 만드는 데 매우 유용한 아주 달콤한 두 종류의 꽃을 피우는 두 가지 풀"에 대해서도 세심하게 기록되어 있었다.[6]

토머스 존슨은 제라드의 『식물의 이야기』 개정판을 펴내면서 뉴잉글랜드에서 온 300가지 식물을 추가했다. 존 스미스 선장이 구대륙의 상류층에게 신대륙으로 보내도록 촉구했던 '한가한 친척' 가운데 한 명이었던 존 조슬린은 이렇게 썼다. "이들이 뉴잉글랜드에 가보았다면 그 어떤 영국인도 듣거나 보지 못했던 1000가지 이상의 새로운 식물을 발견했을 것이다. 물론 이곳에 보너릿Boneret이나 양이 열리는 나무tartar-lamb, 화려한 색을 자랑하는 튤립이 없는 것은 사실이지만 그 대신 아메리카 천수국이 있으며, 땅콩이 장대한 꽃을 피우고(여기서 말하는 땅콩이란 땅에서 나는 콩, 즉 인디언감자Apios americana를 의미했다), 아름다운 잎이 자라나는 노루발, 꿀이 나는 콜리브리Colibry 등이 자란다. 이들 식물은 일반적으로 영국에 있는 같은 종보다 더욱 남성적인 특징을 지니지만 영국에서 자라는 품종에 해를 끼치거나 효과가 떨어질 정도로 과도

그림 143. 해바라기Helianthus annuus. 아이흐슈타트 공작 주교의 정원에 있는 멋진 식물의 컬렉션을 기록한『아이흐슈타트의 정원Hortus Eystettensis』(1613)에서 발췌.

하지는 않다." 초기 이주자들은 아메리카에 자생하는 풀을 영국으로 보내 돈을 벌려 했지만 캐나다에 정착한 프랑스 사람들이 이미 그 시장을 장악하고 있다는 사실을 깨달았다. 뉴잉글랜드를 원산지로 하는 대부분의 식물은 캐나다에서도 자랐고 파리의 왕립식물원으로 빠르게 전달되었다. 『뉴잉글랜드에서 발견된 희귀종』(1672)이라는 책(그림 144 참조)에서 조슬린은 새롭게 발견한 식물을 다섯 집단으로 분류하고 정리하여 일종의 질서를 부여하려고 노력했다. 첫 번째로 뉴잉글랜드 지역을 원산지로 하고 있지만 영국에서 건너온 정착민들에게 익숙한 별꽃, 야생 수영, 러브풍로초를 하나로 묶었다. 그다음에는 옥수수, 공작고사리(그림 145 참조, 조슬린은 이 식물이 아메리카에서 너무나 풍부하게 자라기 때문에 영국의 경우처럼 약제상들이 꼬리고사리를 섞어서 사용할 필요가 없다고 기록했다), 산딸기, 월귤나무("시럽이나 설탕 조림의 형태로 만들어 열병이나 학질로 발생하는 고열을 다스리는 데 효과가 좋다"), 사사프라스, 크렌베리 등 "이 나라에서 자라기에 적합한 식물"을 묶었다. 이는 대부분 음식이나 약으로 사용되는 식물이었다. 하지만 이렇게 하고도 엄청난 개수의 야생 식물이 아직 남아 있었다. 이러한 식물에는 아직 영어 이름이 없었기 때문에 조슬린은 이들을 이름 없는 식물로 취급하고 단순히 "이 나라에서 자라기에 적합하고 우리가 알고 있는 이름이 없는 식물"로 분류했다. 인디언들이 사용하는 이름을 그대로 차용한 경우는 거의 없었다. 청미래덩굴Sarsaparilla과 사사프라스sassafras는 둘 다 스페인 단어에서 유래한 이름이었다. 조슬린의 분류 가운데 이보다 더 방대한 항목은 "영국인이 심은 이후 자라났으며 소의 먹이로 사용되는 식물"이었다. 정착인들은 개밀, 개쑥갓, 민들레, 쐐기풀, 질경이와 같은 잡초를 신대륙에 가져왔고, 인

> Syn. 8. 67. 35
>
> £.25.13
>
> ## New-Englands
> # RARITIES
> ## Discovered:
> IN Syn.8.67.35
> Birds, Beasts, Fishes, Serpents,
> and Plants of that Country.
> Together with
> The Physical and Chyrurgical REMEDIES
> wherewith the Natives constantly use to
> Cure their DISTEMPERS, WOUNDS,
> and SORES.
> ALSO
> A perfect Description of an Indian SQUA,
> in all her Bravery; with a POEM not
> improperly conferr'd upon her.
> LASTLY
> A CHRONOLOGICAL TABLE
> of the most remarkable Passages in that
> Country amongst the ENGLISH.
>
> Illustrated with CUTS.
>
> By JOHN JOSSELYN, Gent.
>
> London, Printed for G. Widdowes at the
> Green Dragon in St. Pauls Church-yard, 1672.

그림 144. 1672년에 런던에서 인쇄된 존 조슬린John Josselyn의 『뉴잉글랜드에서 발견된 희귀종New England's Rarities Discovered』의 표제지. 이 책에는 "인디언 여성에 대한 완벽한 묘사"가 "이 여성에게 어울리는 시"와 함께 들어 있다.

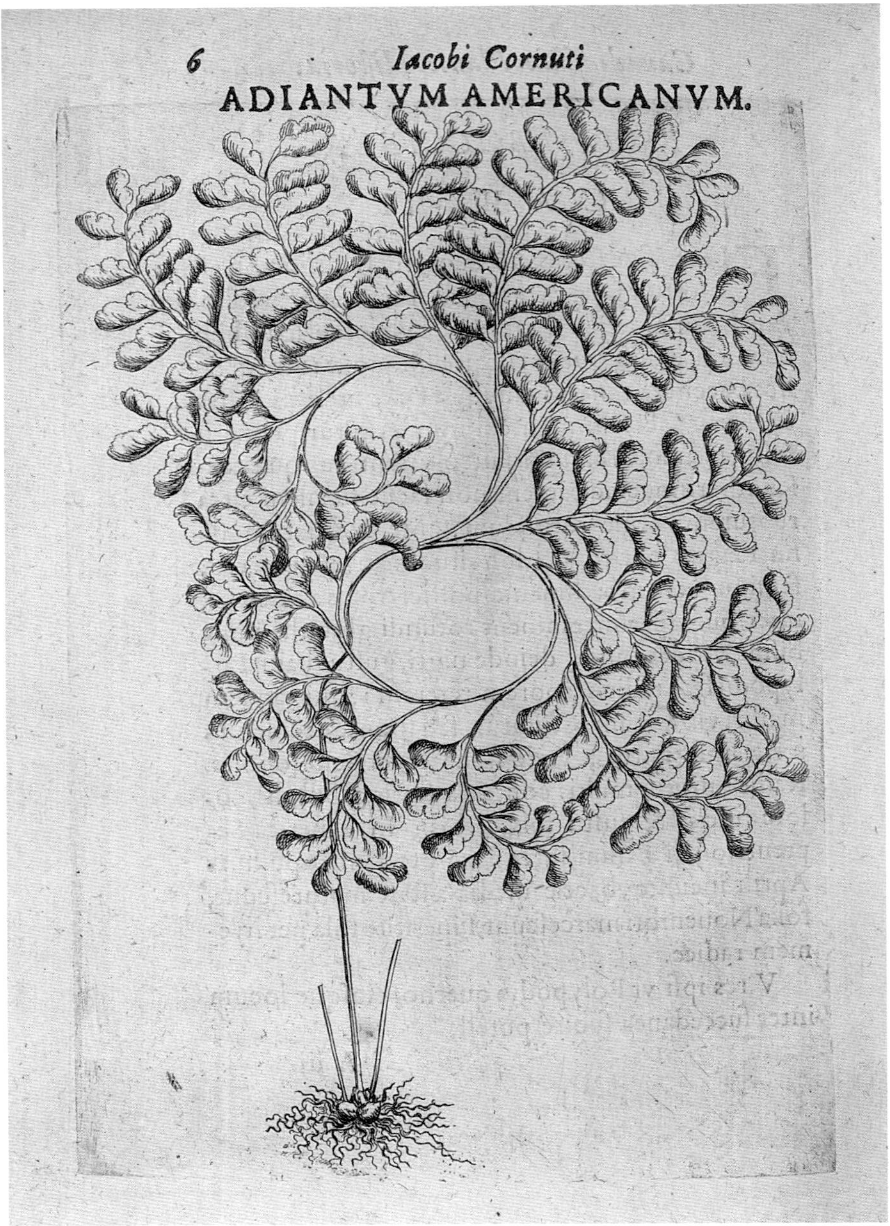

그림 145. 자크 코르뉘Jacques Cornut의 『캐나다 식물의 역사Canadensium plantarum historia』(1635)에 수록된 아메리카 공작고사리Adiantum americanum. 이 식물은 신대륙에서 너무나 풍부하게 자랐기 때문에 약제상들은 영국에서처럼 다른 식물을 섞을 필요가 없었다.

디언들은 타고난 풍부한 상상력을 동원하여 "영국인이 땅을 밟을 때마다 돋는 듯하다"며 이러한 잡초를 영국인의 발이라고 불렀다고 조슬린은 기록하고 있다. 그는 또한 양배추, 상추, 수영, 파슬리, 천수국, 챠빌, 타임, 세이지, 무, 순무 등을 꼽으며 "정원 식물 가운데 그곳에서 잘 자라거나 잘 자라지 않는 식물"의 긴 목록을 만들었다. 조슬린에 따르면 루타는 "거의 자라지 않지만" 파스닙은 "엄청난 크기"로 자라며, 콩 역시 "모든 종류가 잘 자라며 세계 최고의 품질을 보인다. 나는 8년 동안 콩을 먹는 벌레 이야기를 듣거나 목격한 적이 없다"고 한다. 새롭게 수입된 식물에는 아직 해충이 번식하지 않았던 것이다. 개사철쑥, 로즈메리, 월계수, 라벤더 같은 식물은 살아남는 데 어려움을 겪었다. 클라리는 "서리가 내려 뿌리가 썩어버렸기 때문에" 여름 한 철을 버텼을 뿐이었다.[8]

1630년 여름에 아라벨라 호를 타고 살렘에 도착한 존 윈스럽 John Winthrop은 1631년 3월에 신대륙에서 보낸 편지에서 아버지를 따라 아메리카 대륙으로 건너올 계획을 세우고 있던 아들에게 "곡물과 완두콩, 약간의 오트밀과 설탕, 과일, 무화과, 후추, 초석硝石을 넉넉히" 가져오라고 했다.[9] 윈스럽의 아들은 그해 여름 피어스 선장이 이끄는 리옹 호를 타고 건너왔으며, 기름과 식초 여러 통, 책, 옷, 화약, 버터, 가죽, 밧줄, 연금술 장비와 함께 1631년 7월 26일에 로버트 힐에게서 구입한 정원에 심는 씨앗을 가져왔다. 당시 아들이 가져온 씨앗에는 안젤리카, 양배추, 회향, 접시꽃, 리크, 꽃무, 마저럼, 양귀비, 로켓, 1온스에 2펜스 하는 '시금치', 제비꽃 등이 포함되어 있었다.[10]

영국의 학자이자 식물 전문가인 존 레이가 『영국 식물 분류법 개요 Synopsis methodica stirpium Britannicarum』(1690)의 서문에서 썼듯이,

당시는 숭고한 발견의 시대였다. 공기의 무게와 탄성, 망원경과 현미경, 정맥과 동맥을 통해 쉴 새 없이 흐르는 혈액의 순환, 젖샘과 담관, 인간 장기의 구조를 비롯하여 모두 언급할 수 없을 정도로 많은 발견이 이뤄졌다. 자연의 비밀이 밝혀지고 탐구되었다. 새로운 생리학이 도입되었다. 모든 과학 분야, 특히 식물의 역사 분야에서 하루가 다르게 진보가 이뤄지는 시기였다. 식물의 연구라는 목표를 위해 시민뿐만 아니라 귀족과 제후들까지 정원과 산책로에 심을 새로운 꽃을 찾으려 혈안이 되어 있었고 식물 채집꾼을 가장 먼 인도 지역까지 보냈다. 이들은 산과 계곡, 숲과 평원을 넘어 세계 방방곡곡을 헤매고 다니며 숨겨져 있던 식물을 밖으로 끌어내 우리 눈앞에 펼쳐주었다.[11]

영국의 내과의사 윌리엄 하비는 1619년에 혈액의 순환을 발견했다고 발표했다. 옥스퍼드 식물원은 1621년에 세워졌으며 1626년에는 파리 식물원이 문을 열었다. 갈릴레오는 1632년에 『프톨레마이오스와 코페르니쿠스의 2대 세계 체계에 관한 대화Dialogo sopra i due massimi sistemi del mondo』를 출간했다. 1635년에는 파리에 아카데미 프랑세즈가 설립되었고, 런던 왕립학회는 1662년에 왕의 특허장Royal Charter을 받았다. 네덜란드 동인도 회사의 총독 판 디멘의 명령에 따라 타스만은 1642년에 바이에른 지방을 떠나 항해에 나섰고, 그 결과 태즈메이니아와 뉴질랜드를 발견했다. 로버트 훅은 1665년에 출판된 『미크로그라피아Micrographia』에 현미경으로 실시한 실험에 대한 이야기를 실었다. 아이작 뉴턴은 1668년에 최초의 반사 망원경을 제작했으며 1687년에 『수학적 원리Principia mathematica(프린키피아)』를 출간하여 운동의 법칙과 중력에 대한

그림 146. 알버르트 에크호우트Albert Eckhout가 그린 「꽃바구니를 든 마멜루크」(1641). 그림 속의 여성은 신대륙에서 볼 수 있는 기이한 생물들로 둘러싸여 있다.

이론을 펼쳤다. 그리니치 천문대는 1675년에 세워졌다. 니어마이아 그루Nehemiah Grew는 1676년에 수술과 암술의 기능을 설명했다(그러나 그의 연구는 1682년이 되어야 출간되었다). 댐피어Dampier는 1683년에 세계일주 항해를 시작했다. 『영국의 역사History of England』에서 이 모든 놀라운 업적들을 검토하면서 매콜리Macaulay는 당시의 시민운동이 "지식인 계층을 자극하여 끊임없는 활동과 지칠 줄 모르는 호기심을 불러일으켰다. (…) 한 분야에서 둑으로 막혀 갇혀 있던 이 급류는 급속하게 다른 분야로 흘러 들어갔다"고 주장했다.

XXIV 끝의 시작

1650~1705년

이 이야기의 마지막 주인공은 마을 대장장이의 아들인 존 레이다. 레이는 토머스 존슨이 제라드의 『식물의 이야기』 개정판을 내놓았을 때 고작 다섯 살, 존 파킨슨이 『식물의 극장』을 출판했을 때는 열두 살, 존슨이 베이싱하우스 포위로 사망했을 때에는 열일곱 살이었다. 고독하고, 겸손하고 원칙에 충실하며 끈기가 있는 존 레이(그림 147 참조)는 평생에 걸친 연구와 관찰 끝에 죽기 2년 전인 1705년에 테오프라스토스의 두 번째 질문에 대답할 방법을 제시했다.[1] 그가 제안한 분류의 여섯 법칙Six Rules of Classification은 향후의 학자들이 점점 더 복잡해져가는 식물 연구를 수행하는 데 있어서 어떤 방법을 사용해야 하는지를 보여주는 것이었다.[2] 20년 이상의 꼼꼼한 수정 작업을 거쳐 내놓은 일련의 명제를 통해 레이는 유럽에 알려진 식물뿐만 아니라 열대지방과 신대륙에서 영국으로 들어오는 엄청난 수의 식물을 모두 포용할 수 있는 분류 방법을 위한 원칙을 세웠다. 불합리한 점성술이 판을 치던 시대에 그는 식물의 연구를 마법과 연관지어서는 안 되며, 식물 연구는 그 자체로서 심오하고 철학적인 학문이라는 사실을 이해했다. 1656년에 윌리엄 콜스William Coles가 "의술의 한 분야"라고 부르는 등 한때 매우 범위가 좁았던 식물 연구는 이제 의학의 한계를 넘어 점차 영역을 넓혀갔다. 테오프라스토스처럼 레이는 억지로 식물에 부여한 것이 아닌 식물 그 자체가 제시하는 분류 방법만이 유효하다는(그리고 체계 전에 방법이 마련되어야 한다는) 점을 이해하고 있었다. 마찬가지로 테오프라스토스처럼 자신이 관찰한 식물에 내재된 유사성, 분명한 차이점, 독특한 점을 찾았다. 체살피노와 로벨리우스가 남긴 업적을 전적으로 인정하기는 했지만 레이는 이 두 사람의 체계가 다양한 집단의 식물을 설명하는 데 오직 하나의 특징만을 기준으로 삼았기 때문에 실패했다는 사실을 꿰뚫어보았다. 두 사람은 식물에서 자연스럽게 체계가 잡히도록 내버려두지 않고 일단 가장 중요한 개념을 정한 후 식물을 이에 끼워 맞추려 했다. 로벨리우스는 잎의 모양을 기준으로 삼았고, 체살피노는 씨앗과 열매를 식물을 정의하는 중요한 특징으로 보았다. 두 사람을 비교해보면 로벨리우스보다는 체살피노가 더욱 올바른 분류 체계에 가깝게 다가갔다. 1623년에 펴낸 『식물의 극장 총람』에서 바젤의 의과대학 교수였던 가스파르 보앵은 식물에 붙어 있는 여러 동의어를 제시하고, 그 가운데에서 적합한 단어를 선택하고, 좀 더 간략한 설명을 도입하며, 당시 유행하던 식물에 장황한 이름을 붙이는 관행을 없애기 위해 노력했다. Lilium montanum rubrum praecox(보통 산에서 발견되는 일찍 빨간 꽃이 피는 백합), Jasminum indicum flore rubro et cariegato(빨간 또는 줄무늬 꽃을 피우는 인도 지방에서 들어온 재스민)와 같은 이름은 명칭이라기보다는 해당 식물에 대한 설명에 가까웠다. 보앵은 매우 일관되게 두 단어로 된 명명 체계를 사용했다. 일반적인 이름(일종의 성)을 쓰고, 그 뒤에 인간의 세례명처럼 그 개체를 다른 개체와 구별할 수 있는 구체적인 이름을 덧붙인 것이다. 이것은 엄청난 진보이며, 존 레이와 같은 후대의 탐구자들을 위해 빽빽한 정글을 헤쳐 시야를 틔워주는 역할을 했다. 그러나 이전의 모든 학자와 마찬가지로 존 레이는 식물을 묘사하고 평가하는 데 사용할 구체적인 용어가 부족하여 큰 어려움을 겪었다. 예를 들어 '꽃잎'과 같은 지극히 간단한 개념을 설명하는 단어조차 아직 존재하지 않았다. 파비오 콜론나Fabio Colonna는 에르난데스의 『스페인의 새로운 치료법 모음』(1649)에 대한 주석에서 그리스어 petalon라는 새로운 용어를 사용하여 현재 '꽃의 잎'으로 불리고 있는 꽃잎을 가지에 달리는 진짜 잎과 구별할 수 있다는 제안을 했고, 존 레이는 이를 받아들였다. 그리고 1682년, 레이가 식물의 올바른 분류에 대한 첫 번째 책을 출판한 바로 그해에,[3] 동시대인인 니어마이아 그루가 꽃의 수술은 사실 수컷의 생식 기관이라는 깜짝 놀랄 만한 주장을 내놓아 엄청난 진보를 이루었다. 체살피노는 수술을 flocci라고 불렀으며 식물이 숨을 쉬는 데 사용하는 조직이 틀림없다고 생각했다. 그 이후의 학자들도 수술과 암술머리를 자주 묘사했다. 예를 들어 제라드는 감자 꽃의 중심부를 기록하면서 "끝이 뾰족하며 황금처럼 노란색이고 한복판에는 날카로운 작은 녹색

그림 147. 영국의 식물학자 존 레이(1627~1705). 1690년의 『분류 방법의 개요Synopsis methodica』를 통해 근대적인 명명 체계를 위한 법칙을 제시했다.

가시 또는 돌출부가 있다"고 묘사했다. 그러나 아무도 이러한 부위에 이름을 붙인 적은 없었고 그 이전의 어느 학자도 그 중요성을 연구한 적이 없었다. 그러나 그루가 로켓처럼 폭발하면서 통찰력이라는 서로 연관되지 않은 밝게 빛나는 별들을 우주 전체에 무작위로 뿌려댄 반면, 레이의 지성은 좀 더 신중하고 체계적으로 움직이며 그루만큼은 화려하지 않을지 몰라도 결과적으로는 더 큰 목표를 향해 움직이고 있었다.

존 레이는 의사나 약제상으로 훈련을 받았기 때문에 식물학자가 된 것 아니라 자연계의 아름다움에 대한 깊고도 조용한 열정으로 식물학자가 되었다는 독특한 이력이 있었다. 1644년에 장학금을 받고 케임브리지에 입학한 레이는 신학을 공부했고 히브리어와 라틴어 작품의 거장이 되었다. 자신보다 앞서간 윌리엄 터너처럼 레이는 식물에 대해 무언가를 가르쳐줄 수 있는 스승을 애타게 찾았지만 허사였다. 또한 그는 터너처럼 대부분 독학으로 지식을 습득했다. "나는 신체적으로, 정신적으로 아팠다." 레이는 첫 번째 책인 『케임브리지 식물 목록Catalogus plantarum circa Cantabrigiam nascentium』의 서문에서 이렇게 썼다. "따라서 좀 더 심각한 연구에서 손을 떼고 말타기나 산책을 해야 했다. 계속해서 눈앞에 모습을 드러내며 발밑에 밟히는 식물의 온갖 아름다움과 자연의 교묘한 솜씨를 응시하면서 여정 내내 아주 즐거운 시간을 보냈다. 처음에는 봄에 초원에서 펼쳐지는 풍요로운 식물의 장관에 매료되어 푹 빠졌다. 그다음에는 특정한 식물의 놀라운 모양, 색상, 구조를 살피며 경이와 기쁨에 가득 찼다. 눈으로 이러한 광경을 보고 즐거워하는 사이에 마음 역시 크게 자극받았다. 나는 식물에 대한 큰 열정을 품게 되었다."[4]

『케임브리지 식물 목록』으로 레이는 마침내 토머스 존슨이 20년 전에 하려고 했던 작업을 완성하게 되었다. 존슨의 목표는 영국의 다른 여러 지방에서 자라는 식물의 목록과 설명을 실은 책을 시리즈로 출판하는 것이었다. 1629년에 켄트로 떠난 식물 채집 원정은 영국인이 식물을 기록한다는 구체적인 목표를 가지고 여행을 떠난 최초의 사례였다. 내란 중에 존슨이 세상을 떠나자 공백이 생겨버렸고, 이를 채우는 데에는 상당한 시간이 걸렸다. 그러나 존슨의 뜻을 잇기에 레이보다 더 훌륭한 후계자는 없었다. 레이는 목록을 출판하기 전에 6년간이나 케임브리지 근처의 벌판과 늪지를 찾아다니며 조사를 했다. 그리고 조사 결과를 글로 옮기는 데에는 3년이라는 시간이 더 필요했다. 그는 자신의 '소책자'가 다른 학자들이 각자 사는 지역에서 비슷한 조사를 하도록 고무하는 역할을 해주기를 바랐다. 이들을 다 묶으면 영국에 서식하는 모든 식물의 완벽한 지도가 완성될 것이었다. 레이는 이렇게 썼다. "나는 신이 여가 시간을 허락하시고 적절한 교육과 지성을 주신 모든 대학인들이 각자의 다른 연구 분야를 방치하지 않는 한도 내에서 잠시 시간을 할애하여 자연을 검토하는 습관을 기르며 자연에 서식하는 모든 식물에 대한 포괄적인 설명을 취합하도록 촉구하고자 한다. 이렇게 하면 다른 사람의 두뇌가 아닌 자신의 경험을 통해 지혜를 얻을 수 있을 것이며 식물의 잎사귀를 읽는 방법을 배울 뿐만 아니라 꽃과 씨앗에 발현되어 있는 특징을 해석할 수 있게 될 것이다."[5]

레이가 『케임브리지 식물 목록』을 내놓은 목적은 식물을 배열하거나 질서를 부여하기 위해서라기보다는 식물을 식별하고 설명하기 위해서였다. 이 첫 번째 책에서 그는 식물을 알파벳 순서로 제시했다. 이것이 식물을 정리하는 데 최선의 방법이라고 생각해서가 아니라 그보다 나은 방식을 아직 고안해내지 못했기 때문이었다. 목록의 맨 끝부분(가장 끝에 실려 있는 식물은 우리가 산호붓꽃이라고 부르는 Iris foetidissima로, 레이는 이를 Xyris라고 불렀다)에 그는 1650년 가스파르 보앵의 형인 장 보앵이 사후에 출판된 『식물의 일반사』에 제시한 것과 거의 똑같은 개요 분류Outline Classification를 실었다. 장 보앵은 튀빙겐 대학에서 레온하르트 푹스의 가르침을 받았으며 나중에는 몽펠리에의 롱드레 밑에서 공부했다. 비록 보앵이 제시한 체계에 문제점은 있었지만 그를 '약초상의 왕자'라고 생각한 사람은 레이뿐만이 아니었다. 레이는 보앵의 뒤를 이어 테오프라스토스 이후 변하지 않고 남아 있던 근본적인 분류 방법을 사용하여 식물을 나무, 관목, 아관목, 풀로 나누었다. 그는 나무를 상록수와 낙엽수로 분류했으며, 그다음에는 열매를 기준으로 삼아(체살피노가 했던 것처럼) 다시 여덟 집단으로 나누었다. 가운데 커다란 씨앗이 들어 있지 않은 열매를 맺는 Pomiferae(사과, 레몬, 무화과, 석류 등), 가운데 커다란 씨앗이 들어 있는 열매를 맺는 Pruniferae(자두, 복숭아, 대추야자, 올리브 등), 견과류를 맺는 Nuciferae(호두, 밤, 개암, 육두구, 피스타치오 등), 장과漿果[과육 부분에 수분이 많고, 연한 조직으로 되어 있는 열매]를 맺는 Bacciferae(월계수, 뽕나무, 노간주나무, 회양목, 도금양, 엘더 등), 도토리를 맺는 Glandiferae(떡갈나무, 털가시나무, 너도밤나무), 솔방울을 맺는 Coniferae(소나무, 전나무, 낙엽송, 사이프러스, 삼나무 등), 콩깍지에 든 열매를 맺는 Siliquosae(나도싸리, 유다나무, 계수나무 등), 그리고 마지막에 자작나무, 버드나무, 물푸레나무, 느릅나무, 라임나무 등 위에 설명한 어떠한 항목에 넣기도 애매한 것들을 묶어 잡동사니 항목을 만들었다. 관목은 단순히 가시가 있는 것(소벽, 갈매

나무, 구스베리 등)과 가시가 없는 것(로뎀나무, 재스민, 쥐똥나무 등)을 두 종류로 분리하고 간략하게 끝냈다. 그는 이러한 분류가 얼마나 불충분한지 인지하고 있었고, 꽃이 피는 관목, 열매를 맺는 관목, 덩굴이 있는 관목 등 다른 가능한 분류 방법도 시사했다. 그러나 향기 또는 맛과 같이 우연히 갖추어진 성질을 기반으로 집단을 나눈 흔적은 보이지 않는다. 아관목은 대부분 라벤더, 약쑥, 히숍, 세이보리, 세이지 등과 같이 정원에 심는 향이 좋은 식물이었기 때문에 하나의 집단으로 묶을 수 있었다. 풀은 너무나 종류가 무궁무진하여 가장 분류하기 어려운 식물군이었다. 레이 역시 "어떤 식물도 하나 이상의 종류에 속하거나 모호하게 분류되지 않도록" 배열하는 것은 불가능까지는 아니더라도 상당히 어려운 일임을 인정했다. 풀은 여러 가지 방식으로 분류할 수 있지만 레이는 한동안 보앵의 선례를 따라 일부는 뿌리를 기준으로, 일부는 이파리의 형태를 기준으로, 일부는 꽃을 기준으로, 일부는 효용, 그 외는 서식지를 기준으로 하여 22종류로 나누었다.

『식물 목록』이 출판될 즈음 레이는 케임브리지에서 상당한 기반을 닦고 있었다. 그는 1653년에 트리니티 대학의 강사로 임명되었으며 그리스어, 수학, 인문과학을 강의했다. 또한 미들랜즈의 광활한 영지를 상속받은 젊은 후원자 프랜시스 윌로비(1635~1672)를 비롯하여 비슷한 생각을 가진 친구들과 함께 식물을 채집하기 위한 장기간의 여름 여행을 여러 차례 떠났다. 1660년 12월 23일, 레이는 정식 교수로 임용되었다. 안정된 직장, 안락한 집, 훌륭한 도서관, 사회적 지위, 자신이 몰두하고 있는 선구적 연구에 대해 논의할 수 있는 지인들 등 편안한 삶이 눈앞에 펼쳐져 있었다. 그러나 1662년 8월 24일, 그는 교수직과 그에 따른 모든 안락함을 버

그림 148. 1608년의 프랑스 『화보花譜』 테두리 부분에 조밀하게 그려진 무스카리Muscari botryoides, 니겔라 Nigella damascena, 제라늄Geranium phaeum, 수레국화Centaurea montana.

렸다. 자부심이 강하고, 독립적이고 윤리적이며 현재와 같이 도덕성이 상실된 시대에는 좀처럼 이해하기 어려울 정도로 원칙에 충실했던 레이는 찰스 2세가 왕정복고와 함께 도입했던 통일령Act of Uniformity〔영국국교회의 예배와 기도, 의식 등을 통일하기 위하여 영국 의회가 제정·공포한 법률〕에 따라 요구되는 선서를 도저히 할 수 없다는 사실을 깨달았던 것이다. 정신적으로나 지성적으로나 레이는 공화정 지지자였고, 자신이 인정하지 않는 통일령에 따르기보다는 트리니티에서 사임하고 18년 동안 고향과도 같았던 케임브리지를 떠나는 길을 택했다. 그후 17년간 레이는 사실상 떠돌이 생활을 하였고, 윌로비와 같은 친구의 너그러운 후원에 전적으로 의지했다. 윌로비가 미들턴 영지에 마련해준 숙소가 그나마 레이가 집이라고 부를 수 있는 형태에 가장 가까운 것이었다. 레이는 1679년에 어머니가 돌아가시고 나서야 고향인 에섹스 마을의 블랙 노틀리에 어머니를 위해 지은 집으로 들어갔다. 듀랜즈라고 불리는 이곳은 오늘날 마을을 관통하는 대로에서 그리 멀리 떨어지지 않은 현대식 벽돌집의 이름으로만 기억된다. 마을 회관 근처에 있는 밀레니엄 그린은 레이를 기리며 그에게 헌정된 건물이다. 레이의 그림은 이미 안내판에서 바래가고 있지만 떡갈나무와 서어나무, 포플러나무와 물푸레나무, 흰색 석죽, 기는미나리아재비, 등갈취나물, 이질풀은 잔디 사이에서 무성하게 자라고 있다. 레이의 생가인 대장간과 바로 붙어 있는 작은 집은 집들이 띄엄띄엄 배치된 이 마을의 북쪽 끝자락에 있다. 지붕 널을 덮은 첨탑이 달린 작은 석조 교회에서 몇 전답쯤 떨어진 곳이다.

케임브리지에서 벗어난 레이는 "신의 섭리와 좋은 친구들"에게 몸을 의탁하려 했다고 적었다.[6] 신의 섭리와 좋은 친구 윌로비의 도움으로 레이는 곧바로 저지대 국가, 독일, 이탈리아, 프랑스를 아우르는 3년간의 유럽 대륙 여행의 기회를 잡게 되었다. 1663년 4월 18일에 도버 항을 떠난 윌로비와 레이는 칼레와 됭케르크를 지나 오스텐트로 갔다. 그곳에서 로테르담, 델프트, 하를럼, 암스테르담으로 이동했다. 독일에서는 "처음으로 담요 대신 깃털 침대에서 자기 시작"하며 "사람들이 노를 젓는 배"에 타고 라인 강을 거슬러 올라가면서 여행했다. 일행은 하이델베르크, 스트라스부르, 바젤, 취리히, 뮌헨, 아우구스부르크를 여행했고 배를 타고 비엔나로, 그리고 다시 마차를 타고 베네치아로 향했다. 마부는 "언덕 위까지 마차를 끌고 가기 위해 열 마리의 수소"를 동원했다. 베네치아 다음 행선지는 파도바였고 그곳에서 레이는 대학의 해부학 강의를 들었다. 그다음에는 페라라와 볼로냐로 이동하여 알드로반디의 유명한 박물관을 방문했다. 이들은 당시 대학에서 강의를 하고 있던 위대한 마르첼로 말피기Marcello Malpighi를 만날 기회를 아쉽게도 놓쳤는데, 역사상 유례가 없을 정도로 해부학적 구조를 자세하게 묘사한 말피기의 식물 그림(그림 149, 157 참조)은 레이가 영국으로 돌아온 지 불과 5년 후에 출판되었다. 파르마를 지나 이들은 밀라노, 토리노, 제노아를 여행했고 루카와 피사에 이르렀다. 나폴리까지 배를 타고 항해한 다음 플리니우스가 서기 79년에 세상을 떠났던 베수비오 산에 올랐다. 윌로비는 나폴리에서 여행을 마치고 영국으로 돌아갔고, 1665년 1월 4일 왕립학회에 여행에 대한 보고서를 제출했다. 레이는 여행을 계속하여 시실리, 말타, 그리고 유명한 의학 학교가 있는 살레르노를 방문했다. 피렌체에서는 영국인 의사인 존 커튼이 오이를 으깨 열병을 치료해주었다. 9월 1일에 레이는 로마로 떠났으며, 그곳에서 다음 해 1월까지 머물렀다. 그다음 아펜니노 산맥을 넘어 볼로냐를 거친 다음 다시 베네치아로 돌아왔고, 다시 트렌트, 베른, 로잔을 거쳐 1665년 4월 20일에 제네바에 도착했다. 7월 말 즈음에는 프랑스에 머무르면서 리옹, 아비뇽, 그리고 여전히 지적 활동의 중심지 역할을 하며 영국의 학자들을 자석처럼 끌어당기고 있던 몽펠리에를 방문했다. 레이는 몽펠리에의 위대한 스승 롱드레의 뒤를 이은 피에르 마뇰Pierre Magnol에게서 매우 깊은 인상을 받았으며, 프랑스에 머물고 있는 모든 영국인은 3개월 내에 나라를 떠나라는 루이 14세의 명령만 없었다면 몽펠리에 대학에 더욱 오래 머물렀을지도 모른다. 1666년 2월 26일, 레이는 몽펠리에를 떠나 파리로 향했고, 마침내 칼레에서 페리의 생선 칸에 몸을 싣고 프랑스를 떠났다.

과학 연구를 촉진하기 위해 세워진 왕립학회는 레이의 지적인 삶에 어느 정도까지 새로운 지지대 역할을 해주었다. 1660년에 공식적으로 설립된 왕립학회의 원조는 옥스퍼드 철학 학회로, 1645년 이후 런던에서 정기적으로 만나던 탐구적인 학자들이 핵심 구성원이 되었다. 학회는 회원들에게 만남의 장소 및 정기적으로 논의와 토론할 수 있는 기회, 연구 결과를 출판할 매체(『철학 교류Philosophical Transactions』라는 잡지를 매달 첫 번째 월요일에 발간했다)를 제공해주었다. 존 이블린John Evelyn과 레이의 친구 프랜시스 윌로비는 발기인이었으며, 새뮤얼 피프스Samuel Pepys가 회장직을 맡고 있었다. 왕립학회는 자연과학에 대한 직접적인 접근을 권장했으며 이 분야에 대해 연구할 것을 종용했다. 식물과 동물 연구뿐만 아니라 천문학, 화학, 공학, 수학, 물리학, 생리학도 포용했다. 다만 200명에 달하는 회원은 진지한 학자라기보다는 대부분 신사였고, 실제 가치가 있는 연구에 착수할 능력을 보유한 사람들은 극소수

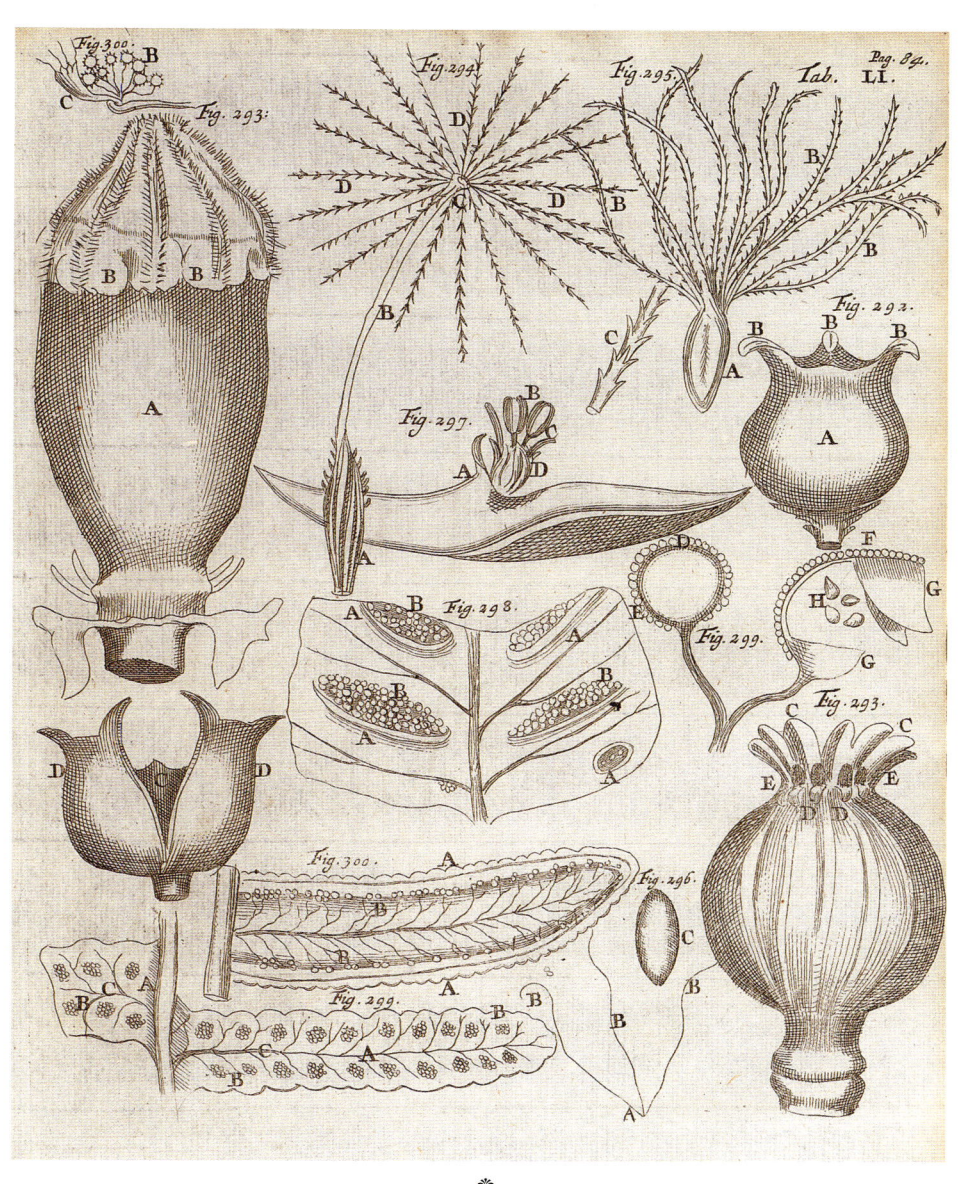

그림 149. 이탈리아의 식물학자 마르첼로 말피기가 1675년에 내놓은 『식물 해부Anatome plantarum』에 수록된 다양한 형태의 양치식물 포자와 과피.

에 불과했다. 따라서 이들에게는 레이 같은 학자가 필요했고 결국 레이는 1667년 11월 7일에 학회 회원으로 선출되었다. 회원들은 "1년에 한 번씩 실험에 바탕을 둔 담론으로 학회에 기여해야 한다"는 학회 규칙에 따라 레이는 1674년 11월 30일에 「식물의 씨앗에 대한 담론Discourse on the Seeds of Plants」과 「식물의 구체적인 차이점The Specific Differences of Plants」이라는 논문을 보냈다. 그는 처음으로 보낸 이 논문이 "미성숙하고 불완전"한 데 대해 사과하며 다음 해에는 "씨앗 안에 든 것을 기준으로 식물을 구별하는" 자신의 계획을 "추진하고 완성하기"를 바란다는 설명을 담았다.[7] 1664년 이후 계속해서 식물의 구조를 연구해왔던 니어마이아 그루(그림 150 참조)는 이미 1671년 5월에 「채소 해부의 시작」이라는 논문을 학회에 제출했다.

식물의 종과 식물 사이의 차이점에 대해 레이가 가졌던 생각의 초안은 『영국 이외 지역의 식물 목록과 관찰Observations and Catalogus Stirpium in Exteris Regionibus』(1673)의 서문에서 엿볼 수 있다. 이 책은 10년 전 유럽 대륙을 여행하면서 관찰한 식물에 대한 설명을 모은 책이었다. "독자들이 단순히 이름만 늘어놓은 목록을 재미있게 읽을지는 알 수 없다. 나의 경우 이러한 식물이 어머니 대지의 풍요로운 가슴 위에서 자유롭게 자라고 있는 모습을 바라보는 것만으로도 믿을 수 없을 만큼 기쁨을 느꼈다. 나는 클루시우스와 마찬가지로 새로운 식물을 처음으로 찾아냈을 때 마치 보물이 굴러들어온 것처럼 기쁨을 느꼈다. 예전에는 결코 알지 못했으며 영국에는 서식하지 않았던 수많은 식물을 매일 발견하는 것은 여행에서 느끼는 크나큰 보람이었다."[8] 레이는 알프스 지역에서 특히 만족스러운 결과를 얻을 수 있었다. 그가 1년 후 학회에 제출한 논문은 서로 다른 종을 구별하기 위한 자신의 주장을 좀 더 설득력 있게 구체화시키고 있었다. 레이는 논문에 이렇게 썼다. "수많은 약초상들이 구체적인 차이점에 대해 사실과 다르게 잘못 기록하는 것을 자주 관찰했고 그 결과 잘 알려진 철학적 원칙에 비해 불필요하게 많은 식물의 종류가 생겨났다. 나는 종의 개수를 좀 더 확실하고 자연에 부합하게 규정하기 위해 그러한 사건들을 열거한 다음, 왜 그들의 기록이 구체적인 차이점이 되기에는 충분하지 못하다고 판단하는지에 대한 내 생각을 덧붙이는 것이 불필요한 과정은 아니라고 생각한다." 이제 안드레아 체살피노가 오랫동안 논의했던 '실체'와 '우유' 사이의 모든 중요한 차이점으로 다시 돌아온 셈이다. 아네모네, 미나리아재비, 노란 앵초 등 이제 열정적인 정원사들이 키우고 있는 수많은 새로운 꽃들 때문에 기존에 존재하던 체제가 완전히 붕괴될 위기에 처해 있었다. 일부 학자들은 다른 꽃들보다 더욱 강렬한 빨강색을 띤 튤립, 이전에 들어온 것과 다른 색깔의 미나리아재비 등 새로운 식물이 들어올 때마다 앞 다투어 새로운 종을 만들어냈다. 가스파르 보앵이 『식물의 극장 총람』(1623)에 수록한 6000가지의 식물 가운데 상당수가 원래 존재하던 종의 변종에 지나지 않았다. 물론 변종이라는 개념 자체에 대한 이해가 서서히 확산되기 시작한 것도 얼마 되지 않았을 때였지만 말이다. 레이는 일부 식물학자들이 약간씩만 변형된 꽃에 새로운 종 이름을 붙이려고 서두르는 관행은 중단되어야 한다고 생각했다. 크기, 향기, 맛, 색상, 겹꽃, 잎의 얼룩덜룩함은 그것만으로 별도의 종을 구성하기에 충분할 만큼 중요한 특징이 아니었다. 레이는 "신은 창조의 작업을 끝내셨다"고 믿었으며(이것이 당시 기독교도들의 보편적인 믿음이었다) "자연에 존재하는 종의 개수는 이미 고정되어 정해져 있다"고 생각했다. 종이 유실되는 경우는 있을 수 있겠지만, 낙관적인 시대를 살았던 레이는 "가능성이 상당히 희박하다"고 주장했다. 물론 그때까지 알려지지 않았던 종을 찾을 수는 있겠지만 (당시만큼 많은 종이 발견된 때는 없었다) 종을 만들어내는 것은 불가능했다.

유럽 대륙을 오랫동안 여행하면서 레이는 자연 서식지에서 자라는 야생 식물을 영국의 다른 어떤 사람보다 많이 관찰하고 기록했다. 당시 레이가 수집하여 종이에 붙여놓은 말린 식물은 커다란 책 20권을 가득 채울 정도였다.[9] 아마도 이러한 식물을 하나의 체계로 정리하는 방법을 찾아내기에 그보다 더 적합한 인물은 없었을 것이다. 분류 방법이 핵심 열쇠였고, 레이는 서둘러 책을 낼 생각이 전혀 없었다. 몽펠리에에서 처음 만난 친구 마틴 리스터에게 편지를 쓰면서 레이는 "내 능력이 닿는 한 최대한 완벽한 작품이 되기 전에는 어떤 것도 내놓지 않겠다"는 결심을 드러내 보이고 있다.[10] 『영국 이외 지역의 식물 목록과 관찰』의 서문에 초안을 살짝 비친 지 9년 뒤, 블랙 노틀리에 있는 집에 완전히 정착한 레이는 마침내 『식물 신분류법 Methodus plantarum nova』을 내놓았다. "식물을 좀 더 분명히 이해하고 신속하게 인식하며 쉽게 기억하는 데 체계적으로 질서가 잡힌 주요 분류와 부수적 분류법보다 더 도움이 되는 것은 없다." 다음은 레이가 계속해서 서문에 쓴 말이다.

> 그러나 나는 독자들이 전체 식물계를 너무나 정확하게 나누어 어떠한 이례나 독특한 사례도 남겨놓지 않고 모든 종을 포함하며, 각 속의 특징을 너무나도 분명하게 정의하여 어떠한 종도 집을 찾지 못하고 남겨지거나 복수의 속에 공통적으로 속하지 않는 완벽하거

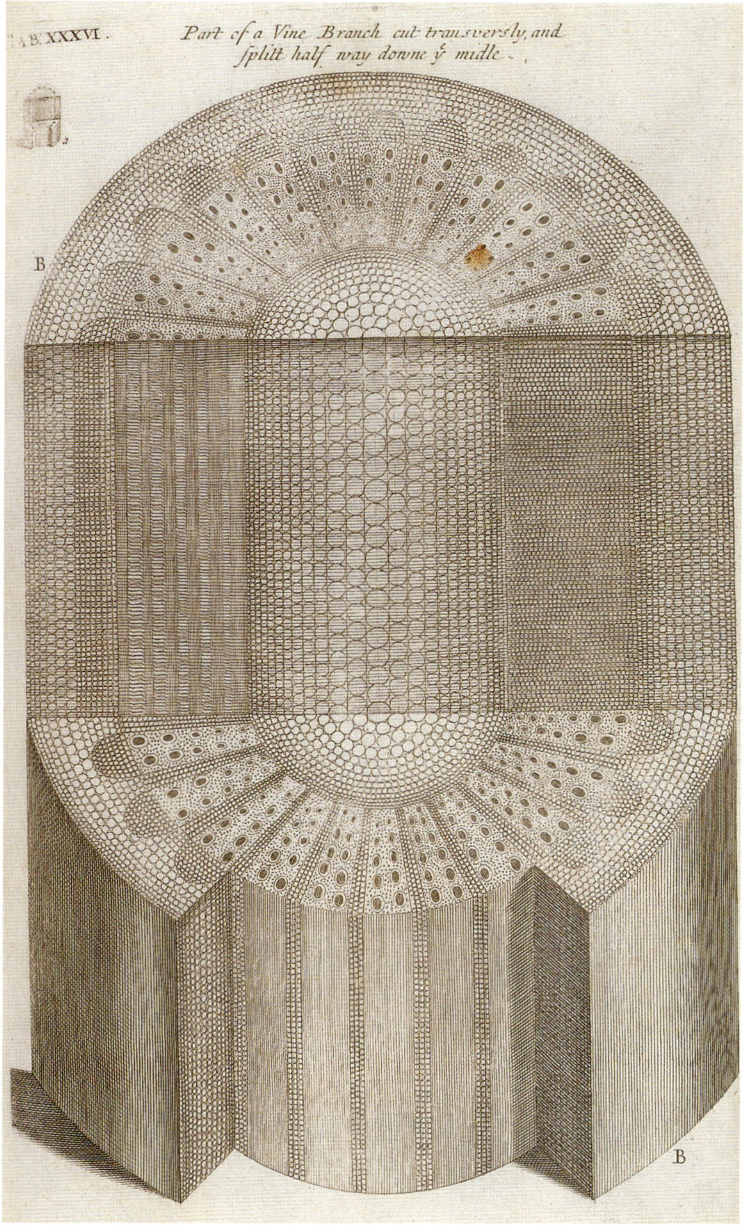

그림 150. "포도나무 가지의 일부를 횡단면으로 절단한 다음 중간 아래쪽을 반으로 쪼갠 것". 니어마이아 그루의 『식물해부』(1682)에 실린 그림 가운데 하나.

그림 151. 동인도 지역 시장의 노점에 진열되어 있는 바나나, 파인애플, 코코넛 등의 이국적인 과일. 17세기 중반 알버르트 에크호우트의 작품.

나 완전한 체계를 기대하지 않기 바란다. 자연은 그러한 것을 허용하지 않는다. 흔히 말하듯 자연은 한 극단에서 다른 극단으로 건너뛰거나 넘어가지 않으며 수없이 많은 중간 상태를 거쳐서 움직이기 마련이다. 자연은 언제나 높은 종류와 낮은 종류 사이의 중간 종을 만들며, 한 유형과 다른 유형을 연결하며 양쪽의 특성을 모두 가지고 있어 분류가 애매한 종을 만들어낸다. (…) 어느 경우에나 나는 감히 자연이 허용할 만큼 완벽한 방법을 내놓겠다고 약속할 수는 없다. 그것은 어느 한 사람 또는 한 시대가 이루어낼 업적이 아니다. 다만 나의 현재 상황에서 할 수 있는 최선의 방법을 내놓을 뿐이고, 그것조차도 결코 순조롭지 않다.[11]

동시에 엿볼 수 있는 사실은 다윈보다 훨씬 이전 시대 사람이었던 레이가 종의 진화 개념을 이해하고 있었다는 사실이다. 레이는 식물을 집단으로 묶고 분류하는 데 서식지, 효용, "주요 부분의 유사성과 일치"라는 세 가지 사용 가능한 방법을 검토했다. 21세기의 우리들이 생각해볼 때에는 서식지를 기준으로 한 분류가 상당히 그럴듯해 보인다. 그러나 지금과는 사뭇 다른 17세기 후반의 사고방식을 가지고 있었던 레이는 처음 두 가지 기준을 제외했다. 왜냐하면 그 두 가지 기준은 확실히 유사점을 가지고 있는 식물을 서로 다른 범주로 분류하는 경우가 있는가 하면 확실한 차이점을 가지고 있는 식물을 서로 같은 범주로 분류하기도 하기 때문이다. 그는 안드레아 체살피노에 대해 "내가 아는 한 각 꽃에서 열리는 씨앗의 개수나 과피를 기준으로 하여 식물을 분류한 최초의 인물"이라며 경의를 표했지만, 한편으로는 왜 전적으로 체살피노가 사용한 방법에 동의하지 않는지에 대한 설득력 있는 이유도 제시했다. 씨앗

뿐만 아니라 꽃의 형태, 화관과 꽃받침 역시 고려해야 한다는 것이었다. 레이는 매우 겸손한 사람이었기에 자신이 제시한 새로운 분류 방법이 완전하고 포괄적인 것이라고는 생각하지 않았다. 왜냐하면 수천 가지의 식물이 아직 알려지지 않거나 묘사되지 않았다는 사실을 숙지하고 있었기 때문이다. 레이의 입문 에세이 가운데 세 번째는 씨앗의 구조와 배아를 다루었다. 그는 씨앗에서 잎이 하나 달린 싹이 자라나는 백합 등의 식물과 잎이 두 개 달린 싹이 자라나는 갓 또는 물냉이 등과 같은 식물의 중요한 차이점을 지적했다. 이 두 가지 종류는 각각 외떡잎식물과 쌍떡잎식물이라는 이름을 얻었고, 이 분류 방법은 오늘날까지 유효하다. 로벨리우스는 잔디처럼 길고 얇으며 수평적인 잎맥이 달린 식물과 가운데에 굵은 주맥이 있고 잎 전체에 그물망처럼 잎맥이 퍼져 있는 식물을 구별하여 레이와 비슷한 결론에 도달했다. 그러나 레이는 식물 잎의 외양은 자신이 찾고 있는 분류 방법의 기초가 되기에는 충분하지 않다는 사실을 알고 있었다. 레이가 제시했던 배아의 종류에 따른 구분은 그보다 심오한 기반을 마련해주었다. 외떡잎, 쌍떡잎을 기준으로 한 분류는 1682년부터 지금까지 유효하게 사용되고 있다. 그는 나무, 관목, 아관목, 풀이라는 전통적인 분류 방법을 "정확하고 철학적이라기보다는 대중적이고 우연에 따른" 분류로 보았지만 이 방법이 관습적으로 사용되고 있다는 사실을 받아들였다. 다만 아관목을 별도의 항목으로 분류하는 것은 배제했다. 그는 나무를 여덟 개의 강綱으로, 관목을 여섯 개의 강(이전에 가시 달린 관목과 그렇지 않은 관목의 두 종류로 대강 분리했던 것에 비하면 상당한 진전이다)으로 나누었다. 언제나 골칫거리인 풀은 『케임브리지 식물 목록』에 수록했던 22개의 강을 좀 더 세분화하여 무려 47개의 강으로 분류했다. 식물을 논리적인 그룹으로 분류하는 합리적인 방법을 찾아내는 데 레이와 견줄 만했던 인물은 1677년에 왕립학회의 총무였던 니어마이아 그루였다. 그러나 그루는 아직도 레이가 "우연한 성질"이라며 노골적으로 배척한 꽃의 색깔이나 꽃잎의 개수와 같은 특징을 분류의 기준으로 삼고 있었다. 그루와는 달리 레이는 그 자신도 인정한 바와 같이 "그다지 바람직하지 않은" 조건 하에서 대학 교수진이나 식물원의 지원 없이 혼자서 연구했다. 그는 과로하기 일쑤였고 자주 병을 앓았으며 치료를 담당했던 브레인트리의 젊은 의사 벤저민 앨런이 권장한 치료법(배앓이에는 으깬 쥐며느리, 간질에는 공작의 똥을 달인 것)은 증상을 호전시키기는커녕 더욱 악화시키기만 했다. 브레인트리의 마차는 매주 런던으로 향했지만 당시 여행은 여전히 불편하고 느렸다.[12] 레이는 존 오브리에게 가까운 이웃들에 대한 이야기를 했다. "이곳 사람들은 재치가 없으며 주변에는 독창적인 생각을 가지고 있는 신사나 성직자가 지극히 드물다."[13]

그러나 레이는 엄청나게 많은 지인들과 서신을 교환했다. 그리고 그가 사망할 때까지 블랙 노틀리에서 보낸 25년간 1693년에 왕립학회의 새로운 총무가 된 한스 슬로언 경, 파리에서 투르느포르와 함께 공부했으며, 몽펠리에에서 마놀과 함께 공부한 최고의 친구 탄크리드 로빈슨과 같은 후원자와 지지자들은 레이의 연구에 점점 더 중요한 역할을 하게 되었다.[14] 슬로언과 로빈슨은 이제 50대에 접어든 레이에게 『식물의 역사 Historia plantarum』라는 기념비적인 책에 착수하기 위한 동기와 의욕을 불어넣는 데 결정적인 역할을 했다. 『식물의 역사』는 결국 빽빽한 활자로 세 권에 걸쳐 발간되었으며 총 2000쪽이 넘었다. "그대와 다른 친구들의 나에 대한 생각과 기대에서 영감을 얻어내 능력을 헛되이 하지 않으며 모든 어려움을 극복하고 스스로의 역량을 뛰어넘는 탁월한 능력을 펼칠 용기와 힘을 발휘할 수 있었소." 레이가 탄크리드 로빈슨에게 보낸 편지에 쓴 말이다. 레이가 적은 바에 따르면 다른 나라도 식물학 분야에서 한창 활발하게 연구하고 있었고, "영국이 전적으로 나태하고 잠들어 있는 것이 아니라 무엇이든 기여를 하기 위해 최소한의 노력은 하고 있다"는 것을 보여주고자 했다.[15] 레이는 인간에게 알려진 모든 식물에 대한 백과사전식 개요서를 제작하려고 했다. 그가 참고한 자료에는 1658년에 암스테르담에서 출판된 빌렘 피조Willem Piso의 『인도 자연의 특징De Indiae utriusque re naturalis』과 1620년대에 바타비아에서 의사로 6년간 일한 야코프 데 본트Jakob de Bondt가 쓴 여섯 권에 달하는 『인도 자연의 역사Historia naturalis Indiae』 등이 포함되어 있었다. 레이는 나소의 모리츠 공의 주치의였던 게오르그 마르크그라프Georg Marcgraf가 써서 1648년에 암스테르담에서 출판된 여덟 권짜리 『브라질 자연의 역사Historia naturalis Brasiliae』도 참조했다.[16] 그는 심지어 그보다 더 이전으로 거슬러 올라가 멕시코에서 1615년에 출판된 프란시스코 에르난데스의 『새로운 스페인의 식물과 동물』도 살펴보았다. 레이는 이탈리아 저자인 파올로 보코네Paolo Boccone의 『희귀한 식물의 그림과 설명Icones et descriptiones rariorum plantarum』(1674)뿐만 아니라 몽펠리에 대학에서 그토록 존경했던 젊은 강사 피에르 마뇰이 1676년에 펴낸 『몽펠리에 식물 목록Catalogus Monspeliensis』도 읽었다.

이때까지 레이(그리고 사실상 이 분야에 관심을 가진 모든 사람)는 식물에 대한 완전한 백과사전을 통합하는 일을 로버트 모리슨Robert

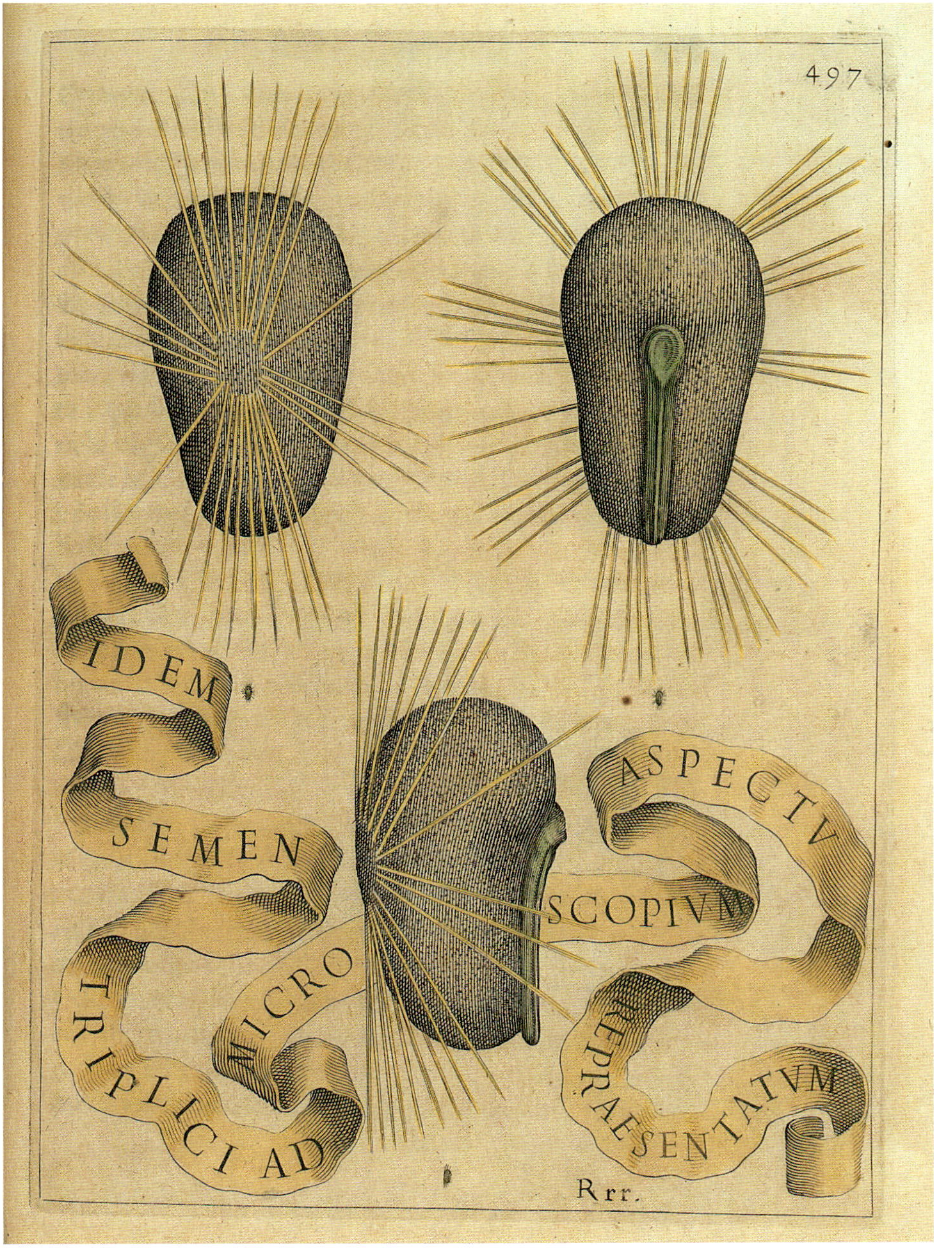

그림 152. 현미경의 확대 렌즈를 통해 세 가지 다른 방향에서 바라본 히비스커스 씨앗. 1638년에 출판된 조반니 바티스타 페라리Giovanni Battista Ferrari의 『플로라Flora』에서 발췌.

Morison(1620~1683)이 완성해주기를 바라고 있었다. 모리슨은 1670년 이래 옥스퍼드 대학의 식물학 교수로 재직하고 있었다. 모리슨은 이 일에 이상적인 인물처럼 보였다. 왕정파와 함께 크롬웰에 대항해서 싸웠던 모리슨은 영국을 떠나 파리로 향했고 왕립 식물원의 원장인 장 로뱅 아래에서 공부를 했다. 그러고는 영국으로 돌아와 찰스 2세의 주치의가 되었다. 1672년에 옥스퍼드에서 출판한 『새롭게 분포된 산형과 식물Plantarum umbelliferarum distributio nova』은 단일 주제에 대해 쓴 야심 찬 첫 번째 논문으로, 식물의 특정한 과를 다루는 논문을 시리즈로 낼 생각이었다. 이 시리즈를 모두 모아놓으면 식물계 전체를 다루게 되는 셈이었다. 『산형과 식물』(그림 153 참조)은 다양한 산형과 식물의 뛰어난 동판화가 수록된 커다랗고 멋진 2절판 책이었으며, 꽃과 씨앗의 각 부분이 세심하게 묘사되어 있었다.[17] 책의 맨 앞에는 "지금까지 어디에서도 언급되지 않은 새롭고 올바른 방식에 따라 식물을 정리한 신보편 식물서New Universal Herbal"를 위해 제작비용을 기부할 가능성이 있는 "귀족과 신사, 그 외의 독자들"을 위해 쓴 모리슨의 제안서가 실려 있었다. 모리슨은 자신이 현재 "지금까지 과학을 공부하는 학생들의 의욕을 꺾고 너무나 지루하다는 평가를 받던 자연사의 일부를 발전시키고 촉진시키고자 하는 열망"으로 백과사전을 최대한 빨리 출판하고자 한다고 설명했다. 안타깝게도 "구상, 조각, 인쇄에 드는 과도한 비용" 때문에 "이 위대한 작업을 추진하고 촉진하고자 하는 귀족과 신사들의 도움 없이는" 작업을 계속 진행할 수 없다는 사정도 털어놓았다. "따라서 모든 귀족과 신사, 또는 다른 사람들이 5파운드짜리 동판을 기꺼이 제공해준다면 각 동판에 해당 인물의 문장紋章을 새겨 명예로운 기념물로 삼겠다"고 제안했다. 모리슨은 동판에 세밀화로 새긴 판화를 실어 모두 2450개의 식물을 수록하는 작업을 염두에 두고 있었다. 후원자들이 5파운드씩을 내자 모리슨은 후원자들에게 향후 "위대한 작업"의 완전한 세트를 제공하겠다고 약속했다. 그러나 제안서 뒤에 나온 것은 다소 될 대로 되라는 식의 부록에 불과했다. 모리슨은 첫 번째로 동판 108개를 제작하는 데 거의 3년이라는 시간이 걸렸다고 설명했다. 처음 2년간의 작업은 극도로 더뎠는데, "부분적으로는 좀 더 실력이 뛰어나면서도 더욱 성실한 판화가를 찾고 있었기 때문에, 그리고 마지막 해에는 성실하면서도 능력이 뛰어난 일부 낯선 사람들을 찾아 원래 일하던 사람들의 대열에 합류시켰기 때문에 늦어졌으며, 이제 후원자들이 화가와 판화가들에게 줄 급료를 제공하여 최대한 빠른 시간 내에 전체 작업을 마칠 수 있도록 촉구하는 바이다"라고 해명했다. 프로젝트를 후원해줄 가능성이 있는 사람들의 열망과 속물근성에 조심스럽게 호소했음에도 불구하고 모리슨의 위대한 계획은 실패로 끝나고 말았다. 레이가 『식물 신분류』를 출판한 다음 해에 모리슨은 세상을 떠났다.

레이 역시 자신의 방대한 『식물사』에 그림을 싣고 싶다는 생각을 가지고 있었다. 그는 그림이 내용을 이해하는 데 얼마나 도움이 되는지, 그림이 있으면 식물의 다양한 부분을 얼마나 더 쉽게 파악할 수 있는지 익히 알고 있었다. 그림이 없는 식물의 역사는 지도 없는 지리서만큼이나 이해하기 어렵다고 생각했다. 그러나 이미 모리슨이 산형과에 대한 책을 위해 세밀한 동판화를 제작하다가 파산한 전례가 있었다. 왕립학회 역시 도와줄 형편이 못 되었다. "나는 『식물의 역사』를 위한 판화 때문에 큰 고민에 빠져 있다네." 레이는 1685년 5월 12일에 탄크리드 로빈슨에게 편지를 썼다. "친구

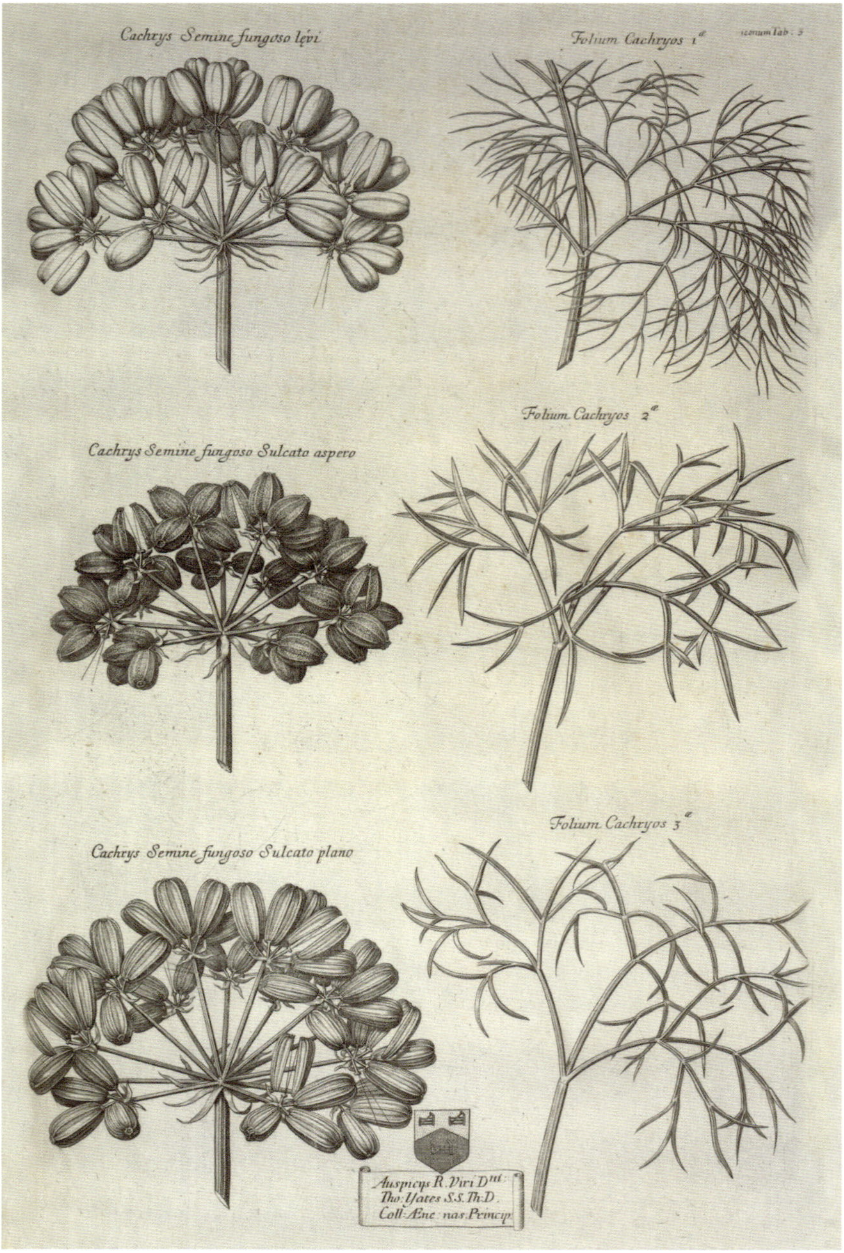

그림 153. 다양한 산형과 식물. 1672년 옥스퍼드에서 출판된 로버트 모리슨의 불운한 『새롭게 분포된 산형과 식물』에 실린 아름다운 판화 그림.

들은 모두 목판화를 비난하며 차라리 목판화를 싣지 않고 책을 인쇄하는 편이 낫다고 말하네."[18] 이에 레이는 그림 없이 책을 내라는 설득을 받아들였지만, 나중에 내놓는 판본에는 그림을 실을 수 있을지도 모른다는 희망을 버리지 않았다. 1685년 9월 15일, 왕립학회의 회장인 새뮤얼 피프스는 학회의 인쇄업자인 헨리 페어손에게 『식물사』 작업에 착수하라고 지시했다. 그후 6개월간 매주 브레인트리의 마차가 런던의 인쇄업자에게 원고 뭉치를 배달하고, 교정지 묶음을 받아서 지방에 있는 레이에게 전해주는 일이 반복되었다. 첫 번째 권은 1686년 6월에 출판되었다. 책의 맨 마지막 부분에는 모리슨의 제안서처럼 가문별로 동판화 비용을 대도록 기부해달라는 요청이 실려 있었다. 그러나 돈은 결코 모이지 않았다.

"나는 대학의 식물원과 여러 정원에 새롭고 아직 설명되지 않은 다양한 다른 종이 있음을 알고 있다." 레이는 서문에 이렇게 적었다. "이들도 언젠가는 출판될 것이다. 나는 주로 이미 기록된 것들만을 다루었다. 심지어 그것에서조차 부족, 부주의, 태만, 서두름 때문에 누락이 발생했다는 사실을 인식하고 있다. 독자들은 아마도 더욱 많은 누락을 발견할 것이다. 비서조차 없이 밭 전체를 제 손으로 직접 쟁기질해야 하는 비천한 사람에게 그 외의 무엇을 기대할 수 있겠는가?"[19] 레이는 당시 옥스퍼드 식물원의 큐레이터였던 제이컵 보바트Jacob Bobart가 재배하던 열대 식물을 본 적이 없었다.[20] 그러나 그는 버지니아에서 온 여뀌와 산톱풀을 길렀고,[21] 당시 어디서나 흔하던 머역취도 다루어보았다. 식물의 설명에 대해서는 보앵 형제의 책과 이탈리아의 식물학자 파비오 콜론나, 부지런한 카롤루스 클루시우스의 책에 크게 의존했다. 레이는 4년 전에 이미 제안하고 책으로 펴냈던 식물 분류 방법을 고수한 이유에 대해 설명했다. 첫 번째 권은 "불완전한 식물"이라고 부른 네 가지 종류(산호, 해초, 버섯, 이끼)의 식물을 다루었고, 다음에는 양치식물에 대한 내용을 실었다. 그다음에는 방대한 꽃에 대해 설명한 다음 1권 맨 마지막은 콩과 식물Legumninosae로 마무리했다. 1688년에 출판된 두 번째 권에서는 나무를 다루었는데, 우선은 야자나무와 같은 외떡잎식물부터 시작하여 쌍떡잎식물로 넘어갔다. 야자나무의 수나무가 암나무를 수정시키는 방법에 대한 설명에서는 테오프라스토스의 의견을 그대로 차용하고 있으며, "수술이 지탱하는 끝부분이 식물에서 수컷의 씨 역할을 하며 암컷을 수정시킨다"는 자신의 설명을 덧붙였다. 이는 그때까지 아무도 책자의 형태로 인쇄한 적이 없는 식물의 번식에 대한 가장 대담한 주장 가운데 하나였다.[23] 당시 퀴닌, 사고, 초콜릿, 커피, 차 등 나무에서 생산되는 부산물은 영국인들에게 매우 익숙했지만(새뮤얼 피프스는 1660년 9월 25일에 처음 차를 맛보았다고 적었으며 레이는 차 잎을 우려내기 위해 손질하는 방법을 설명했지만 안전한 음료라고 생각하지 않았던 것이 분명하다) 이들을 생산하는 나무 자체는 잘 알려져 있지 않았다. 참고할 수 있는 자료나 정확한 설명이 없는 경우도 부지기수였다. 비록 레이는 열대 식물을 직접 보지는 못했지만 온대 지방의 식물과는 너무나 다른 이들의 기이함과 이국적인 특징에 대해서 마찬가지로 경이감을 느꼈다. "만약 누군가를 밤 사이에 열대지방에 데려다 놓는다면 잠에서 깼을 때 그는 자신의 눈을 믿을 수가 없을 것이다." 레이의 말이다. 나 역시 오린두익 폭포로 가는 산길이 얼마나 비현실적이었는지, 얼마나 혼란스러웠는지, 얼마나 넋을 빼놓을 만큼 기이했는지를 똑똑히 기억한다. "유럽인이 산속을 여행하다가 밤에 길을 밝혀주고 글을 읽을 수 있을 만큼 밝게 빛나는 나무

껍질을 본다면 놀라지 않겠는가?" 레이가 던진 질문이다.[24] 그러나 다시 한 번 그는 세상에 존재하는 식물의 종 개수는 고정되어 있으며, "처음 세상이 창조되었을 때부터 오늘날까지 일정하고 변하지 않는다"는 신념을 밝혔다.

1687년 9월 레이는 방대한 백과사전의 두 번째 권을 끝내고 윌리엄 코튼William Courten이 미들 템플의 개인 박물관에 수집해놓은 외국의 씨앗과 견과 컬렉션을 보기 위해 런던으로 향했다.[25] 그는 또한 당시 영국에서 최고의 수목원으로 명성을 날리던 풀럼 궁에 있는 콤프턴 주교의 정원에 새롭게 심은 이국적인 나무와 관목을 감탄하며 바라보았다. 탄크리드 로빈슨은 당시 자메이카에 있던 한스 슬로언 경에게 편지를 써서 다음번 배가 떠날 때 레이의 책 한 권을 보내주겠다고 약속했다. 그러나 이 방대한 책(세 번째 권은 레이가 사망하기 1년 전인 1704년에 마침내 인쇄되었다)은 레이가 그토록 오랜 기간 외롭게 작업하면서 내심 기대했을 대중적인 성공을 거두지는 못했다. 레이가 펴낸 다른 책처럼 이 책은 라틴어로 쓰였는데 당시에 라틴어는 학문적인 담론에서 독점적으로 사용되는 언어로서의 위상을 잃어가던 터였다. 100여 년 전인 16세기 중반 윌리엄 터너는 레이와 정반대의 문제를 겪었다. 터너는 함께 그토록 많은 시간을 보낸 대륙의 학자들이 전혀 읽을 수 없는 영어로 책을 출판했던 것이다.[26] 그러나 17세기 말이 되자 상황은 역전되어 레이가 런던에 라틴어로 된 정확한 문서를 인쇄하도록 믿고 맡길 수 있는 인쇄업자가 거의 남아 있지 않다고 불평할 지경이 되었다. 레이의 책은 분량이 어마어마했고 아주 작은 활자로 되어 있었으며 그림조차 실려 있지 않았다. 그리고 이전의 다른 학자들과 마찬가지로 시기상 운이 따르지 않았다. 레이의 위대한 책에 흥미를 느낄 만한 대다수 영국인들은 정치에 몰두하고 있었다. (『식물사』의 첫 번째 권은 몬머스 공의 반란이 일어난 다음 해에 출판되었다. 두 번째 권은 휘그당 원로들이 오렌지 공 윌리엄에게 영국 왕위를 이양한 해에 출판되었다.) 그리고 야심차게 출발한 왕립협회 역시 어려움을 겪고 있었다. 레이의 친구인 탄크리드 로빈슨은 총무직에서 사임했고, 레이의 『식물사』를 인쇄하도록 하는 문서에 서명한 직후 새뮤얼 피프스 역시 회장직에서 물러나 피프스가 "현 시대의 가장 외설적인 인물 가운데 하나"라고 불렀던 카버리 백작 3세가 그 뒤를 이었다. 연구 활동을 후원할 자금도 없었으며 『철학 교류』에도 새로운 논문이 발표되지 않았다. 학회는 자메이카에 있던 한스 슬로언 경이 돌아와서 총무직을 맡은 다음에야 제 모습을 되찾았다. "나의 『식물사』에 실을 동판화에 대해서는 아무것도 기대할 수 없다네." 레이가 1689년 8월 2일에 친구 에드워드 류이드에게 보낸 서신이다. "책이 잘 팔리지 않아서 서적상들에게 책에 더 높은 가격을 매기도록 하기가 어렵다네. 요즘은 그야말로 책 상인들의 경기가 좋지 않은 모양이야."[27] 레이는 『식물사』 20권을 무료로 받았고 1, 2권의 경우 한 부에 30파운드씩 받았다.

식물계의 질서에 대한 레이의 마지막이자 중요한 주장(1703년에 암스테르담에서 출판된 『식물 분류 방법 수정Methodus plantarum emendata』)은 프랑스의 식물학자 조제프 피통 드 투르느포르(그림 155 참조)와의 날카로운 의견 교환을 통해 형성되었다. 레이는 1695년 여름에 투르느포르의 새로운 책 『식물의 요소Élémens de botanique』를 읽었고, 비록 프랑스어로 쓰이기는 했지만 투르느포르는 그 책에서 레이를 "수박 겉핥기만 하는 사람에 불과"하다고 묘사했다. 파리 대학의 교수이자 왕립 식물원의 큐레이터였던 투

그림 154. 1676년에 출판된 원예에 대한 네덜란드의 논문인 「왕실의 정원사De Koninglycke Hovenier」에 수록된 천수국Flos Africanus.

르느포르는 만만치 않은 상대였고, 레이는 『식물사』를 꼼꼼히 읽은 투르느포르가 레이가 제시한 식물 분류 방법을 묵살하고 자신이 동의할 수 없는 체계를 제안한 것에 대해 크게 실망했다.[28] 투르느포르가 제시한 방법이 채택된다면 레이가 그토록 오랜 시간 싸워왔던 명분 자체가 무위로 돌아갈 수도 있었다. 레이는 대응해야 했다. 투르느포르가 가장 강력하게 비판한 부분은 레이가 식물의 다양한 집단을 정의하기 위해 너무나 많은 특징을 사용했다는 점이었다. 투르느포르는 꽃잎의 개수와 상대적인 대칭성이라는 단 하나의 특징을 기준으로 제시했다. 레이는 그것만으로는 충분하지 않다고 주장했다. 그렇게 하면 수선화와 갈대를 같은 집단에 포함시키고, 장미와 양귀비를 같은 집단에 넣는 등 억지로 끼워 맞춘 부자연스러운 분류가 너무나 많아진다는 것이었다. 투르느포르가 식물의 좀 더 포괄적인 구조를 무시하거나 본질적인 관계를 묵살하는 것을 그대로 두고볼 수는 없었다. 이에 레이는 고름이 나는 상처가 가득한 다리를 소리쟁이의 뿌리와 백악을 섞은 물에 담그고 발바닥에는 괴저 부위가 퍼져가는 가운데 에섹스의 작은 집에 홀로 틀어박혀 30년 이상 자신의 흥미를 끌었으며 스스로를 지탱해온 주제에 대해 마지막 주장을 풀어냈다. 『식물 분류 방법 수정』에서 레이는 본질적인 연관성에 따라 식물을 분류하는 규칙을 나열했다. 식물의 이름은 혼란과 오류를 피하기 위해 최대한 바꾸지 말아야 했다. 집단의 특징은 분명하게 정의되어야 하며 비교에 의존하지 말아야 했다(널리 통용되는 기준이 없던 옛날에는 식물을 설명할 때 '회양목보다 크다' 또는 '담쟁이만큼 들쭉날쭉하지 않다'와 같이 대부분의 경우 비교법을 사용했다). 특징은 명확해야 하고 이해하기 쉬워야 한다. 대부분의 식물학자들이 인정한 집단은 보존해야 한다. 서로 관련이 있는 식물은 다른 집단으로 분류해서는 안 된다. 정의하는 데 사용하는 특징을 불필요하게 늘려서는 안 된다. 레이가 제시한 여섯 가지 법칙은 나중에 '분류학taxonomy'이라는 새로운 이름을 얻게 되는 신학문의 중요한 기반이 되어주었다.

그렇다면 '이게 다인가?'라고 어리둥절해하는 독자도 있을지 모르겠다. 하지만 사실 이게 다이다. 레이의 업적을 기리기 위한 폭죽도, 우레와 같은 박수도, 웅장한 교향곡도 없었다. 레이는 조용하고 고독하고 끈기 있게 작업한 결실을 내놓았고, 체계 이전에 방법을 정립하는 것의 중요성을 고수했다는 측면에서 성인이 된 후 거의 일생을 바쳤던 식물이라는 주제에 대한 향후의 사고방식을 형성하는 데 매우 중요한 역할을 했다. 레이가 사망한 후 얼마 동안은 투르느포르가 제안한 체제가 큰 인기를 끌었다. 스웨덴의 분류학자 칼 린네가 제안한 체제도 일시적으로 유행했다. 그러나 생각을 깊이 하는 사람들은 언제나 다시 레이에게로 돌아갈 수밖에 없었다. 오늘날 우리는 레이가 살았던 시대에서 너무 동떨어져 있기 때문에 그가 17세기에 이뤄낸 업적을 온전하게 평가하기가 쉽지 않다. 그러나 레이는 그것마저도 내다보았다. 물론 나는 보기 흉한 브레인트리에 거의 동화되어버린 블랙 노틀리로 발걸음을 옮길 수밖에 없었다. 교회 문 가까이에 있는 레이의 무덤에는 콤프턴 주교와 다른 부유한 친구들이 비용을 대서 세운 멋진 기념비가 있다. 돌로 만든 웅장한 오벨리스크 옆에 다가가서 빽빽한 라틴어 글자가 새겨진 아래쪽 판을 바라본다. 글자는 이제 거의 알아볼 수 없는 상태다. 하지만 상관없다. 레이는 허하운드와 꿀풀, 보라색 꽃을 피우는 며느리밥풀, 사리풀, 등골나물 등 일생 동안 불태웠던 식물에 대한 열정을 처음으로 불러일으켰던 고향의 식물에 둘러싸여 영원히 기억되고 있다.

1691년의 『철학 교류』에서는 레이를 "비할 바 없는 식물학자"라고 묘사했는데, 이때 사용한 'botanist'는 17세기 후반에 영국에서 새롭게 만들어진 용어였다. 그러나 1696년에 '식물학botany'이라는 단어를 처음으로 쓴 사람은 바로 존 레이였다.[30] 마침내 그리스 어원을 빌려 거의 2000년간의 노력을 표현하는 단어가 등장한 셈이다. stirpium, planta, res herbaria, simpling, herborising 등 이전의 수많은 식물학자가 자신들이 연구하는 주제와 그 핵심을 표현하려고 노력했던 수많은 용어를 보완할 수 있는 단어가 탄생한 것이다. 나의 영웅인 테오프라스토스, 기니, 체살피노, 터너, 게스너, 존슨이 식물의 이름을 붙이는 방법을 정립하고 퍼뜨리기 위해 실시한 길고도 조심스러우며 끈기 있는 작업에 이제야 제대로 된 이름이 붙은 것이다. 그리고 이 새로 얻은 이름과 함께 식물학은 다른 세계로 건너갔다. 철학자들을 떠나 새로운 부류의 학자들, 즉 계몽주의 과학자들을 전적으로 포용했다. 레이는 마침내 자연이 벌이는 게임을 분명하게 규정하는 법칙을 발견해낸 것이다. 그는 이전의 어느 학자보다도 미래의 학자들이 의지하며 연구를 더욱 발전시킬 수 있는 든든한 기반을 제공했다. 물론 아직 가야 할 길이 멀다는 사실을 레이도 잘 알고 있었으며 300년 이상 발전이 이루어진 후 과거를 돌아보는 미래 후손들의 눈에 자신의 업적이 어떻게 비칠지도 잘 인식하고 있었다. "나는 후손들이 현재 우리가 가장 자랑스러워하는 발견을 하찮고 당연하며 거의 아무런 가치가 없는 것으로 생각할 만큼 엄청난 과학의 발전을 이룩할 것으로 예상한다." 레이의 말이다. "만약 후손들이 우리가 그들을 위해 얼음을 깨고 놀라운 과학의 발전을 이루기 위한 길을 최초로 닦아주

그림 155. 존 레이의 경쟁자였던 조제프 피통 드 투르느포르(1656~1708). 『식물의 요소』를 통해 꽃의 형태에 따라 식물을 분류하는 새로운 체계를 제시했다.

었다는 사실을 기억할 만큼 사려 깊지 않다면 조상의 무지를 동정하며 그토록 쉽고 당연한 진실이 왜 그렇게 오랫동안 발견되지 않고 있었는지, 조상들이 왜 그토록 당연한 사실을 대단하게 생각했는지 의아하게 생각하기 쉬울 것이다."[31]

후기

물론 이야기는 레이에서 끝나지 않는다. 레이는 후계자들이 향후 식물의 명칭이라는 복잡한 미로를 헤쳐나가는 데 지침으로 삼을 수 있는 법칙을 만들어냈다. 그는 식물 연구를 과학의 한 분야로 정립했다. 또한 이 학문에 식물학이라는 이름을 부여했다.[1] 레이는 식물 연구가 점차 미신에서 벗어나 과학으로 나아가는 데 기여한 마지막 영웅이었다. 그러나 이 특별한 이야기에는 끝이 있을 수 없다. 사물을 보는 방식이 변하면서 새로운 것들이 시야에 들어온다. 새로운 관계가 밝혀진다. 새로운 식물 분류 방법이 가능해지고 때로는 변화가 불가피하기도 하다. 푹스는 안경의 도움을 받았다. 푹스는 『식물사』(1542)에 싣기 위해 화가 알브레히트 마이어가 그린 초상화에도 안경을 쓰고 등장한다. 16세기 말에 발명된 최초의 현미경 덕분에 레이를 비롯한 그와 동시대인인 니어마이아 그루는 이전의 학자들이 꿈조차 꾸지 못했던 식물 구조의 복잡성을 관찰할 수 있었다. 그러나 레이 이후에는 전자현미경, 왓슨과 크릭이 발표한 DNA의 이중 나선 구조가 있다. 이전에는 철학자와 박물학자들의 영역이었던 자연계를 정의하고 분류하는 작업은 오늘날 21세기에 들어와서 체살피노만큼이나 정리하고 체계를 부여하고 완벽한 계층과 분류를 찾아야 한다는 강한 의지를 불태우고 있는 물리학자, 식물화학자, 분자계통학자들이 넘겨받았다.

그리고 우리는 아무리 내키지 않더라도 1753년에 출판한 자신의 『식물의 종種』을 "과학의 영역에서 가장 위대한 업적"이라고 일컬었던 칼 린네(1707~1778)의 말에 동의할 수밖에 없다. 웁살라 대학의 교수 자리에 오르면서 그는 학생들을 "사도들"이라고 불렀다. 마티올리처럼 린네는 알맞은 책을 적절한 시기에 출판했다는 점에서 상당히 운이 좋았다. 린네는 시대정신을 간파했으며 시대가 무엇을 필요로 하는지 이해했고, 컴퓨터 프로그램 같은 무자비한 효율성으로 6000여 가지의 식물에 두 단어로 이루어진 이름표를 기계적으로 부여했다. 1725년 이후 정원사 협회는 식물의 이름을 짓는 데 어떤 질서를 부여할 수 있지 않을까 하는 희망에 런던에서 정기적으로 식물을 관찰하는 모임을 열었고, 특히 당시 희망봉과 동인도에서 물밀듯이 쏟아져 들어오는 식물을 다루었다. 신기한 식물은 높은 가격에 거래되었다. 묘목상들은 새로운 식물을 손에 넣기 위해 치열하게 경쟁했고 제멋대로 이름을 붙여 부유한 고객들에게 팔았다. 열대지방에서 유럽으로 처음 소개되었을 때 센세이션을 일으킨 멋진 글로리오사의 경우 어떤 묘목상에서는 메소니카Methonica로, 어떤 곳에서는 릴리움 제이라니쿰 수퍼붐Lilium zeylanicum superbum으로, 또 다른 곳에서는 멘도니Mendoni로 불렸다. 린네는 앞으로 이 식물을 가장 초기 이름 가운데 하나인 글로리사 슈퍼바Glorisa superba라고 불러야 한다고 선언했다. 그리고 놀랍게도 다른 모든 사람이 결국 이 의견에 동의했다. 때맞춰 혼돈에서 질서를 짜낸 셈이다. 1730~1760년에 영국에서 자라는 식물의 개수와 종류는 다섯 배 늘어났다.

린네가 사용한 두 단어로 된 체계는 사실 린네 자신이 만들어낸 것은 아니었다. 무계획적이기는 했지만 두 단어 체계는 처음부터 존재했다. 양귀비를 예로 들어보면, 테오프라스토스는 서로 다른 종류를 메콘 에 멜라니아mekon e melania, 메콘 에 케라티티스 mekon e keratjtis, 메콘 에 로이아스mekon e rhoias로 구별했다. 브룬펠스와 푹스 역시 두 단어로 된 이름을 사용했지만 논리적인 체계에 따라서가 아니라 무작위로 썼다. 안드레아 체살피노와 가스파르 보앵²은 간단한 성/세례명으로 이루어진 명명 체계를 사람뿐만 아니라 식물에 적용하는 것에 장점이 있음을 깨달았다. 이렇게 두 단어로 이루어진 이름은 해당 식물이 어느 집단에 속해 있으며 그 집단에서 정확히 어느 위치에 있는지 정확히 지적할 수 있는 논리적인 방식이다. 그러나 린네는 이름의 역할이란 단순히 위치를 표시하는 것뿐이라는 사실을 이전의 학자들보다 더욱 분명히 인식했다. 이름이 대상을 설명할 필요는 없었던 것이다. 17세기와 18세기 초의 학자들은 짧고 명료한 두 단어 이름을 사용하기보다는 해당 식물의 정확한 특징을 밝히려는 장황하고 여러 단어로 구성된 이름을 선호했다. 어떤 의미에서 이러한 긴 이름은 유용하기도 했다. Plantago foliis ovato-lanceolatis pubescentibus, spica cylindrica, scapo tereti라는 이름을 보면 이 식물이 달걀 모양에 끝이 뾰족하게 튀어나온 잎이 점차 부드러운 털로 변하며, 긴 원통 모양의 끝부분과 매끈한 줄기가 자라나는 질경이라는 사실을 알 수 있다. 그러나 이 긴 이름은 우리가 흔히 흰털질경이hoary plantain라고 부르는 플란타고 메디아Plantago media만큼 입에 편안하게 붙지 않는다. 기억하기 훨씬 어려운 것은 물론이다.

또한 이 두 단어로 된 명명 체계는 이름의 일반적인 진화 방식을 그대로 따르고 있었기 때문에 더욱 자연스럽게 받아들여졌다. Hoary plantain이라는 것 자체가 사실상 두 단어로 된 이름이었으니 말이다. 이 집단에 속한 식물 전체를 아우르는 이름이 질경이plantain였고, 그 가운데에서 이 특정한 종류를 구별하는 이름이 흰털hoary이다. 이 두 번째 단어로 창질경이Plantago lanceolata, 큰질경이Plantago major, 바다질경이Plantago maritima 등 다른 질경이 종류와 흰털질경이를 구분한다. 영어에서는 일반적으로 설명하는 말이 명사 앞에 온다. 하지만 라틴어에서는 순서가 반대다. 물론 생생하고 좀 더 익숙한 일반명은 앞으로도 항상 사용될 것이다. 그러나 일반명은 누구나 알아볼 수 있는 보편적인 이름이 아니다. 1892년에 더블린의 너대니얼 콜건이 토끼풀의 진정한 정체성을 정립하기 위해 노력했을 때, 20곳의 다른 카운티에 사는 애국적인 아일랜드인들이 그에게 엄청난 양의 식물을 보내왔다. 일부는 흰토끼풀을, 일부는 붉은토끼풀을 보냈고, 노란토끼풀이나 자주개자리를 보낸 사람들도 있었다. 영국에서는 가끔 토끼풀이라고 불리기도 하는 희망봉괭이밥을 보낸 사람은 아무도 없었다.[3] 동의나물Caltha palustris과 같은 흔한 식물의 경우 프랑스에만 60개의 일반명이 있었고 영

국에는 80개, 그리고 독일, 오스트리아, 스위스에 최소 140개 이상의 일반명이 있었다.[4]

그렇지만 체계적인 방식으로 식물을 구별하고 이름을 붙이고 분류하여 사실상 다양한 생물의 기록부를 만드는 분류학에서는 보편적인 언어를 사용해야 했다. 수 세기 동안 학자들은 라틴어를 공통어로 사용해왔다면서 마크 그리피스Mark Griffiths는 이렇게 지적했다. "살아 있는 생물을 표현하는 이해하기 쉬운 단일 명칭, 보편적인 규칙에 따른 공통어가 없다면 수많은 언어, 방언, 은어, 속어가 사용될 것이다. 그러면 생물의 다양성은 바벨탑이 되어 조용히 무너져 내릴 것이다."[5] 표준화는 여전히 단일 체제를 찾아 헤매고 있는 사람들에게 린네가 준 선물이었다.

존 레이가 세상을 떠나고 2년 후, 스웨덴 남부 지방의 스몰란드라는 곳에서 태어난 린네는 웁살라 대학에서 의학을 공부했다. 그의 스승이자 후원자는 웁살라 대학에서 교편을 잡고 있던 올라프 루드벡Olaf Rudbeck이었다. 훗날 린네는 감사의 마음을 담아 데이지 같은 꽃이 피는 루드베키아Rudbeckia라는 식물에 스승의 이름을 붙였다(감히 이 위대한 학자를 비난한 요한 시게스벡Johann Siegesbeck의 이름은 작은 잡초인 희렴Siegesbeckia orientalis의 이름에 사용되었다). 1732년에 린네는 라플란드를 횡단하는 3000마일(4828킬로미터)에 달하는 여행을 떠났고 그곳에서 발견한 식물을 『라포니카 식물상Flora Lapponica』(1737)에 담아냈다. 그는 함부르크, 암스테르담, 런던을 방문했으며, 런던에서는 왕립학회 회장인 한스 슬로언 경을 만나기도 했다. 린네는 부유한 상인이자 은행가인 조지 클리퍼드에게 고용되어 하를럼 근처 하르테캄프의 클리퍼드 영지에 있는 정원과 수목원의 모든 식물을 분류하고 설명하는 일을 맡았다. 여가 시간에 린네는 후원자의 도서관을 분류하는 작업을 했다. I 조상: 그리스, 로마 II 논평: 테오프라스토스, 디오스코리데스……
스웨덴으로 돌아온 다음 린네는 임질을 전문적으로 치료하는 개업의로 활동했다. 1741년에 웁살라 대학의 교수직을 제안받고, 1737년에 레이던에서 출판한 『식물의 속Genera plantarum』을 더욱 발전시킨 『식물의 종』 집필에 전념했다. 린네는 식물의 이름을 표준화하고, 처음부터 터너, 존슨과 같은 학자들에게 매우 번거로운 문제였던 동의어를 정리했을 뿐만 아니라 선례先例라는 개념을 도입했다. 이는 가장 처음으로 문헌에 기록된 식물의 이름을 우선적으로 채택한다는 개념이었다. 그는 오토 브룬펠스가 『식물의 생태도』(1530~1536)에 사용한 식물의 이름 60개를 수용했고, 레온하르트 푹스가 『식물사』(1542)에 사용했던 이름 가운데 80개를 도입했다. 비록 일각에서는 "스스로가 전 세계 생물에 이름을 지어줄 수 있다고 생각하다니 자만심이 지나쳐 보인다"고 불평했지만 린네의 식물 명명 체제는 널리 보급되었다. 오늘날 『식물의 종』은 현재 사용되는 식물 명명 체제의 기원으로 인정되고 있다.

린네의 명명 체계는 성공을 거두었지만(리와 케네디 묘목상은 1760년까지 이를 사용했다) 그의 분류 방식은 그렇지 못했다. 린네는 꽃 안에 있는 수술과 심피의 개수 그리고 배열을 기준으로 하여 식물을 분류하는 새로운 방식을 제안했다. "실제 꽃잎의 개수는 생식에 아무런 기여도 하지 못한다." 린네의 주장이다. "단지 위대한 창조주가 너무나 영광스럽게 준비해놓으신 신혼 침상의 역할을 할 뿐이다. 그토록 귀중한 침실 커튼으로 장식되어 있으며 다양하고 달콤한 향기가 뿌려져 있는 침상은 신랑과 신부가 그곳에서 좀 더 엄숙하게 결혼을 축하할 수 있도록 해주는 배경일 뿐이다." 꽃잎의 배열을 기준으로 한 분류 체계를 제안했던 투르느포르의 주장은 완전히 배척되었다. 린네가 고등학교에서 배운 식물 분류 방법은 그 자신이 만들어낸 방법 가운데 하나로 대체되었다. 린네는 1730년대 이후 식물 분류법을 개발해왔으며, 이를 '성性 체계'라고 불렀다. 당시 이는 매우 충격적으로 받아들여졌다. 칼라일의 주교는 "지나치게 색을 밝힌다"며 린네의 사고방식을 비난했다. 그는 린네의 책이 "여성의 단정함에 충격"을 줄까 두려워했고 동시에 수많은 "고결한 학생들"이 린네의 비유를 이해할 수 있을지 의문을 품었다. 상트페테르스부르크에서 요한 시게스백은 린네의 분류 방법을 "혐오스러운 매춘"이라고 맹비난하며 "블루벨, 백합, 양파가 그토록 난잡한 행동을 하리라고 누가 생각하겠는가?"라는 질문을 던졌다. 옥스퍼드에서는 식물학 교수인 요한 제이컵 딜레니우스Johann Jacob Dillenius가 동료 식물학자인 리처드 리처드슨Richard Richardson에게 편지를 보내 린네는 "식물학에 대한 철저한 통찰력과 지식"을 보유하고 있지만 그가 제시한 방법은 인정 받지 못할 것이라는 의견을 밝혔다. 그리고 사실 그랬다. 식물을 분류하는 린네의 방식 '성 체계'는 린네가 세상을 떠나자 거의 유명무실해지고 말았다.

 1867년 이후 식물의 실제 이름은 식물계의 기본 계층구조를 세우는 국제식물명명규약International Code of Botanical Nomenclature[6]에 따라 규정되어왔다. 맨 아래의 가장 낮은 계층에 있는 것은 밀접히 연관되어 있는 식물을 서로 구별하는 종species이다(기는미나리아재비Ranunculus repens와 산미나리아재비Ranunculus acris를 구별하듯이 말이다). Repens(기어다닌다)처럼 때로는 구체적인 이름이 식물의 특징을 설명해주는 경우도 있다. 때로는 sinensis(중국)처럼 원산지를 나타내기도 하고 때로는 officinalis(약제상의 상점. 나중에 'officina'로 변한 'Opificina'는 원래 약국을 뜻하는 라틴어다)처럼 식물의 역사를 담고 있기도 하다.

종 위에는 속이 있는데, 이는 소속된 모든 종을 합친 좀 더 큰 집단이다. 다양한 미나리아재비는 모두 미나리아재비속Ranunculus에 속하고, 여러 종류의 물망초는 모두 물망초속Myosotis에 속하며, 모든 질경이는 질경이속Plantago에 속한다. 속은 규모와 독특함에 있어 큰 편차를 보인다. 은행나무속Ginkgo과 같은 속은 고대에 존재했던 식물 단 하나로 이루어져 있다. 한편 등대풀속Euphorbia과 같은 속에는 2000종 이상의 식물이 속해 있으며, 그 가운데 일부는 일년생식물, 일부는 다년생식물, 일부는 다육식물, 일부는 관목, 일부는 나무다. 자신이 제안한 "풀, 아관목, 관목, 나무"라는 단순한 식물 분류법이 계속 지지를 얻지 못할지도 모른다고 여겼던 테오프라스토스의 생각이 맞았다. 속 위에는 관련된 여러 속을 모아놓은 과가 있다. 미나리아재비, 투구꽃, 바꽃, 헬레보어, 꿩의다리는 이제 미나리아재비와 하나로 묶어 미나리아재빗과Ranunculaceae라고 부른다. 마찬가지로 튤립, 패모, 얼레지는 백합과 함께 묶어 백합과Liliaceae라고 부른다. 속과 마찬가지로 과도 범위가 상당히 다양하다. 난초과Orchidaceae에는 약 800개의 속과 적어도 2만 개 이상의 종이 존재한다. 그러나 과는 각 식물학자 세대가 식물의 특징을 정의하는 새로운 기준을 제시할 때마다 줄었다 늘어나기를 반복한다. 과 위에 존재하며 다양한 과를 모아 애매한 유사성으로 묶는 목目도 마찬가지다. 예를 들어 매자나무과Berberidaceae와 으름덩굴과Lardizabalaceae가 미나리아재빗과와 함께 미나리아재비목Ranunculales으로 불린다. 마지막으로 그 위에 존재하는 방대한 강

그림 156. 스웨덴의 식물학자 칼 린네가 수술의 개수와 배열에 따라 식물을 분류한 "식물 성 분류 방법"을 처음으로 개발하기 시작한 『클리포트 식물지Hortus cliffortianus』에 실린 게오르그 디오니시우스 에렛Georg Dionysius Ehret의 그림.

綱이 있으며, 이는 꽃이 피는 식물과 양치류, 이끼류와 같은 다른 종류의 식물을 나눈다.

레이의 여섯 가지 법칙은 향후 식물 분류 체제의 개념적인 틀이 되었다. 그리고 계층구조라는 개념은 린네의 유용한 두 단어 약칭과 마찬가지로 보편적으로 수용되었다. 그러나 식물 분류의 경우 식물의 유사성과 차이점을 가장 설득력 있게 나타낼 수 있는 기준에 대한 합의가 이루어지지 않았기 때문에 아직 유동적인 상태였다. 일부 식물학자들은 로벨리우스의 방법으로 회귀하여 식물의 잎을 분류의 기준으로 사용했다. 어떤 학자들은 꽃에 집착했다. 그러나 식물의 모양이나 구조, 즉 형태학은 식물이 자라는 환경에 지나치게 큰 영향을 받을 수 있다. 테오프라스토스는 이 사실을 인식하고 있었다. 라이시엄의 개울가에 있는 플라타너스나무는 "공간과 영양이 충분하다면 뿌리를 33큐빗까지 뻗는다." 아르카디아의 아늑한 계곡에서 자라는 특정한 종류의 전나무는 "다른 나무보다 매우 높고 튼튼하게 자란다." 어쩌면 다른 특징은 좀 더 안정적이지 않을까? 전자현미경의 진공관 안에서 꽃가루 알갱이의 섬세하고 복잡한 구조가 드러났을 때, 일부 학자들은 이것이 식물 사이의 차이점을 확실하게 나타내주는 특징이라고 생각했다. 좀 더 최근에는 식물화학적 성질이 핵심 요소로 제시되었다. 한련과 유채(둘 다 겨자유를 함유하고 있다)를 하나로 묶음으로써, 분류학자들은 효용에 따라 식물을 분류하는 고대 약초 의학서의 분류 방법으로 회귀했다. 따라서 종은 고정된 것이 아니라 계속해서 한 속에서 다른 속으로 움직이며, 속은 식물학자들이 식물을 집단으로 묶을 때 각기 다른 기준을 사용함에 따라 분리와 융합을 반복한다. 일부는 '병합파 분류학자'의 성향을 띠고 있어 그다지 밀접하게 연관되지 않은 종들도 하나의 속으로 묶음으로써 규모가 크고 폭넓게 속을 정의하는 방식을 선호한다. 반면 어떤 사람들은 '분열파 분류학자'로, 자그마한 형태학적인 차이점이 발견될 때마다 구체적인 이름을 달아서 새로운 종을 만들어내는 것이 마땅하다고 생각한다.

백합과와 같은 일부 과는 그야말로 지나치게 잡다한 식물을 다수 포용하게 되었다. 미국의 아서 크론퀴스트Arthur Cronquist(1919~1992)와 같이 병합파 성향을 띤 분류학자는 언제나 서로 다른 속을 모아 상당히 규모가 큰 과를 유지하는 데 합당한 이유를 발견하는 반면, 롤프 달그렌Rolf Dahlgren(1932~1987)과 같은 학자는 보다 균일한 특성을 가진 소규모 과로 세분화하는 것이 바람직하다고 주장한다. 큐 왕립 식물원에서는 과科 계획 위원회Family Planning Committee(실제로 존재한다)가 양쪽의 주장을 놓고 토론을 한다. 분류학자들조차 이렇게 의견이 엇갈리는데, 우리가 어떻게 이 모든 것을 이해할 수 있겠는가? 1862~1883년의 벤덤과 후커로부터 1988년의 크론퀴스트에 이르기까지 최근 100년 동안에만 여덟 개의 주요 식물 분류체계가 제안되었다.[7] 하지만 오늘날 우리는 마침내 식물이 서로 연관되어 있는 방식에 대해 이론의 여지가 없는 확실한 증거를 가지고 있지 않은가? 자연계의 복잡한 상호 관련성에 대한 암호가 풀리고, 단서가 드러나지 않았는가? 아리스토텔레스와 테오프라스토스가 그토록 오랫동안 고민했던 개념인 식물의 정수psyche가 마침내 명확히 밝혀지지 않았는가?

2005년 5월의 어느 아름다운 날 아침, 플랑드르 대사 오기어 기슬렌 드 부스베크가 너무나 오래전에 유럽에 전파되어 원래 외국에서 들어온 식물이라는 사실 자체도 거의 잊어버린 칠엽수에

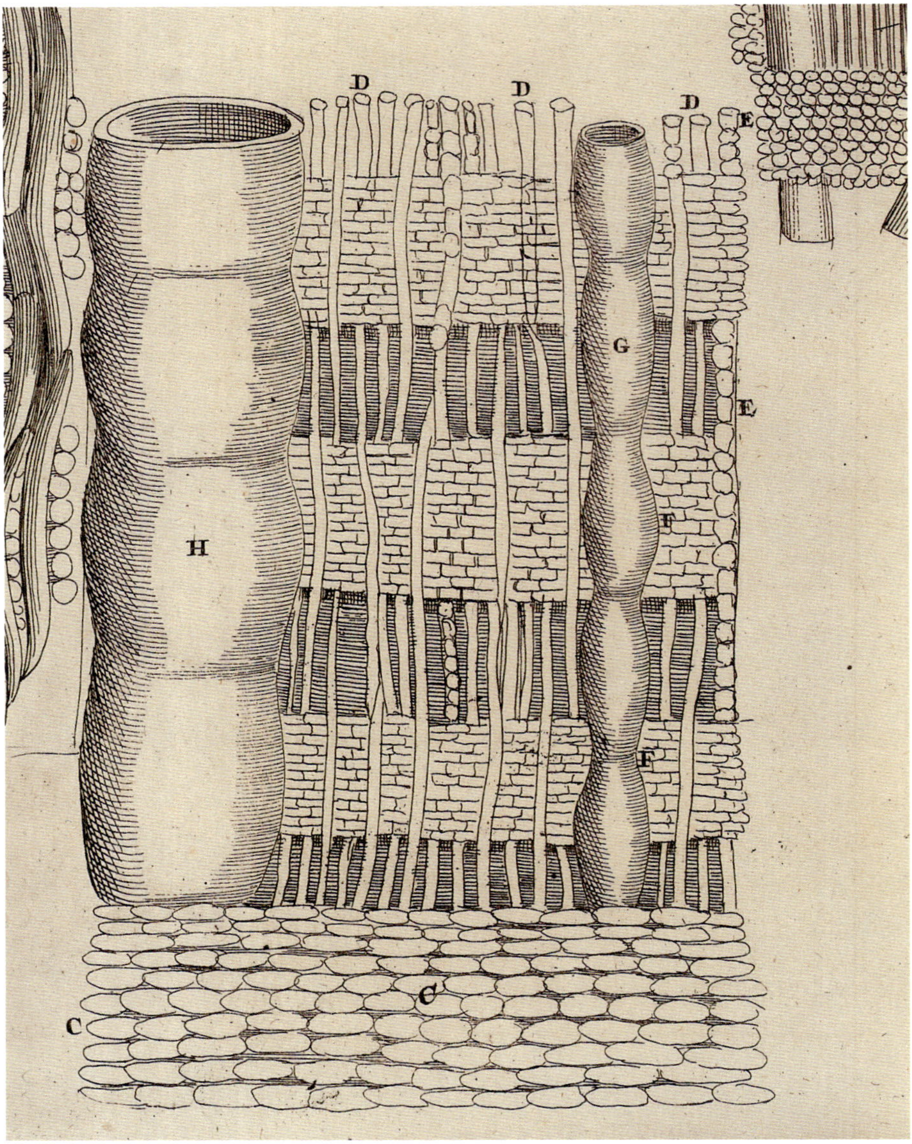

그림 157. 새롭게 발명된 현미경으로 크게 확대한 떡갈나무의 목질부(뿌리에서 식물의 다른 부분에 물을 운반하는 조직). 이탈리아의 식물학자 마르첼로 말피기가 자신의 『식물 해부』(1679)에 싣기 위해 제작한 그림.

꽃이 만개했을 때, 나는 마크 체이스 교수가 분자계통학부의 학장을 맡고 있는 큐 왕립 식물원으로 마지막 순례를 떠난다. 인간 게놈 프로젝트에 투입된 엄청난 자금 덕에 뛰어난 기술이 개발되었고, 이러한 기술은 신속하게 다른 학문 분야로 흘러 들어갔다. 이제 과학자들은 식물의 DNA를 분석함으로써 일종의 진화 나무를 작성하고 있으며, 외적인 특징으로는 결코 알아볼 수 없는 좀 더 분명한 연관성을 밝히고자 노력한다. 꽃이 피는 식물은 1억 5000만 년도 더 전에 진화되었다(설명할 수는 없지만, 나는 갑자기 타고 있는 말의 발굽이 카자흐스탄의 톈산 산맥에 있는 튤립과 붓꽃을 짓밟듯이 거대한 브론토사우루스의 발이 쇠뜨기말을 으깨버리는 광경이 눈앞에 떠오른다). 한때 밀접하게 연관되어 있던 식물이 1억 5000만 년 동안 완전히 다른 진화 경로를 따라 오늘날에는 장미와 쐐기풀처럼 전혀 다른 모습으로 변했을 가능성도 있다. 그러나 두 식물의 DNA, 즉 수백 년 동안 몸속에 숨어 있던 코드는 이 두 식물이 사실 콩군fabids이라는 동일한 넓은 집단에 속해 있다는 사실을 보여준다(DNA를 통해서 보면 대마, 오이, 배, 딸기를 비롯하여 이질적인 과에 속해 있는 것으로 보이는 수많은 식물도 이 집단에 속한다). 1980년대부터 시작하여 체이스와 동료들은 한 유전자의 배열 순서 500가지를 모아서 분석했다. 당시 이들의 컴퓨터는 작업을 견뎌내지 못해 망가지고 말았다. 1993년에 마침내 컴퓨터 문제를 극복했고 속씨식물 계통연구 그룹Angiosperm Phylogeny Group이라는 새로운 이름이 붙은 학자들이 두 번째 자료를 취합하는 데에는 2년이라는 시간밖에 걸리지 않았다. 이들은 첫 번째 연구 때와 마찬가지로 부분적으로 놀라운 결론을 도출했다. 연꽃은 너무나 닮아 보이는 수련과 같은 집단에 묶을 것이 아니라 플라타너스, 남아프리카 프로테아와 같은 집단에 속해야 한다. 속씨식물 계통연구 그룹은 용감하게도 식물 계층구조의 대대적인 구조 개혁에 돌입했다. 체살피노의 산형과 식물은 새로운 이름을 얻었고 콩과 식물 집단은 뿔뿔이 흩어졌다. 그러나 체살피노 자신은 스위트피, 미모사와 가까운 실거리나무과 Cesalpiniaceae라는 새로운 과에 이름이 사용되는 영광을 얻었다. 디오스코리데스는 심지어 그보다 한 단계 높은 마목 Dioscoreales이라는 목의 이름으로 사용되었다. 하지만 테오프라스토스의 이름을 딴 것은 아무것도 없다.

이는 혁신적인 변화다. 그러나 체이스 교수는 이러한 새로운 분류가 이론의 여지가 없는 증거를 기반으로 하고 있다고 주장한다. 예상과 다른 결과라고 해서 단순히 거부해버릴 수는 없다는 것이다. 따라서 1593년에 클루시우스가 식물원을 세우기 위해 자리를 잡았던 레이던에서는 이 새로운 연구 결과를 반영하기 위해 목 분류에 따라 배열된 화단을 다시 배치하는 작업을 시작했다. 오늘날 옥스퍼드 대학에서는 계통학과 분류학을 공부하는 학생들이 새로운 체제에 따른 교육을 받는다. "교육에 도움이 되도록" 1621년에 설립된 옥스퍼드 식물원에서는 벤덤과 후커의 법칙에 따라 1884년에 마지막으로 다시 배열한 화단을 다시 한 번 파내어 재배치하고 있다. 새로운 질서가 시작된 것이다.

그림 158. 독일의 화가 게오르그 디오니시우스 에렛이 『희귀한 식물과 나비Plantae et papiliones rariores』(1748)에 싣기 위해 조각한 그림 가운데 하나.

연표

기원전 387년	플라톤이 아카데메이아를 설립
기원전 384년	아리스토텔레스 출생
기원전 372년경	테오프라스토스 출생
기원전 368년	플라톤이 『국가론』을 완성
기원전 347년	플라톤 사망. 스페우시포스가 아카데미아를 이끎 아리스토텔레스는 아테네를 떠나 아타르네우스의 아소스, 레스보스로 이동
기원전 343년	아리스토텔레스가 마케도니아로 가서 알렉산더의 가정교사가 됨
기원전 336년	알렉산더가 마케도니아 왕위를 계승
기원전 335년	아리스토텔레스가 아테네로 돌아와 라이시엄에 소요학파를 세움
기원전 331년	알렉산더 대왕의 이집트 원정
기원전 330년	알렉산더가 다리우스의 페르세폴리스를 파괴하고 그리스 문화를 서아시아로, 아시아의 식물을 그리스의 사원으로 가져옴
기원전 327년	알렉산더가 인도 원정을 떠남
기원전 322년	아리스토텔레스 사망 테오프라스토스가 소요학파를 이끌게 됨
기원전 307년	프톨레마이오스 소테르가 알렉산드리아 박물관과 도서관 건설을 시작
기원전 287년	테오프라스토스 사망 람프사쿠스의 스트라토가 소요학파를 이끎
기원전 285년	프톨레마이오스 2세 필라델포스가 이집트의 왕이 됨
기원전 280년	105피트(32미터) 높이의 로도스 거상이 마침내 세워짐
기원전 246년	프톨레마이오스 2세 사망
기원전 218년	한니발이 10만 대군과 50마리의 코끼리를 이끌고 알프스를 넘어 이탈리아를 침공
기원전 147년	로마인들이 그리스를 통치
기원전 47년	카이사르가 알렉산드리아를 점령하고 도서관을 불태움

기원전 46년	카이사르가 1년이 365일로 이루어진 율리우스력을 도입
서기 23/24년대	플리니우스가 베로나에서 출생
40년	페다니우스 디오스코리데스가 시실리아 아나자르부스에서 출생
43년	로마인들이 영국을 침략
70년	예루살렘 함락 후 유대인 이산離散 시작
77년	플리니우스의 『박물지』 완성
77년경	디오스코리데스의 『약물에 대하여』 완성
79년	플리니우스 베수비오스 화산 폭발로 사망
80년	8만 7000명 관중을 수용하는 로마의 콜로세움 완성
100년경	파피루스가 두루마리가 아닌 종이 형태로 제작됨
105년경	중국에서 누더기 천과 아마를 사용하여 종이 제조
127년	잉글랜드를 스코틀랜드와 분리하는 히드리아누스의 방벽이 사실상 완성됨
130년	페르가몬의 갈레노스 출생
201년	갈레노스 사망
330년	콘스탄티누스 대제가 콘스탄티노플 건설
391년	테오도시우스가 알렉산드리아의 세라피스 신전 파괴
406년	폭도들이 갈리아의 대부분을 초토화함
410년	서고트 족의 알라리크가 로마 약탈
425년	콘스탄티노플에 대학 설립
452년	아틸라 치하의 훈족이 이탈리아 북부를 침략
512년경	율리아나 아니시아의 필사본 제작
527년	율리아누스 황제가 아테네에 있는 아리스토텔레스의 학원을 폐쇄하고 성 베네딕트가 몬테카시노에 수도원을 세움
622년	모하메드가 메디나로 피신하여 이슬람교를 세움
650년	앵글로 색슨 서사시 베오울프Beowulf가 작성됨
711년	이슬람 세력이 스페인 침략
785년	웨일스를 잉글랜드와 분리하기 위해 오파의 제방을 건축

800년경	소 세라피온이 의학 문헌 집필
832년	바그다드에 지혜의 전당 설립
854년경	디오스코리데스 저서가 아랍어로 최초 번역됨
865년	바이킹이 처음으로 영국을 대규모로 침략
978년	바그다드 아두드 앗 다울라의 병원에서 근무하던 24명의 의사가 의학 교수진이 됨
980년	이븐시나 출생
985년	살레르노에 유럽 최초의 의학 학교 설립
995년	200개의 영국 식물이 애봇 앨프릭 Abbot Aelfric의 『라틴어-색슨어 문법 용어집 The Glossary to Grammatica Latino-Saxonica』에 수록
1037년	이븐시나가 17세기까지 사용된 의학 백과사전을 완성한 뒤 사망
1066년	헤이스팅스 전투에서 잉글랜드의 왕인 해럴드가 정복자 윌리엄의 손에 죽음
1080년	배스의 애덜라드 출생
1080년	바이유 태피스트리 제작
1085년	엘시드가 톨레도로 입성
1085년	둠즈데이 토지대장 작성
1087년	아프리카의 콘스탄티누스가 아랍의 의학 서적을 라틴어로 번역
1130년경	배스의 애덜라드가 『자연의 제문제』 집필을 시작
1140년	스위스의 생 고타드 고개를 통과하는 경로가 개통
1145년	배스의 애덜라드 사망
1150년경	마테우스 플라테리우스의 『시르카 인스탄스』 제작
1163년	파리에 노트르담 대성당 건설 시작
1170년	켄터베리 대성당에서 토머스 베킷이 살해됨
1200년경	알베르투스 마그누스 출생
1200년경	잉카 문명이 페루의 쿠스코 계곡을 장악
1219년	칭기즈칸이 트란속시아나와 페르시아를 침략
1222년	칭기즈칸이 아프가니스탄을 정복
1224년	프리드리히 2세가 나폴리에 대학을 설립
1227년	칭기즈칸이 12만 9천 명의 병사를 이끌다가 사망

1231년	프리드리히 2세가 모든 의사와 의학 학교 교사에게 살레르노 대학에서 검사를 받도록 지시
1250년	유럽 최초의 외바퀴 손수레 그림 등장
1254년	마르코 폴로 출생
1256년경	알베르투스 마그누스의 『식물에 관하여』 출판
1258년	몽고 족이 바그다드를 약탈
1270년	마르코 폴로가 역사적인 육로 동방원정을 떠남
1272년	종이 제조법이 이탈리아에 도입. 스페인 또는 시실리의 무슬림 경로로 추정
1280년경	『식물론』(살레르노 MS) 제작
1280년	알베르투스 마그누스 사망
1284년	멜로리아 섬 근처에서 제노아 함대가 피사의 함대를 파괴
1302년	볼로냐의 바르톨로메오 데 바라냐나 Bartolomeo de Varignana가 최초로 인체의 사후 검사 실시
1306년	파도바의 아레나 예배당에 지오토가 프로스코화를 그림
1313년	유럽에서 안경이 사용됨
1324년	마르코 폴로 사망
1340년	이탈리아의 파브리아노에 유럽 최초의 제지소가 설립됨
1341년	페트라르카가 수도 로마에서 계관시인의 영예를 얻음
1347년	콘스탄티노플, 나폴리, 제노아와 남부 프랑스에서 흑사병이 창궐, 이후 몇 년간 유럽 전체에 퍼짐
1370년	브뤼헤에서 제노아의 교역업자가 유럽 최초로 보험에 가입
1377년	영국의 인구(14세기) 136만 1478명
1380년	위클리프가 성서를 영어로 번역
1387년	초서가 『켄터베리 이야기』의 집필을 시작
1390년경	카라라 약초 의학서 제작
1398년경	가자의 테오도로 출생

1403년	로렌초 기베르티가 피렌체 대성당의 세례당을 위해 꽃이 화려하게 핀 모양의 청동문을 제작
1425년	마사초가 브란카치 예배당과 피렌체 산타 마리아 노벨라에 프레스코화를 그림
1426년	후베르타와 얀 반 에이크가 겐트 제단화를 그림
1428년	니콜로 레오니세노 출생
1438년	피사넬로가 마르게리타 곤자가의 초상화를 그림
1445년경	베네데토에서 약초 의학서 제작
1452년	레오나르도 다 빈치 출생
1453년	모하메드 2세가 콘스탄티노플을 침략하여 함락시킴
1454년	에르몰라오 바르바로 출생
1454년	구텐베르크가 인쇄기를 발명, 마인츠에서 최초의 문서(면죄부)가 인쇄됨
1460년경	스페인에서 처음 카네이션을 재배
1462년	마인츠 약탈
1469년	플리니우스 『박물지』의 최초 인쇄본이 베네치아에서 출판
1471년	알브레히트 뒤러 출생
1475년	휘호 판 데르 후스가 포르티나리 제단화를 그리기 시작
1475년	콘라드 폰 메겐베르크의 『자연의 책』 인쇄
1476년	웨스트민스터에서 캑스턴Caxton이 최초의 영국 인쇄기를 설치
1477년	마르코 폴로 여행기가 처음으로 출판됨
1477년	보티첼리의 「봄」 발표
1478년경	가자의 테오도로 사망
1481년경	요안네스 필리푸스 데 리냐미네가 로마에서 『약초서』 인쇄
1483년	가자의 테오도로가 번역한 테오프라스토스 저작이 트레비소에서 출판
1485년	마인츠에서 『건강의 정원』 출판
1486년	에우리시우스 코르두스(독일의 식물학자) 출생
1488년	오토 브룬펠스 출생

1490년	알두스 마누티우스가 베네치아에서 올더스 인쇄소 설립
1490년경	루카 기니 출생
1492년	크리스토퍼 콜럼버스가 아메리카로 항해
1492년	레오니세노의 『플리니우스의 오류』 출판
1492년	스페인 군대가 그라나다 정복을 완료
1493년	에르몰라오 바르바로 사망
1493년	교황이 스페인과 포르투갈에 신대륙의 영토를 분배
1497년	바스코 다 가마가 리스본을 떠나 인도로 항해
1498년	바스코 다 가마가 말라바 해안의 캘리컷에 도착
1498년	유럽에 최초의 매독 사례 발생
1500년경	피에르 안드레아 마티올리 출생
1501년	레온하르트 푹스 출생
1501년	미켈란젤로가 피렌체의 다비드 석상 조각 시작
1502년	바스코 다 가마가 코친에 포르투갈 식민지를 세움
1053년	서인도와 교역 시작
1503년경	뒤러의 유명한 풀밭 그림
1505년	브뤼셀과 비엔나 사이에 우편 서비스 개시
1507년	기욤 롱드레 출생
1508년	윌리엄 터너 출생
1508년	미켈란젤로가 로마 시스티나 예배당의 천장화를 그리기 시작
1510년	포르투갈이 고아를 획득
1515년	발레리우스 코르두스(독일의 식물학자) 출생
1517년	피에르 블롱 출생
1517년	마르틴 루터가 교황의 면죄부 판매를 비판
1518년	렘베르 도도엥(네덜란드의 의사이자 식물학자) 출생
1519년	레오나르도 다 빈치 사망
1524년	니콜로 레오니세노 사망
1526년	카롤루스 클루시우스(네덜란드의 식물학자 샤를 드 레클루제) 출생
1526년	포르투갈 배가 뉴기니를 방문
1526년	『대본초서』 출판

1528년	알브레히트 뒤러 사망
1530년	브룬펠스의 『식물의 생태도』 출판
1532년	술래이만 1세가 헝가리를 침략하고 비엔나를 향해 진군
1533년	파도바에서 프란체스코 부오나페데가 최초의 약용 식물 전문 교수로 임명
1534년	오토 브룬펠스 사망
1535년	푹스가 튀빙겐 대학에서 학생들을 가르치기 시작
1535년	에우리시우스 코르두스 사망
1535년	토머스 무어 경이 충성의 맹세를 거부하여 처형당함
1535년	피에르 페나 출생
1536년	장 칼뱅이 제네바에 정착
1538년	터너의 『신본초서』 저술 시작
1538년	플랑드르의 식물학자 로벨리우스 (마티아스 데 로벨) 출생
1540년	터너가 종교 박해를 피해 프랑스로 도피
1541년	스페인이 페루 정복 시작
1541년	에르난도 드 소토가 아칸소와 오클라호마 횡단
1542년	선원들이 일본에 도달
1542년	푹스의 『식물사』 출판
1543년	스페인에서 처음으로 프로테스탄트 교도가 화형됨
1544년	피사에 식물원이 세워짐(유럽 최초)
1544년	발레리우스 코르두스 사망
1544년	마티올리의 『비망록』이 최초로 출판
1545년	파도바에 식물원이 세워짐
1545년	영국의 의사 존 제라드 출생
1545년	영국의 군함 메리 로즈 호가 포츠머스 항에서 침몰
1546년	피에르 블롱이 레반트를 여행
1546년	헨리 8세의 칙령으로 터너의 책이 금서가 됨
1548년	터너의 『식물의 이름』 출판
1550년	피렌체에 식물원이 세워짐
1550년	유럽에서 처음으로 토마토 재배
1550년경	영국의 인구 대략 300만 명

1552년	펠릭스 플래터가 몽펠리에에서 학업을 시작
1553년	블롱의 『다양한 식물의 관찰』 출판
1554년	루카 기니가 피사의 교수직에서 물러남
1554년	도도엥의 『크로이데부크』 출판
1554년	마티올리가 이탈리아어로 번역한 디오스코리데스 저작이 베네치아에서 출판
1555년	담배가 신대륙에서 스페인으로 전래
1555년	메리 여왕의 칙령으로 터너의 책이 금서로 지정됨
1555년	래티머와 리들리 주교가 화형대에서 처형됨
1556년	루카 기니 사망
1557년	울리세 안드로발디의 시빌리니 산맥 원정
1558년	포르투갈 인들이 코담배를 도입
1559년	장 니코가 담배 씨앗을 프랑수아 2세 및 프랑스 궁정의 다른 사람들에게 보냄
1560년경	투르크 제국에서 1차적으로 수많은 식물이 소개됨
1561년	코르두스의 『페다니우스 디오스코리데스 주석』이 사후에 게스너의 편집으로 출판
1561년	칼뱅교도들이 플랑드르를 떠나 영국에 정착
1563년	체살피노의 식물 표본집 완성
1563년	유럽에서 전염병이 더욱 심하게 창궐
1564년	터너의 『신본초서』 완성
1564년	피에르 블롱 사망
1565년	로벨리우스가 몽펠리에의 롱드레 밑에서 공부(1566년까지)
1566년	로벨리우스가 영국에 정착(1572년까지)
1566년	레온하르트 푹스 사망
1566년	기욤 롱드레 사망
1567년	볼로냐에 식물원 설립
1567년	알바 공작이 1만 명의 군사를 이끌고 네덜란드에 도착하여 공포 통치를 시작
1568년	윌리엄 터너 사망
1568년	도도엥의 『꽃과 화환』이 피터르 판 데어 보르시의 목판화 일곱 개를 수록하여 출판

1569년	도도엥의 『꽃과 화환』(제2쇄) 출판
1570년	담배의 그림이 처음으로 출판
1570년	니콜라스 힐리아드가 엘리자베스1세의 초상화를 그림
1570년대	터키의 패모 Fritillaria imperialis가 비엔나에 소개됨
1570년	로벨리우스의 『식물 신지』(피에르 페나와 함께) 출판
1572년	로벨리우스가 네덜란드에 정착(1584년까지)
1574년	도도엥의 『사죄의 역사』 출판
1575년	스페인의 금융 위기, 펠리페 2세의 파산
1576년	플랑탱이 앤트워프에 인쇄기 설치
1576년	클루시우스의 『스페인에서 관찰한 희귀한 식물의 이야기』 출판
1576년	로벨리우스의 『식물지』 출판
1576년	스페인 병사들이 앤트워프를 약탈
1577년	마티올리 사망
1577년	프랜시스 드레이크가 세계 일주 항해를 시작
1577년	프램턴의 『신대륙에서 날아온 기쁜 소식』 출판
1578년	도도엥의 『식물 신서』(헨리 라이트 번역) 출판
1581년	로벨리우스의 『크라위트부크』 출판
1581년	갈릴레오가 진자의 등시성 법칙 발견
1583년	클루시우스의 『파노니아 희귀 식물 관찰사』 출판
1583년	클루시우스의 『파노니아 식물의 명칭』 출판
1583년	도도엥의 『여섯 식물의 자연사』 출판
1583년	체살피노의 『식물론』 출판
1583년	신대륙에서 들어온 용설란이 피사 식물원에 꽃을 피움
1584년	영국에서 로벨리우스가 제임스 왕의 식물학자로 임명
1585년	신대륙의 후추가 이탈리아, 스페인, 체코슬로바키아에서 열매를 맺음
1585년	도도엥 사망
1585년	엘리자베스 여왕이 7천 명의 영국군을 네덜란드로 보내 합스부르크 통치에 맞선 네덜란드와 플랑드르 반란군을 지원
1585년	영국의 원정대가 버지니아의 로아노크에 도착

1586년	윌리엄 캠던의 『브리타니아』 출판
1586년	신대륙에서 들여온 알로에가 토스카나 공작 요세프 데 카사바나의 정원에서 꽃을 피움
1588년	펠리페 2세가 스페인 함대를 동원하여 '이단'의 영국을 정복하려는 시도를 함
1589년	리처트 해클루트가 『영국 국민의 주요 항해·무역 및 발견』 출판
1590년	스펜서의 『페어리 퀸Faerie Queene』 출판
1592년	클루시우스가 레이던의 새 식물원 원장으로 임명됨
1592년	파비오 콜론나의 『나폴리 식물의 역사』, 목판화가 아닌 구리 동판화 그림을 수록한 최초의 식물서
1592년	전염병으로 런던에서 1만 5천 명이 사망
1596년	필립 시몬슨이 최초로 켄트 해안의 지도를 작성
1597년	제라드의 『식물 이야기』 출판
1597년	셰익스피어의 『로미오와 줄리엣』 출판
1599년	제라드의 『나무의 목록』 출판
1599년	런던의 서더크에 글로브 극장 건설
1600년	피에르 페나 사망
1600년	프랑스의 인구 약 1만 600만 명, 포르투갈의 인구 약 200만 명
1601년	클루시우스의 『식물도감』 출판
1602년	네덜란드의 동인도 회사 설립
1603년	유럽 최초의 과학 학회인 린체이 아카데미가 이탈리아에 설립
1605년	가이 포크스가 국회의사당을 폭파시키기 위한 화약음모사건을 일으킴
1608년	제라드가 이발사 겸 외과의사 단체의 장으로 선출
1608년	1590년에 자카리아스 얀센이 처음 제안한 현미경을 갈릴레오가 개선
1609년	카롤루스 클루시우스 사망
1609년	네덜란드의 동인도 회사가 중국에서 유럽으로 차를 수입

1612년	존 제라드 사망
1612년	담배를 처음으로 버지니아에서 재배
1613년	장 보앵이 『식물의 일반사』에서 약 4천 개의 식물을 설명(1650~1651년이 되어서야 출판)
1616년	로벨리우스 사망
1619년	윌리엄 하비가 혈액의 순환 발견
1620년	필그림 파더스가 메이플라워 호를 타고 플리머스로 항해
1621년	옥스퍼드 식물원 설립(영국 최초)
1620년대	신대륙의 식물이 유럽으로 홍수처럼 쏟아져 들어옴
1623년	가스파르 보앵이 『식물의 극장 총람』에서 약 6천 개의 식물을 설명
1624년	네덜란드인이 새로운 암스테르담에 정착
1626년	파리에 식물원 설립
1627년	존 레이 출생
1629년	토머스 존슨이 켄트로 최초의 식물 채집 여행을 떠남
1629년	존 파킨슨의 『지상의 천국』 출판
1630년	존 윈스럽이 플리머스 회사와 함께 항해하여 매사추세츠 만에 정착지를 발견
1632년	갈릴레오의 『천문 대화』 출판
1633년	존슨이 약 2850개 식물의 설명을 담아 제라드의 『식물의 이야기』 수정판을 펴냄
1633년	토머스 존슨이 약제상 상점 밖에 영국 최초의 바나나 다발을 걸어둠
1635년	아카데미 프랑세즈 설립
1636년	매사추세츠 케임브리지 뉴 타운에 하버드 대학 설립
1638년	매사추세츠 케임브리지에 미국 최초의 인쇄기가 설치
1640년	파킨슨의 『식물의 극장』에 약 3800개 식물의 설명이 실림
1641년경	제이컵 보바트가 옥스퍼드 식물원 관리자로 임명됨
1642년	영국에서 내전이 일어남
1644년	토머스 존슨이 베이싱 하우스 포위로 사망
1648년	조지 폭스가 '진리의 벗'이라는 단체

	(퀘이커 교도)를 설립
1651년	영국의 인구 약 500만 명
1652년	네덜란드의 동인도 회사가 희망봉에 최초의 식민지를 세움
1652년	콘힐에 런던 최초의 커피 전문점이 개업
1654년	포르투갈이 브라질에서 네덜란드 세력을 몰아냄
1655년	휴 플랫 경의 『에덴의 정원』 출판 (런던에서 출판된 네 번째 판본)
1660년	피프스가 『일기』의 집필을 시작
1660년	왕립 학회 설립(11월 28일)
1665년	로버트 훅이 『미크로그라피아』에서 현미경을 사용한 초기 실험을 설명
1666년	전염병과 런던 대화재
1668년	아이작 뉴턴이 최초의 반사 망원경을 제작
1669년	로버트 모리슨이 옥스퍼드 대학의 식물학과 교수로 임명
1670년	레이가 『영국 식물 목록』 출판
1675년	그리니치에 천문대 설립
1678년	번연의 『천로 역정』 출판
1682년	니어마이아 그루가 꽃에서 수술의 기능 설명 (1676년에 저술)
1683년	윌리엄 펜의 『펜실베이니아의 일반 설명』 출판
1683년	댐피어가 세계일주 항해 시작
1687년	아이작 뉴턴의 『프린키피아』 출판
1688년	런던의 보험업자들이 로이드의 커피 전문점에서 만남
1690년	레이가 『영국 식물 분류법 개요』 출판
1692년	매사추세츠 살렘에서 마녀 사냥
1698년	러시아의 표트르 대제가 수염세를 부과
1700년	프랑스의 인구 약 1900만 명, 영국과 아일랜드의 인구 약 750만 명
1703년	레이의 『식물 분류 방법 수정』 출판
1704년	J. S. 바흐가 최초의 칸타타 작곡
1705년	존 레이 사망

1707년	칼 린네(스웨덴의 식물학자이자 의사) 출생
1735년	린네의 『자연의 체계』 출판
1753년	린네의 『식물의 종』 출판

등장인물

알베르투스 마그누스 Albertus Magnus(1200년경~1280)
도미니크회 수도사이자 작가로 1256년경에 『식물에 관하여』를 펴냈다. 아리스토텔레스와 마찬가지로 살아 있는 생물의 영혼 또는 정신이라는 개념을 중요시했다. 테오프라스토스 이후 식물의 본질에 대해 처음으로 의문을 제기한 인물이다.

울리세 알드로반디 Ulysse Aldrovandi(1522~1605)
루카 기니 아래에서 공부한 이탈리아의 식물학자. 1550년에 볼로냐에 자연사 박물관을 세웠다. 1557년에는 시빌리니 산맥으로 역사적인 여행을 떠났는데, 이는 특정 지역의 식물을 채집하고 기록하기 위한 구체적인 목적으로 조직된 최초의 원정이었다. 볼로냐 식물원의 큐레이터이자 교황의 특사인 마드리드 로사노 주교를 포함한 방대한 연락망의 중심이기도 했다. 지인 마티올리와는 22년에 걸쳐 서신을 주고받았다.

프로스페로 알피노 Prospero Alpino(1553~1617)
베네치아의 영사와 함께 이집트로 파견된 이탈리아 의사. 카이로에서 커피를 재배하며 유럽인으로서는 처음 커피에 대한 기록을 남겼다. 『이집트 식물에 대하여』는 1592년에 출판되었다. 1533년에 베네치아 공화국이 세운 파도바 식물원의 원장 자리를 인계했다. 파도바에 부채 야자수 Chamaerops humilis를 소개했다.

루이지 안구일라라 Luigi Anguillara(1512년경~1570)
루카 기니 휘하에서 공부했다. 레반트, 에게해, 크레타 지방을 널리 여행했다. 파도바 식물원의 관리인으로 일했다. 마티올리의 책에 같은 이탈리아 학자가 기여한 부분에 대해 의문을 던졌다가 마티올리에게 사나운 공격을 받았다. 결국 파도바 식물원에서 은퇴하고 페라라로 물러났다.

아리스토텔레스 Aristoteles(기원전 384~322)
아카데메이아의 플라톤 밑에서 공부했던 그리스의 철학자. 기원전 342년에 마케도니아로 불려가서 어린 알렉산더 대왕의 가정교사가 되었다. 플라톤이 죽은 후 아테네에 라이시움이라는 자신의 학원을 세웠다. 『동물에 관한 책 Historia animalium』을 써서 제자인 테오프라스토스가 식물에 대한 비슷한 책을 쓰는 데 영감을 주었다.

이븐시나 Avicenna(980~1037)
많은 동방 통치자들의 주치의 역할을 했던 의사. 『의학정전』을 집필했으며, 이 책은 12세기 크레모나의 제라르드가 라틴어로 번역한 후 500년간이나 표준 의학 교과서로 사용되었다. 이 책은 약 650개 식물의 상세한 설명을 담고 있다.

에르몰라오 바르바로Ermolao Barbaro(1453/4~1493)
파도바와 베네치아에서 수사학과 시학을 가르쳤던 교수. 베네치아 대사로 교황청에 파견되기도 했다. 플리니우스와 디오스코리데스와 같은 고대 저자들의 절대적인 권위에 의문을 제기한 학자들 가운데 한 명이다. 『플리니우스 비판』은 1492~1493년에 출판되었으며 『디오스코리데스 정리』는 1516년에 출판되었다.

가스파르 보앵Gaspard Bauhin(1560~1624)
스위스 출신 보앵 형제 가운데 동생으로 프로테스탄트 유럽 지역에 유럽 식물에 대한 전반적인 개요와 정확하게 식물을 식별하는 방법을 소개했다. 바젤과 파도바에서 의학을 공부한 가스파르는 나중에 바젤 대학의 의학 교수로 임명되었다. 『식물의 극장 총람』에 식물 약 6천 종의 설명을 실었다(1623).

장 보앵Jean Bauhin(1541~1613)
튀빙겐 대학에서 푹스에게, 몽펠리에에서 롱드레를 사사한 후 몽벨리에에서 뷔르템베르크 공작의 개인 주치의가 되었다. 『식물의 일반사』(1613년에 완성했고 사후인 1650~1651년에 출판됨)에는 식물 약 5천 종의 설명을 담았으나 체살피노의 심오한 생각을 더욱 발전시키지는 못했다.

피에르 블롱Pierre Belon(1517~1564)
프랑스의 종묘상이자 여행가로, 르망 근처의 투부아에 있는 정원에 레바논 삼나무와 프랑스 최초의 담배 등 다양한 외국산 나무와 관목을 보유하고 있었다. 1546년에 레반트 지역을 3년간 여행했으며 『다양한 식물의 관찰』(1553)을 통해 이 여행에서 얻은 경험을 생생한 1인칭 시점에서 그리고 있다.

제이컵 보바트Jacob Bobart(1599년경~1680)
정원사이자 1621년에 세워진 식물원의 원장이 되었다. 1648년에 루이 13세를 위한 장 로뱅의 작업을 본받아 지은 식물원에서 자라는 식물의 목록을 나열한 『식물의 목록』이라는 중요한 기록을 남겼다.

안토니오 무사 브라사볼라Antonio Musa Brasavola (1500~1555)
선구적인 이탈리아의 학자이자 식물학자로, 윌리엄 터너는 브라사볼라를 "페라라에 있던 시절 나의 스승"으로 인정하기도 했다. 페라라의 공작 에르쿨레스 2세의 주치의. 디오스코리데스가 설명한 식물의 정체에 대한 담론인 『모든 의학용 약초 검토Examen omnium simplicium medicamentorum』(1536)는 저자와 세넥스, 에르바리우스라는 두 등장인물의 대화 형식으로 이루어져 있다. 이 책은 당시 가장 인기 있는 책 가운데 하나였다.

오토 브룬펠스Otto Brunfels(1488~1534)

카르투지오 수도회의 수도사였으며 나중에 루터교로 개종했다. 바젤 대학에서 공부를 했고 스트라스부르에서 개업의로 활동했다. 1530~1536년에 출판된 『식물의 생태도』를 집필했으나 이 책에 실린 글은 한스 바이디츠의 그림에 빛이 바랬다.

오기어 기슬렌 드 부스베크Ogier Ghiselin de Busbecq (1521~1592)

신성로마제국에서 콘스탄티노플로 파견한 대사. 귀중한 유물과 식물을 열성적으로 모아서 유럽으로 보냈다. 율리아나의 귀중한 식물서를 비엔나의 제국 도서관으로 가져온 것도 부스페크일 가능성이 크다. 또한 튤립을 서유럽에 소개하기도 했다.

요아힘 카메라리우스Joachim Camerarius(1500~1574)

라이프치히 대학에서 교편을 잡았다. 레온하르트 푹스가 존경하고 신뢰했던 몇 안 되는 사람 가운데 하나다. 푹스는 1541~1542년에 카메라리우스에게 이런 서신을 보냈다. "진실에 대해 친근하고 우애가 넘치는 방식으로 논쟁할 수 있는 상대가 더욱 많았으면 좋겠소."

안드레아 체살피노Andrea Cesalpino(1519~1603)

볼로냐에서 루카 기니를 사사했으며 그의 뒤를 이어 피사 식물원의 큐레이터가 된 뛰어난 이탈리아의 식물학자. 열매와 씨앗의 유사성에 따라 식물을 배열한 정교한 식물 표본집(1563)을 제작했다. 체살피노가 쓴 『식물론』(16권, 1583)은 테오프라스토스 이후 처음으로 식물을 유의미한 집단으로 정리하고 분류하는 체계를 찾으려는 진지한 시도였다.

카롤루스 클루시우스Carolus Clusius (샤를 드 레클루제, 1526~1609)

몽펠리에의 롱드레 밑에서 단기간 공부했다. 스페인과 포르투갈을 폭넓게 여행하며 관찰한 식물을 『스페인에서 관찰한 희귀한 식물의 이야기』(1576)에 기록했다. 나중에는 독일, 오스트리아, 헝가리(1580)를 여행했다. 레이던 대학의 식물학 교수(1593)로 재직하면서 자신의 유명한 식물 컬렉션을 가져와 식물원을 열었다.

에우리시우스 코르두스Euricius Cordus(1486~1535)

헤센의 지메르슈하우젠에서 농부 가족의 13번째 아이로 태어났다. 1521년에 이탈리아의 페라라에서 의학을 공부했다. 새로 설립된 마르부르크의 루터교 대학에 자리를 잡고 약제상의 상점에서 약물을 만드는 데 사용하는 원재료에 잘못된 이름이 붙어 있는 경우가 빈번한 것을 우려하여 『식물편람』(1534)을 출판했다.

발레리우스 코르두스Valerius Cordus(1515~1544)
"요람에 누워 있을 때부터 풀과 꽃 한가운데에서 기른" 에우리시우스의 아들. 파도바, 페라라, 볼로냐에서 공부를 했고, 그곳에서 루카 기니를 만났다. "아직 젊은 나이였지만 자연의 섭리와 식물의 힘에 대해 설명해주었다." 동시대의 학자들에게 높은 평가를 받았지만 충분히 잠재력을 발휘하지 못한 채 로마에서 말에 채여 열병으로 죽었다. 『페다니우스 디오스코리데스 주석』(1561)에는 약 500개의 식물에 대한 설명이 담겨 있다.

윌리엄 코이스William Coys(1560년경~1627)
에섹스 노스 오켄던 스터버스에 342종류의 식물이 자라는 유명한 정원이 있었으며, 이 정원에서 1604년에 영국 최초의 유카가 꽃을 피웠다. 열성적인 식물애호가들로 이루어진 16세기 네트워크의 중요한 일원이자 구디어, 로벨리우스와 서신을 교환했다. 식물 수집가인 빌헬름 뵐과 매우 유익한 관계를 유지하여 뵐이 스페인에서 발견한 표본을 코이스에게 보내주기도 했다.

페다니우스 디오스코리데스Pedanios Dioscorides(서기 40~?)
그리스의 의사이자 저자. 알렉산드리아에서 공부했으며 로마의 군의관으로 일했다. 각 지역의 지식과 전통을 광범위하게 수집하여 『약물에 대하여』(서기 77년경)라는 포괄적인 의료 문헌을 저술했다. 이후 1500년간 플리니우스와 함께 의학용 식물에 관해서는 최고의 권위자로 인정받았다.

렘베르 도도엥Rembert Dodoens(1517~1585)
프랑스의 의사이자 작가. 루벵에서 의학을 공부한 후 이탈리아와 독일의 대학을 방문했다. 비엔나에서 황제 막시밀리안 2세의 궁정 주치의로 일했다. 레이던의 의과대학장으로 임명되었다(1582). 715개의 그림이 실려 있으며 앤트워프의 플랑드르 인쇄업자 얀 판 데어 로에가 출판한 『크로이데부크』(1554)를 저술했다.

알브레히트 뒤러Albrecht Dürer(1471~1528)
독일 르네상스의 위대한 화가이자 판화가. "자연의 지시를 따르라. 자연으로부터 떨어져서 스스로가 자연보다 더 훌륭한 묘사를 할 수 있다고 생각하지 말라"는 글을 남겼다. 1503년경에 그린 풀밭 그림은 역사상 어느 화가가 그린 그림보다도 자연계를 가장 완벽하게 재현하고 있다.

레온하르트 푹스Leonhart Fuchs(1501~1566)
독일 튀빙겐에 있는 프로테스탄트 대학의 의학 교수. 『식물사』(1542)라는 뛰어난 책을 집필했지만 그 책에 실려 있는 그림은 12년 전에 출판된 브룬펠스의 『식물의 생태도』만큼 뛰어나지 못했다. 성마르고 독선적이었으며 죽기 전 24년간이나 공들여 작업한 방대한 백과사전을 결국 출판하지 못하고 세상을 떠났다.

클라우디우스 갈레노스Claudius Galen(130~200년경)
그리스의 저자이자 의사로 알렉산드리아에서 공부했으며 소아시아를 여행했다. 마르쿠스 아우렐리우스 황제의 개인 주치의가 되었다. 최초로 저술한 책에 자료를 알파벳 순서로 배열했다. 하지만 식물이 아니라 약물을 출발점으로 삼았기 때문에 원재료가 되는 식물이 아니라 약품을 기준으로 한 순서가 되었다.

제임스 개릿James Garrett(1590년대~1610)
약제상이자 식물학자이며 "종교적인 이유"로 망명하여 런던에 영구히 자리를 잡은 플랑드르 출신 위그노 교도 학자들 가운데 한 명. 영국에서 처음으로 런던 월 근처 정원에서 튤립을 가꾸었다. 존 노턴에게 제라드의 『식물의 이야기』에 오류가 많다는 사실을 경고했다.

존 제라드John Gerard(1545~1612)
"정형외과의 달인"이라고 스스로를 칭했다. 이발사 겸 외과의사 단체의 관리인(1597)이 되었다가 1608년에 회장으로 선출되었다. 런던의 홀번에 "내가 직접 가꾸고 농사를 짓는 작은 땅"이라고 일컬은 정원을 가지고 있었다. 스트랜드에 있는 버흘리 경의 정원을 관리했고 내과의들의 모임 정원의 큐레이터로 활약했다. 크게 성공했지만 오류가 많은 『식물의 이야기』(1597)를 저술했다.

콘라트 게스너Gesner Conrad(1516~1565)
스위스의 걸출한 젊은 학자이자 백과사전 편집자로 고향인 스위스뿐만 아니라 독일, 프랑스, 이탈리아에도 정통했다. 10년이라는 세월을 바쳐서 준비하고 있던 획기적인 『식물의 역사』를 출판하기 전에 세상을 떠났다. 1500장에 달하는 식물 그림을 수집했으며 일부는 직접 그리기도 했다. 그림에는 모두 서식지, 동의어, 자세한 설명 등 주석이 가득 달려 있었다. 식물의 이름과 관련하여 완성되지 못했다는 점이 가장 안타까운 책이다.

루카 기니Luca Ghini(1490~1556)
한 세대의 식물학자들에게 큰 영감을 준 뛰어난 스승. 1544년에 볼로냐에서 피사 대학으로 옮기고 메디치의 새로운 대학에서 공부하는 의과대학생들에게 좋은 참고가 될 수 있도록 식물원을 세웠다. 좀 더 좋은 식물 연구 도구로서 식물 표본집을 제작하고 사용하는 방법을 개척했다. 식물 연구 분야에서는 드물게도 모두에게 널리 존경을 받았다.

존 구디어John Goodyer(1592~1664)
옥스퍼드 모들린 대학의 교수이자 햄프셔의 정원에서 수많은 이국적인 식물을 재배했던 뛰어난 식물학자. 존슨이 제라드의 『식물의 이야기』 개정판을 내는 데 도움을 주었다. 디오스코리데스의 저작을 행간 번역하는 고된 작업을 했으며, 이는 영어로 된 최초의 판본이었다.

니어마이아 그루Nehemiah Grew(1641~1712)
식물 해부의 선구자이자 1677~1679년에 왕립학회의 총무로 활동했다. 존 레이보다는 약간 나이가 어리지만 식물 연구를 과학의 한 분야로 정립시킨다는 목표에 레이만큼이나 헌신했다. 뛰어난 저서 『식물의 구조』를 1682년에 출판했다.

토머스 존슨Thomas Johnson(1600년경~1644)
런던의 스노힐에 상점을 가지고 있던 앞서가는 약제상. 영국 최초의 식물 채집 여행을 조직하여 영국 식물상을 통합하는 데 첫 걸음을 내디뎠다. 존 제라드의 오류로 가득한 『식물의 이야기』를 편집하여 새로운 개정판을 내놓았다. 내전 중에 국왕을 위해 싸우다가 전사했다.

존 조슬린John Josselyn(1630년대~1670년대)
영국에서 메사추세츠로 이주한 초기 이민자로 1638년에 미국에 도착했다. 『뉴잉글랜드에서 발견된 희귀종』(1672)을 통해 신대륙 자연의 놀라운 생물들을 영국 독자들에게 소개했다.

휴 래티머Hugh Latimer(1485년대~1555)
영국의 종교 개혁가이자 사제로, 그의 설교를 통해 케임브리지가 영국 종교 개혁의 선구적 중심지가 되었다. 헨리 8세의 통치 기간 동안 런던탑 감옥에 두 차례 갇혔으며 두 차례 형 집행이 취소되었다. 메리 여왕이 이단자로 규정하여 리들리 주교, 크랜머와 함께 화형에 처했다.

레오나르도 다 빈치Leonardo da Vinci(1452~1519)
이탈리아의 화가, 조각가, 공학자, 건축가. 스무 살의 나이에 피렌체 화가 길드에 가입했다. 식물의 잎에 촛불을 태워 얻은 검댕을 묻혀 최초의 모형을 떴다. 이 잎을 종이에 누르면 중심 잎맥과 지맥의 복잡한 구조가 잘 드러났다.

니콜로 레오니세노Nicolò Leoniceno(1428~1524)
페라라 대학의 의학 교수. 1492년에 『플리니우스와 몇몇 기타 의학용 약초서 저자의 기록에서 발견되는 오류』를 출판하여 고대 문헌의 진실성에 대해 최초로 의문을 던졌다.

칼 폰 린네Carl von Linné(1707~1778)
스웨덴의 박물학자이자 분류학자로, 속을 나타내는 단어 뒤에 종을 나타내는 단어를 붙이는 두 단어 체제를 사용하여 식물의 보편적인 명명 체계를 성공적으로 수립했다. 라플란드 전통 의상을 입은 유명한 초상화를 살펴보면 당시 여성의 옷을 입고 있었다는 사실을 알지 못한 것이 분명해 보인다.

로벨리우스Lobelius(마티아스 데 로벨, 1538~1616)
플랑드르의 학자이자 원예가로 몽펠리에에서 롱드레에게 가르침을 받은 후 친구인 피에르 피나와 함께 유럽을 여행했다. 최종적으로 영국에 정착하여 『식물 신서』(1570)를 엘리자베스 1세에게 헌정했다. 당시(1607) 제임스 1세의 약초상이었던 에드워드 주슈 경의 해크니 정원 관리사로 임명되었다.

헨리 라이트Henry Lyte(1529~1607)
영국의 지주(서머싯의 라이츠 캐리에 살았다)이자 원예가로 영국의 수많은 아마추어 식물학자 가운데 한 사람이다. 유럽 대륙을 여행했고 도도엥의 약초 의학서를 프랑스에서 영어로 번역했다. 1578년에 『식물 신서』 또는 『식물의 역사』라는 형태로 발간되었다.

피에르 안드레아 마티올리Pier Andrea Mattioli(1501~1577)
당시 대다수 이탈리아 학자들과는 달리 학생들을 가르치지는 않았으나 황제 페르디난트 1세의 개인 주치의라는 가장 명망 있는 자리에 올랐다. 천성적으로 독창적인 사고보다는 자료를 통합하고 기록하는 데 뛰어났다. 그럼에도 불구하고 그가 펴낸 『아나자스부르의 페다니우스 디오스코리데스가 쓴 책 6권에 대한 비망록』이라는 유명한 책은 크게 성공을 거두어 베스트셀러가 되었으며 61개의 판본으로 제작되었다.

니콜라스 모나르데스Nicolas Monardes(1493~1588)
스페인의 의사이자 『두 권의 책』(1569)을 통해 담배, 코카를 비롯한 신대륙 식물을 처음 자세하게 소개했다. 존 프램턴이 모나르데스의 책을 번역하여 『신대륙에서 날아온 기쁜 소식』이라는 이름으로 출판하기도 했다.

휴 모건Hugh Morgan(1560년대~1613)
엘리자베스 여왕의 개인 약제상이며 1569~1587년까지 런던의 콜먼 가에 유명한 정원을 가지고 있었다. 동시대인인 존 제라드는 "호기심이 가득한 식물 보존가"라고 평했다. 런던 항으로 들어오는 배의 선장들과 친근한 관계를 유지했다. 이들 선장을 통해 영국 내 누구보다 서인도 제도의 식물에 대해 잘 알게 되었다. 터너의 친구로, 터너가 겨우살이를 처음 본 것도 모건의 상점에서였다.

자크 르 모인 드 모르그Jaqcues le Moyne de Morgues (1533년경~1588)
플랑드르의 위그노 교도 화가로 식물에 특히 많은 관심을 가지고 있었다. 1564년에 지도 제작자이자 화가, 기록자로 플로리다 탐험 원정에 참가했다. 스페인이 플로리다의 위그노 식민지를 공격했을 때 드 모르그는 탈출하여 프랑스로 돌아왔다. 나중에 수많은 위그노교도들과 함께 런던으로 이주하여 정착했다.

로버트 모리슨Robert Morison(1620~1683)

옥스퍼드 최초의 식물학 교수(1669)로 이전에는 블루아에서 가스통 도를레앙의 정원을 관리했다(1550~1560). 특정한 식물 집단을 하나씩 다루는 시리즈의 첫 번째 권으로 계획된 『산형과 식물』(1672)은 충분한 후원자를 확보하지 못해 미완성으로 끝났다. 런던의 스트랜드에서 마차에서 떨어져 입은 상처로 사망했다.

가르시아 드 오르타Garcia de Orta(1490년경~1570)

포르투갈의 의사로 1534년 고아로 항해하여 30년 이상 그곳에서 머물렀다. 『인도의 식물, 약, 의학에 대한 담론』(1563)은 그곳에서 발견한 식물과 약품에 대한 기록이다. 클루시우스가 이 책을 포르투갈어에서 라틴어로 번역했다(1567).

존 파킨슨John Parkinson(1567~1650)

제임스 1세의 약제상으로 런던 롱에이커에 정원을 가지고 있었다. 파킨슨 Parkinson이라는 이름에서 힌트를 얻어 『지상의 천국Park-in-sun』이라는 책을 냈으며, 그 이후 『식물의 극장』(1640)을 썼다. 『식물의 극장… 잡다한 부류 또는 집단으로 분류』에는 제라드의 『식물의 이야기』에 실린 식물의 두 배에 달하는 3800개 식물에 대한 설명이 실려 있다. 파킨슨의 책은 약초 의학서 전통의 종말을 고했다.

크리스토프 플랑탱Christophe Plantin(1520년경~1589)

투렌에서 앤트워프로 이주하여 당시의 가장 성공한 인쇄업자로 자리를 잡았다. 광범위한 식물 목판화를 수집했다. 도도엥, 클루시우스, 로벨리우스 등 프랑스와 플랑드르 학자들이 쓴 16세기 후반의 수많은 주요 식물서를 출판했다.

펠릭스 플래터Felix Platter(1536~1614)

랑그도크에 종교적인 대격변이 일어날 당시 몽펠리에 의대에 학생으로 재학하면서 생생한 체험기를 남겼다. 롱드레 밑에서 공부를 했으며 고향인 바젤로 돌아가 유명한 의사가 되었다. 나중에 브룬펠스의 『식물의 생태도』에 싣기 위해 한스 바이디츠가 제작한 그림을 손에 넣었다.

대 플리니우스Pliny the elder(서기 23~79)

로마의 군인이자 기병 지휘관이며 과학, 예술, 식물, 동물에 대한 백과사전식의 잡다한 지식과 인간의 발명과 제도에 대한 일부 내용을 담은 『박물지』(서기 77년경)의 저자이다. 중세를 통틀어 중요한 참고 서적으로 인정받았으며 실제 가치보다 높은 평가를 받았다. 플리니우스는 폼페이 베수비오스 화산 폭발을 조사하다가 사망했다.

존 레이John Ray(1627~1705)

영국의 식물상을 연구했으며 1670년에 마침내 『영국 식물 목록』을 출판했다. 1660년에 새로 설립된 왕립학회의 후원으로 식물 분야를 연구했다. 친구인 프랜시스 윌로비 경과 함께 여러 차례 장기 유럽 여행을 떠났다. (프랑스의 투르느포르와 동시에) 식물의 철저한 명명 체계를 세우려고 노력했다. 1690년에 펴낸 『영국 식물 분류법 개요』는 자연계의 질서에 대한 평생에 걸친 연구의 정수가 담겨 있는 역작이다.

니콜라스 리들리Nicholas Ridley(1500년경~1555)

런던의 주교이자 순교자이며 화이트 호스 여관에서 정기적으로 만나 종교에 대한 토론을 벌인 케임브리지 종교 개혁자 집단의 중요한 일원이었다. 윌리엄 터너에게 그리스어와 테니스, 양궁을 가르쳤다. 정의와 논리, 억압된 자들을 보호할 교회의 의무를 믿었다. 가톨릭교회의 미신과 족벌주의를 비난했다. 스코틀랜드 여왕 메리의 명령으로 화형을 당했다.

장 로뱅Jean Robin(1550~1629)

프랑스 앙리 3세의 원예가. 루브르 정원을 관리했으며 영국, 이탈리아, 네덜란드, 스위스에 있는 박식한 지인들을 엮어 네트워크를 구축했다. 시테 섬의 부 뒤 부 몽드라는 거리에 검은색 입간판이 달린 정원을 가지고 있었으며 뛰어난 식물 컬렉션을 보유했다.

기욤 롱드레Guillaume Rondelet(1507~1566)

랑그도크의 몽펠리에 대학 의학교수로 임명되기 전에 오베르뉴에서 개업의로 활약했다. 기니처럼 카리스마 넘치는 스승으로, 그의 주위에는 뛰어난 학생들이 다수 모여들었다. 대부분은 파리나 다른 가톨릭계 대학에서 공부할 수 없는 프로테스탄트 교도 학생들이었다.

가자의 테오도로Teodoro of Gaza(1398년경~1478년경)

테살로니카 출신으로 1422년경에 콘스탄티노플에 학원을 열었다. 술탄 무라드 2세가 콘스탄티노플을 포위하자 이탈리아로 피신했다. 로마로 부름을 받아 바티칸 도서관에 있는 고대 문헌을 번역하는 일을 도왔다. 아리스토텔레스의 동물에 대한 책과 테오프라스토스의 식물에 대한 책을 5년에 걸쳐 작업했다. 이 번역본은 1483년에 마침내 트레비소에서 출판되었다.

테오프라스토스Theophrastos(기원전 372년경~기원전 287)

그리스의 철학자이며 아리스토텔레스의 제자였다. 아리스토텔레스가 세상을 떠난 후 아테네 라이시엄의 소요학파를 이끌었다. 최초로 유사성과 차이점을 기준으로 하여 식물을 설명했다. 1916년에 아서 호트Arthur Hort 경이 『식물의 역사』와 『식물 연구』를 번역했다.

조제프 피통 드 투르느포르Joseph Pitton de Tournefort (1656~1708)
몽펠리에서 피에르 마뇰의 가르침을 받은 후 스페인과 피레네 산맥 지역을 광범위하게 여행했다. 1683년에 파리에서 식물학 교수가 되었다. 『식물의 요소』 (1694)에서 화관의 모양에 따라 식물을 분류했다. 린네의 새로운 분류법이 나올 때까지 이 체계는 널리 인정을 받았다.

윌리엄 터너William Turner(1508년경~1568)
성직자이자 원예가이며 영국인으로서는 최초로 식물에 대한 양질의 책(영어)을 썼기 때문에 '영국 식물학의 아버지'라고 일컬어진다. 『식물의 이름』(1548)과 『신본초서』(1551~1564)를 차례차례 내놓았다. 열렬한 프로테스탄트 교도였으며 언제나 거리낌 없이 표현했던 종교적인 신념 때문에 두 차례나 영국을 떠나 피신해야 했다.

한스 바이디츠Hans Weiditz(1500년 이전~1536년경)
데생 화가이자 판화가. 알브레호트 뒤러를 사사했으며 오토 브룬펠스의 『식물의 생태도』에 싣기 위해 실제 식물과 똑같은 사실적인 그림을 제작했다. 인쇄된 책에 수록된 그림으로는 최초였다.

주석

들어가며

1. *Thomas Johnson: Journeys in Kent and Hampstead*, J. S. L. Gilmour(Pittsburge, PA. 1972) 편집의 'A Description of a Journey Undertaken for the Discovery of Plants into the County of Kent'(1632) 서문에서 인용. 이 장의 모든 인용은 존슨의 *Descriptio itineris plantarum*의 이 번역본(pp. 101~126)에서 발췌했다.
2. 적어도 대포에 관해서는 존슨이 과장하여 표현했다. 브리타니아 호에는 66대가 아니라 55대의 대포가 실려 있었다.
3. 대마초는 섬유질을 사용해서 삼을 만들기 위해 널리 재배되었다. 헨리 8세의 법령에 따라 60에이커 이상의 경작지를 보유한 모든 지주는 해군에서 사용할 밧줄을 만들기 위해 대마초를 재배해야 했다. 'The Ancient Cultiation of Hemp,' *Antiquity*, 41, 1967, pp. 42~50 참조.

I 기원

기원전 370~기원전 290년

1. R. D. Hicks (ed.), *Diogenes Laertius Lives of Eminent Philosophers* (London, 1925), vol. I, Book 5, ch. 2. 디오게네스가 기원전 3세기에 쓴 것으로 추정된다.
2. 밥 샤플스Bob Sharples 교수는 테오프라스토스가 '수컷'과 '암컷'이라는 말을 자주 사용했지만 사실상 같은 식물의 서로 다른 성별을 나타내기보다는 본인이 생각하기에 좀 더 '남성답게' 보이는 서로 다른 종을 표현하는 수단이었다고 지적했다.
3. *Theophrastus Enquiry into Plants*, Book I, iii, 5, p. 191. 테오프라스토스의 『식물지에 대하여』에서 발췌한 모든 인용문은 1916년에 윌리엄 하이네만 William Heinenmann이 출판한 러브Leob 고전 라이브러리 시리즈의 아서 호트Arthur Hort 경 번역본을 기준으로 한다. 참조 정보는 긴 인용문에만 제시했다.
4. Hort, *Enquiry into Plants*, Book III, x, 3~4, p. 225.
5. 둘 사이의 차이점은 18세기 후반에 들어서야 해결되었으며, 요한 하인리히 트롤Johann Heinrich Troll(1756~1824)이 대부분의 연구를 진행했다.
6. Hort, *Enquiry into Plants*, Book IV, vii, 3~5, p. 341.
7. 이 단어는 1866년에 독일의 생물학자 에른스트 헤켈Ernst Haeckel이 제안했다.

8. Hort, *Enquiry into Plants*, Book IV, i, 1~2, p. 287.
9. Ibid., Book VIII, iv, 4~6, p. 171.
10. Ibid., Book IX, v, 1~3, p. 243.
11. Ibid., Book IX viii, 7~8, p. 259.
12. Ibid., Book IX, xvi, 6~8, p. 303.
13. Ibid., Book IX, xvi, 9, p. 305.
14. Ibid., Book IX, xvi, 3~5, p. 299.
15. Ibid., Book IV, viii, 1~3, p. 347.
16. Ibid., Book IV, iii, 1~3, p. 305.
17. Ibid., Book VI, vi, 3~5, p. 39.
18. Ibid., Book I, xiv, 3~5, p. 101.
19. Cato the Elder, *De re rustica*, Book LVI. *On Agriculture*, W. D. Hooper 번역, Loeb Classical Library 시리즈, H. B. Ash 개정(London, 1934)에서 인용.
20. Hort, *Enquiry into Plants*, Book II, ii, 9~11, p. 117
21. A. L. Peck (ed.) *Aristotle's Parts of Animals* (London, 1937) 1, 5, 645a, 10.
22. 고대 그리스에서는 나이에 관계없이 노예를 "소년"이라고 부르는 것이 일반적이었다. 노예들은 성인의 법적인 권리를 누릴 수 없기 때문이었다.
23. Hicks, *Diogenes Laertius Lives*, vol. 1, Book 5, ch. 2.

II 모든 인간은 알고자 하는 욕망을 품고 태어난다
기원전 600~기원전 60년

1. B. Ebell, *The Papyrus Ebers* (Copenhagen and London, 1937) 참조.
2. 아카드어는 바빌로니아와 아시리아에서 사용하던 언어다. R. Campbell-Thompson, *The Assyrian Herbal* (London, 1924)을 참조.
3. Sir Arthur Hort, *Theophrastus Enquiry into Plants* (London, 1916), Book IX, viii, 7~8, p. 259.
4. Aristotle, *Historia animalium*, I, 491a, 9. 모든 인용은 1937년에 윌리엄 하이네만이 출판한 러브 고전 라이브러리 시리즈의 A. L. 펙(A. L. Peck) 번역본에서 발췌했다.
5. Aristotle, *Historia animalium*, I, 409a, 5~8.
6. 아리스토텔레스가 사용한 방법에 대한 완전한 분석은 James G. Lennox,

Aristotle's Philosophy of Biology (Cambridge, 2001) 및 D. W. Thompson, On Growth and Form (abridged edn, Cambridge 1971)을 참조.
7. Aristotle, De generatione animalium, IV, 12, 694b, 12~15.
8. 보다 자세한 내용은 John Patrick Lynch, Aristotle's School (Berkely, CA, 1972) 참조.
9. R. D. Hicks (ed.), Diogenes Laertius Lives of Eminent Philosophers (London, 1925), vol. V, Book 1.
10. Cicero, Academia, I, 9.32, Lynch, Aristotle's School에서 인용.
11. D. J. Furley (ed.), From Aristotle to Augustine: Routledge History of Philosophy, vol. I (London, 1999)에서 R. W. Sharples.
12. 밥 샤플레스는 기원전 86년 술라의 아테네 약탈 과정에서 라이시엄이나 아카데메이아가 살아남았는지에 의문을 제기한다. 서기 2세기 말 무렵 아테네에는 국가에서 녹을 받는 철학 스승들이 분명히 존재했고 신 플라톤파 학원은 서기 529년까지 존재했지만 라이시엄이나 아카데메이아라는 특정한 이름이 계속 사용되었는지는 분명하지 않다.
13. Strabo, XIII, 1.54, Lynch, Aristotle's School에서 인용.
14. Athenaeus I, 3a~b.

III 알렉산드리아 도서관
기원전 300~40년

1. Edward Alexander Parsons, The Alexandrian Library (New York, 1951)에서 인용.
2. 이러한 식물 및 기타 사물에 대한 상형문자는 Victor Loret, La Flore pharaonique (Paris, 1887) 참조.
3. Sir Arthur Hort, Theophrastus Enquiry into Plants (London, 1916), Book IV, viii, 3~4, p. 345.
4. 좀 더 자세한 내용은 D. J. Furley (ed.), From Aristotle to Augustine: Routledge History of Philosophy, vol. I (London, 1999)에서 R. W. Sharples 참조.
5. Edward Gibbon, The HIstory of Decline and Fall of the Roman Empire (London, 1776~88), Ch. LI 참조.
6. 전체 이야기는 M. Casanova, L'incendie de la Bibliotheque d'Alexandrie par les Arabes (Paris, 1923)에서 찾아볼 수 있다.

IV 표절자 플리니우스
서기 20~80년
1. 식물에 대한 토론을 발전시키는 데에는 전혀 기여한 바가 없지만, 플리니우스가 로마 제국과 그 자원을 찬양하기 위해 자신의 『박물지』를 이용했다는 견해가 있다.
2. Pliny, *Letters* (London, 1915), III, epistle 5 참조.
3. Pliny, *Natural History* (London, 1952), XXIII, 112. 러브 고전 라이브러리 시리즈 가운데 H. Rackham 번역 (London, 1952).
4. Pliny, *Letters*, V, epistle 6, p. 32ff 참조.
5. Pliny, *Natural History*, XVI, 60, 140. 그는 장식적 전정법을 소개한 사람이 가이우스 마티우스(Gaius Matius)라고 했다.
6. M. Launey, 'Le verger d'Heracles à Thasos', *Bulletin de correspondance hellenique*, 61, 1937, pp. 380~409.
7. Pliny, *Natural History*, XXI, 8.
8. Ibid., XXV, 16.
9. 보다 자세한 내용은 Pliny the Younger, *Letters*, VI, epistle, 16을 참조.

V 의사
서기 40~400년
1. 디오스코리데스의 『약물에 대하여』 서문에서 발췌. R. T. Gunther (ed.), *Dioscorides de Materia Medica: The Greek Herbal of Dioscorides* (Oxford, 1934).
2. 구디어의 디오스코리데스 행간 번역에서 발췌, Gunther, Dioscorides에 인용.
3. Pliny, *Natural History*, XXV, 4. 러브 고전 라이브러리 시리즈 가운데 H. Rackham 번역 (London, 1952).
4. Biblioteca Nazionale, Naples, MS. gr.1, fol. 148.
5. Wellcome Institute Library, London, MS 5753.
6. Claudiu Galenus, *Opera omnia* (Leipzig, 1821~33), vol. 14, pp. 30~31.
7. Charles Singer, 'The herbal in Antiquity and its transmission to Later Ages', *Journal of Hellenic Studies*, vol. 47 (1927), pp. 1~52.

VI 율리아나의 책
500~600년
1. 전체적인 설명은 Minta Collins, *Medieval Herbals: The Illustrative Tranditions* (London, 2000)를 참조. 나도 이 책의 명쾌한 설명을 보고 처음으로 율리아나에 대해 알게 되었다. 이 책은 중요한 참고 자료였으며 이 책의 내용을 인용할 수 있도록 허락해준 데 대해 저자에게 감사한다.
2. Österreichische Nationalbibliothek, Vienna, MS med. gr. 1. H. Gerstinger의 논평을 담은 칼라 복제본이 1970년에 그라츠에서 출판되었다.
3. Collins, *Medieval Herbals*, p. 44 참조.
4. Bibliothèque Nationale, Paris, MS gr. 2286.
5. Collins, *Medieval Herbals*, p. 42 참조.
6. E. S. Forster (tres), *The Turkish Letters of Ogier Ghiselin de Busbecq* (Oxford, 1927) 참조.
7. 이 필사본은 현재 Magdalen College, Oxford에 소장되어 있다.
8. Biblioteca Nazionale, Naples, MS Ex Vindob. GR 1.

VII 아랍의 영향
600~1200년
1. 시리아 어는 중동 고대 언어인 아람어의 방언이며 지금까지도 시리아와 레바논의 일부 지역에서 사용된다. 기원은 아람이며 기원전 5세기 즈음에는 페르시아 왕국 전체의 공통어가 되었다. 비교적 훗날에 작성된 구약성경 편들도 이 언어를 사용하여 기록했다. 시리아에서는 13세기까지 시리아어를 사용했으며 몇몇 동부 교회에서는 예배에 아직도 이 언어를 사용한다.
2. 그리스도가 하나는 인간, 하나는 신인 두 가지 별도의 존재라고 믿는 콘스탄티노플의 대주교 네스토리우스를 추종하는 무리도 있었다.
3. 콘스탄티누스 7세 포르피게니투스의 아들이자 공동 통치자.
4. 코르도바는 711년부터 1236년까지 무어인이 통치하는 스페인의 중심지였다.
5. 자주 인용되는 이 부분에 대한 자세한 내용은 Minta Collins, *Medieval Herbals: The Illustrative Tranditions* (London, 2000)를 참조.
6. Dioscorides, *de Materia Medica*, Book II, ch 167. R. T. Gunther (ed.), *Dioscorides de Materia Medica: The Greek Herbal of Dioscorides* (Oxford, 1934).
7. Bibliotheek der Rijksuniversiteit, Leiden, MS.or.289.

8. 자세한 내용은 Minta Collins, *Medieval Herbals*, pp. 118~124를 참조.
9. Suleymaniye Mosque Library, Istanbul, MS Ayasofia 3703, *Farmacopea Araba Medievale*로 복제 재생, Alain Touwaide 편집(Milan, 1992~1993).
10. 손으로 그린 권두화가 묘사하듯이 토머스 애덤스 경, Militis & Baronetti가 도서관에 제공했다.
11. Charles Raven, *English Naturalists from Neckham to Ray* (Camridge, 1947) 참조.

VIII 암흑기에서 탈출하기
1100~1300년

1. Süleymaniye Mosque Library, Istanbul, MS Ayasofia 3703, *Farmacopea Araba Medievale*로 복제 재생, Alain Touwaide 편집(Milan, 1992~1993).
2. MS Ayasofia 3703, *Rubus fruticosus*, fol. 17v.
3. MS Ayasofia 3703, *Physalis alkekengi*, fol. 35v.
4. *Tractatus de herbis*, British Library, London, MS Egerton 747.
5. Otto Pächt, 'Early Italian Nature Studies and the Early Calendar Landscape', *Journal of the Warburg and Courtauld Institutes*, XIII (1950), pp. 13~47.
6. Ibid.
7. Bartholomew of England, *De proprietatibus rerum*, ch. 196. Bateman, *Batman uppon Bartholome his Booke De Proprietatibus rerum* (London, 1582) 참조.
8. *The Lay of the Nine Healing Herbs*, British Library, London, MS Harley 585, fol. 174v.
9. Bibliotheek der Rijksuniversiteit, Leiden, MS Voss.lat.Q.9.
10. O. Cockagne in *Leechdoms, Wort-Cunning and Starcraft of Early England* (London, 1864~1866), MS Cotton Vitellius C III, British Library, London의 번역.
11. Ibid.
12. 최초의 필사본은 한때 혈액의 순환에 대한 논문을 펴낸 내과의사 윌리엄 하비가 소장하고 있었다.
13. Charles Singer, *From Magic to Science: Essays on the Scientific Twilight* (London, 1928) 참조.

14. 필사본의 뒤쪽 여백 페이지에는 16세기 후반과 17세기 초반의 처방전이 기록되어 있다. 예를 들어 '위장에서 나오는 연기' 때문에 발생하는 두통은 고수, 계피, 정향, 육두구화, 육두구, 붉은 장미 잎의 혼합물로 치료하는 식이다. 이러한 메모를 적은 영국의 의사는 당시 열대 지방에서 새로 들어온 특효약이자 특히 매독에 큰 효과를 발휘한다고 알려졌던 유창목을 상당히 자주 사용했다.
15. 예를 들어 1190년경~1200년에 제작된 Bodleian Library, Oxford의 MS Ashmole을 참조.
16. British Library, London, MS Sloane, 1975.

IX 그림을 그리는 사람들
1300~1500년

1. Francesco Petrarch, *De rebus memorandis* (Book of Memorable Things) (Basel, 1563).
2. 이동 가능한 금속 활자를 사용한 인쇄술은 11세기에 중국인들이 발명했으며 14세기 이후 한국에서도 사용되었다.
3. Bibliothèque Nationale, Paris, MS Lat. 6823.
4. Bibliothèque de l'École des Beaux Arts, Paris, MS Masson 116.
5. Carrara Herbal, British Library, London, Sloane MS 2020.
6. Otto Pächt, 'Early Italian Nature Studies and the Early Calendar Landscape', *Journal of the Warburg and Courtauld Institutes*, vol. XIII (1950), pp. 13~47.
7. *Liber de simplicibus*, Biblioteca Marciana, Venice, MS Lat. VI 59.
8. 영국의 예술 비평가 존 러스킨(John Ruskin, 1819~1900)은 베네치아가 관련된 모든 것을 독점하는데 분노하여 안토니오 칼다라Antonio Caldara라는 화가를 고용하여 아마디오의 그림을 복제하도록 시켰다.
9. Bibliothèque Nationale, Paris, MS.nouv.acq.Lat.1673, fol. 28v.
10. Biblioteca Casanatense, Rome, MS 4182.
11. 페트라르카와 14세기의 동료 인문주의자들은 이와 마찬가지로 필사본을 제작할 때 고딕체에서 좀 더 읽기 쉬운 르네상스 시대 필체인 *litera fere-humanistica*로 점진적으로 옮겨가도록 촉구했다.
12. Medicina antiqua, Österreichische Nationalbibliotheck, Vienna, MS Vindobbonensis 93 참조.

13. 예를 들어 Musée d'histoire de Bern에 있는 1466년 브뤼셀에서 제작된 태피스트리나 Metropolitan Museum, New York에 있는 유니콘 태피스트리를 참조.
14. Musée du Louvre, Paris.
15. Antonio Pisanello, *Study of Plants*, 1438년경~1442. 펜과 잉크, 붉은 바탕의 종이에 갈색을 바르고 흰색으로 강화, Musée Ingres, Montauban.
16. 좀 더 자세한 설명은 Thomas Kren and Scott McKendrick, *Illuminating the Renaissance*, 2003년 Paul Getty Museum, Los Angeles, 2004sus Royal Academy, London에서 열린 전시회 도록을 참조.
17. 예를 들어 British Library, London의 Cocharelli Treatise, Add.MS 28841, fol. iv의 여백에 그려져 있는 통통한 애벌레, 잠자리, 공작나비, 말벌, 파리, 꽃등에를 참조.
18. 장 부르디숑이 브르타뉴의 공주 안느를 위해 제작한 기도서를 보면 프랑스어와 라틴어 이름이 붙은 340개의 식물이 페이지의 여백에 장식되어 있다.
19. Albrecht Dürer, *Iris*, 수채화와 불투명 그림물감, 붓, 펜으로 두 장을 붙인 종이에 그림. Bremen, Kunsthalle, Kupferstichkabinett Inv. 35.
20. '모든 광장에 분수를 만든다'는 계획을 세웠다.
21. Leonardo da Vinci, *A Treatise on Painting*, John Francis Rigaud 번역 (London, 1877), ch. 334.
22. Albrecht Dürer, *Vier bucher von menschlicher proportion* (Nuremberg, 1528).
23. Graphische Sammling Albertina, Vienna.
24. 예를 들어 1432년에 제작된 반 에이크의 유명한 겐트 제단화에 그려져 있는 이국적인 대추야자, 이탈리아 사이프러스, 금송이나 디르크 보우츠 Dirk Bours(1420년경~1475년경)가 그린 "복음서를 쓰는 성 요한*St. John Writing the Gospel*"의 잔디에 피어 있는 질경이, 민들레, 미나리아재비, 산딸기, 프림로즈, 붓꽃, 양치류를 참조하라. 보우츠가 죽었을 때 뒤러는 고작 네 살에 불과했다. 1484년에 완성된 한스 멤링의 세 폭 제단화 가운데 중앙에 있는 폭에는 성 크리스토퍼가 아기 그리스도를 안고 민들레, 아욱, 초롱꽃, 마르타곤 릴리가 피어 있는 들판을 지나가는 모습이 그려져 있다. 멤링이 그린 꽃에는 유백색의 수선화 다발도 포함되어 있다.

X 테오프라스토스 다시 태어나다
1250~1500년

1. '*In hoc sexto libro vegetabilium nostrorum magis satisfacimus curiositati studentium quam philosophiae. De particularibus enim philosophia esse non poterit.*'
2. The Herbarius of Apuleius Platonicus는 Johannes Phillppus de Lignamine이 1481년경에 로마에서 인쇄했다.
3. 15세기와 16세기 유럽에 인쇄술이 미친 영향에 대한 좀 더 자세한 내용은 E. L. Eisenstein, *The Printing Press as an Agent of Change* (Cambridge, 1979) 참조.
4. Marie Boas, *The Scientific Renaissance* 1450~1630 (London, 1962).
5. *De Gart der Gesundheit* (Mainz, 1485)의 서문, A. Arboer, Herbals, their origins and evolution 1470~1670 (Cambridge, 1912), pp. 24~26에 인용.

XI 브룬펠스의 책
1500~1550년

1. Otto Brunfles, *Herbarum vivae eicones*, (Strasbourg, 1532), Dedication.
2. "······책이 아닌 경험에서 배웠다."
3. "나는 이 꽃을 그린 화가가 지은 이름을 받아들인다."
4. "그들은 일반적으로 굿 헨리Good Henry 또는 슈버벨Schwerbel이라고 불리는 풀의 그림을 포함시키도록 나를 설득시켰다. 약초 캐는 노파들이 이에 대해 말해주었다."
5. Brunfles, *Herbarum vivae eicones*, Journal of the Linnaean Society, Botany vol. 48 (London, 1928), pp. 79~124의 T. A. Sprague, 'The Herbal of Otto Brunfels'에 인용, 1927년 11월 3일 학회에서 낭독.
6. Ibid.

XII 성마른 푹스
1500~1570년

1. Dedicatory Epistle of Leonhart Fuchs, *De historia stirpium* (Basel, 1542), Elaine Mathers, John Heller가 번역한 복제본과 1999년 Stanford University Press가 출판한 논평. *De historia stirpium*의 모든 인용문은 이 판본에서 발췌했으며 출판업자의 너그러운 허락하에 재인쇄되었다.

2. Ibid.
3. 마이어의 그림 원본은 현재 Österrichische National bibliotheck, Vienna에 소장되어 있다.
4. Fuchs, De historia stirpium, Cap CXLVII, p. 392.
5. Ibid, Dedicatory Epistle.
6. George Hizler, Oratio de vita et morte… *Leonharti Fuchsii* (Tübingen, 1566), Elaine Mathers가 번역하고 stanford University Press가 출판한 복제본에서 인용.
7. "1535년 8월 14일에 의학 박사인 명예로운 레온하르트 푹스는 저명한 공작의 부름을 받아 1년에 160플로린의 급료로 대학에서 의학을 가르치게 되었고, 교수직에 임용되면서 책을 출판하여 대학의 학문에 기여하겠다고 맹세했다. 한편 대학은 푹스 본인이 책을 출판할 경우 15플로린을 지불하기로 동의했다." Universitätsarchiv, Tübingen, fol. 66v의 라틴어 원본을 번역했으며 stanford University Press가 출판한 푹스의 복제본에 인용.
8. 1549년의 Dienerbuch (마을의 사람, 행사, 활동에 대한 기록) 참조. "의사 레온하르트 푹스는 그를 위해 상당 부분 개조한 튀빙겐의 수녀원 건물에서 살고 있다. 푹스는 집 옆의 정원을 사용했으며 그곳에서 20파운드의 수입을 올릴 수 있을 것으로 기대하고 있다. 집은 푹스에 걸맞도록 창문, 난로를 비롯한 모든 설비를 갖추도록 개조 및 재건되고 있다. 대학의 수입이 상당하므로 푹스에게 좋은 처우를 해줄 수 있다." Klaus Dobat and Karl Mägdefrau, '300 Jahre Botanik in Tübingen', *Attempto* 55~56 (Tübingen, 1975), pp. 8~27.
9. Ibid.
10. 독일어로 작성된 편지 원본, Old Royal Collection, Royal Library, Copenhagen 소장, stanford University Press가 출판한 푹스의 복제본에 대한 논평에 인용.
11. 원래 라틴어로 된 De historia stipium의 제목 페이지는 1542년에 바젤의 이징린이 출판했다.
12. 푹스가 카메라리우스에게 보낸 편지, 1542년 11월 23일. Trew Collection, Universitätsbibliothek, Erlangen. 의사이자 부유한 식물학 후원자였던 Christoph Jacob Trew (1694~1769)가 이 서신 가운데 26통을 수집했다.
13. 푹스가 카메라리우스에게 보낸 편지, 날짜 미상이나 1541년 말 또는 1542년 초에 작성된 것으로 추정된다.
14. Marcel de Cleene and Marie Claire Lejeune, *Compendium of Symbolic*

and Ritual Plants in Europe (Ghent, 2003), p. 370 참조.
15. 푹스는 디기탈리스의 독일 일반명인 'fingerhut'를 번역하여 라틴어 이름을 지었다. 나중에 Historia의 893쪽에 추가된 마이어의 그림(그림 72 참조)은 수 세기 동안 시골 사람들이 약으로 사용해왔던 이 꽃이 처음으로 인쇄된 출판물에 등장하는 사례이다. (디기탈리스의 약효는 William Withering이 *An Account of the Foxglove, and Some of its Medicinal Uses, with Practical Remarks on Dropsy, and Other Diseases* (Birmingham, 1785)에 확인한 바 있다.)
16. Fuchs, De historia stirpium, p. 228, Stanford University Press가 출판한 푹스 복제본의 번역 그대로 발췌.
17. T. A. Sprague and E. Nelmes, 'The Herbal of Leonhart Fuchs', *Journal of the Linnaean Society*, Botany vol. 48 (London, 1928), p. 553, 1928년 11월 29일 발간.
18. 푹스의 『식물사』는 또한 매우 아름답게 제작된 책이기도 했다. 아마도 그렇기 때문에 라파엘 전파 윌리엄 모리스와 빅토리아 시대의 예술 평론가 존 러스킨이 둘 다 고서적 판매상인 Bernard Quaritch의 런던 상점에서 이 책을 샀을 것이다.
19. Fuchs, *De historia stirpium*, Dedicatory Epistle.
20. Trew Collection, Universitätsbibliotheck, Erlangen에 소장된 푹스와 카메라리우스 사이의 서신, Elaine Mathers 번역.
21. 아홉 권의 책으로 묶이고 1529개의 손으로 채색한 식물 그림이 들어 있는 필사본은 Österreichische Nationalbibliothek, Vienna에 소장되어 있다.
22. Conrad Gesner, *Bibliotheca universalis* (Tiguri, 1545)
23. 게스너가 푹스에게 보낸 편지, 대필자가 작성, 1556년 10월 18일, Ninliotheck Zentrum, Zurich, MS C50a no20에 있는 원본을 John Heller가 번역.
24. 푹스가 카메라리우스에게 보낸 편지, 1565년 11월 24일, Trew Collection, Universitätsbibliotheck, Erlangen, Elaine Mathers 번역.
25. Rauwolf의 컬렉션은 현재 Rijksherbarium, Leiden에 있다.
26. 튀빙겐에 있는 푹스가 몽펠리에의 롱드레에게 보낸 편지, 1556년 12월 10일, Universitätsarchiv, Basel, Fr Gr II 5a, no. 44, Karen Meier Reeds가 라틴어 원본을 번역하여 자신의 책 *Botany in Medieval and Renaissance Universities* (New York and London, 1991)에 인용.
27. 푹스가 카메라리우스에게 보낸 편지, 1565년 11월 24일, Trew Collection,

Universitätsbibliotheck, Erlangen, Elaine Mathers 번역.
28. Ch. XLI, p. 256, Österreichische Nationalbibliothek, Vienna에 소장된 푹스의 필사본 원본.
29. 푹스가 카메라리우스에게 보낸 편지, 1563년 4월 3일, Trew Collection, Universitatsbibliothek, Erlangen, Elaine Mathers 번역.

XIII 이탈리아에서
1500~1550년
1. 볼가 강의 라틴어 이름은 *flumen Rha*로, 대황의 학명 *Rheum rhaponticum* 은 여기서 유래했다.
2. David Abulafia (ED.), *The Mediterranean in History* (London, 2003) 참조.
3. Biblioteca Nazionale Marciana, Venice, MS Ital. II XXVI 4860. 또한 Mauro Ambrosoli, 또한 *The Wild and the Sown* (Cambridge, 1997) 참조.
4. Nicolò Leoniceno, *Plinii ac plurium aliorum auctorum*…의 서두 (플리니우스의 오류 제시) (Ferrara, 1492).
5. Marcello Virgilio Adriani, *Dioscorides Materia Medica* (Florence, 1518) 의 서문.
6. Antonio Musa Brasavola, *Examen omnium simplicium medicamentorum*… (Rome, 1536).
7. Ibid.
8. Ibid.
9. Sir Walter Raleigh, *The History of the World* (London, 1614).

XIV 최초의 식물원
1540~1600년
1. 피사 식물원에 대한 보다 자세한 내용은 Fabio Garbari, Lucia Tongiorgi Tomasi, Alessandro Tosi, *Giardino dei Semplici* (Pisa, 2002) 참조.
2. Emilio Tolaini, Forma Pisarum. *Storia urbanistica della città di pisa* (Pisa, 1979) 참조.
3. Archivo di Stato di Firenze, Mediceo 1171, cc256~7, Garbari et al, *Giardino*에 인용.
4. Biblioteca Universitaria di Bologna, MS Aldrovandi 136, *Observationes variae* XIX.

5. Giovanni Battista de Toni, *I placiti di Luca Ghini* (Venice, 1907), p. 27.
6. Ibid., pp. 24~25.
7. S. Seybold, 'Luca Ghini, Leonhart Rauwolf und Leonhart Fuchs', jh. Ges. *Naturkunde*, 145 (1990).
8. 제오르제 마리우스에게 보낸 편지, 1588년 12월 12일, Opera (Frankfurt, 1598), Book 3, p. 118의 Pier Andrea Mattioli, *Epistolarum medicinalium* (1561).
9. Bartolomeo Taegio, *La Villa* (Milan, 1559) 참조.
10. 이 두 번째 식물원이 있었던 장소는 피사에서 Via del Giardino라는 거리명으로 기억되고 있다.
11. Andrea Cesalpino, *De plantis* libri XVI (Florence, 1583), 헌정사에서 번역.
12. Ibid., Lib. I, cap. XIII.
13. M. Lobelius and Pierre Pena, *Stirpium adversaria nova* (London, 1570), p. 161.
14. G. Calvi, *Commentarium inserviturum historiae Pisani vireti Botanici Accademici* (Pisa, 1777)에 인용된 편지, 1592년 9월 26일자.
15. 알-가사니는 술탄 아흐마드 알 만수르의 주치의였고, 379개의 모로코 식물과 약을 다룬 그의 책은 *Hadiquat al-azhar fi sarh mahiyat al-ushb wa al-aggar*라고 불렸다.
16. Cesalpino, *De plantis*, 헌정사에서 번역.

XV 코가 긴 트집쟁이
1540~1600년

1. Pierre Belon, *Les Observations de plusieurs singularités* (Paris, 1555).
2. Giovanni Battista de Toni, *I placiti di Luca Ghini* (Venice, 1907), p. 23.
3. 제오르제 마리우스에게 보낸 편지, 1588년 12월 12일, Opera (Frankfurt, 1598), Book 3, p. 118의 Pier Andrea Mattioli, *Epistolarum medicinalium* (1561).
4. Ibid., Book 3, p. 171.
5. Pier Andrea Mattioli, *Commentarii in libros sex Pedacii Dioscoridis Anazarbei* (1565년판), Book 2, ch. 139, pp. 544~545.

XVI 정보망을 엮는 사람
1500~1580년
1. 유럽 최초의 과학 학회인 린체이 아카데미는 로마의 귀족 페데리코 체시 Federico Cesi가 1603년에 설립했다. '눈이 날카롭다'는 뜻의 이름은 창립 멤버였던 갈릴레오의 제안이었다.
2. Amatus Lusitanus, *In Dioscorides... de medica materia libros quinque enarrations* (Venice, 1553).
3. 윌리엄 터너의 『신본초서』(London and Cologne, 1551~1568)에서 발췌.
4. 터 코우덴베르크가 게스너에게 보낸 편지, Gesner, *De hortis Germaniae*(Tiguri, 1561), p. 244에 인용.
5. Turner, *A new herball*의 서문, 1568년판.
6. Turner, *A new herball*, 1551년판.
7. Majorie Balamey and Richart Fitter, *Wild Flowers* (London and Gloasgow, 1980).
8. Public Record Office, Edw. VI Dom vii, no. 32, W. R. D. Jones, *William Turner* (London, 1988)에 인용.
9. Public Record Office, Edw. VI Dom xi, no. 14, fol. 24.
10. British Museum, London, Lansdowne MS 2, no. 63, ff. 139~40.
11. Public Record Office, Edw. VI Dom xiii, no. 19.
12. Blanche Henrey, *British Botanical and Horticultural Literature Before 1800* (London, 1975)에 인용.
13. British Library, London, Lansdowne MS VIII, no. 3.
14. W. Pierce, *The Marprelate Tracts*, 1588, 1589 (London, 1911).
15. B. Dietz, *The Port and Trade of Early Elizabethan London*, Documents, London Record Society (London, 1972), pp. 63, 78, 138ff 참조.
16. Turner, *A new herball* (1568년판), part II, p. 27.
17. Ibid., part III, p. 80.
18. 예를 들어 그는 디기탈리스를 수록하면서 "영국에서 상당히 많이 자라며 특히 노퍽의 모래밭에 있는 토끼굴 주변에 무성하게 자란다"고 썼다.

XVII 프로테스탄트교도의 승리
1530~1580년
1. 중세의 저자 알렉산더 네캄은 *De naturis rerum*에서 족제비를 칭찬하며 이

렇게 표현했다. "천성적으로 영리하며 살레르노에서 의학을 공부하거나 몽펠리에 대학에서 교육을 받지 않았는데도 약초의 효능을 잘 알고 있다."
2. 몽펠리에 대학에 대한 좀 더 자세한 내용은 Karen Meier Reeds, *Botany in Medieval and Renaissance Universities* (New York and London, 1991) 참조.
3. 와인 교역의 중심지가 되기 전에 몽펠리에는 향료 교역으로 부를 쌓았다.
4. Sean Jennett (trs.) *Beloved Son Felix: The Journal of Felix Platter, a medical student in Montpellier in the sixteenth century* (London, 1961). 플래터와 관련된 모든 이후 인용은 이 자료를 출처로 하고 있으며 저작권자의 허락을 받아 이 책에 수록했다.
5. Laurentius Joubertus, *Gulmeilmi Rondeletii Vita in Operum Latinorum* (Frankfurt, 1599).
6. Place des Cenevols는 더 이상 존재하지 않는다. 현재 포슈 가인 나시오날 가를 건설할 때 사라졌다. 카탈란 본인의 아들들은 스트라스부르에 살다가 바젤로 가서 플래터의 아버지와 함께 머물렀다. 이러한 상호 교환 체제는 당시에 상당히 흔했으며 대학 교육 비용을 절약하는 효과가 있었다.
7. 플래터가 살던 시대에는 Rue de l'Université에 있었으며 현재는 Rue de l'École de Pharmacie라는 이름으로 변경되었다.
8. W. G. Waters (trs.), *Journal of Montaigne's Travels* (London, 1903).

XVIII 게스너의 걸작
1530~1580년

1. 게스너의 『동물사』마지막 권은 게스너가 사망하고 22년 후인 1587년에야 출판되었다.
2. Heinrich Zoller, Martin Steinmann, Karl Schmidt (eds), *Conradi Gesneri Historia Plantarum*, 3 vols (Zurich, 1972~1974).
3. 게스너의 『도서총람』에 대한 좀 더 자세한 내용은 Hans Fischer, 'Conrad Gesner (1516~1565) as Bibliographer and Encyclopedist', *The Library*, Fifth Series, vol XXI, no. 4, 1966년 12월, pp. 269~281을 참조.
4. E. L. Greene, *Landmarks of Botanical History* (Stanford, CA, 1983), p. 797.
5. 콘라트 게스너의 『독일의 정원』(Tiguri, 1561) 서문에서 발췌.
6. 오랜 기간에 걸친 게스너와 장 보앵 사이의 서신은 1591년에 출판되었다.
7. Universitätbibliotheck, Erlangen Inv. MS 2386, fol. 273v.

8. 1565년 11월 26일자 콘라트 게스너의 편지, Epistolarum medicinalium (Tiguri, 1577)에 수집. 이 권에 실려 있는 편지 가운데 20통이 게스너가 처음 공부를 위해 파리에 갔던 해에 태어난 Zwinger(1533~1588)에게 보낸 것으로 되어 있다.
9. Universitätsarchiv, Basel, UAB Fr Gr I 12 #203 (1596).

XIX 새로운 환경
1550~1580년

1. Seán Jennett (trs.), *Journal of a Younger Brother, The Life of Thomas Platter...*(London, 1963), pp. 165~166.
2. 미카울츠는 이탈리아에서 부스베크와 함께 공부했고 그후 황제의 대사로 포르투갈 궁정에 파견되었다.
3. 1555년 9월 1일자 비엔나로 되어 있는 첫 번째 편지, Edward Seymour Forster (trs.), *The Turkish Letters of Ogier Ghiselin de Busbecq* (Oxford, 1927)에서 재인쇄.
4. Sir John Chardin, *Travels in Persia*, trs. E. Lloyd (London, 1927).
5. John Gerard, *The Herball or Generall historie of plantes* (London, 1597), p. 153.
6. John Parkinson, *Paradisi in sole paradisus terrestris* (London, 1629).
7. ohn Frampton, *Joyfull newes out of the newe founde worlde* (London, 1662), fol. 1.
8. 1490년 이후 10년간 신대륙과의 교역길이 열리면서 매우 치명적인 형태의 매독이 유럽으로 전해졌다.
9. Frampton, *Joyfull newes*, fol. 40.
10. Ibid., fol. 102.
11. Ibid., fol. 103.
12. Codex Barberini, Lat. 241, Biblioteca Apostolica Vaticana, Rome.

XX 플랑탱의 활약
1560~1620년

1. Ludovico Guicciardini, *Descrittione di tutti i Paesi Bassi* (Antwerp, 1567).
2. 인쇄 사업체는 19세기 중반까지 이곳에 남아 있었다. 건물은 현재 플랑탱의

시절에 사용되던 인쇄기, 목판화(3874개), 페이지 조판 교정쇄, 폰트 상자, 활자를 찍어내기 위한 용광로 등이 전시되어 있는 박물관이 되었다.
3. Colin Clair, *Christopher Plantin* (London, 1960)의 번역.
4. 롱드레는 죽을 때 로벨리우스에게 자신의 모든 필사본을 남겼다.
5. 1567년에 플랑탱이 1250부 판본으로 출판했다. 종이 비용은 약 47플로린, 인쇄 비용은 29플로린을 약간 넘었고, 그림 비용은 10플로린이었다. 이 책에 플랑탱이 투자한 총 금액은 91플로린이었으며 150퍼센트의 수익을 남겼다.
6. 피사와의 연계는 프란세스코 말로치Francesco Malocchi(1596~1613년 교수 재임)가 카사보나의 뒤를 이으면서 계속되었다. "해외에 있는 카롤루스 클루스우스에게 보낼 특정 식물을 색칠하기 위해" 피렌체의 Ponte della Carraia에 있는 귀도 마루첼리의 가게에서 색소를 주문했다. (Archivo di Stato di Pisa 518, payment no. 69, 1606년 6월 10일자, Garbari et al, Giardino dei Semplici에 인용-)
7. 드 모르그는 지도 제작자와 채식사들의 중심지로 유명했던 디에프에서 태어났다.
8. M. Lobelius, *Plantarum seu stirpium historia* (Antwerp, 1576), p. 14 참조.
9. 1605년 4월에 제임스 1세의 주치의였던 제임스 네이즈미스James Nasmyth의 런던 정원에 있던 이 패모꽃은 영국에서 처음 선을 보이는 식물이었다.
10. M. Lobelius, *Stirpium adversaria nova*, Pierre Pena와 공저 (London, 1570), p. 312

XXI 최후의 약초 의학서
1560~1640년

1. John Gerard, *The Herball or Generall historie of plantes* (London, 1597)의 초판 서두 페이지에 인쇄된 조지 베이커의 증언.
2. 벤 존슨이 그의 묘비명을 썼다.
3. 이 이야기는 William How의 *Stirpium illustrationes* (1655)에 실려 있다.
4. 그는 나중에 이를 철회했는데, 아마도 『식물의 이야기』를 두고 제라드와 벌인 논쟁 때문이었을 것이다. 런던의 자연사 박물관에는 로벨리우스가 직접 본인의 필체로 메모(이것은 아주 잘못되었다. M. Lobel)를 해놓은 복제본이 있다.
5. Gerard, *Herball*, p. 1,391.
6. Ibid., Dedicatory Letter.
7. Ibid., p. 275.

8. 목사관에는 1561~1591년에 힐더샴에서 목사로 활동했던 조지 풀러George Fuller가 살았다. "매우 친절하고 다정한 사람이며 가까워지고자 하는 사람에게는 누구나 문을 열어주었다."
9. Gerard, *Herball*, 토머스 존슨이 편집한 1633년판, 존슨의 '독자에게 고하는 말'.
10. Ibid., p. 1516.

XXII 영국의 업적
1629~1664년

1. Edward, Lord Herbert of Cherbury, *Autobiography*, 1599 S. L. Lee (London, 1886) 편집, pp. 57~59.
2. 헨리 워턴 경이 토머스 존슨에게 보낸 편지, 1637년 7월 2일, A. Arber, Herbals, *their origin and evolution* 1470~1670 (Cambridge, 1912)에 인용.
3. Johnson의 *Descriptio itineris plantarum* (1632)의 번역은 J.S.L. Gilmour (ed.), *Thomas Johnson: Journeys in Kent and Hampstead* (Pittsburge, PA, 1972). 이후 존슨과 관련된 모든 인용은 이 자료에서 발췌.
4. 이 성지는 토머스 크롬웰이 파괴한 지 100년도 채 지나지 않은 상태였다.
5. 이 여행에 대한 좀 더 자세한 내용은 W. J. Thomas, *The Itinerary of a Botanist through North Wales in the Year* 1639 (Bangor, 1908) 참조.
6. 구디어의 모든 자료는 Magdalen College, Oxford 도서관에 보관되어 있다. 구디어의 삶에 대한 좀 더 자세한 내용은 R. T. Gunther, *Early British Botanists and their Gardens* (Oxford, 1992) 참조.
7. 1년이라는 시간이 걸린 그의 번역은 1916년에 러브 고전 라이브러리를 통해 아서 호트 경이 번역본을 펴내기 전까지 영어로 된 유일한 테오프라스토스 번역본이었다.
8. 이 세 권이 1650년에 사후 출판된 장 보앵의 『식물의 일반사』를 구성한다.

XXIII 아메리카 대륙과의 연계
1620~1675년

1. Hieronymus Bock, *Kreuter Buch* (Strasbourg, 1551년판)의 서문.
2. Conrad Gesner, *Correspondence*, Jean Bauhin 편집 (1591).
3. 구디어의 문서 가운데 제본된 목록, Magdalen College, Oxford, Goodyer MS 11, fol. 21.
4. Roger Williams, *Key into the Language of... the natives in that part of*

America called New Engliand (London, 1643), p. 98.
5. The Royal Society's *Philosophical Transcations* (1668).
6. Francis Higginson, *New England's Plantation, or a Short and True Description of the Commodities and Discommodities of that Courtrye, Written by a reverend divine now there resident* (London, 1630).
7. John Josselyn, *New England's Rarities Discovered* (London, 1672). 조슬린의 첫 번째 신대륙 방문은 1638년 7월 보스턴에서 시작했다. 조슬린은 그곳에서 해안을 타고 항해하여 스카버러까지 갔고, 그곳에서 18개월간 머물렀다.
8. Ibid.
9. 살렘은 1628년에 그곳에 매사추세츠 만 식민지를 세운 청교도 정착자들이 세웠다. 윈스럽은 최초의 총독이 되었으며 보스턴 항구의 코넌트 섬에 정원을 가꾸었다.
10. Massachusetts Historical Society, Winthron Papers, vol. III.
11. John Ray, *Synopsis methodica stirpium Britannicarum* (London, 1690).

XXIV 끝의 시작
1650~1705년

1. 1703년 암스테르담에서 출판된 John Ray, *Methodus plantarum emendata* 참조.
2. 식물 사이의 연관성을 증명하기 위해 DNA를 분석하는 21세기 과학자들이 레이의 합리적인 세 번째 법칙보다 훨씬 더 많은 진보를 이루어냈지만, 식물을 분류하는 데 사용되는 특징이 명확하고 이해하기 쉬워야 한다는 원칙만큼은 아직도 변함이 없다.
3. John Ray, *Methodus plantarum nova* (London, 1682).
4. Ray의 Flora of Cambridgeshire의 서문 영어판에서 발췌. A. H. Ewen 및 C. T. Prime 번역 및 편집 (Hitchin, 1975).
5. Ibid.
6. R. T. Gunther (ed.), *Further Correspondence of John Ray* (London, 1928), p. 25.
7. Ibid., p. 68.
8. John Ray, *Observations* (London, 1673)의 서문.
9. 레이의 식물 표본집은 런던의 자연사 박물관에 있다.

10. 리스터에게 보낸 편지, 1667년 6월 18일, *Correspondence of John Ray*, Ray Society (London, 1949), pp. 13~14.
11. John Ray, Methodus plantarum nova (London, 1682)의 서문, C. E. Raven, *John Ray Naturalist, His Life and Works* (Cambridge, 1942)의 번역 인용.
12. 영국 최초의 도로 지도는 최근에 들어서야 출판되었다. 스코틀랜드 출신 제임스 오길비James Ogilby(1605~1676)는 찰스 2세의 명령으로 1675년에 100개의 동판화 그림을 담아 *Britannica... the Principal Roads Thereof*를 펴냈다.
13. Gunther, *Further Correspondence*, p. 181.
14. 케임브리지에서 가르친 제자였으며 영국과 해외로 떠난 거의 모든 여행에 동반했던 윌로비는 1672년에 사망했다.
15. 탄크리드 로빈슨에게 보낸 편지, 1684, *Correspondence of John Ray*, p. 146.
16. 이 책들은 화가 Frans Post, Albert Eckhout의 작업으로 브라질에서 완성된 원본에서 발췌한 판화가 실려 있었다. 이들이 한 작업의 포트폴리오는 Jagiellonian Library, Krakow에 소장되어 있으며 1500개 이상의 스케치가 포함되어 있다.
17. 초기의 식물서에 그림을 수록하기 위해 사용했던 목판화는 이제 구식이 되었다. 동판화를 사용하면 화가들이 식물의 각 부분을 훨씬 정교하게 묘사할 수 있었다. 동판화 에칭을 사용한 최초의 식물 관련 서적은 1592년에 출판된 Fabio Colonna의 *Phytobasanos*다.
18. Gunther, *Further Correspondence*, p. 146. 1685년 5월 21일에 왕립학회의 총무인 프란시스 애스톤은 전임 총무 윌리엄 머스그레이브에게 다음과 같은 편지를 썼다. "우리는 보통 그림이 들어가지 않는 쪽을 더 선호해왔습니다만 레이 씨의 『식물의 역사』는 그림을 넣어서 출판하기를 바라고 있습니다. (…) 나는 그 책이 비할 데 없이 훌륭한 작품이라고 생각합니다." R.T Cunther의 『옥스포드의 초기 과학Early Science in Oxford』 (Oxford, 1945)에서 인용.
19. John Ray, *Historia plantarum*, vol. I (London, 1686)의 서문.
20. 옥스퍼드 식물원은 1621년에 도시의 동문 바깥쪽에 있는 처웰 강 근처에 설립되었다. 이 멋진 입구는 이니고 존스Inigo Jones가 디자인했다. 로버트 모리슨은 1669년이 되어서야 임용되었지만 제이컵 보바트가 1641년경에 큐레이터로 임명되었다. 1670년경~1700년의 옥스퍼드에 대한 글에서 토머스 배

스커빌Thomas Baskerville은 이렇게 썼다. "이 유명한 식물원의 벽과 문이 세워진 후, 나이든 제이컵 보바트의 아버지가 아들 제이컵에게 네가 바로 이 유명한 장소에 생명과 아름다움을 불어넣을 첫 번째 사람이라고 말했을지도 모른다. 제이컵 보바트가 정성껏 돌보고 벽 안을 식물로 가득 채운 덕분에 우리 기후에 알맞은 온갖 종류의 탐스러운 열매가 영글었고, 땅에는 매우 다양한 나무가 자라고 이국적인 꽃들이 가득 피었다. 식물학자들은 하루가 멀다 하고 세계의 가장 먼 곳에서 가지고 온 식물을 이곳에 추가했다."

21. Ray, *Historia plantarum*, p. 183, 363.
22. Ibid., pp. 278~279.
23. 식물 생식 연구의 개척자인 루돌프 야코프 카메라리우스Rudolph Jakob Camerarius는 *De sexu plantarum*을 1694년이 되어서야 출판했다. 뒤이어 1718년에 세바스티앵 바이앙Sebastien Vaillant이 *Sermo de natur florum*을 발표했다.
24. Ray, *Historia plantarum*, vol. II (London, 1688)의 서문.
25. 코튼은 비단 상인이자 바베이도스를 식민지로 만든 윌리엄 코튼 경의 손자였다. 손자 코튼의 컬렉션은 나중에 한스 슬로언 경이 인수하여 대영 박물관의 기초가 되었다.
26. 그러나 이탈리아의 학자인 마르첼로 말피기와 프랑스 학자인 조제프 피통 드 투르느포르는 레이의 책을 열성적으로 읽었으며 투르느포르는 1694년에 자신의 책 『*Eleméns de botanique*』을 출판했다.
27. Gunther, *Further Correspondence*, p. 191.
28. *Institutiones rei herbariae* (1700)에서 투르느포르는 꽃의 형태에 따라 식물의 종을 나누는 체계를 설명했다. 식물의 속을 명쾌하고 직설적인 방식으로 구성하고 묘사하여 쉽게 식별할 수 있었다. 투르느포르의 분류 체계는 일시적으로 유럽에서 널리 채택되었다.
29. *Philosophical Transactions*, XVII, no. 193, p. 528.
30. "식물을 사랑하는 사람들이 접할 수밖에 없는 커다란 어려움은……", *Philosophical Letters*, 1718, p. 290에서 인용.
31. John Ray, *Synopsis methodica stirpium Britannicarum* (London, 1696)의 제2쇄 서문에서 발췌.

후기

1. 르네상스 학자들은 *herbae*와 *plantae*라는 용어를 사용했지만 테오프라스

토스의 책을 번역한 가자의 테오도로는 stirpes라는 용어를 선호했다. 푹스, 로벨리우스, 클루시우스와 같은 훗날의 저자들은 이 용어를 앞 다투어 책 제목에 붙였다. 1534년에 *Botanologicon*을 내면서 에우리시우스 코르두스는 라틴어 단어보다 그리스 단어를 선호했지만, 이는 별다른 호응을 얻지 못했다. 식물의 연구에 새롭고 구체적인 이름을 부여하면서 레이는 그리스어의 *botan-*이라는 어원으로 돌아갔다.

2. 저자가 세상을 떠나기 1년 전인 1623년에 바젤에서 출판된 Gaspard Bauhin의 *Pinax theatri botanici* 참조.
3. 좀 더 자세한 내용은 *Journal of the Royal Society of Antiquaries of Ireland*, 26, 1896, pp. 211~226, 349~361 참조.
4. William Stearn, *Dictionary of Plant Nmes for Gardeners* (London, 1996) 참조.
5. Mark Griffiths (ed.), *Index of Garden Plants* (London, 1994).
6. 최초의 규약은 스위스의 식물학자 Alphonse de Candolle가 도출해냈으며, 식물의 이름을 선택할 때 선례의 개념을 적용한다는 원칙을 확인했다.
7. R. K. Brummitt, *Vascular Plant Families and Genera* (London, 1992) 참조.

참고문헌

Abulafia, David (ed.) *The Mediterranean in History* (London, 2003)
Acosta, Christobal *Tractado de las drogas y medicinas...* (Burgos, 1578)
Acton, William *Journal of Italy* (London, 1691)
Agnew, D. C. A. *Protestant Exiles from France in the reign of Louis XIV* (London, 1871-4)
Allen, D. A. *The Naturalist in Britain: A Social History* (London, 1976)
Allen, Mea *The Tradescants, their Plants, Gardens and Museums 1570-1662* (London, 1964)
Alpino, Prospero *De plantis Aegypti* (Venice, 1592)
Ambrosoli, Mauro *The Wild and the Sown* (Cambridge, 1997)
Ancona, M. Levi d' *Botticelli's Primavera: A botanical interpretation including astrology, alchemy and the Medici* (Flolence, 1983)
Ancona, M. Levi d' *The garden of the Renaissance: botanical symbolism in Italian painting* (Flolence, 1977)
Anderson, Alexander *The Coming of the Flowers* (London, 1932)
Anderson, Frank *An Illustrated History of Herbals* (Columbia, NY, 1977)
Arber, A. *Herbals, their origin and evolution 1470-1670* (Cambridge, 1912)
Arber, A. 'From Medieval Herbalism to the Birth of Modern Botany' in *Science, Medicine and History: Essays written in honour of Charles Singer*, edited by E. Ashworth Underwood, vol.I, pp. 317-36 (London, 1953)
Aristotle *Parts of Animals, see* Peck, A. L.
Backer, W. D., et al *Botany in the Low Countries, Plantin-Moretus Museum catalogue* (Antwerp, 1993)
Backlund, Anders, and Kate Bremer 'To be or not to be', *Taxon*, vol. 47, pp.391-400.
Balme, D. M. 'Development of Biology in Aristotle and Theophrastus', in *Phronesis* 7 (1962), pp. 91-104.
Barlow, H. M. *Old English Herbals 1525-1640*, from Proceedings of the Royal Society of Medicine, 6 (London, 1913), pp. 108-49.
Barnes, J. (ed.) *Cambridge Companion to Aristotle* (Cambridge, 1995)
Barrelier, Jacques de *Plantae per Galliam et Italiam observatae* (Paris, 1714)
Barrett, C. R. B. *History of Apothecaries* (London, 1905)
Bartholomew of England *De proprietatibus rerum*, see Bateman
Bateman, *Batman uppon Bartholome his booke De proprietatibus rerum* (London, 1582)
Bauhin, Gaspard *Pinax theatri botanici* (Basel, 1623 and 1658)
Bauhin, Jean *Historia plantarum universalis* (Yverdon, 1650)
Baumann, Felix *Erbario Carrarese* (Bern, 1974)
Bayon, H. P. *Masters of Salerno* (London and New York, 1953)
Beer, G. R. de *Early Travellers in the Alps* (esp. for Gilbert Burnet's journey in 1685: Zurich-Chur-Chiavenna, which mirrors William Turner's) (London, 1966)
Belon, Pierre *Les Observations de plusieurs singularitiés* (Paris, 1555)
Birch, Thomas *History of the Royal Society* (London, 1756-7)
Blamey, Marjorie and Richard Fitter *Wild Flowers* (London, 1980)
Blunt, W. *The Art of Botanical Illustration* (London, 1950)

Blunt, W., and S. Raphael *The Illustrated Herbal* (London, 1979)
Boas, F. S. (ed.) *The Diary of Thomas Crosfield* (London, 1935)
Boas, Marie *The Scientific Renaissance 1450-1630* (London, 1962)
Bock, Hieronymus *Kreuter Buch* (Strasbourg, 1539)
Bodlieian Library 'Duke Humphrey and English Humanism in 15thC', Bodleian Library exhibition catalogue (Oxford, 1970)
Bollea, L. C. 'British Professors and Students at the University of Pavia', *Modern Philology*, 23 (1925), 2, pp. 236ff
Bosse, Abraham, L. de Chastillon, N. Robert, *Recueil des plantes gravées par ordre du Roi Louis XIV* (Paris, n.d.)
Bostock, John (trs.) *The Natural History of Pliny* (London, 1855-7)
Bougler, G. S. 'A Seventeenth-Century Botanist Friendship', *Journal of Botany* (1918), p. 197ff
Britten, James, and Robert Holland *Dictionary of Plant Names* (London, 1886)
Brown, Robert *Prodromus florae Novae-Hollandiae* (London, 1810)
Brunfels, Otto *Herbarum vivae eicones* (Strasbourg, 1530-36)
Bry, Theodor de *Anthologia Magna* (Frankurt, 1626)
Bullein, William *The booke of simples, Part I of Bullein's bulwarke of defence againste all sicknes* (London, 1562)
Calvi, G. *Commentarium inserviturum historiae Pisani vireti Botanici Accademici* (Pisa, 1777)
Camden, William *Britannia* (London, 1586)
Campbell-Thompson *The Assyrian Herbal* (London, 1924)
Casanova, M. *L'incendie de la Bibliothèque d'Alexandrie par les Arabes* (Paris, 1923)
Cecil, Alicia *A History of Gardening in England* (London, 1895)
Cesalpino, Andrea *De plantis libri XVI* (Florence, 1583)
Cesalpino, Andrea, and Silvio Boccone *Museo di piantre rare della Sicilia, Malta, Corsica, Italia, Piemonte e Germania con l'appendix ad libros de plantis A Caesalpini* (Venice, 1697)
Chardin, Sir John *Travels in Persia*, translated by E. Lloyd (London, 1927)
Childe, Vere Gordon *Man Makes Himself* (London, 1951)
Choate, Helen A. 'The Origin and Development of the Binomial System of Nomenclature', *The Plant World* 15:257-263 (1912)
Chroust, A. H. 'The miraculous disappearance and recovery of the Corpus Aristotelicum', *Classica et Mediaevalia*, XXIII (1962), pp. 50-67
Clair, Colin *Christopher Plantin* (London, 1960)
Clair, Colin 'Refugee Printers and Publishers in Britain during the Tudor period', *Proceedings of the Huguenot Society of London*, XXII (1976)
Clarke, W. A. *First Records of British Flowering Plants* (London, 1900)
Cleene, Marcel de, and Marie Claire Lejeune *Compendium of Symbolic and Ritual Plants in Europe* (Ghent, 2003)
Clusius, Carolus *Rariorum aliquot stirpium per Hispanias...* (Antwerp, 1576)
Clusius, Carolus *Rariorum aliquot stirpium per Pannoniam...* (Antwerp, 1583)
Clusius, Carolus *Rariorum plantarum historia* (Antwerp, 1601)
Coats, Alice M. *Flowers and their Histories* (London, 1956)

Cockagne, Oswald *Leechdoms, Wort-Cunning And Starcraft of Early England*, 3 vols (London, 1864-6)
Coles, William *Adam in Eden* (London, 1657)
Coles, William *The Art of Simpling* (London, 1656)
Colin, D. *Gardens and Gardening in Papal Rome* (Princeton, NJ, 1991)
Collins, Minta *Medieval Herbals: The Illustrative Traditions*, British Library Studies in Medieval Culture (London, 2000)
Colonna, Fabio *phytobasanos* (Naples, 1592)
Cordus, Euricius *Botanologicon* (Cologne, 1534)
Cordus, Valerius *Annotationes in pedacii Dioscoridis* (Strasbourg, 1561)
Cornut, Jacques Philippe *Canadensium plantarum, aliarumque nondum editorum historia* (Paris, 1635; reprinted New York, 1966)
Dalechampius, Jacobus *Histoire generale des plantes* (Lyons, 1653; the French translation by Jean de Moulins of the Latin original was published in Lyons, 1587-8)
Dandy, J. E. *The Sloane Herbarium* (London, 1958)
Dannenfeldt, K. H. *Leonhard Rauwolf: sixteenth-century physician, botanist and traveler* (Cambridge, MA, 1968)
D'Aronco, M. A., and M. L. Cameron (eds) *The Old English Illustrated Pharmacopoeia* (Copenhagen, 1998)
Dietz, B. *The Port and Trade of Early Elizabethan London*, Documents, London Record Society (London, 1972)
Diogenes Laertius *Lives of the Philosophers*, see Hicks, R. D.
Dioscorides *De materia medica*, see Gunther, R. W. T.
Dodoens, Rembert *Cruydeboeck* (Antwerp, 1554)
Dodoens, Rembert *Florum et coronarium odoratarumque* (Antwerp, 1568)
Dodoens, Rembert *Histoire des plantes* (Antwerp, 1557)
Dodoens, Rembert *Stirpium historiae pemptades sex* (Antwerp, 1583)
Duff, E. G. *A Century of the English Book Trade 1457-1557* (London, 1905)
Dürer, Albrecht *Vier bucher von menschlicher proportion* (Nuremberg, 1528)
Earle, John *English Plant Names from the Tenth to the Fifteenth Century* (Oxford, 1880)
Ebell, B. *The Papyrus Ebers* (Copenhagen and London, 1937)
Einstein, L. *The Italian Renaissance in England* (New York, 1902)
Eisenstein, E. L. *The Printing Press as an Agent of Change* (Cambridge, 1979)
Emery, F. *Edward Lhwyd* (Cardiff, 1971)
Emmart, E. W. (ed.) *The Badianus Manuscript*, a facsimile of the Codex Barberini Latin 241 Vatican Library, Rome (Baltimore, MD, 1940)
Evelyn, John *The Diary* (Oxford, 1955)
Ewan, Joseph *A Flora of North America* (New York, 1969)
Farrar, Linda *Ancient Roman Gardens* (Stroud, 2000)
Farrington, Benjamin *Greek Science* (Harmondsworth, 1961)
Farrington, Benjamin *Science in Antiquity* (London, 1969)
Ferri, Sara, and Francesca Vannozzi *I Giardini dei Semplici e gli orti botanici della Toscana* (Perugia, 1993)
Fischer, Hans 'Conrad Gesner (1516-1565) as Bibliographer and Encyclopedist',

The Library, Fifth Series, vol. XXI , no. 4, December 1966, pp. 269-81

Fisher, Celia *Flowers in Medieval Manuscripts* (London, 2004)

Fletcher, Richard *The Cross and the Crescent: Christianity and Islam from Mohammad to the Reformation* (Harmondsworth, 2003)

Forster, E. S. (trs.) *The Turkishi Letters of Ogier Ghiselin de Busbecq* (Oxford, 1927)

Frampton, John *Joyfull newes out of the newe founde worlde* (London, 1577)

Fuchs, Leonhart *De historia stirpium* (Basel, 1542), read in the facsimile reprint, edited by Frederick Meyer, Emily Emmart Trueblood and John L. Heller (Stanford, CA, 1999)

Fuller, Thomas *The History of the worthies of England* (London, 1662)

Furley, D. J. (ed.) *From Aristotle to Augustine: Routledge History of Philosophy*, vol. I (London, 1999)

Galenus, Claudius *Opera omnia* (Leipzig, 1821-33; originally printed Geneva, 1579)

Garbari, Fabio, Lucia Tongiorgi Tomasi and Alessandro Tosi *Giardino dei Semplici* (Pisa, 2002)

Gerard, John *The Herball or Generall historie of plantes* (London, 1597; Johnson edition, 1633)

Gerstenberg, Kurt *The Art of Albrecht Dürer* (London, 1971)

Gerstinger, H. (ed) *Dioskurides: Codex Vindobonensis*, facsimile edition of the Juliana Anicia codex MS med. gr. 1 (Graz, 1970)

Gesner, Conrad *De hortis Germaniae* (Tiguri, 1561)

Gesner, Conrad *Epistolarum medicinalium* (Tiguri, 1577)

Gesner, Conrad *Historia Plantarum* (Basel, 1541), read in facsimile edited by Heinrich Zoller et al. (Zurich, 1972)

Gibbon, Edward *The History of the Decline and Fall of the Roman Empire* (London, 1776-88)

Gillispie, C. C. (ed.) *Dictionary of Scientific Biography* (New York, 1970-80)

Gilmour, J. S. L. *British Botanists* (London, 1944)

Gilmour, J. S. L. (ed.) *Thomas Johnson: Journeys in Kent and Hampstead*, (Pittsburgh, PA, 1972)

Godwin, Sir H. *The History of the British of Flora* (Cambridge, 1975)

Godwin, Dr H. 'The Ancient Cultivation of Hemp' in *Antiquity* 41 (1967), pp. 42-50

Goldthwaite, R. *Private Wealth in Renaissance Florence: A Study of Four Families* (Princeton, NJ, 1968)

Gotthelf, Allan and James G. Lennox, *Philosophical Issues in Aristotle's Biology* (Cambridge, 1987)

Green, J. R. *A History of Botany in the United Kingdom* (London, 1914)

Green, M. L. 'History of Plant Nomenclature' in *Kew Bulletin* 1927, pp. 403-14.

Green, E. L. *Landmarks of Botanical History* (Stanford, CA, 1682)

Grew, Nehemiah *The Anatomy of Plants* (London, 1682)

Griffiths, Mark (ed.) *Index of Garden Plants* (London, 1994)

Gudger, E. W. 'Pliny's *Historia Naturalis*: the most popular natural history ever published' Isis 6 (1924), pp. 269-81.

Gunther, R. T. (ed.) *Dioscorides de Materia Mediaca: The Greek Herbal of*

Dioscorides (Oxford, 1934)
Gunther, R. T. *Early British Botanists and their Gardens* (Oxford, 1922)
Gunther, R. T. *Early Science in Cambridge* (Oxford, 1937)
Gunther, R. T. *Early Science in Oxford* (Oxford, 1945)
Gunther, R. T. *Further Correspondence of John Ray*, published by the Ray Society (London, 1928)
Gunther, R. T. *The Herbal of Apluleius Barbarus*, facsimile of MS Bodley 130 (Oxford, 1925)
Gwyn, R, D. *Huguenot Heritage: The History and Contribution of the Huguenots in Britain* (London, 1985)
Hakluyt, Richard *The Principal Voyages and Discoveries of the English Nation* (Glasgow, 1904)
Hakluyt Society, *The Travels of John Sanderson in the Leavant (1584-1602)* (London, 1931)
Hale, J. R. *England and The Italian Renaissance* (London, 1954)
Hale, A. R. *The Scientific Revolution 1500-1800* (Cambridge, 1962)
Hallam, H. E. *Rural England 1066-1348* (Glasgow, 1981)
Hammer, Sir Thomas *The Garden Book of Sir Thomas Hammer* (London, 1933)
Hedrick, Ulysses P. *A History of Horticulture in America to 1860* (New York, 1950; reprinted Portland, OR, 1988)
Henrey, Blanche *British Botanical and Horticultural Literature Before 1800* (London, 1975)
Herbert, Edward, Lord *Autobiography* (1599), edited by S. L. Lee (London, 1886)
Hicks, R. D. (ed.) *Diogenes Laertius Lives of Eminent Philosophers*, Loeb Classical Library series (London, 1925)
Higginson, Francis *New England's Planton...* (London, 1630)
Hirsch, R. *Printing, selling and reading 1450-1550* (Wiesbaden, 1967)
Hoeniger, F. D. and J. F. M. *The Development of Natural History in Tudor England* (Charlottesville, VA, 1969)
Holland, Dr Philemon *The Historie of the World. commonly called, the Naturall Histoire of C. Plinius Secundus* (London, 1601)
Hort, Sir Arthur (ed.) *Theophrastus Enquiry into Plants*, 2 vols, Loeb Classical Library series (London, 1916)
How, W. *Phytologia Britannica* (London, 1650)
Hubert, Robert *A catalogues of many nautral rarities* (London, 1665)
Hunger, F. W. T. *The Herbal of Pseudo-Apuleius* (Leiden, 1935)
Hunger, F. W. T. *Charles de l'Écluse* ('s-Gravenhage, 1927-43)
Jackson, B. D. A *Catalogue of plants cultivated in the garden of John Gerard 1596-1599* (London, 1876)
Jashemski, Wilhelmina Feemster *A Pompeian Herbal* (Austin, TX, 1999)
Jeffers, R. H. *The Friends of John Gerard* (Falls Village, CT, 1967-9)
Jennett, Seán (tras.) *Beloved Son Felix: the Journal of Felix Platter, a medical student in Montpellier in the Sixteenth Century* (London, 1961)
Jennett, Seán (tras.) *Journal of a Younger Brother, The Life of Thomas Platter...* (London, 1963)
Johnson, Francis R. 'Latin versus English: the sixteenth-century debate over

scientific terminology', *Studies in Philology*, 41, pp. 109-135

Johnson, F. R. *Astronomical Thought in Renaissance England: A Study of the English Scientific Writings from 1500-1645* (Baltimore, MD, 1937)

Johnson, George W. *A History of English Gardening* (London, 1829)

Johnson, T. *Descriptio itineris plantarum* (London, 1632)

Johnson, T. *Iter plantarum investigations* (London, 1629)

Johnson, T. *Mercurius botanicus* (London, 1634 and 1641)

Jones, W. R. D. *William Turner, Tudor Naturalist, Physician and Divine* (London, 1988)

Josselyn, John *New England's Rarities Discovered* (London, 1672)

Joubertus, Laurentius *Operum Latinorum* (Frankfurt, 1599)

Kessler, H. L. (ed.) *Studies in Classical and Byzantine Manuscript Illumination* (London and Chicago, 1971)

Kew, H. Wallis, and H. E. Powell *Thomas Johnson: Botanist and Royalist* (London, 1932)

Koreny, *Fritz Albrecht Dürer and the Animal and Plant Studies of the Renaissance* (Boston, 1985)

Kren, Thomas, and Scott McKendrick *Illuminating the Renaissance* (Los Angeles and London, 2003)

Lambarde, W. *A perambulation of Kent, containing the description, History and Customers of the Shyre* (London, 1576)

Launey, M. 'Le verger d'Heracles à Thasos', *Bulletin de correspondance hellenique*, 61 (1937)

Leger, L. *La Botanique en Provence au xvième siècle*, vols I-V (Marseille, 1899-1904)

Leighton, Ann *Early English Gardens in New England* (London, 1970)

Lennox, James G. *Aristotle's Philosophy of Biology* (Cambridge, 2001)

Leoniceno, Nicoló, *Plinii ac plurinum aliorum auctorum...* (Ferrara, 1492)

Linnaeus, C. *Genera plantarum* (Leiden, 1737)

Linnaeus, C. *Species plantarum* (Stockholm, 1753)

Lisle, Edward *Observations in Husbandry* (London, 1757)

Lobelius, M. *Kruydtboeck* (Antwerp, 1581)

Lobelius, M. *Plantarum seu stirpium historia* (Antwerp, 1576)

Lobelius, M. *Plantarum seu stirpium icones* (Antwerp, 1581)

Lobelius, M. *Stirpium illustrations* (London, 1655)

Lobelius, M., and Pierre Pena *Stirpium adversaria nova* (London, 1570)

Loret, Victor *La Flore pharaonique* (Paris, 1887)

Lowry, M. *The World of Aldus Manutius. Business and scholarship in Renaissance Venice* (Oxford, 1979)

Lusitanus, Amatus *In Dioscoridis...de medica materia libros quinque enarrationes* (Venice, 1553)

Lynch, John Patrick *Aristotle's School* (Berkeley, CA, 1972)

Lyte, Henry *A Niewe Herball, or Historie of Plantes* (London, 1578)

MacCulloch, Diarmuid *Reformation: Europe's House divided 1490-1700* (London, 2003)

MacCulloch, Diarmuid *Reformation: Europe's House Divided 1490-1700* (London,

2003)

MacDougall, Elisabeth Blair *Fountains, Statues and Flowers: Studies in Italian Gardens of the Sixteenth and Seventeenth Century* (Dumbarton Oaks, Washinton, DC, 1994)

MacDougall, Elisabeth Blair, and Jashemski, Wilhelmina F. (eds) *Ancient Roman Gardens*, Dumbarton Oaks Colloquium (Washington, DC, 1981)

Magnol, Pierre *Botanicon monspeliense* (Montpellier, 1686)

Magnol, Pierre *Hortus regius monspeliensis* (Montpellier, 1697)

Malpighi, Marcello *Anatome Plantarum* (London, 1675, 1679)

Markham, Sir Clements (trs.) *Colloquies on the Simples and Drugs of India* (London, 1913); *see also* Orta, Garcia de

Marshall, W. *The Rural Economy of the West of England* (London, 1796)

Matthews, L. G. *The Royal Apothecaries* (London, 1967)

Mattioli, Pier Andrea *Commentarii in libros sex Pedacii Dioscoridis Anazarbei* (Venice, 1554)

Mattioli, Pier Andrea *Opera* (Frankfurt, 1598)

McLean, Antonia *Humanism and the Rise of Science in Tudor England* (London, 1972)

Merret, Christopher *Pinax rerum naturalium britannicarum* (London, 1972)

Moir, E. *The Discovery of Britain: The English Tourist 1540-1840* (London, 1964)

Monardes, Nicolas *Dos Libros* (Seville, 1569-71)

Morison, Robert (ed.) *Icones et descriptiones rariorum plantarum Siciliae, Melitae, Galliae et Italiae* (Oxford, 1674)

Morison, Robert *Plantarum umbelliferarum distributio nova* (Oxford, 1672)

Morton, A. G. *History of Botanical Science* (London, New York, 1981)

Nasr, Seyyed Hossein *Islamic Science* (n.p., 1976)

Nissen, Claus *Herbals of Five Centuries* (Zurich, 1958)

Noltie, Henry (ed.) *The Long Tradition*, Botanical Society of the British Isles conference report no. 20 (1986)

North, F. J. *Humphrey Lluyd's map of England and Wales* (Cardiff, 1937)

Ogilby, J. *Britannia...or and illustration of the Kingdom of England and Dominion of Wales* (London, 1675)

Oliver, Francis Wall *Makers of British Botany* (Cambridge, 1913)

Orta, Garcia de *Coloquios dos simples* (Goa, 1563); *see also* Markham, Sir Clements

Oviedo, Gonzalo Fernandez de *Dela natural historia de las Indias* (Toledo, 1526), edited and translated by S. A. Stoudemire as *Natural History of the West Indies* (Chapel Hill, NC, 1959)

Pächt, Otto 'Early Italian Nature Studies and the Early Calendar Landscape', *Journal of the Warburg and Courtauld Institutes*, XIII (1950) pp. 13-47

Panofsky, Erwin *The Life and Art of Albrecht Dürer* (1955; reprinted Princeton, NJ, 1971)

Panofsky, Erwin *Renaissance and Renascences in Western Art* (New York, 1972)

Parkinson, John *Paradisi in sole paradisus terrestris* (London, 1629)

Parkinson, John *Theratrum botanicum* (London, 1640)

Parsons, Edward Alexander *The Alexandrian Library* (New York, 1952)

Passe, Crispin de *Hortus Floridus* (Utrecht, 1614)

Peck, A. L. (ed.) *Aristotle's Parts of Animals*, Loeb Classical Library series (London, 1937)
Petrarch, Francesco *De rebus memorandis* (Basel, 1563)
Pierce, W. *The Marprelate Tracts 1588, 1589* (London, 1911)
Plat, Sir Hugh *Garden of Eden* (London, 1654)
Plat, Sir Hugh *The Jewell House of Art and Nature* (London, 1594/1653)
Platter, Felix *Beloved Son Felix: the Journal of Felix Platter, a medical student in Monpellier in the Sixteenth Century*, see Jennett, Seán
Pliny the Elder *Natural History*, Loeb Classical Library series (Cambridge, MA, 1980)
Pliny *Letters*, translation by William Melmoth for the Loeb Classical Library series (London, 1915)
Prest, John *The Garden of Eden: The Botanic Garden and the Re-Creation of Eden* (London, 1981)
Pulteney, R. *Historical and Biographical Sketches of the Progress of Botany in England* (London, 1790)
Raleigh, Sir Walter *The History of the World* (London, 1614)
Rahsed, Roshdi (ed.) *Encyclopaedia of the History of Arabic Science* (London and New York, 1996)
Raven, C. E. *English Naturalists From Neckham to Ray* (Cambridge, 1947)
Raven, C. E. *John Ray Naturalists, His Lifes and Works* (Cambridge, 1942)
Raven, John *Plants and Plant Lore in Ancient Greece* (Oxford, 2000)
Ray, John *Catalogus plantarum Angliae* (London, 1670)
Ray, John *Catalogus plantarum circa Cantabrigiam nascentium* (1660), translated and edited by A. H. Ewen and O. T. Prime (Hitchin, 1975)
Ray, John *Dictionariolum trilingue*, reprint of the 1675 original by the Ray Society (London, 1981)
Ray, John *Historia plantarum*, 3 vols, (London, 1686-1704)
Ray, John *Methodus plantarum emendata* (London and Amsterdam, 1703)
Ray, John *Methodus plantarum nova* (London, 1682)
Ray, John *Synopsis methodica stirpium Britannicarum* (London, 1690)
Raymond, J, *Itinerary containin a Voyage, made through Italy in the yeare 1646 and 1647* (London, 1648)
Rea, John *Flora, seu de florum cultura* (London, 1682)
Reeds, Karen Meier *Botany in Medieval and Renaissance Universities* (New York and London, 1991)
Riddle, John *Dscorides on Pharmacy and Medicine* (Austin, TX, 1986)
Rohde, E. S. *The Old English Herbals* (London, 1922)
Ruel, J. *De natura stirpium libri tres* (Paris, 1536)
Sachs, Julius von *History of Botany 1530-1860* (Oxford, 1890)
Sadek, M. M. *The Arabic Materia Medica of Dioscorides* (Quebec, 1983)
Sarton, George *Introduction to the History of Science* (Baltimore, 1927-48; reprinted 1962)
Sarton, George *Six Wings* (Bloomington, IN, 1957)
Seward, A. C. 'The Foliage, Flowers and Fruit of Southwell Chapter House', *Cambridge Antiquarian Soc. Comm*, XXXV, pp. 1-32

Seybold, S. 'Luca Ghini, Leonhart Rauwolf und Leonhart Fuchs', *Jh. Ges. Naturkunde*, 145 (1990)

Singer, Charles *From Magic to Science: Essays on the Scientific Twilight* (London, 1928)

Singer, Charles *Greek Biology and Greek Medicine* (Oxford, 1920)

Singer, Charles 'Early English Magic and Medicine', *Proc. British Academy*, read 28 January 1920 (London, 1920)

Singer, Charles 'Greek science and modern science', inaugural lecture, University College, London, 12 May 1920 (London, 1920)

Singer, Charles 'The herbal in Antiquity and its transmission to later ages' *Journal of Hellenic Studies*, vol. 47 (1927), pp. 1-52

Singer, Charles 'Herbals', *Edinburgh Review*, 237, January 1923, pp. 95-102

Southwell, T. *Notes and Letters on the Natural History of Norfolk* (London, 1902)

Sprague, T. A. 'The Herbal of Otto Brunfels', *Journals of Linnaean Society*, Botany vol. 48 (London, 1931), pp. 79-124

Sprague, T. A. 'Plant Morphology in Albertus Magnus', *Kew Bulletin* (1933), pp. 431-440

Sprague, T. A. and Nelmes, E. 'The Herbal of Leonhart Fuchs', in *Journal of the Linnaean Society*, Botany vol. 48 (London, 1931), pp. 545-642

Stafleu, Frans A. *Taxonomic Literature* (Utrecht, 1976)

Stafleu, Frans A. et al *International code of botanical nomenclature* (Utrecht, 1978)

Stannard, Jerry 'A fifteenth century botanical glossary', *Isis* 55, pp. 353-367

Stannard, Jerry 'Pliny and Roman Botany', *Isis* 56 (1965), pp. 420-425

Stearn, W. *Botanical Latin* (Newton Abbott, 1992)

Stearn, W. T. (ed.) *Turner's Libellus and Names of Herbes*, fascimile edition published by the Ray Society (London, 1965)

Stearn, William T. *Dictionary of Plant Names for Gardeners* (London, 1996)

Stearn, William T. 'The background of Linnaeus's contributions to the nomenclature and methods of systematic biology', *Systematic Zoology*, 7: 4-22

Stearn, William T. 'From Theophrastus and Dioscorides to Sibthorp and Smith', *Journal of the Linnaean Society*, London 8: 285-298

Stearn, William T. 'The Origin and later development of cultivated plants', *JRHS*, 110, (1965), pp. 279-290 and 322-340

Stoye, J. W. *English Travellers Abroad 1604-1667: Their Influence in English Society and Politics* (London, 1952)

Strabo, Walahfrid *Hortulus* (Vienna, 1510)

Stroup, Alice *A Company of Scientists* (Berkeley and Los Angeles, 1990)

Sweerts, Emmanuel *Florilegium* (Frankfurt, 1612)

Szafer, Wladyslaw *Zarys historii botaniki w Krakowie* (History of Botany in Cracow) (Krakow, 1964)

Thacker, C. 'Huguenot Gradeners in the Age of Gardens', *Proceedings of the Huguenot Society of London*, 24 (1912), pp. 60-65

Theophrasyus *De causis plantarum and Historiae plantarum*, see Hort, Sir Arthur

Thomas, Hugh *Rivers of Gold: The Rise of the Spanish Empire* (London, 2003)

Thomas, K. *Religion and the Decline of Magic* (London, 1971)
Thomas, Keith *Man and the Natural World* (London, 1983)
Thomas, W. J. *The Itinerary of a Botanist through North Wales in the Year 1639* (Bangor, 1908)
Thompson, D. W. *On Growth and Form*, abridged edition (Cambridge, 1971)
Thorndike, L. *The Herbal of Rufinus* (Chicago, 1946)
Thorndike, L. *A History of Magic and Experimental Science* (vol. VI covers the sixteenth century) (New York, 1941)
Tolaini, Emilio *Forma Pisarum . Storia urbanistica della città di Pisa* (Pisa, 1979)
Tomasi, Lucia Tongiorgi, and Gretchen A. Hirschauer *The Flowering of Florence*, exhibition catalogue (Washington, DC, 2002)
Toni, Giovanni Battista de *I placiti di Luca Ghini* (Venice, 1907)
Tooley, R. V. *Maps and Map Makers* (London 1949; new ed., 1978)
Tosi, Alessandro *Ulisse Aldrovandi e la Toscana* (Florence, 1989)
Tournefort, J. Pitton de *Élémens de botanique* (Paris, 1694)
Tournefort, J. Pitton de *Histoire des plants qui naissent aux environs de Paris avec leur usage dans la medicine* (Paris, 1968)
Touwaide, Alain (ed.) *Farmacopea Araba Medievale*, facsimile of MS Ayasofia 3703 (Milan, 1992-3)
Turner, William *Libellus de re herbaria* (London, 1538)
Turner, William *The Names of Herbes*, a facsimile of the 1548 edition published by the Ray Society (London, 1965)
Turner, William *A new herball* (London and Cologne, 1551-1568)
Underwood, E. Ashworth *A History of the Worshipful Society of Apothecaries* (London, 1963)
Vinci, Leonardo da *A Treatise on Painting*, translated by John Francis Rigaud (London, 1877)
Walters, S. M. and C. J. King, *European Floristic and Taxonomics Studies* (Faringdon, 1975)
Waters, W. G. (trs.) *Journal of Montaigne's Tarvels* (London, 1903)
Webster, Charles *The Great Instauration: Science, Medicine and Reform, 1626-1660* (London, 1975)
Weitzmann, Kurt 'Greek Sources of Islamic Scientific Illustrations' and other contributions in *Studies in Classical and Byzantine Manuscript Illumination*, see Kessler, H. L.
Wheeler, Rev. Sir George *A Journey into Greece* (London, 1682)
Williams, Roger *Key into the Language of... the natives in that part of America called New England* (London, 1643)
Wilson, N. G. *Books and Readers in Byzantium*, Dumbarton Oaks Papers (Washington, DC, 1975)
Withering, William *An Account of the Foxglove* (Birmingham, 1785)
Zoller, Heinrich, Martin Steinmann, Karl Schmidt (eds) *Conradi Gesneri Historia Plantarum*, 3 vols, (Zurich, 1972-4)

Manuscripts

CAMBRIDGE
University Library: MS Es.5.7
FLORENCE
Biblioteca Nazionale: MS Pal.586
ISTANBUL
Süleymaniye Mosque Library: MS Ayasofia 3703 (available in facsimile as *Farmacopea Araba Medievale*, edited by Alain Touwaide, Milan, 1992-3)
Topkapi Library: MS 2127
LEIDEN
Bibliotheek der Rijksuniversiteit: MS Voss.lat.Q.9; MS.or.289
LONDON
British Library: MS Cotton Vitellius C III; MS Egerton 747 (available in facsimile as *A Medieval Herbal* with commentary by Minta Collins and plant list by Sandra Raphael, British Library, London, 2003); MS Egerton 2020 (The Carrara Herbal); MS Harley 585; MS Sloane 1975; MS Sloane 4016; Add.MS 28841 (The Cocharelli Treatise); Add.MS41623
Wellcome Institute: MS 5753 (The Johnson Papyrus)
NAPLES
Biblioteca Nazionale: MS gr.1 (available in facsimile as the *Codex Neapolitanus*, Graz, 1992)
OXFORD
Bodleian Library: MS Bodley 130; MS Ashmole 1462
PARIS
Bibliothèque Nationale de France: MS gr.2286; MS Lat. 6823; MS nouv.acq.Lat.1673
Bibliothèque de l'École des Beaux Arts: MS Masson 116
ROME
Biblioteca Casanatense: MS 4182
VATICAN
Biblioteca Apostolica Vaticana: MS Barberini Lat. 241 (available in facsimile as *The Badianus Manuscript*, edited by E. W. Emmart, Baltimore, MD, 1940)
VENICE
Biblioteca Nazionale Marciana: MS Lat. VI; MS Ital. II XXVI 4860
VIENNA
Österreichische Nationalbibliothek: MS med. gr. 1 (Juliana Anicia codex, available in facsimile as *Dioskurides: Codex Vindonensis* with a commentary by H. Gerstinger, Graz, 1970); MS Vindobonensis 93 (Medicina antiqua, available in facsimile with introduction by Peter Murray-Jones, London, 1999)

감사의 말

우선 일부러 시간을 할애해 내 집필 작업을 도와준 사람들에게 감사를 표하고 싶다. 민타 콜린스Minta Collins는 본인의 저서『중세의 약초 의학서Medieval Herbals』에 수록된 광범위한 연구를 사용할 수 있도록 허락해주었고 중세 시대를 다루는 이 책의 네 장을 꼼꼼히 읽고 검토해주었다. 그 덕분에 원고의 질이 크게 향상되었다. 유니버시티 칼리지 런던의 그리스어 및 라틴어과 밥 샤플레스 교수는 친절하게도 테오프라스토스에 대한 뛰어난 지식을 공유해주었고, 고대를 다루는 네 장에 걸쳐 소중한 논평을 아끼지 않았다. 런던 린들리 도서관의 사서 브렌트 엘리엇Brent Elliott 박사는 브룬펠스와 푹스에 대한 장을 검토해주었고, 언제나처럼 적절하고 유용한 제안을 해주었다. 큐 왕립 식물원의 분자계통학부 마크 체이스 교수는 속씨식물 계통연구 그룹이 진행하고 있는 연구에 대해 상당한 시간을 들여 자세히 설명해주었다. 또한 체이스 교수는 존 레이를 자세히 다루고 있는 장과 후기를 읽고 의견을 제시해주었다. 카릴 허버드Caryl Hubbard는 가장 처음으로 전체 원고를 읽고 의견을 말해주었으며 내가 가장 필요로 할 때 지원과 격려를 아끼지 않았다. 언급한 모든 사람들은 내가 얼마나 큰 빚을 지고 있는지 알고 있다. 이 책에 부정확한 점이 있다면 물론 전적으로 내 책임이다.

이탈리아에서는 피렌체 대학 자연사 박물관에 있는 키아라 네피Chiara Nepi 박사의 친절한 격려로 좀 더 쉽게 연구를 할 수 있었다. 박사는 체살피노의 식물 표본집을 볼 수 있게 해주었고, 다양한 부분을 복사하여 내가 영어로 번역할 수 있도록 해주었으며 나중에는 사진을 제공해주는 등 너무나 귀중한 도움을 주었다. 피사에서는 식물학과의 파비오 가르바리Fabio Garbari 교수가 루치아 톤조르지 토마시Lucia Tongiorgi Tomasi, 알레산드로 토시Alessandro Tosi와 함께 쓴 『Giardino dei Semplici』에서 인용을 할 수 있도록 너그럽게 허락해주었다. 또한 교수는 피사 대학이 보유하고 있는 몇 가지 중요한 초상화의 복사본을 제공해주었다. 이 두 분에게 크나큰 신세를 졌다. 또한 피렌체에서 필요한 연구를 마치기에는 이상적인 위치였던 산타 마달레나에 묵을 수 있는 곳을 마련해준 베아트리체 몬티 델라 코르테에게도 감사의 뜻을 표하고 싶다. 그곳에서 집필에 몰두하는 6주 동안 정말 기억에 남는 시간을 보냈다.

케임브리지 대학 도서관 희귀본실 직원들은 내가 참고해야 하는 책 이름을 모호하게 말하는 경우가 많았는데도 놀랄 만큼 효과적으로 올바른 책을 찾아주었다. 직원들의 도움에 진심으로 감사하며 조언도 고맙게 생각한다. 또한 런던 도서관에서 지방에 있는 나에게 정기적으로 책을 소포에 담아 보내주었던 직원들 없이는 결코 이 책이 탄생할 수 없었을 것이다. 이는 믿을 수 없을 정도의 호사였다. 또한 필사본을 참고할 수 있도록 허락해준 영국 도서관과 웰컴 도서관에도 감사한다.

에이전트인 A. P. 와트의 카라독 킹Caradoc King 역시 언제나처럼 지원을 아끼지 않았다. 블룸즈버리에서는 이 프로젝트를 의뢰한 리즈 칼더Liz Calder와 책으로 탄생하기까지 끈기 있게 노력을 아끼지 않은 디자인 감독 윌 웹Will Webb, 제작 감독 페니 에드워즈Penny Edwards에게 감사한다. 빅토리아 밀라Victoria Millar는 본문만큼이나 주석에도 세심한 주의를 기울이는 뛰어난 편집자다. 나는 빅토리아의 책에 대한 헌신을 존경하며 더없는 감사의 마음을 가지고 있다. 헤더 비커스Heather Vickers는 복잡한 그림 조사를 진행했고 더글러스 매슈스Douglas Matthews는 색인 작업을 담당했다.

마지막으로 카자흐스탄, 가이아나, 아테네, 피렌체, 암스테르담, 브뤼헤, 앤트워프를 비롯하여 이 책을 집필하면서 내가 발걸음 한 모든 곳에서 함께해준 남편 트레버 웨어Trevor Ware에게 감사한다. 끊임없이 박물관과 도서관을 방문하는 일정을 앞두고도 트레버의 기분 좋은 유머는 잦아들 줄을 몰랐다.

찾아보기

ㄱ

가지aubergine 573
갈퀴덩굴cleavers(클리버나 거위풀로도 불린다Galium aparine) 350
감자, 그림 *126* 264, 352, 530, 531, 536, 587
개암나무hazel tree 10, 44, 58, 122, 339, 376
갯질경이sea lavender(imonium latifolium), 그림 *98* 399, 520, 538
거위풀goosegrass(갈퀴덩굴 참조) 351
검은딸기나무bramble(Rubus Fruticosus), 그림 *22* 152, 155, 188, 191
계피cinnamon, 그림 *32* 49, 61, 262, 489, 507, 665
고광나무syringa(mock orange) 108
글로리오사glory lily(Gloriosa superba) 623
금잔화Calendula officinalis, 그림 *135* 305, 336, 541
꽃무wallflower 336
꿀풀과woundworts, 그림 *91* 373

ㄴ

난초, 그림 *110* 7, 229, 419, 453, 506
네펜시스nepenthes 64
니겔라love-in-a-mist(Nigella damascena), 그림 *148* 193, 593

ㄷ

담배tobacco(Nicotiana tabacum) 17, 76, 322~323, 325, 330, 370, 487
당종려나무Chusan palm(Trachycarpus fortune), 그림 *57* 263
대추야자date palm, 그림 *10* 43, 58, 66, 69, 80, 84, 241, 481, 591
덩굴옻나무poison ivy 575
데이지daisy(Bellis perennis), 그림 *138* 132, 227, 334, 350, 506, 550
동의나물marsh marigold(Caltha palustris) 624
둥굴레Solomon's seal(Polygonatum x hybridum), 그림 *69* 24, 298, 526

ㄹ

라일락lilac 39, 108, 394

러비지Lovage(Levisticum officinale), 그림 *34* 195
렁워트lungwort, 켄트 17, 214, 562
레바논삼목cedar of Lebanon(Cedrus libani), 그림 *7* 54
로즈메리rosemary, 켄트 17, 120, 447, 581
릴리움 마르타곤martagon lily(Lilium martagon), 그림 *43* 128, 224~225, 316, 467, 516

ㅁ
마거리트marguerite 350
마름water chestnut 48
매발톱꽃columbines, 그림 *45* 35, 226, 231~232, 235, 250, 255, 476, 553
맨드레이크mandrake(Mandragora officinarum), 그림 *74* 49, 86, 146, 203~204, 243, 315
머그워트mugwort(Artemisia vulgaris), 그림 *36* 205~208, 239, 422, 425
목화(테오프라스토스의 기록) 49
무스카리grape hyacinth, 'Jacintus'(Muscari neglectum), 그림 *48*, 그림 *148* 237, 593
무화과(테오프라스토스의 기록) 40
미망인 붓꽃widow iris(Hermadactylus tuberosus), 그림 *99* 402
밀(변종에 대한 테오프라스토스의 기록) 61~62

ㅂ
바나나 잎banana palm 38, 72
바나나, 그림 *137* 72, 400, 545~546, 602
반타풀룬Bantafullun(양지꽃Potentilla reptans), 그림 *29* 177, 179
발사모Balsamo(미국포플러Populus balsamifera), 그림 *33* 194
발삼balsam 172~173, 486
백합lily, 그림 *26* 25, 72, 73, 84, 123, 225, 235, 244, 250, 316, 466~467, 474~476, 503, 506, 508, 515, 572, 604, 627, 628
버섯(테오프라스토스의 기록) 51
베토니betony(Stachys officinalis), 그림 *1* 11, 201, 203, 305, 373
보트라시온 스태티스Botracion statice 223
분꽃marvel of Peru(Mirabilis jalapa) 494~495, 508, 536
붉은 양배추Rot cappekraut(red cabbage) 312
붓꽃, 그림 *6*, 그림 *26*, 그림 *112* 36, 171, 247, 463, 514~515

붓꽃의 일종Iris susiana 353

ㅅ
사리풀henbane(Hyoscyamus niger) 146, 208, 323, 618
서양서향mesereon 307, 309
서어나무hornbeam 61, 374, 594
선옹초corncockle 514
설탕 200, 478, 581
세나시온Senationes(Senecio vulgaris), 그림 5 31
세이지, 켄트 17, 581, 592
소나무pine trees, 그림 40 49, 59, 81, 215, 218, 387, 591
송로truffles 51~52, 58, 403
쇠뜨기말풀horsetail(Equisetuum arvense), 그림 48 237
수레국화knapweed(Centaurea montana), 그림 37 148, 209, 227, 336, 417, 593
수련water lilies, 그림 27, 그림 44, 그림 53, 그림 63 67, 172, 174, 222, 250, 267, 277, 372, 431, 465, 633
수선화(wild daffodil, Narcissus pseudonarcissus, 야생 수선화 참조), 그림 3, 그림 37 21, 82, 84, 123, 209, 267, 276~277, 282~283, 334, 394, 474~475, 503, 508, 515
스노플레이크Leucojum vernum, 그림 61 277~278, 316, 517, 616, 666
스파굴라Spargula, lovage(Levisticum officinale), 그림 34 195
스페인 붓꽃Spanish iris(Iris hyphium), 그림 85 353
시클라멘, 그림 136 62, 542
실푸Silfu(오늘날의 일반적인 재스민Jasminum officinale), 그림 34 195
쌀rice 71
서펀타리아Serpentaria(Dracunculus vulgaris), 그림 5 31

ㅇ
아나지리스anagyris(Anagyris foetida), 그림 105 430
아네모네anemone, 그림 129 2 5, 82, 464, 522, 536, 545, 599
아디안툼Adianton, 그림 24 159, 161
아룸 마쿨라툼Arum maculatum(야생아룸) (유럽아룸cuckoo pint 참조) 168
아르테미시아artemisia, 그림 38 206, 211, 422
아메리카 공작고사리Adiantum americanum, 그림 145 580

아세토사Acetosa(애기수영Rumex acetosa), 그림 33 194
아이리스 부카리카Iris bucharica 28
아이리스 오키오이데스Iris orchioides 27
아이리스 티엔샤니카Iris tienshanica 28
아포딜Affodille(야생 수선화 참조) 209
알렐루야Alleluia(애기괭이밥Oxalis acetosella), 그림 33 194
알로에aloe, 그림 30 190, 380, 575, 645
알바트라Albatra(딸기나무Arbutus unedo), 그림 33 194
앵두나무cherry, 그림 66 289
야생 수선화(수선화, 야생 참조) 21, 82, 84, 123, 209, 267, 276~278, 282~283, 334, 394, 474~475, 503, 508, 515, 161
야생아룸(유럽아룸 참조) 84, 168, 302~303, 305, 376, 422, 425
양귀비popppy(Papaver rhoeas), 그림 12 58, 63, 97, 104, 189, 385, 517, 520, 528, 553, 616, 623
양지꽃cinquefoil 177, 179, 226
양치식물 포자fern spores, 그림 149 597
옥수수maize(Zea mays), 그림 130, 그림 134 75, 264, 301, 336, 414, 524, 536~537, 574, 578
왕관초Fritillaria imperialis(패모 참조) 24~25, 27, 32, 465, 475~476, 478, 515, 524, 572, 628
왕원추리day lily 17, 326, 330
용설란Agave americana, 그림 84 349
우산잔디Cynodon dactylon 189
유럽아룸cuckoo pint, cockoospit(야생아룸Arum maculatum 참조)
유창목guaiacum 384, 486
유카yucca 540, 543, 572, 652
유홍초cypress vine(Ipomoea quamoclit), 그림 94 386
은엉겅퀴Oculis bovis(carline thistle, Carlina acaulis), 그림 83 348

ㅈ

자운영Astragalus, 그림 14 112
자킨투스Jacintus(무스카리 참조) 64, 237
작은 무스카리grape hyacinth(Muscari botryoides), 그림 148 593
장미rose 73, 81, 84, 120, 123, 127, 136, 152, 172~173, 249, 294, 466, 475~476, 536, 616, 633

재스민 아라비쿰Jasminum Arabicum(오늘날의 커피), 그림 *88* 365
재스민(일반명 Jasminum officinale), 그림 *34* 195, 475, 592
적갈색 패모Fritillaria sewerzowii 479, 497
전나무silver fir 44, 55~59, 591, 630
제라늄geranium(Geranium phaeum), 그림 *148* 247, 593
주목나무yew(taxus baccata), 그림 *97* 53, 397
쥐오줌풀allheal 62
질경이plantains 128, 235, 270, 512, 578, 624, 628

ㅊ

천수국African marigold(Flos Africanus, Tagetes erecta), 그림 *78*, 그림 *154* 193, 301, 326, 329, 330, 336, 576, 581, 615
청미래sarsaparilla 486
초롱꽃Chinese lantern(Physalis alkekengi), 그림 *18* 20, 128, 140~141, 188, 362, 517
초종용Broomrape(Orobanche minor) 417~418
칠엽수horse chestnut 480~481

ㅋ

카나푸스Canapus(대마Cannabis sativa), 그림 *56* 259
커팀 꽃Kirtim flower, 그림 *11* 88
커피coffee bush, 그림 *88* 365
컴프리comfrey(Symphytum officinale), 그림 *19* 141, 319
코카 489
콜키쿰, 그림 *140* 277, 336, 419, 483, 503, 508, 555, 562
크로커스Croci oriental 24~25, 82, 84, 136, 193, 476, 572
크로코딜리움crocodilium 358, 360~361
큰앵초primrose(Primula veris) 35, 350, 476, 478

ㅌ

털마삭줄Trachelospermum jasminoides 45
토끼풀shamrock 215, 624
토대황Rumex aquaticus 189~190
토마토tomato, 그림 *77* 324, 326, 328, 330, 352, 536, 538
투구꽃wolfsbane(Aconitum anthora) 64, 66, 416, 628

튤립 156, 241, 326, 376, 394, 465, 474~476, 508, 515, 528, 572, 599
트레비존드 자두cherry laurel(Trebizond plum) 481

ㅍ

파슬리parsley(Apium) 78, 221, 273, 429, 581
파피루스, 그림 9 67~69, 102, 106, 109~110, 137~138, 141, 143, 380, 410
패랭이꽃, 그림 2, 그림 45 128, 226~227, 231, 250, 336, 475, 508, 536, 551
패모crown imperial(Fritillaria imperialis), 그림 116, 그림 122, 그림 130 24~25, 27, 32, 465, 475~476, 478, 515, 524, 572, 628
푸크시아Fuchsia 297
플라타너스plane tree 42, 53, 57, 90, 120, 123, 376, 409, 526, 539, 630, 633
필라델포스philadelphius coronarius 108~109

ㅎ

하우스리크houseleek 58
할미꽃pasque flower(Pulsatilla vulgaris), 그림 59 267, 270~271, 517, 539
해바라기sunflower(태양의 풀Helianthus annuus), 그림 75, 그림 120, 그림 143 264, 320, 330, 352, 490, 492~493, 536, 540, 572, 577
향나무juniper 27, 54, 84
헤네 벨레Henne belle, 그림 35 202
후추black pepper, 그림 125 49, 324, 350, 505, 531, 573, 581
흑기러기Barnacle geese와 기러기나무barnacle tree, 그림 133 532~534, 548
흰백합madonna lily(Lilium candida), 그림 39 136, 180, 214~216, 232
히비스커스 씨앗hibiscus seed, 그림 152 607
히아신스, 그림 115 85, 237, 330, 409, 474~478, 508, 572
히푸리스Hyppuris(일반명 쇠뜨기말풀Equisetum arvense), 그림 48 237

옮긴이의 말

　드디어 길고 긴 대장정이 끝났다. 역자 후기를 쓰는 지금 그 야말로 오랜 기간에 걸친 배낭여행이라도 마친 기분이다. 처음 이 책을 받아 들었을 때에는 "The Naming of Names"라는 원서의 제목조차 무슨 의미인지 짐작이 가지 않았다. 책을 펼쳐 들고 몇 장을 읽어보았지만 발음조차 어려운 남미의 지명이 나오는가 하면 갑자기 시대와 공간을 훌쩍 뛰어넘어 17세기 영국인들의 여행 이야기가 나오는 것이 아닌가? 과연 이 책의 정체는 무엇일까?

　이 책은 식물의 명명 체계, 즉 분류학Taxonomy이 탄생하게 된 역사를 다룬 책이다. 중고등학교 때 별 의미도 모르고 '종속과목강문계' 운운하면서 무작정 외웠던 생물 분류 방식이 과연 어떠한 역사를 거쳐 탄생했는지 흥미진진하게 그려내고 있는 것이다. 오늘날 우리는 당연한 것처럼 라틴어 두 단어로 구성된 이명법二名法을 사용하고 있다. 같은 식물이라 할지라도 나라, 언어에 따라 여러 가지 다양한 이름으로 불리기 마련이지만 이 라틴어 이름만큼은 만국 공통으로 사용되기 때문에 혼란을 막아준다. 물론 이명법의 기반을 마련한 사람은 18세기의 스웨덴 학자 칼 폰 린네지만, 수천 년에 걸쳐 린네보다 앞선 수많은 학자들이 자연의 체계에 대해 고민하지 않았을 리 없다. 아이작 뉴턴이 인용한 "거인의 어깨 위에 선 난쟁이"라는 표현 그대로, 이 책은 린네에게 기꺼이 어깨를 빌려주어 식물 분류의 틀을 세울 수 있도록 해준 거인들의 이야기라고 할 수도 있겠다. 모르긴 몰라도 대부분의 독자에게 생소한 이름이 여럿 등장할 것이다. 솔직히 고백하자면 나 역시 이 책에 언급되는 수많은 학자들 가운데 익숙한 이름은 아리스토텔레스나 『박물지』의 플리니우스 정도가 고작이었으니까. 하지만 오히려 그 때문에 작업을 하면서도 순수하게 지적 호기심을 충족시키는 즐거움을 느낄 수 있었다.

또한 이 책에서 빼놓을 수 없는 부분이 바로 아름다운 그림이다. 약 160개에 달하는 그림이 페이지 전체에 걸쳐 총천연색으로 실려 있어 내용의 이해를 도울뿐더러 읽는 사람의 눈을 즐겁게 한다. 이러한 그림 덕분에 소위 영미권에서 'Coffee table book'이라고 부르는, 거실이나 대기실 탁자에 올려놓고 들춰보는 장식용 책으로도 훌륭할 정도다. 뛰어난 화가들의 작품도 여럿 등장하지만 이 책에서만큼은 중심에 있는 인물에 시선을 집중해서는 안 된다. 커튼에 흩뿌려진 꽃 장식, 발치에 얌전히 솟아난 풀 더미 등 이제까지와는 완전히 다른 관점에서 바라보면 그림은 전혀 다른 느낌으로 다가오기 마련이다.

앞서 적은 대로 한 장 한 장 글을 옮기면서 마치 저자를 따라 고대 그리스에서 출발하여 유럽 전역, 아랍 지역, 그리고 신대륙에 이르기까지 전 세계를 여행하는 기분을 맛보았다. 아마도 남미의 정글로, 카자흐스탄으로, 그리스로, 이탈리아로, 그리고 영국 각지로, 이 책의 집필을 위해 세계 전역을 누비며 조사와 연구를 거듭한 저자의 열정이 그대로 느껴지기 때문일 것이다. 뿐만 아니라 이탈리아의 도시를 여행하면서 우연히 체살피노의 이름을 딴 거리를 발견한다거나, 벼룩시장에 진열되어 있는 오래전 식물서를 한눈에 알아보고 구입하는 등, 해박한 지식으로 여행의 의미를 더하는 저자의 모습을 글로나마 쫓고 있노라면 '아는 만큼 보인다'는 말이 새삼 진리로 다가온다.

전문 분야와 관련된 지식뿐만 아니라 여러 언어에도 능통한 저자 덕에 심심치 않게 등장하는 라틴어를 비롯하여 이탈리아어, 중세 영어에 이르기까지 이것저것 사전을 펼쳐놓고 고민하는가 하면 한두 문장을 놓고 한 시간 내내 검색을 하는 경우도 적지 않았지만 마무리하고 나니 그것도 다 좋은 기억으로 남을 뿐이다. 모쪼록 이 책을 읽는 독자들도 저자와 함께 식물 이름의 체계를 찾아 시공간을 초월한 여행을 마음껏 즐겼으면 하는 바람이다.

마지막으로 부족한 원고를 다듬어주시고 여러 차례 좋은 방향을 제시해주신 글항아리 편집부에 감사드린다.

2천년 식물 탐구의 역사

1판 1쇄 2011년 11월 1일
1판 5쇄 2021년 3월 29일

지은이 애너 파보르드
옮긴이 구계원
펴낸이 강성민
편집장 이은혜
마케팅 정민호 김도윤 최원석
홍보 김희숙 김상만 함유지 김현지 이소정 이미희 박지원

펴낸곳 (주)글항아리 | 출판등록 2009년 1월 19일 제406-2009-000002호

주소 10881 경기도 파주시 회동길 210
전자우편 bookpot@hanmail.net
전화번호 031-955-2696(마케팅) 031-955-8898(편집부)
팩스 031-955-2557

ISBN 978-89-93905-75-5 03900

글항아리는 (주)문학동네의 계열사입니다.

잘못된 책은 구입하신 서점에서 교환해드립니다.
기타 교환 문의 031-955-2661, 3580

www.geulhangari.com

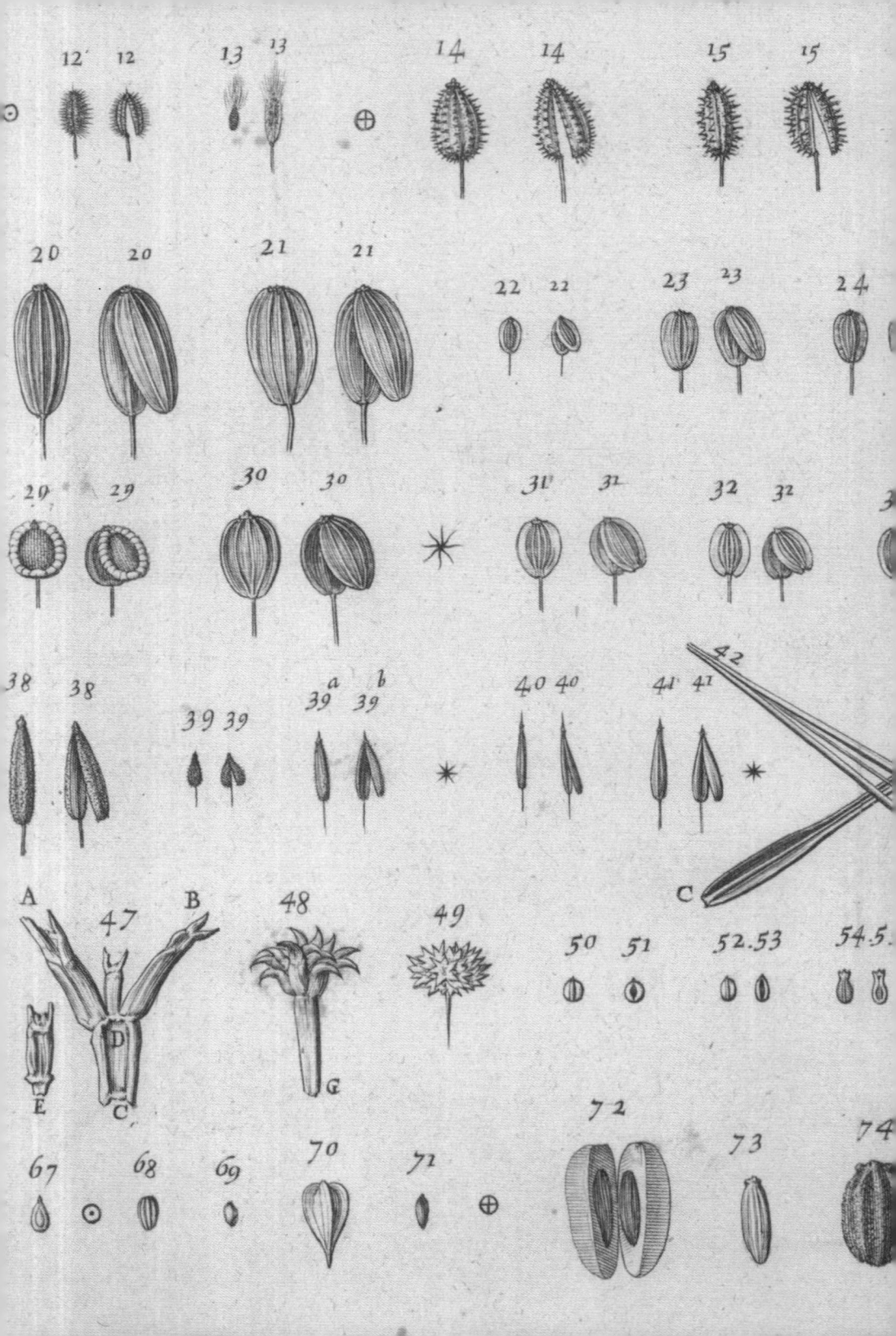